前言 Preface

本教材是高职交通运输与土建类专业规划教材之一。

本教材根据教育部高职高专教学基本要求,在“高职高专铁路线路课程教学大纲”基础上进行修订,并结合陕西铁路工程职业技术学院和哈尔滨铁道职业技术学院课程改革成果编写而成。在内容上,根据2006年发布实施的新规范(GB 50090—2006),采用了最新的数据资料,增加了近年发展起来的新技术、新知识。书中重点阐述线路工程的基本原理、基本知识和基本技能,对学生毕业后工作中极少遇到的设计内容略有涉及。

本书由陕西铁路工程职业技术学院方筠主编,哈尔滨铁道职业技术学院张宪丽任副主编。具体编写分工如下:哈尔滨铁道职业技术学院张宪丽编写第三章、第六章、第九章,卜春玲编写第五章;陕西铁路工程职业技术学院张团结编写第二章,周永胜编写第四章,任庆国编写第七章,方筠编写绪论、第一章、第八章、第十章并统稿。兰州交通大学李斌副教授为本书做了审稿工作,提出了宝贵的意见和建议,在此表示感谢。

本书在编写过程中参考、引用了铁路工程线路方面相关书籍和资料,在此对其编者一并表示衷心的感谢。

由于编者水平有限,难免有疏漏之处,敬请读者给予指正。

编者

2008 年 12 月

目录 Content

绪 论

一 世界铁路概况

自从1825年英国修建了世界上第一条铁路——斯托克顿至达林顿铁路以来,铁路已有180多年的历史,它是各种现代化运输方式中资格最老的成员。铁路运输从它开始出现起,就显露出明显的优越性,因而在较短的时期内就得到了迅速的发展。其后,由于飞机和汽车的发明和发展,铁路运输的发展速度也逐渐缓慢下来,到现在基本处于相对稳定状态。

近50年来,铁路技术不断发展,如牵引动力的改革,集装箱和驮背运输的发展,通信信号的改进,轨道结构的加强,以及管理自动化的迅速发展。更值得注意的是高速铁路方兴未艾,重载铁路日新月异。

1964年日本建成东京到大阪的东海道高速铁路新干线,实现了与航空竞争的预期目的,客运量逐年增加,利润逐年提高。于是自20世纪60年代末开始,很多资金充裕、科技先进的国家,纷纷兴建新线和改造旧线,以实现250～300km/h的最高时速。

传统的黏着式铁路只能达到450km/h左右的时速,要实现更高的速度需要采用磁悬浮技术。日本和德国的磁悬浮铁路技术比较先进,日本的超导磁悬浮列车试验速度达到550km/h,德国的常导磁悬浮列车试验速度达到505km/h,正常运营速度为430km/h。我国西南交通大学已于20世纪90年代研制出载人常导磁悬浮车,1998年与四川省合作在都江堰青城山下修建了一段常导磁悬浮线。在中国修建的世界第一条高速磁悬浮列车示范运营线已于2003年1月正式开通运营。

铁路重载列车近十几年来发展甚快,牵引吨数都在6000t以上,有的甚至超过10000t。美国、加拿大、澳大利亚等国,采用同型车辆固定编组,循环运转于装卸点之间,称为单元重载列车。

截至2007年年底,铁路营业里程最长的5个国家是:美国(Ⅰ级铁路)20.1万公里,俄罗斯8.6万公里,中国国有铁路7.8万公里(不含我国台湾省),加拿大7.3万公里,印度(国营铁路)6.3万公里。

二 铁路仍是我国现代化交通体系的骨干

在我国已有的现代化民用运输方式(铁路、公路、水运、航空和管道)中,20世纪80年代以前,铁路大体处于垄断地位,全国的长短途客货运输非铁路莫属。自20世纪80年代起,国民经济迅猛发展,交通运输全面紧张,公路和民航发展很快,铁路客运被大量分流;在社会主义市场经济逐步完善的过程中,运输市场的竞争日益显著,铁路的垄断地位已被削弱。

在综合交通运输体系中,5种运输方式应当发挥各自的优势,协调发展,共同为国民经济持续、稳定、快速发展服务。铁路运输能力大,运输成本低,是中长距离客货运输的主力,在地区间物资交流和大宗货物运输中具有明显优势，是我国陆上运输的骨干。公路运输机动灵活，在广大城乡集散客货的运输中非公路莫属，是短途运输的主力。水运投资省、运力大、成本低、能耗少，沿海和内河水运应当充分利用。管道运输投资省，运力大，建设周期短，占地极少，是输送油、气的最佳运输方式。航空运输速度高、运达快，但能耗大、成本高、运力有限，主要担负中长距离高级客流和贵重货物的快速运输任务。

交通运输是国民经济的基础设施，它制约着国民经济发展的规模和速度。发展综合运输体系要符合我国的国情民情，由于铁路安全可靠，运输能力很大，基本不受气候条件影响，速度较水运快，成本较航空低，环境污染较公路小，所以在现代化运输体系中，应以铁路为重点，这也是国情所决定的。

(1)我国疆域辽阔，人口众多，中长距离的出行需要运力大、运费低的铁路运输。

(2)我国东部工业发达，中西部资源丰富，形成了北煤南运、西煤东运、南粮北调、西棉东调等大宗货物长距离运输的格局，只有铁路才能承担这样繁重的运输任务。

(3)我国还处于社会主义初级阶段和工业化前期，这就决定了运输物品多为煤炭、矿产品、原材料和粗加工的大宗货物，量大而价低，为了减少销售成本中的运费支出，必将选择运费低廉、安全可靠的铁路运输。

三 铁路运输的基本技术设备

铁路的技术装备由土建工程和各种设备构成。

(一)土建工程类

1. 线路

线路的走向、平面和纵断面体现铁路总的概况。

(1)轨道：包括钢轨、连接零件、轨枕、道床、防爬设备和道岔。

(2)路基：包括路基主体、路基排水建筑物和支挡建筑物。根据自然条件不同有各种特殊路基，如软土、冻土、沙漠、黄土等路基。

2. 桥梁和涵洞

(1)桥梁：包括梁部构造(钢桁梁、钢板梁、钢筋混凝土梁、拱桥、斜拉桥等)、墩台(空心、实体桥墩，U形、T形、耳墙式桥台等)、基础(明挖基础、桩基础、沉井基础等)。

(2)涵洞：有箱形、圆形、拱形，还有虹吸管、渡槽等。

3. 隧道

隧道包括洞门、洞身，并应根据围岩种类设计衬砌。

4. 车站

车站是铁路对外联系的门户，根据作业性质和规模的不同，单线有会让站，双线有越行站，还有一般中间站、区段站、编组站、客运站、货运站等。

5. 铁路枢纽

铁路枢纽位于几条铁路相互衔接交叉的地区，是设有各种专业车站和联络线、进站线路、专用线，以及很多中间站等设施的综合体。专业车站包括编组站、旅客站、货物站、区段站等。

(二)铁路设备类

1.机车

机车是铁路列车的牵引动力,机车牵引种类有蒸汽、内燃、电力3种。

2.车辆

车辆是运送旅客和货物的工具。

3.通信信号设备

通信信号是铁路运输的耳目,是保证列车安全运行和提高运输效率的重要手段。

铁路运输设备是铁路完成运输任务的物质基础。为了保证列车安全,正点和不间断地运行,运输设备要有一定的数量和完好的质量,并应经常保持良好的状态。为了进行设备的养护和检修工作,铁路沿线设有各种专业性质不同的修理工厂、业务段和检修所。运输设备经常维修工作的一个特点是边运用边检修,也就是在运用过程中进行检修。以线路、车辆和信号设备为例,它们的经常维修工作通常只能利用列车运行的间隙或在车站上的停留时间内进行,而不应干扰列车运行的计划和运输工作的正常秩序。

四 未来的中国铁路

铁路是国民经济的大动脉,在社会主义建设中发挥了重要的作用。截至2007年底,营业里程已达7.8万公里(不含我国台湾省),居世界第三、亚洲第一,其中复线率达34.7%,电气化率达32.7%。全国铁路拥有机车1.83万台,牵引动力全部实现内燃或电气化;拥有客车车辆4.4万辆、货车车辆57.8万辆;每天开行旅客列车近3000列、货物列车33300多列。2007年,全国铁路完成旅客发送量13.6亿人、货物发送量31.3亿吨、换算周转量31013亿吨公里。我国铁路以占世界铁路6%的营业里程,完成了世界铁路25%的工作量,旅客周转量、货物发送量、换算周转量、运输密度居世界第一,运输效率世界最高。但是我国铁路的密度仍然较低,按人口计,人均约5.3cm,在世界各国的排位上,居于100位之后;按国土面积计,每平方公里约6.6cm,在世界上排在60位之后。为了使铁路能真正担负起运输骨干的责任,当好国民经济的先行官,适应国民经济持续稳定、快速增长的需要,铁路应有一个历史性的大发展。

为适应全面建设小康社会的目标要求,铁路网应扩大规模,完善结构,提高质量,快速扩充运输能力,迅速提高装备水平。在全面完成铁路"十一五"规划基础上,再经过10多年的努力,到2020年,发达完善铁路网基本建成,路网总规模达到12万公里以上,复线率、电气化率分别达到50%和60%以上,客运专线、城际铁路、高速铁路运营里程达到1.8万公里以上。主要繁忙干线实现客货分线,贯通东、西、南、北、中的区际干线网全面建成,煤运通道能力充足,建成一批地区开发性新线,主要客货枢纽布局合理、功能完善。运输能力满足国民经济和社会发展的需要,主要技术装备达到或接近国际先进水平。铁路建设将面临新的高潮,任重道远,前途光明。

第一章　铁路设计概述

第一节　铁路等级与主要技术标准

一　铁路等级

铁路等级是根据铁路线路意义和在铁路网中的作用，并结合国家要求的远期年输送能力来决定的，它是铁路的基本标准，也是确定铁路技术标准和设备类型的依据。设计铁路时，需先确定铁路等级，然后选定其他主要技术标准和各种运输装备的类型。

《铁路线路设计规范》(GB 50090—2006)(以下简称《线规》)规定，新建和改建铁路(或区段)的等级，应根据其在铁路网中的作用、性质、旅客列车设计行车速度和客货运量按下列规定确定：

I 级铁路，铁路网中起骨干作用的铁路，或近期年客货运量大于或等于 20Mt 者；

II 级铁路，铁路网中起联络、辅助作用的铁路，或近期年客货运量小于 20Mt 且大于或等于 10Mt 者；

III 级铁路，为某一区域或企业服务的铁路，近期年客货运量小于 10Mt 且大于或等于 5Mt 者；

IV 级铁路，为某一区域或企业服务的铁路，近期年客货运量小于 5Mt 者。

铁路的等级可以全线一致，也可以按区段确定。如线路较长，经行地区的自然、经济条件及运量差别很大时，便于按区段确定等级。但应避免同一条线上等级过多或同一等级的区段长度过短，使线路技术标准频繁变更。

二　铁路主要技术标准

铁路主要技术标准是指对铁路输送能力、工程造价、运营质量以及选定其他有关技术条件有显著影响的基本标准和设备类型。《线规》中明确规定下列内容为各级铁路的主要技术标准：正线数目、限制坡度、最小曲线半径、车站分布、到发线有效长度、牵引种类、机车类型、机车交路、闭塞类型。这些标准是确定铁路能力大小的决定因素，一条铁路的能力设计，实质上是选定主要技术标准。同时这些标准对设计线的工程造价和运营质量有重大影响，并且是确定设计线一系列工程标准和设备类型的依据。其中前 5 项属工程标准(固定设备标准)，建成后很难改变；后 4 项则属技术装备类型，可随着运量的增长逐步进行更新改造。由于铁路主要技术标准是铁路建筑物和设备的类型、能力和规模的基本标准，对铁路能力、运营安全、运输效率、投资规模、经济效益和社会效益有重要影响，而且主要技术标准之间联系密切，相互影响。因此，主要技术标准应根据国家要求的年输送能力和确定的铁路等级在设计中综合考虑，经技术经济比选确定，以保证技术上先进、经济上合理、标准间协调。

铁路输送能力由货物列车牵引吨数和通过能力决定，并受列车运行速度的影响。主要技术标准对三者都有不同程度的影响。

（一）影响牵引吨数的主要技术标准

1. 牵引种类

牵引种类是指机车牵引动力的类别。我国铁路目前的牵引种类有电力、内燃、蒸汽3种，不同的牵引种类具有不同的特点，对铁路运输能力、行车速度、运营条件及工程与运输经济具有重要的影响。蒸汽机车已停产多年，次要线路和地方铁路仍在使用。今后牵引动力的发展方向为大功率电力和内燃机车。

1）电力牵引

电力机车热效率高，火力发电为14%～18%，水力发电可达60%，整备一次走行路基长，不需燃料供应和中途给水，机车利用率高；解除功率大、速度高、牵引力大，可显著增大铁路能力；除噪声外，不污染环境，且乘务员工作条件好；与内燃机厂相比，机车造价低，但需用接触网供电，机车独立性稍差，且投资大。我国电力机车已构成不同轴数和轴式的韶山型机车系列，可根据不同运营条件选用。

2）内燃牵引

内燃机车热效率高达22%～28%；机车不需供电设备，独立性好。缺点是需要消耗贵重的液体燃料，且机车构造复杂、造价较高；高温、高海拔地区牵引功率降低，使用效率低。中国内燃机车已构成不同轴数和轴式的东风型机车系列，可根据不同运营条件选用。

3）蒸汽牵引

蒸汽机车构造简单，制造、维修技术简易，造价低廉，但热效率低，仅6%～8%。且需要每40～60km设置给水站，机车整备时间长，利用率低，机车功率小，输送能力低，乘务员工作条件差。中国已于1988年停止生产蒸汽机车，主要干线上蒸汽机车已被电力机车和内燃机车取代，新建铁路除少数低等级铁路可能采用蒸汽牵引过渡外，路网铁路均采用电力或内燃牵引。

牵引种类，应根据路网与牵引动力规划、线路特征和沿线自然条件以及动力资源分布情况，结合机车类型合理选定。运量大的主要干线、大坡度、长隧道或隧道毗连的线路上应优先采用电力牵引。

2. 机车类型

机车类型系指同一牵引种类中机车的不同型号。它对铁路运输能力、行车速度、运营条件及工程与运输经济具有重要的影响。机车类型应根据牵引种类、运输需求以及与线路平、纵断面技术标准相协调的原则，结合车站分布和临线的牵引质量，经技术比选确定。

3. 限制坡度

一定类型的机车，牵引（单机牵引）一定质量的列车，在持续相当长的最大上坡道上行驶，仍能保持以计算速度做等速运行，这个最大坡度称为限制坡度。

限制坡度的大小，对线路工程造价和运输条件有重大影响。一条铁路若使用大的限制坡度，则线路长度短，工程数量小，工程造价低，但运营费高，安全条件差；若使用小的限制坡度，则线路将增长，工程数量将增大，工程造价高，但运营费低，安全条件好。因此铁路线路的限制坡度必须根据铁路等级、地形条件、牵引种类和运输要求来比选确定，并应考虑与邻接铁路的牵引定数相协调。限制坡度的数值，以千分率“‰”符号表示，即每 1000m 水平距离的高差数值。对于线路上坡、下坡和平坡，常用（+）、（-）、（0）来表示。如 +2‰，表示每 1000m 的水平距离线路上升 2m，读做正千分之二，即千分之二的上坡。-3‰，表示每 1000m 的水平线路下降 3m，读做负千分之三，即千分之三的下坡。

限制坡度的数值，《线规》规定，各级铁路的限制坡度，不得超过表 1-1 的数值。

限制坡度最大值(‰)

表 1-1

铁路等级		I			II		
地形类别		平原	丘陵	山区	平原	丘陵	山区
牵引种类	电力	6.0	12.0	15.0	6.0	15.0	20.0
	内燃	6.0	9.0	12.0	6.0	9.0	15.0

4. 到发线有效长

车站内除正线外，其他指定作为列车到达和出发的股道，称之为到发线。

到发线有效长度，是指列车在到发线上停留时，不妨碍邻线列车通过的股道最大长度。它对货物列车长度（即牵引吨数）起限制作用，从而影响列车对数、运输能力和运行指标，对工程投资、运输成本等经济指标也有一定的影响。

《线规》规定：I、II 级铁路到发线有效长度分为 1050m、850m、750m 及 650m 四种标准；III 级铁路到发线有效长度分为 850m、750m、650m 及 550m 四种标准。

到发线有效长度主要受货物列车长度控制，而货物列车长度又受牵引定数控制。在现阶段，货物列车载质量未提高前，牵引定数大、货物列车就长，到发线有效长度相应也长；反之就短。

改建既有线和增建第二线的货物列车到发线有效长度，采用上述系列值引起较大工程时，可根据实际需要计算确定。

近期货物列车长度一般较远期为短，若初、近期到发线有效长度按远期铺设，则不但增加初建期投资，而且增大初、近期调车作业行程，增加运营支出，故近期有效长度应按实际需要铺设。

（二）影响通过能力的主要技术标准

1. 正线数目

正线数目是指连接并贯穿车站线路的数目。按正线数目可把铁路分为单线铁路、双线铁路和多线铁路。单线铁路是区间只有一条正线的铁路，在同一区间或同一闭塞分区内，同一时间只允许一列车运行，对向列车的交会和同向列车的越行只能在车站上进行。双线铁路是区间有两条正线的铁路，分为上行线和下行线，在正常情况下，上下行列车分别在上下行线上行驶，但在同一区间或同一闭塞分区的一条正线上，同时只允许一列车运行。多线铁路是区间有多于两条正线的铁路。

单线和双线铁路的通过能力悬殊。单线半自动闭塞铁路的通过能力约为 42～48 对/d；双线自动闭塞则为 144～180 对/d。双线的通过能力远远超过两条单线的通过能力，而双线的投资比两条平行的单线少约 30%，双线旅行速度比单线高约 30%，运输费用低约 20%。可见，运量大的线路修建双线是经济的。

2. 车站分布

车站分布距离大小，决定列车在区间的往返走行时分，从而影响通过能力。车站分布距离因影响车站数量，故对工程投资有较大影响；因影响起停次数和旅行速度，故对运营支出有直接影响。

新建单线铁路站间距离不宜小于 8km，新建双线铁路不宜小于 15km，枢纽内站间距不得小于 5km。

3. 闭塞方式

铁路为了保证行车安全、通过运输效率，利用信号设备等来管理列车在区间运行的方法，称为闭塞方式。闭塞方式决定车站作业间隔时分，从而影响通过能力。我国的基本闭塞方式有半自动闭塞和自动闭塞，在次要支线和地方铁路有的还采用电气路签闭塞。

1)半自动闭塞

半自动闭塞是闭塞机与信号机发生连锁作用的一种闭塞装置。列车进入区间的凭证是出站信号机显示绿灯，但出站信号机受闭塞机的控制，只有在区间空闲、双方车站办理好闭塞手续之后，出站信号机方能再次显示绿灯。

采用半自动闭塞时，因列车进入区间的凭证是信号机的显示，省去了向司机递交路签的时间，从而缩短了列车在车站接发车作业时分，提高了通过能力。

2)自动闭塞

自动闭塞时，区间被分为若干闭塞分区(图 1-1)，进一步缩短了同向列车的行车间隔距离。列车运行完全根据色灯信号机的显示，红色灯光表示前方的闭塞分区被占用，列车需要停车；黄色灯光表示前方只有一个闭塞分区空闲，要求列车减速；绿色灯光表示前方至少有两个闭塞分区空闲，列车可以按规定速度运行。由于信号的显示完全由列车所在位置通过轨道电路来控制，所以称为自动闭塞。

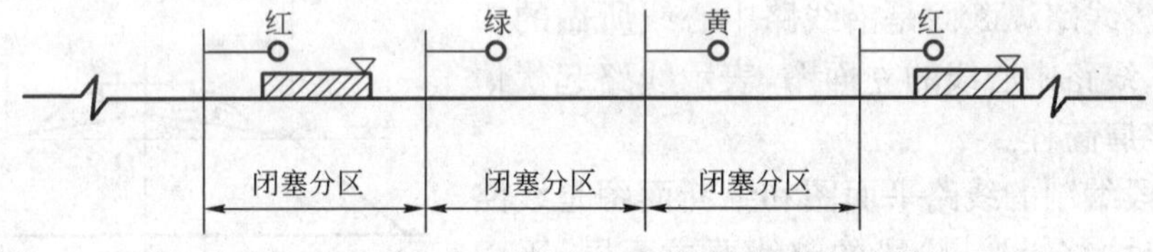

图 1-1　自动闭塞分区

单线上使用自动闭塞，可以提高通过能力，但效果不甚显著。双线采用自动闭塞可使两同向列车的追踪间隔时分缩短到 8～10min，通过能力达 100 对/d 以上。

单线线路远期应采用半自动闭塞，双线线路应采用自动闭塞。一个区段内应采用同一闭塞类型。

(三)运行行车速度的主要技术标准

1. 最小曲线半径

最小曲线半径是设计线采用的曲线半径最小值。最小曲线半径不仅影响行车安全、旅客舒适等行车质量指标，而且影响行车速度、运行时间等运营技术指标和工程投资、运营支出和经济效益等经济指标。

建筑一条铁路的主要任务是完成国家要求的运量。铁路要满足运量要求，这与行车速度大小关系密切，而速度大小又与曲线半径大小有关。因此，在满足适量的前提下，应力争铁路工程量小，投资省。使用小半径曲线，是达到这个目的的重要手段。采用小半径曲线的线路在经过特殊困难地段时，可以顺其自然地形多绕弯，以减少工程量，节约投资等，但是存在曲线阻力大，行车速度低，钢轨、轮箍磨耗大，轨道容易变形，养护困难等问题，需要增加轨枕和轨距拉杆等设备以加强轨道，同时小半径曲线多，线路总的转向角将增大，相应加大了曲线坡度折减，从而展长了线路等。为此，在设计一条铁路时，必须根据铁路等级、行车速度、运量大小、地质、地形等条件综合研究确定。

我国铁路采用的最小曲线半径，《线规》规定见表 1-2。

最小曲线半径 表 1-2

路段设计速度 V_{max}(km/h)		160	140	120	100	80
《线规》采用的 R_{min}(m)	一般地段	2000	1600	1200	800	600
	困难地段	1600	1200	800	600	500

2. 机车交路

铁路上运转的机车都在一定的区段内往返行驶。机车往返行驶的区段称为机车交路，其长度称为机车交路距离。机车交路两端的车站称为区段站。区段站一般都设置一定的机务设备。机车交路距离影响列车的旅途时间和直达速度。

第二节 区间线路平面设计

线路中心线是用如图 1-2 所示路基横断面上 O 点纵向的连线表示的。O 点为距外轨半个轨距的铅垂线 AB 与路肩水平线 CD 的交点。线路的空间位置是由它的平面和纵断面决定的。线路平面是线路中心线在水平面上的投影，表示线路平面状况。线路纵断面是沿线路中心线所做的铅垂剖面展直后、线路中心线的立面图，表示线路起伏情况，其高程为路肩高程。

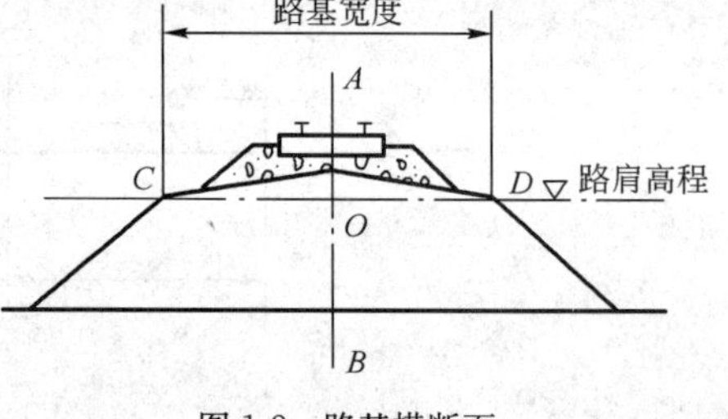

图 1-2 路基横断面

各设计阶段编制的线路平面图和纵断面图是线路设计的基本文件。各设计阶段的定线要求不同，平面图和纵断面图的详细程度也各有区别。图 1-2 为新建铁路概略的平面图和纵断面图。

线路平面和纵断面设计，必须保证行车安全和平顺，主要指：不脱钩、不断钩、不脱轨、不途停、不运缓与旅客乘车舒适等，这些要求反映在《线规》的技术标准中，设计时要遵守《线规》规定。

平面与纵断面设计既应当力争减少工程数量、降低工程造价，又要为施工、运营、维修提供有利条件，节约运营开支。从降低工程造价考虑，线路最好顺地面爬行，但因起伏弯曲太甚，给运营造成困难；从节约运营开支考虑，线路最好又平又直，但势必增大工程数量，提高工程造价。因此设计时，必须根据设计线的特点，分析设计路段的具体情况，综合考虑工程和运营的要求，通过方案比较，正确处理两者之间的矛盾。

铁路上要修建车站、桥涵、隧道、路基、道口和支挡、防护等大量建筑物。线路平面和纵断面设计不但关系到这些建筑物的类型选择和工程数量，并且影响其安全稳定和运营条件。设计时，既要考虑到各类建筑物的技术要求，还要考虑到它们之间的协调配合、总体布置合理。

一 平面组成和曲线要求

线路平面由直线和曲线组成，直线应该尽可能的长，曲线由圆曲线和缓和曲线构成。

概略定线时，平纵面图中仅绘出未加设缓和曲线的圆曲线，如图 1-3a)所示。圆曲线要素为：偏角 α，半径 R。偏角 α 在平面图上量得，曲线半径 R 系选配得出。

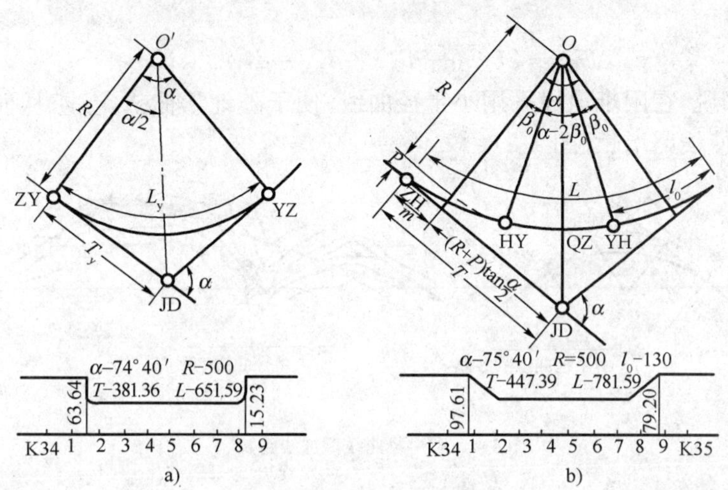

图 1-3 铁路曲线示意

详细定线时，平纵面图中要绘出加设缓和曲线的曲线，如图 1-3b)所示。曲线要素为：偏角 α、半径 R、缓和曲线长 l_0、切线长 T 和曲线长 L。偏角 α 在平面图上量得，圆曲线半径 R 和缓和曲线长 l_0 由选配得出，切线长 T 和曲线长 L 可计算得出。

纸上定线时，在相邻两直线之间需用一定半径的圆曲线连接，并使圆弧与两侧直线相切。曲线半径的选配，可使用与地形图比例尺相同的曲线板，根据地形、地质与地物条件，由大到小选用合适的曲线板，决定合理的半径。若地势开阔，可先绘出两相邻的直线段，然后选配中间的曲线半径，如图 1-4a)所示；若曲线毗连，则先在需要转弯处绘出恰当的圆弧，然后用切于两圆弧的直线连接之，如图 1-4b)所示。选定曲线半径后，量出偏角，再计算曲线要素和起讫点里程。

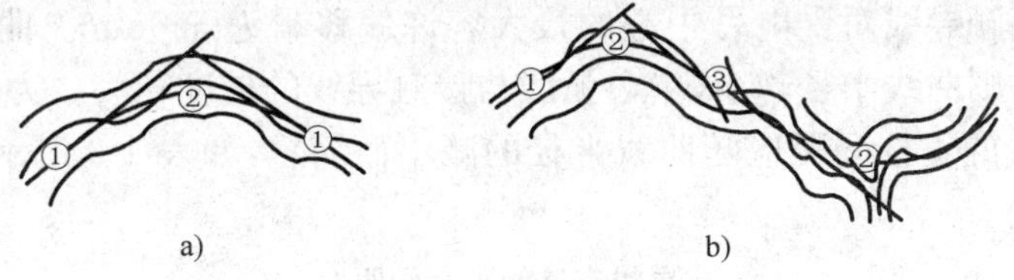

图 1-4 相连曲线半径选用

二 圆曲线

(一)曲线半径对工程和运营的影响

1. 曲线限制速度

曲线限制速度 V 由曲线半径 R、外轨实设超高 h_{SH} 和允许欠超高 h_Q 计算确定。

2. 曲线半径对工程的影响

地形困难地段，采用较小的曲线半径一般能更好地适应地形变化，减少路基、桥涵、隧道、挡土墙的工程数量，对降低工程造价有显著效果，但也会由于下列原因引起工程费用增大。

1)增加线路长度

对单个曲线来说，当曲线偏角一定时，小半径曲线的线路长度较采用大半径曲线增加，如图 1-5 所示。

$$\Delta L_Y = 2(T_D - T_X) + K_X - K_D \quad (m) \tag{1-1}$$

对一段线路来说，在困难地段采用小半径曲线，便于随地形曲折定线，从而增加曲线数目和增大曲线偏角，使线路增长(图 1-5)。

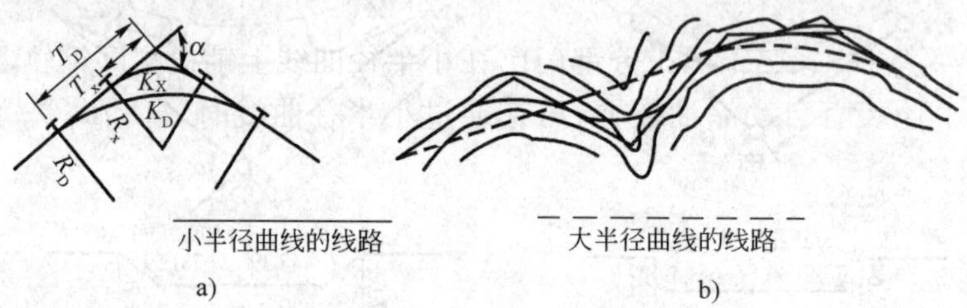

图 1-5　小半径曲线增加线路长

2)降低黏着系数

机车在小半径曲线上运行，车轮在钢轨上的纵向和横向滑动加剧，引起轮轨间黏着系数的降低，黏着系数降低，导致机车黏着牵引力的降低。

在用足最大坡度的持续上坡道上，如黏降后引起机车黏着牵引力控制，则必须在曲线范围内额外减缓坡度，因而引起线路的额外展长。

3)轨道需要加强

小半径曲线上，车轮对钢轨的横向冲击力加大。为了防止钢轨被挤压而引起轨距扩大，以及整个轨道的横向移动，所以轨道需要加强。加强的方法是装置轨撑和轨距杆，加铺轨枕，增加曲线外侧道床宽度，增铺道碴，从而增大工程投资。

4)增加接触导线的支柱数量

电力牵引时，接触导线对受电弓中心的最大容许偏移量为 500mm。曲线地段，若接触导线的支柱间距不变，则曲线半径越小，中心弧线与接触导线的矢度越大。为防止受电弓与接触导线脱离，接触导线的支柱间距应随曲线半径的减小而缩短，如表 1-3 所示，从而增加了导线支柱的数量。

导线支柱的最大间距　　表 1-3

曲线半径 R(m)	300	400	500	600	800	≥1000	∞
导线支柱最大间距(m)	42	47	52	57	62	65	65

5)增加轮轨磨耗

列车经行曲线时，轮轨间产生纵向滑动、横向滑动和横向挤压，使轮轨磨耗增加。曲线半径越小，磨耗增加越大。钢轨磨耗用磨耗指数(每通过兆吨总质量产生的平方毫米磨耗量)表示。运营部门实测的磨耗指数与曲线半径的关系曲线如图 1-6 所示。当曲线半径 $R<400$m 时，钢轨磨耗急剧加大；$R>800$m 时，磨耗显著减轻；$R>1200$m 时，磨耗与直线接近。车轮轮箍的磨耗，大致和钢轨磨耗规律相近，也是随曲线半径的减小而增大。

另外，曲线路段的钢轨磨耗，还与坡度大小和机车类型有关。曲线位于平缓坡度上时，因速度较高，牵引力不大，且一般不需要制动，故轮轨间的相互作用力较小，磨耗相应减轻；曲线位于陡峻坡度上时，因上坡时牵引力大，下坡时往往需要制动，轮轨间的相互作用力大，磨耗因而加剧。既有线加强，蒸汽机车更换为电力机车时，$R \leqslant 400$m 的曲线磨耗明显加大；这是因为蒸汽机车有导轮，动轮有横动量，且重心高对钢轨的横向推力小，因而磨耗较小；而电力机车无导轮，动轮直径小，转向架转向不灵活，且重心低，对钢轨的横向推力大，因而磨耗较大。

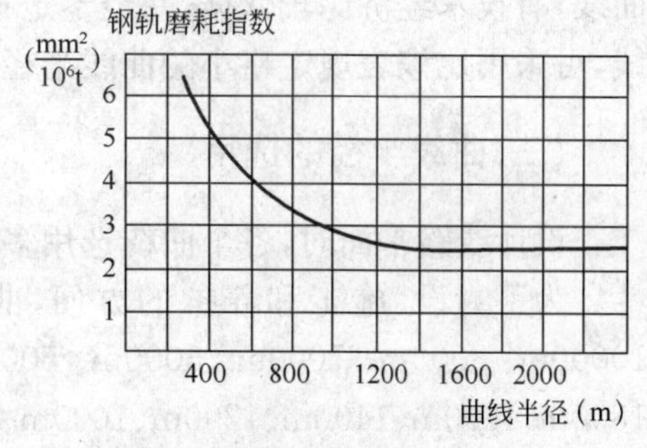

图 1-6　钢轨磨耗指数示意图

为了减少钢轨磨耗，我国很多工务部门已在小半径曲线上铺设耐磨钢轨，或在钢轨头内侧涂油；有的机车上还装有自动涂油装置，可在通过小半径曲线时，自动向钢轨轨头内侧涂油。这些措施可有效地减轻轮轨磨耗。

6)维修工作量加大，行车费用增高

小半径曲线地段，轨距、方向容易错动。采用木枕时，容易产生道钉孔扩大和垫板切入枕木等病害，钢轨磨耗严重。电力牵引时，轨面更会出现波浪形磨耗，需要打磨轨面、倒轨、换轨。这样，必将增加维修工作量和维修费用。

综合以上分析，小半径曲线在困难地段，能大量节省工程费用，但不利于运营，特别是曲线限制行车速度时，影响更为突出。因此必须根据设计线的具体情况，综合工程与运营的利弊，选定设计线合理的最小曲线半径。

(二)最小曲线半径的选定

最小曲线半径是一条干线或其中某一路段允许采用的曲线半径最小值。它是铁路主要技术标准之一，应在初步设计阶段比选确定。

《线规》规定，对采用的参数进行了细致研究，结合我国铁路的工程和运营实践，确定了各级铁路不同设计速度的最小曲线半径值，见表 1-2。

1. 曲线半径

最大的曲线半径定为 12000m，是考虑到如再增大曲线半径，因行车速度不高，行车条件的改善并不显著。相反，因曲率太小，维修工作加大，曲线也不易保持圆顺。

2. 因地制宜由大到小合理选用

各个曲线选用的曲线半径值不得小于设计线选定的最小曲线半径。小半径曲线的缺点较多，故选配曲线半径时，应遵循由大到小、宁大勿小的原则进行。选用的曲线半径应适应地形、地质、地物条件，以减少路基、挡墙、桥隧工程量，少占农田，并保证线路的安全稳定。

3. 结合线路纵断面特点合理选用

坡道平缓地段与凹形纵断面坡底地段，行车速度较高，应选配不限制行车速度的较大半径。在长大坡道地段、凸形纵断面的坡顶地段和双方向均需停车的大站两端引线地段，行车速度较低，若地形困难，选用较大的曲线半径引起较大工程时，可选用较小曲线半径。

设计线选定的最小曲线半径，一般不应小于表 1-2 所列的规定值。特殊困难地段的个别曲线，有技术经济比较依据，并经鉴定批准，I、II 级铁路在行车速度为 80km/h 路段的个别曲线，可采用比该表规定略小的曲线半径。

（三）曲线半径的选用

设计线路平面时，各个曲线选用多大的曲线半径，要考虑下列设计要求。

为了测设、施工和养护的方便，曲线半径一般应取 50m、100m 的整倍数，即 12000m、10000m、8000m、7000m、6000m、5000m、4500m、4000m、3000m、2800m、2500m、2000m、1800m、1600m、1400m、1200m、1000m、800m、700m、600m、550m、500m；特殊困难条件下，用足限坡的长大坡道坡顶地段和车站前要用足坡度上坡的地段，虽然行车速度较低，但不宜选用 600m 或 550m 以下的过小曲线半径，以免因轮轨间黏着系数降低，而使坡度减缓，额外展长路线。

地形特殊困难，不得不选用限制行车速度的小半径曲线时，这些小半径曲线宜集中设置。因分散设置要多次限速，使列车频繁减速、加速，增加能量消耗，不便于司机操纵机车，且为运营中提速、改建增加困难。

三 缓和曲线

在直线与圆曲线之间要设置缓和曲线，以保证行车平顺。

缓和曲线的作用是：在缓和曲线范围内，其半径由无限大渐变到圆曲线半径，从而使车辆产生的离心力逐渐增加，有利于行车平稳；在缓和曲线范围内，外轨超高由零递增到圆曲线上的超高量，使向心力逐渐增加，与离心力的增加相配合；当曲线半径小于 350m，轨距需要加宽时，可在缓和曲线范围内，由标准轨距逐步加宽到圆曲线上的加宽量。

设计缓和曲线时，有线形选择、长度计算、如何选用和保证缓和曲线间圆曲线的必要长度 4 个问题。本节重点介绍缓和曲线选用和圆曲线最小长度问题。

我国铁路一直采用直线形超高顺坡的三次抛物线形缓和曲线。这种缓和曲线的优点是线形简单，长度较短，计算方便，易于铺设养护。

缓和曲线长度影响行车安全和旅客舒适，拟定标准时，一要保证超高顺坡不致使车轮脱轨；二要保证超高时变率不致使旅客不适；三要保证欠超高时变率不致影响旅客舒适。缓和曲线长度应取 3 个计算值中的较大者，并进整为 10m 的倍数。《线规》规定的最小缓和曲线长度见表 1-4。

最小缓和曲线长度表 表 1-4

l_0(m) \ V(km/h)		160		140		120		100		80	
工程条件		一般	困难	一般	困难	一般	困难	一般	困难	一般	困难
曲线半径 R（m）	12000	40	40	20	20	20	20	20	20	20	20
	10000	50	40	30	20	20	20	20	20	20	20
	8000	60	50	40	20	30	20	20	20	20	20
	7000	70	50	50	30	30	30	20	20	20	20
	6000	70	50	50	30	30	20	20	20	20	20
	5000	70	60	60	40	40	30	20	20	20	20

续上表

	l_0(m) \ V(km/h)	160		140		120		100		80	
	工程条件	一般	困难	一般	困难	一般	困难	一般	困难	一般	困难
曲线半径 R(m)	4500	70	60	60	40	40	30	30	20	20	20
	4000	80	70	60	40	50	30	30	20	20	20
	3500	90	70	70	50	50	40	40	20	20	20
	3000	90	80	70	50	50	40	40	20	20	20
	2800	100	90	80	60	50	40	40	30	20	20
	2500	110	100	80	70	60	40	40	30	30	20
	2000	140	120	90	80	60	50	50	40	30	20
	1800	160	140	100	80	60	50	50	40	30	20
	1600	170	160	110	100	70	60	50	40	40	20
	1400			130	110	80	70	60	40	40	20
	1200			150	130	90	80	60	50	40	30
	1000					120	100	70	60	40	30
	800					150	130	80	70	50	40
	700							100	90	50	40
	600							120	100	60	50
	550							130	110	60	50
	500									60	50

四 夹直线

两缓和曲线间圆曲线的最小长度，应保证行车平稳，并考虑维修方便。《线规》规定：圆曲线的最小长度和夹直线相同，见表 1-5。

圆曲线和夹直线最小长度　　表 1-5

路段旅客列车设计行车速度(km/h)	160	140	120	100	80
圆曲线和夹直线最小长度(m)	130 (80)	110 (70)	80 (50)	60 (40)	50 (30)

注：括号内的数值为特殊困难条件下，经技术经济比选后方可采用的圆曲线或夹直线最小长度。

设计线路平面时，若曲线偏角较小，设置缓和曲线后，圆曲线长度达不到规定值，则宜加大半径，增加圆曲线长度。如条件限制，不易加大曲线半径或加大后仍不能满足要求时，则可采用较短的缓和曲线长度，或适当改动路线平面。

第三节　区间线路纵断面设计

一 坡度

线路纵断面是由长度不同、陡缓各异的坡段组成的。坡段的特征用坡段长度和坡度值表示，如图 1-7 所示。坡段长度 L_i 为坡段两端变坡点间的水平距离(m)。坡度值 i 为该坡段两端变坡点的高差 H_i(m)与坡段长度 L_i(m)的比值，以千分数表示，即：

$$i=\frac{H_i}{L_i}\times 1000(‰)$$

上坡取正值，下坡取负值。如坡度为4‰，即表示每千米高差为4m。

线路纵断面设计，除在初步设计阶段确定最大坡度外，主要包括坡段长度、坡段连接与坡度折减等问题。以下分别阐述其设计要求、技术标准和相互配合问题。

二 坡段长度

相邻两坡段的坡度变化点称为变坡点。相邻两变坡点间的水平距离称为坡段长度。

从运营角度看，列车通过变坡点时，变坡点前后的列车运行阻力不同，车钩间存在游间，将使部分车辆产生局部加速度，影响行车平稳；同时也使车辆间产生冲击作用，增大列车纵向力。坡段长度要保证不致产生断钩事故。

从工程数量上看，采用较短的坡段长度可更好地适应地形起伏，减少路基、桥隧等工程数量（图1-8）。但最短坡段长度应保证坡段两端所设的竖曲线不在坡段中间重叠。

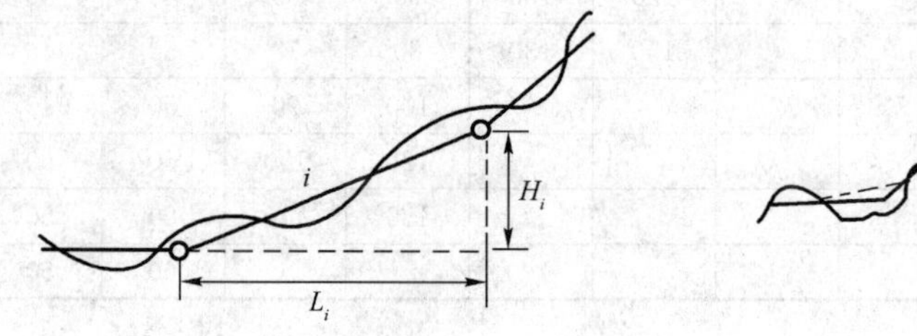

图1-7 坡度示意

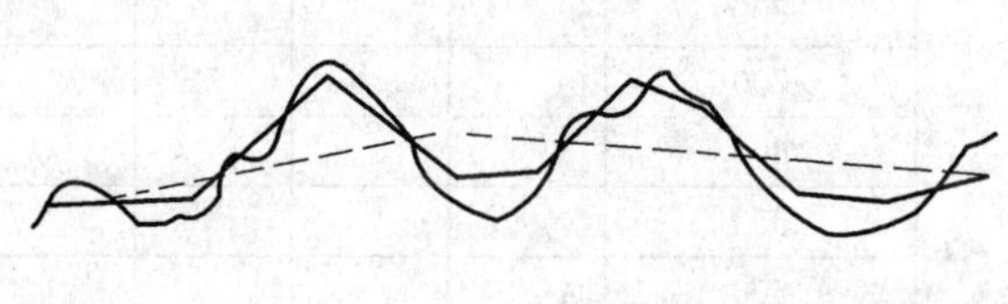

图1-8 坡段长度示意

货车车钩强度允许的纵向力，拉伸力取980kN，压缩力取1960kN。在可能设置的最大坡度代数差和列车非稳态运行（如紧急制动、由缓解到牵引）的不利工况下，坡段长度所决定的车钩应力与列车牵引吨数有直接关系，牵引吨数用远期到发线有效长度表示。经过铁道科学研究院的理论计算与实践验证，《线规》规定了一般路段的最小坡段长度，见表1-6。

最小坡段长度（m） 表1-6

远期到发线有效长度	1050	850	750	650
最小坡段长度	400	350	300	250

为了因地制宜节省工程，在下列情况下，坡段长度允许缩短至200m。

（1）凸形纵断面坡顶为缓和坡度差而设置的分坡平段，其长度宜为200m，如图1-9a）所示；凹形纵断面底部为缓和坡度代数差而设置的分坡平段，其长度仍按表1-6取值，如图1-9b）所示。

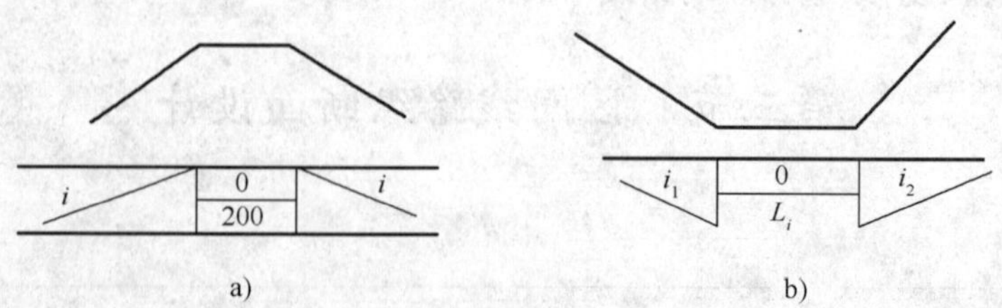

图1-9 凸形和凹形坡段长度示意

（2）因最大坡度折减而形成的坡段如图1-10a）所示，包括折减坡段及其中间无需折减的坡段，这些坡段间的坡度差较小，坡长可以缩短。

(3)在两个同向坡段之间，为了缓和坡度差而设置的缓和坡段如图1-10b)所示，缓和坡段使纵断面上坡度逐步变化，对列车运行平稳有利，故允许缩短为200m。

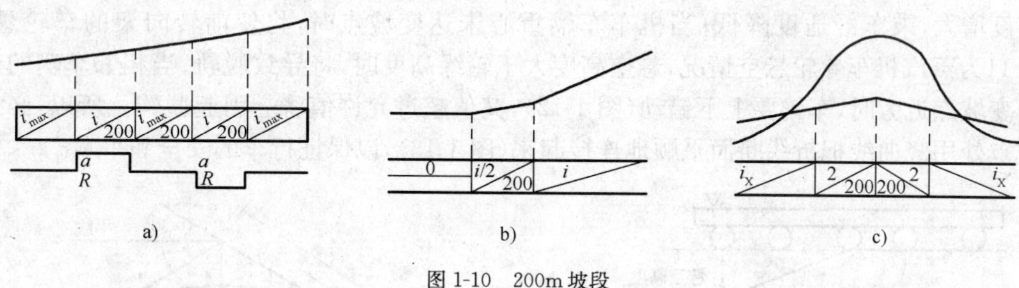

图1-10　200m坡段

(4)长路堑内，为排水而设置的人字坡段如图1-10c)所示。人字坡段的坡度一般不小于2‰，以利于路堑侧沟排水。

三　坡段连接

(一)相邻坡段坡度差

纵断面的坡段有上坡、下坡和平坡。上坡的坡度为正值，下坡的坡度为负值，相邻坡段坡度差的大小，应以代数差的绝对值Δi表示。如前一坡段的坡度i_1为4‰下坡，后一坡段的坡度i_2为2‰上坡，则坡度差Δi为：$\Delta i=|i_1-i_2|=|(-4)-(-2)|=6‰$。

相邻坡段的坡度差，都是以保证列车不断钩来制订的。20世纪60年代前后，我国沿用国外的经验，曾规定坡度差不能大于限制坡度值的一半，但实际调查中发现，不少大于限制坡度值的坡度差，运营中并未发生断钩事故，故20世纪70、80年代的《线规》规定：坡度差不应大于重车方向的限制坡度值。近年来，根据铁道科学研究院的理论研究、模拟计算和现场试验，列车通过变坡点时的纵向力有如下规律。

(1)列车纵向力随变坡点坡度差值的增大而有所增大。

(2)凸形纵断面列车纵向拉力增大，压力减小；凹形纵断面拉力减小，压力增大。

(3)列车通过变坡点时的纵向力主要取决于列车牵引吨数(列车长度)、机车操纵工况和纵断面形式。

根据列车通过变坡点时产生的纵向力不大于车钩强度，即保证列车不断钩，进行计算，最大坡度差可以达到2倍限制坡度值。但考虑到远期列车牵引吨数可能增大，最大坡度差应留有适当余量，故以远期到发线有效长度作为拟定坡度差的参数。《线规》对最大坡度差的规定如表1-7所示。

最大坡度代数差　　表1-7

远期到发线有效长度(m)		1050	850	750	650	550
最大坡度差(‰)	一般	8	10	12	15	20
	困难	10	12	15	18	25

(二)竖曲线

在线路纵断面的变坡点处设置的竖向圆弧称为竖曲线。

1. 竖曲线的设置条件

在线路纵断面上，若各坡段直接连接成折线，列车通过变坡点时，产生的车辆振动和局部加速度增大，乘车舒适度降低；当机车车辆重心未达变坡点时，将使前转向架的车轮悬空，图 1-11为蒸汽机车导轮悬空情况；悬空高度大于轮缘高度时，将导致脱轨；当相邻车辆的连接处于变坡点近旁时，车钩要上下错动(图 1-12)，其值超过允许值将会引起脱钩。所以，必须在变坡点处用竖曲线把折线断面平顺地连接起来(图 1-13)，以保证行车的安全和平顺。

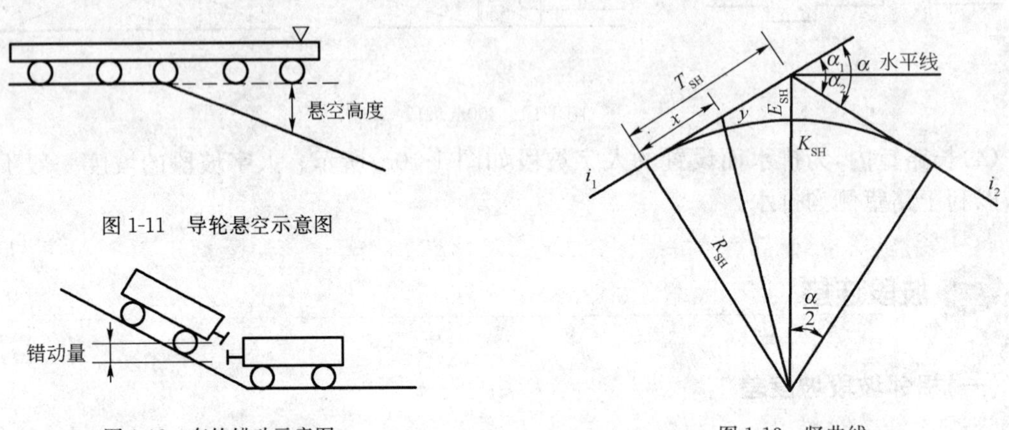

图 1-11　导轮悬空示意图

图 1-12　车钩错动示意图

图 1-13　竖曲线

据此，《线规》规定：

(1)路段设计速度为 160km/h 的地段，当相邻坡段的坡度代数差大于 1‰时，要设置竖曲线，竖曲线半径应采用 15000m。

(2)路段设计速度小于 160km/h 的地段，当相邻坡段的坡度代数差大于 3‰时，此时要设置竖曲线，竖曲线半径应采用 10000m。

2. 竖曲线的几何要素

1)竖曲线切线长 T_{SH}

由图 1-13 知：

$$
\begin{aligned}
T_{SH} &= R_{SH}\cdot\tan\frac{\alpha}{2}\approx\frac{R_{SH}}{2}\cdot\tan\frac{\alpha}{2}=\frac{R_{SH}}{2}\cdot\tan\mid\alpha_1-\alpha_2\mid \\
&=\frac{R_{SH}}{2}\left|\frac{\tan\alpha_1-\tan\alpha_2}{1+\tan\alpha_1\cdot\tan\alpha_2}\right|\approx\frac{R_{SH}}{2}\mid\tan\alpha_1-\tan\alpha_2\mid \\
&=\frac{R_{SH}}{2}\left|\frac{i_1}{1000}-\frac{i_2}{1000}\right| \\
&=\frac{R_{SH}\cdot\Delta i}{2000}
\end{aligned}
\tag{1-2}
$$

式中：α——竖曲线的转角，(°)；

α_1、α_2——前后坡段与水平线的夹角，(°)，上坡为正值，下坡为负值；

i_1、i_2——前后坡段的坡度(‰)，上坡为正值，下坡为负值；

Δi——坡度差的绝对值。

I、II 级铁路，$V_{max}\geqslant 160$km/h，$T_{SH}=7.5\Delta i$(m)；$V_{max}<160$km/h，$T_{SH}=5\Delta i$(m)；

III、IV 级铁路，$T_{SH}=2.5\Delta i$(m)。

2)竖曲线长度 K_{SH}

$$K_{SH} \approx 2T_{SH} \quad (m) \tag{1-3}$$

3)竖曲线纵距 y

因
$$(R_{SH}+y)^2=R_{SH}^2+x^2$$

$$2R_{SH} \cdot y=x^2-y^2 (y^2 \text{ 值很小,略去不计})$$

故
$$y=\frac{x^2}{2R_{SH}}(m) \tag{1-4}$$

式中:x——切线上计算点至竖曲线起点的距离。

变坡点处的纵距称为竖曲线的外矢距 E_{SH},计算式为:

$$E_{SH}=\frac{T_{SH}^2}{2R_{SH}}(m) \tag{1-5}$$

变坡点处的路基面高程,应根据变坡点的设计高程,减去(凸形变坡点)或加上(凹形变坡点)外矢距的高度;路基填挖高度应根据路基面高程计算。

当变坡点处的坡度差 Δi 不大时,竖曲线的外矢距值 E_{SH} 很小;施工中,路基面不易做出竖曲线线形,故变坡点处的设计高程可按折线断面计算,不需计入外矢距的调整值。铺轨时,变坡点处的轨面能自然形成竖曲线,并不影响行车的安全和平稳。至于变坡点的道碴厚度,仅需较标准厚度增减 10~11.5mm,也不会影响轨道强度。

【例 1-1】 某Ⅰ级铁路,设计时速为 140km/h,凸形变坡点 A 的地面高程为 476.50m,设计高程为 472.36m,相邻坡段坡度为 $i_1=6‰$,$i_2=-2‰$,求 A 点的挖方高度。

A 点的坡度差 Δi:

$$\Delta i=|6-(-2)|=8(‰)$$

A 点的竖曲线切线长 T_{SH}:

$$T_{SH}=5 \cdot \Delta i=40(m)$$

A 点的竖曲线外矢矩 E_{SH}:

$$E_{SH}=\frac{T_{SH}^2}{2R_{SH}}=\frac{40^2}{2\times 10000}=0.08(m)$$

A 点的路基面高程为: 472.36-0.08=472.28(m)

A 点的挖方高度为: 476.50-472.28=4.22(m)

3.设置竖曲线的限制条件

1)竖曲线不应与缓和曲线重叠

竖曲线范围内,轨面高程以一定的曲率在变化。缓和曲线范围内,外轨高程以一定的超高顺坡在变化。如两者重叠,一方面在轨道铺设和养护时,外轨高程不易控制;另一方面外轨的直线形超高顺坡和圆形竖曲线都要改变形状,影响行车的平稳。为了保证竖曲线不与缓和曲线重叠,纵断面设计时,变坡点离开缓和曲线起终点的距离,不应小于竖曲线的切线长(图 1-14)。

2)竖曲线不应设在明桥面上

在明桥(无碴桥)面上设置竖曲线时,其曲率要用木枕高度调整,每根木枕厚度都不同,并要按固定位置顺序铺设,给施工、养护带来困难。为了保证竖曲线不设在明桥面上,变坡点距明桥面端点的距离，不应小于竖曲线的切线长(图 1-15)。

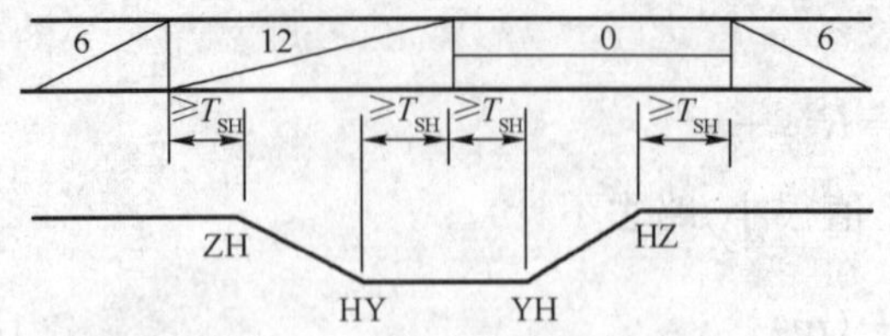

图 1-14　变坡点距缓和曲线起讫点的距离

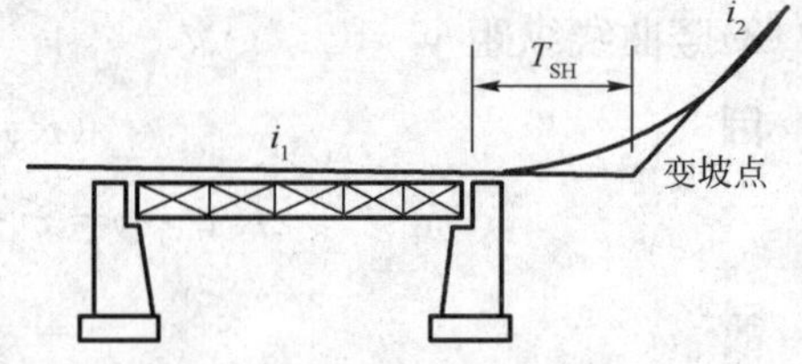

图 1-15　变坡点距明桥面桥头的距离

3)竖曲线不应与道岔重叠

道岔的尖轨和辙叉应位于同一平面上，如将其设在竖曲线的曲面上，则道岔的铺设与转动都有困难；同时道岔的导曲线和竖曲线重合，列车通过道岔的平稳性降低。为了保证竖曲线不与道岔重叠，变坡点与车站站坪端点的距离，不应小于竖曲线的切线长。

四　最大坡度的折减

线路纵断面设计时，在需要用足最大坡度(包括限制坡度与加力牵引坡度)的地段，当平面上出现曲线和遇到长于 400m 的隧道时，因为附加阻力增大、黏着系数降低，而需将最大坡度值减缓，以保证普通货物列车通过该地段的速度不低于计算速度或规定速度。此项工作称为最大坡度的折减。

第四节　桥涵、隧道、路基地段的平纵断面设计

一　桥涵地段的平纵断面设计

桥梁按其长度可划分为：特大桥(桥长大于 500m)、大桥(桥长 100m 以上至 500m)、中桥(桥长 20m 以上至 100m)和小桥(桥长 20m 及以下)。涵洞孔径一般为 0.75～6.0m。

(一)桥涵地段的平面设计

小桥和涵洞对线路平面无特殊要求。

特大桥、大桥宜设在直线上，困难条件下必须设在曲线上时，宜采用较大的曲线半径。桥梁设在曲线上有以下缺点：桥梁结构设计和施工不便；更换钢轨和整正曲线比较困难；线路位置容易变形造成过大偏心，对墩台受力不利；曲线上行车摇摆对桥梁受力和运行安全均不利。

明桥面桥应设在直线上。如设在曲线上，因桥梁上未铺道碴，线路很难固定，轨距不易保持，影响行车安全；明桥面桥上的曲线外轨超高要用桥枕高度调整，铺设和抽换轨枕比较困难。确有充分技术经济依据时，方可将跨度大于 40m、或桥长大于 100m 的明桥面桥设在半径小于 1000m 的曲线上。

明桥面桥不应设在反向曲线上。如将桥梁设在反向曲线上，列车通过时，将产生剧烈摆动，影响运营安全；同时线路养护不易正确就位，桥梁产生偏心，有害于桥梁受力，明桥面桥更

为严重。所以只有道碴桥面的桥梁,在困难条件下,才允许设在反向曲线上,并应尽量采用较长的夹直线。

桥梁上采用的曲线半径,应不限制桥梁跨度的合理选用,常用定型梁的允许最小曲线半径。

连接大桥的桥头引线,应采用桥梁上的平面标准。如设计为曲线时,半径不应小于该路段的最小曲线半径,并应考虑采用架桥机架梁时,对桥头引线曲线半径的要求。

(二)桥涵地段的纵断面设计

涵洞和道碴桥面桥可设在任何纵断面的坡道上。

明桥面桥宜设在平道上。设在坡道上时,由于钢轨爬行的影响,线路难于锁定,轨距也不易保持,给线路养护带来困难,也影响行车安全。如果必须设在坡度上时,坡度不宜大于4‰,以免列车下坡时,在桥上制动增加钢轨爬行,所以如将跨度大于40m,或桥长大于100m的明桥面设在大于4‰的坡道上,应有充分技术经济依据。

明桥面桥上不应设置竖曲线,以免调整轨顶高程引起铺设和养护的困难。所以纵断面设计时,应使变坡点距明桥面桥两端不小于竖曲线切线长,如图1-15所示。

桥涵处的路肩设计高程,涵洞处应不低于水文条件和构造条件所要求的最低高度;桥梁处应不低于水文条件和桥下净空高度所要求的最低高度;平原地区通航河流上的大型桥梁,为了保证桥下必要的通航净空,并使两端引线高程降低,可在桥上设置凸形纵断面。

二 隧道地段的平纵断面设计

(一)隧道地段的线路平面

隧道内的测量、施工、运营、通风和养护等条件均比空旷地段差,曲线隧道更为严重,所以隧道宜设在直线上;如地形地质等条件限制必须设在曲线上时,宜将曲线设在洞口附近,并采用较大的曲线半径。

隧道不宜设在反向曲线上。必须设在反向曲线上时,其夹直线长度不宜小于44m,以免两端的曲线加宽发生重叠,使施工复杂。

当直线隧道外的曲线接近洞口时,应使直缓点或缓直点与洞门的距离不小于25m,以免引起洞口和洞身的衬砌加宽。

(二)隧道地段的线路纵断面

隧道内的线路纵断面可设置为单面坡或人字坡。单面坡能争取高度,且有利于长隧道的运营通风;人字坡有利于施工中的排水和出碴。需要用足最大坡度路段的隧道,为了争取高度,一般应设计为单面坡。

越岭隧道,当地下水发育,且地形条件允许时,应设计为人字坡。人字坡的长隧道,由于通风不良,当使用内燃与蒸汽牵引时,双方向上坡列车排出的废气与煤烟,污染隧道,恶化运营和维修工作条件,因此必要时应采用人工通风。

隧道内的坡度不宜小于3‰,以利排水。严寒地区在最冷月平均气温低于−5℃,且地下水发育的隧道,可适当加大坡度,以减少冬季排水结冰堆积的影响。

三 路基对线路纵断面的要求

大中桥的桥头引线、水库地区和低洼地带的路基的路肩设计高程，应不小于设计水位＋壅水高度＋波浪侵袭高度＋0.5m。

小桥涵洞附近的路基的路肩设计高程，应不小于设计水位＋壅水高度＋0.5m。

长大路堑内的设计坡度不宜小于2‰，以利侧沟排水。当路堑长度在400m以上，且位于凸形纵断面的坡顶时，可设计为坡度不小于2‰、坡长不小于200m的人字坡。

第五节 站坪的平面和纵断面设计

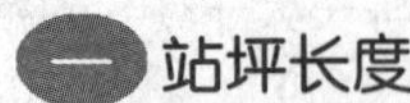

站坪长度

站坪长度 L_z 由远期到发线有效长度和两端道岔咽喉区长度 L_{yh} 决定，如图1-16所示。站坪长度不包括站坪两端竖曲线的切线长度。

站坪长度根据正线数目、车站类别、车站股道布置形式和远期到发线有效长度等条件确定。车站类别不同，股道数量不同，则站坪两端咽喉区长度不同；股道布置形式和到发线有效长度，则决定站坪中段的长度。站坪长度一般可采用不小于表1-8所列的数值。

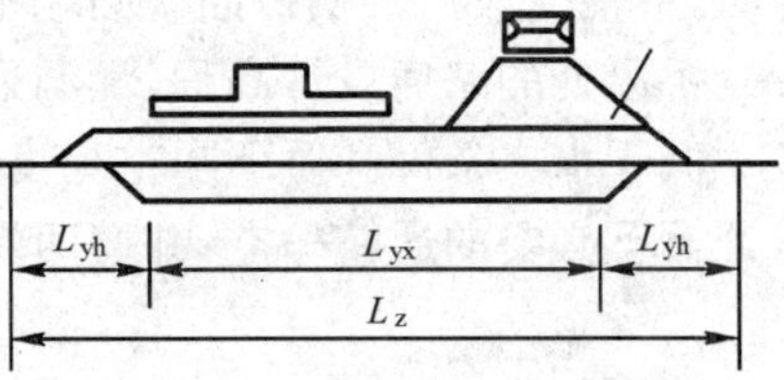

L_{yh}　L_{yx}　L_{yh}　L_z

图1-16　站坪长度

站坪长度表　　表1-8

车站种类	车站布置形式	远期到发线有效长度(m)						
		1050		850		750		650
		单线	双线	单线	双线	单线	双线	单线
会让站、越行站	横列式	1450	1700	1250	1500	1150	1400	1050
中间站	横列式	1600	2000	1400	1800	1300	1700	1200
区段站	横列式	2000	2500	1800	2300	1700	2200	1600
	纵列式	3500	4000	3100	3600	2900	3400	2600

表列站坪长度未包括站坪两端的竖曲线长度。站坪两端变坡点的坡度差大于3‰(Ⅰ、Ⅱ级铁路)和4‰(Ⅲ级铁路)时，变坡点应设在站坪端点外侧不短于竖曲线切线长的处所。

表列的站坪长度、会让站、越行站和中间站系按正线全部采用12号道岔确定的；区段站系按旅客列车进路采用12号道岔、正线其他进路采用9号道岔确定的。若条件不同，站坪长度应计算确定。

表1-8列数值是按一般车站计算的。站内如有其他铁路接轨时，站坪长度应根据计算确定。复杂中间站、区段站的站坪长度，可按实际情况计算确定。

表1-8列数值系单机牵引的站坪长度，双机或多机牵引时，应根据增加的机车台数和机车长度，相应增大有效长度和站坪长度。

二 站坪的线路平面

(一)车站正线的平面标准

车站要进行技术作业，为了作业的安全和方便，站坪应设在直线上。但受地形条件限制，设在直线上会增加大量工程，所以在特殊困难条件下，才允许将站坪设在曲线上。

车站设在曲线上，在运营上有如下缺点：

(1)站内瞭望视线不良，使接发列车、调车和列检作业条件复杂化，不仅增加传递信号的时间，降低效率，有时还可能误认信号，影响作业安全。

(2)列车起动时，增加了曲线附加阻力。

车站的规模越大，作业越多，上述影响则越严重。因此《线规》按旅客列车路段设计行车速度，对最小曲线半径作出如下规定：

区段站应设在直线上；特殊困难条件下，如有充分依据可设在曲线上，其曲线半径不得小于表 1-9 中的数值。

车站最小曲线半径 表 1-9

<table>
<tr><td colspan="4">路段旅客列车设计时速(km/h)</td><td>160</td><td>140</td><td>120</td><td>100</td><td>80</td></tr>
<tr><td rowspan="3">最小曲线半径(m)</td><td colspan="3">区段站</td><td>1600</td><td>1200</td><td colspan="3">800</td></tr>
<tr><td rowspan="2">中间站、会让站、越行站</td><td rowspan="2">工作条件</td><td>一般</td><td>2000</td><td>1600</td><td>1200</td><td>800</td><td rowspan="2">600</td></tr>
<tr><td>困难</td><td>1600</td><td>1200</td><td>800</td><td>600</td></tr>
</table>

中间站、会让站、越行站宜设在直线上；困难条件下需设在曲线上时，应采用较小的曲线转角和较大的曲线半径，最小圆曲线半径应不小于表 1-9 中的规定。以保证远期旅客列车可以按设计速度通过车站。特殊困难条件下，III 级铁路路段设计行车速度为 80km/h 时，中间站、会让站、越行站的最小圆曲线半径可采用 500m。

(二)站坪设在反向曲线上的规定

横列式车站不应设在反向曲线上，以免更加恶化瞭望条件，降低效率，影响作业安全。

纵列式车站如设在反向曲线上时，则每一运行方向的到发线有效长度范围内，不应有反向曲线。

(三)车站咽喉区应设在直线上

车站咽喉区范围内有较多道岔，道岔设在曲线上有严重缺点。如尖轨不密贴且磨耗严重，道岔导曲线和直线部分不好连接，轨距复杂不好养护，列车通过时摇晃厉害且易脱轨。曲线道岔又需特别设计和制造。所以车站咽喉的正线应设在直线上。

三 站坪的线路纵断面

(一)站坪的坡度

站坪宜设在平道上，以确保车站作业的方便和安全。但在自然纵坡较陡的地形条件下，为了节省大量工程或争取线路高度，允许将站坪设在坡道上，但设计坡度应满足下列要求。

1. 保证车站停放的车辆不致溜逸和站内调车作业的安全

《线规》规定：站坪宜设在平道上，困难条件下必须把站坪设在坡度上时，坡度一般不应大于1.5‰，以保证站内调车的安全与方便。

在特殊困难条件下，有充分技术经济依据时，允许将会让站、越行站设在不陡于6‰的坡道上，以免列车进站下坡停车和出站上坡起动发生困难。

2. 保证停站列车顺利起动

在列车起动范围内如有曲线时，则列车长度内包括曲线附加阻力的加算坡度值不应大于最大起动坡度。

若站坪范围内设计为两个坡段，应考虑列车位于最不利的位置时，列车长度内的平均加算坡度不大于最大起动坡度。

（二）站坪的坡段

站坪范围内，一般设计为一个坡段。为了减少工程，也可将站坪设计在不同的坡段上。

车站道岔咽喉区的正线坡度宜与站坪坡度相同。特殊困难条件下，可将咽喉区设在限制坡度减2‰的坡道上，这是因为咽喉区的道岔附加阻力大约为20 N/t。但区段站、客运站不得大于2.5‰，中间站、会让站、越行站不得大于10‰。

（三）旅客乘降所

旅客乘降所允许设在旅客列车能够起动的坡道上，但不宜大于8‰，在特殊困难条件下，有充分技术经济依据时，可设在大于8‰的坡道上。

四 站坪两端的线路平面和纵断面

（一）竖曲线和缓和曲线不应伸入站坪

在纵断面上，竖曲线不应伸入站坪。站坪端点至站坪外变坡点的距离不应小于竖曲线的切线长度 T_{SH}，如图1-17右端所示。

在平面上，缓和曲线不应伸入站坪。站坪端点至站坪外曲线交点的距离不应小于曲线的切线长度 T_1，如图1-17左端所示。

若站坪两端的线路，在平面上有曲线，在纵断面上有竖曲线，则应考虑竖曲线不与缓和曲线重叠的要求，如图1-17右端所示，曲线交点距站坪端点的距离不应小于 $2T_{SH}+T_2$。

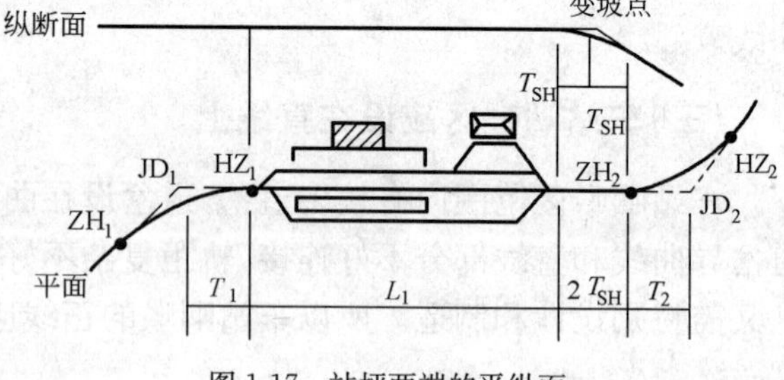

图1-17 站坪两端的平纵面

（二）进站起动缓坡

《线规》规定：限制坡度小于或等于6‰的内燃牵引铁路，编组站、区段站和接轨站进站信号机前的线路坡度不能保证货物列车顺利起动时，应设置起动缓坡，除地形困难者外，其他车站也宜设置。

起动缓坡长度应不短于远期到发线有效长度。进站信号机一般设于距进站道岔尖轨尖端(顺向道岔为警冲标)不少于 50m 的地点,起动缓坡设在进站信号机前方。

(三)出站加速缓坡

车站前方有长大上坡道时,为使列车出站后能较快加速,缩短运行时分,在地形条件允许时,宜在站坪外上坡端设计一段坡度较缓的坡段,这种缓坡称为出站加速缓坡。当地形困难时,应绘制速度距离曲线进行检查,判断列车尾部进入限制坡道上时,是否能达到计算速度;如未达到计算速度;则需设置加速缓坡,以免列车运行困难。

计算表明,内燃机车的起动牵引力较大,且计算速度较低,一般在站坪范围内即可加速到计算速度,不需要设置加速缓坡。电力机车因计算速度高,蒸汽机车因起动牵引力小,所以在站前为限制坡道上坡的情况下,要加以检算,必要时需设置加速缓坡。

(四)站坪与区间纵断面的配合

地形条件允许时,站坪尽可能设在两端坡度较缓、升高不大的凸形纵断面顶部,以利于列车进站减速和出站加速。设在凹形纵断面底部的站坪,不利于列车进站减速和出站加速,对运营是不利的。

第六节　线路平面图和纵断面图

线路平面图和纵断面图是铁路设计的基本文件。在各个设计阶段都要编制要求不同、用途不同的各种平纵面图,其比例尺、项目内容和详细程度均不相同。各种平纵面图都有标准的格式和要求,设计时,可参照铁道部通用图《铁路线路图式》。

现从教学出发,介绍线路平面图和详细纵断面图的基本要求和图中数据计算的方法。

一　线路平面图

线路平面图,是在绘有初测导线和经纬距的大比例带状地形图上,设计出线路平面和标出有关资料的平面图,见图 1-18。

1. 线路里程和百米标

整千米处注明线路里程,里程前的符号初步设计用 CK,技术设计用 DK。千米标之间的百米标注上百米标数。数字写在线路右侧,面向线路起点书写。两方案或两测量队衔接处,应在图上注明断链和断高关系。

2. 曲线要素及其起终点里程

曲线交点应标明曲线编号,曲线转角应加脚注 Z 或 Y,表示左转角或右转角。曲线要素应平行线路写于曲线内侧。曲线起点 ZH 和终点 HZ 的里程,应垂直于线路写在曲线内侧。

3. 线路上各主要建筑物

沿线的车站、大中桥、隧道、平立交道口等建筑物,应以规定图例符号表示,并注明里程、类型和大小。如有改移公路、河道时,应绘出其中线。

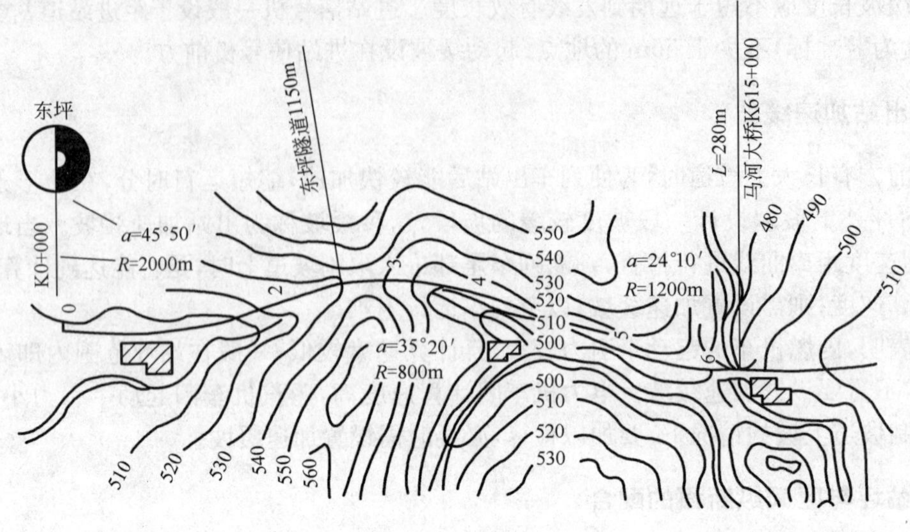

图 1-18　线路平面图

4. 初测导线和水准基点

图中连续的折线表示初测导线，导线点符号为 C，脚注为导线点编号。图中应绘出水准基点的位置、编号及高程，其符号为 BM。

二　详细纵断面图

详细纵断面图，横向表示线路的长度，竖向表示高程，见图 1-19。

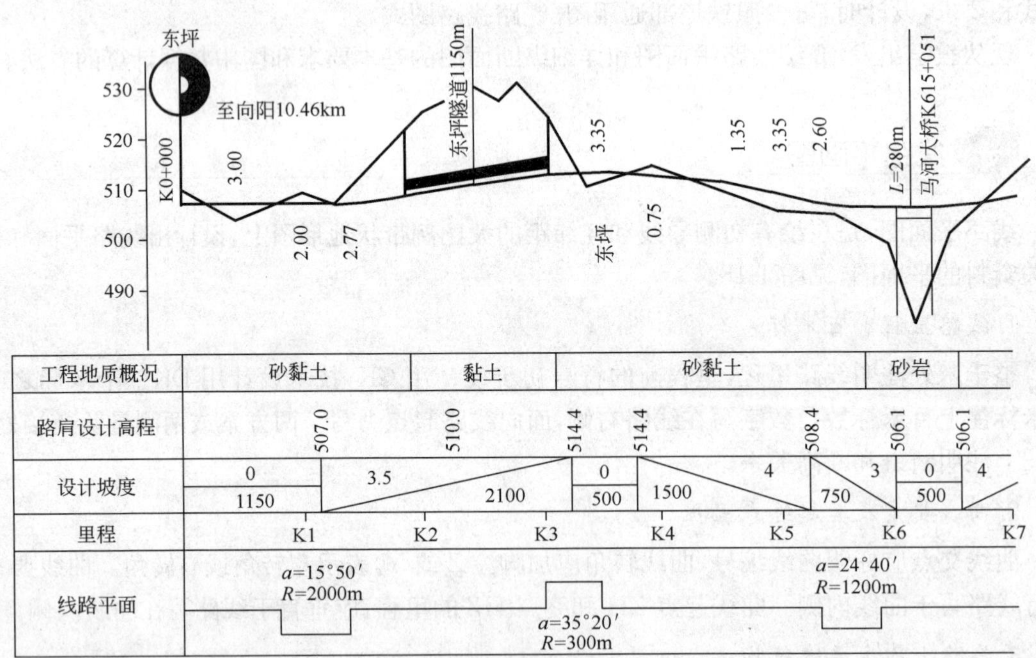

图 1-19　线路纵断面图

1. 线路资料和数据

该部分内容标注在图的下方，自下而上的顺序如下。

(1)连续里程：一般以线路起点车站的旅客站房中心线处为零起算，在整千米处注明里程。

(2)线路平面：是表示线路平面的示意图。凸起部分表示右转曲线，凹下部分表示左转曲线。凸起与凹下部分的转折点依次为 ZH、HY、YH、HZ 点。在 ZH 和 HZ 点处要注上距前 100m 的距离。曲线要素注于曲线内侧。两相邻曲线间的水平线为直线段，要标注其长度。

(3)百米标与加标：在整百米标处标注百米标数，加标处应标注距前 100m 的距离。

(4)地面高程：各百米标和加标处应填写地面高程。在地形图上读取高程时，精度为 1/10 的等高线距；外业测得的高程，精度为 0.01 m。

(5)设计坡度：向上或向下的斜线表示上坡道或下坡道，水平线表示平道。线上数字表示坡度的千分数，单位为‰，坡度值一般为整数，如遇曲线折减、车站和困难地段可用至小数一位；线下数字表示坡度长度(m)。

(6)路肩设计高程：图上应标出各变坡点、百米标和加标处的路肩设计高程，精度为 0.01m。

(7)工程地质特征：扼要填写沿线各路段重大不良地质现象、主要地层构造、岩性特征、水文地质等情况。

2. 纵断面示意图

此内容绘于图的上方，表示线路纵断面概貌和沿线建筑物特征。细线表示地面线，粗线表示路肩高程线，见图 1-19。

纵断面示意图的左方，应标注线路的主要技术标准。

车站符号的左、右侧，应写上距前、后车站的距离和前、后区间的往返走行时分。

设计路肩高程线的上方，要求标出线路各主要建筑物的名称、里程、类型和大小。

绘出断链标和水准基点标的位置和数据。

第七节　中间站概述

车站是铁路运输的生产基地。铁路运输的各种客货运输作业和技术作业，如旅客乘降、货物装卸、列车会让、更换机车及摘挂车辆等都是在车站进行。

车站按其技术作业的不同，分为中间站、区段站和编组站。

中间站，主要办理列车会让和越行，向货场或专用线取送车辆以及车辆摘挂等作业，有的中间站还办理机车上水或列车检查等作业。

区段站，是铁路网上划分牵引区段的地点，除办理机车更换、零摘列车的编组和解体等技术作业外，主要任务之一是为邻接区段供应列车机车。因此，在区段站上均设有机务段(基本段或折返段)，这是区别区段站和中间站的明显标志。

编组站，是比区段站更为大型的车站，除办理区段站所有的技术作业外，还要办理大量的货物列车解体，并按计划所规定的编组去向，编成直达列车、区段列车、小运转列车等各种货物列车，设有比较完整的驼峰调车设备和牵出线。

由于中间站在铁路线上分布较广，故本章仅对中间站的设计进行简述。

中间站的作业和布置图形

中间站的作业有两类。

(1)商务作业:出售客票,旅客乘降;行李和包裹的收发和保管;货物的承运保管和交付。

(2)技术作业:办理列车会让、越行和通过,摘挂、零担列车的调车、取送车及装卸作业。

在蒸汽牵引铁路上,给水中间站还要办理机车上水、清灰及检查作业,在机车折返的中间站及补机始终点的中间站尚需办理机车的转向和整备作业。

中间站在站内一般设有货场和货物装卸线。单线和双线铁路上常见的布置图形如图 1-20、图 1-21 所示。

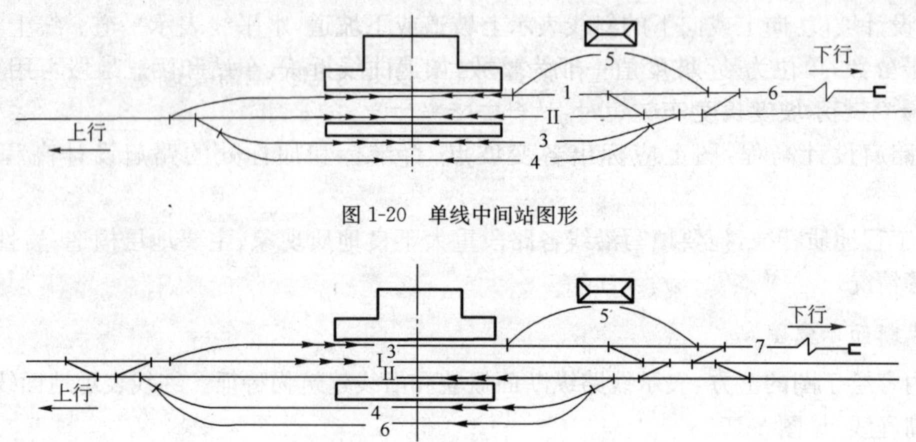

图 1-20　单线中间站图形

图 1-21　双线中间站图形

(一)客运设备

中间站的客运设备一般包括旅客站房、旅客站台、平过道及跨线设备。

1. 旅客站房

旅客站房一般设在靠近城乡居民区一侧,并尽量设在站场中部,以方便旅客乘降。旅客站房与最近的股道中心线应保持一定的距离,使站房一侧有增加股道的可能。一般情况下,站房突出部分的外墙面至站台边缘宜采用 8～20 m,在困难条件下可采用较小距离,但应不小于基本站台的宽度。

旅客站房一般应与基本站台在同一高度上。地形困难时,在保证值班员瞭望的条件下,也可高于或低于基本站台。

旅客站房的规模,由同一时间内旅客最多候车人数决定。中间站旅客站房的轨面多属中、小型,一般采用定型设计。常用的小型站房定型设计有容量为 25 人、50 人、100 人、200 人及 400 人五种。

2. 旅客站台

为便利旅客上下车和行李装卸,应修建旅客站台。旅客站台分为基本站台和中间站台两种,靠近站房一侧的为基本站台,设在线路中间的为中间站台。如图 1-22 所示,中间站台应与基本站台相隔两股道而设于 II、III 道之间,以提高利用效率,并便于养护。客运量不大时,中间站台可缓设。

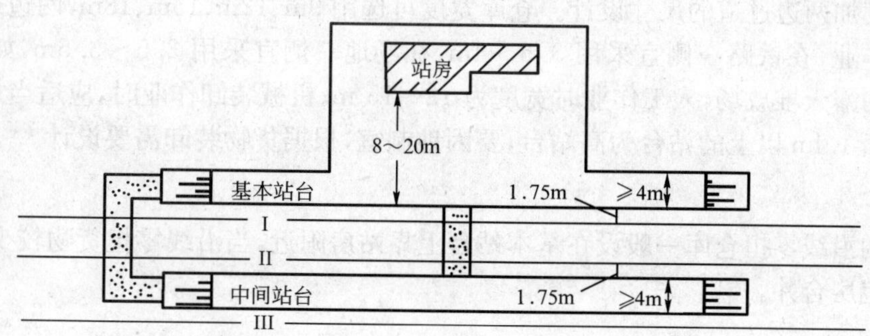

图 1-22　中间站客运设备

旅客站台的长度按近期客流量和旅客列车长度并考虑扩编需要确定，一般应设为 300～550 m，客流量较小、旅客列车较短时，站台应适当加宽。

旅客基本站台的宽度，在站房范围内不应小于 6 m，其余部分不应小于 4 m。中间站台宽度不小于 4 m。站台设有跨线设备时，站台应适当加宽。

旅客站台的高度，邻靠正线及通行超限货物列车的线路的站台，应受限界的限制，高出轨面 300 mm，其他线路站台可高出轨面 500mm。仅在特殊需要时，才采用高出轨面 1100mm 的高站台。站台面为了排水而设的横向坡度不宜过大，一般采用向站台边缘倾斜 2%的坡度。

3. 平过道及跨线设备

基本站台和中间站台之间，为方便旅客通行应设平过道一处或两处，其宽度不小于 2.5 m。在客运量较多的大型中间站，可根据需要修建天桥、地道等立交跨线设备。

(二)货运设备

中间站一般需设置货场，包括仓库、货物站台、货物堆放场、货物线、装卸机具及货运办公室等。

1. 货场

中间站货场位置应按货物集散方向、货运量、地形条件，并结合地方城镇规划合理选定。大多数情况下，货场宜选在站房同侧，如图 1-23 所示，可以方便货运取送，不需横跨铁路，有利车站管理。当货物集散方向在站房对侧，或虽在同侧但上行货运量较大，同侧布置又受地形、城镇发展规划的限制时，可把货场放在站房对侧中间或第三象限，但应有安全方便的通道。

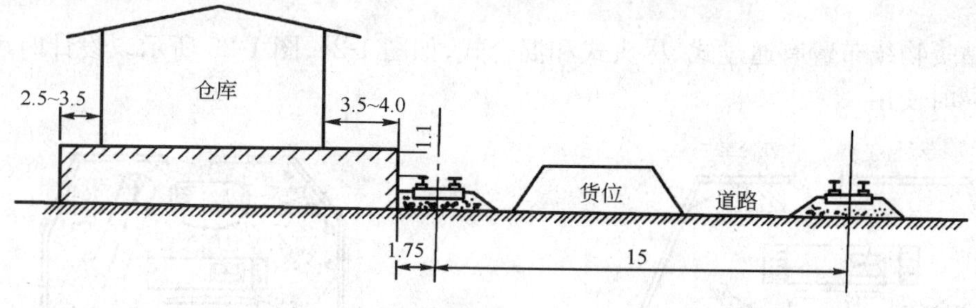

图 1-23　中间站货场横断面(尺寸单位：m)

2. 货物站台

货物站台有普通站台和高站台两种。

普通货物站台高出轨面 1.1 m，其高度与车底板持平，有利装卸作业。站台宽度，有仓库时按仓库宽度加两边过道的尺寸设计。仓库宽度可选用 9m、12m、15m、18m，两边过道的宽度应方便装卸作业，在铁路一侧宜采用 3.5～4m，在场地一侧宜采用 2.5～3.5m，如图 1-23 所示。无仓库的露天堆放场，人工作业时宽度为 12～15 m；机械装卸作业时，应适当加宽。

高出轨面 1.1m 以上的站台为高站台，要因地制宜，根据货物装卸需要设计。

3. 货物仓库

中间站的沿线零担仓库一般设在基本站台上靠站房附近，当沿线零担货物较少时，可设在站房内与行包房合并。

二 车站线路

中间站的线路设备除正线外，还有站线（包括到发线、货物装卸线、牵出线）、特别用途线（安全线、避难线、与车站接轨的工业企业专用线）等。

（一）到发线

中间站的到发线一般都横向排列在正线两侧或一侧，称为横列式布置，参见图 1-20、图 1-21。

每个中间站应有一定数量的到发线，以满足各种列车同时在站停留的需要。中间站到发线数量应根据运量及运输性质确定，单线铁路中间站一般采用两股，运量不大可设一股。为使行车调度有分段调整的可能，设置一股到发线的中间站，连续布置不应超过两个。摘挂作业较多的中间站，可按具体情况设置 2～3 股到发线。双线铁路中间站一般设置 2～5 股到发线，分别配置在正线两侧，使双方向列车能同时待避、越行。此外，在一些技术作业时间长的中间站，如给水站、补机始终点站，枢纽前方站、长大下坡前的列车技术检查站及专用线接轨站等，到发线数量可酌情增加。在采用追踪运行的区段，其中间站的到发线数量也应适当增加。

到发线有效长度应根据输送能力的要求、机车牵引质量，结合地形条件，并考虑与相邻铁路到发线有效长度相配合等因素来确定。近期货物列车长度通常较远期货物列车长度短，故近期到发线有效长度可根据实际需要铺设，以免增大初期投资和增加近期调车作业不必要的行走距离，但应预留远期的有效长度。

（二）货物线

中间站货物线布置有通过式、尽头式和混合式，如图 1-24、图 1-25 所示。设计时可根据需要单独或同时使用。

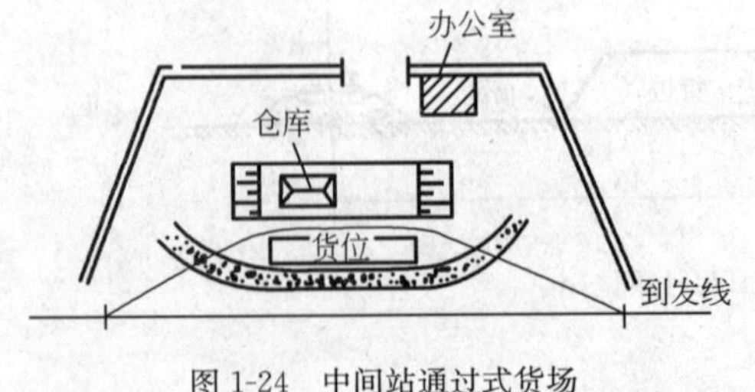

图 1-24　中间站通过式货场

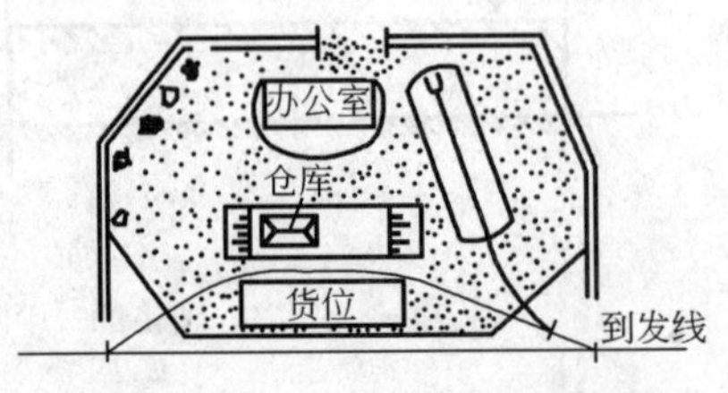

图 1-25　中间站尽头式货场

通过式的特点是两端均连通到发线，上、下行调车作业灵活，易于管理，参见图 1-24。尽头式货物线，一头伸入货场，只有一头和到发线连通，调车不够灵活，但线路布置可以多样化，线间距大，有效货位多，适合货物作业量较大、货物线较多的车站，参见图 1-25。在货运量大的中间站上，通常采用混合布置形式：按货物性质把货物线分别布置成通过式和尽头式，一般货物在通过式货物线上作业，大宗或特殊货物利用尽头线作业。

货物线有效长度应按货运量、取送车间隔时间确定，但最短长度不应小于 5 辆车长，即不短于 70m。

货物线与到发线的间距应考虑货物线两侧堆放货物与装卸作业的需要，当线间有装卸作业时应不小于 15 m，无装卸作业时不小于 6.5 m。

(三)牵出线

摘挂作业较多的中间站，行车密度较大时，应设专用的牵出线进行调车作业。单线铁路平行运行图列车对数在 24 对以上，双线铁路采用半自动闭塞平行运行图列车对数在 54 对以上，采用自动闭塞平行运行图列车对数在 66 对以上，且调车作业量较大的中间站，或平行运行图低于上述规定的列车对数，而个别调车作业量很大的中间站，均应设置牵出线。但当行车量不大或本站作业量较小时，可利用正线或专用线进行调车作业，但其平、纵断面及视线条件应适应调车作业的要求，并将进站信号机外移，外移距离不应超过 400m。牵出线的有效长度应能满足调车作业的需要，一般不短于货物列车长度的一半。在困难条件下或本站作业量不大时，可酌情减短，但不应短于 200m。牵出线应设在直线上，条件困难时可设在半径不小于 1000 m 的同向曲线上，特别困难时，曲线半径也不应小于 600m，牵出线的坡度一般设为平坡或向车场方向的 2.5‰下坡。

三 道岔和股道的编号

(一)道岔的编号

车站线路连接设备中最广泛使用的是道岔，中间站常用的是普通单开道岔。

道岔编号：用阿拉伯数字从车站两端由外向内到站房中心为界分别依次编号；上行列车由进站端按道岔顺序编为双数 2、4、6、…，下行列车由进站端按道岔顺序编为单数 1、3、5、…；相连的道岔要编为连续的号码，如图 1-26 所示。

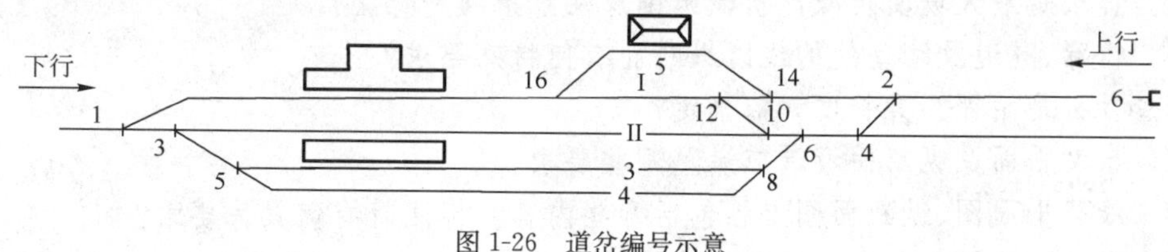

图 1-26 道岔编号示意

(二)股道的编号

车站内有很多条股道，必须对股道进行编号，以利于列车的快速安全运营。

股道编号：车站内线路，包括正线和站线，正线用罗马数字表示，站线用阿拉伯数字表示；单线铁路车站内线路从站房向对侧依顺序编号；双线铁路车站内线路应从正线向两侧顺序编号，上行方向编为双数，下行方向编为单数，见图 1-27 和图 1-28。

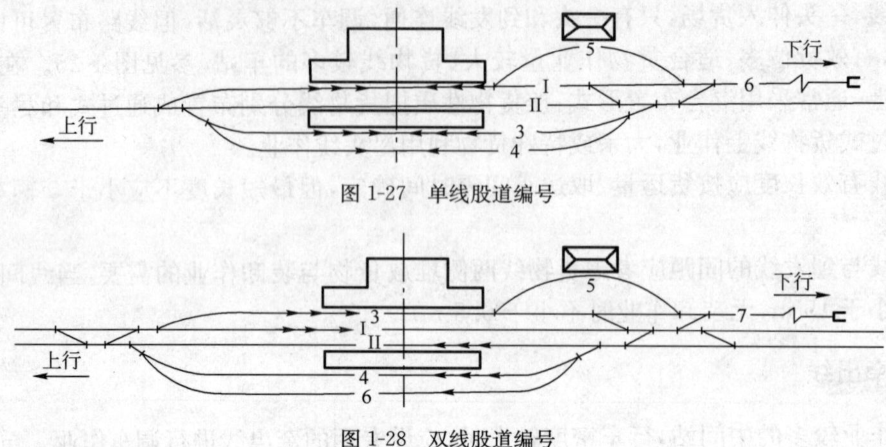

图 1-27　单线股道编号

图 1-28　双线股道编号

复习思考题

1.1　铁路基本标准及 9 项主要技术标准是什么？各有何规定？

1.2　什么叫限制坡度、特殊地段的均衡坡度以及加力牵引坡度？

1.3　什么叫到发线有效长度、闭塞类型以及机车交路？

1.4　车站分布的原则及设置条件是什么？

1.5　什么叫线路中心线、线路平面及线路纵断面？

1.6　线路平面及纵断面设计各包括什么内容？

1.7　曲线半径选择的原则是什么？

1.8　简述小半径曲线对工程施工和线路运营的影响。

1.9　缓和曲线长度如何选用？若自行设计其依据是什么？

1.10　一般坡段长度有何规定？什么情况下允许将坡段长度缩短为 200m？

1.11　什么叫坡度代数差？它有何规定？

1.12　什么是竖曲线？竖曲线设置的条件是什么？

1.13　竖曲线变坡点处设置有何要求？

1.14　什么是最大坡度折减？折减范围及注意事项是什么？

1.15　桥涵、隧道及路基处的线路纵断面有何特殊要求？

1.16　什么是站坪？其长度如何确定？

1.17　车站平面及纵断面设计应满足哪些要求？

1.18　线路平面图、纵断面图上各包括哪些内容？标注时有何具体要求？

1.19　车站的作用是什么？按技术作用分为哪几类？各办理哪些作业？

1.20　中间站按作业内容如何划分？主要设备有哪些？

1.21　站内道岔如何编号？按什么条件选择道岔号数？

1.22　站内股道如何编号？

1.23　车站警冲标、信号机的位置如何设置？

第二章 路基设计

第一节 路基设计内容

一 概述

(一)路基工程的组成

铁路路基是铁路线路的重要组成部分,它与桥梁、隧道相连,共同组成一个线路整体。路基工程主要由3部分建筑物构成,如图2-1所示。

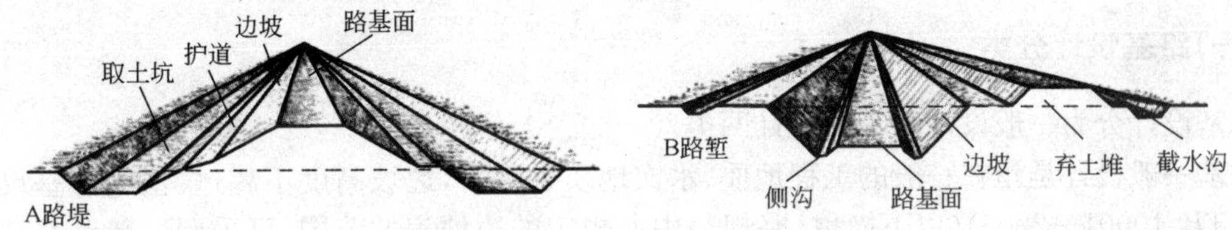

图2-1 路基结构的组成

1.路基本体

路基本体是直接铺设轨道结构并承受列车荷载的部分,例如:路堤、路堑等。它是路基工程中的主体建筑物。

2.路基防护和加固建筑物

路基防护和加固建筑物属路基的附属建筑物,例如:挡土墙、护坡等。

3.路基排水设备

排水设备也属路基的附属建筑物,例如:排除地面水的排水沟、侧沟、天沟和排除地下水的排水槽、渗水暗沟、渗水隧洞等。

对所有这些路基工程建筑物应如何正确合理地进行设计和施工,是路基工程工作的基本内容。

(二)路基工程的性质和特点

从路基所起的作用来看,路基是轨道的基础;从路基作为一种建筑物来看,它是一种土工结构物。作为一种土工结构物,路基工程具有某些不同于一般的钢铁或混凝土结构物的独特的特点。

1.路基主要由松散的土(石)材料所构成

路基或者直接以土(石)做建筑材料(例如路堤);或者直接建造在地层上(例如路堑支挡建筑物等)。

2. 完全暴露在大自然中

路基处在各种复杂的变化着的自然条件之下，例如：地质、水、降雨、气候、地震等条件，因而它时刻受到自然条件变化的侵袭和破坏。因为路基材料是土等松散体，所以路基本身的强度和稳定性也是常常变化的。其工程性质对自然条件变化十分敏感，抵抗能力差。

3. 路基同时受轨道静荷载和列车荷载的作用

列车荷载属交通荷载，其特点为多次重复作用。路基土在重复荷载作用下产生累积变形，而且土的强度会降低，表现出疲劳的特性。另一方面，路基同轨道结构一起共同组成的这种线路结构是一种相对松散连接的结构形式，抵抗动荷载的能力弱。

上述这些特点决定了路基工程的复杂性，我们必须分析研究路基工程所处的环境及工作条件，研究土的工程性质，掌握其变形和强度的变化规律，研究路基建筑物与土介质之间的相互作用，以及路基与轨道之间的动力学问题。在此基础上才能做出正确合理的设计，保证路基工程具有坚固、稳定和耐久性，能抵抗各种自然因素的侵袭和破坏。

二 路基设计内容

(一)路基设计分类

路基设计分为一般设计和个别设计两类。

路基一般设计是指在一般的工程地质、水文地质条件下，边坡高度不超过《铁路路基设计规范》(TB 10001—2005)(以下简称《路规》)中所规定的边坡表的范围，可采用一般路基施工方法。一般路基设计可采用标准设计。这种路基在线路中最常见，工程量也很大。

路基个别设计是指除上述一般设计以外，在特殊条件下的路基工程设计，包括：

(1)工程地质、水文地质条件复杂或路基边坡高度超过《路规》中路基边坡表规定的路基。

(2)修筑在陡坡上的路堤(填料与基底均为不易风化岩石时，地面横坡等于或陡于 1∶2，其他情况等于或陡于 1∶2.5)。

(3)修筑在特殊条件下的路基，如滑坡、软土和泥沼地区，裂隙黏土地区，冻土、盐渍土、河滩、水库等地区的路基。

(4)有关路基的防护加固及改移河道工程。

(5)采用大爆破及水力冲填施工方法的路基。

个别设计的路基，应做好工程地质和水文地质的调查，对路基断面和边坡、基底的设计要进行必要的检查。采用各种防护加固设施时，常需做多种方案的综合技术经济比较，以确保路基的坚固稳定。

(二)路基设计内容

路基设计内容，在初步设计和施工设计两个阶段各不相同。

1. 初步设计阶段

初步设计是为编制总概预算提出主要工程数量、材料、劳力、用地面积，以便上报批准后作为编制施工设计的依据。本阶段路基设计的文件有说明及图表。

设计说明书包括：说明路基设计地段的地形、地质条件及设计原则；路基加固、防护和附属工程设计原则；土石方调配原则和节约用地、修路造田的措施；施工及养护注意事项；采用先进技术；有待进一步解决的问题等。

设计文件包括：路基工点表（含主要工程数量）；挡土墙表；重大路基工程设计图；路基加固防护工程数量表；土石方数量总表；铁路用地分类数量汇总表等。

2. 施工图设计阶段

施工设计是为施工有依据而提供各项建筑物的施工图表、工程数量及有关设计说明。在本阶段路基设计的文件有说明及图表。

设计说明书包括：阐明设计依据及初步设计审查意见执行情况，沿线自然情况，施工方法，采用先进技术与养护注意事项等。

设计文件图表包括：路基工点表，挡土墙表，路基加固、防护、排水及附属工程数量表，路基宽度及填挖高度表，土石方数量计算表、总表，土石方数量调配明细表（或条配图），采用标准图、通用图一览表，一般路基设计横断面图，路基个别设计图集，铁路用地及排水系统图等。

对地形困难、地质条件复杂的线路，在施工阶段，路基设计人员应配合现场施工，发现施工设计有不符合实际情况者，及时变更设计，免误工期。

第二节　路基构造

一　路基的组成

铁路路基是铁路工程的重要组成部分，是承受轨道和列车荷载的基础，它和铁路桥梁、隧道共同组成一个线路整体。路基由路基本体、路基防护和加固、路基排水3部分建筑物组成。

路基主体是路基的主要组成部分。它是在天然的地层里挖成的堑槽或在地面上用土石堆成的路埂，其各部位的名称如图2-2所示。

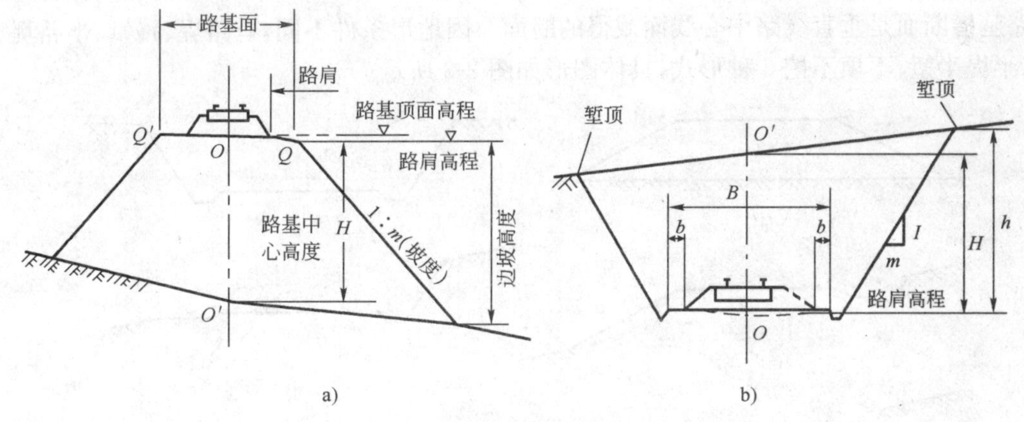

图2-2　路基本体的组成

1. 路基面

路堤两边坡起点之间的表面，或半堤半堑一边边坡起点与侧沟边坡起点表面，或路堑两侧沟边坡起点之间的表面。

2. 轨道基础

路基面中部为铺设轨道需要被道床覆盖的部分。

3. 路肩

路基面两侧未被道床覆盖的部分。它起到加强路基稳定性、保障道床稳固,以及方便养护维修作业的作用。

4. 路基面宽度

两路肩边缘(即路基面的边缘)之间距离。

5. 路基边坡

路堤两侧的斜坡或半堤半堑各侧的斜坡及路堑侧沟两侧的斜坡。

6. 路基边坡高度

指路基的边坡线与地面线的交点(坡脚)处到路肩边缘的竖直距离,如果左右两侧的边坡高度不等,则规定以大者代表该横断面的边坡高度。

7. 路基高度

指路基中心线的地面高程与该处的路肩高程之间的竖直距离。

8. 路基基底

路堤基底是指堤身所覆盖的地面线以下的地层。路堑基底是指路堑路基面下的天然地层。

9. 天然护道

指路基边坡线与地面线交点以外的一定距离。在此距离内不许开垦或引水灌溉,以维持路基边坡原有湿度,从而稳定边坡。

二 路基横断面

1. 路基横断面的形式

路基横断面是垂直线路中心线而截得的断面。因地形条件不同,有路堤、路堑、半路堤、半路堑、半堤半堑、不填不挖6种形式,具体图形如图2-3所示。

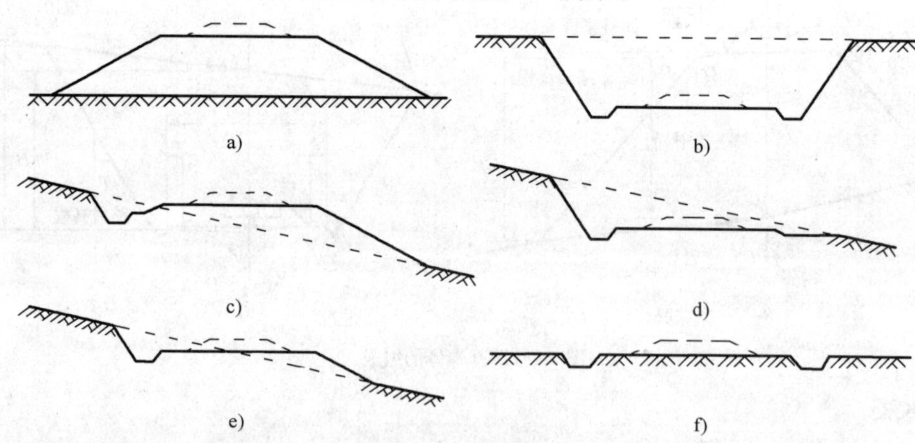

图2-3 路基横断面图示

a)路堤;b)路堑;c)半路堤;d)半路堑;e)半堤半堑;f)不填不挖

2. 横断面各构成部分的设计原则

1)路肩高程

路肩的高程应保证路基既不被洪水淹没，也不被地下水最高水位时因毛细水上升至路基面而产生冻胀或翻浆冒泥等病害。因此，对路肩高程有一个最小值的要求。

《路规》要求滨河、河滩路堤的路肩高程应高出设计水位加壅水高(包括河道卡口或建筑物而造成的壅水，河湾水面超高)加波浪侵袭高或斜水流局部冲高加河床淤积影响高度再加0.5m(图 2-4)。其中波浪侵袭高与斜水流局部冲高应取二者中之大值。

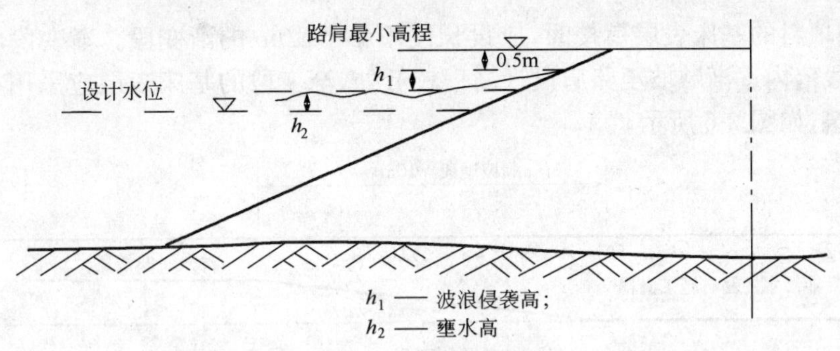

图 2-4 路肩最小高程示意

2)路基面形状

(1)路基面形状应设计为三角形路拱，由路基中心线向两侧设 4%的人字坡排水。曲线加宽时，路基面仍应保持三角形。

(2)在单线铁路(或双线铁路并行等高地段)中，硬质岩石路堑及基床表层为级配碎石或级配砂砾石的路基，其路基高程应高于土质路堤的路肩高程，高出尺寸 Δh 按式(2-1)计算：

$$\Delta h=(h-h')+\frac{B-B'}{2}\times 0.04 \tag{2-1}$$

式中：h——土质路堤直线地段的标准道床厚度，m；

B——土质路堤直线地段的标准路基面宽度(表 2-1 中的值)，m；

h'——硬质岩石路堑及基床表层为级配碎石或级配砂砾石路基直线地段的标准道床厚度，m；

B'——硬质岩石路堑及基床表层为级配碎石或级配砂砾石路基直线地段的标准路基面宽度，m。

(3)在双线铁路中，并行不等高或局部单线地段的路肩高程应高于双线铁路并行等高地段土质路堤的路肩高程，高出尺寸 Δh 按式(2-2)计算：

$$\Delta h=h_{sh}-h_d+\left(\frac{B_{sh}-D-B_d}{2}+1.435+\frac{g}{1000}\right)\times 0.04 \tag{2-2}$$

式中：h_{sh}——并行等高直线地段土质路堤的标准道床厚度，m；

B_{sh}——并行等高直线地段土质路堤的标准路基面宽度(表 2-1 中的值)，m；

D——并行等高直线地段土质路堤的线间距，m；

h_d——并行不等高或局部单线地段的标准道床厚度，m；

B_d——并行不等高或局部单线地段的标准路基面宽度，m；

1.435——标准轨距，m；

g——钢轨的头部宽度，mm：75kg/m 钢轨为 75mm，60 kg/m 钢轨为 73mm，50kg/m 钢轨为 70mm。

(4)站场内路基面的形状，由于线路股道较多，可按排水要求和地形条件选用单坡形、人字形或锯齿形，并在低谷处设置排水设备，如图 2-5 所示。

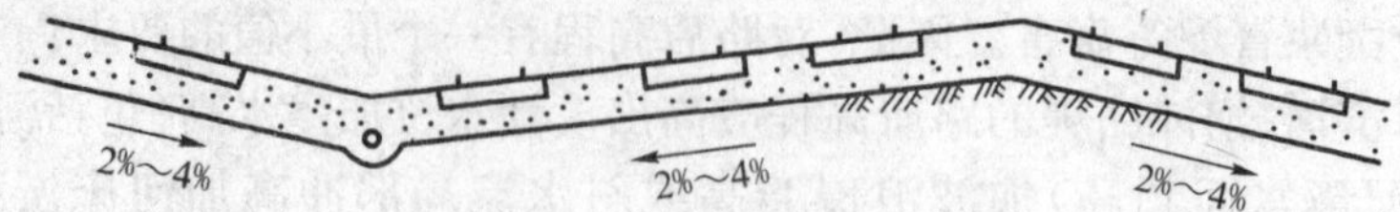

图 2-5 站场内的路基面形状

(5)不同填料的基床表层衔接时，应设长度不小于 10m 的渐变段。渐变段应在路肩设计高程较高的段落内逐渐顺坡至路肩设计高程较低处，渐变段的基床表层应采用相邻填料中较好的填料填筑，如图 2-6 所示。

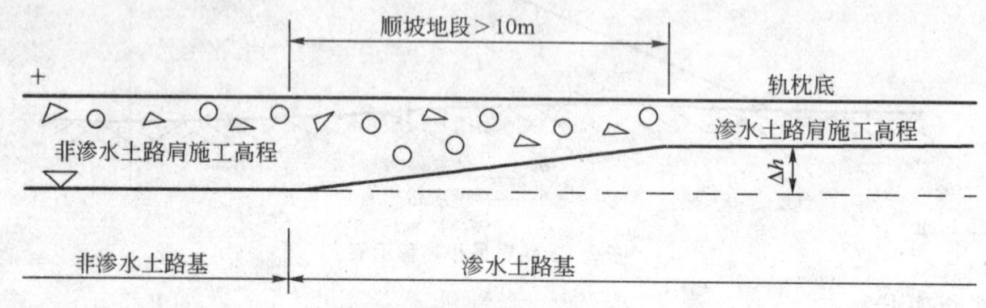

图 2-6 渗水性路基与非渗水路基的连接

双线铁路中并行等高段与局部单线地段连接时，应在局部单线地段内逐渐顺坡至并行等高地段，其顺坡长度不应小于 10m。

3. 路基面宽度

1)直线段路基面宽度

路基面的宽度等于道床覆盖的宽度加上两侧路肩的宽度之和。当道床的标准既定时，路基面的宽度便决定于路肩的宽度。

路肩宽度：路堤的路肩宽度不应小于 0.8m，路堑的路肩宽度不应小于 0.6m。直线地段的路基面宽度，应按表 2-1 采用。

直线地段标准路基面宽度 表 2-1

<table>
<tr><th colspan="3" rowspan="2">项　目</th><th rowspan="2">单位</th><th colspan="6">Ⅰ级铁路</th><th colspan="3">Ⅱ级铁路</th></tr>
<tr><th colspan="2">特重型</th><th colspan="3">重型</th><th>次重型</th><th>次重型</th><th>中型</th><th>轻型</th></tr>
<tr><td colspan="3">旅客列车设计行车速度 V</td><td>km/h</td><td>160</td><td>120≤V<160</td><td>160</td><td>120≤V<160</td><td>120</td><td>120</td><td>80≤V<120</td><td>80≤V<100</td><td>80</td></tr>
<tr><td colspan="3">双线线间距</td><td>m</td><td>4.2</td><td>4.0</td><td>4.2</td><td>4.0</td><td>4.0</td><td>4.0</td><td>4.0</td><td>4.0</td><td>4.0</td></tr>
<tr><td colspan="3">道床顶面宽度</td><td>m</td><td>3.5</td><td>3.5</td><td>3.4</td><td>3.4</td><td>3.4</td><td>3.3</td><td>3.3</td><td>3.0</td><td>2.9</td></tr>
<tr><td rowspan="8">基床表层类型</td><td rowspan="5">土质</td><td>道床厚度</td><td>m</td><td>0.5</td><td>0.5</td><td>0.5</td><td>0.5</td><td>0.5</td><td>0.45</td><td>0.45</td><td>0.4</td><td>0.35</td></tr>
<tr><td>单线 路堤</td><td>m</td><td>7.9</td><td>7.9</td><td>7.8</td><td>7.8</td><td>7.8</td><td>7.5</td><td>7.5</td><td>7.0</td><td>6.3</td></tr>
<tr><td>单线 路堑</td><td>m</td><td>7.5</td><td>7.5</td><td>7.4</td><td>7.4</td><td>7.4</td><td>7.1</td><td>7.1</td><td>6.6</td><td>5.9</td></tr>
<tr><td>双线 路堤</td><td>m</td><td>12.3</td><td>12.1</td><td>12.2</td><td>12</td><td>12</td><td>11.7</td><td>11.7</td><td>11.2</td><td>10.5</td></tr>
<tr><td>双线 路堑</td><td>m</td><td>11.9</td><td>11.7</td><td>11.8</td><td>11.6</td><td>11.6</td><td>11.3</td><td>11.3</td><td>10.8</td><td>10.1</td></tr>
<tr><td rowspan="3">硬质岩石</td><td>道床厚度</td><td>m</td><td>0.35</td><td>0.35</td><td>0.35</td><td>0.35</td><td>0.35</td><td>0.3</td><td>0.3</td><td>0.3</td><td>0.25</td></tr>
<tr><td>单线路堑</td><td>m</td><td>6.9</td><td>6.9</td><td>6.8</td><td>6.8</td><td>6.8</td><td>6.5</td><td>6.5</td><td>6.2</td><td>5.7</td></tr>
<tr><td>双线路堑</td><td>m</td><td>11.3</td><td>11.1</td><td>11.2</td><td>11</td><td>11</td><td>10.7</td><td>10.7</td><td>10.4</td><td>9.9</td></tr>
</table>

续上表

项目				单位	I 级 铁 路						II 级 铁 路		
					特重型		重型			次重型	次重型	中型	轻型
基床表层类型	级配碎石或级配砂砾石	道床厚度		m	0.3	0.3	0.3	0.3	—	—	—	—	—
		单线	路堤	m	7.1	7.1	7	7	—	—	—	—	—
			路堑	m	6.7	6.7	6.6	6.6	—	—	—	—	—
		双线	路堤	m	11.5	11.3	11.4	11.2	—	—	—	—	—
			路堑	m	11.1	10.9	11.0	10.8	—	—	—	—	—

注：①特重型、重型轨道的路基面宽度为无缝线路轨道，III 型混凝土枕的标准值。对 $V=120$km/h 的重型轨道，当采用无缝线路轨道和 II 型混凝土枕时，路基面宽度应减小 0.1m；当采用有缝线路轨道和 II 型和 III 型混凝土枕时，路基面宽度应减小 0.3m。

②次重型轨道的路基面宽度为无缝线路轨道，II 型混凝土枕的标准值。当采用有缝轨道时，路基面宽度应减小0.2m。

③中型、轻型轨道的路基面宽度为有缝线路轨道、II 型混凝土枕的标准值。

④采用大型养路机械的电气化铁路，当接触网的立柱设在路肩上时，直线地段路基面宽度应满足以下标准：单线铁路不小于 7.7m；双线铁路 160km/h 地段不小于 11.9m（其他不小于 11.7m）；表 2-1 中宽度小于该标准时应采用该标准。

2）曲线加宽

曲线地段的外轨需设置超高。外轨超高是靠加厚外轨一侧枕下的厚度来实现的。由于道碴加厚，道床坡脚外移，因而在曲线外侧的路基宽度亦应随超高的不同而相应加宽才能保证路肩所需的宽度标准，加宽的数值可根据超高计算确定。区间单线曲线地段的路基面宽度，应在曲线外侧按表 2-2 的数值加宽。加宽值在缓和曲线范围内线性递减。

曲线地段路基面加宽值　　表 2-2

铁 路 等 级	旅客列车设计行车速度(km/h)	曲线半径(m)	路基面外侧加宽值(m)
I 级铁路	160	$1600 \leqslant R \leqslant 2000$	0.4
		$2000 < R < 3000$	0.3
		$3000 \leqslant R < 10000$	0.2
		$R > 10000$	0.1
	140	$1400 \leqslant R \leqslant 2000$	0.4
		$2000 < R < 3000$	0.3
		$3000 \leqslant R \leqslant 6000$	0.2
		$R > 6000$	0.1
II 级铁路	120	$800 \leqslant R < 1200$	0.4
		$1200 \leqslant R < 1600$	0.3
		$1600 \leqslant R < 5000$	0.2
		$R \geqslant 5000$	0.1
III 级铁路	100	$600 \leqslant R < 800$	0.4
		$800 \leqslant R \leqslant 1200$	0.3
		$1200 < R < 4000$	0.2
		$R \geqslant 4000$	0.1
	80	$500 \leqslant R \leqslant 600$	0.3
		$600 < R \leqslant 1800$	0.2
		$R > 1800$	0.1

区间双线曲线地段的路基面加宽值，应根据线间距、外轨超高、道床宽度、路拱形状等计算确定。

4. 路基边坡

路基边坡设计是路基横断面设计的主要内容，它包括边坡形状的设计和边坡坡度的确定。边坡坡度必须保证路基的稳定性。设计的边坡是否稳定，一般要结合地质条件通过稳定检算来评价，同时还应考虑到某些不可能在计算中涉及的外界因素的影响，例如雨水冲刷对边坡的损坏等，边坡设计的好坏直接影响到铁路的正常运营。由图 2-7 和图 2-8 可见边坡设计的成效。

图 2-7　路堤效果图

图 2-8　路堑效果图

路堤边坡坡度应根据填料的物理力学性质、边坡高度和路堤基底的工程地质条件等确定。如果路基基底的情况良好，边坡高度不大于表 2-3 的范围时，其边坡形状和坡度应按照表 2-3 采用。表中所规定的坡度值是具有代表性的普通填料的物理力学性质，考虑列车荷载的作用，经过大量稳定检算，并结合边坡的实践经验，综合分析而制定的。对于特殊填方边坡高度太大的路基，则应另行个别设计。

1）路堤边坡

路堤边坡高度大于表 2-3 所列的数值时，其超出的下部边坡形式和坡度，应根据填料的性质由稳定性分析计算确定，最小稳定安全系数应为 1.15～1.25，边坡形式宜用阶梯形。

路堤边坡形式和坡度

表 2-3

填料类别（m）	边坡高度（m）			边坡坡度（m）			边坡形式
	全部高度	上部高度	下部高度	全部坡度	上部坡度	下部坡度	
细粒土	20	8	12	—	1∶1.5	1∶1.75	折线形
粗粒土（细砂、粉砂、黏砂除外）碎石类土、卵石土、漂石土	20	12	8	—	1∶1.5	1∶1.75	折线形
硬块石土	8	—	—	1∶1.3	—	—	直线形
	20	—	—	1∶1.5	—	—	直线形

注：①如果有可靠资料和经验时，可不受本表限制。

②Ⅰ级铁路的路堤边坡高度不宜大于 15m。

③填料为粉砂、细砂、膨胀土等时，其边坡形式应按《铁路特殊路基设计规范》的有关规定设计。

路堤坡脚外应设置不小于 2m 宽的天然护道。在经济作物区高产田地段，应当保证路堤稳定，可设宽度不小于 1m 的人工护道或设坡脚墙。

2)路堑边坡

土质路堑边坡形式及坡度应根据工程地质、水文地质条件、土的性质、边坡高度、排水措施、施工方法，并结合自然稳定山坡和人工边坡的调查及力学分析综合确定。边坡高度不大于 20m 时，边坡坡度可按表 2-4 设计。

土质路堑边坡 表 2-4

土的种类		边坡坡度
黏土、粉质黏土、塑性指数大于 3 的粉土		1∶1～1∶1.5
中密以上的中砂、粗砂、砾砂		1∶1.5～1∶1.75
卵石土、碎石土、圆砾土、粗砂、中砂、角砾土	胶结和密实	1∶0.5～1∶1
	中密	1∶1～1∶1.5

注：①细砂、粉砂、黄土、膨胀土等特殊土路堑边坡形式及坡度应按《铁路特殊路基设计规范》有关规定执行。
②如果有可靠资料和经验时，可不受本表限制。

岩石路堑边坡高度小于 20m 时，边坡坡度可按表 2-5 中规定设计。

岩石路堑边坡 表 2-5

岩石类别	风化程度	边坡坡度
硬质岩	未风化、微风化	1∶0.1～1∶0.3
	弱风化、强风化	1∶0.3～1∶0.75
	全风化	1∶0.75～1∶1
软质岩	未风化、微风化	1∶0.3～1∶0.75
	弱风化、强风化	1∶0.5～1∶1
	全风化	1∶0.75～1∶1.5

注：①膨胀岩等特殊岩质路堑边坡形式和坡度应按《铁路特殊路基设计规范》(TB 10035)有关规定执行。
②如果有可靠资料和经验时，可不受本表限制。

路堑边坡高度大于 20m 时，其边坡形式及坡度应按表 2-4 规定并结合边坡稳定性分析计算确定，最小稳定安全系数为 1.15～1.25。

在碎石类土、砂类土及其他土质路堑中，应在侧沟外侧设置平台，其宽度应由坡度高度和土的性质决定，不宜小于 1m。当边坡全部设防护加固工程时，可不设平台。

不同地层组成的较深路堑，宜在边坡中部或不同地层分界处设置平台，并在平台上设置截水沟或挡水墙，平台宽度不宜小于 2m。在年平均降水量小于 400mm 的地区，边坡平台上可不设截水沟，但应设置坡脚方向不小于 4%的排水横坡，平台宽度不宜小于 1m。

5.取土坑和弃土堆

路基的取土及弃土，除应保证不影响路基安全及经济合理外，还应考虑到路基排水及农田灌溉问题。在设计取、弃土地点及取土坑深度和弃土堆高度时，要结合排水系统进行全面规划。

1)取土坑

取土坑的设置，应根据各地段所需取土数量，并结合路基排水、地形、土质、施工方法、节约用地等，做出统一规划，取土坑设置应符合下列规定。

(1)地形平坦地段，宜设在路堤一侧，当地面横坡陡于 1∶10 时，宜设在路堤上侧。

(2)桥头河滩路堤，取土坑必须设在下游侧。

(3)兼做排水的取土坑，应确保水流通畅排出。其深度不宜超过该地区地下水水位并应与桥涵进口高程衔接；其纵坡不应小于 2‰，平坦地段不小于 1‰。

(4)当取土坑较深时，坡脚至取土坑距离应保证路堤边坡稳定，坑内侧壁应适当防护。良田地段，当路堤填方数量大而集中，且地下水位较高时，可远运或集中取土。

2)弃土堆

弃土堆设置不影响山体和边坡稳定，其内侧坡脚至堑顶的距离应根据路堑土质条件和边坡高度确定，宜为 5m，有条件时可适当减小，但不得小于 2m。

弃土堆如置于山坡上侧，应连续堆填，以防地面水流入路堑内；如置于山坡下侧，应间断堆填，以保证弃土堆内侧地面水顺利排出。

沿河弃土时，应防止加剧下游路基与河岸的冲刷，避免弃土阻塞、污染河道，必要时，应设置挡护设施。桥头弃土不得挤压桥墩，阻塞桥孔。

6.路基标准设计横断面

1)常见的路基标准横断面

路基横断面的标准设计也称为路基标准横断面，是根据有关横断面的设计原则和规定而编制的，仅适用于一般水文、地质条件，填挖高度不大的普通土质路基，常见断面形式如下。

(1)路堤标准横断面。边坡高度不大于 8m(图 2-9)。当填方高度大于 8m 而小于 20m 时，采用上陡下缓的变坡形式（图 2-10)。地面横坡大于 1∶5 而小于 1∶2.5 的斜坡上的路堤断面如图 2-11 所示。

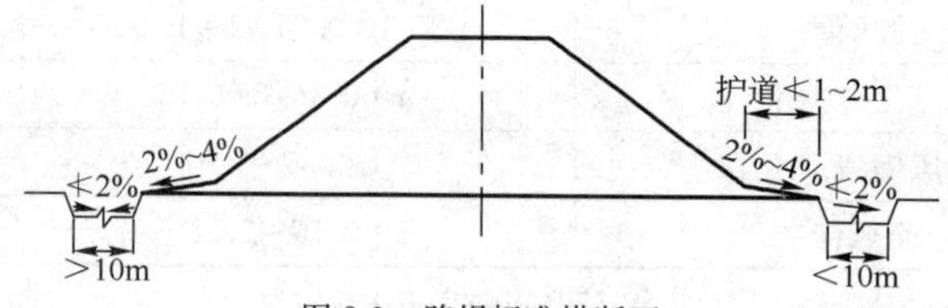

图 2-9　路堤标准横断面

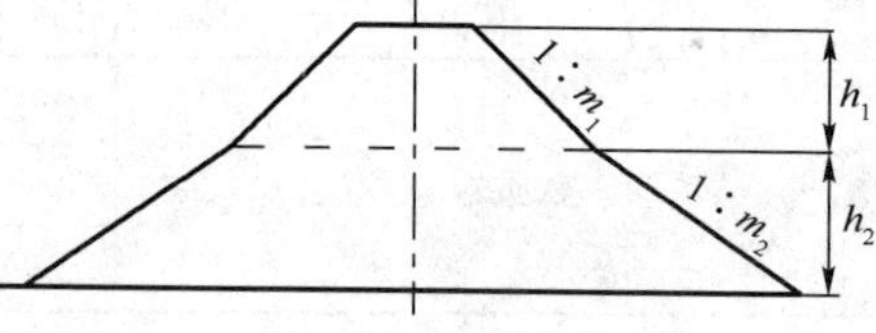

图 2-10　路堤标准横断面(变坡)

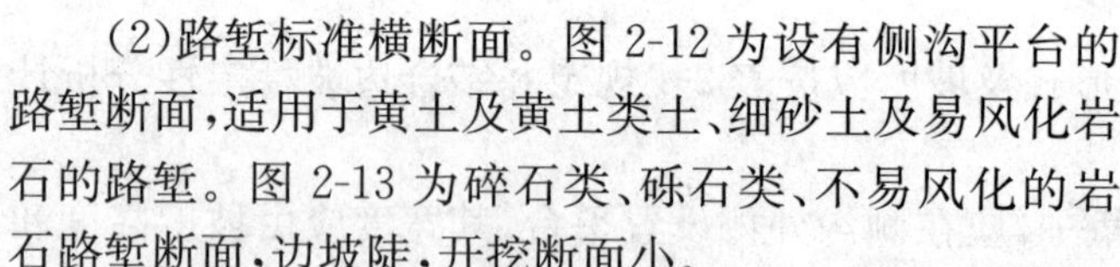

(2)路堑标准横断面。图 2-12 为设有侧沟平台的路堑断面，适用于黄土及黄土类土、细砂土及易风化岩石的路堑。图 2-13 为碎石类、砾石类、不易风化的岩石路堑断面，边坡陡，开挖断面小。

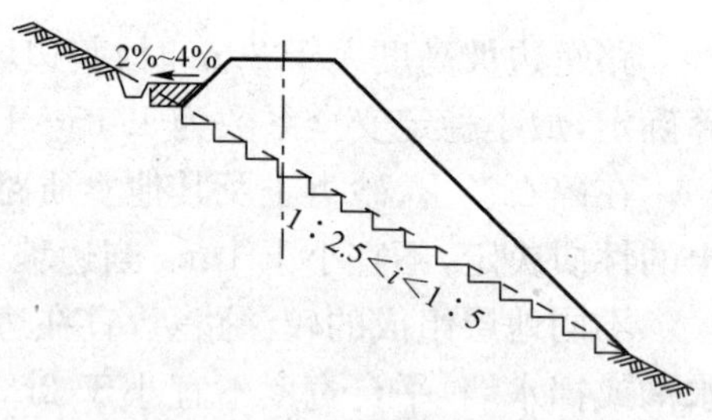

图 2-11　路堤标准横断面(地面横坡大)

2)路基个别设计条件

对一般条件下的路基，可按前述各设计原则及规范中有关规定进行设计，但是如遇下列情况之一，均应根据具体条件做个别设计。

(1)工程地质水文条件复杂或路基边坡高度超过规范规定(参见表 2-3、表 2-4)的范围。

(2)修筑在陡坡上的路堤(陡坡：当填料或基底均为不宜风化的岩石时，地面横坡等于或陡于 1∶2，其他情况的地面横坡等于或陡于 1∶2.5)。

(3)修筑在特殊条件下的路基，例如：滑坡、软土、裂隙黏土(膨胀土)、冻土、盐渍土、河滩、水库等地区的路基。

(4)有关路基的防护加固及改移河道工程。

(5)采用大爆破或水力冲填法施工的路基。

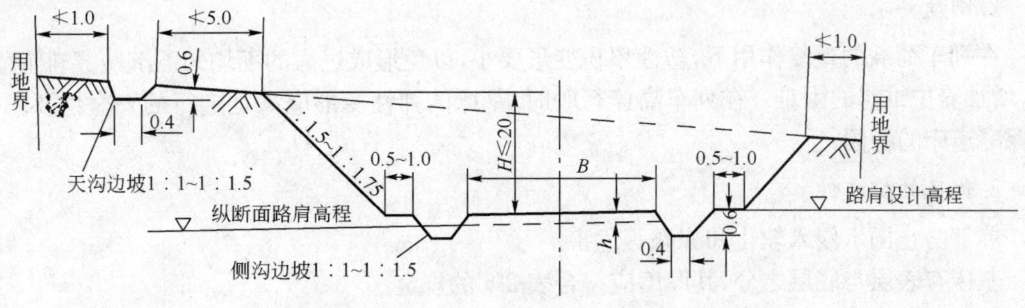

图 2-12 直线地段粗、中砂及黄土路堑横断面(尺寸单位:m)

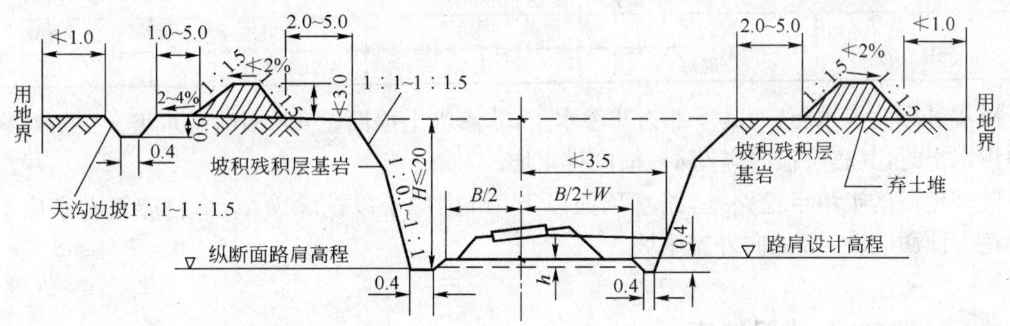

图 2-13 曲线地段岩石路堑横断面(尺寸单位:m)

第三节 路 基 基 床

一 基床概念

基床是指路基上部承受轨道、列车动力作用,并受水文气候变化影响而规定的一定深度,如图 2-14 所示。其状态直接影响列车运行的平稳和速度的提高。

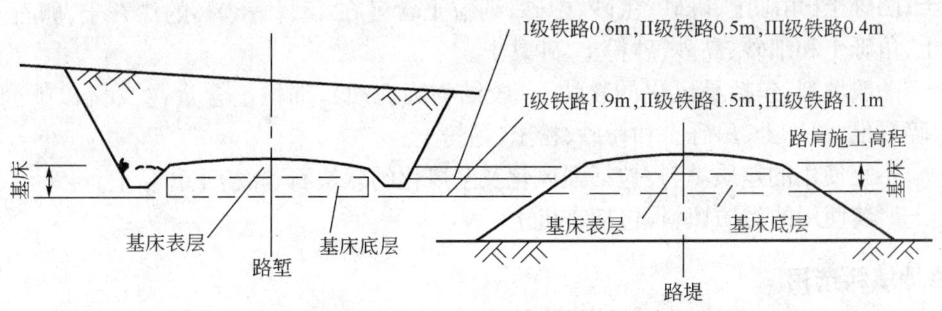

图 2-14 路基基床

基床是铁路路基最重要的关键部位,在上节指出,是列车动荷载的主要影响范围,基床的作用以及对基床的要求主要有 3 个方面。

1. 强度要求

应有足够的强度以抵抗列车荷载产生的动应力而不致破坏;能抵抗道压入基床土中,从而防止道碴陷槽等病害的形成;在路基填筑阶段能承受重型车辆走行而不留下印坑,以免留下隐患。

2. 刚度要求

在列车荷载的重复作用下，塑性累积变形要小，以免形成过大的不均匀下沉造成轨道的不平顺，增加养护维修的困难。在列车高速行驶时，基床的弹性变形应满足走行的安全性要求，同时能保障道床的稳固。

3. 优良的排水性

能够防止雨水侵入软化和冻融等危害。

基床有表层与底层之分，其厚度应符合表2-6的规定。

基床厚度(m)　　表2-6

铁路等级		Ⅰ级	Ⅱ级	Ⅲ级
层位	表层	0.6	0.5	0.4
	底层	1.9	1.5	1.1

路堤基床为渗水土，而其下部为非渗水土，非渗水土顶面设4%横向排水坡。路堑基床表层换填渗水土时，其底层顶面应设4%横向排水坡。

陡坡地段的半填半挖路基，路基顶面以下1m内应予以挖除换填，填料应符合基床土的要求。挖方顶面应设4%的向外排水坡。

二 填料的分类及选用

(一)填料分类

根据土石的颗粒组成、颗粒形状、塑性指数及液限等，应分为岩块、粗粒土和细粒土3大类，按填料的组成及适用性，可分为下列5组。

A组——优质填料，包括硬块石，级配良好和细粒土含量小于15%的漂石土、卵石土、碎石土、圆砾土、角砾土、砾砂、粗砂、中砂。

B组——良好填料，包括不易风化的软块石(胶结物为硅质或钙质)，级配不良的漂石土、卵石土、碎石土、圆砾土、角砾土、砾砂、粗砂、中砂，细粒土含量在15%～30%的漂石土、卵石土、碎石土、圆砾土、角砾土和细砂、黏砂、砂粉土、砂黏土。

C组——一般填料，包括易风化的软块石(胶结物为泥质)，细粒土含量在30%以上的漂石土、卵石土、碎石土、圆砾土、角砾土和粉砂、粉土、黏粉土。

D组——不宜使用的差质填料，包括强风化及全风化的软块石、黏粉土和黏土。

E组——严禁使用的劣质填料，包括有机土。

(二)路堤填料选用

1. 基床表层填料的选用

(1)Ⅰ级铁路应选用A组填料(砂类土除外)，当缺乏A组填料时，经经济比选后可采用级配碎石或级配砂砾石。

(2)Ⅱ级铁路应优先选用A组填料，其次为B组填料。对不符合要求的填料，应采用土质改良或加固措施。

(3)填料的颗粒粒径不得大于150mm。

2. 基床底层填料的选用

(1)Ⅰ级铁路应选用A、B组填料，否则应采用土质改良或加固措施。

(2)Ⅱ级铁路应优先选用A、B、C组填料。当采用C组填料时，在年降雨量大于500mm的地区，其塑性指数不得大于12，液限指数不得大于32%，否则应采用土质改良或加固措施。

(3)填料的最大粒径不得大于200mm。

3. 基床的压实度

(1)基床表层的压实标准：对细粒土、粉砂、改良土应采用压实系数或地基系数作为控制指标；对砂类土(粉砂除外)应采用相对密度或地基系数作为控制指标；对砾石类、碎石类、级配碎石或级配砂砾石应采用地基系数和孔隙率作为控制指标，应符合表2-7、表2-8的规定。

基床表层的压实度 表2-7

层位	填料类别 / 铁路等级 / 压实指标	细粒土、粉砂、改良土		砂类土(粉砂除外)		砾石砂		碎石类		块石类	
		Ⅰ级	Ⅱ级	Ⅰ级	Ⅱ级	Ⅰ级	Ⅱ级	Ⅰ级	Ⅱ级	Ⅰ级	Ⅱ级
基床表层	压实系数 K_h	—	(0.93)	—	—	—	—	—	—	—	—
	地基系数 K_{30}(MPa/cm)	—	(100)	—	110	150	140	150	140	—	—
	相对密度 D_r	—	—	—	0.8	—	—	—	—	—	—
	孔隙率 n(%)	—	—	—	—	28	29	28	29	—	—

注：①K_h为重型击实实验的压实系数。

②K_{30}为30cm直径荷载板试验得出的地基系数，一般取下沉量为0.125cm时的荷载强度。

③细粒土、粉砂、改良土一栏中，有括号的仅为改良土的压实标准，无括号的为细粒土、粉砂、改良土的压实标准。

级配碎石或级配砂砾石的基床表层厚度级压实标准 表2-8

填料	厚度(m)	地基系数 K_{30}(MPa/cm)	孔隙率 n(%)	适用范围
级配碎石或级配砂砾石	0.6	≥150	<28	路堤
级配碎石或级配砂砾石	0.5	≥150	<28	软质岩、强风化硬质岩及土质路堑
中粗砂	0.1	≥130	<28	

(2)基床底层的压实标准：对细粒土、粉砂、改良土应采用压实系数或地基系数作为控制指标；对砂类土(粉砂除外)应采用相对密度或地基系数作为控制指标；对砾石类、碎石类、级配碎石或级配砂砾石应采用地基系数和孔隙率作为控制指标；对块石类应采用地基系数作为控制指标，并应符合表2-9的规定。

基床底层的压实标准 表2-9

层位	填料类别 / 铁路等级 / 压实指标	细粒土、粉砂、改良土		砂类土(粉砂除外)		砾石砂		碎石类		块石类	
		Ⅰ级	Ⅱ级	Ⅰ级	Ⅱ级	Ⅰ级	Ⅱ级	Ⅰ级	Ⅱ级	Ⅰ级	Ⅱ级
基床底层	压实系数 K_h	(0.93)	0.91	—	—	—	—	—	—	—	—
	地基系数 K_{30}(MPa/cm)	(100)	90	100	100	120	120	130	130	150	150
	相对密度 D_r	—	—	0.75	0.75	—	—	—	—	—	—
	孔隙率 n(%)	—	—	—	—	31	31	31	31	—	—

(三)路堑基床

(1)I级铁路基床表层土质不满足前面基床表层填料使用要求时,应进行换填处理;II级铁路基床表层土质不满足前面基床表层填料使用要求时,应进行换填或土质改良处理等措施。

(2)基床表层土的压实度应不小于表2-7、表2-8的规定值,否则应采取压实措施。

(3)基床底层厚度范围内天然地基的静力触探比贯入阻力 P_S 值:I级铁路不得小于1.2 MPa,II级铁路不得小于1.0 MPa;天然地基基本承载力 σ_0:I级铁路不得小于0.12 MPa,II级铁路不得小于0.10 MPa;否则,应进行加固处理。

三 基床的结构系统

基床结构基本上可以分为以下两种。

(一)二层系统

传统的普通线路多为道床与土质基床相连的二层系统,称为土基床。土基床要求优质填料填筑,表2-10为中、日两国有关土基床土质条件的长期研究和实践的总结。在此基础上,我国现行规范规定使用A、B两组填料。

中、日两国有关土基床土质条件 表2-10

发生翻浆的土质			日本优质土条件
中　国	日　本		
$P_{0.05}/P_{0.5}>0.7$ $P_{0.05}>80\%$	$d_{max}>75mm$ $<74\mu m\sim>10\%$ $<420\mu m\sim>70\%$	$P_{0.075}/P_{0.4}>0.65$ $P_{0.4}>80\%$	$d_{max}>75mm$ $<74\mu m\sim(2\%\sim20\%)$ $<420\mu m\sim\not>40\%$

(二)多层系统及强化基床结构

设计规范对基床的土质及填土密度有明确的要求,但实际上,我国既有线基床病害十分严重,年复一年不断发展。其主要原因是,既不严格控制土质,又不重视压实质量。由于病害的困扰,人们对防治病害进行了长期的研究和实践,认识到基床表层的重要性,即在道床与路基之间再设置一层过渡层,称为路基保护层或垫层。实践证明,设置保护层是提高路基的承载力、消除基床病害的根本措施。我国重载大秦线的道床有一层底碴,其作用同保护层的作用是相同的。

图2-15～图2-19分别是为德国和法国高速铁路一般路基基床的端面形式,保护层的厚度为25～30cm。

图2-20为日本高速铁路板式轨道的基床结构形式之一,他们把基床表层称为路盘或强化路盘,厚30cm。强化路盘的表面为5cm的沥青混凝土;其下为级配碎石(或高炉矿渣),粒度成分如表2-11所示。

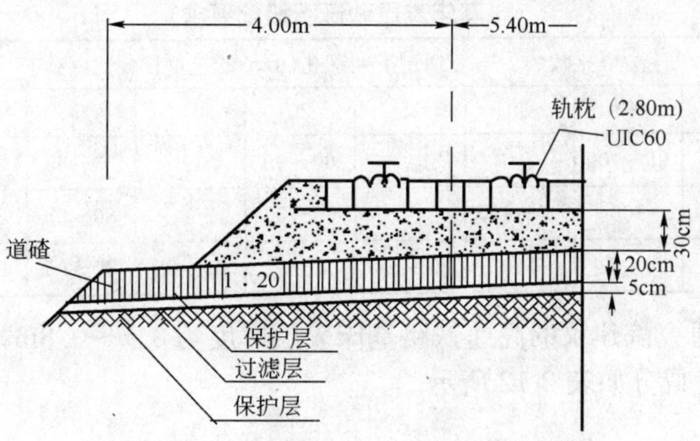

图 2-15 德国高速铁路有碴轨道路堤

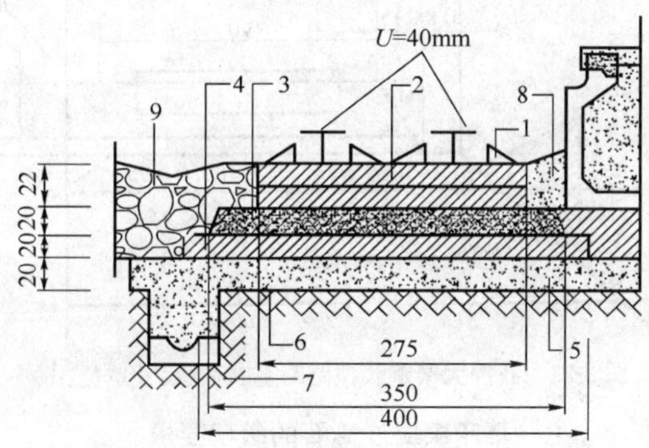

图 2-16 德国高速铁路无碴轨道路堤的断面形式之一（尺寸单位：cm）

1-UIC60 钢轨扣件；2-钢筋混凝土连续板；3-混凝土绝缘层及支持层；4-素混凝土；5-矿碴混凝土 6-下伏土层；7-透水材料；8-冷沥青层；9-道碴。

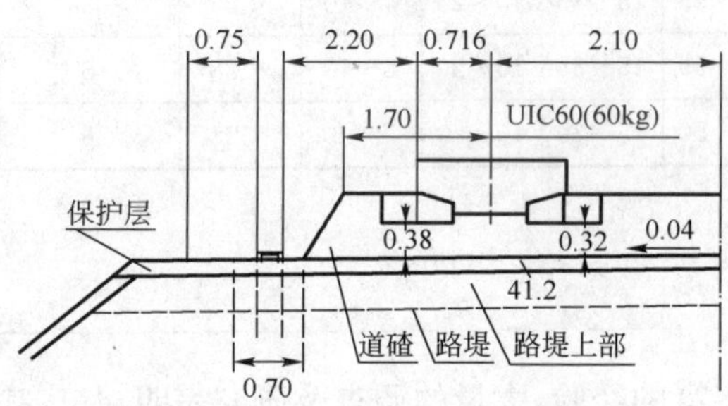

图 2-17 法国高速铁路路堤的断面形式（尺寸单位：m）

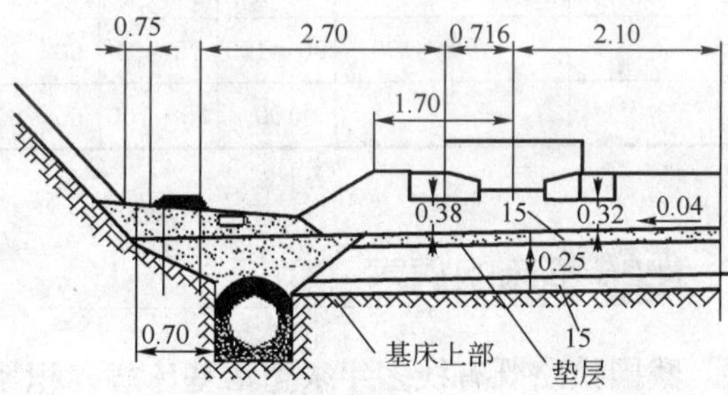

图 2-18 法国高速铁路路堑的断面形式（基床土质差）（尺寸单位：m）

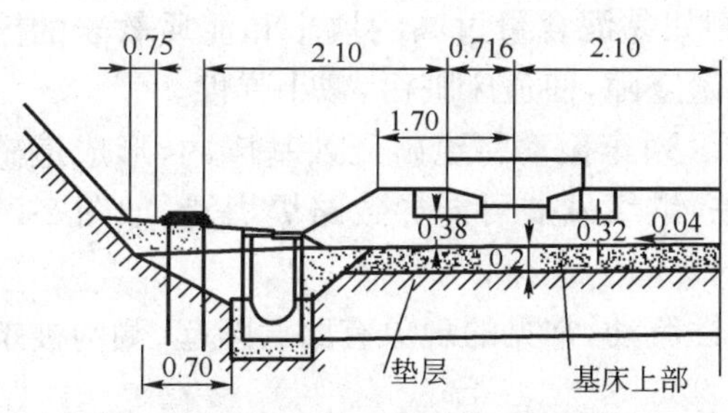

图 2-19 法国高速铁路路堑的断面形式（基床土质好）（尺寸单位：m）

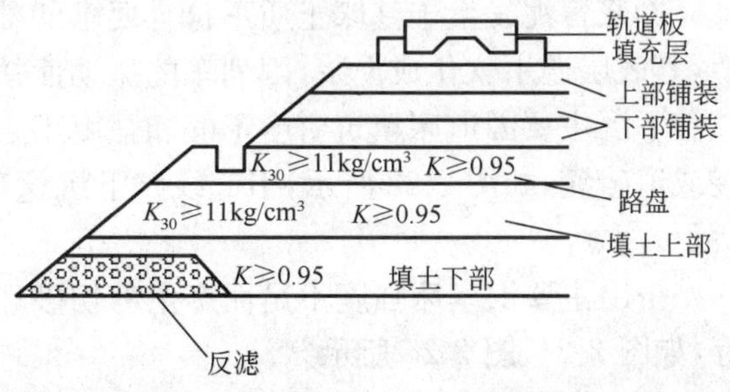

图 2-20 日本高速铁路板式轨道路基的断面形式之一（尺寸单位：m）

基床表层砂砾石级配要求

表 2-11

级配编号	通过下列筛孔(mm)的重量百分比(%)									
	50	40	30	25	20	13	5	25	0.4	0.074
1	100	95～100			60～90		30～65	20～50	10～30	2～10
2		100	95～100		60～90		30～65	20～50	10～30	2～10
3			100	95～100		65～85	30～65	20～50	10～30	2～10

我国铁道科学研究院建议的高速铁路基床表层厚度为 0.7～0.8m,采用级配砂泥石填筑,如图 2-21 所示,粒度成分如表 2-12 所示。

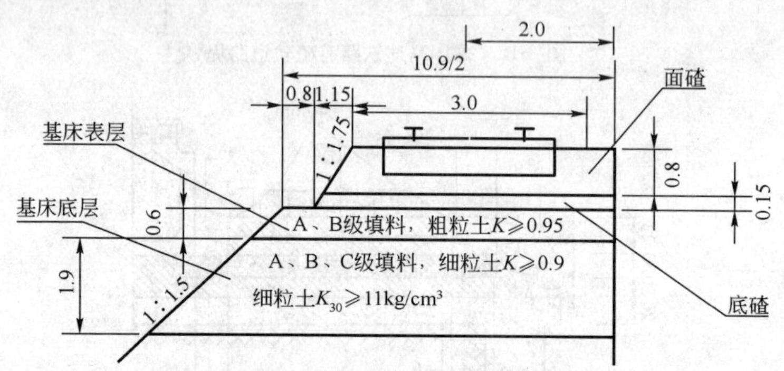

图 2-21　我国大秦重载铁路路基断面(尺寸单位:m)

基床表层沙砾石的级配要求

表 2-12

级配编号	通过下列筛孔(mm)的重量百分比(%)									液限 %	塑性指数
	50	40	30	20	10	5	2	0.5	0.75		
1	100	90～100		65～85	45～70	30～55	15～35	10～20	4～10	<28	6
2		100	90～100	75～95	50～70	30～55	15～35	10～20	4～10	<28	6
3			100	85～100	60～80	30～50	15～30	10～20	2～8	<28	6

四 基床的病害

我国铁路既有线多年来整治基床病害积累了丰富的经验,大量的调查及研究表明,基床病害的发生,是由基床土质不良、水的浸入和列车动荷载 3 个因素同时作用的结果。

基床病害可分为翻浆冒泥、下沉、挤出和冻害 4 大类。

翻浆冒泥发生于基床土质不符合要求的部位,例如黏泥含量过高的填土和泥质软岩的路堑,其表层遇水软化成泥浆,因列车的振动而挤入道碴空隙,使道床脏污,减小弹性。

下沉主要因道床填筑密度不够和强度不足所致。列车振动将道碴压入基床内,形成道碴袋或道碴囊,如图 2-22 所示,引起线路下沉这种现象,继续发展可能导致路堤坍滑,如图 2-23 所示。

挤出主要因基床强度不足而产生剪切破坏或塑性流动,常见的现象有路肩隆起、侧沟被挤等,如图 2-24、图 2-25 所示。

冻害发生于寒冷地区,如路基土为透水性较差的细粒土,当含水率较高或基面积水,在冻结过程中,土中水重新分布和聚集形成冰块,引起不均匀的冻胀现象。冰块融化又引起不均匀下沉。在地下水较高地段，地下水通过毛细管作用而不断向上转移补给，使冻胀量增大，持续时间延长。

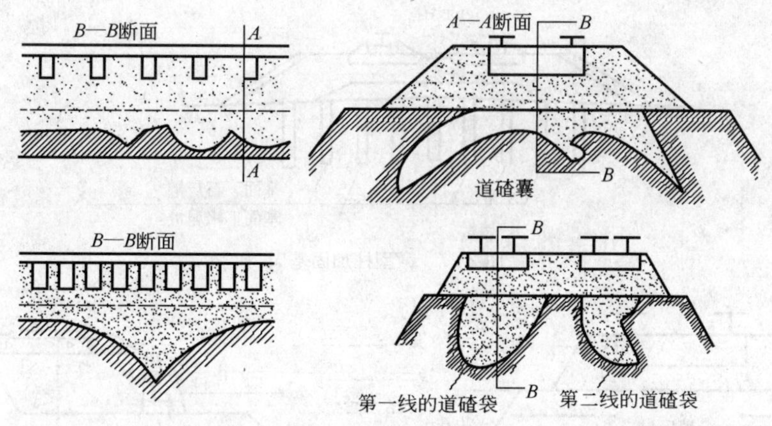

图 2-22　道碴袋、道碴囊

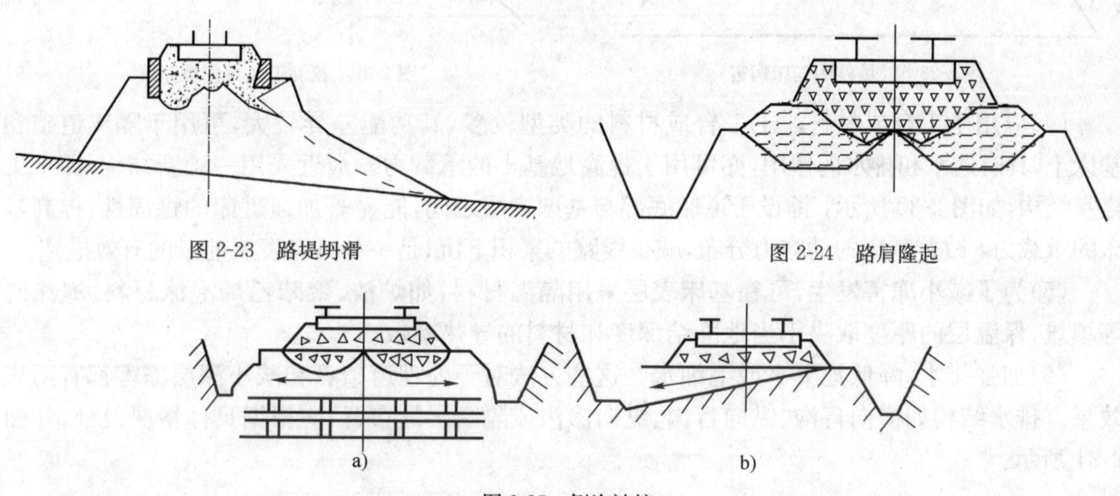

图 2-23　路堤坍滑

图 2-24　路肩隆起

图 2-25　侧沟被挤

五　基床病害整治

病害整治必须根据产生病害的原因、形成条件及类型，因地制宜地采取措施。

(1)用砂垫层。此法适于处理土质基床翻浆。其作用是将道碴与基床土隔离与排水。

(2)封闭层。在基床表面铺一层不透水的掺料土或其他材料将其封闭，防止地面水渗引起基床表层土软化。此法宜用于整治和防止泥质软岩路堑的翻浆冒泥。如用于路堤段，则被封闭的基床土必须有足够的强度，以免封闭层出现断裂，一般以用柔性封闭层为宜。图 2-26 所示为聚乙烯软板封闭层断面。

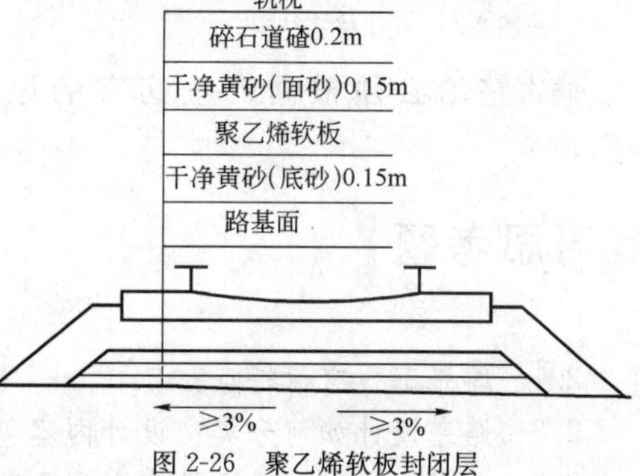

图 2-26　聚乙烯软板封闭层

(3)基床改良。由于基床承载力不足而出现下沉挤出现象时，应根据具体情况采取灌浆、微型桩、置换等改良基床的措施，如图 2-27～图 2-29 所示。

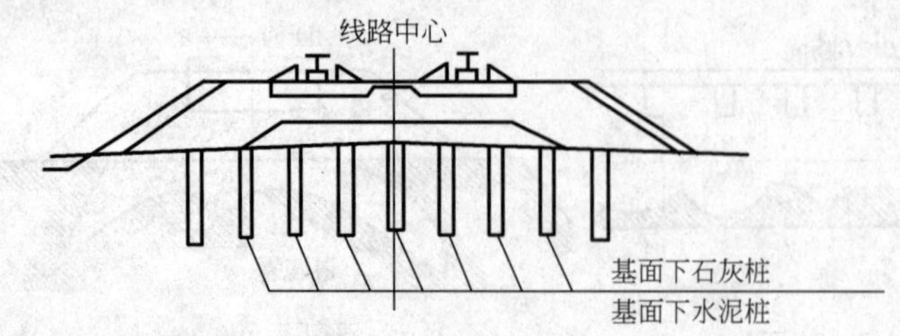

图 2-27 微型柱加固基床

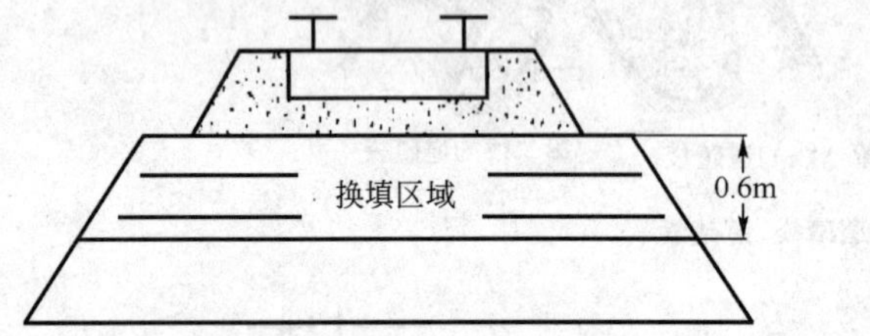

图 2-28 换填整治基床病害

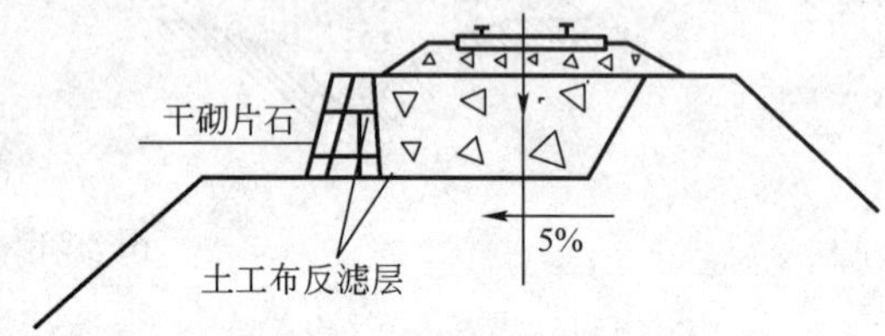

图 2-29 挖除道碴槽回填卵石

(4)应用土工合成材料。土工合成材料的类型较多，其功能差异较大，可用于隔离道碴和基床土，具有透水和排水的作用，亦可用于提高地基土的承载力。最近采用一种新结构，即土工格室结构，如图 2-30 所示，铺设于道床底部与基床表层之间，能显著加强道床的稳固性，提高基床的承载力，改善基床的动应力分布，减少线路的累积下沉，是一种具有发展前景的有效措施。

(5)为了减小冻害发生，可在基床表层采用隔温材料，如炉渣、聚苯乙烯泡沫材料、泡沫砖等填筑，保温层的厚度取决于当地冻结深度和材料的导热系数。

(6)加强排水，降低地下水或毛细水。这些方法对于处理道碴囊和减小深层冻害都有明显效果。排水结构如横向盲沟、纵向盲沟、纵向渗沟或隔断层的布置，应根据具体情况设计，如图 2-31 所示。

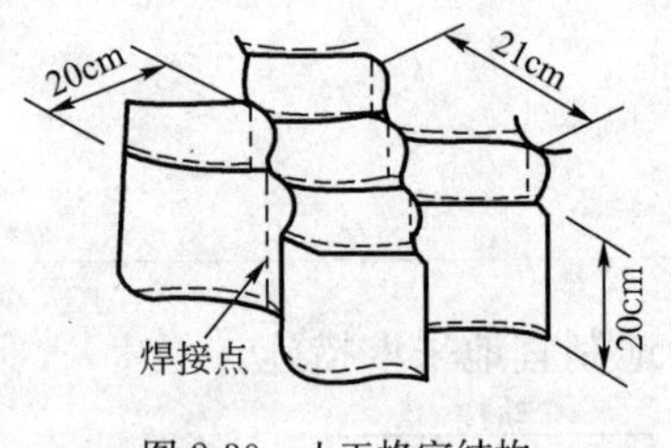

图 2-30 土工格室结构

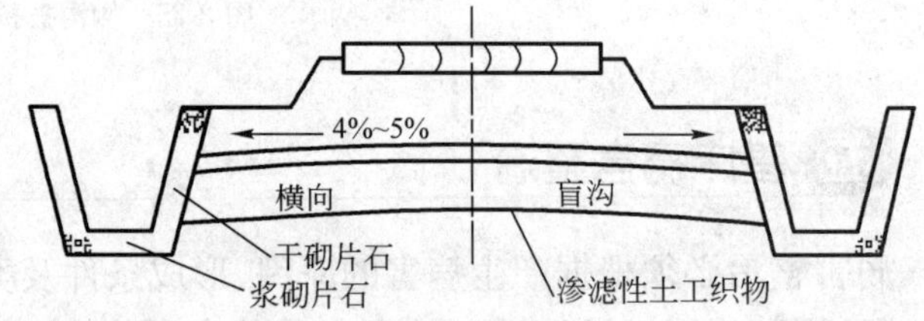

图 2-31 横向盲沟

病害整治必须根据产生病害的原因、形成条件及类型，因地制宜地采取措施。

复习思考题

2.1 路基工程有何特点？

2.2 路基设计如何分类？设计内容包括哪些？

2.3 路基设计在一般设计中由哪几部分组成？各因素如何选定？

2.4　路基横断面有哪6种形式？

2.5　何谓路基高度、边坡高度、路基基底、天然护道、路肩、路基面宽度？

2.6　路基面的形状有几种？路拱的形状及作用是什么？

2.7　路基设计中对弃土堆、取土坑的位置有何要求？

2.8　什么是路基基床？有何技术要求？

2.9　路基稳定性的影响因素有哪些？如何解决？

2.10　某Ⅰ级单线铁路，次重型轨道的一个岩石路堑横断面，中心里程为DK40+020，位于R=600m的$\alpha_{右}$的曲线上。其横断面中心地面高程为313.60m，纵断面路肩高程为303.30m，实测原地面的横断面记录如下：

$$\frac{-1.0}{3.1}\quad\frac{0}{4.0}\quad\frac{-1.0}{3.0}\quad \text{DK40+020}\quad\frac{+2.0}{4.0}\quad\frac{-3.0}{3.0}\quad\frac{+2.0}{4.0}$$

要求：(1)按线路条件确定路基横断面所有设计要素。

(2)确定路基中心挖深H。

(3)按1∶200比例尺绘制出路堑横断面。

第三章 路 基 施 工

第一节 路基施工基本概念

铁路路基是以土、石材料为主而建成的一种条形建筑。在挖方地段，路基是开挖天然地层形成的路堑；在填方地段，则是用压实的土石填筑而成的路堤。它与桥梁、隧道、轨道等组成铁路线路的整体。要保证线路的质量和列车的安全运行，路基必须具有足够的稳定性、坚固性与耐久性，即在其本身静力作用下，地基不应发生过大沉陷；在车辆动力作用下，不应发生过大的弹性或塑性变形；路基边坡应能长期稳定而不坍塌；同时还要经受各种自然因素的破坏。

所谓路基施工，就是以设计文件和施工技术规范为依据，以工程质量为中心，有组织、有计划地将设计图纸转化成工程实体的建筑活动。路基施工包括路堑、路堤土石方，防排水设施，挡土墙等防护加固构筑物以及为修建路基而做的改移河道、道路等。其中路基土石方工程是最主要的，它包括路堑工程的开挖、路堤工程的填筑以及路基的平整工作，包括平整路基面、整修路堑(路堤)边坡、平整取土坑等，而有关防排水这方面的工程，由于项目众多且较为零星，往往受到忽视，但是防排水是保证路基主体工程得以稳固的根本措施，因此必须妥当安排、保证质量。

路基施工时的基本操作是挖、装、运、填、铺、压。虽然工序比较简单，但通常需要使用大量的劳动力及施工机械，并占用大量的土地，尤其是重点的土石方工程，往往会成为控制工期的关键工程。修筑路基时常会遇到各种复杂的地形、地质、水文与气象条件，给施工造成很大的困难。因此，要得到满意的路基工程施工质量，必须严密组织，精心施工。

一 基本建设项目的划分

1. 基本建设项目

基本建设项目一般是指具有设计任务书和总体设计，经济上实行独立核算，行政上是独立的组织形式，在一个场地上或者几个场地上，按一个总体设计施工的各个工程项目的总和为基本建设项目(简称建设项目)。

进行基本项目的企业或事业单位称为建设单位。一般一个建设单位也就是一个建设项目。

例如，在工业建设中，一般是以一个工业企业如一个工厂为建设项目；在民用建设中，一般是以一个企、事业单位如一个商场、一所学校、一所医院等为建设项目；在铁路建设中，一般是以一条新建线、增建第二线、既有线改扩建等为建设项目。

2. 单项工程(又称工程项目)

单项工程是指具有独立的设计文件，竣工后可以独立发挥生产能力或使用效益的工程。它是建设项目的组成部分。一个建设项目可以是一个单项工程，也可以包括若干个单项工程。

例如，工业企业建设中，一个工厂的各个车间、办公楼、住宅等；民用建筑工程如学校的教学楼、图书馆、食堂、学生宿舍等；铁路建设如在既有线站场改、扩建项目中，站房扩建、信号楼改建等，都是具体的工程项目。对于一条新建铁路，为了早日形成运输生产能力，以发挥铁路运输效能，采取分区段施工，每一区段可谓这条铁路建设项目的一个单项工程，而对每一区段中的单个路基、桥、涵、隧道等工程，不能视为单项工程。因其竣工后无法形成运输生产能力，只有各项工程完成并铺轨通车后，才能发挥使用效益。

3. 单位工程

单位工程是指具有独立设计，可以独立组织施工的工程。它是单项工程的组成部分。在实际工作中，为了便于组织施工，通常根据工程的性质、作用和能否独立施工的要求，将一个单项工程划分为若干个单位工程。如车间的厂房建筑为一个单位工程，车间的设备安装又是另一个单位工程；新建铁路的路基、桥、涵、隧道、轨道等工程均是新建铁路线路的单位工程。

4. 分部工程

分部工程是单位工程的组成部分。它是按单位工程的各个部位、设备种类和型号、使用的材料和工种等的不同，划分为若干个分部工程。

例如铁路路基工程中，有地基处理、基床、基床以下路堤、路堑、路基支挡、路基防护、路基排水、附属工程等分部工程；轨道工程中，有线路基桩、有碴道床、板式无碴道床、无缝线路轨道、有缝线路轨道、线路附属工程等分部工程。

又如工业与民用建筑的土建工程，可划分为基础工程、墙体工程、楼、地面工程、屋面工程等分部工程。

在分部工程中，由于构造、形式、规格各异，其人工、材料等消耗的差别很大，还需把分部工程按照各自的施工方法、构造、规格等进一步分项。

5. 分项工程

分项工程是分部工程的组成部分。它根据分部工程划分的原则，按照不同的施工方法、工序、材料、规格等，对分部工程再进一步划分为若干个分项工程。而每一分项工程可通过较为简单的施工过程就能生产出来，其数量可用适当的计量单位，通过测定或计算确定。一般说，它的单独存在是没有意义的，只是为了便于计算和确定工程建筑造价而划分出来的分项工程，是一种假定的工程产品。

例如路基工程中，地基处理中的原地面平整、碾压分项工程，换填、强夯、洞穴处理、砂井等分项工程；基床分部工程的基床底层、基床表层、路基面分项工程；基床以下路堤分部工程中的一般路堤填筑、路堤边坡、填石路堤、黄土路堤填筑等分项工程；重力式挡土墙的明挖基坑、基础、桩基础、承台、墙身及墙背填筑等分项工程。

轨道工程中，有缝线路轨道的轨排组装、铺轨、铺碴整道、道岔铺设、道岔铺碴整道等分项工程；无缝线路轨道的基地钢轨焊接、长钢轨铺设、铺碴整道、工地钢轨焊接、线路锁定、轨道整理等分项工程。

 路基施工的特点

概括地说，路基施工具有如下特点。

1. 工程量大

俗话说，路基工程就是“土石方大搬家”。一条新建铁路的路基土石方工程量往往达到千、万立方米。据有关资料表明，每公里新建铁路的路基土石方数量：平原为 0.8～4.5 万 m^3，丘陵、山岳为 4.5～8.5 万 m^3，困难山区为 8.5～13.5 万 m^3。路基工程占总投资的比例很高，占用土地的量最多，使用劳动力的数量也较多。以宝成线和鹰厦线为例，线路工程数量见表 3-1。

线路工程数量表

表 3-1

线路	路基土石方工程量（m^3）	路基土石方占总造价的百分比（%）	所使用劳动力的数量（人）
宝成线	6877 万	21.4	113000
鹰厦线	6773 万	31.2	84000

当然，随着技术的发展及施工水平的不断提高，许多高填、深挖的路基工程将逐渐为桥、隧结构物所取代，这样既可提高线路质量，又可减少养护工作，有利于运营；另外，随着机械化施工水平的日益提高，需要劳动力的绝对数量也会日益下降。

2. 地形复杂多变

铁路线路绵延成百上千公里，因此路基工程必然会遇到众多复杂的自然环境。面对各种地形、地质所带来的各种施工困难，如施工中处理不当，就会给日后的铁路运营遗留无穷后患。

3. 施工质量难以控制

路基工程是以土、石这种松散体为建筑材料的，材料特性随时随地而有所不同，较难准确掌握，因此施工质量的控制也更为复杂。

4. 施工条件差

路基施工是野外操作，特别是边远山区，自然条件差，运输不便，物资设备的供应及施工队伍的调度极为困难，加上路基工地分散，工作面狭窄等，这些困难易使一般的技术问题变得复杂化，某些复杂的技术问题，更是难以用一般常规的方法和经验加以解决。

此外，在路基施工中还存在场地布置难、临时排水难、用土处置难、土基压实难等不利的因素。

三 路基施工的基本方法

路基施工的基本方法，按其技术特点大致可分为：人力施工、简易机械化施工、综合机械化施工和爆破法施工等。

人力施工是传统的施工方法，使用手工工具，劳动强度大，工效低，进度慢，工程质量亦难以保证，已不适应现代铁路工程施工的要求。但是，在短期内人力施工还将继续存在，它主要适用于某些辅助性工作，是机械化施工的必要补充。

为了加快施工进度，提高劳动生产率，实现高标准高质量施工，有条件时对于劳动强度大和技术要求相对较高的工序，在施工过程中应尽量配以机具或简易机械。但这种施工方法工效有限，只能用于工程量较小、工期要求不严的路基或构造物施工，特别不适宜高速铁路和一级铁路路基的大规模施工。

机械化施工和综合机械化施工是路基施工的发展方向，对于路基土石方工程来说，更具有适用性。机械化施工是通过合理选用施工机械，将各种机械科学地组织成有机的整体，优质、高效地进行路基施工的方法。如果选用专业机械，按路基施工要求对施工的各工序进行既分工又联合的作业，则为综合机械化施工。实践证明，如果给主机配以辅机，相互协调，共同形成主要工序的综合机械化作业，则工效能够大大提高。以挖掘机开挖土质路堑为例，如果没有足够的汽车配合运输土方；或者汽车运土填筑路堤，如果没有相应的摊平和压实机械配合；或者不考虑相应辅助机械为挖掘机松土并创造合适的施工面，整个施工进度就无法协调，难以紧凑工作，工效亦势必达不到应有的要求。所以，对于工程量大、技术要求高、工期紧的高速铁路和一级铁路路基工程，必须实现综合机械化施工，科学、严密地组织施工，这是路基施工现代化的重要途径，也是我国路基施工的发展方向。

爆破法是利用炸药爆炸的巨大能量炸松土石或将其移到预定位置，它是石质路基开挖的基本方法；另外，采用钻岩机钻孔，亦是岩石路基机械化施工的必备条件。除石质路堑开挖而外，爆破法还可用于冻土、泥沼等特殊路基施工，以及清除地面、开岩取料与石料加工等。

上述施工方法的选择，应根据工程性质、工期、现有条件等因素而定，而且应因地制宜和各种方法综合使用。

四 路基工程的施工顺序

铁路工程的施工顺序，一般均为大中桥、小桥涵和隧道先行施工，接着是路基土石方；而土石方工程又常是先选择重点或填挖方较大的地段进行。小桥涵必须在路基施工前完成，以保证路基机械施工的效率和工程质量。特别是对重点土石方或工程量大起控制作用的涵洞，更要引起足够的重视。如：成昆铁路尼波车站 14 号涵洞未能在路基施工前竣工，从而控制了路基机械施工土石方接近 30 万 m^3 的施工作业。为了减轻施工干扰不致延误工期，曾被迫采取在正线上游先修几节涵洞作为机械走行通道的措施，才使得涵洞两侧的站场土石方机械施工得以全面开展，从而扭转了被动局面。

五 路基施工的组织原则

(1)集中力量保证重点工程分期分段施工。对于重点工程还应编制个别的实施性施工组织计划，按铁道部规定的建设程序批准后据以施工。对于路基工程来说，这些重点工程包括：

①技术复杂和特殊土地区、特殊条件下的路基工程。

②一次用药量在 5t 以上的路基爆破工程。

③区段站路基工程，既有线站场改建、扩建工程和改线、改坡线路的路基工程。

④控制工期的数量大于 $3\times10^5m^3$ 的站场土石方工程。

(2)实现机械化施工，推广应用新技术、新材料、新工艺、新机具、新测试方法。在施工中应认真做好原始记录、积累资料，不断总结经验，提高路基施工技术水平。

(3)实现工厂化施工。

(4)全体不间断施工。

(5)流水作业施工。

(6)积极推广经济数学方法的运用。

(7)若在路基上埋设电缆、电杆，应保证路基的完整和稳定。因为在路基上挖槽，埋设电缆、电杆，不论是与基床、路基面同时施工或在其后施工，均可能对路基的外形、排水乃至稳定性产生不良影响。在土质基床上不应有沟槽、坑，以防渗水或其他因素危害路基。

第二节　路基施工准备工作

要保证工程项目能够如期高质量地完成，任何一项工程在正式开工前，都必须做好必要的施工准备工作。路基施工前，必须根据工程的实际情况做好组织准备、物资准备和技术准备工作，使各项施工活动能正常进行。在施工过程中，所有的施工活动都必须严格按照有关施工规范进行，以确保工程质量，最后得到质量优良的路基实体。

一 组织准备

1. 我国现行的铁路施工管理机构(表 3-2)

铁路施工管理机构　　表 3-2

属中国铁路工程总公司、建筑总公司管理	固定机构	工程局、工程公司
	临时机构	临时成立的指挥部、指挥所等
属地方管理	固定机构	地方铁路开发公司
	临时机构	临时成立的指挥部、指挥所等

工程局分为综合工程局和专业化工程局。工程局下设工程处、工程公司，以下设段、队等。

地方铁路管理机构，指由地方投资并修建的铁路。它的施工，一般由地方铁路管理机构负责。

临时机构一般指一个大的建设项目临时组成的指挥部、指挥所等，便于统一管理和协调。

2. 开工前的施工准备

施工企业承接施工任务后，开工前的组织准备工作主要是建立健全工程管理机构和施工队伍，明确各自的施工任务，制订施工过程中必要的规章制度，确定工程应达到的目标等。组织各级施工管理机构、施工队伍、材料供应及运输管理部门，组织附属企业，进行劳动力培训，与其他单位签订各种协议合同等。组织准备是其他准备工作的开始。

路基施工要消耗大量的人工、材料和机具，因此开工前应进行所需材料的购进、采集、加工、调运和储备工作，同时要检修或购置施工机械，做好施工人员的生活、后勤保障准备。劳动力、机械设备和材料的准备工作是路基施工组织计划的重要组成部分。

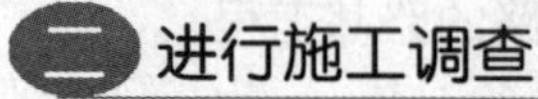

二 进行施工调查

(一)施工调查的意义

根据施工调查，可以了解和核对线路的全面情况、重点工程情况和沿线的施工条件等，确定符合实际情况的施工部署和施工方法，决定材料来源和运输方法，落实各项辅助工程和附属企业的设置，规划临时工程，作为编制施工组织设计和概预算的重要依据。因此，施工调查既是设计部门勘测设计中的一项重要工作，也是施工企业在基本工程开工前必须进行的一项工作。

(二)施工调查的主要项目

(1)全线工程分布情况与地质特征,特别是与重点工程的施工条件、施工顺序及施工方法等有关的自然条件。

(2)特殊土地区和特殊条件下路基的地质情况、河道情况、地下水位、冻结深度、风沙或泥石流季节等。

(3)核对土石的类别及其分布,进行填料初步复查和试验。调查高填、深挖和站场的施工环境及取土、弃土困难地段的填料来源、弃土位置和运土条件等。

(4)大量石方爆破地段的地形、地貌、地质和建筑物、交通与通信设施情况。

(5)大型土石方施工机械的运输及组装场地。

(6)当地的风俗习惯、医疗卫生、生活供应、文化教育等情况。

(7)当地可供利用劳动力的工种、人数以及沿线可承包工程的施工单位的能力、信誉等。

(8)改建既有线或增建第二线时,既有线的运营情况、路基状况,以及为采取安全、合理、施工方便的工程措施所需的资料。

(9)农作物收割、播种季节及平均产量和为办理用地、补偿工作所需的资料。

(10)为办理房屋、道路、管线、线路等拆迁补偿工作和清理施工场地所需的文件规定及计费办法和单价资料。

(11)修建各项临时工程、辅助工程及附属企业等设施的现场位置、地形、地貌、水文、地质等情况和施工防排水的措施。

(12)新技术、新工艺、新机具、新材料等特殊需要的资料。

上述施工调查的项目应根据具体工程的不同有所侧重,调查前应编写调查提纲,有的放矢地进行调查工作。

(三)编写施工调查报告

施工调查完毕,应整理好资料,及时写出调查报告。施工调查报告包括以下内容。

(1)工程概况:地形、地貌、水文、地质情况;重点工程情况;施工的有利条件和影响因素等。提出有关方案意见和施工措施。

(2)交通情况:简要说明沿线铁路、公路、水运状况,以及地方道路的改扩建计划,并提出方案意见。

(3)材料供应:对当地材料的产地、储量、产量、质量及运输方法等详细列出;缺料地段提出供应措施;对外来料考虑如何进入施工地段,布置主要材料供应基地、预制厂、轨排基地等,并提出方案意见。

(4)沿线水、电、生活资料供应情况;提出供电、通信方案意见,以及对缺水地区提出解决措施。

(5)提出有关改善设计的建议。

(6)使用地方劳动力和向地方施工单位发包工程的意见。

(7)有关编制概预算的资料。

(8)有待进一步解决的问题。

(9)有关图表及说明。

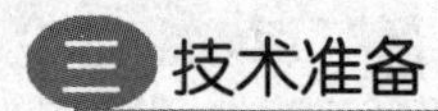

技术准备

路基施工前的技术准备工作包括:核对设计文件、线路复测、清理施工场地以及试验段施工等工作,同时应做好施工防排水工作。此外,路基土石方调配方案,也须在开工前做好。

(一)接收施工图表及设计文件

施工图表是铁路施工单位进行铁路施工的重要依据,只有在接到施工设计文件和图表后才能照图开始施工。路基工程必须按照批准的设计文件施工;如需变更,应按铁道部现行的变更设计处理办法执行。

路基施工图表的内容见表3-3。

路基施工图表 表3-3

路基施工图表	内容	用途
	路基横断面图	路基施工应根据横断面进行
	填挖高度、路基面宽度;边坡表	了解路基填筑高度、开挖高度、路基面宽度和路基边坡坡度
	土石方数量表	了解路基土石方数量
	加固工程表	了解路基加固地段的地点、加固类型

需要特别指出的是,施工单位接到设计文件后,应组织有关技术人员进行审核,及时到施工现场核对。如发现误差,应与设计人员联系,更正设计错误。必要时,会同设计单位、建设单位(监理单位)进行图纸会审,共同解决设计文件中的差、错、漏等问题。会审会议必须做好相应的会议纪要,并尽快发放到参加会议的各方代表手中。会议纪要是竣工资料的重要组成部分,具有与施工图表一样的法律效力。

(二)交接桩及线路复测

施工单位接受任务后,应会同设计单位进行交接桩工作,然后进行线路复测。

1.交接桩

1)交接桩的准备工作

由施工单位的技术人员及测工等组成的接桩小组,会同勘测设计部门的交桩小组,共同进行交接桩与补桩工作。如果一条线路有几个施工单位施工,则各施工单位的接桩起讫点应是其管界外两边的一个交点或转点。其交界处的中线、水平,应联测贯通,互相核对,保持一致。

2)交接桩的内容

施工单位按照有关图表文件,逐一接收水准基点桩、中线控制桩、站场的基线桩、三角网的主要控制桩、隧道及桥的导线网、重点工程中心桩、直线上的交点桩、副交点桩、缓和曲线和圆曲线的起、终点和中心桩等。

3)交接桩的过程

交接双方按图表对桩位逐一交点,施工单位以仪器复核,做好记录,并检查桩的完好稳定程度,必要时加护桩。交接桩的验收标准按铁道部公布的《铁路测量技术规则》的有关规定办理。在交接中,如误差超过允许范围时,应由设计单位复核更正。

交接完毕后,根据交接记录,说明交接情况、存在问题及解决办法,双方正式在记录上会签,视为线路交接完成。

2. 线路复测

交接桩后，施工单位应进行线路的复测和加钉桩号工作。这是施工前最后一次线路定测工作。其工作内容包括：测定中线位置；复核线路转向角；测设曲线；复核各转点间的直线方向；核对设计单位的水准基点，并联系水准基点进行全线纵向水准测量；横断面测量；桥隧等重点工程的位置和中心线的定测；临时设施如基地材料厂、附属企业、单位驻地等场地测绘等。

（三）编制施工组织设计

工程开工前，施工单位根据施工调查资料、设计文件、设计部门编制的施工组织设计，结合施工单位的实际情况，充分分析有利因素和不利因素，经过综合分析研究，编制该工程施工组织设计，作为指导施工的技术文件。

（四）编制工程预算和施工预算

施工单位在开工前，根据施工组织设计有关规定等资料编制工程预算，并在工程预算的基础上编制施工预算，作为施工单位内部成本核算、签订承发包和统计验工计价的依据。

四 测量放线

线路中线是线路施工的平面控制系统，也是铁路路基的主轴线，在施工时必须保持定测时的位置。由于定测以后往往要经过一段时间才进行施工，定测时所钉设的桩点不可避免会丢失或被移动。因此，在线路施工开始之前，必须进行一次中线复测，把定测时的中线恢复起来；同时还应检查定测资料的可靠性，这项工作称为线路复测。它包括钉好百米标桩、边桩和加桩，钉好圆曲线和缓和曲线，核对地面高程和原有水准基点，并增设施工时需要的临时水准基点等。

设置加桩的目的是，由于在施工阶段对土石方的计算要求比设计阶段准确，横断面要求测得密些，所以需要设置加桩。

修筑路基以前，需要在地面上把标志路基的施工界线桩钉出来，作为线路施工的依据，这些标桩称为边桩。测设边桩的工作，称为路基边坡的放样。具体来说，就是要沿线路中线桩两侧用桩标志出路堤边坡坡脚和路堑边坡坡顶的位置，作为填土或挖土的边界。路基工程的填挖方都是根据边桩起坡的，因此，正确确定边桩的位置对整个施工都十分重要。边坡放样的方法很多，常用的有图解法和逐步接近法。

（一）图解法

图解法就是在路基横断面上，按图的比例尺量出路基坡脚或坡顶至中线桩的距离，并把它填在边桩位置表中（表 3-4）。到现场即可根据此表，用方向架、皮尺直接量出边桩的位置，钉上木桩，并在各桩间标出界线（撒石灰或犁出沟槽）作为填挖方起坡的依据。为避免施工中毁坏、丢失，应在边桩外数米处（横断面方向线上）加钉断面控制桩，并注明距边桩的距离（图3-1）。

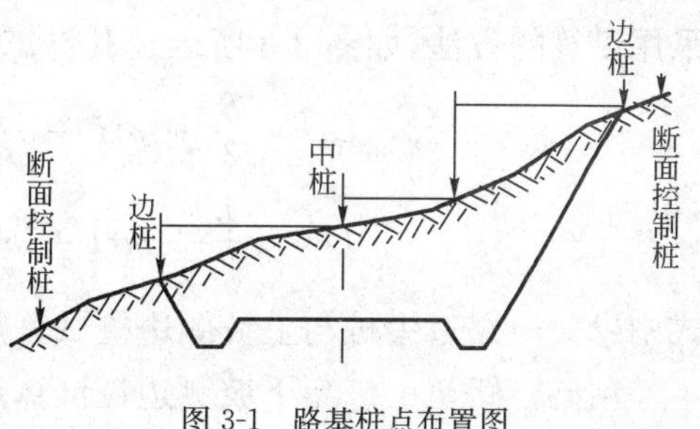

图 3-1　路基桩点布置图

边 桩 位 置 表 表 3-4

里 程	填挖高(m)		边桩位置(m)		备 注
	填	挖	左	右	
DK7+540	1.8		4.8	5.5	
DK7+750		2.2	6.3	5.6	
DK7+900	2.0		5.9	6.7	

用图解法放边桩时，要核对表上的数字有无错误，以及横断面与实际地形是否符合。此法优点是手续简单，速度快，适用于地形变化不大的地段；但当地形变化很大时，横断面测量误差较大。

(二)逐步接近法

1. 平地上放边桩

当地面无横向坡度时，可根据路基面的宽度、边坡坡度、填挖高度，计算边桩距离，如图3-2所示。其计算公式如下：

$$D_1 = D_2 = \frac{b}{2} + mH \tag{3-1}$$

式中：D_1、D_2——线路中心至边桩的距离，m；

b——路基顶面宽度，m；

m——边坡坡率，%；

H——路堤高度或路堑深度，m。

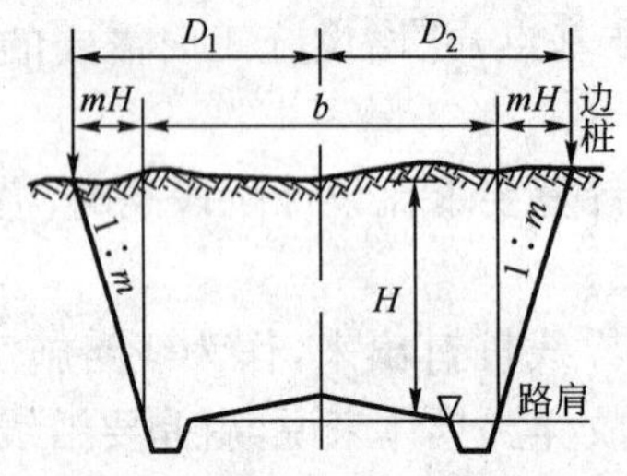

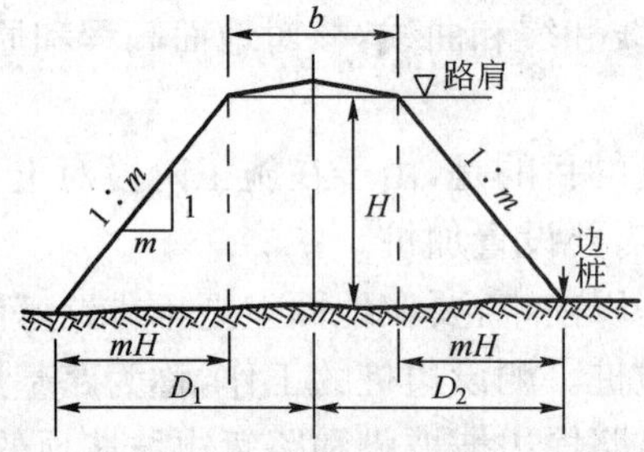

图 3-2 平地上放边桩示意图

计算出 D 值后，用皮尺从线路中心桩，向垂直线路方向量出距离 D_1、D_2，即为边桩位置。

2. 坡地上放边桩

在有横向坡度的地面上放边桩，其 D_1、D_2 不等，因而只能采用试算的方法，如图 3-3 所示。其计算公式如下：

$$D_1 = \frac{b}{2} + mH - mh_1' \tag{3-2}$$

$$D_2 = \frac{b}{2} + mH + mh \tag{3-3}$$

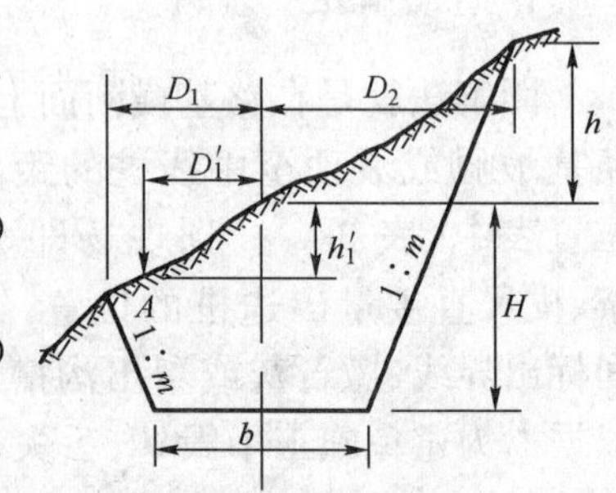

图 3-3 坡地上放边桩示意图

式中：h——路堑中桩与上坡侧边桩试算点的高差，m；

h_1'——路堑中桩与下坡侧边桩试算点的高差，m；

其他符号同前。

此式用于路堤放边桩，则下坡侧用 D_1 式，上坡侧用 D_2 式。

具体做法是：先在断面图上量取边桩距离，或大致估计边桩位置，如图 3-3 中 A 点，测得中桩至 A 点的高差为 h_1'，水平距离为 D_1'，用式(3-2)计算 D_1。若 D_1 不等于 D_1'时，则需要重新移动边桩位置，每移动一次 A 点，就有一个新的 D_1'、h_1'，同时算出一个 D_1，直至 $D_1=D_1'$。一般试算一两次即可定出边桩位置。

路基工程一旦开工，路基填挖断面以内的桩点将遭到损坏，因此，在复测后，应将中线主要桩移到取土或弃土地点或者施工机械走行的范围以外，设置护桩，桩上应写明桩号及填挖高度，并在桩侧插立标杆。

总之，标志线路中心位置的中心桩和标志路基施工界线的边桩是铁路施工的重要依据，必须加以妥善保护，以确保工程的顺利完成。

五 清理施工现场

(一)改移线路

对于施工用地范围内的各种管线，如水渠、通信电缆、电网等，必须在工程开工前与相关部门取得联系，尽快进行线路的改移。

临时运输道路、施工管道等均应满足开工需要。当利用原有公路运输大型机械时，应先实地检查；当其路基、桥梁宽度和载重等级以及最小曲线半径不适应时，应采取临时加宽或加固措施。

(二)拆迁建筑物

新建铁路经过的地区，常常需要对建筑物进行拆迁，如房屋、水井、坟墓等。必须事先明确搬迁、拆除或防护方案的完成期限，以保证在工程开工之前，拆迁工作已全部办妥。同时，对拆迁户应按照国家有关规定给予补偿。

修筑路基可能对当地环境产生不良影响，如取土、弃土、爆破、尘埃、噪声以及开挖填筑，涉及原有的灌溉、蓄水系统时，如果不妥善处理，均可能造成不良后果。因此，在修建路基时，应重视农田水利、节约用地，并注意环境保护。

(三)征租土地

铁路用地及界内设施的拆迁、补偿，必须遵守现行的《国家建设征用土地条例》有关规定。通常的办法是依据设计规定的路基用地范围与取、弃土用地范围划定用地界限，计算征地数量；同时依施工设备、料场、生产和生活房屋等计算租地数量。向政府土地管理机关报送征、租地计划，经批准后按政府统一定价补偿。

(四)砍伐树木

路堤基底及路堑顶面范围内的树木以及有可能影响行车安全的树木，应在施工前予以砍伐或移植。若路基内留有树木，会因腐朽或发育降低土体密度和强度，对基床的影响尤其大；在填方地段，树墩还有碍于土的压实作业。

在挖方地段砍伐，应拔出树墩和主根。

在填方地段砍伐，主根以上填筑高度大于基床厚度时（现行规范规定的一级线路基床厚度是 2.5m），可留置露出地面不大于 0.2m，且不侵入路基基床部分的树墩；主根以上填筑高度等于小于基床厚度时，应拔除树墩主根。

在森林地带或有风沙、雪害及洪水冲刷的线路上砍伐和移植树木，应根据当地条件进行特殊处理。

（五）干燥场地

与湿润土壤相比，干燥土壤更容易挖掘和运送，用它做材料所建造的路基工程其质量也更加稳定。因此，在工程开工之前，应当对施工场地做必要的处理，使之先行干燥。干燥场地最主要是修建良好的排水设备，做到地面排水和地下排水两不误。

通常可以采用如下方法：在路堑地段，应开挖天沟；在路堤地段，应在取土坑地点挖排水沟。

场地内土壤含水过多时，可挖纵横沟网。当路基基底有地下水时：若地下水埋藏浅，可采用明沟、排水槽；若地下水埋藏较深，可采用渗井、渗水隧道等。

高速铁路、一级铁路、特殊地区铁路以及采用新技术、新工艺、新材料的路基，在正式施工前，应采用不同的施工方案和施工方法，铺筑试验段并进行相关的试验分析，从中选出最佳施工方案和施工方法，以指导大面积路基施工。所铺筑的试验段应具有代表性，施工机械和工艺过程要与以后全面施工时相同。通过试验段施工可确定不同压实机械压实各种填料的最佳含水率、适宜的分层厚度、相应的碾压遍数、最佳机械配置和施工组织方法等。

第三节　土石方调配

为了有成效地组织路基施工，首先要解决的是土石方的调配问题。所谓土石方调配就是要解决从路堑里挖出来的土应该运到哪里去，路堤上需要的土应该从哪里运来的问题。

一　路基横断面面积的计算

计算路基土石方数量，必须先求出路基横断面的面积。对于地面比较平坦规则的断面，可将其分成矩形、梯形、三角形分别计算。对于不规则地面的断面，通常采用两脚规量算法，可以较快地求出面积。如图 3-4 所示为按一定比例尺（1：200）绘制的路基横断面。从横断面的中心向两侧每隔 1m 画一竖线，如图中 a、b、c、…、a_1 等（如用方格纸绘制横断面图，则可利用印好的格线），用两脚规逐次量其纵距并累计起来（可以逐渐张开两脚规的两脚求其总和），即得横断面图的面积。

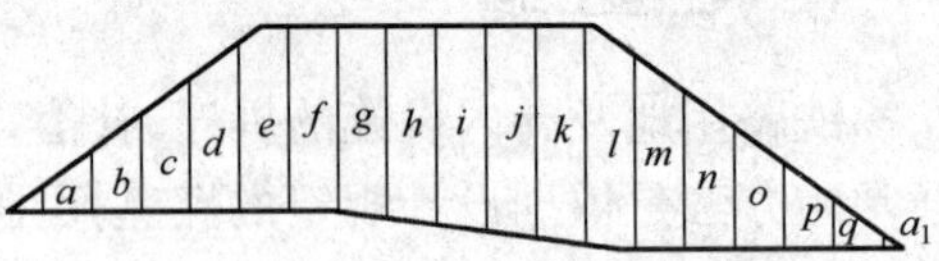

图 3-4　条分法计算图

由图 3-4 可知，纵距 a 及 a_1 为左右两侧小三角形的底边，同时 a、b、c、…、a_1 等为中间各梯形的底边，由于这些纵距的间隔为 1m，即中间各梯形的高均为 1m。如两端小三角形的高均认为它是 1m（这样取近似值不会产生较大的误差，对于计算土石方数量来说精度已足够），则路基横断面的面积为：

$$F=\frac{a}{2}+\frac{a+b}{2}+\frac{b+c}{2}+\cdots+\frac{a_1}{2}$$

$$=a+b+c+\cdots+a_1 \tag{3-4}$$

可见，路基横断面的面积等于相隔 1m 的纵距之和。

利用两脚规量算路基横断面面积时，一般每个断面应量两次，取其平均值，并且两次数值的差不得超过断面面积的 2%；否则，应重新量算。

二 土石方工程量计算

计算线路土石方工程量的方法通常有两种，即平均断面法和平均距离法。

1. 平均断面法

按照线路测量桩号分段计算。每段土石方的体积等于该段前后两个断面面积的平均数乘上该段的长度。如图 3-5 所示的土石方体积为：

$$V=\frac{F_1+F_2}{2}\times l \tag{3-5}$$

2. 平均距离法

如图 3-6 所示，该段土石方的体积为：

$$V=F_1\times\frac{l_1}{2}+F_2\times\frac{l_1+l_2}{2}+F_3\times\frac{l_2}{2} \tag{3-6}$$

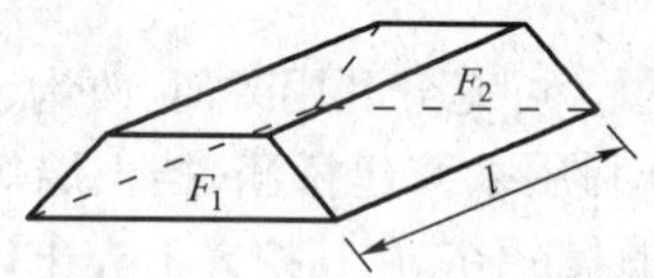

图 3-5 平均断面法计算图

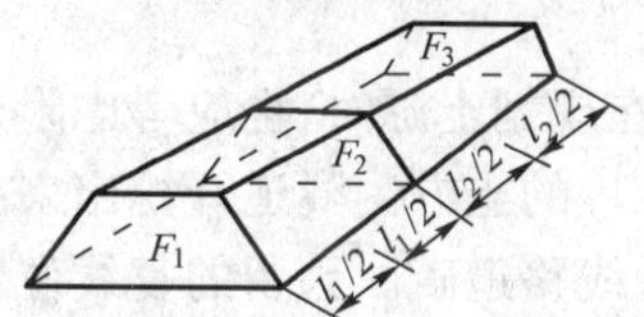

图 3-6 平均距离法计算图

由于施工现场的地形千变万化，路基横断面积的数值也随之不断变化，因此在实际工作中，常常采用平均距离法计算土石方工程量。

三 土石方调配原则

从路堑挖出的土壤，一般应尽量利用来填筑路堤，这叫移挖作填，这是路基工程的一个重要特点。在经济比较的前提下，争取最大限度的移挖作填，就能最大限度地降低施工工程量。土石方调配就是解决这一问题的工作。

在这里先介绍两个术语：断面方和施工方。设计单位根据测量结果算出来的填挖方数量叫做断面方。例如，某段线路的路堑挖方是 56000m^3，路堤填方是 30000m^3，那么工程量是 86000m^3 断面方。施工时所做的挖运方数叫做施工方。这段线路如果采用横向运土，有 86000m^3 断面方就得做 86000m^3 施工方，即路堑里的 56000m^3 是挖出来弃掉的，而路堤上需要的 30000m^3 则另外从取土坑运来；如果移挖作填，做 1m^2 施工方就可以完成 2m^2 断面方，所以，如果采用纵向运土移挖作填可以利用 27000m^3，其余 3000m^3 填方取土填筑，那么施工方就只有 29000(弃土)＋27000(利用)＋3000(取土)＝59000m^3 了。

应该特别引起注意的是，路基土石方工程的施工工程数量并不决定于路基建筑几何体积的计算，而是决定于路基土石方调配方案。因此在正式开工前做好最优的土石方调配工作，可以大大减少工程造价。

在进行土石方调配的规划时，以下原则是应该加以考虑的：

(1)节约用地，尽量利用荒地、劣地、空地作为取土、弃土的场地，少占耕地，并结合施工改地造田。取土坑的深度与弃土的堆置地点，要考虑排水系统的全面规划，禁止弃土堵塞渠道。取土坑的深度应使坑底高程与桥涵沟底高程相适应，以利排水。

(2)好土应尽量用在回填质量要求较高的地段。

(3)挖方量与运距之积尽可能为最小，即总土方运输量或运输费用为最小。

(4)充分利用移挖作填，减少废方和借方，使挖方和填方基本达到平衡；同时选择恰当的调配方向、运输路线，使土方运输无对流现象。

如果挖方少于填方数量时，可以先横向取土填筑路堤底部，再纵向利用路堑的挖土填筑路堤的上部。如果路堤两侧取土有困难时，可采用放缓路堑边坡或扩大断面的方法取土。当挖方数量大于填方数量时，可先横向将多余土方丢弃，再纵向运输到路堤处填筑，如图 3-7 所示。

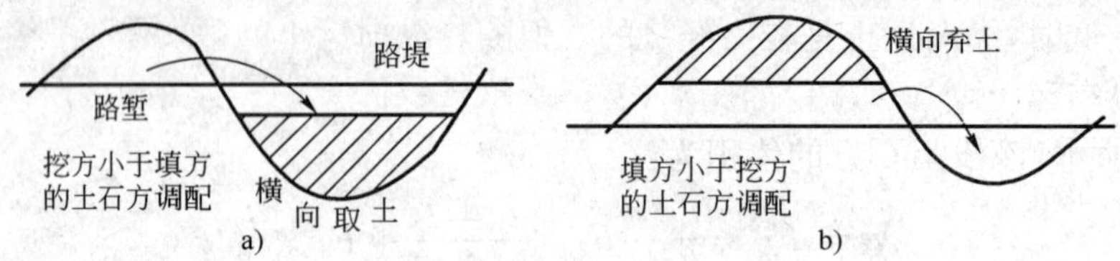

图 3-7　土石方调配示意图

(5)在规划土源时，也应考虑附近其他余土的利用问题。可充分利用改河、改沟、改移公路等附属工程的土方。隧道开挖出来的坚石、次坚石可充分利用来修建桥涵、挡土墙等建筑物，还可用做线路道碴。预留的复线位置或拟扩建站场的范围，都不应在其挖方上弃土，亦不应在预留填方处取土，最好将挖方上的弃土弃于预留填方处。

(6)在调配土方平衡土源时，还应考虑以下因素：

①土石方经过挖掘、运输、填筑及压实后，其体积较原来有所变化。有的体积增加，有的却减少，可以用松散率或压缩率表示，其数值的大小与土石成分、性质、夯实密度、含水率和施工方法等有关。在调配时对土石方的数量，应根据其压缩率或松散率的经验数值进行调整。

②路堤基底的沉陷量约为路堤填土高度的 1%～4%。

③土石的挖、装、运、卸过程中的损耗。

④用机械填筑路堤时，为了保证路基边沿部分的填土压实，施工时须将路堤每侧填宽约 0.3m。

一般来说，可按填土的断面方数增加 15%来规划取土土源，但计算所完成的工程量时，只能按设计的断面方数计算。

(7)土石方调配与施工方法密切相关。施工方法不同，土石方调配的方数和经济运距也不同。

要做好土石方调配工作，不能单靠设计文件和图纸，必须进行现场调查。只有结合现场的实际情况进行调配，才能使调配的方案具有实际意义。

四 土石方调配方法

区间的路基是线形土石方建筑物，大型站场的路基是广场型土石方建筑物，在对两者进行土石方调配时，所采用的调配方法是不同的。通常对区间的路基土石方调配采用线法调配，而对大型站场的路基土石方调配采用面法调配。

(一)线法调配

1. 线法调配

线法调配主要是借助于线路纵断面图和土积图来实现。所谓土积图是指在线路纵断面图下方,按照各桩号处的累计土石方数量(挖方为正、填方为负)所绘制的该段线路的土石方量累计曲线。通过线路纵断面图和土积图,可以确定区间路基土石方调配的最大经济运距,从而得出最合理的移挖作填方案。

采用线法调配通常有两个运土方向:纵向运土和横向运土。纵向运土是指从路堑运土到两端的路堤;横向运土是指从路堑运土到弃土堆或从取土坑运土到路堤。当从路堑挖一方土纵向运到路堤的费用,比起将路堑挖一方土横向运到弃土堆,再从取土坑挖一方土横向运土到路堤的总费用更低时,纵向运土是较为经济的。但随着纵向运土的距离增大,利用方的单价也随之增大。当纵向运土增加到一定的距离,使得从路堑挖运一方土到路堤的费用,比将土运到弃土堆,再从取土坑挖一方土运到路堤的总费用大时,则纵向运土应改为横向运土。这一运距叫做最大经济运距,它可以由下式算出:

$$L_{\mathrm{E}} \leqslant \frac{a+b(L_{\mathrm{c}}+L_{\mathrm{f}})+d}{b} \tag{3-7}$$

式中:a——挖装 $1\mathrm{m}^3$ 土石方的费用,其值随施工方法和土的等级不同而不同;

b——$1\mathrm{m}^3$ 土石方运送 1m 距离的费用,其值随运输方法的不同而不同;

d——$1\mathrm{m}^3$ 弃土和 $1\mathrm{m}^3$ 取土所占用土地的地亩费用;

L_{c}——$1\mathrm{m}^3$ 土石方从路堑运送到弃土地点的运送距离;

L_{f}——$1\mathrm{m}^3$ 土石方从取土坑运送到路堤的运送距离。

路基土石方的线法调配,是在较熟练地掌握调配原理和符合经济条件的前提下,在每百米的土石方数量图上进行的,现以实例说明,如图 3-8 所示。

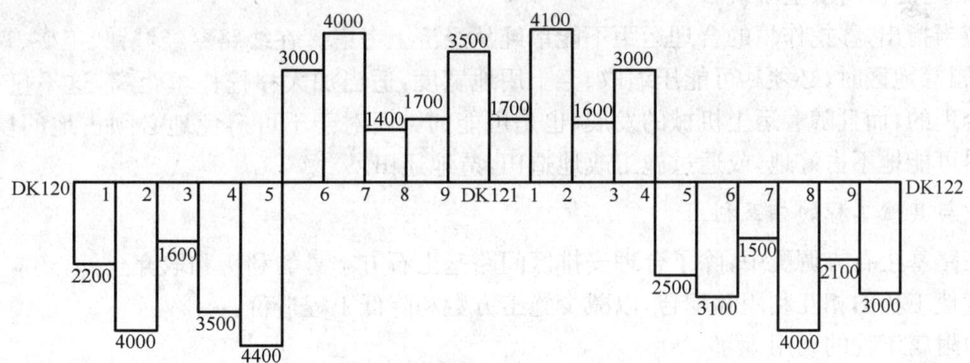

图 3-8 百米标土石方数量图(m^3)

土石方数量图的横坐标为距离(以百米标表示),纵坐标为每百米标的土石方数量,挖方画在上面,填方画在下面。按比例画成矩形,并在矩形内注明土石方数量。

当综合考虑了各种因素和确定了纵向调配的最大经济运距之后,即可在土石方数量上进行具体调配。由图 3-8 可看出 DK120+500~DK121+400 间为挖方,其余前后两段为填方。该段挖方可调往前一段,也可调往后一段填筑路堤作为利用方,究竟怎样调,能调配多少方,主要取决于经济运距。

在调配时，可由填挖交界处向两边进行土石方累计，每累计一次则计算一次纵向平均运距，同时观察其是否接近经济运距，经过几次试算后，至接近时即将两边累计的土石方数量(即挖与填的数量)调整到相等，并定出两端的桩号，这两个桩号之间的距离即为纵向调配范围。在此范围以外，则采取横向取、弃土。

本段线路处于荒野，取弃土不占农田，无青苗可损，从有关单价表中查得挖土单价 0.20 元/m^3，运 $1m^3$ 土 0.05 元/m^3，$L_c=196m$，$L_f=200m$。根据式(3-7)计算得：

$$L_E=\frac{0.20+0.05(196+200)}{0.05}=400m$$

根据以上所述，经过试算，就可以较容易地定出该段路基纵向移挖作填和横向取弃土的范围。调配结果是：

将 DK120＋500～DK120＋972 处挖方 $12620m^3$ 纵向调至 DK120＋122～DK120＋500 处作填方是经济的。其纵向平均运距可以较精确地用各百米标内土石方数量与距离的加权平均值计算其填挖方各重心间的距离，即：

$$\begin{aligned}\text{平均运距 } L_{cp}&=\{[3120\times339+1600\times250+3500\times150+4400\times50]+[2520\times436+\\&\quad 1700\times350+1400\times250+4000\times150+3000\times50]\}/12620\\&=395.9m<400m\end{aligned}$$

同理，将 DK120＋996～DK121＋400 处挖方 $10540m^3$ 纵向调至 DK121＋400～DK121＋786 处作填方也是经济的。

$$\begin{aligned}\text{其平均运距为 } L_{cp}&=\{[140\times402+1700\times350+4100\times250+1600\times150+3000\times50]+\\&\quad [3440\times343+1500\times250+3100\times150+2500\times50]\}/10540\\&=399.5m<400m\end{aligned}$$

根据上述结果，从理论上讲，DK120＋972～120＋996 处挖方 $840m^3$ 应做横向弃土，DK120＋000～DK120＋122 处所需填方 $3080m^3$ 和 DK121＋786～DK122＋000 处所需填方 $5660m^3$ 均需横向取土填筑。

应当指出，移挖作填的合理运距不能单纯从经济上考虑。在线路穿经城镇、工矿、森林、农田、果园等地区时，必须尽可能压缩取、弃土用地宽度，适当加大移挖作填距离，这不仅在宏观上是合理的，而且随着运土机械的发展，也是可能的。而对于不可避免地必须占地的场合，则需要尽可能地不占好地，或通过施工改地造田，造地还田。

2.与其他工程的相互利用

在路基土石方调配中，除了合理安排区间路基土石方本身的利用和取弃土外，还应充分考虑与其他工程的相互利用和配合，以减少施工方数和降低工程造价。

1)附属工程的利用

在进行调配时，应注意对附近的附属工程(改河、改沟、开挖侧沟、扩大开沟、改移公路等)的土石方加以利用，不仅可以减少施工方数，而且少占用土地。

2)隧道出碴的利用

隧道开挖的土石方可利用填筑路堤，其数量为除去本身(混凝土用的碎石与拱背回填片石)利用之外，隧道每延长米可利用 $30m^3$ 做路堤填料用。对于短隧道的开挖，一般为两端并进，两端出碴，会合处不一定在中点，故每端只能考虑利用隧道全长 2/5 的数量。在调配中，对该项土石方的利用方数不计入施工方数，而列在隧道出碴内。

3)桥梁回填土壤的取用

对桥头渗水土壤与桥台两侧锥体护坡所需的土壤，在土石方调配时应适当考虑。当开挖路堑有这种土壤时，可将该种土壤就近弃于路堑附近的弃土堆，待桥梁需要使用时，再做第二次运输，其倒装和第二次运输的费用列于桥梁工程中。

4)石料和道碴的供应与路堑石方的利用

路堑内开挖的石方，不仅可填筑填石路堤，而且还可以用做桥隧建筑和附属工程的片石、碎石材料以及线路道碴材料。如路堑石方数量较少不够应用时，应先满足填石路堤的需要。当路堑中石方很充裕且可用做建筑材料时，应将该石方调配作为弃方堆放于弃土堆，以备运用，不得用以填筑路堤，以便节省料费。

(二)面法调配

站场(区段站、编组站或较大站坪等)土石方调配与区间路基不同。其特点是施工范围广且施工场地宽；工程量大而集中，山区铁路尤为显著(如成昆铁路新建的 8 个区段站中，有普雄、金江、广通 3 个站的土石方都超过 $1.0\times10^6m^3$，另外还有白石岩、尼波、泸沽、拉鲊 4 个中间站也都超过 $8.0\times10^5m^3$)；站内建筑物多且施工顺序先后不一，有时还要考虑分期施工并需满足扩建要求；取土、弃土受城市建设的限制(不能在站场范围或距站场较近地点挖坑取土或堆置弃土堆)。因此，站场土石方调配一般采用面法调配进行。

面法调配主要用于大型站场和重点高填深挖的大面积土石方调配。其运土方向无一定的规律性，只要能做到在站场范围内将土石方合理分配即可。

采用面法调配时，必须同时考虑站场附近其他设施的施工对土石方调配的影响。如果对这些情况不了解，或者对其给土石方调配带来的影响程度估计不足，将使得调配工作复杂化，造成不必要的浪费，增大工程成本。在考虑填挖方数时，要把同一站场内施工的建筑物基坑、地道及其他可以利用做填方的挖土数量计算进去；在大量修建作为疏干场地用的排水沟及渗沟时，须计算其土方数量，因为这些土方有时数量很大，能影响土方调配；大型编组站施工进度计划中所规定的线群铺设及开通次序对土方工程施工方法的选择及土方调配具有决定性影响；对于附近是否有可以利用的设备、利用的程度等均要全盘考虑。

1. 面法调配的调配程序

(1)在站场地形平面图上画出方格，方格的大小应根据地形条件和要求的精度确定，一般每边长 10～100m，并将方格编上号，如图 3-9a)所示。

(2)根据设计高程和地形断面(地面实测高程)确定填挖零线。

(3)计算每一方格填挖数量，编制“广场土石方数量计算表”(表 3-5)。

(4)进行土石方调配，选择施工方法，确定运土线路，并编制“广场土石方调配表”(表 3-6)。在进行各方调配时，必须遵守运距最短和运输互不干扰的原则。

2. 广场土石方的计算

广场土石方可采用四方棱柱体公式计算每个方格内的土石方填挖数量。

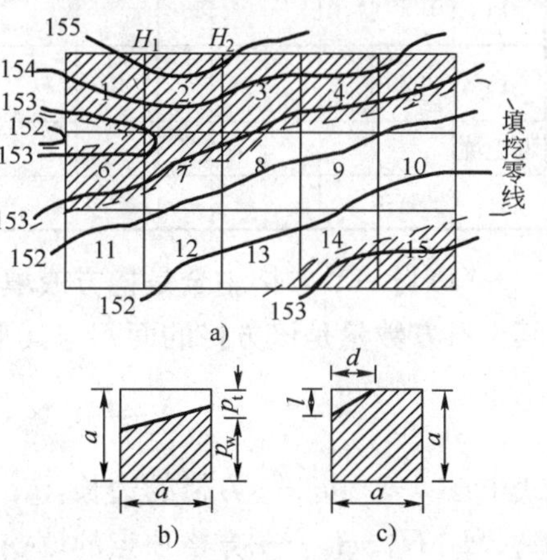

图 3-9 广场土石方调配方格

广场土石方数量计算表 表 3-5

方格编号	土石方数量(m^3)		方格编号	土石方数量(m^3)	
	填方	挖方		填方	挖方
1	285	9650	9	5900	—
2	—	14400	10	6100	—
3	5	10500	11	7900	—
4	610	6120	12	7900	—
5	2435	2460	13	5855	30
6	1520	250	14	1860	1090
7	1935	1470	15	280	3920
8	4630	300	合计	47215	50190

广场土石方调配表 表 3-6

填方量(m^3) / 挖方量(m^3)		1	2	3	4	5	6	7	8	9	10	11	12	13	14	15	弃土堆	总计
		285	—	5	610	2435	1520	1935	4630	5900	6100	7900	7900	5855	1860	280		47215
1	9650	285/20					1270/120					7900/210					195/100	
2	14400							465/120					7900/210	3255/250			2780/100	
3	10500			5/20					4330/120	2825/150				2570/210	770/200			
4	6120				610/40					3075/120	2435/150							
5	2460					2435/50					25/100							
6	250						250/30											
7	1470							1470/60										
8	300								300/20									
13	30													30/20				
14	1090														1090/50			
15	3920										3640/120					280/30		
取土坑																		
总计	50190																2975	

(1)当一个方格中全是挖方或填方时，如图 3-9a)中第 2 方格(全挖)和第 12 方格(全填)，其土石方数量是该方格的面积与其平均填挖高的乘积，即：

$$V = a^2 \times (H_1 + H_2 + H_3 + H_4)/4 \quad (m^3)$$

式中：a——方格的边长，m；

H_1、H_2、H_3、H_4——方格顶点的填挖高，m。

对于挖方：挖高＝地面高程－设计高程

对于填方：填高＝设计高程－地面高程

(2)当一个方格中有部分填方和部分挖方时，其填方和挖方的土石方数量应分别计算，如图 3-9b)、c)所示。

当填挖方格呈图 3-9b)时，使用下式计算：

$$V_t = a \times P_t(A' - B') \tag{3-8}$$

$$V_w = a \times P_w(B' - A') \tag{3-9}$$

当填挖方格呈图 3-9c)时，则使用下式计算：

$$V_t = \frac{d \times l}{2}(A' - B') \tag{3-10}$$

$$V_w = (a^2 - d \times l/2)(B' - A') \tag{3-11}$$

式中：V_t——一个方格中的填方数量，m^3；

V_w——一个方格中的挖方数量，m^3；

A'——一个方格中的平均设计高程，m；

B'——一个方格中的平均地面高程，m；

P_t——填方部分的平均宽，m；

P_w——挖方部分的平均宽，m。

土石方计算完毕后，应将其计算结果填入"站场土石方计算数量表"(表 3-5)内。

3. 土石方调配

根据计算出的土石方数量，按全广场的填挖分布情况，结合施工方法及施工顺序，合理地确定调配方案。一般先求方格本身的填挖平衡，将剩余的挖方数量调往邻近需要填方的方格内；待每一方格的填挖方平衡后，如填方不足或挖方有余，则从站场范围外靠近处取弃土，或结合支农，在指定地点取弃土；最后将调配结果填入"广场土石方调配表"(表 3-6)中。表 3-6 中数据，分子表示土石方数量(m^3)，分母为运距(m)，即表示各方格土石方的来源或去处。

站场土石方调配，应在施工组织设计说明书内说明选定调配方案的主要理由以及所采取的有关施工方法和重要措施的基本内容。

第四节　土质路堤施工

为保证路堤具有足够的强度、良好的稳定性及耐久性，应选用符合要求的填料，采用合理的方法来填筑路堤。在土质路堤的施工过程中，尤其要重视对填土的压实。

一 路堤基底处理

路堤填筑前，按基底的土壤性质、基底地面所处的自然环境状态，同时结合设计对基底的稳定性要求等，采取相应的方法和措施对基底予以处理，其作用是为了保证路堤的稳定，使之不致产生滑移和过度沉陷等现象。基底处理所涉及到的因素很多，影响最大的是下面 4 个因素：基底土的土质、路堤高度、地下水、坡度。具体的处理方法可视具体情况采取如下措施，见表 3-7。

路堤基底处理方法 表 3-7

<table>
<tr><th>顺序</th><th>路基及基底情况</th><th>原地面横向坡度</th><th>基底处理方法</th></tr>
<tr><td>1</td><td>基底土密实</td><td><1∶10</td><td>路堤可直接修筑在天然地面上</td></tr>
<tr><td>2</td><td>不填不挖及路堤高度低于 1.2m 的地段</td><td><1∶10</td><td>应清除地表草皮</td></tr>
<tr><td rowspan="3">3</td><td rowspan="3">在稳定的斜坡上</td><td>1∶10～1∶5</td><td>应清除草皮</td></tr>
<tr><td>1∶5～1∶2.5</td><td>原地面应挖成台阶，台阶宽度不小于 1m</td></tr>
<tr><td>>1∶2.5 或基底下有松软地层时</td><td>应检算路堤顺基底下软弱层滑动的稳定性。当稳定性不够时，应在路堤下方设计支挡建筑物或其他措施。施工中按照设计文件规定办理</td></tr>
<tr><td>4</td><td>基底有地下水</td><td></td><td>采取拦截引排措施将地下水引排至路堤基底范围以外。如果处理有困难，则以渗水或不易风化的岩石填筑在路堤底部</td></tr>
<tr><td rowspan="2">5</td><td rowspan="2">基底为耕地或松土</td><td>松土厚度不大于 0.3m</td><td>应先将原地面夯实后再行填筑</td></tr>
<tr><td>松土厚度大于 0.3m</td><td>应将松土翻挖，分层回填压实</td></tr>
<tr><td>6</td><td>经过水田、池塘或洼地时</td><td></td><td>应根据具体情况，采取排水疏干，挖除淤泥、抛填片石或砂、砾石等处理措施，保持基底稳定</td></tr>
</table>

二 路堤填料的选择及鉴别

(一)土的可松性

天然土体或岩石在施工过程中的变化，一般可以概括为 3 种状态，即：开挖前的自然状态，挖掘、装运后的松散状态，压实后的密实状态。自然状态下的土，经过开挖以后，其体积因松散而增大，以后虽经回填压实，仍不能恢复成原来的体积，这种性质称为土的可松性。

由于土方工程量是以自然状态下土的体积计算的，所以在计算土方调配、土方施工机械及土方运输工具数量时，应考虑土的可松性。土的可松性程度可用松方系数、压缩系数和沉陷系数来表示。

松方系数：

$$K_1 = \frac{\text{土经开挖后的松散体积 } V_2}{\text{土在天然状态下的体积 } V_1} \tag{3-12}$$

压缩系数：

$$K_2 = \frac{\text{土经回填压实后的体积 } V_3}{\text{土在天然状态下的体积 } V_1} \tag{3-13}$$

沉陷系数：

$$K_3 = \frac{\text{土经回填压实后的体积 } V_3}{\text{土经开挖后的松散体积 } V_2} \tag{3-14}$$

土的可松性与土质有关，根据土的工程分类，松方系数和压缩系数可参考表 3-8。而由式(3-8)～式(3-10)可知 $K_3 = \frac{K_2}{K_1}$。

各种土的可松性参考值　　表 3-8

序号	土的类别	松方系数 K_1	压缩系数 K_2
1	(一类土)砂土、亚砂土	1.08～1.17	1.01～1.03
2	(一类土)种植土、泥炭	1.20～1.30	1.03～1.04
3	(二类土)亚黏土、黄土、砂土、混合卵石	1.14～1.28	1.02～1.05
4	(三类土)轻黏土、重亚黏土、砾石土、亚黏土混合卵石(碎石)	1.24～1.30	1.04～1.07
5	(四类土)重黏土、卵石土、黏土混卵(碎)石、压密黄土、砂岩	1.26～1.32	1.06～1.09
6	(四类土)泥灰岩	1.33～1.37	1.11～1.15
7	(五～七类土)次硬质岩石(软质)	1.30～1.45	1.10～1.20
8	(八类土)硬质岩石	1.45～1.50	1.20～1.30

(二)填料的选择

填料选择的好坏，是决定路堤是否坚固和稳定的重要因素。根据填料的颗粒组成、颗粒形状及塑性指标进行分类，可将填料分为岩块、粗粒土以及细粒土 3 大类。岩块类是指粒径大于 20mm 的颗粒含量大于全重 50%的填料，包括块石和碎石；粗粒土是指粒径大于 0.1mm 的颗粒含量大于全重的 50%的土，包括砾石和砂类土；细粒土是指粒径小于 0.1mm 的颗粒含量大于全重 50%的土，包括粉土和黏性土。

为便于工程施工时的选择应用与管理，增强填料适用性，根据填料本身的风化程度及级配的优劣，将其归纳为 5 个组，具体如下。

A 组为优质填料，包括硬块石、碎石土、粗砂、中砂、级配良好的漂石土等。

B 组为良好填料，包括软块石、碎石土、粗砂、中砂、级配不好的漂石土等。这两组填料在填筑路堤时可以任意使用。

C 组为可使用的填料，包括粉砂、粉土、滑石类土等。该组填料在使用时应限制其使用范围或对其做特殊处理。例如，白垩土及滑石类土，仅允许用于基底干燥且不受水浸的较低路堤，并在使用时进行个别设计，采取措施保持路基本体不致受水影响。又如，带有草皮的表层土，不得填于高度在 1.2m 以内的路堤。当路堤高于 1.2m，且地面横向坡度小于 1∶5 时，可将其打碎用于路堤下层。

D 组为不应使用的填料，包括黏粉土、风化严重的软块石等。原则上，在路基工程中不采用这一组别的填料，在不得不使用 D 组填料时，应按设计要求采取改良土质、加强压实以及做好防排水工程、加固坡面护坡等措施。

E 组为严禁使用的填料，主要是指有机土，例如淤泥及淤泥质土、含石膏及其他易溶盐类含量超过容许限度的土。该组填料绝对不得用于路堤填筑。

(三)填料的鉴别

填料的鉴别主要有两种方式，一种是野外鉴别，另一种是试验室分类。野外鉴别主要适用于工地现场作业。对于岩块和粗粒土，一般用手触感觉(手感)、目视观察(目测)等简易方法鉴别。对于细粒土的鉴别就要相对复杂得多，它分为 4 个步骤：即摇振反应、韧性试验、干强度试验和光泽反应，通过以上简易试验，可以对细粒土的野外鉴别定名。

建筑材料在使用以前必须经过严格的试验，得到符合规范要求的指标以后方可使用，填料也不例外。填料的试验室分类是按照下列各项试验进行的：筛分法、液限及塑限试验、对特殊土辅以专门的鉴别试验、计算 CU(不均匀系数)和 CC(曲率系数)值，据此判别填料级别的好坏。关于这一部分内容，可参阅相关的《土力学》和《建筑材料》书籍。

三 土质路堤填筑

路堤本体各部分以及填筑的护道，均应分层填筑并压实到规定的密度。“分层填筑”和“压实达到规定”是对路堤填筑的基本要求，至于在不同条件下保证其实现的做法要求，则应根据不同的情况分别考虑；同时，压实层的铺填厚度和压实的遍数应通过试验合理确定。

(一)填筑方法

铁路列车运行对线路平顺性的要求很高，路堤填筑质量的好坏直接关系到列车运行的舒适度和安全度。要保障路堤的填筑质量，应严格按照横断面、全宽度、逐层、水平铺填并夯实路基。

分层填筑时，原则上最好采用同一种类的填料，从下而上逐层填筑、碾压密实，如原地面不平，则由最低处分层填起，如图 3-10 所示。如果必须使用不同类土填筑路堤，不得将两种及两种以上填料混杂混填。因为采用混杂填筑不能保证填料种类的特征以及压实的均匀性，且易于在路堤内形成水囊，降低路基施工质量。故一般采用下列填筑方式。

(1)将渗水性较大的土，填于渗水性较小的土层上时，则在渗水性小的土层面，应做成向两侧 1%～4%的横坡，以利排水，如图 3-11 所示。

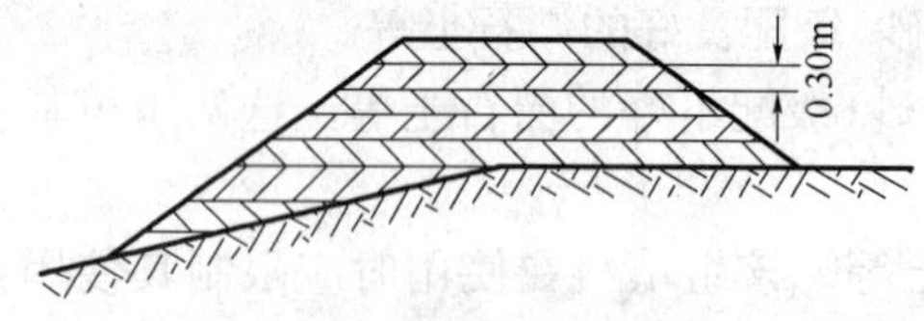

图 3-10　水平分层填筑

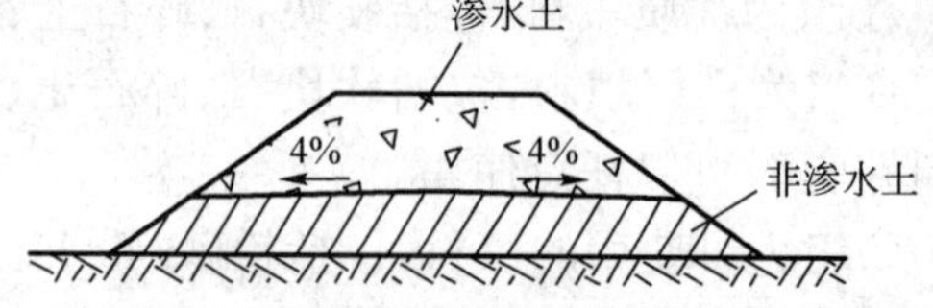

图 3-11　水平分层填筑(渗水土在上)

(2)将渗水性较小的土，填于渗水性较大的土层上时，则在渗水性大的土层面，应保持水平坡面，或者做成凸形，如图 3-12 所示。如果两类填料的颗粒大小相差悬殊，则应在层间设置相应的垫层，以防止上层细粒土落入下层内，如图 3-13 所示。

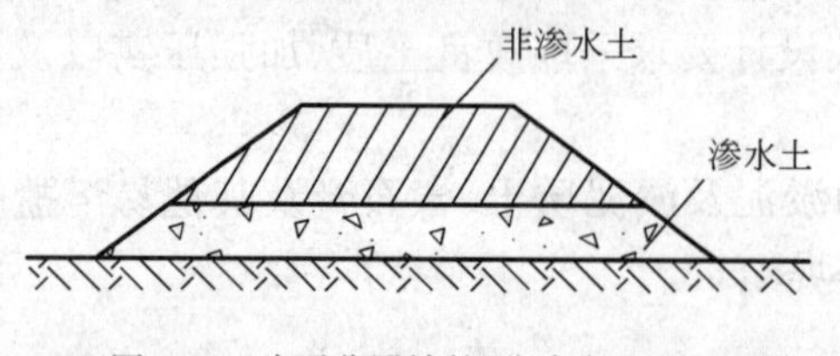

图 3-12　水平分层填筑(非渗水土在上)

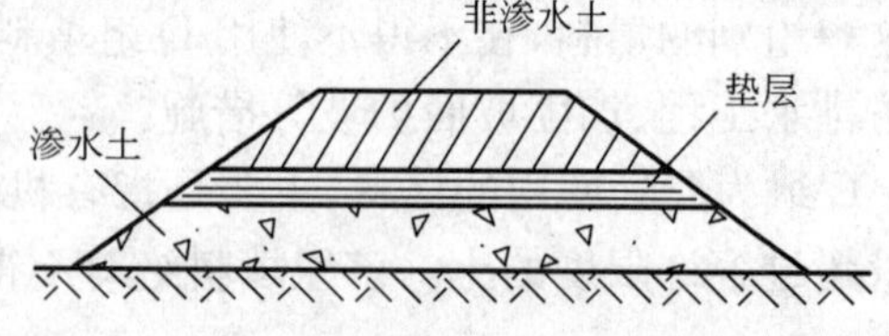

图 3-13　水平分层填筑(设置垫层)

(3)当分层填筑不适宜时，一般将渗水性较小的土层填在堤心部分，顶部及两侧填筑渗水性较大的土，通常称这种路堤为“包心路堤”，如图 3-14 所示。当下层堤心部分为含水率较大的土，而以渗水性较弱的一般黏性土包在外层时，应在坡脚设置滤水趾，以促进堤心土体的固结，如图 3-15 所示。

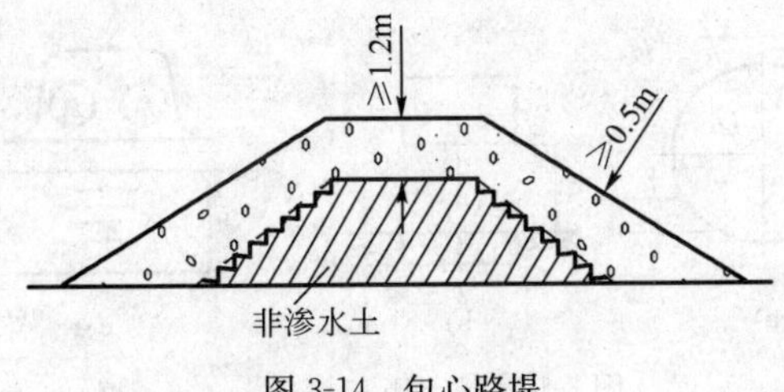

图 3-14　包心路堤

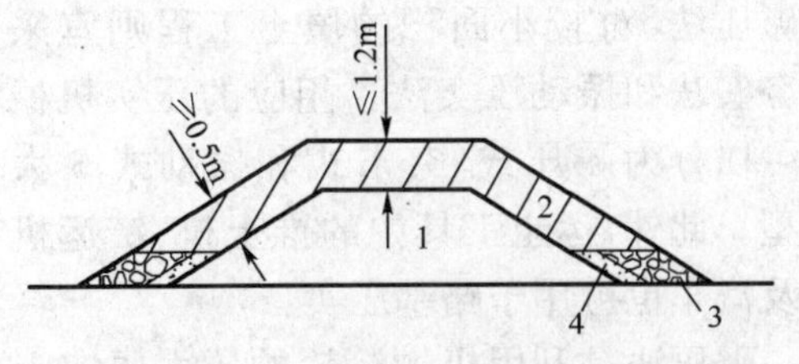

图 3-15　包心路堤(设滤水趾)
1-含水率较大的土;2-非渗水土;3-干砌片石;4-垫层

(4)填筑涵管两侧路堤缺口,应从涵管的两侧不少于涵管孔径 2 倍的宽度内,对称水平分层填筑,如图 3-16 所示,以免涵管两侧因受力不均而产生位移、开裂等现象。

(5)为了避免桥台背后的填土因水浸或受冻对桥台产生附加推力,在台后下方不小于 2.0m、上方不小于 2.0m 加桥台高的范围内,应以渗水土填筑,如图 3-17 所示;确有困难时,除严寒地区外,亦可采用一般黏性土填筑。对于各类土的填筑,均应严格夯实。采用一般黏性土做填料时,其密度要求达最佳密度的 90%。

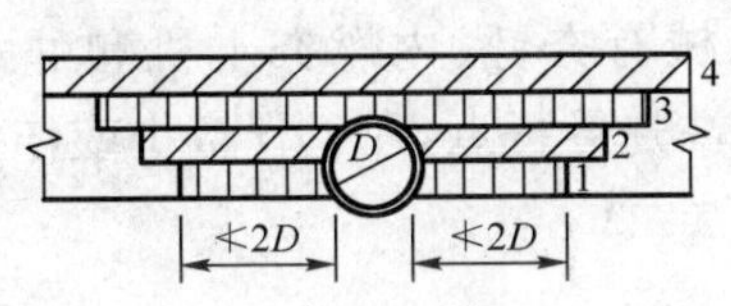

图 3-16　涵管缺口填土顺序

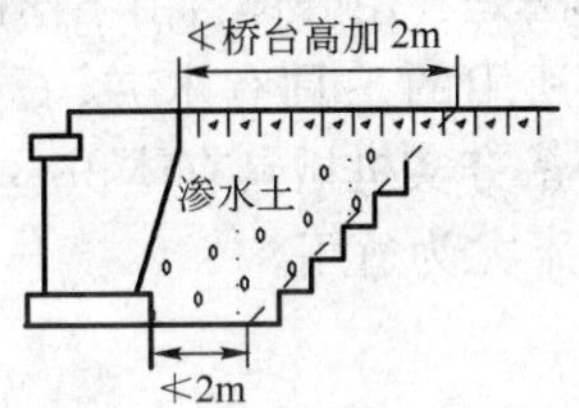

图 3-17　桥台背后填土

(二)路堤填筑施工工艺

填筑路堤宜按照 3 阶段、4 区段、8 流程的工艺组织施工,如图 3-18 所示。

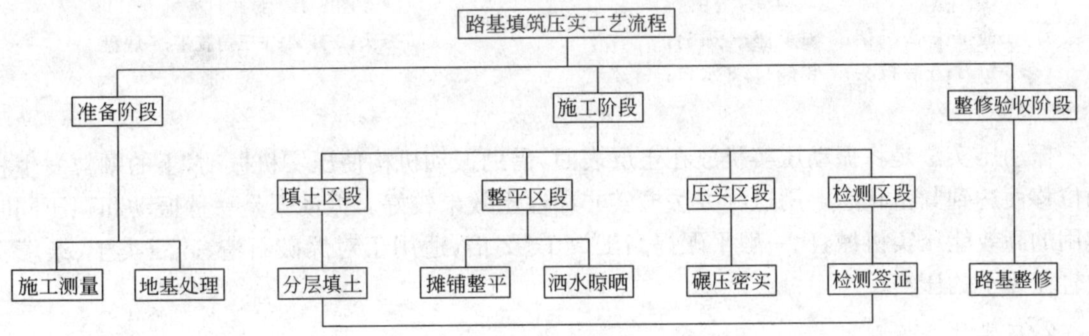

图 3-18　基床以下路堤填筑施工工艺流程图

(三)填土压实

天然结构的土,经过挖、运、填等工序后变为松散状态,必须将路基填土碾压密实,保证路堤获得必需的强度和稳定性。如果路基压实不好,基础不稳,就会影响轨道的平顺性。因此,压实工作对路基施工是至关重要的。

1. 压实方法

填土的压实方法有:碾压、夯实和振动,如图 3-19 所示。平整场地等大面积填土工程多采用碾压法，对较小面积的填土工程则宜采用夯实法和振动压实法。相应的压实机械也可以分为碾压式、夯击式和振动式3大类型。此外，运土工具中的推土机、铲运机以及汽车也可用于路基压实。

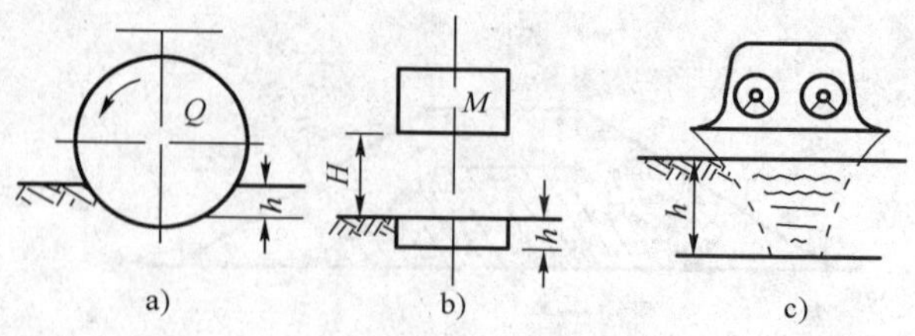

图3-19 填土压实方法

a)碾压；b)夯实；c)振动

碾压法是利用机械滚轮的压力压实土壤，使之达到所需的密实度。碾压机械有平碾、羊足碾和气胎碾等几种。平碾又称光碾压路机，是一种以内燃机为动力的自行式压路机。按重量等级分为轻型(30～50kN)、中型(60～90kN)和重型(100～140kN)3种，适于压实砂类土和黏性土。羊足碾见图3-20，一般无动力，靠拖拉机牵引，有单筒、双筒2种。根据碾压要求，又可分为空筒及装砂、注水3种。羊足碾虽然与土接触面积小，但对单位面积的压力比较大，土壤压实的效果好。羊足碾适于对黏性土的压实。

夯实法是利用夯锤自由下落的冲击力来夯实土壤。夯实法分人工夯实和机械夯实两种。人工夯实所用的工具有木夯、石夯等；常用的夯实机械有夯锤、内燃夯土机和蛙式打夯机(图3-21)。夯实机械具有体积小、重量轻、对土质适应性强等特点，在工程量小或作业面受限制的条件下尤为适用。

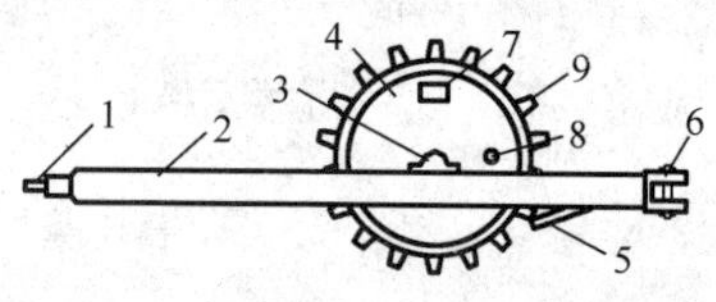

图3-20 单筒羊足碾构造示意图

1-前拉头；2-机架；3-轴承座；4-碾筒；5-铲刀；6-后拉头；7-装砂口；8-水口；9-羊足头

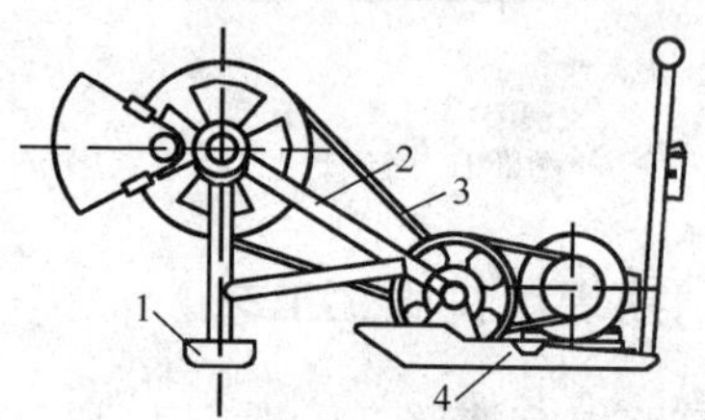

图3-21 蛙式打夯机

1-夯头；2-夯架；3-三角胶带；4-底盘

振动压实法是将振动压实机放在土层表面，借助振动机构使压实机振动，土的颗粒发生相对位移而达到紧密状态。用这种方法振实非黏性土效果较好。振动碾是一种振动和碾压同时作用的高效能压实机械，比一般平碾提高工效1～2倍，适用于对爆破石渣、碎石类土、杂填土或轻亚黏土的压实。

2.压实作业原则

路基的压实作业，在操作时应遵循“先轻后重、先慢后快、先边后中”原则。

所谓先轻后重，是指开始时先使用轻型压路机进行初压，随着被压实层密度的增加，逐渐改用中型或重型压路机复压。

所谓先慢后快，是指压路机碾压速度随着碾压遍数的增加可以逐渐加快。这是因为初压作业时，土壤较松散，以较低的速度进行碾压，可以使碾压的作业时间长一些，作用深度大一些，土壤的变形也就充分一些，以利于发挥压路机的压实功能，避免因碾压过快造成推拥土壤或陷车。随着碾压遍数的增加而加快碾压速度，有利于提高压路机的作业效率和表层的平整度。

所谓先边后中，是指碾压作业始终坚持从路基两侧开始，逐次向线路中心碾压，以保证路基的设计拱形和防止路基两侧的坍塌。

另外，在碾压过程中，应始终保持压路机行驶方向的直线性。到达一碾压地段的尽头时应迅速而平稳地换向，并使左右相邻两压实带有 1/3 的重叠量，以保证碾压质量。对于压不到的边角，应辅以人力或小型机具夯实。

3. 压实标准

路堤基床以下部位填料的压实标准：对细粒土、粉砂、改良土应采用压实系数和地基系数作为控制指标；对砂类土（粉砂除外）应采用相对密度和地基系数作为控制指标；对砾石类、碎石类、级配碎石或级配砂砾石应采用地基系数和孔隙率作为控制指标；对块石类应采用地基系数作为控制指标，并应符合表 3-9 的规定。

路堤基床以下部位填料的压实标准 表 3-9

填筑部位	填料类别 / 铁路等级 / 压实指标	细粒土、粉砂、改良土		砂类土（粉砂除外）		砾石砂		碎石类		块石类	
		Ⅰ级	Ⅱ级	Ⅰ级	Ⅱ级	Ⅰ级	Ⅱ级	Ⅰ级	Ⅱ级	Ⅰ级	Ⅱ级
不浸水部分	压实系数 K_h	0.9	0.9	—	—	—	—	—	—	—	—
	地基系数 K_{30}(MPa/cm)	80	80	80	80	110	110	120	120	130	130
	相对密度 D_r	—	—	0.7	0.7	—	—	—	—	—	—
	孔隙率 n(%)	—	—	—	—	32	32	32	32	—	—
浸水部分及桥涵两端	压实系数 K_h	—	—	—	—	—	—	—	—	—	—
	地基系数 K_{30}(MPa/cm)	—	—	(80)	(80)	(110)	(110)	(120)	(120)	(130)	(130)
	相对密度 D_r	—	—	(0.7)	(0.7)	—	—	—	—	—	—
	孔隙率 n(%)	—	—	—	—	(32)	(32)	(32)	(32)	—	—

4. 影响填土压实质量的因素

影响填土压实质量的因素有很多，其中最主要的有：土的含水率、分层厚度、压实机械以及压实遍数。

1）土的含水率

路堤施工前，对填筑用的土应由试验人员进行试验和测定，以决定最佳含水率和密度。在施工中还必须经常量测实际填土密实度（一般是用土壤湿度密度仪或核子湿度密度仪进行测定），以便及时发现问题进行纠正。土的最佳含水率、最佳密度参考数值见表 3-10。

土的最佳含水率、最佳密度参考数值 表 3-10

顺序	土的种类	变动范围	
		最佳含水率(%)	最佳密度(g/cm^3)
1	砂土	8～12	1.80～1.88
2	粉土	16～22	1.61～1.80
3	亚砂土（黏砂土）	9～15	1.85～2.08
4	亚黏土（砂黏土）	12～15	1.85～1.95
5	亚黏土（砂黏土）	16～20	1.67～1.79
6	粉质亚黏土	18～21	1.65～1.74
7	黏土	19～23	1.58～1.70

填筑路堤用土的含水率须严格控制，应等于或接近最佳含水率。这是因为：细粒土和粉砂、黏砂填层的压实密度，是以压实系数 K 值，即达到按规定试验方法测定的填料最大密度的百分比值为标准；而最大密度是在最佳含水率时进行压实试验所得到的密度。当含水率小于或大于最佳值时，即使其他压实条件相同，密度也将小于其最大值，甚至达不到要求值。因此，在施工时填层的实际含水率应尽量接近其填料的最佳含水率。当填料含水率大于限值时，应采取排水疏干、松土晾干等措施；当含水率过低时，应洒水湿润，也可先挖弃表层土，取用含水率适当的底层土。人工润湿的加水量 m_w 可按下式估算：

$$m_w = \frac{m_s}{1+w_n}(w_{opt} - w_n) \tag{3-15}$$

式中：m_s——所取填料的湿重，t；

w_n、w_{opt}——填料的原有含水率、最佳含水率。

2)分层厚度。

压实机械的压实作用，随土层的深度增加而逐渐减小。在压实过程中，土的密实度也是表层大，而随深度加深逐渐减小，超过一定深度后，虽经反复碾压，土的密实度仍与未压实前一样。各种压实机械的压实影响深度与土的性质、含水率有关。所以，每层铺土厚度应根据土质、压实的密度要求和压实机械性能确定。

3)压实机械

不同压实机械，适用于不同土质、土质厚度等条件，这是选择压实机械的主要依据。表 3-11为各种土质适宜的压实机械表。正常条件下，对于砂性土的压实效果，振动式较好，夯击式次之，碾压式较差；对于黏性土，则宜选用碾压式或夯击式，振动式较差甚至无效。不同压实机械，在最佳含水率条件下，适应于一定的最佳压实厚度以及通常的压实遍数。

各种土质适宜的压实机械　　表 3-11

机具名称	最大有效压实厚度(实厚)(m)	碾压行程次数				适宜的土类
		黏性土	亚黏土	粉砂土	砂黏土	
人工夯实	0.10	3～4	3～4	2～3	2～3	黏性土与砂性土
牵引式光面碾	0.15	—		7	5	黏性土与砂性土
羊足碾(2个)	0.20	10	8	6	—	黏性土
自动式光面碾 5t	0.15	12	10	7	—	黏性土与砂性土
自动式光面碾 10t	0.25	10	8	6	—	黏性土与砂性土
气胎路碾 25t	0.45	5～6	4～5	3～4	2～3	黏性土与砂性土
气胎路碾 50t	0.70	5～6	4～5	3～4	2～3	黏性土与砂性土
夯击机 0.5t	0.40	4	3	2	1	砂性土
夯击机 1.0t	0.60	5	4	3	2	砂性土
夯板 1.5t 落高 2m	0.65	6	5	2	1	砂性土
履带式	0.25	6～8		6～8		黏性土与砂性土
振动式	0.40	—		2～3		砂性土

(四)预留沉降量

预留沉降量也称为沉落量，是在填筑路堤时，考虑到施工时和竣工后路堤本体的压缩与固结，根据堤高、填料种类及压实条件，并结合地基情况、施工季节及延续时间，以及施工观测等具体情况而采取的适当抬高路堤的措施。由于影响预留沉降量的因素很复杂，不宜机械地规定。因此，必须在施工过程中从维修和使用的角度出发，按照工程实际需要与可能适当取值。

土质路堤的预留沉降量，就当前沿用的常规施工的技术条件下，仍然必须保证。《铁路路基施工规范》(TB 10202—2002)中对路堤预留沉降量的取值为：当路堤高度小于 20m 时，可按平均堤高的 0%～2.5%预留沉降加高量(注：路堤高度变化在 4m 以内的地段方可按该段堤高的平均值预留沉降加高量)；当路堤高度大于 20m 时，除按设计加宽外，可按平均堤高的 0%～1.5%预留沉降加高量；对于很低的或加强压实的以及观测表明已沉降稳定的路堤，均可不加或少加(小于堤高的 0.5%)沉降量。在地基较坚硬地段，填筑级配良好不易风化的块石且用重型机械碾压的路堤，预留沉降量可控制在 0%～0.5%。填石路堤的沉降量，只要在施工中保持了分层填筑、填塞空隙，数值是较小的。

预留沉降量的路堤，仍保持设计坡脚不变，而将施工边坡略陡于设计边坡，路基面不小于设计宽度，即路堤施工坡度应按加沉落土后的路基面宽度仍符合设计宽度的原则进行检算，如图 3-22 所示。对中心高度大于 12m 的路堤，应在施工期间选定代表性断面进行沉降观测，以便能够根据观测结果合理、准确、有效地确定或调整预留沉降量。观测点宜分别埋设在路堤基床以下部分堤高的 1/3 处、2/3 处和基床底面。根据观测结果，可适当调整预留沉降量。如果填筑至基床底面时，观测点的时间—填高—沉降曲线表明沉降已趋于稳定，预留沉降加高量可减少或只按基床高度加高。

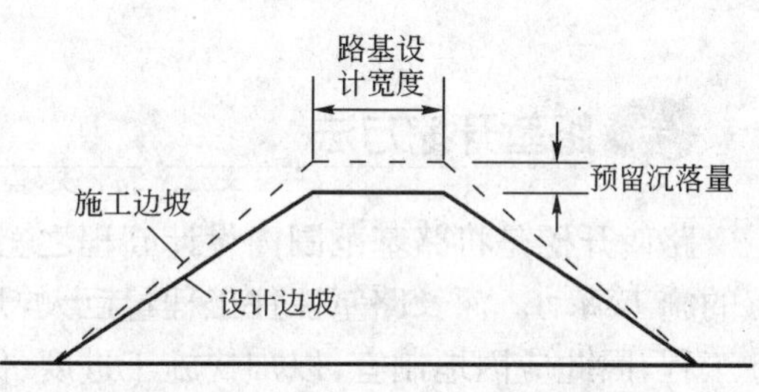

图 3-22　施工时考虑路堤预留沉降

在不适宜预留沉降高度的地段，如站场，应考虑加强压实以提高填层密度，或采取预压加速沉降等措施。

交付铺轨时，预留沉降加高的路基面应保持平顺，必要时，预留沉降高度应做适当调整。路基面的抬高，应向邻接的填挖交界或桥台以及预留沉降量较小的地段顺坡递减，递减的纵坡不宜大于线路的最大限制坡度，困难条件下不得超过最大限制坡度加 2‰。

(五)施工注意事项

在填筑路堤时，应注意以下几点：

(1)施工前，必须对地基进行复查核对及处理，并随即填筑。发现地基范围内有泉眼、坑穴或局部松软时，应慎重处理，不得随意填塞。

(2)路基填料的选择应满足“路堤填料选择”的要求。填料的挖、装、运、铺及压实应连续进行，以防止填料的物理、化学特征(如级配、塑限、液限、风化程度、含盐量等)随时间或作业过程中丧失或转变，使得路堤上的实际填料尽可能与选定的相符。在作业过程中，对细粒土和粉砂、黏砂填料，应避免其含水率的不利变化；对粗粒土和软块石，应防止产生颗粒的分解、沉淀和离析。

(3)对分层填土的厚度和要求夯实的次数应严格控制。填土厚度应均匀，以保证上一层填土厚度均匀，局部凸凹差不大于 30mm，每层表面应做成不小于 2%的横向排水坡。压实密度及其均匀性应经检验符合要求后方可在其上继续填筑。逐层检验控制填筑是为了整个路堤的密实度符合要求。为适应机械化施工的发展，需采用并不断研究快速检测技术。一般层厚以 30cm 为宜。

(4)在完工的路堤结构顶面上，除压实、平整和运铺底碴的机械外，不应行驶其他大型机械和车辆，以防止路拱外形受损及路基面上产生坑槽积水。

(5)当土质不良时，可以采取向土中加入掺和料的办法，以改善和提高填料的稳定性、防水或排水性、压实性和强度。当采用掺料土改良土质时，应先摊平土料，再散布掺和料，用犁、耙或其他方法充分拌和，经检查无明显的不均匀现象方可使用。应特别注意的是，掺料土所含成分的均匀性是改良土质能否达到预期效果的关键。检查均匀性一般以观察其色泽为主，或采取其他野外鉴别方法；当设计对掺料土均匀性有指标要求时，还须按其指定的试验方法检测控制。

第五节　土质路堑施工

一 路堑开挖方法

路堑开挖是将路基范围内设计高程之上的天然土体挖除，并运到填方地段或其他指定地点的施工活动。深长路堑往往工程量巨大，开挖作业面狭窄，常常是一段路基施工进度的控制性工程，因此应因地制宜，以加快施工进度、保证工程质量和施工安全为原则，综合考虑工程量大小、路堑深度和长度、开挖作业面大小、地形与地质情况、土石方调配方案、机械设备等因素，制订切实可行的开挖方式。根据路堑深度和纵向长度，开挖时可按下列几种方法进行。

(一)单层横挖法

单层横挖法是从路堑的一端或两端按路堑横断面全高和全宽，逐渐地向前开挖，挖出的土石，一般是向两头运送，如图 3-23a)所示。这种开挖方法，因工作面小，仅适用于短而浅的路堑，可一次性挖到设计高程。

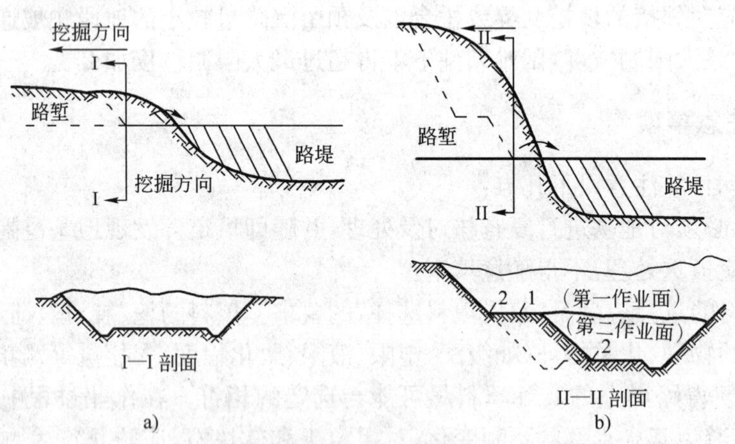

图 3-23　横挖法示意图

a)单层横挖法；b)多层横挖法

1-第一台运土道；2-临时排水沟

(二)多层横挖法

如果路堑较深，可以在不同高度上分成几个台阶同时开挖，每一开挖层都有单独的运土出路和临时排水措施，做到纵向拉开，多层、多线、多头出土。这种开挖方法称为多层横挖法，如

图 3-23b)所示。这样能够增加作业面,容纳更多的施工机械,形成多向出土,以加快工程进度。

(三)分层纵向开挖法

分层纵向开挖法是开挖时沿路堑纵向将开挖深度内的土体分成厚度不大的土层,在路堑纵断面全宽范围内纵向分层挖掘,如图 3-24 所示。这种施工方法适宜于宽度和深度均不大的长路堑。

(四)通道式纵挖法

通道式纵挖法是开挖时先沿线路纵向分层,每层先挖出一条通道作为机械运行和出土的线路,然后逐步向两侧扩大开挖,直到设计边坡为止,如图 3-25 所示。这种施工方法为纵向运土创造了有利条件,适宜于路堑较长、较宽、较深而两端地面坡度较小的情况。

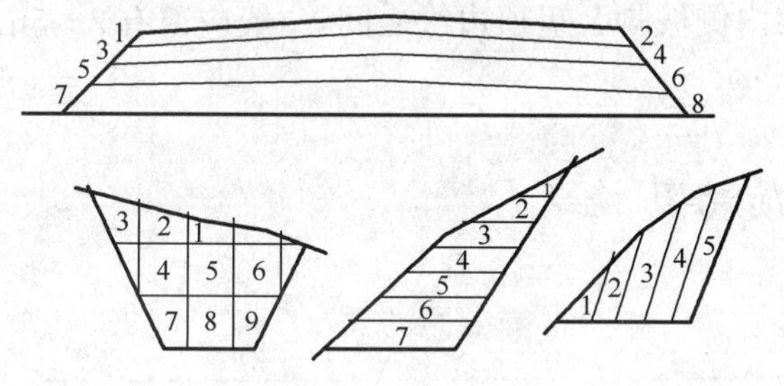

图 3-24　分层纵挖法
(图中数字为开挖顺序)

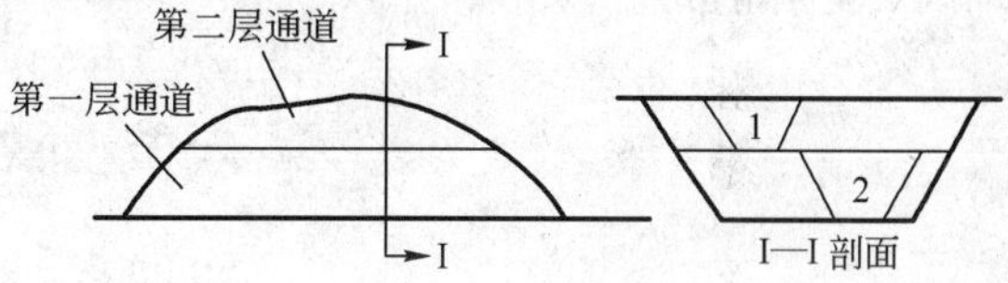

图 3-25　通道式纵挖法
1-第一次通道;2-第二次通道

(五)纵向分段开挖法

如果所开挖的路堑很长,可在一侧适当位置将路堑横向挖穿,把路堑分为几段,各段再采用纵向分层或纵向拉槽开挖的方式作业,这种开挖路堑的方法称为纵向分段开挖法,如图 3-26 所示。这种挖掘方式可增加施工作业面,减少作业面之间的干扰,并增加出料口,从而大大提高工效,适用于傍山的深长路堑的开挖。

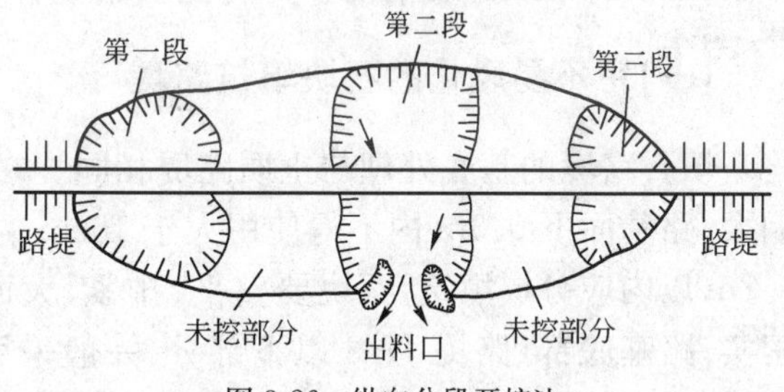

图 3-26　纵向分段开挖法

二 路堑开挖注意事项

(1)根据以往经验,路堑中发生的问题,多数是水造成的,因此,在开挖路堑的施工过程中,无论采用哪种开挖方法,均应保证在开挖过程中及竣工后的顺利排水。

①路堑施工应做好堑顶截、排水,堑顶为土质或含有软弱夹层的岩层时,天沟应及时铺砌或采取其他防渗措施。

②开挖区应保持排水系统畅通,临时排水设施宜与永久性排水设施相结合。为了及时将水排除,开挖底面要经常保持一定的纵向排水坡度,这样做不但对排水有利,而且对运输也有利。保证纵向坡度的办法有:

a. 路堑设计有纵向坡度时,下坡端直接挖到底,使其纵向坡度与设计坡度一致;上坡端挖至能保持从线路纵向坡度反方向排水为限；剩余部分，再从下坡端开挖，如图 3-27a)所示。

b. 路堑设计为平坡时，两端都挖成向外的下坡，最后挖除剩余部分成平坡，如图 3-27b)所示。

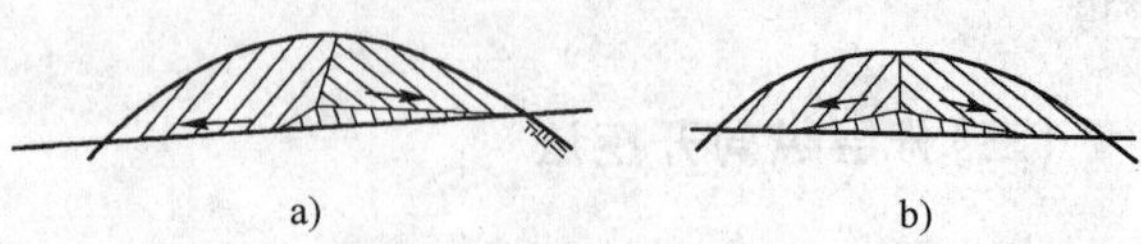

图 3-27 路堑开挖顺序

(2)路堑开挖时，要经常检查路堑边坡与设计边坡是否一致。每挖到一定深度或接近边坡点位置时，应恢复中线并抄平，及时掌握开挖底面的高程。尤其是当开挖深度接近路基面时，更应勤加检查，以免造成超挖欠挖现象。

(3)坡面应平整，无明显凹凸，无危石、浮土、碴堆、杂物。

(4)需设防护的边坡，应按设计及时防护；当不能紧跟开挖防护时，应预留一定厚度的保护层。

(5)路堑严禁掏底开挖。

(6)弃土堆的位置，应按有关规定，做好规划，严格按规划施工。要避免因弃土太近，增大坡顶压力，造成边坡坍塌现象，为此，要求弃土堆内侧坡脚至堑顶边缘之间，一般应留有 2～5m 距离(称为隔带)。

第六节 石质路基施工

 石质路堤施工

填石路堤是指用挖方地段的石方弃碴或其他来源的石料填筑的路堤，它的填料性质、填筑方法、压实标准及边坡的防护等与土质路堤有很大的差异。

(一)用不易风化的石块填筑路堤

填石路堤的基底处理与土质路堤相同。在路堤靠近路基面部分，因受列车动力作用的影响大，路基面下 0.3m 内不得使用大于 15cm 的石块，以免轨枕受力不均被折断；在路基面以下 1.2m 以内应分层填筑，石块要整平、排紧，大面向下，石块间的空隙用小石块填塞，使之稳定密实；路基底部(路堤 $H/3$ 以下部分，一般采用 3～5m)分层铺填；其他部分则先码砌两侧边坡，然后在两侧码砌边坡之间，用倾填的办法进行填筑。填复工作紧随着边坡的码砌进行，随码随填，如图 3-28 所示。

倾填石块，要求 25～40cm 的石块不得少于 80%。根据落差高度、岩石性质及石块摔碎情况，可在倾填时掺入 15～25cm 的石块约 20%。小于 15cm 的石块，或大于 40cm 的大片石及长条状的石块，均不宜填入。

路堤边坡面层应以较大的石块码砌。码砌厚度下部 2m，自下而上逐渐减薄为 1m，边坡码砌的方法有两种：台阶式和栽砌式，如图 3-29 所示。

(二)用易风化的石块填筑路堤

原则上，暴露在大气中风化速度较快的石块不宜作填石路堤的填料，必须用这种强风化石料或软质岩石填筑路堤时，应先检验 CBR 值是否符合土质路堤的填土质量要求。CBR 值符合要求的按土质路堤技术要求进行填筑，不符合要求的不得使用。

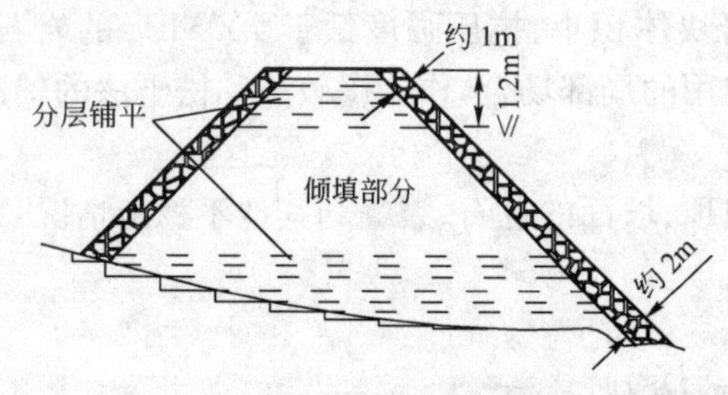

图 3-28　不易风化石块填筑的路堤

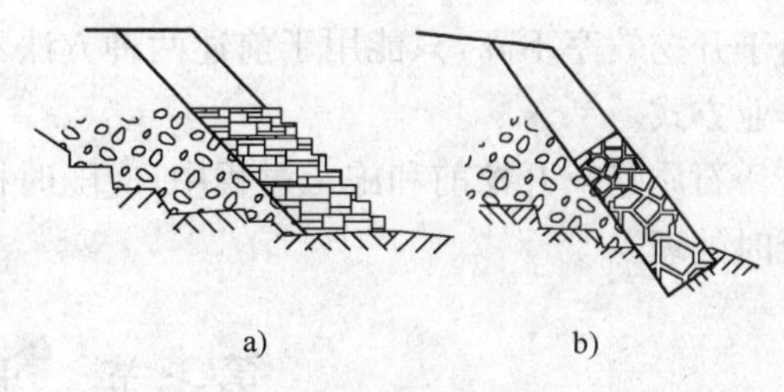

图 3-29　边坡码砌形式

a)台阶式；b)栽砌式

所谓CBR试验是将规定的探头贯入土中，在一定的贯入深度时，以其对应的荷载强度和CBR基准比较，来确定地基承载能力的相对值。CBR基准是用美国加州的一种具有代表性的未筛碎石进行多次试验而得，并将其平均值定为100%。CBR试验的贯入探头直径为50mm，和铁路道碴的尺寸相近。试验将探头贯入土中的过程和道碴在列车荷载的作用下挤陷入基床表面的现象极为相似，所以将CBR试验应用于铁路路基压实的质量管理是比较合理的。

施工时，应分层填筑，每层厚度约为50cm，块石应大面向下，摆放平稳，间隙以小石块、石屑填塞。对可压碎的风化石块，应尽量分层压实。

二 石质路堑开挖

由于岩石坚硬，石质路堑的开挖往往比较困难，这对路基的施工进度影响很大，尤其是工程量大而集中的山区石方路堑更是如此。因此，采用何种开挖方法以加快工程进度，是石质路堑开挖需要解决的重要问题。通常，应根据岩石的类别、风化程度、节理发育强度、施工条件及工程量大小等选择爆破法、松土法或破碎法进行开挖。

爆破法是利用炸药爆炸的能量将土石炸碎以利挖运，或借助爆炸能量将土石移到预定位置。用这种方法开挖石质路堑具有工效高、速度快、劳动力消耗少、施工成本低等优点。对于岩质坚硬，不可能用人工或机械开挖的石质路堑，通常要采用爆破法开挖。爆破后用机械清方，是非常有效的路堑开挖方法。

根据炸药用量的多少，爆破法分为中小型爆破和大爆破。其中使用频率最高的是中小型爆破，大爆破的应用则受多种因素的限制。例如开挖山岭地带的石方路时，若岩层不太破碎，路堑较深且线路通过凸出的山嘴时，采用大爆破开挖可有效提高施工效率。但如果路堑位于页岩、片岩、砂岩、砾岩等非整体性岩体时，则不应采用大爆破开挖。尤其是路堑位于岩石倾斜朝向线路且夹有砂层，黏土层的较弱地段及易坍塌的堆积层时，禁止采用大爆破开挖，以免对路基稳定性造成危害。

松土法开挖是充分利用岩体的各种裂缝和结构面，先用推土机牵引松土器将岩体翻松，再用推土机或装载机与自卸汽车配合，将翻松的岩块搬运到指定地点。松土法开挖避免了爆破作业的危险性，而且有利于挖方边坡的稳定和附近建筑设施的安全。凡能用松土法开挖的石方路堑，应尽量不采用爆破法施工。随着大功率施工机械的应用，松土法越来越多地应用于石质路堑的开挖，而且开挖的效率也越来越高，能够用松土法施工的范围也不断扩大。

破碎法开挖是利用破碎机凿碎岩块，然后进行挖运等作业。这种方法是将凿子安装在推土机或挖土机上，利用活塞的冲击作用使凿子产生冲击力以凿碎岩石，其破碎岩石的能力取决于活塞的大小。破碎法主要用于岩体裂缝较多、岩块体积小、抗压强度低于 100MPa 的岩石，由于开挖效率不高，只能用于前述两种方法不能使用的局部场合，作为爆破法和松土法的辅助作业方式。

石质路堑开挖前和施工过程中，应随时检查坡顶、坡面的危石、裂缝和其他不稳定情况，并及时处理。

第七节　土方机械化施工

在铁路新线的修建中，路基土石方工程数量占的比重很大，土石方施工必须根据土石方工程面广、量大、劳动繁重、施工条件复杂等施工特点，尽可能地采用机械化与半机械化的施工方法，以减轻劳动强度，提高劳动生产率，加快施工进度。

土石方机械包括推土机、铲运机、挖掘机、装载机、平地机、压路机、凿岩机以及石料破碎、筛分机械等几个重要机种，土石方机械担负着土石方的铲装、填挖、运输、整平等作业，它具有施工速度快、作业质量高、生产效率高等优点，它们是工程机械中用途最广泛的一大类机械，也是铁路建设土石方工程中的主要施工机械。

土石方机械的作业对象是各种土、砂、石等物料。在进行施工作业时，机械承受负荷重，外载变化波动大，工作场地条件差，环境比较恶劣；同时由于工程的大型化，土石方机械继续向大型化方向发展，以适应巨大工程机械化施工的需要；以及为满足环保、窄小场地和小型土石方工程的要求，小型、多功能、机动性好的机种也得到进一步的发展。因此，要求土石方机械具有良好的低速作业性，足够的牵引力，整机的高可靠性和较高的作业生产能力。现代计算机、电子和激光等技术的发展以及这些技术在土石方机械上的应用，大大提高了土石方机械的自动控制和智能化程度。同时，省力操纵、安全防护、降低噪声、提高可靠性及驾驶人员的舒适性等，将是土石方机械今后继续发展的方向。

一　推土机施工

推土机是以工业拖拉机或专用牵引车为主机，前端装有推土铲刀，依靠主机的顶推力对土石方或散状物料进行切削或搬运的铲土运输机械。其行走方式有履带式和轮胎式两种，铲刀的操作方式有机械操纵(索式)和液压操纵两种。索式推土机的铲刀借本身自重切入土中，在硬土中切土深度较浅；液压式推土机由于用液压操纵，能使铲刀强制切入土中，切土深度较大。

推土机在建筑、筑路、采矿、油田、水电、港口、农林及国防等各类工程中，均获得十分广泛的应用。它具有操纵灵活，运转方便，所需的工作面较小，行驶速度较快，易于转移等特点。它担负着切削、推运、开挖、填积、回填、平整、疏松、压实等多种繁重的土石方作业，主要用于纵向短距离运土和横向推土，是各类工程施工中，必不可少的关键设备。此外，大型推土机加装松土器后还可以进行土石的劈松作业；加装多齿松土器可用于劈开较薄的硬土、冻土等；加装单齿松土器除能疏松硬土、冻土外，还可以劈松具有风化和有裂纹或节理发达的岩石。由于推土机切挖下来的土体只是堆置在推土板前地面上，被推移着运移，因此，推土机的推土量既不大，运距也不可能很远，通常适用于运距在 100m 以内的平土或移挖作填，尤其是当运距在 20～70m 之间，最为有效。

(一)推土机推土方法

为了提高推土机生产率,可采用以下几种推土方法。

(1)下坡铲土法:借助于自然坡度地势向下坡方向切土,依靠机械本身的重力作用以增加推土能力和缩短推土时间。

(2)并列推土法:平整较大面积场地时,可采用 2~3 台推土机并列推土,减小土的损失,提高效率。采用此法时,各推土机铲刀的间距以 15~60cm 为宜,且平均运距不宜超过 50~75m,亦不宜小于 20m。

(3)波浪推土法:推土机铲土时将铲刀最大限度地切入土中,直到发动机稍有超负荷现象时,将铲刀提起以使发动机恢复正常工作,再降下铲刀切土,再起刀,如此反复多次,直到铲刀前堆满土并将其推至指定地点,如图 3-30 所示。

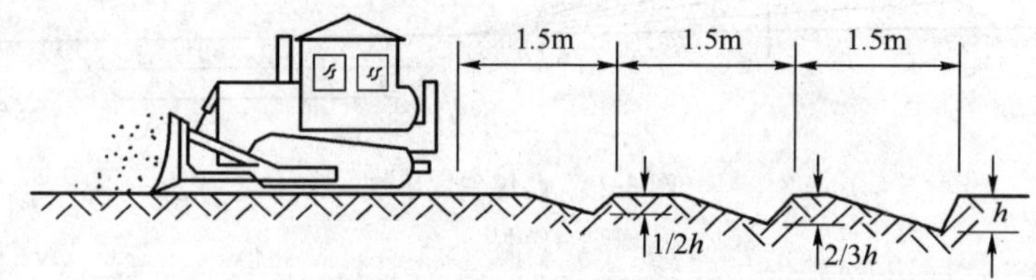

图 3-30 推土机波浪铲土

(4)槽形推土法:沿着同一路线连续推送若干次,使地面形成一条线槽,反复利用前次已推过土的原槽多次推土,可大大减少漏土损失,适用于大面积平整场地,如图 3-31 所示。

(5)多刀推土法:在较硬的土中,推土机的切土深度较小,应采用多次铲土、分批集中、一次推送的方法,以提高施工效率。推土机分段将所切土推运到各切土终点,等作业面上积聚成多个土堆后,然后再由远及近整批推运到卸土区,如图 3-32 所示。各土堆堆积间距不宜大于 30m,积土高度以 2m 左右为宜。

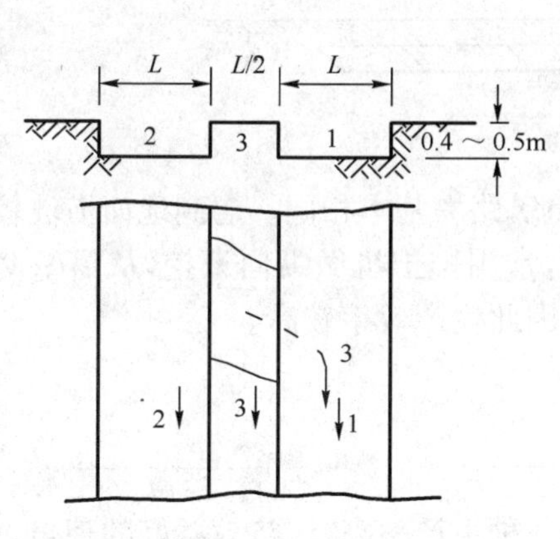

图 3-31 槽式推土法

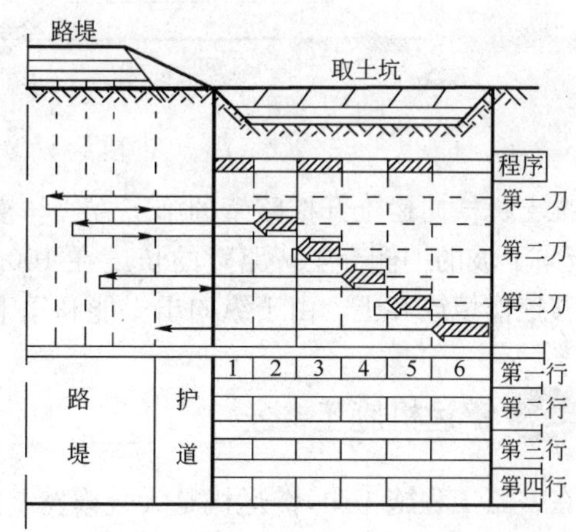

图 3-32 推土机多刀推土

(6)铲刀上附加侧板:在铲刀两侧装上侧板,以增加铲刀前的土方体积。

(二)修筑路基时的施工方法

推土机横向运土填筑路堤时,一般有斜层填筑法和堆填法两种施工方法。

1. 斜层填筑法

对于一般的I～III级土常采用斜层填筑，其填筑顺序如图3-33所示。分层填筑的厚度为20～30cm。每次铺填完毕后，推土机应继续前进1.5～2m，使新铺土层得到碾压。每铺填0.5m高度后应进行一次纵向碾压(纵向延长至少要有20m)，碾压前推土机先在填土面上拨土修补好路堤外侧边坡的缺土，然后纵向行驶碾压3～5次。当路堤外侧顶层达到高出施工高程20～30cm，并且宽度达到这个高程标准宽度的70%左右时，即停止从取土坑取土，而把护道上的积土(做上坡道用的多余土方)推进路堤，补足内侧路肩的缺土。路堤接近完成时，在路堤面上应多留些土，保证路拱和补足路堤的需要以及预留沉降量和超填边坡的需要。最后平整护道和取土坑，平整时应保证有足够的排水坡度。

图3-33　路堤斜层填筑

2. 堆填法

堆填法(图3-34)的特点是：推土机把土推进路堤后不做散土而是成堆地向前推挤，等到路堤在一定长度内(20m以上)布满土堆时，再进行纵向平整与碾压，施工速度较快。土层厚度根据每次推土量和土堆的密集程度而定，一般使平整后的层厚为0.3～0.5m为宜。接近完成时的平整与碾压，与斜层填筑法相同。

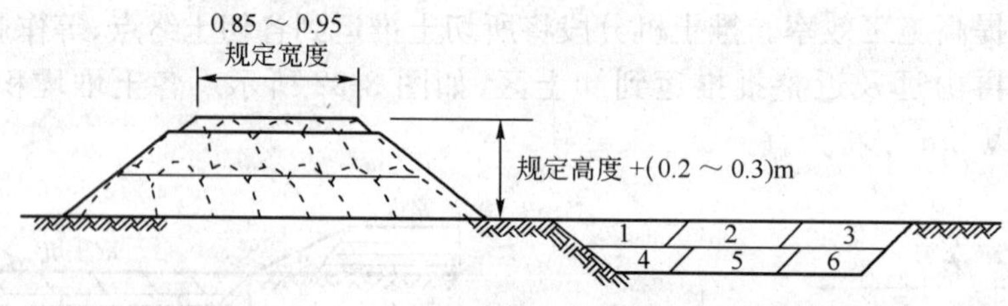

图3-34　堆填法填筑路堤

推土机横向运土开挖路堑的施工方法与横向运土填筑路堤基本相同。遇到地面横坡较陡时，应向下坡的一侧弃土。路堑的长度在100m以内时，常用推土机做纵向开挖，从路堑两端出土移挖作填或弃土。由于纵向出土能利用下坡推土，因此生产效率较高。

二　铲运机施工

在铁路工程施工中，铲运机是大规模路基施工中的一种生产率高、经济效益好的理想土方运输机械。它是一种能够独立完成铲土、运土、卸土、填筑、压实的土方机械，它不需其他机械配合，易于转移，配合劳力少，生产效率高，是一种较为经济的施工机械。铲运机可以用来直接完成II级以下较软土体的铲挖；对III级以上较硬的土，应对其进行预先疏松后再进行铲挖；铲运机还可以对土进行铺卸平整作业，将土逐层填铺到填方地点，并对土进行一定的压实。适用于平整场地，开挖基坑、管沟，填筑路基、堤坝等土方工程。

铲运机有拖式铲运机和自行式铲运机两种。拖式铲运机由拖拉机牵引或推土机牵引，行驶速度较慢，适合于100～700m的运土；自行式铲运机的行驶和工作，靠自身的动力设备，行驶速度较快，适合于700～1500m的远距运土，自行式铲运机的工作速度可达40km/h以上，斗容可超过30m³。因此，在中长距离作业时，铲运机具有很高的生产率和良好的经济效益。

铲运机的工作装置是铲斗，铲斗前有一个能开启的斗门，铲斗前设有切土刀片。切土时，铲斗门打开，刀片切土；铲运机前进时，被切下的土挤入铲斗；铲斗装满土后，提起土斗，将土运至卸土地点。铲运机的斗容量一般为6～10m³，切土深度为300mm左右，卸土厚度为200mm左右。

(一)铲运机的工作过程

铲运机的工作由铲装、运土、卸土和回驶4个过程组成一个循环(图3-35)。

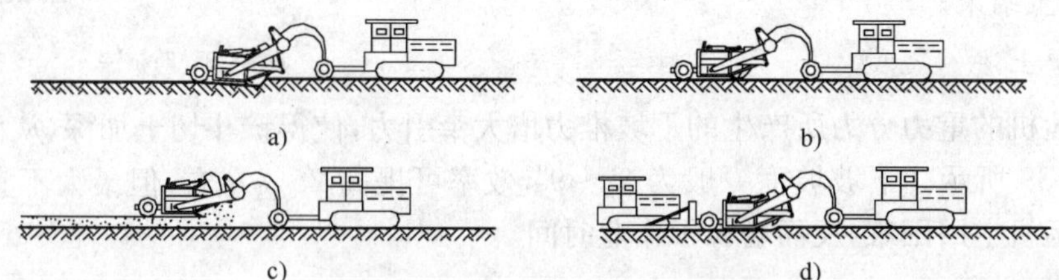

图3-35 铲运机的工作过程

a)铲装；b)运土；c)卸土；d)推土机助铲

铲装过程(图3-35a)：铲运机被牵引或自行在铲土场地上行进，通过操纵机构升起斗门，放下铲斗，此时斗口凭借刀片切入土中，随着机械的继续行进，铲下的土层被挤入斗中。

运土过程(图3-35b)：铲斗装满土壤后，关闭斗门，将铲斗提升到一定高度。铲运机重载运行到卸土地段。

卸土过程(图3-35c)：到达卸土地段后，放低铲斗，使斗口离地面一定高度，开启斗门并通过操纵机构使卸土板前移，将斗内土壤往外推卸，随着机械前行在地面上铺卸下一层土。

回驶过程：卸土完毕后，使卸土板回位并关闭斗门，将铲斗提升到利于行驶的高度上，铲运机空驶返回原铲土地段进行下一循环作业。

在铲装松土时，为了将铲斗装满至堆尖容量，或者在铲装较硬土壤时，增加足够的牵引力，通常使用助铲机(常用推土机)在铲运机尾部顶推助铲，如图3-35d)所示。

(二)铲运机铲土方法

为了提高铲运机的工作效率，常采用下列铲土方法。

1.一般铲土法

铲刀一开始即以最大切土深度铲土，随着铲运机行驶阻力不断增大而逐渐减小铲土深度，直到铲斗装满为止，如图3-36所示。

2.起伏式铲土法

铲土时将铲斗最大限度地切入，随着铲运机负荷逐渐增加，发动机转速下降，切土深度相应减小，如此反复多次，直到铲斗装满为止，如图3-37所示。

3.跨铲法

采用预留土埂、间隔铲土的方法，使得铲运机效率提高10%左右，如图3-38所示。其开挖

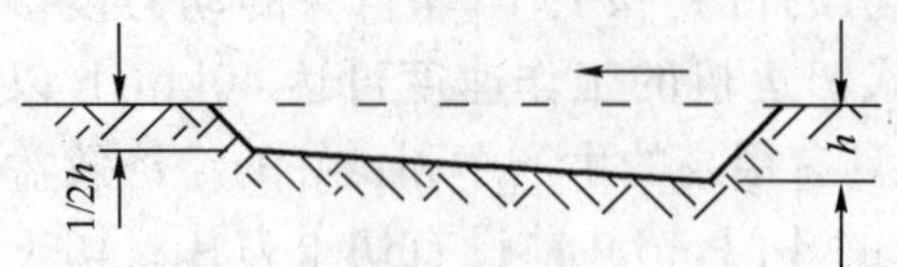

图 3-36 一般铲土法

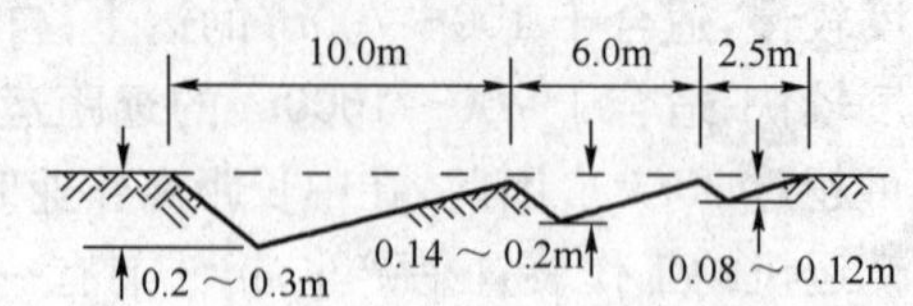

图 3-37 起伏式铲土法

顺序为：先在取土场第一排铲土道铲土（宽度为 d），两铲土道间留土埂（宽度为 $d/2$）；第二排铲土道的起点与第一排的起点相距半个铲土长度（中线互错半个宽度）；第三、四排仿此后移，直至铲土结束。

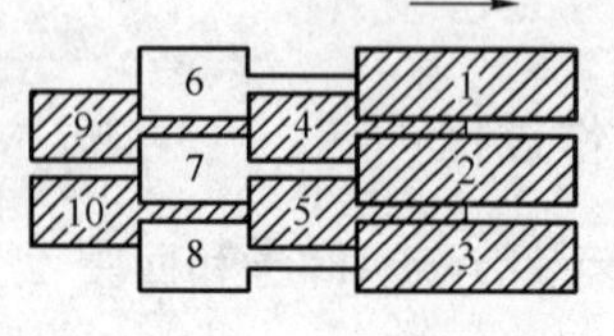

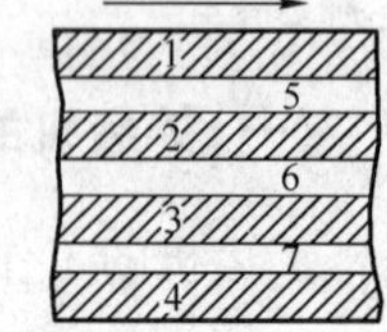

图 3-38 跨铲法

4. 下坡铲土法

利用铲运机的重力分力所产生的下坡推力增大牵引力，使得铲斗切土加深，从而提高铲土效率，如图 3-39 所示。下坡坡度一般为 3°～9°，效率可提高 25％左右，但最大不宜超过 15°。坡度过大铲运机空回困难，反而增长了作业时间。

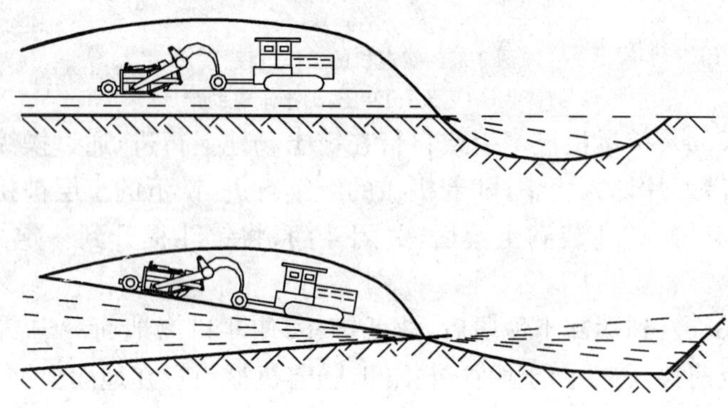

图 3-39 下坡铲土法

5. 助铲法

在地势平坦、土质较坚硬时，切土的阻力很大，造成牵引力不能充分发挥，此时可用推土机在铲土运行中顶推助铲，以提高铲土效率。该法若组织得当，生产率可提高 30％以上。采用助铲法施工要有一定的工作面和工作量，使担负助铲的推土机不致窝工。一般取土场宽度应不小于 20m，长度不短于 30m，铲运机半周程运距不短于 250m。推土机进行助铲的次序可随工点的具体情况采用图 3-40 中所示的方式之一。

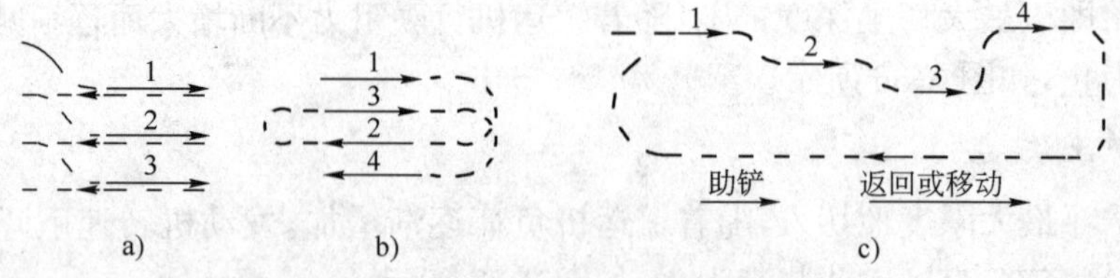

图 3-40 推土机助铲顺序示例

当场地为 I～III 类土，挖土在 3m 以上，运距较远，工程量大且较为集中时，可采用挖土机挖土，配合自卸汽车运土，卸土区配备推土机平整土堆。

(三)铲运机的运行路线

铲运机铲土应达到运距短、坡道平缓、工程量小的目的,为此应根据地形条件、工作性质、工程量、运距等具体情况综合考虑后选择合理的运行路线。铲运机运行路线主要有以下几种方式。

1. 椭圆形路线

这是铲运机最简单也最常用的作业路线,每次循环只完成一次铲土和卸土。根据铲土和卸土的相对位置不同,可灵活布置,随时改变顺逆方向,减少运行中的干扰,如图 3-41a)所示。当挖填交替而挖填之间的距离又较短,则可采用大循环路线,如图 3-41b)。

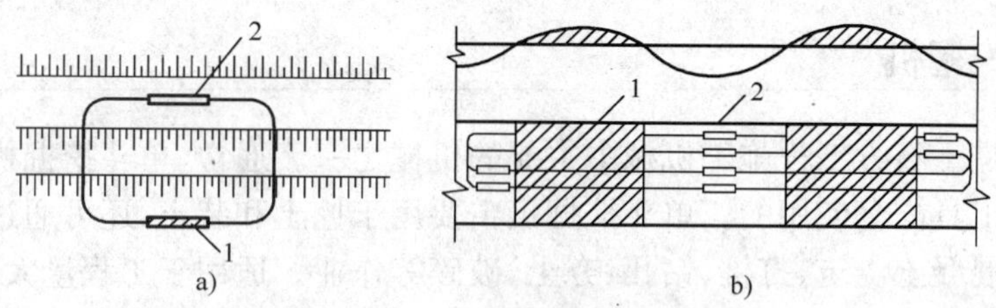

图 3-41　椭圆形路线

a)椭圆形路线;b)大循环路线

1-铲土;2-卸土

2. 8 字形路线

如图 3-42 所示,这种运行路线的铲土和卸土,轮流在两个工作面上进行,每次循环能完成两次铲土和卸土,施工效率高,转弯方向左右交替进行,可减少机械不均匀磨损。特别是可避免重车上坡转弯急的缺陷,节省转向时间。

3. 之字形路线

在几个取土段落内,铲运机在同一方向上间隔取土与卸土,可消除跑空车现象,减少转弯次数,提高生产率,如图 3-43 所示。

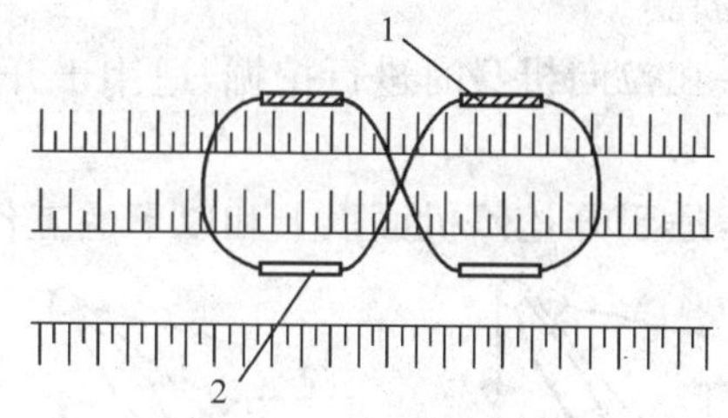

图 3-42　8 字形路线

1-挖土;2-卸土

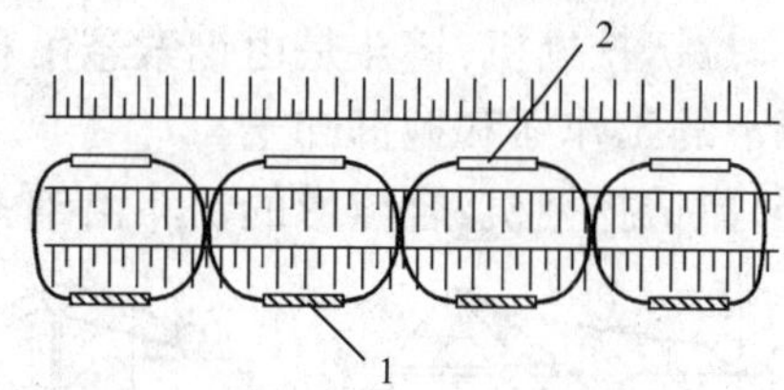

图 3-43　之字形路线

1-挖土;2-卸土

(四)修筑路基时的施工方法

铲运机开挖路堑时,如果先铲靠近边坡的两边部分,后铲其余的中间部分(图 3-44a),就比较容易掌握断面的尺寸,既可以避免超挖,又可以减少路基面边角的留土量。

路堤必须分层填筑,分层压实。填筑的次序,也要先两边、后中间(图 3-44b),这样机械在边上行驶时是向线路中心线倾斜,比较安全,而且易于保持准确的边坡,减少整修的工作量,靠近边坡的土也能得到压实。多雨时，则应使路堑的中间部分略低，路堤的中间部分略高，防止雨水冲刷路堑的边坡和路堤表面积水。

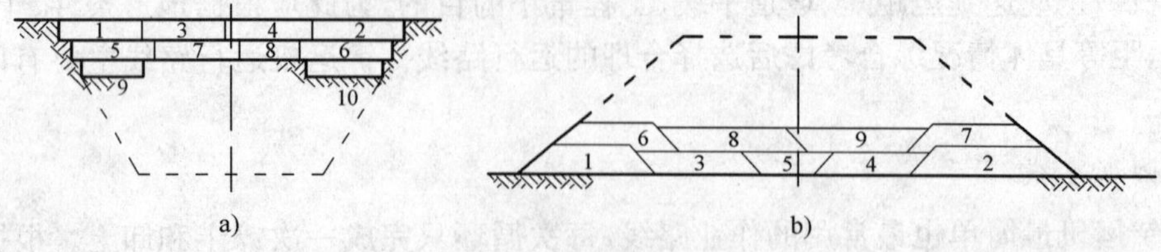

图 3-44　铲运机开挖与填筑路堤的次序

三 单斗挖掘机

单斗挖掘机是土石方工程施工机械中主要的机械之一。通常，单斗挖掘机是与自卸汽车、运土拖车等运输工具配套使用的。单斗挖掘机主要用于挖土和装土，还可通过更换工作装置，完成起重、装载、混凝土浇筑、打桩、钻孔、夯土、破碎等作业。适用于工程量大而集中的路基工程施工，路基工程中常用全圆回转履带式挖掘机。

(一)单斗挖掘机的分类

单斗挖掘机一般按下列主要特征来分类。

1.根据铲斗容量分

(1)小型：斗容量在 $1m^3$ 以下。

(2)中型：斗容量在 $1\sim4m^3$。

(3)大型：斗容量超过 $4m^3$。

2.根据工作装置分(图 3-45)

(1)正铲挖掘机：铲斗向上挖掘停机面以上的工作面。

(2)反铲挖掘机：铲斗向下挖掘停机面以下的工作面。

(3)拉铲挖掘机：铲斗是由钢索悬吊和操纵的，铲斗在拉向机身时进行挖掘，适用于开挖停机面以下的工作面和抛掷卸土。

(4)抓铲挖掘机：合瓣形的铲斗由钢索悬吊和操纵，适于开挖停机面以上和以下的工作面。

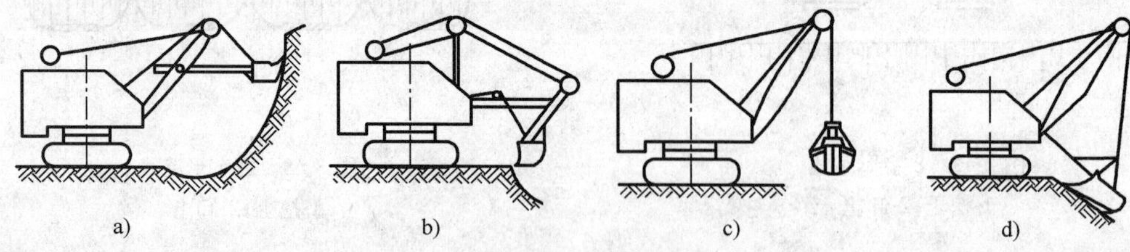

图 3-45　单斗挖掘机工作装置的类型

a)正铲；b)反铲；c)抓铲；d)拉铲

3.根据行走方式分

(1)轮胎式挖掘机：这种自行式挖掘机的底盘是专门设计制造的轮胎底盘。最大优点是机动性高，操作灵活。

(2)履带式挖掘机:大、中型单斗挖掘机普遍采用履带式行走装置。这种履带装置与拖拉机相比,有更宽的履带板,履带刺很短或没有,接地压力小,便于转向而不致破坏地面。最大优点是工作时很稳定,机身不下沉和歪斜。

(二)挖掘机的开挖方式

1. 正铲挖掘机

正铲挖掘机主要用来挖掘高出掘进机停留面的土堆,也可作装载松散材料(碎石等)之用。分为履带式和轮胎式两种,挖装作业灵活,回转速度快,工作效率高,铲斗容积为 0.25~2.0m³。

正铲挖掘机的开挖方式,可分为正向开挖和侧向开挖。正向开挖时,挖掘机在前,沿前进方向挖土,运输工具停在后面装土,如图 3-46a)所示。此法挖土面大,但回转角度大,运输工具需倒车进入,生产效率低。侧向开挖时,挖掘机沿前进方向挖土,运输工具停留在侧面装土,见图 3-46b)。此种方式挖掘机卸土时,动臂回转角度小,运输工具行驶方便,生产效率高。

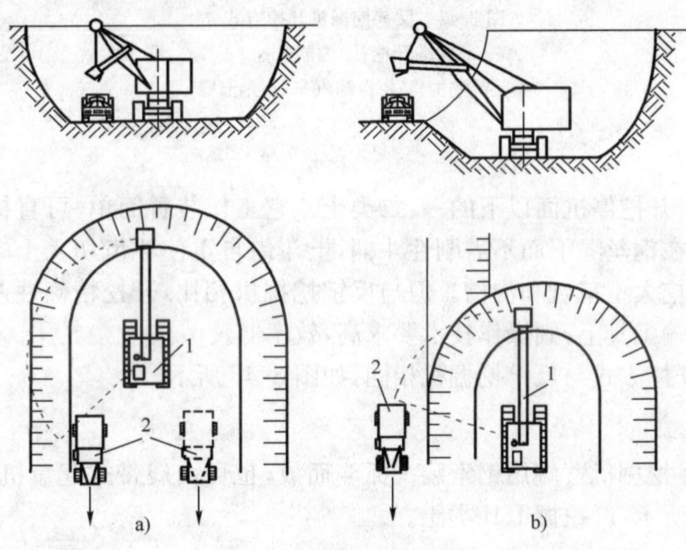

图 3-46 正铲挖掘机开挖方式

a)正向开挖;b)侧向开挖

1-正铲挖掘机;2-自卸汽车

2. 反铲挖掘机

反铲挖掘机的工作面(所谓工作面是指挖掘机在一个停点所能开挖的土方面,其大小与基坑横断面尺寸、机械性能、挖土方式及土壤性质等因素有关)可低于其停留面以下 3~6m,常用于挖基坑、沟槽等,其生产效率比正铲挖掘机略低,铲斗容积为 0.25~1.0m³。

反铲挖掘机的开挖方式,可分为沟端开挖和沟侧开挖。沟端开挖时挖掘机停在沟端,向后倒退挖土,汽车停在两旁装土,开挖工作面宽,卸土时动臂只需回转 40°~45°即可(图 3-47a);沟侧开挖时挖掘机沿沟的一侧直线移动挖土,此法能将土弃于距沟较远处,但挖土深度受限制,卸土时动臂回转小于 90°即可(图 3-47b)。

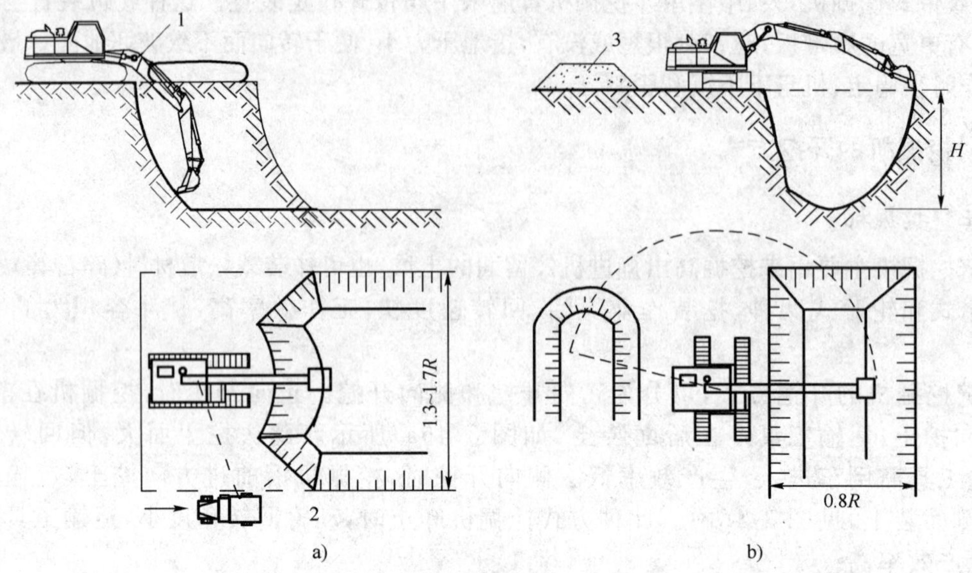

图 3-47 反铲挖掘机开挖方式

a)沟端开挖;b)沟侧开挖

1-反铲挖掘机;2-自卸汽车;3-弃土堆

3.拉铲挖掘机

拉铲挖掘机用于开挖停机面以下的一、二类土。它工作装置简单,可直接由起重机改装。其特点是:铲斗悬挂在钢丝绳下而不需刚性斗柄,土斗借自重使斗齿切入土中,开挖深度和宽度均较大,常用于开挖大型基坑和沟槽。但与反铲挖掘机相比,开挖精确性差,且大多将土弃于土堆,如需卸在运输工具上,则操作技术要求高,效率低。

拉铲挖掘机的开挖方式与反铲挖掘机相同,如图 3-48 所示。

4.抓铲挖掘机

抓铲挖掘机是在挖掘机臂端用钢索装一抓斗而成,也可由履带式起重机改装。抓铲土斗工作示意如图 3-49 所示,可挖掘 I、II 类土。

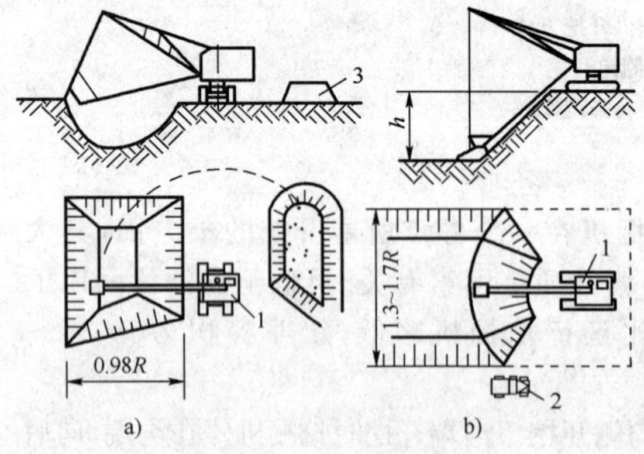

图 3-48 拉铲挖土方式

a)沟侧开挖;b)沟端开挖

1-拉铲挖掘机;2-汽车;3- 弃土堆

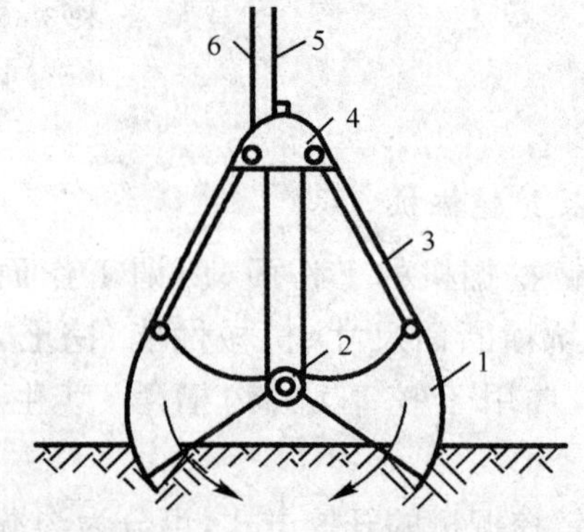

图 3-49 抓铲土斗工作示意

1-斗瓣;2-中心铰;3-拉杆;4-顶铰;5-升降索;6-取土索

(三)正铲挖掘机配合汽车修筑路基

挖掘机开挖路堑时，如果路堑不深，挖掘机一次行程就能把路堑挖通，工作较为简单。汽车可以像正向开挖那样，在机后装车；或者地形条件许可时，在挖掘机的侧面装车。

如果路堑较深，不能一次挖通时，就要采用分层开挖(图 3-50a)，或者分层分块开挖(图 3-50b)。分层和分块的原则是：挖掘机的行程次数要少；路基范围内所留的土角要少。分层开挖时，每一层的高度可以取到最大挖土高度，第一个挖掘行程(图 3-50a)中 1)相当于正向开挖。分层分块的特点是汽车总可以在挖掘机的侧面装车。分块时停车面与停机面之间的高度 h 应保证铲斗在最大卸土高度时能顺利地装车。

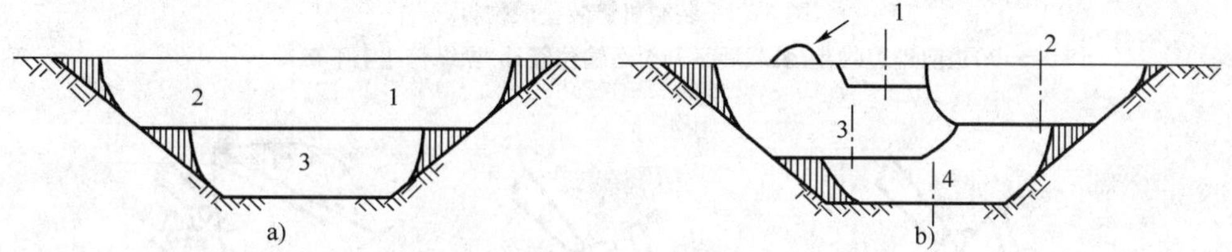

图 3-50 正铲开挖路堑施工顺序

a)分层开挖；b)分层分块开挖

1～4-开挖顺序

正铲配合汽车填筑路堤时，在卸土处要配备推土机进行分层摊平、压实工作。

四 单斗装载机

单斗装载机是在专用的拖拉机前面臂架上装有一个能升降和翻转的铲斗，主要用来铲、装、卸、运土与砂石一类散状物料的机械(图 3-51)。也可对岩石、硬土进行轻度铲掘作业。与挖掘机相比，装载机比较机动，本身能兼做清理场地、移运孤石等作业，不进行装载时又可以当推土机使用。如果换不同工作装置，还可以扩大其使用范围，完成推土、起重、装卸其他物料的工作。在铁路施工中，它主要用于路基工程的填挖、材料的集料和装料等作业。由于它具有作业速度快、效率高、操作轻便等优点，因而装载机在国内外得到迅速发展，成为铁路建设中土石方施工机械的主要机种之一。

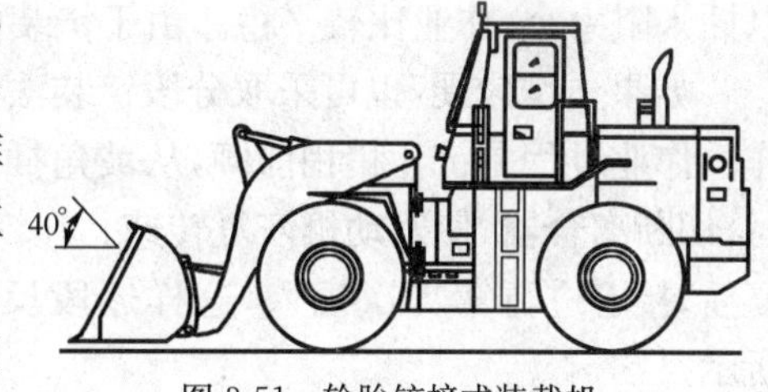

图 3-51 轮胎铰接式装载机

装载机的作业对象主要是：各种土壤、砂石料、灰料及其他筑路用散粒状物料等。

(一)装载机铲装作业方法

1. 对松散物料的铲装作业

首先将铲斗放在水平位置，并下放至与地面接触，然后以一挡、二挡速度前进，使铲斗斗齿插入料堆中，此后，边前进边收斗，待铲斗装满后，将动臂升到运输位置(离地约 50cm)，再驶离工作面。如装满有困难时，可操纵铲斗上下颤动或稍举动臂。其装载过程见图 3-52。

2. 铲装停机面以下物料作业

铲装时应先放下铲斗并转动，使其与地面成一定的铲土角，然后前进，使铲斗切入土中，切土深度一般保持在 150～200mm，直至铲斗装满，然后将铲斗举升到运输位置，再驶离工作面运至卸料处。铲斗下切的铲土角为 10°～30°。对于难铲的土壤，可操纵动臂使铲斗颤动，或者稍改变一下切入角度。其装载过程见图 3-53。

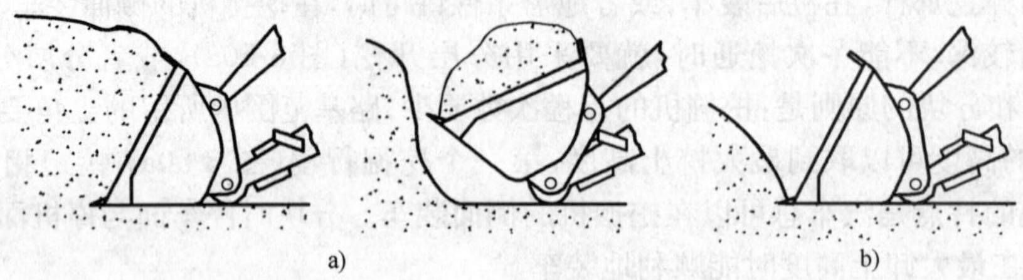

图 3-52　装载机铲装松散物料

a)边前进边收斗，装载后举升至运输位置；b)操纵铲斗上下颤动

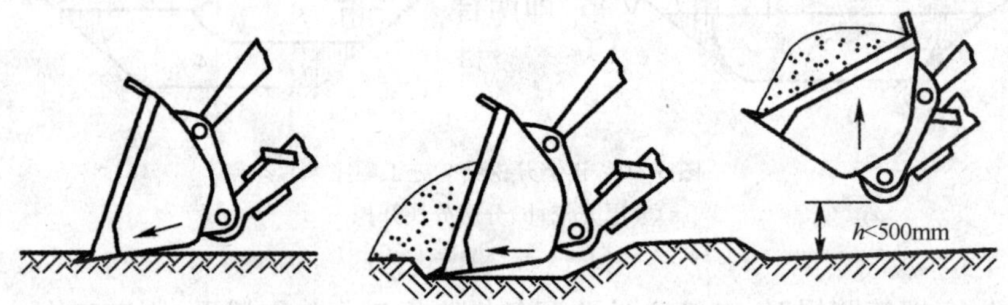

图 3-53　装载机铲装停机面以下土壤

3. 铲装土丘时作业

装载机铲装土丘时，可采用分层铲装或分段铲装法。分层铲装时，装载机向工作面前进，随着铲斗插入工作面，逐渐提升铲斗，或者随后收斗直至装满，或者装满后收斗，然后驶离工作面。开始作业前，应使铲斗稍稍前倾。这种方法由于插入不深，而且插入后又有提升动作的配合，所以插入阻力小，作业比较平稳。由于铲装面较长。可以得到较高的充满系数，如图 3-54 所示。

如果土壤较硬，也可采取分段铲装法。这种方法的特点是铲斗依次进行插入动作和提升动作。作业过程是铲斗稍稍前倾，从坡角插入，待插入一定深度后，提升铲斗。当发动机转速降低时，切断离合器，使发动机恢复转速。在恢复转速过程中，铲斗将继续上升并装一部分土，转速恢复后，接着进行第二次插入，这样逐段反复，直至装满铲斗或升到高出工作面为止，如图 3-55 所示。

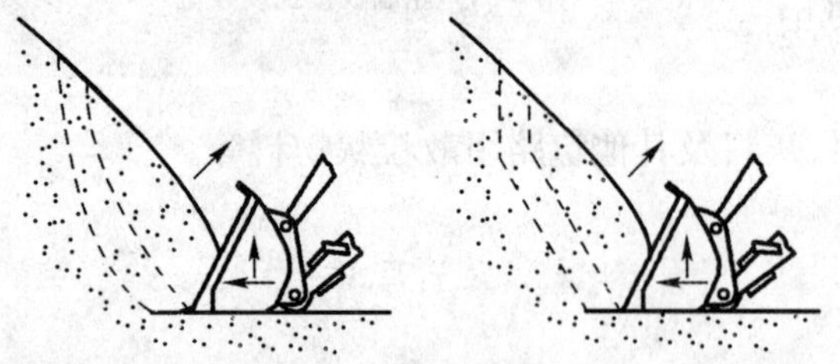

图 3-54　装载机分层铲装法

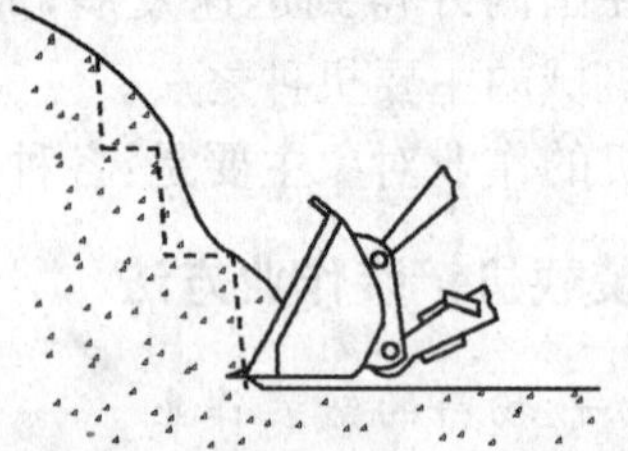

图 3-55　装载机分段铲装作业

(二)装载机与自卸汽车配合填筑路基

装载机与自卸汽车配合填筑路堤等施工中，装载机的转移卸料与车辆位置配合的好坏对装载机生产率影响较大。施工组织原则是根据堆料场的大小和料堆的情况尽可能做到来回行

驶距离短、转弯次数少。最常用的施工作业有V形和穿梭式(图3-56)。但在运距不大或运距与线路坡度经常变化的情况下,如采用装载机与自卸汽车配合进行装运作业,就会使工效降低、费用提高。在此情况下,可单独采用装载机作为自铲运设备使用。据国外经验,整个铲、装运作业循环时间不超过3min,装载机作为自铲运设备使用,经济上是合算的。

V形作业方式是汽车停在一个固定的位置,与铲装工作面斜交,如图3-56a)所示。装载机装满斗后,倒车驶离工作面的同时转向30°~45°,然后向前对准汽车卸料。卸料后在驶离汽车时也同样转向30°~45°,然后对准工作面前进,进行下一次铲装。这种方法对于装载机特别有利,铲斗装满后只需后退3~5m即可转向汽车卸料。有时为了更好地配合运输车辆,也可采用双V形,即两台装载机分别从两侧对一台汽车装料,这样可以进一步缩短装车时间。

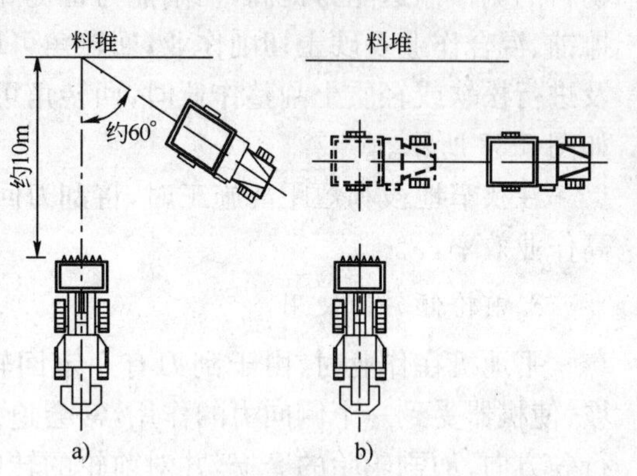

图3-56 装载机作业方式

a)V形作业方式;b)穿梭式作业方式

穿梭式作业方式是装载机只在垂直工作面的方向前进、后退,而汽车则在装载机与工作面之间像穿梭一样来回接装和驶离,如图3-56b)所示。汽车待装位置可以平行于工作面,也可以与工作面斜交。装载机驶离工作面的距离一般为6~10m,使汽车能安全通过即可。

装载机与汽车配合装车,必须根据料场的地形、地质以及材料的类别和周围环境的不同,来选择不同性能的装载机和作业方法。

五 自行平地机

(一)适用性

自行平地机是一种以铲土刮刀为主,配有其他多种辅助作业装置,进行土的切削、刮送和整平作业的工程机械。它可进行路基面的整形和维修,表层土、积雪或草皮的剥离,路堤、路堑、取土坑与弃土坑边坡的整修作业,以及排水沟和截水沟的开挖等工作。还可完成材料的混合、回填、推移、摊平作业。平地机配以辅助装置,如耙子、推土铲、松土器、变形刮刀、扫雪器、碾压滚等,可以进一步提高其工作能力,扩大其使用范围。因此,平地机是一种效能高、作业精度好、用途广泛的施工机械。

(二)平地机施工作业方式

路基及场地的平整是平地机的主要作业项目。在平地机工作装置中,铲刀是一种多功能作业机具。

1.铲土角选择

铲土角即切削角,指刮刀切削刃与地面的夹角。铲刀角的大小一般依作业类型来确定。一般平地机铲土角都有一定的调整范围,以适应不同的作业要求。中等切削角(60°左右)适用于通常的平整作业。在切削、剥离土壤时,需要较小的铲土角,以降低切削阻力。当进行物料混合,应选用较大的铲土角,这样可以避免大粒物料对铲刀的推挤力,大粒料容易从刮刀下滚过去，刮刀载料减少，使物料滚动混合作用增强。

2. 刮刀回转角选择

刮刀回转角 ω 是指利刃与横坐标 x 轴正向的夹角。当回转角增大时，工作宽度 b 减小，但物料的侧移输送能力提高，切削能力也提高，刮刀单位切削宽度上的切削力增大。对于剥离、摊铺、混合作业及硬土切削作业，回转角可取 30°～50°；对于推土摊铺或进行最后一道刮平以及进行松软或轻质土刮整作业时，回转角可取 0°～30°。回转角应视具体情况及要求来确定，如图 3-57 所示。

在狭窄地段和短距离施工时，将刮刀回转 180°，平地机可以在倒退行驶状态下作业，可提高作业效率。

3. 前轮倾斜的使用

平地机在作业时，由于刮刀有一定回转角，或由于刮刀在机体外刮侧坡，使机器受到一个侧向力的作用，常会迫使机器前轮发生侧移，以致偏离行驶方向，加剧轮胎的磨损，并对前轮的转向销轴产生很大的力矩，使前轮转向(偏摆)的阻力增大，这时，可以采用倾斜前轮的方法来避免。原则是：前轮的倾斜总是与外力呈相抵消状态。

前轮倾斜除了用来抵消机器受到的侧向力外，还可用于刮坡作业时刮刀切入深度的微调，以提高刮削精度。

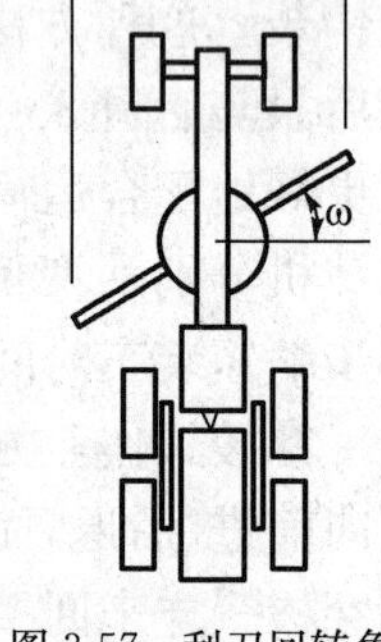

图 3-57 刮刀回转角 ω

4. 斜行作业

利用车架铰接或全轮转向的特点，平地机可以斜行作业。在很多作业场合需要采用斜行作业方法，使车轮避开料堆，保持机器更加稳定。

5. 保持机器的稳定

在平地机作业时，应尽可能保证后轮在比较平坦的地面上行驶，必要时可以让前轮在坡道上和土丘上行走，而机身放在平坦的地面以保持机器的稳定。这样，机器便于控制，刮刀也易于调节，可以保证具有较好的作业效果。

6. 刮刀侧移

平地机作业时，除了采用前轮或后轮转向操纵机器沿要求的行驶路线作业外，还常需要同时操纵刮刀侧移来辅助实现刮刀的运动轨迹。当在弯道上或作业面边界呈不规则的曲线状地段作业时，可以同时操纵转向和刮刀侧向移动，机动灵活地沿曲折的边界作业。当侧面遇到障碍物时，一般不采用转向的方法躲避，而是将刮刀侧向收回，过了障碍物后再将刮刀伸出。

7. 刮刀移土作业

1)铲刀刮土直移

此种作业方式适合场地平整和整形作业。采用铲刀直移刮土，将刮刀回转角置为 0°，即刮刀轴线垂直于行驶方向，此时切削宽度最大，然后操纵铲刀升降，油缸下降，将铲刀平置于地面。并适当控制铲刀切削深度，选用低挡向前推移作业。这样，铲刀即可在行进中完成切土、积土、铺散、整平和刮送等连续作业工序。

2)铲刀刮土侧移

铲刀刮土侧移常用于场地平整、路基整形、回填沟渠等。

作业前，应根据土壤的性质选择和确定铲刀的平面角和铲土角。铲刀平面角(回转角)越小，铲刀切削刃单位有效切削长度上的铲掘力也越大。选用较大铲土角，可减少铲刀刮土阻力；选用较小的铲土角，则可提高地面平整精度。

铲刀刮土侧移应选用作业挡起步，在行进中将同步降下铲刀。由于铲刀斜置，铲刀刮削的土壤和物料可侧移卸出，形成一道土堤。改变铲刀左右侧的伸出量，即可改变铲刀卸土位置，实现铲刀机外卸土，或实现机内轮间卸土。

刮土侧移作业也常用于物料混合，将待混合的物料用刮刀一端切入，从刮刀另一端流出，这时应注意刮刀的回转角大小要适当，并要有较大的铲土角。但如果回转角过大，物料也得不到充分的滚动混合，影响混合质量。

3）铲刀机外刮土

修整路基、路堑、边坡或开挖边沟，通常采用铲刀机外刮土的方式作业。

刮坡作业时，应操纵铲刀摆动油缸偏摆牵引架，并将铲刀倾斜伸出机外，然后回转铲刀，将铲刀上端朝前。此时，平地机应以最低挡速度前进，同时落下铲刀开始刮坡。作业时，铲刀刮削的土屑则沿铲刀卸于平地机左右车轮之间，最后再清除轮间土堤。

调整铲刀机外伸出量，则可开挖边沟或刮边沟边坡。

4）铲刀刀角铲土侧移

刀角铲土侧移适用于开挖边沟，铲挖的土方可填筑路堤，也可用于路基面整形。

作业前，应根据土质调整好铲刀回转角和铲土角，然后以最低挡速度前进，同时在垂直面内倾斜铲刀。将铲刀朝前的一端降下入土切削，朝后的一端抬起，形成侧倾角开挖边沟。铲挖的土方则沿铲刀方向侧移卸土，或卸于边沟，或卸于左右车轮之间。图 3-58 为平地机基本作业示意图。

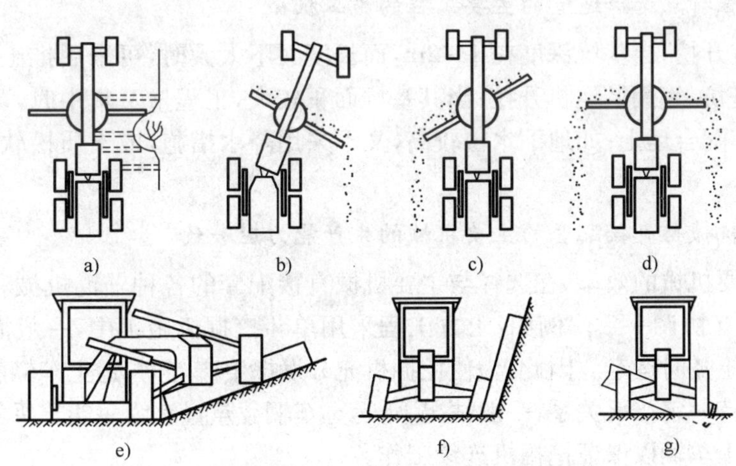

图 3-58 平地机基本作业

a）躲避障碍物；b）斜行作业；c）刮刀回转角运用；d）刮刀直行作业；e）偏置行驶刮坡；f）前轮倾斜作业；g）刀角铲土作业

六 土方施工机械的选择

在土方工程施工中合理地选择土方机械，充分发挥机械效能，并使各种机械在施工中配合协调，这对于加快施工进度、保证施工质量以及降低工程成本具有十分重要的作用。常用的土方施工机械适用范围见表 3-12。

土方施工机械适用范围　表 3-12

机械名称	适用的作业项目		
	施工准备工作	基本土方作业	施工辅助作业
推土机	1. 修筑临时道路 2. 推倒树木，拔除树根 3. 铲除草皮，消除积雪 4. 清理建筑碎屑 5. 推缓陡坡地形 6. 翻挖回填井、坟、陷穴	1. 高度 3m 以内的路堤和路堑土方工程 2. 运距 100m 以内的土方挖运、铺填与压实 3. 傍山坡的半挖半填路基土方	1. 路堤缺口土方的回填 2. 路面的粗平 3. 取土坑及弃土堆的平整 4. 土层的压实 5. 配合挖掘机和铲运机松土 6. 斜坡上挖台阶
拖式铲运机	1. 铲除草皮 2. 移运孤石	运距 60～700m 以内的土方挖、运、铺填与压实	1. 路基面及场地粗平 2. 取土坑及弃土堆的平整
自动平地机	1. 铲除草皮 2. 消除积雪 3. 疏松土层	修筑高 0.75m 以内路堤及深 0.6m 以内路堑，挖填结合路基的挖、运	1. 开挖排水沟、截水沟 2. 平整场地及路面 3. 修刮边坡
拖式松土机	1. 翻松旧道路的路面 2. 清除树根、树墩和灌木丛		1. 疏松含有砾石的普通土及硬土 2. 破碎 0.5m 以内的冻土层
挖掘机		1. 半径 7m 内的土方挖掘及卸弃 2. 用于配合自卸汽车的装土远运	1. 开挖沟槽及基坑 2. 水下捞土

土方施工机械的选择通常应遵循如下原则。

1. 应根据工程特点选择适宜的主要工程的施工机械

例如：对基坑开挖，当基坑深度在 1～2m，而长度又不太大时，可采用推土机；对于深度在 2m 以内的线状基坑，宜用铲运机开挖；当其基坑面积较大，工程量又集中时，可选用正铲挖掘机挖土，自卸汽车配合运土；如地下水位较高，又不采用降水措施，或土质松软，则应采用反铲挖掘机施工。

2. 各种辅助机械与直接配套的主要机械的生产能力应一致

为了发挥主要机械的效率，在选择与主要机械直接配套的各种辅助机械和运输工具时应使其生产能力相互协调一致。例如：土方工程采用单斗挖掘机施工中，一般需用运土车辆配合，共同作业，将土随时运走。因此，为使挖掘机充分发挥生产能力，运土车辆的载重应与挖掘机的每斗土重保持一定倍率关系，一般情况下，运土车辆载重量宜为每斗土重的 3～5 倍，并应有足够数量的运土车辆以保证挖掘机连续工作。

3. 在同一工地上，应使施工机械的种类和型号尽可能少

在同一施工工地，如果拥有大量不同类型或者同类而不同型号的机械，会给机械管理带来困难，同时增加了机械转移的工时消耗。因此，对于工程量大的工程应采用专用机械；在工程量小而且分散的情况下，尽量采用多用途的机械。例如：有的挖掘机既可以用于挖土，又可用于装卸、起重和打桩。

4. 应尽量利用自有机械

选用施工单位的自有机械，可以减少施工的投资额，同时又提高了现有机械的利用率，降低工程成本。只有在原有施工机械满足不了工程需要时，才能购置或租赁机械。当需要租赁

或购买施工机械时，必须在两者之间进行技术经济比较，选取性能价格比高的施工机械。

土方施工机械的选用条件见表3-13。

土方施工机械的选用条件 表3-13

路基种类及施工方法	填挖高度(m)	土方运距(m)	主要施工机械	辅助机械	机械施工运距(m)	最小工作段长度(m)
1. 路堤						
路侧取土	<0.75	<15	自动平地机			300～500
路侧取土	<3.00	<40	58.9kW推土机		10～40	—
路侧取土	<3.00	<60	73.6～103kW推土机		10～60	—
路侧取土	>6.00	20～100	$6m^3$ 拖式铲运机		80～250	50～80
路侧取土	>6.00	50～200	$6m^3$ 拖式铲运机	58.9kW推土机	250～500	80～100
远运取土	不限	500～700	9～$12m^3$ 拖式铲运机		<1000	>50～80
远运取土	不限	>500	$9m^3$ 自动铲运机		>500	>50～80
远运取土	不限	>500	自卸汽车		>500	($5000m^3$)
2. 路堑						
路侧弃土	<0.6	<15	自动平地机			300～500
路侧弃土	<3.00	<40	58.9kW推土机		10～40	—
路侧下坡弃土	<4.00	<70	73.6～103kW推土机		10～70	—
路侧弃土	<6.00	30～100	$6m^3$ 拖式铲运机	58.9kW推土机	100～300	50～80
路侧弃土	<15.0	50～200	$6m^3$ 拖式铲运机		300～600	>100
路侧弃土	<15.0	>100	9～$12m^3$ 拖式铲运机		<1000	>200
纵向利用	不限	20～70	58.9kW推土机	推土机	20～70	
纵向利用	不限	<100	73.6～103kW推土机		<100	—
纵向利用	不限	40～600	$6m^3$ 拖式铲运机		80～700	>100
纵向利用	不限	<80	9～$12m^3$ 拖式铲运机	58.9kW推土机	<1000	>100
纵向利用	不限	>500	$9m^3$ 自动铲运机		>500	>100
纵向利用	不限	>500	自卸汽车		>500	($5000m^3$)
3. 半挖半填路基						
横向利用	不限	<60	73.6～103kW斜角推土机		10～60	—

注：本表适用于Ⅰ、Ⅱ类土，如果土质坚硬，应先用推土机翻松。

5. 保持机械的良好工作状态

对于提供使用的机械，必须了解其运转情况、设备的完好率和利用率，估算机械维护、修理的停歇时间，准备适量的后备机械和替补机械，保证生产的连续性；同时，应配备适应于流动的辅助、维修设备，使大型机械能具备机动灵活、行动迅速、维修及时的条件，满足工程施工的需要。

应特别指出的是：机械化施工不能仅局限于用机械施工替代人的劳动或人工无法完成的施工作业，而是要不断提高机械化施工水平，即不断提高机械化程度和施工管理水平。根据工程实际情况合理选用各种机械，并用先进、科学的管理方法将各种机械有机地组织起来，优化施工组织计划，以便充分发挥各施工机械的生产效能。

第八节 路基整修、检查验收与维修

一 路基整修

路基工程基本完成后，由施工单位会同监理单位按设计文件和施工规范要求检查线路中线、高程、宽度、边坡坡度和排水设施等，根据检查结果制订整修计划并进行整修。

1. 土质路基的整修

土质路基表面的整修可用机械配合人工切土和补土，并辅以压路机碾压。深路堑边坡应按设计自上而下进行削坡整修，不得在边坡上贴补。填土经压实后不得有松散、软弹、翻浆及表面不平现象，到设计高程后，宜用平地机刮平，路堤两侧超过设计高度部分应切除。

2. 边坡加固与整修

边坡需防护加固地段，应预留加固位置和厚度，使完工后的边坡与设计一致。当路堑边坡被雨水冲刷成沟槽时，应自下而上，分层挖台阶填筑并夯实。若填补厚度很小，又非加固边坡地段时，可用种植土填补，不种草。当填方边坡出现冲沟或坍塌缺口时，应自下而上分层挖台阶加宽填补并压实，再按设计坡面修坡。

3. 排水系统的整修

边坡整修时应挂线进行。对各种排水设施的纵坡应进行仔细检查，断面尺寸应符合设计要求，沟底应平整，排水畅通。

二 检查验收及质量标准

1. 中间检查

施工过程中当每一分项、分部工程完成后，应按设计文件及施工规范等进行中间检查。例如地基原地面处理完毕，应检查基底处理情况；边坡加固前，应对加固方法、加固形式、填挖方边坡加固的适用性、边坡坡度是否适当等进行检查；若发现已完工路基受水浸淹损坏、取土及弃土超过设计、意外的填土下陷、填挖方边坡坍塌需增加土方及边坡加固工程数量时，应进行中间检查。此外，在路基渗沟回填土前、路基换土工作完成后、各类防护加固工程基坑开挖后，必须进行中间检查验收。检查不合格，不得进行下一工序的施工。

2. 竣工验收

对路基进行竣工验收时，应对以下项目进行检查、验收：路基的平面位置、路基宽度、高程、平整度；边坡坡度及加固设施；边沟等排水设施的尺寸及沟底纵坡；防护工程的修建位置和各部尺寸；填土压实度；取土坑、弃土堆、护坡道、截水沟、渗水井等的位置和形式；隐蔽工程施工记录等。这些项目的评定按《铁路路基工程施工质量验收标准》进行。

3. 质量标准

(1)土方路基。土方路基施工应符合下列质量要求：路基必须分层填筑夯实，表面平整坚实，无翻浆现象；路拱合适，排水良好；土的压实度、强度符合设计要求。挖方地段上边坡应平整稳定。路基土压实度及强度必须符合规范规定。

(2)路肩。路肩施工必须做到表面平整密实，无积水，边缘顺直，偏差符合规定。

(3)地表排水设施。边沟、截水沟或排水沟应线条顺直，曲线圆滑，沟底平整，排水畅通。浆砌片石加固砌体，砂浆应密实饱满，配合比符合设计要求。边沟勾缝平顺，缝宽均匀，无脱落现象。沟渠断面应均匀平整，无凹凸不平现象，沟底无积水，施工出现的偏差符合规范规定。

三 路基的维修

路基工程完工后，在线路初验后直至竣工验收终验前，路基如有损坏，施工单位应进行维修，并保证路基排水设施完好，及时清除排水设施中的淤积物、杂草等。对较长时间停工的路基，则应保持排水畅通；复工前应对路基各分项工程予以整修。

轨排铺设前应整修路基，使表面无坑槽，做好规定的路拱。若路堤经雨水冲刷或发生沉降时，应立即修补、加固或采取其他处理措施，并查明原因，做好记录。遇路堑边坡坍方时，应及时清除。未经加固的高路堤和路堑边坡以及潮湿地区的土质路基边坡上的积雪应及时清除，以免危害路基。当路基构造物有变形时，应详细查明原因，及时修复，使之保持稳定。路基工程完工后，还未正式铺轨前，每当大雨、连日暴雨或积雪融化时，应控制施工机械和车辆在土质路基上通行，并应及时排干积水，整平压实。

第九节　季节性施工

季节性施工主要是指冬期及雨季路基施工，它们属于特殊施工条件下的土方施工。所谓特殊条件，在这里是指对工程施工不利的气候条件。由于我国幅员辽阔，在进行铁路建设时，出现季节性施工是不可避免的。我国东北、华北、西北及青藏高原等地区的冬季时间长、气温低，并有不同程度的冻结现象；南方地区虽全年气温比较温和，但雨季中雨频量多，这些季节不仅使施工的困难增多，而且对工程质量产生严重的影响，对路基施工极为不利；如填土的反复冻融、洪水来临时结构长期浸泡于水中等。对这些特殊条件下的土方施工，有相应的特定施工要求，在施工过程中必须严格遵守，不得随意违反，以免造成工程事故。

一 冬期施工

所谓冬期施工，是当昼夜平均气温在0℃以下且连续15d以上，或气温虽未达到上述程度但当路堤中掺填冻土时，均应按冬期施工办理。在冬期施工时，由于气候寒冷，不但会使施工效率受到一定的影响，而且还增大了工程的成本，如为保温、防寒、破冻而增加的额外成本；更重要的是，冬期施工给路堤的填筑质量带来了不利因素，因此，除了按照正常施工条件下根据设计规定进行施工外，冬期路基施工另外还有一些特殊要求。

(一)施工准备工作

只要工期安排上有可能，就应避免在冬期安排土方施工，而把那些不受冬期影响，甚至在冬期施工更为有利的工程安排在冬期进行。为此，应根据工程的特点，明确不同项目最适宜的施工季节，从整体上做好施工项目安排工作。例如：对冻结的粗粒土进行开挖和填筑，在冬期施工比暖季施工成本增加很多，施工难度也较大；而在泥沼地段或地下水丰富的地层中施工，冬期施工反而更加方便和经济。对于决定安排在冬期施工的工程，则必须在入冬前就做好充分的准备工作。在进行路基冬期施工的准备工作时，主要应强调以下几个方面。

(1)对土壤的冻结、解冻时期和冻结深度的详细复查。

(2)保温、防寒、破冰材料与用具以及施工人员的防寒保暖用品的及早运输和储备。

(3)施工人员和机械设备用的防寒棚和加热设备的建立。

(4)准备适用于冬期施工的施工机械。

(5)路堤基底，在冻结前按规定清除草皮，并加掩盖保温。取土坑表层进行松土防冻。

(6)组织施工人员学习冬期施工的有关技术规定，以保证施工质量及施工安全。

(二)冬期路堤施工

1.基底处理

地基应在冻结前处理。处理方法除了常规的规定外，还应清除基底范围内的冰雪和积水，其坑洼处须用与基底同类的未冻土填筑压实。处理好的基底应随即掩盖，以防冻结。

2.填料要求

冬期填筑路堤所用填料，除要满足一般路堤填料的规定外，应尽量选用级配良好的渗水未冻土。如果确有困难，不得不使用非渗水土时，其含水率宜低于塑限，而并非一般情况下的接近土的最佳含水率，这样会造成填土的压实效果不好。为了达到要求的填层密度，还应相应地采取加大压实功能的措施。

当用冻土与未冻土混合填筑时，冻土块不宜大于15cm，体积含量不宜大于30%。冻土块应均匀散布在填层内，并于其四周填以未冻土。

路堤顶面以下及两侧边坡1.0m范围内、桥涵缺口填土范围内、桥头路堤及位于河床上的路堤，均不得使用冻土填筑。由于规范对这些部位的压实密度及均匀性的要求均较高，如果采用冻土做填料，往往不能保证达到压实要求，冻土融解后容易产生填筑体的变形，故应限制使用冻土。

冬期施工中对填料的特殊要求主要是为了取得较好的压实效果，避免产生较大的沉降。

3.填土压实和预留沉降量

填筑路堤必须严格按分层、横断面全宽度填筑、逐层压实，做到随挖、随运、随填、随压实。已铺土层未压实前，不得中断施工。应保证开挖、运填的周转时间小于土的冻结时间。

分层填筑铺土厚度应按一般规定减薄20%～25%，并不得铺成斜层；或者增加夯实次数，以提高夯实密度。冻块之间应保持3～5cm的空隙，将松散土壤充填其中。

掺有冻土的路堤，由于其中的冻土不易压实，融化后将挤入其间的空隙而产生较大的沉降，因此预留沉降量应根据填料种类和冻土含量情况酌量增加；预留沉降加高量可按堤高的2%～4%适当选取。

施工中如果遇到大雪或其他原因不得不中途停工时，应整平填层及边坡面，并用松土或草袋加以掩盖；继续施工前，应将表面的冰雪清除。

冬期施工的路基面及边坡修整工作易在解冻后进行。如果在结冻时修整路基面，解冻后易产生变形，施工也较困难。

(三)土的防冻措施

由于气候寒冷给路基施工带来极大不便，因此土的防冻措施就显得十分重要。目前常见的防冻措施有以下几种。

1. 覆盖法

(1)松土及草袋覆盖:这类覆盖法主要用于取土场、路堑和路堤的外露土层防冻。所谓松土覆盖是将表层土耙松 25～35 cm,并耙平,形成空气隔热层覆盖保温。此法可减少 1/5～1/4 的冻结深度,松土粉碎得越细,效果越好。若场地不大,可用草袋装麦草等保温材料以减少冻结厚度。草袋覆盖的成本较高,不宜大面积使用,但保温效果较好。

(2)积雪覆盖:地表松散的积雪有保温防冻作用,应随施工进度在临动工前逐段消除,尽量缩短地面暴露时间,因此,挖填工作不能全面铺开,未开挖的地段应保留地面积雪。

(3)设置防雪栅:在预计冬天开挖路堑或取土坑的位置,事先设置防雪栅或者保留地面的原生灌木或丛林,可以防止积雪冻结。

2. 组织不间断施工

土壤冻结程度与其暴露在低温条件下的时间成正比。路堤在低温期施工,如果工程量较大,应编制详细的施工组织设计,集中力量,分段完成,不宜全段铺开。施工时,除了应尽量缩短各工序间的间歇时间外,宜组织昼夜连续施工,以保持施工过程土壤不冻或少冻。

(四)冻土开挖

冻土开挖包括路堑冻土开挖和取土场清除表层冻土后的取土,是路基冬期施工的关键工序。而路堑边坡和侧沟宜待冻融后修建。冻土表层一经开挖,必须保持连续作业,以免重复冻结。若无法保证连续作业,则在已填挖的表面应用保温材料覆盖。

冻土开挖常用的施工方法有:钢钎破土法、铁楔劈土法、顶镐破土法和爆破法。

(1)钢钎破土法:对于用铁镐难以挖动的冻土,可以采用数根钢钎成排并立,劈破冻土。

(2)铁楔劈土法:用长 0.4～0.8m、刃宽 4cm 的方头铁楔,先垂直地面打入。打入深度由冻层厚度而定,但露出地面高度不得小于 0.1 m。然后顺水平方向横打劈开冻土。此法适用于劈开 0.7m 厚以内的冻土层。

(3)顶镐破土法:在冻层下掏槽安置千斤顶或起道机等顶镐,向上顶压使冻土开裂。

(4)爆破法:适用于开挖冻层厚而坚硬的冻土。打眼采用烧热的钢钎,其工效较打冷钢钎提高 3～4 倍。炮眼不应穿过冻土层,其深度一般以冻土层厚度的 3/4 为宜。炮眼打好后,应使内部冻硬后再装药起爆,以增强爆破威力。

二 雨季施工

与冬期施工一样,在雨季进行路基土方施工同样会遇到很多困难,给施工质量带来不利的影响,主要体现在下面几个方面。

(1)地面泥泞,即使是机械化施工,也使作业困难,效率降低,甚至难于爬坡。

(2)因雨停工则损失了出工日数,影响工程进度。最显著的例子是贵州省,雨季长达 4～5 个月,雨季停工天数能达 30d 以上,工时的损失是非常明显的。

(3)土壤含水率超过填土夯实必须控制的最佳含水率,路堤填筑质量难以保证。

(4)雨季施工还会引起一些工作项目的增加,例如下雨时的临时排水,雨后的地面疏干,甚至铲除表层湿土,运土道路的整理等。

因此,组织施工时,一般应将那些最不宜于雨季施工的土方工程,例如洼地路堤、高填深挖、黏土类土质地段的工程，安排在雨季以外进行施工，而把那些在雨季中施工困难不大的工点，如砂土类或砂夹石地段等，安排在雨季施工。

(一)施工准备工作

(1)在山区以及暴雨和洪水危害比较严重地区，详细调查并掌握洪水资料，做好施工中的临时防护措施。对山区路堑施工，预先检查山体有无塌方、滑坡的可能，拟定防险措施。

(2)对主要材料工具要估计在雨季期间的储备量，并增建必要的防雨防洪设施，特别是石方爆破材料的防雨防潮设施。

(3)在洪水位以下的材料、活动房屋及机械设备，雨季前应搬移到最高洪水位以上的处所。

(4)对施工人员应配备必要的劳动保护用品，还应进行雨季施工和防洪抢险的教育。

(5)为保证工程质量，在路基施工中，应根据雨水情况，对部分工程项目或工序加以合理安排。如路基边沟、天沟、排水沟、取土坑排水等应在雨季前完成。

(二)土石方开挖与填筑

1.土方的填挖

(1)雨季施工地段，应首先完成涵洞，并做好防水、防洪、排水工作，同时应注意防止雨天施工时填料含水率增大，填层达不到要求的压实密度。若土质过湿，不宜用做填料时，应弃置晾晒风干后再用。

(2)填筑土质路堤，应分段快速施工。为了使填料保持刚挖下的天然含水率，不被地面水和雨水渗入而饱和，应随挖、随运、随散铺、随夯压，不得将运来的填料长期放置不用。分层夯压时，层面要有2%～3%的横向排水坡度，避免积水。

(3)用黏土填筑的路堤，天晴后易龟裂，必须及时修补，以免雨水顺裂缝流入路堤影响其稳定性。

(4)雨季填筑路堤，应根据使用机具的性能和数量，合理组织几个工点或几个工作面轮流作业，紧凑衔接，快速施工，不宜全面铺开。

2.石方的填挖

(1)路堑施工应采用自上而下按照设计边坡分层下挖的原则，严禁掏底开挖。

(2)在开挖过程中，应随时注意观察石质情况，复核和改进设计坡度，以使边坡在雨水冲刷过程中，也能保持稳定。

(3)爆破作业受雨天影响，主要是炮眼内浸水，炸药受潮发生瞎炮。对此，应尽可能把炮眼钻成水平的、斜向的或采取防浸水的覆盖措施。

复习思考题

3.1 路基横断面面积及土石方数量如何计算?

3.2 何谓断面方、利用方、弃方、借方、施工方?

3.3 土石方调配的原则及要点是什么?

3.4 线法调配的方案有几种?如何确定合理的调配方案?

3.5 最大经济运距和实际运距如何确定?

3.6 路基施工前后应做好哪些准备工作?

3.7 路基放样有哪几种方法? 各适用于什么条件?

3.8 简述渐进法放边桩的步骤。

3.9 绘图说明不同填料时路堤填筑要求。

3.10 绘图说明桥涵缺口及桥台背后填筑要求。

3.11 简述路堤填筑前的基底处理要求。

3.12 填土路堤为什么要设预加沉落量? 预加沉落量的设置原则是什么?

3.13 填石、填土路堤施工有何要求?

3.14 土方机械生产率指什么? 如何计算?

3.15 推土机的适用范围是什么? 横向填筑路堤施工方法有哪些?

3.16 铲运机的适用范围是什么? 横向施工时有几种走行路线?

3.17 挖掘机、单斗装载机的适用范围是什么?

3.18 路基土石方施工机械有哪些?

3.19 填土路堤密实度及含水率控制标准及措施是什么?

3.20 路基施工中高和宽的允许误差是多少?

3.21 路基施工中方向、高度、宽度及边坡坡度在施工中如何控制?

3.22 某一设计路堤横断面,顶宽 $B=6.7\text{m}$,高 $h=8\text{m}$,边坡坡率为 1.5,属填土路堤,预留沉落量为 0.2m,求:

(1)路肩设计高程处的实际路基宽度是多大?

(2)当因顺坡困难只填筑沉落量为 0.12m 时的路基宽度应为多大?

3.23 某断面中心里程 K25+070 的渗水土路堑。已知路基面左宽 3.2m,右宽 2.7m,边坡设计坡度 1∶0.5;侧沟底宽 0.4m,深 0.6m,内侧坡度 1∶1;路肩设计高程302.20m。施工一段时间后,测得路基断面中心高程为 305.7m,收方(断面)记录如下:

$$\underset{\text{B}}{\frac{+1.5}{4.0}}\quad \underset{\text{C}}{\frac{-1.0}{3.0}}\quad \underset{\text{A}}{\text{DK25}+070}\quad \underset{\text{D}}{\frac{-0.5}{4.0}}\quad \underset{\text{E}}{\frac{+1.0}{3.5}}$$

步骤:(1)绘制草图。

(2)计算侧沟上口宽。

(3)计算各点路基宽度并确定刷坡厚度。

第四章　路基防护与加固建筑物施工

第一节　路 基 排 水

一　概述

地球上存在的自然水可分为两种情况，一是蓄积在地面上的叫地面水，如河水、海水、湖水、塘水等，它们均有不同程度的冲刷和侵袭作用。当其冲刷、侵袭路基时，路基将遭到不同程度的破坏。二是渗入地层中的叫地下水，如上层滞水、潜水、承压水等，它们亦有浸湿和剥蚀作用。当其在路基范围内活动时，可逐渐浸湿或剥蚀部分路基土体。一般黏性土及泥质岩石的强度随其湿度的增加而降低。当路基受水浸泡后，湿度增大、强度减小，在外力(列车载重或其他自然的或人为的)作用下，会发生严重变形。例如，水浸湿路基基床，将引起路基翻浆、冒泥、冻胀、鼓起等病害；水冲刷、侵袭、浸湿路基边坡土，将引起边坡崩塌、滑动等病害；水浸湿路基下部土或路基基底，将引起路基长期稳定。为保证其正常工作，必须使其经常处于干燥、坚固的状态之下，做好排水工程，排除危害路基的水。

路基排水，是排除路基本体及其附近的地面水或地下水，是修建排泄或拦截建筑物使地面水和地下水能顺畅流走以及疏干其土体或降低其水位。

路基排水要根据各个地区的实际条件统一规划，使各种排水建筑物适应地形、地质和水文的要求，合理布置，互相衔接和协调，构成一个完整的排水系统，迅速宣泄地面水和地下水，确保路基稳定。

路基排水设备的设计应与桥涵、隧道、车站等排水设备衔接配合，有足够的过水能力，并且应与水土保持和农田水利的综合利用相结合，同时还应遵守以下原则。

(1)设计前必须进行充分的调查研究，使排水系统的规划和设计做到正确合理。

(2)与线路平、纵断面设计密切配合，在线路勘测时，注意路基排水问题。在设计纵断面时要注意路基侧沟排水通畅，不致发生淤积及浸泡路基。

(3)要照顾农田灌溉的需要。设计线路时，应注意地区灌溉系统，尽量少占农田，并与水利规划和土地使用规划等相配合进行综合规划。一般情况下，不应利用边沟做农田灌溉用，不得已时，应采取加固措施以防水流危害路基。

(4)在不良地质地区，要结合地质构造、山体破碎情况、岩层深度等情况，进行单独排水系统设计；在枢纽站，由于场地宽广、地形平坦，汇水面积大、水源多，排水较困难，应结合该类站场设计，统一布置单独的排水设备，在不淤不冲的前提下，顺畅排走一切来源的水。

(5)排水设施的设计，应贯彻因地制宜、就地取材的原则，减少造价。要能迅速有效地排除“有害水”，以免影响路基的强度和稳定性，保证铁路运输的安全。

二 地面排水

排除地面水要将路基范围内所有地面水，尽可能循最短通路顺畅排至路基范围以外，防止其漫流或停积。在地质不良地段，还应防止其下渗，以免加重病害的发展。对山坡泉水湿地要进行引水疏干。要防止路基以外的地面水流入路基范围。

在细粒土地基中，为使路基经常处于干燥、坚固稳定的状态，必须及时修建好地表水排水设施，使地表水迅速排离路基范围，防止地表水停滞下渗和流动冲刷而降低路基的稳定。

(一)地面水对路基稳定性的影响

地表水渗入路基土体，会降低土的抗剪强度；地表水的流动可造成路基边坡面冲刷和坡脚冲刷；地表水渗入含易溶盐的土(如黄土)中会产生溶蚀作用形成陷穴；在气温下降时，地面水也常成为寒冷地区产生冻害的一个重要因素。由此说明了地表水对路基稳定性的严重危害。此外，地表水还给施工及运营造成许多困难和危害。

路基排除地表水的设施有：排水沟、侧沟、截水沟(天沟)、跌水、急流槽和缓流井等。

(二)地面排水设备

1. 侧沟

如图 4-1 所示，侧沟设置于路堑的路肩外侧，用以汇集、排除路堑边坡面及路基面范围内的地表水。在线路不挖不填地段亦需设置侧沟。

侧沟边坡一般应与线路纵坡相同，但在线路纵坡缓于 2‰的平缓地带，当排水出口无困难时，侧沟纵坡应建成 2‰，此时在路堑内的分水点处的侧沟深度可减为 0.2m；当排水出口高程受到限制时，侧沟纵坡亦不缓于 1‰。在较长隧道洞口路堑的反坡排水地段，其长度不宜过长，侧沟纵坡应与线路纵坡一致，并在反向变坡处或其附近开挖一道横向排水盲沟将水排出路堑；对较短隧道洞口路堑的反坡排水，可不开挖横向排水盲沟，在不影响隧道内水沟排水流量时，可将侧沟水引入隧道排出；对天沟水或山上水渠水，一般不准引入路堑侧沟，仅在无其他渠道可通时，需个别设计吊沟并加深或加宽侧沟排水。在填挖交界处侧沟的出口部分，应向山侧弯曲偏离路基排水，以防冲刷路堤，如图 4-2 所示。

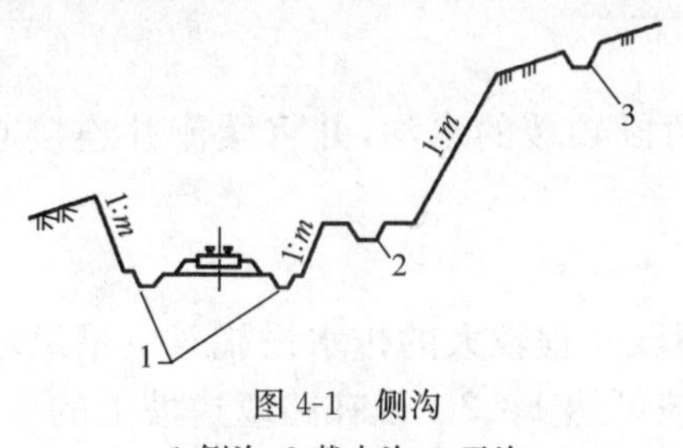

图 4-1 侧沟
1-侧沟；2-截水沟；3-天沟

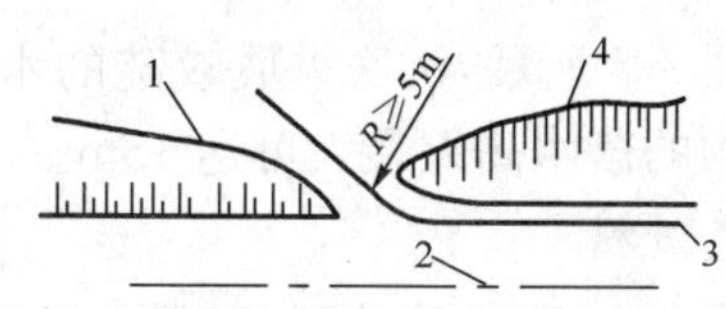

图 4-2 侧沟出口偏转
1-路堤坡脚线；2-线路中心线；3-侧沟；4-堑顶线

2. 天沟、截水沟

天沟位于堑顶边缘以上适当距离处，用以截排堑顶上方流向路堑的地表水。截水沟是用来辅助天沟的不足，设在天沟的上方，设置一道或几道，视天沟据上方分水岭距离而定。

一般情况下，天沟或截水沟的纵坡选择应尽可能适应水沟延伸方向的地形地势，使实际挖深约等于沟的需要深度，避免过深的挖方或较高的填堤。若山坡覆盖层不够稳定时，应将水沟底部放在较稳定底层内，沟的纵坡既不缓于 2‰，又不陡于所在地层的不冲流速的坡度。当沟的长度较长时,可采用自上游至下游逐渐增加陡度的纵坡,即每一下游坡段不缓于其上游坡度,但相邻坡段的坡度差不宜太大,使流速自上游至出口逐渐缓慢增加,从而使水流迅速地排出而不发生淤积。在水沟引入桥涵或天然沟谷处,应使沟底高程略高于桥涵入口或天然沟底的高程。

在陡于 1∶1 的山坡上,一般不设置天沟,但有时为导引两端山坡上天沟水流或拦截上方地面径流,亦常采用陡坡排水槽排水。设置此项排水槽时,其断面大小根据流量决定,并注意其稳定性及做好断面的加固工作。

3. 排水沟

排水沟位于路堤护道外侧,用以排出路堤范围内的地面水及截排自田野方面流向路堤的地面水。一般当地面横坡明显时设置于路堤上方一侧(图 4-3a),地面横坡不明显时,设置于路堤的两侧(图 4-3b),如当条件适宜时,可利用紧靠路堤护道外侧的取土坑,适当控制其断面及深度作为排水沟或排水通道。

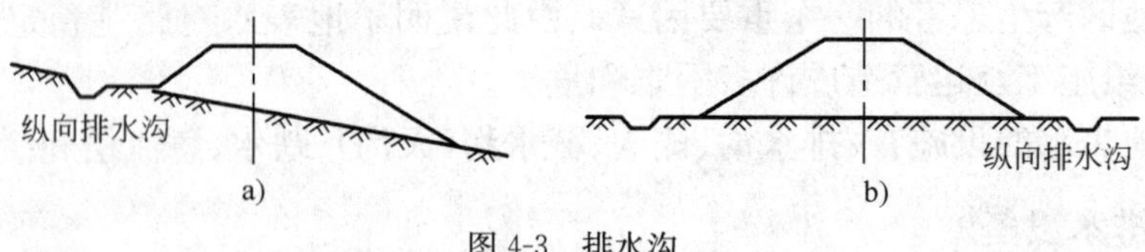

图 4-3　排水沟

排水沟纵坡、平面设计对出口的高程以及是否需要加固等注意事项,基本上与天沟或截水沟相同,但在平坦地带的出口高程受到限制时,其纵坡不缓于 1‰。

4. 矩形水槽

在土质或地质不良地段,水沟易于变形且不能保持稳定,以及受地形、地物或建筑限界的限制,不能设置占地较宽的梯形水沟时,均宜采用矩形水槽。例如位于潮湿松软土层或易发生病害地段的水沟,采用矩形水槽可以保持稳定并防止渗漏;又如个别设计较深的侧沟及位于横坡较陡的山坡上的天沟或截水沟,因受水沟顶宽控制,也宜采用矩形水槽。

5. 跌水

指主槽底部呈台阶状的急流槽,其构造有单级和多级两类,每级高差为 0.2～2.0m,利用台阶跌水消能。一般应作铺砌防护,如图 4-4 所示。

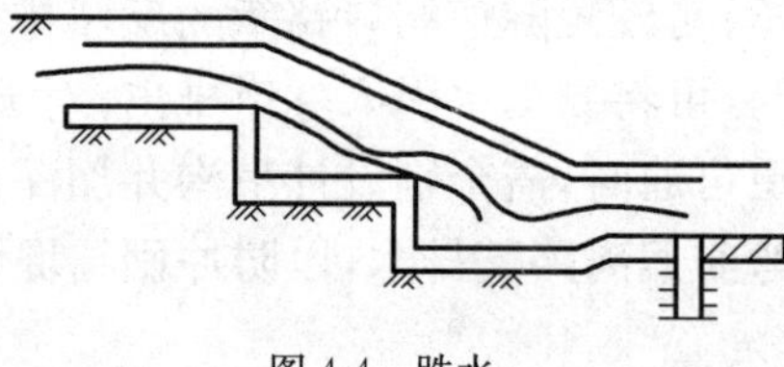

图 4-4　跌水

6. 缓流井

如图 4-5 所示,沟底纵坡较陡的水沟,可设计成两段较缓的水沟,并将缓流井连接起来。两段水沟的落水高差最大可达 15m。

7. 急流槽

如图 4-6 所示,用片石、混凝土材料支撑的衔接两段高程较大的排水设施。主槽纵坡大,水流急,出口设有消力池、消能槛等消能装置,沟底纵坡可达 1∶2。设在路堑边坡上的急流槽又称吊沟。

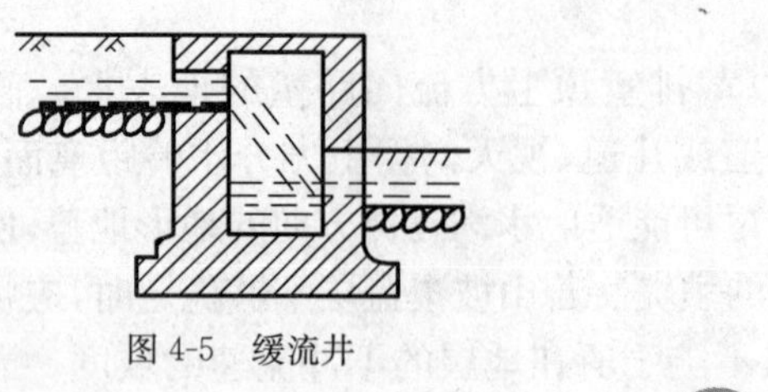

图 4-5　缓流井

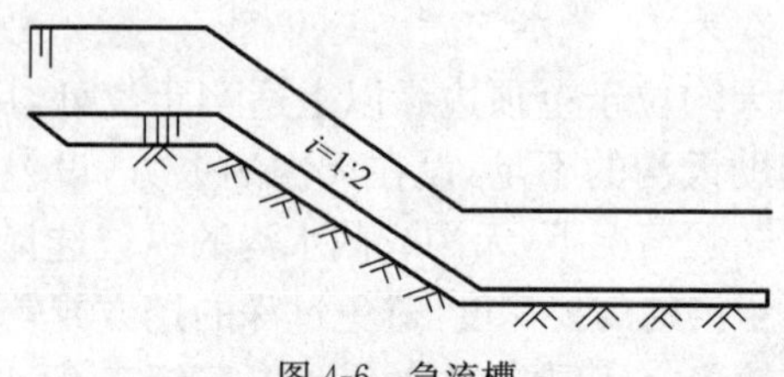

图 4-6　急流槽

排水沟、侧沟、天沟、边坡平台截水沟等各类排水沟的出口，应将水引排至路基以外，以防止水流冲刷路基。地面横坡明显的地段，排水沟、天沟可在上方一侧设置。若地面横坡不明显，宜在路基两侧设置。排水沟、侧沟、天沟的横断面，应有足够的过水能力。除需按流量计算外，可采用底宽0.4m，深度0.6m。干旱少雨地区或岩石路堑中，深度可减少至0.4m。位于反坡排水地段或小于2‰线路坡道的路堑侧沟，其分水点的沟深可减少至0.2m。边坡平台截水沟尺寸，可采用底宽0.4m，深度0.2～0.4m。需按流量设计的排水沟、侧沟、天沟，其横断面应按1/25洪水频率的流量进行计算，沟顶应高出设计水位0.2m。下列情况的排水沟、侧沟和天沟应采取防止冲刷或渗漏的加固措施，必要时可设置垫层：位于松软土层影响路基稳定的地段；流速较大，可能引起冲刷的地段；路堑内易产生基床病害地段的侧沟；有集中水流进入天沟、排水沟的地段。

路堑顶部无弃土堆时，天沟内边缘至堑顶距离不宜小于5m。当沟内进行加固防渗时，不应小于2m。地面排水设备的纵坡，不应小于2‰。地面平坦或反坡排水地段，在困难情况下，可减少至1‰。天沟原则上不应向路堑侧沟排水。当受地形限制需修建急流槽向侧沟排水时，应在急流槽进口处进行加固，出口处设置消能设备及防止水流冲刷道床的挡水墙。急流槽下游的侧沟应加大断面，应按1/50洪水频率流量确定。侧沟靠线路一侧边坡可采用1∶1，外侧边坡与路堑边坡相同。当有侧沟平台时，外侧边坡可采用1∶1，在砂类土中，两侧边坡可采用1∶1～1∶1.5。天沟、排水沟的边坡应根据土质及边坡高度确定，黏性土可采用1∶1～1∶1.5。在深长路堑和反坡排水困难的地段，宜增设桥涵建筑物，将侧沟水尽快引排至路基外。路堑侧沟的水流不得流经隧道排出。当排水困难且隧道长度小于300m，洞外路堑的水量较少，含泥量少时，经研究比较可经隧道引排。

(三)排除路基地面水设计的一般原则

排水设备的作用是排除路基本体范围内的地面水及自田野方向流向路基的水，并将水导引至铁路过水建筑物或自然沟渠中排走。由于汇水面积一般不大，流量不多，故除特殊情况外均不作个别水力计算，直接采用规范规定的断面尺寸和有关规定(纵坡和加固等)。

排水沟常采用梯形断面，如图4-7所示。根据需要，有时也可采用矩形断面。为避免水流冲刷或淤积，水沟纵坡最大不得超过8‰，最小不得小于2‰，困难地段不得小于1‰。水沟纵坡大于8‰的地段，应对水沟的沟身进行加固，防止冲刷破坏。在水沟纵坡变化段、水沟弯曲段尤应注意。

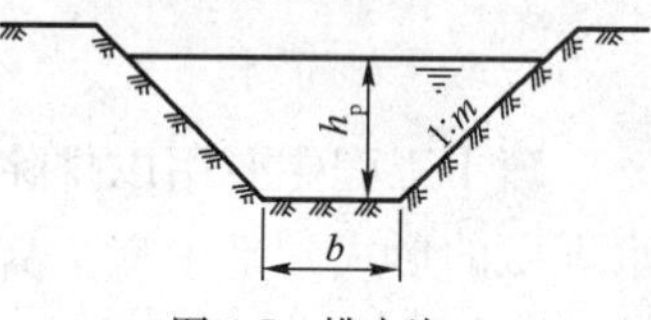

图4-7 排水沟

排水设计应首先做好排水规划，规划排水设施平面布置的原则是使地面水尽快通过水沟汇集排除，水沟应尽可能设在距路基本体较近位置，使流向路基的水和降落在路基内的雨雪水均可由此排出。水沟的长度应取短为宜，但如地形起伏，可按最大纵坡顺地形绕行。水沟的排水能力，在不允许漫溢的情况下(如路堑段的水沟、滑坡地区水沟)，若流量较大，应进行水力计算检算。

三 排降地下水

(一)地下水对路基稳定性的危害

在路基中，地下水对路基稳定性的危害是指在路基设计和施工中，由于地下水存在的形式和数量可使工程设计与施工产生一定的困难，因而应采取措施，使地下水的形式或数量改变，以确保路基的稳固和工程的实施。同样，对已修建成的路基，地下水的变化如果造成路基稳定性下降，也应采取必要的措施，将其变化调节到允许的限度内。例如，在饱和的软黏土地基上填筑路堤，当堤高形成的荷载大于地基的承载力时，就会造成一定的困难，如能使地基土排水固结，就可提高软土地基的强度，提高地基承载力并较少工后沉降。

在路堤堤身的稳定中，也常受到地下水的危害，如地下水位高，路堤填料为黏性土，在毛细作用下，水可升至路堤内，使填料含水率增大，强度下降；在严寒地区，水是路堤出现冻害的重要因素。在路堑地段，如果路堑开挖到地下水位以下，若路堑边坡土为细粒土，则边坡的稳定性可受到地下水渗出的动力水压影响；当堑体为破碎的岩块时，地下水从裂隙中或含水层中流出时，也会使原有的胶结物质及沉淀的碎屑被带出而使边坡失去稳定。

地下水的存在形式常可因其补给来源的变化而变化，它对路基稳固性的影响还可因各种其他因素的作用而不同。例如在路堤中，当路堤的填筑高度在地基承载力允许的范围内，若在堤底铺设渗水土垫层，则地下水的存在和变化对路堤的影响可以忽略不计，在路堑中也可作相似的分析。所以，关于地下水的降低与排除仅是指地下水的存在形式和数量可以对路基的稳固造成危害时而设置的一种重要的工程措施。在地下水对路基稳定造成危害时，降低和排除地下水常可取得良好的效果，所以应当十分重视。

（二）地下水的处理措施

处理地下水所采取的措施可归纳为：拦截地下水、疏干地下水、降低地下水及封闭地下水。

1. 拦截地下水

实践证明，采用隔断地下水补给来源，拦截地下水流，以疏干土体，是比较有效而彻底的办法。特别是修筑在滑坡体裂缝范围外的截水渗沟及截水隧洞，效果更为显著。

这类截水工程最适于设置在地下水埋藏不太深，在含水层下有不透水岩层，沟底直接置于不透水层内，把所流过的地下水流全部截断排除。

拦截地下水的建筑物有：截水明沟、槽沟、隧洞及截水渗沟等。

2. 疏干地下水

疏干工程主要用以排除山坡上层滞水而达到稳定边坡的作用。在滑坡或堆积体上，地下水埋藏的形式常是一窝一窝的水囊，并沿着地层内含碎石等透水性较强的地带流动，时而露出地表，时而渗入土中。在这些地方只有修筑各种疏干工程，把水引出，才能达到疏干土体及稳定边坡的目的。特别是在滑动面积大、土壤又松散的地区，单靠修筑拦截地下水工程往往不能完全解决问题，因此必须在滑动体内同时修筑疏干工程。

疏干设备与拦截设备的不同点是，它有更多的渗水面，没有隔水层。一般在地下水无压的地层内，渗沟做成三面进水，在地下水有承压的地层内，渗沟做成四面渗水（即沟两侧、底部及沟末端）。所有渗水面均应做滤层。

常用的疏干设备有：边坡渗沟、支撑渗沟、渗水隧洞、集水渗井、渗管等。

3. 降低地下水位

当地下水位很高时，由于土被水浸泡，可能引起土体坍滑或基底软化，造成翻浆、冻害、隆起等病害。通常采用降低地下水位的办法来处理。

常用的方法有：槽沟、渗沟（包括纵向渗沟及横向渗沟）、隧洞或带渗井及渗管的隧洞等。

4. 封闭地下水

当地下水位较高，或地下水具有承压性，使路基受到地下水的浸泡，在采取截水、疏干、降低地下水等措施均有困难或不经济时，可采用封闭措施处理地下水。

(三)路基地下水降低与排除的主要设备

地下水可大致分为承压水和无压水(如潜水、上层滞水)；又可据其存在环境分为裂隙水和孔隙水；在岩溶地区还有活动于溶洞、地下河等岩溶构造中的溶洞水；多年冻土地区的层上水、层间水和层下水等。降低路基地下水及排除地下水设备的选择，应根据不同类型的地下水及工程具体条件、要求确定。常用的降低和排除地下水的设备主要如下。

1. 明洞及排水槽

明洞是兼排地面水及地下水的排水设备。沟底一般应挖至不透水层(图 4-8a)。若不透水层太深，沟底置于透水层内(图 4-8b)，则沟底及水沟边坡应用不透水材料做护层，以免沟中水渗入土中。

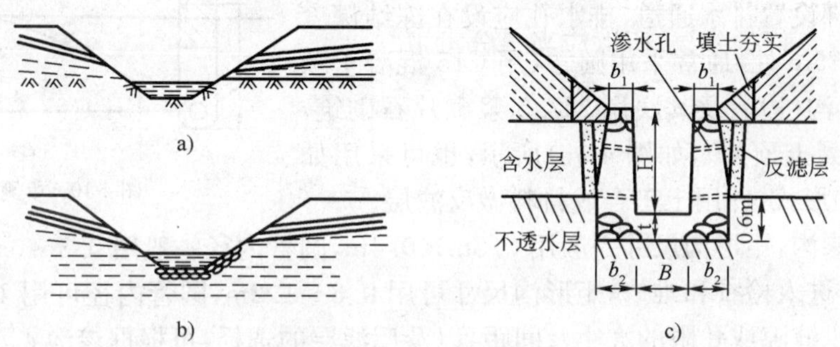

图 4-8 明洞及排水槽

a)沟底为不透水层的深水沟；b)沟底进入透水层的深水沟；c)排水槽

明沟通常采用梯形断面，底宽 0.4～1.0m，沟壁边坡按所在土层选用，并用厚约 0.3m 的 M5 浆砌片石铺砌。排水槽经常采用矩形断面，底宽 0.6～1.0m，用 M5 或 M7.5 浆砌片石砌筑。明沟和排水槽与含水土层相接触的沟壁上需设置向沟内倾斜的渗水孔或缝隙；沟壁与含水土层之间应设置反滤层；沿纵向每隔 10～15m 应设伸缩缝(兼沉降缝)一道。

2. 渗水暗沟

渗水暗沟又称盲沟，是一种地下排水设备，用于拦截、排除较深含水层的地下水，疏干滑体中的水或降低地下水位，通常采用明挖法施工。

渗水暗沟可分为有管渗沟和无管渗沟两种。埋设预制管节而成的渗沟称为有管渗沟；就地砌筑的矩形断面渗沟称为无管渗沟。深埋的渗沟为便于检查、修理，其断面应较大，便于工作人员进出。渗沟较长时还应每隔适当距离设置检查井。沟顶应回填夯实，以免地面水渗入。按渗沟作用和设置部位，又可分为截水和引水渗沟、无砂混凝土渗沟、边坡渗沟和支撑渗沟等。

1)截水和引水渗沟

截水和引水渗沟按其深度分为浅埋渗沟和深埋渗沟，浅埋渗沟深度一般为 2～6m，深埋渗沟的深度一般大于 6m。

浅埋渗沟可以引出低洼湿地、泉水出露地带和地下凹槽底层处的地下水，并使其循着最短通路排出，以疏干其附近土体中的水或降低地下水位。位于路堑侧沟下或侧沟旁的浅埋渗沟可以降低路堑范围内的地下水和疏干附近的土体，视需要布置在路基一侧或两侧，如图 4-9a）和图 4-10 所示。

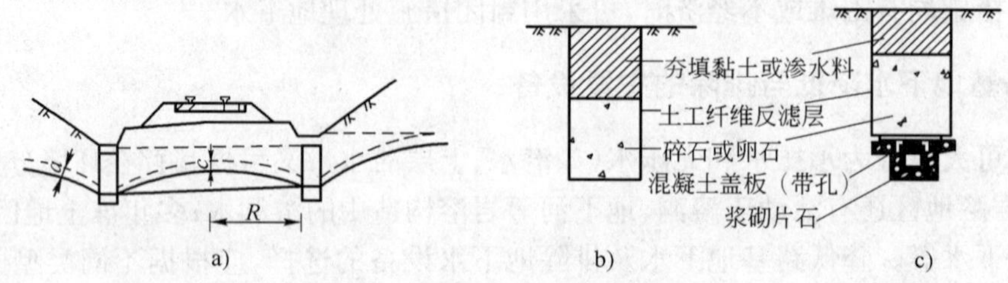

图 4-9 设置在侧沟下的渗沟

图 4-9a）中，c 表示两条渗沟之间地下水位降低的高度，按所要求降低地下水位的高度确定。

图 4-10 中，e 表示冻结面至毛细水上升曲面间的距离，可取 $e=0.25\sim0.5\text{m}$；a 表示毛细水上升的高度。

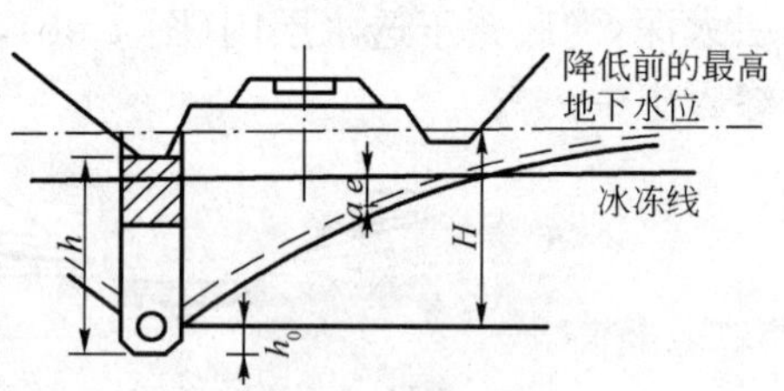

图 4-10 单侧渗沟

渗沟的底部设置排水通道，排水孔应设在冻结深度以下不小于 0.25m 处，通常采用圆管（用 C15 混凝土预制）或盖板矩形沟（边墙及其底用 M7.5 浆砌片石砌筑，盖板用 C15 混凝土预制），如图 4-9c）所示，也可采用如图 4-9b）所示的形式，并用土工合成材料做反滤层。

对于浅埋渗沟，矩形沟尺寸一般用 0.3m×0.4m，圆管内径一般用 0.3～0.5m。对于深埋渗沟，为了便于进入检查和维修，矩形沟尺寸可用 0.8～1.2m，圆管内径可用 1.0m，盖板上或圆管上所流进水缝隙或孔眼的大小及间距，以及反滤层的选择，可根据渗沟集水流量和所用填充材料的颗粒组成计算确定。

截水渗沟只需在渗流上游一侧沟壁进水，下游侧沟壁应不透水，可用黏土或浆砌片石做成隔渗层，如图 4-11 所示。截水的渗水暗沟的基底宜埋入隔水层内，且不小于 0.5m。

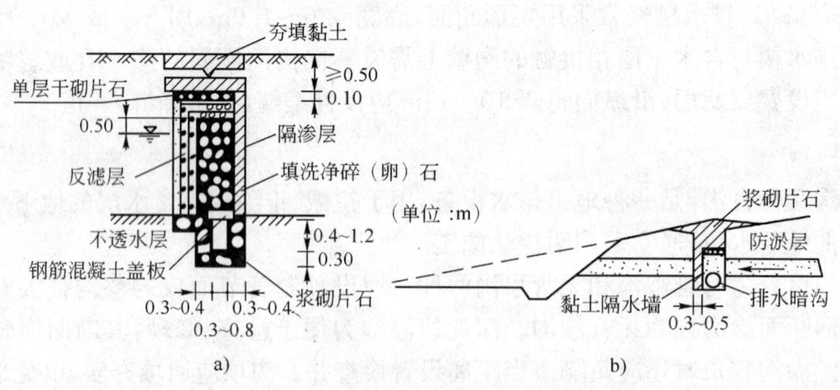

图 4-11 截水渗沟

渗沟顶部覆以单层干砌片石，表面用水泥砂浆勾缝，其上再用厚度大于 0.5m 的土夯填到与地面齐平。

渗水暗沟的渗水部分可采用砂、砾石、无砂混凝土、土工合成材料做反滤层。反滤层的层数、厚度和颗粒级配要求应根据坑壁土质和反滤层材料经计算确定。砂砾石应筛选清洗，其中小于 0.15mm 的颗粒含量不得大于 5%。

无砂混凝土块板反滤层的厚度可采用 10～20cm。当坑壁土质为黏性土或粉细砂时，在无砂混凝土块板外侧，应加设 10～15cm 厚的中粗砂或土工合成材料反滤层。

土工合成材料反滤层可采用无纺土工织物。当坑壁土质为黏性土或粉细砂时，可在土工织物与坑壁土之间增加增铺一层 10～15cm 厚的中砂。

渗水暗沟内应采用筛选洗净的卵石、碎石、砾石、粗砂或片石填充；倾斜式钻孔内应设置相应直径的渗水管，渗水管可选用带孔的 PVC、PP/PE 塑料管、钢管、软式透水管、无砂钢筋混凝土管或混凝土管等。

渗水暗沟每隔 30～50m，渗水隧洞每隔 120m 和在平面转折、纵坡变坡点等处，宜设置检查井。检查井的井壁应设置反滤层，检查井内应设检查梯，井口应设井盖。当深度大于 20m 时，应增设护栏等安全设备。

渗沟的出水口一般采用端墙，其下部留出与渗沟排水管孔径一致的排水孔。端墙基础应埋入当地冻结深度以下较坚实稳定的底层内。在端墙以外，应紧接一段有铺砌的排水沟，其长度由设计确定。

2)无砂混凝土渗沟

无砂混凝土渗沟由无砂混凝土壁板、钢筋混凝土横撑、钢筋混凝土盖板和普通混凝土基础等组成。无砂混凝土用水泥、粗集料(砾石或角砾)及水拌制而成。用无砂混凝土制作的各种圬工体均具有透水孔隙，在排水渗沟中用无砂混凝土做沟壁，以代替施工困难的反滤层和渗孔设备，具有透水性能和过渡能力好，施工简便及节省材料等优点。无砂混凝土具有一定的强度，可以省去渗沟内部的填充料，使用时应注意其所处的地层条件及制作工艺。无砂混凝土渗沟断面如图 4-12 所示。

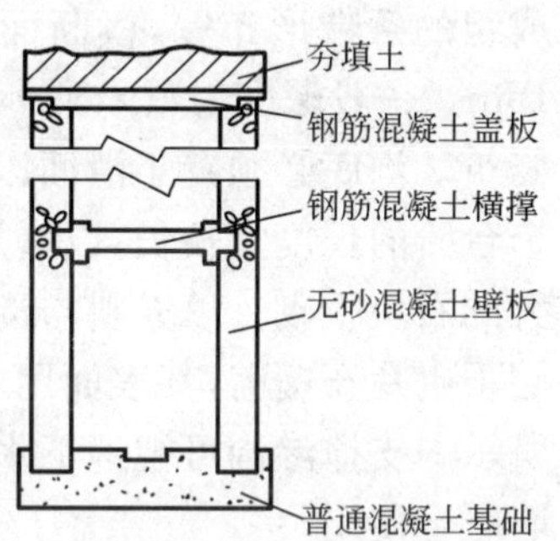

图 4-12 无砂混凝土渗沟

3)边坡渗沟

边坡渗沟用于疏干潮湿的边坡和引排边坡局部出露的上层滞水或泉水，并起支撑边坡的作用，适用于边坡不陡于 1∶1 的土质路堑边坡，也可用于加固潮湿地容易发生表土坍滑的土质路堑边坡。边坡渗沟的平面形状可做成条带形、分岔形和拱形等。对于较小范围的局部湿土或泉水出露处，宜采用条带形布置；对于较大范围的局部湿土，宜采用分岔形布置，如图 4-13a)所示。当边坡表土普遍潮湿时，宜用拱形与条带形相结合的布置，如图 4-13b)所示。一般其宽度为 1.3～1.5m。

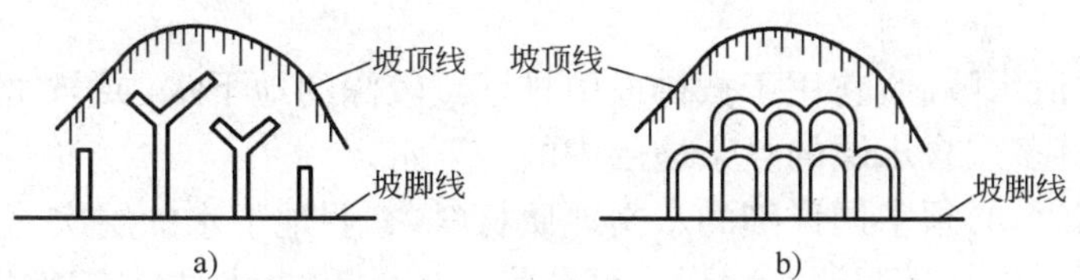

图 4-13 边坡渗沟的平面形状图

边坡渗沟应垂直嵌入边坡，渗沟基底埋置在边坡潮湿土层以下较干燥而稳定的土层内，按潮湿带的厚度做成具有 2%～4%泄水坡的阶梯形，边坡渗沟纵断面如图 4-14a)所示。

边坡渗沟横断面通常采用矩形(图 4-14b)，其宽度 b 不宜小于 1.2m。其外周设置反滤层，渗沟内用筛洗干净的小颗粒渗水材料填充。渗沟顶部一般用单层干砌片石覆盖，其表面大致与边坡平齐。必要时可在干砌片石表面用水泥砂浆勾缝。边坡渗沟下部的出水口，一般采用干砌片石垛，其作用是支挡渗沟内部的填充料并将渗沟集引的土中水或地下水排入路堑的侧沟或路堤排水沟内。

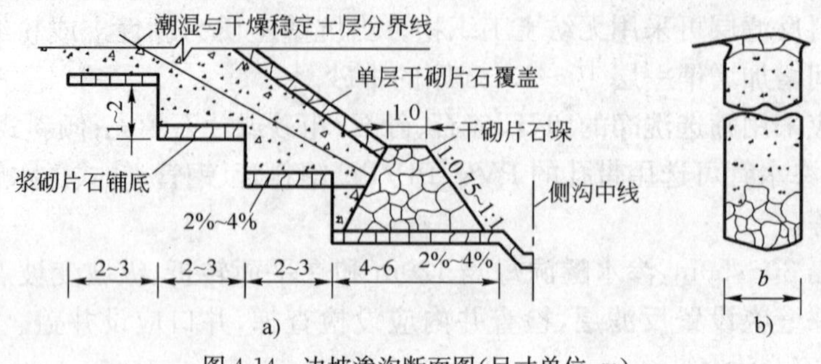

图 4-14 边坡渗沟断面图(尺寸单位:m)

a)纵面图；b)横断面

4)支撑渗沟

支撑渗沟主要起支撑作用，兼有排除地下水和疏干土壤中水的作用。支撑渗沟通常采用成组的条带形布置，横断面采用矩形，宽度一般为 2～3m，各条渗沟之间的距离一般为 8～15m。一般深度为数米到十几米，应布置在地下水露头和土壤中水发育的地方，并顺滑动方向修筑。沟底必须置于滑面以下的稳定土层或基岩内，可以顺滑面的形状做成阶梯形，最下面一个台阶的长度宜较长，以增加其抗滑能力，基底应铺砌防渗。支撑渗沟的填充部分宜用容重较大的石块干砌。填充料与沟壁之间可视沟壁土层的性质设置或不设反滤层。渗沟顶部可用单层干砌片石覆盖，其表面用水泥砂浆勾缝，以防止地面水流入。支撑渗沟的纵断面如图 4-15 所示。支撑渗沟可视地下水及土质条件布置成多种形式，支撑渗沟可单独使用，也可和抗滑挡墙联合使用。

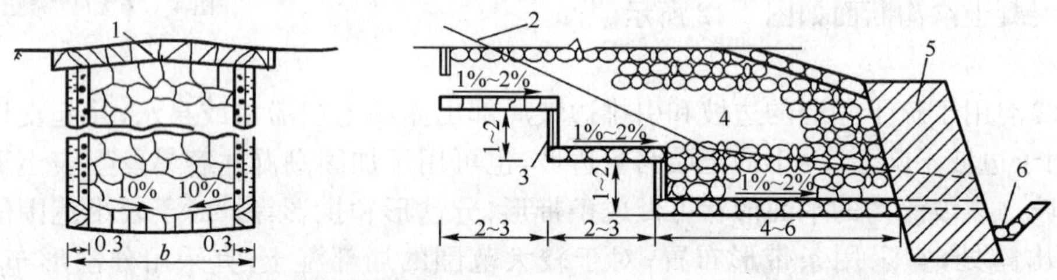

图 4-15 支撑渗沟纵断面图(尺寸单位:m)

1-单层干砌片石表面勾缝；2-表层滑动面线；3-反滤层；4-干砌片石；5-挡墙；6-侧沟；b-渗沟宽度

3.渗水隧道

渗水隧道又称泄水隧洞，它用于截排或引排埋藏较深的地下水，或与立式渗井(渗管)群配合使用，以排除具有多层含水层的复杂地层中的地下水。

设置渗水隧洞时，必须掌握详细的水文地质材料，查明地下水的层次、分布及流量，以便准确地定出隧洞位置。渗水隧洞的断面形式可分为直墙式和曲墙式。直墙式使用于裂隙岩层、破碎岩层及较密实的碎石类土层；曲墙式适用于松散的碎石类土层或有少量卵石、碎石的黏性土层。隧洞应埋入稳定地层内，在穿过不同的地层分界处时应设沉降缝。隧洞穿过路基时，按铁路拱涵考虑。隧洞出水口底部宜高出当地天然河沟的设计洪水位，高差不小于 0.5m，并至少高出洞门外铺砌的排水沟沟底 0.2m。隧洞断面及构造如图 4-16 所示。

渗水暗沟、渗水隧洞的横断面尺寸应根据埋置深度、施工和维修条件确定，结构尺寸应由计算确定。渗水暗沟和渗水隧洞的纵坡不宜小于 5‰，条件困难时亦不应小于 2‰。

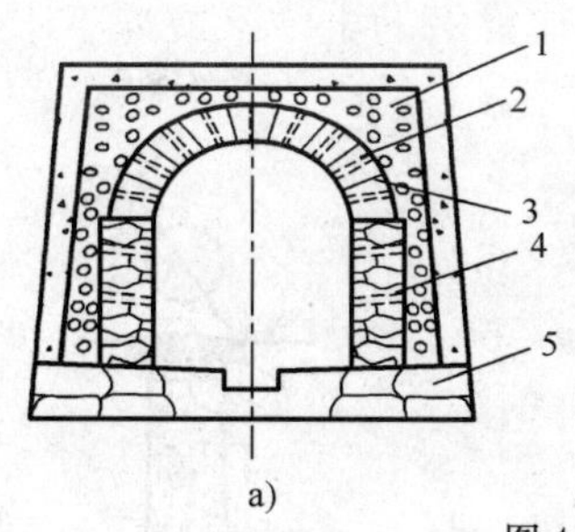

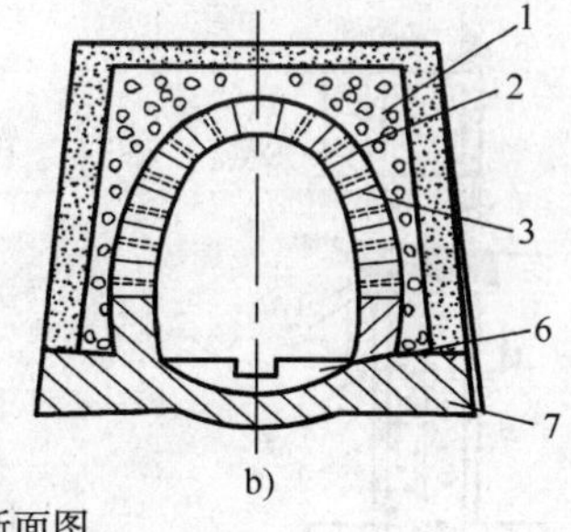

图 4-16　渗水隧洞断面图

a)直墙式；b)曲墙式

1-反滤层；2-C13 混凝土拱砖；3-M10 水泥砂浆灰缝 1cm；4-M10 浆砌片石边墙；5-M10 浆砌片石底板；6-C 混凝土；7-C13 混凝土

4. 平孔排水

平孔排水或称水平钻孔排水，是用平卧钻机向滑体含水层打倾斜角不大的平孔，然后在钻孔内插入带孔的钢管或塑料管，用以排除地下水而疏干土体。里面可布置成一层或多层。单层平孔布置如图 4-17 所示。平孔位置必须在地下水位以下，隔水层顶板之上，尽量扩大其渗水疏干范围。平孔的间距视含水层渗透系数和要求疏干水位程度而定，一般采用 5～15m 为宜。

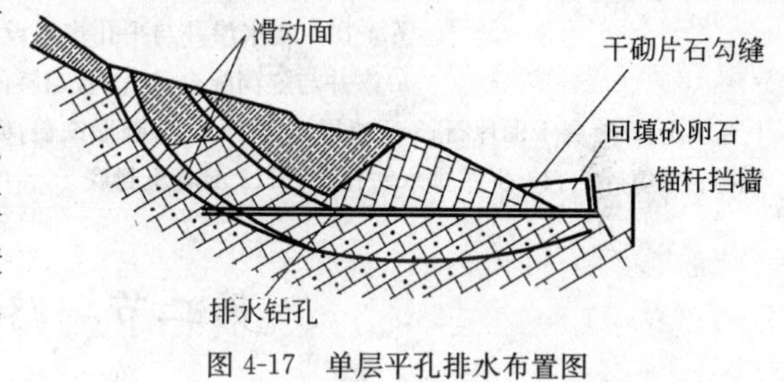

图 4-17　单层平孔排水布置图

5. 集水渗井

当滑体中地下水埋藏较深或有多个含水层时，可用大口径竖井(直径可达 3.5m)和水平钻孔或与渗水隧洞配合使用，以降低地下水和疏干其附近的土体，如图 4-18、图 4-19 所示。

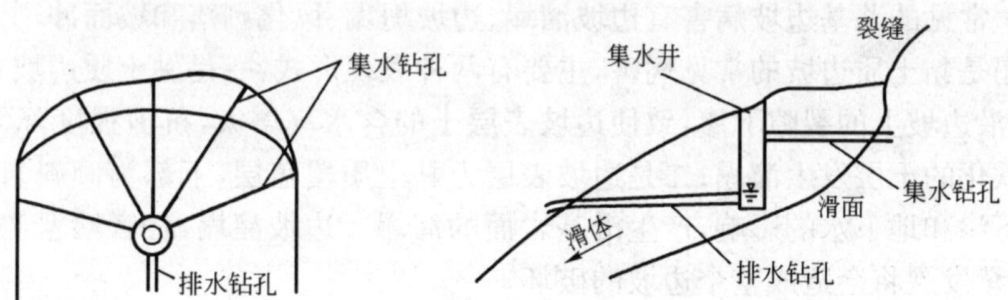

图 4-18　集水渗井

集水渗井或渗管的顶部应用隔渗材料覆盖，以防淤塞，圆形集水渗井也可采用无砂混凝土结构以代替设置反滤层和填充渗水材料。

地下各种排水渗沟、渗水隧洞及渗井等设备中，常用反滤层以防止含水地层中的细粒土被渗流带走，淤塞排除地下水设备。目前常用的反滤层有卵砾石(或砂)反滤层、无砂混凝土块板反滤层及土工织物反滤层。土工织物具有一定的强度、柔韧性和连续性，它是直接铺设在需要设置反滤层的地方，如支撑渗沟、边坡渗沟的两侧和基底台阶部分，使用时，可根据墙后土层的情况在路基手册中查得。

当地下平式排水建筑物(如深、浅埋渗沟或渗水隧洞等)延伸较长时，一般每隔一定距离设检查井一个，供维修人员下去对排水设施进行检查和维修。

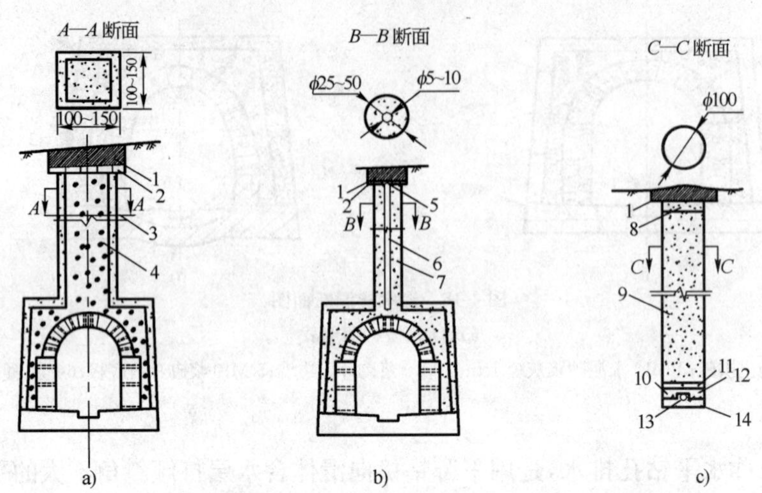

图 4-19 集水渗井与平孔排水设备的配合示意图(尺寸单位:m)

a)渗井与隧洞配合;b)渗管与隧洞配合;c)渗井与水平钻孔配合

1-夯填土;2-单层干砌片石;3-反滤层;4-填卵石;5-圆形铁盖;6-钢滤管;7-填卵石;8-填细砂;9-填粗砂;10-泄水盖板;11-填砾石;12-填碎石;13-平式排水钻孔;14-C13 混凝土封底

第二节 路 基 防 护

一 路基边坡病害

路基边坡由于裸露在自然中,除受到所处的地质及水文条件的影响外,还不断受到风化和雨水的冲刷破坏以及人类活动的影响,因而往往会出现不同程度的边坡变形,进而发展成严重的路基病害。常见的路基边坡病害有边坡溜塌、边坡坍塌、风化剥落和坡面冲刷 4 种类型。

边坡溜塌是黏土质边坡的常见病害,主要有两种表现形式:一是黏土质边坡在长期阴雨和暴雨后,雨水沿边坡上的裂隙下渗,致使边坡表层土的含水率增大,抗剪强度降低,失去稳定,沿着下部未软化的土层发生溜塌;二是边坡表层为黏土质覆盖层,下部为倾斜岩层,表层的黏土受地表水下渗和地下水的影响,产生沿基岩面的溜塌。边坡溜塌,轻者堵塞侧沟,重者掩埋线路,病害继续发展将会造成整个边坡的破坏。

边坡坍塌常发生于边坡坡度陡于天然休止角的节理发育、岩层破坏、风化严重的石质路堑或土质路堑。这种病害发展过程时间较长,开始在堑顶附近出现裂纹,并缓慢地逐渐扩大,当扩大到一定程度时,在坡面水或地下水等自然因素以及列车振动等的配合下,突然顺边坡坍塌下来。在大坍塌之前,常有小的局部坍塌发生。每次坍塌都不按固定的面移动,但坍塌体的下缘均在临空面以上,一直坍塌到边坡坡度接近岩层或土层的休止角为止。由于这种变形具有突然大量塌落的性质,常易造成行车事故。

风化剥落是指整个边坡比较稳定,但边坡表层由于风化作用,边坡表面的土层或岩层从坡面上剥离下来的变形现象。风化剥落常发生于易风化的岩质边坡、黄土路堑边坡的空面下部或软硬互层的软硬层。这种病害,初期对行车影响不大,仅增加路基的养护维修工作量,但继续发展将会影响边坡的稳定。

较高的土质边坡和风化严重的石质边坡,在地面水冲刷作用下会形成冲沟、冲坑,边坡下部尤为严重。它不仅破坏了坡面的完整，暴雨时还往往堵塞侧沟，形成泥流漫道并影响边坡。

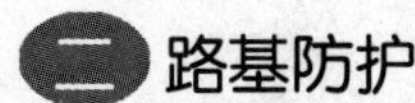

二 路基防护

(一)路基坡面防护

为防止路基坡面病害的形成和发展，对较严重的坡面病害应立即整治，对具有一般坡面变形及有可能发生坡面变形的边坡，如容易风化和易受雨水冲刷的石质和土质边坡及严重破碎的岩层边坡，应及时、及早地加以防护。

路基坡面防护的作用在于加固坡面，防止和减轻坡面径流和风化的破坏，以达到稳定坡面的目的。常见的坡面防护有以下类型。

1. 植物防护

植物防护是指直接在路基边坡上种草、树或铺种草皮来防护边坡的方法。边坡上的植被能固结土壤，调节土的湿度，防止裂隙产生和风化剥落，减缓地表水的冲刷。植被防护适用于不陡于1∶1(种草时不陡于1∶1.25)，边坡土壤和当地气候适宜植物生长的地区。

采用种草防护时，应选用根系发达，生长力强，适应当地气候、土质的草种。当边坡土质不适宜种草时，可在边坡上铺一层种植土(厚 5～10cm)。种草成活后，可抵御流速为 0.4～0.6m/s的冲刷作用。种草时草籽应均匀分布，一般应在春季、秋季播种，播种后应加强管理。

铺种草皮的作用及适用条件与种草相同，但抵抗冲刷的能力更强一些，可抵御 1.8m/s 的冲刷作用。铺设前应先平整坡面，铺设时要紧贴边坡拍平，错缝铺种。在旱季铺种草皮后应经常洒水，使坡面湿润。此外为保证成活率，草皮应随采随用。

植树以灌木为好，应选择根系发达易于成活的树种栽种，如紫穗槐，除保护边坡外，还有很大的经济价值。一般按梅花形布置，当边坡上有不利于灌木生长的砂石类土时，应在栽种的坑内填种植土。植树与种草也可配合进行。

2. 抹面

对于不宜采用植物防护的边坡，如炭质页岩或浅变质的泥岩等易风化的岩质边坡，可采用抹面、喷浆、勾缝、灌浆、喷射混凝土等方法，一方面防止坡面水流的洗蚀，另一方面防止风化剥落。

抹面是将二合土(石灰、炉渣)、三合土(水泥、石灰、炉渣)或水泥砂浆均匀地摊在路基边坡上，经压实、提浆、抹光后形成的一种防护层。它适用于各种易风化但尚未严重风化的岩石边坡，其坡度不限，但要求无地下水且坡面干燥，如图 4-20 所示。

在对坡面进行抹面施工时应注意以下几个方面：

(1)抹面前应清除坡面风化岩及松动石块、浮土、杂草，并凿毛坡面。

(2)若边坡上有个别地下水露头，应采用措施引排，切忌堵塞。

(3)如果边坡较陡，应将坡面挖出承托灰泥的平台。

(4)抹面周围均需凿槽，防止地表水渗入基岩，造成膨胀，破坏抹面。

(5)在大面积坡面上做抹面时，每 15～20m 长设伸缩缝一条，内填沥青麻筋。抹面厚 3～7cm，由于抹面容易开裂脱落，应经常检查维修，发现裂纹或脱落要及时灌浆修补，一般使用期限为 6～8 年。

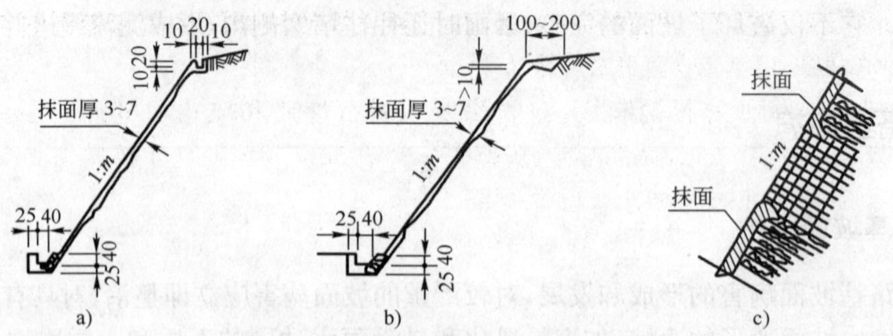

图 4-20　抹面护坡示意图(尺寸单位:cm)

a)堑顶截水沟;b)顶部凿槽式嵌入;c)软硬岩石衔接处抹面嵌入

抹面是将四合土、三合土分层铺在立于坡面上的模板内进行捶实,再经提浆、抹光后形成的一种坡面防护层。它适用于比较干燥的易受冲刷的土质边坡和易风化剥落的岩石边坡,其坡度不宜陡于 1∶0.5。

捶面通常采用等截面厚,一般厚度为 10～15cm,当边坡高时可采用上薄下厚的变截面形式。防止坡面渗水,保持坡面干燥是延长捶面寿命的重要措施,其施工注意事项与抹面相同。一般使用寿命为 10～15 年。

3. 喷浆

对坚硬易风化,但尚未严重风化的岩石边坡,为防止进一步风化,可在坡面上喷射一层水泥砂浆,形成保护层。喷浆可用于高而陡的边坡,但所防护的坡面必须干燥和坚硬,地下水发育或成岩作用差的泥岩边坡不宜使用。

喷浆防护施工中应注意下列几点:

(1)喷浆前应清刷坡面不稳定的土、石,清扫碎屑、浮土和杂物。

(2)喷浆的次数及厚度应根据山体风化、表面破碎情况而定,一般喷 2～3 次,厚度 1～3cm。

(3)喷射要周到均匀,喷后 2～3h 要进行养生。

(4)边坡顶部和周围要注意封闭,防止水渗入。

4. 锚杆铁丝网喷浆及锚杆铁丝网喷射混凝土

当坡面岩石已遭严重风化,岩石破碎时,可采用锚杆铁丝网喷浆或喷射混凝土,使坡面一定深度内的岩石得到加固并承受松散岩体产生的侧压力。

锚杆铁丝网喷浆或喷射混凝土防护如图 4-21 所示。首先在坡面上锚固锚杆,焊上预制好

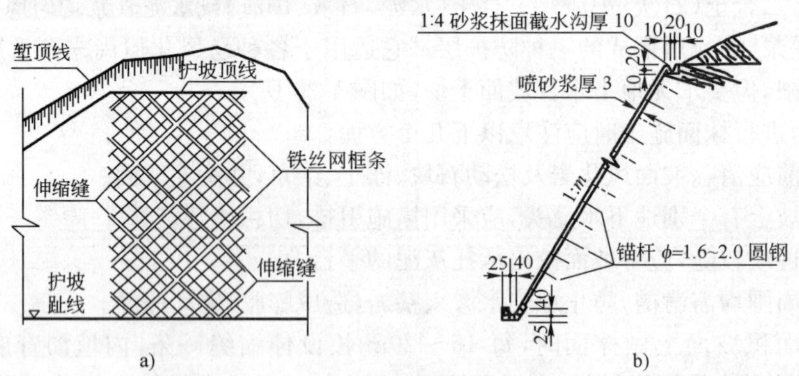

图 4-21　锚杆铁丝网喷浆示意图(尺寸单位:cm)

a)正视图;b)横断面图

的带铁丝网的框架，再把各框架捆绑在一起，并用预制好的铁丝网补满未铺网的空白区，使砂浆或混凝土、锚杆铁丝网与坡面形成一个整体。

锚杆用 ϕ16～20mm 的圆钢制成，锚固深度视岩石性质和风化程度而定，一般为 0.5～1.0m。喷浆厚度不少于 3cm，喷混凝土的厚度不少于 5cm。喷射厚度要均匀，注意勿使铁丝网及锚杆外露，其他施工技术要求与喷浆相同。

5. 灌浆勾缝

灌浆是将较稀的水泥砂浆或混凝土灌入较坚硬的、裂缝较大较深的岩石路堑边坡，借助砂浆或混凝土的黏聚力把裂开的岩石黏结成一个整体，从而防止岩石进一步风化。勾缝是用较稠的砂浆填塞岩石的细小裂缝，它适用于较坚硬、不易风化的、节理多而细的岩石路堑边坡。灌浆和勾缝还可用于修补原有圬工裂缝。

6. 干砌片石护坡

当边坡为缓于 1∶1.25 的土质或土夹石边坡，受地表水冲刷产生冲沟或坡面经常有少量地下水渗出而产生小型溜塌等病害时，可采用干砌片石护坡。

干砌片石护坡一般采用单层栽砌，厚度约 0.3m。当边坡为粉土质土、松散砂或黏砂土等易冲蚀的土时，片石下设厚度不少于 0.1m 的碎石或砂砾垫层。

护坡应砌过边坡坡顶不少于 0.5m，基础应选用较大的石块砌筑，并埋至侧沟沟底以下，基础埋深和顶面宽度均不应小于 0.5m。当基础与侧沟相连时，应采用 M5 浆砌片石砌筑。

7. 浆砌片石护坡

在缓于 1∶1 的各类岩石和土质边坡上，因风化剥落，地表水冲刷而发生泥流、冲沟和边坡溜塌时，可采用浆砌片石护坡。

护坡采用 M5 浆砌片石，其厚度视边坡坡度及高度而定，一般为 0.3～0.5m。高边坡的浆砌片石护坡宜分级设置，每级高度不大于 20m，各级之间设宽度不小于 1m 的平台。当护坡面积较大且边坡较陡或坡面变形严重时，为保证护坡本身的稳定，可采用肋式护坡。

浆砌片石护坡上应设泄水孔。泄水孔间距 2～3m，孔径 10cm，上下左右交错布置。土质边坡泄水孔后面，在 0.5m×0.5m 范围内设置反滤层。每 10～20m 设伸缩缝一道，缝宽 2cm，内填沥青麻筋或沥青木板。为方便检查和维修，大面积的护坡上还应在适当位置设置宽 0.6m 的踏步，如图 4-22 所示。

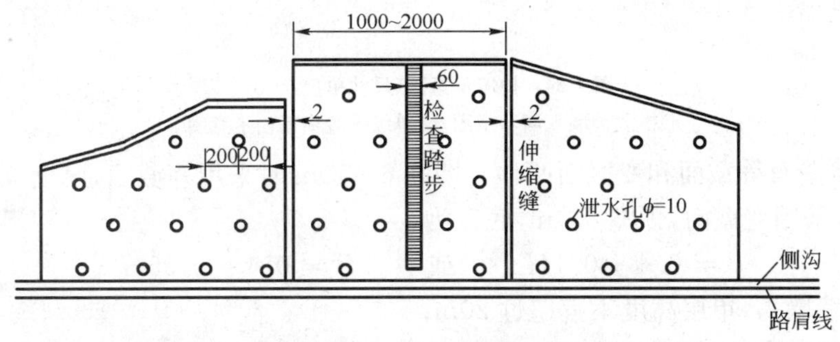

图 4-22 浆砌片石护坡示意图(尺寸单位:cm)

8. 浆砌片石骨架护坡

在易受冲刷的土质边坡和风化较严重的岩石边坡上，当坡面缓于 1∶0.5，且边坡潮湿、坡

第四章 路基防护与加固建筑物施工

面溜坍及冲刷较严重，单纯使用草皮护坡或捶面护坡易被冲毁脱落时，可采用 M5 浆砌片石骨架护坡，骨架内可采用草皮或捶面护坡，也可在骨架内栽砌卵石。

浆砌片石骨架的常用结构形式有方格形、人字形、拱形(图 4-23)等。

各类骨架的厚度和嵌入坡面的深度视边坡岩性和草皮、捶面厚度而定，通常厚 0.4～0.5m，嵌入边坡 0.3～0.4m，骨架顶面与骨架内护坡平齐。

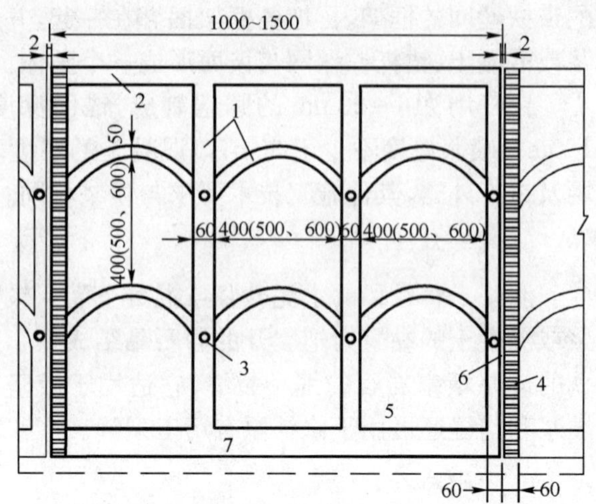

图 4-23 浆砌片石拱形骨架结构图(尺寸单位：cm)

1-浆砌片石骨架；2-镶边；3-泄水孔；4-踏步；5-草皮；6-伸缩缝；7-侧沟流水

9. 护墙

对于各类土质边坡及易风化剥落的岩石边坡，为防治较严重的坡面变形，或堑顶上有局部探头危石需做支顶时，可修筑浆砌片石护墙。

护墙适用于不陡于 1∶0.3 的堑坡防护。护墙有实体护墙、窗式护墙、拱式护墙等多种形式，分别根据不同的边坡高度、坡度及岩层破碎情况来确定。当边坡为土质或破碎岩石时，可采用实体护墙；当边坡不陡于 1∶0.75 时，为节省圬工，可采用窗式护墙；当边坡下部岩层较完整，仅需防护上部边坡时，可采用拱式护墙，如图 4-24 所示。

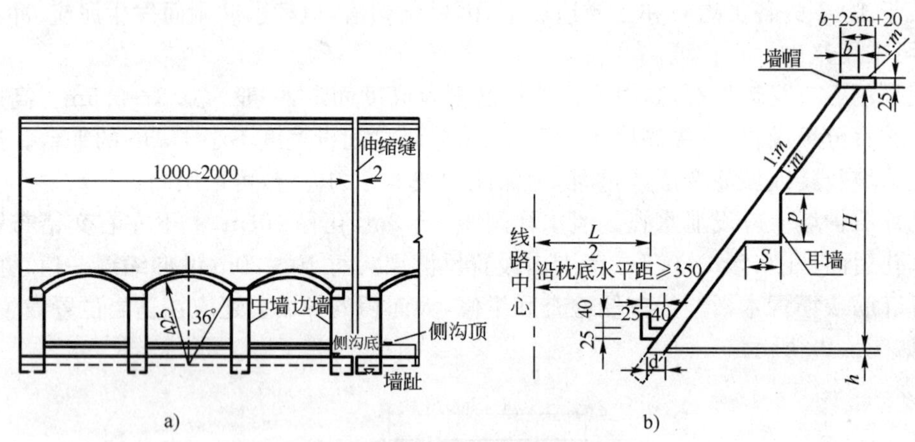

图 4-24 护墙示意图(尺寸单位：cm)

a)拱式护墙立面示意图；b)单级护墙横断面示意图

实体护墙墙壁有等截面和变截面两种。墙高 6～10m 时采用等截面，厚度 0.4～0.5m；墙高超过 10m 时，采用变截面，顶宽 0.4m，底宽为

$$B = 0.4 + 0.1H \quad 或 \quad B = 0.4 + 0.05H \tag{4-1}$$

式中：H——护墙墙高，单层高度不宜超过 20m；

B——护墙底宽，一般当边坡陡于 1∶0.5 时，采用 $0.1H$；边坡为 1∶0.5～1∶0.75 时，采用 $0.05H$。

各类护墙应符合下列要求：

(1)除拱式护墙的拱圈需采用 C15 混凝土或 M10 浆砌片石外，其余各类护墙均采用 M5

浆砌片石砌筑，严寒地区应适当提高圬工标号。

(2)若为土质地基，护墙基础应埋入冻结线以下，并要求基础埋于路肩下，且不少于1.0m。

(3)为增加护墙的稳定性，当其高度超过8m时，应于墙背中部设耳墙一道；高度超过13m时，设耳墙两道，间距4～6m。耳墙宽度，当墙背坡陡于1∶0.5时，为0.5m；墙背坡缓于1∶0.5时，为1.0m。

(4)墙顶设置厚25cm的墙帽，并嵌入边坡20cm，以防雨水灌入。

(5)双级或多级护墙的上、下墙之间应设宽度不小于1.0m并带流水坡的平台。

(6)每隔10～20m设伸缩缝一道，不同地层交界处设沉降缝。

(7)护墙设孔径10cm的泄水孔，孔距2～3m并呈梅花形布置，泄水孔后设反滤层。

(8)护墙高度等于或大于6m时，墙面应设检查梯。多级护墙还需在上下检查梯的错台设置安全栏杆。

(9)护墙背与边缘紧贴。施工前清除松土，破面凹陷部分用与墙体同高程上浆砌片石嵌补。

10. 顶撑与嵌补

当路堑上部有探头危岩，下部有条件设置基础时，可在危岩下设置浆砌片石支顶墙；若上坡陡峻，无法用浆砌片石支顶，又不宜采用刷方清除，而危岩坚硬、节理较少时，则可用钢轨或钢筋混凝土柱、浆砌片石柱支撑。

当边坡上的凹陷较深，且凹陷上部有突出的危岩时，可将较深凹陷表面的风化层凿除，并在内部以浆砌片石或混凝土嵌补处理。

(二)坡面防护的选用及其基本技术要求

在选用坡面防护类型时，如果当地的气候和土壤条件适宜草木生长且边坡较缓，宜优先采用植物防护；无此条件时，则应根据边坡上土(或岩石)的性质、边坡坡度和高度，结合就地就近取材的原则，选用其他适合的防护类型。

对于稳定性不足的边坡，则应采取清刷、支挡等措施，使之达到稳定状态。

各种坡面防护均应满足以下基本要求：

(1)下部基础要牢固可靠，并与护面本体很好地衔接。

(2)顶部及两侧边缘要妥善处理，适当嵌入边坡内，并修整得与破面平齐，防止雨水从裂隙渗入。

(3)破面本体要紧贴边坡，背后不留空隙。

(4)整个破面要按照材料的伸缩性质、边坡的地质情况设伸缩缝和沉降缝。

(5)要设法引出边坡内的地下水，边坡外要有完整的地面排水系统。

(6)高而陡的防护结构应有便于维修、检查的安全设施。

三 路基冲刷防护

路基冲刷防护，是为防止路堤边坡和路基下各种岸壁所受水流方向、水流速度大小和波浪袭击的高低与流水冲击的大小修建不同类型的建筑物。

常见的路基冲刷防护方法有直接防护、间接防护和改河三类。这三类方法常综合使用，以期达到较好的防护效果。各类冲刷防护建筑物一般均应满足以下基本要求：

(1)应有足够的稳固性。

(2)防护范围应包括所有可能被水流冲刷和波浪作用的地段,并按其受影响的程度给予不同的处理。

(3)必须加强基础处理,以防止由于水流的淘蚀而使基础外露,影响建筑的稳定。

(4)防护高度应保证被防护的路基不致受到水流和波浪的侵袭。

(一)直接防护

直接防护是直接对路基边坡进行加固,以抵抗水流的冲刷和淘蚀。它适用于水流流速不大,流向与河岸基本平行,水流破坏作用较弱或由于地形、地质条件受限制不得不采用直接防护的地段。其特点是对原来水流的干扰小,对防护地段的上下游及其对岸影响小。但由于这类建筑物直接修在受冲河岸或路堤边坡上,一旦破坏,将直接威胁铁路安全,因而必须具有足够的稳固性。

常见直接防护有以下几种类型。

1. 植物防护

植物防护是指直接在边坡上铺草皮或种植防护林、挂柳。它适用于水流流向与线路大致平行,边坡不受主流冲刷且适宜于植物生长的地段,其容许流速为1.2~1.8m/s。草皮护坡一般采用台阶式或竖直式的叠砌方法,如图4-25所示。浅滩地段一般种植防水林、挂柳。

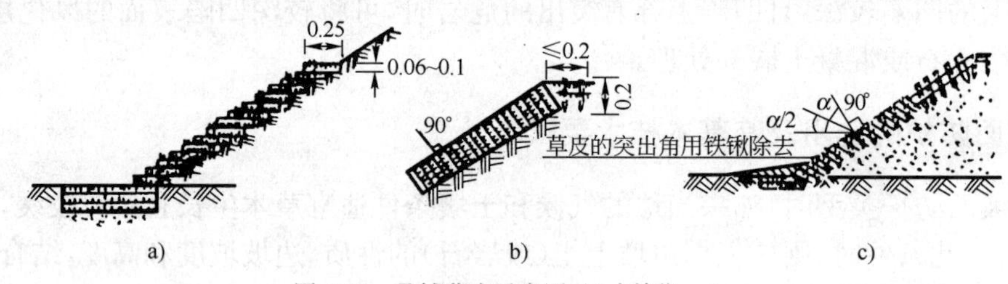

图4-25 叠铺草皮示意图(尺寸单位:m)

a)水平层式;b)垂直于边坡式;c)与水平成$\alpha/2$角式

2. 干砌片石护坡

干砌片石护坡适用于水流比较平顺的流岸滩地边缘,不受主流冲刷的周期性浸水的路堤以及波浪作用不太强烈的水库边岸防护。干砌片石护坡的容许流速为2~3m/s,容许浪高在1m以内。因其抵抗力较差,在有流水、滚石及有漂浮物的河段,一般不宜采用。

干砌片石护坡通常采用等厚截面。单层干砌片石时厚约30cm;双层干砌时,上层用较大石块,厚25~35cm,下层厚约25cm。边坡为砂类土时,在护坡和边坡间铺设砂砾垫层。边坡为黏性土时,垫层下尚需铺设10cm的杂粒砂。

护坡基础应埋置于最大冲刷深度下。当冲刷深度小于1.0m时,可采用墁石铺砌基础,如图4-26所示。冲刷深度大于1.0m时,宜采用浆砌片石脚墙基础,埋深宜在冲刷深度下0.5~1.0m,并置于冻结深度下不少于0.25m,墙体在非寒冷地区用M7.5浆砌片石砌筑,严寒地区用M10浆砌片石砌筑。

3. 浆砌片石护坡

浆砌片石护坡除可用于周期性浸水的路基边坡防护外,还适用于经常浸水的、受主流冲刷或受强烈波浪作用或有封冰、流水的路基边坡以及河岸和水库边岸的防护,其容许流速一般为

4～8m/s,容许浪高不大于1.5m。

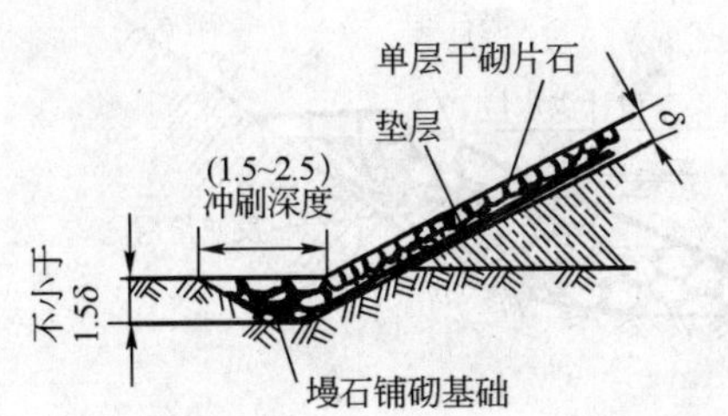

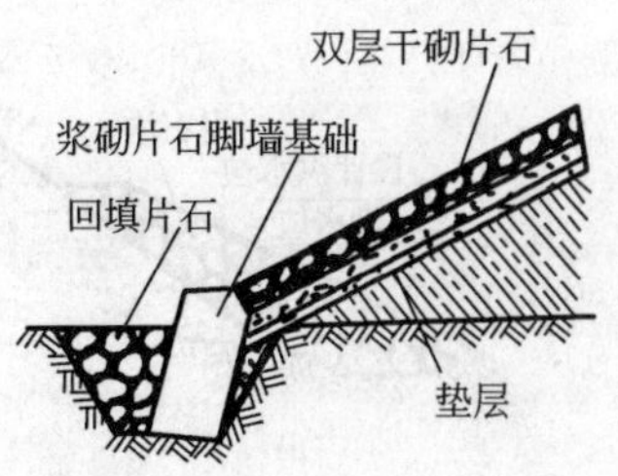

图4-26　干砌片石护坡示意图

护坡通常采用等截面厚,厚度不小于35cm。当流速较大或波浪作用十分强烈时,厚度可达60cm,并采用双层砌筑。护坡在非严寒地区用M7.5浆砌片石砌筑,在严寒地区用M10浆砌片石砌筑。对可能发生冻结变形的土层边坡,必须设置垫层。当护坡较厚时,可采用15～25cm厚的级配砂砾卵石垫层,或采用由10cm厚的粗中砂和15cm厚的卵砾石组成的垫层;当护坡较薄时,可采用10～15cm厚的级配砂砾卵石垫层。

护坡沿纵向每10～15m设伸缩缝一道,缝宽2cm,用沥青麻筋或沥青木板填塞。为排泄护面层背后可能的积水,一般在护坡的中下部设交错排列的泄水孔,孔径10cm,间距2～3m,呈梅花形交错设置,孔后设反滤层。

护坡基础多用脚墙形式。当冲刷深度在3.5m以内时,基础一般直接埋置在冲刷深度线以下0.5～1.0m,并使其底面低于河槽最深处。当冲刷深度更深时,基础可埋置在冲刷深度线以上,但需在基础脚前采取适当的平面防淘措施,如图4-27所示。

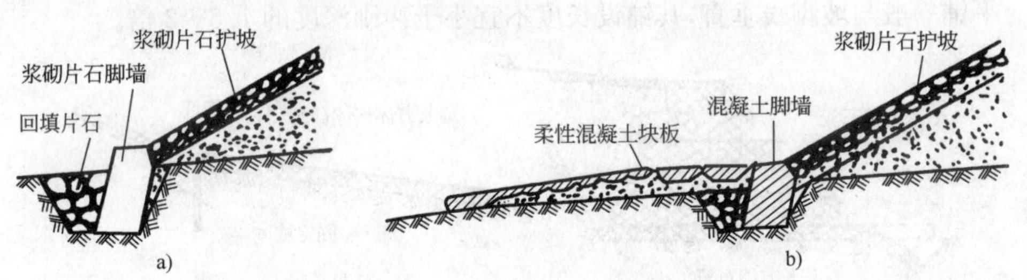

图4-27　浆砌片石护坡示意图

a)基础脚墙埋设在冲刷深度线以下;b)柔性混凝土块板防护基础

4.混凝土板护坡

混凝土板护坡用C13～C18混凝土预制成边长不少于1.0m,厚度为8～20cm的板块,并配置一定数量的构造钢筋,如图4-28所示,用来代替浆砌片石砌筑成混凝土板护坡,其适用范围与浆砌片石护坡相同。

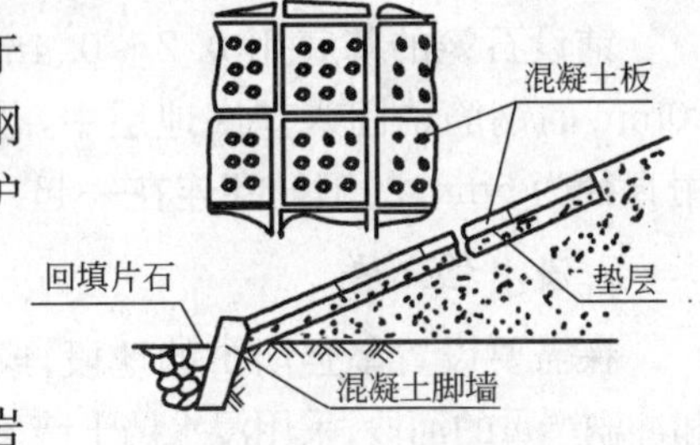

图4-28　混凝土板护坡示意图

5.抛石防护

抛石防护是选用一定粒径的坚硬、耐冻、不易风化的岩石,按照一定的断面形式抛掷或堆砌于路基边坡、坡脚或河床内,用以防止路基或岸坡冲刷的建筑物。它适用于水流方向稳定、无严重局部冲刷且河床地层承载力较高的路基边坡下部及河岸的防护。此外,它还常用做水库边岸和海岸的防浪建筑物和防洪抢险的临时加固工程。其容许流速由抛投石块的粒径而定,一般不宜超过3m/s。

抛石防护护坡坡度一般为1∶1.5～1∶3.5,抛石厚度不得小于石块粒径的2倍。既有路基抛石防护如图 4-29 所示。

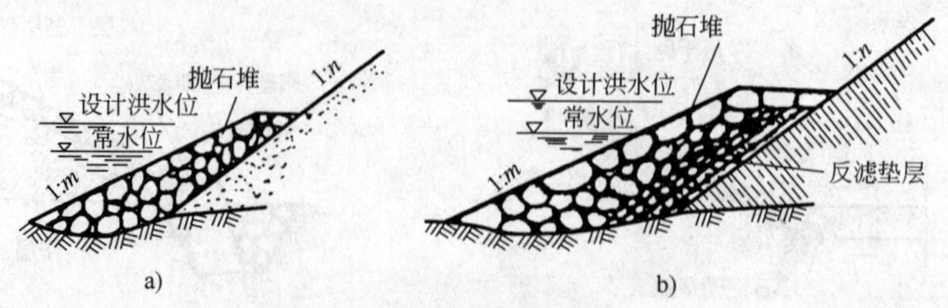

图 4-29　既有路基抛石护坡示意图

a)不设垫层；b)设置垫层

抛石的最小粒径可按下式估算：

$$D = 0.04v^2 \tag{4-2}$$

式中：D——抛石的折算直径，m；

v——水流行经抛石堆时的平均流速，m/s。

6. 石笼防护

石笼防护是将装满石块的铁丝笼，按照一定的断面形式抛掷或堆砌在路基边坡、坡脚或河床内，用以防止路基或岸坡被冲刷的建筑物。它有较高的强度和柔性，不需用较大的石块，适用于受洪水冲刷但无滚石的河段和大石料缺少的地区。其容许流速可达 4～5m/s，容许浪高 1.5～1.8m。石笼内的填充石料宜选用浸水不崩溃、密度大、未风化的石块。

石笼用于防护岸坡时一般应垒砌(图 4-30a)，只有当边坡坡度不陡于 1∶2 时才平铺(见图 4-30b)。平铺一般与坡脚线垂直，其铺设长度不宜小于冲刷深度的 1.5～2 倍。

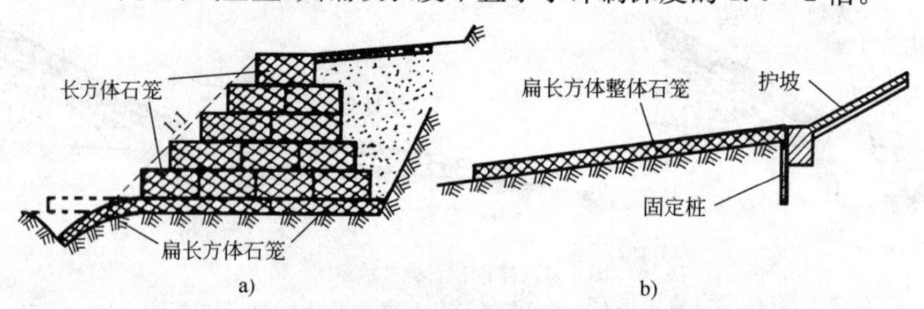

图 4-30　石笼防护断面布置示意图

a)垒砌式；b)平铺式

铺设石笼的基底用 0.2～0.4m 的砾石或碎石垫平。底层石笼用旧钢轨或直径不小于 20mm 的钢筋锚固入基底地层中，若其前端需自由下弯时，只锚定靠岸边的一侧，石笼之间可用直径为 6mm 的钢筋穿连在一起，也可将笼盖与笼体连接绑在一起形成一个整体。

7. 浸水挡土墙

在需要设置坚强防护的地段，或因地形限制不宜设置其他类型冲刷防护建筑物的峡谷急流和冲刷严重的河段，采用浸水挡土墙比较经济合理。其容许流速 5～8m/s，容许浪高不大于 2m。

浸水挡土墙通常采用重力式或衡重式，用 M10 浆砌片石砌筑，石料应具有一定的耐水能力。墙的端部与河岸要圆顺连接，切不可挤压河道，以免造成严重的局部冲刷。

浸水挡土墙的基底应埋置在冲刷深度线下不少于 1.0m，最好埋在不致被冲刷的完整的基岩上。如冲刷深度很深，则可根据河床及地质情况采用桩基或沉井基础，或者在采用浅基的同，时采用其他平面防淘措施。

(二)间接防护简介

间接防护是在路基或河岸的外围设置导流或阻流建筑物，以改变水流(如改变主流流向、减缓流速、改变冲刷或淤积部位等)，从而间接地防护路基或河岸的一种方法，如挑水坝、顺坝、潜坝等。这种方法的特点是防护建筑物都要或多或少地侵占一部分河床，不同程度地压缩和扰乱原来的水流，因而其首当其冲的部位会受到特别强烈的冲刷和淘蚀，必须采取相应的措施进行加固。间接防护方法适用河槽较宽、冲刷和淤积大致平衡、河性易改变且有条件顺河流之势设置导流建筑物的地段。当被防护地段较长时尤其适宜。挑水坝、顺坝和路坝的平面布置见图4-31、图4-32。

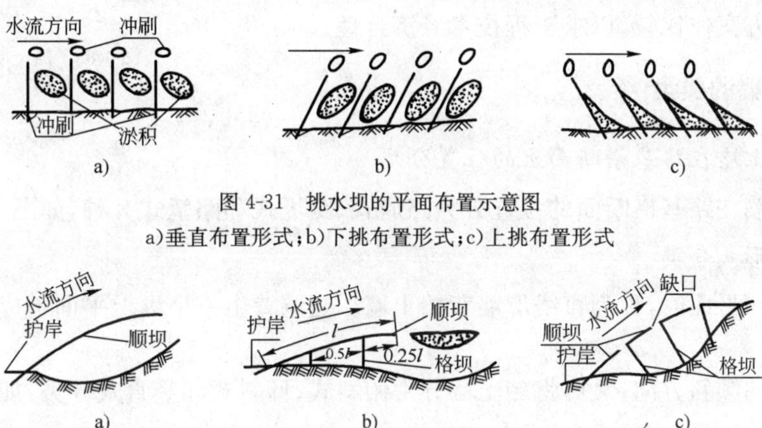

图4-31　挑水坝的平面布置示意图

a)垂直布置形式；b)下挑布置形式；c)上挑布置形式

图4-32　顺坝和格坝的平面布置示意图

路基不宜过多侵占河床。遇有水流直冲、威胁路基安全时，除应做好冲刷防护外，必要时可局部改移河道。改河是将水流引入新的河道而避免其对路基、坡岸冲刷的一种措施。改河时必须掌握河流的性质及其演变规律和河床形成的特点，因势利导，防止硬性改动。改河的起终点要与原河床平顺相接。为防止水流重归故道，一般应在旧河道上设置拦河坝；同时，还要注意改河后对附近农田、水利和居民点等的影响。

第三节　路 基 加 固

一 挡土墙

(一)挡土墙的概念及应用

挡土墙是支撑天然斜坡或人工边坡保持土体稳定的建筑物。挡土墙的各部分名称如图4-33所示。墙的顶面部分称为墙顶，墙的底面称为墙底，与填土接触的面称为墙背，与墙背对应的另一面称为墙胸(墙面)，墙胸与墙底的交线称为墙趾；墙背与墙底的交线称为墙踵；墙背与竖直线的夹角称为墙背倾角，一般用α表示；墙踵到墙顶的垂直距离称为墙高，用H表示。

路基在遇到下列情况时可考虑修建挡土墙：

(1)陡坡和高填方地段，下方设置挡土墙，可防止路堤沿基底滑动，保证路基稳定，同时又可收缩坡脚，减少填方和少占农田。

(2)岩石风化的路堑边坡地段，设置挡土墙可支撑开挖后不能自行稳定的边坡。

(3)为避免大量挖方及降低边坡高度的路堑地段。

(4)可能产生塌方、滑坡的不良地质地段。

(5)水流冲刷严重或长期受水浸泡的沿河路基地段。

(6)为保护重要建筑物、生态平衡或其他特殊需要的地段。

在考虑挡土墙设计方案时，应与其他工程方案进行技术经济比较。例如，采用路堤或路肩挡土墙时，常与栈桥或填方等方案进行比较；采用路堑或山坡挡土墙时，常与隧道、明洞或缓边坡等方案作比较，以求工程技术经济合理。

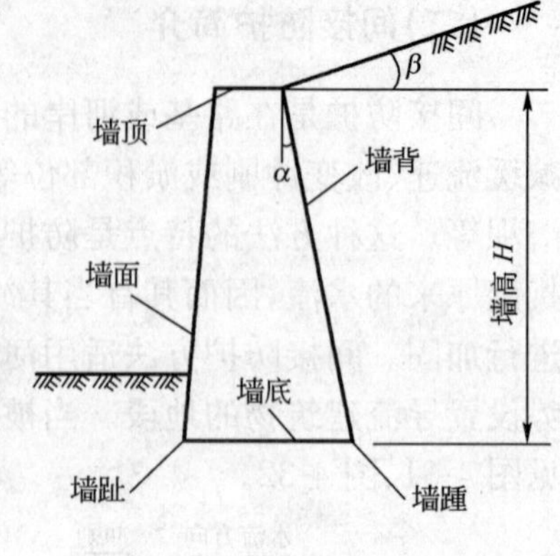

图 4-33 挡土墙各部分名称

(二)挡土墙的类型

1. 根据挡土墙在路基横断面上的位置分类

根据挡土墙在路基横断面的位置分为路肩式、路堤式和路堑式 3 种，如图 4-34 所示。

2. 按墙背形式分类

当墙背为一平面时，称为直线形墙背挡土墙。当墙背由一个以上平面组成时，称为折线形墙背挡土墙。

根据墙背的倾斜方向，又可将挡土墙分为俯斜式、仰斜式和竖直式 3 类，如图 4-35 所示。

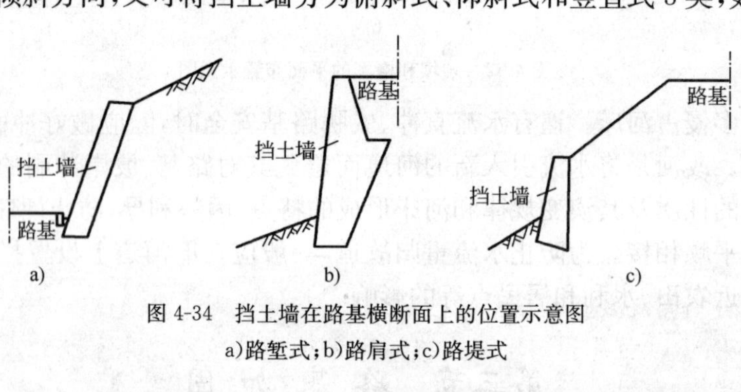

图 4-34 挡土墙在路基横断面上的位置示意图

a)路堑式；b)路肩式；c)路堤式

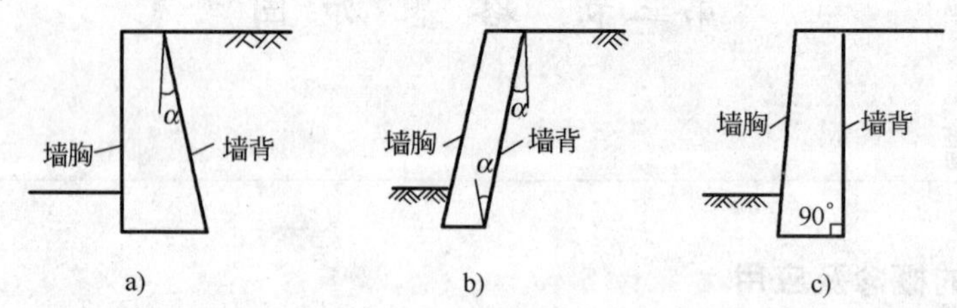

图 4-35 挡土墙墙背形式示意图

a)俯斜式；b)仰斜式；c)竖直式

3. 按结构形式分类

按挡土墙的结构形式可分为重型结构挡土墙和轻型结构挡土墙两类。重型结构挡土墙主要依靠本身自重来维持稳定，如我国目前常用的重力式和衡重式挡土墙。重型结构挡土墙一般由片石砌筑而成。这种结构形式的挡土墙具有结构简单、施工方便、易于就地取材等优点，因而得到普遍使用，但这种挡墙墙身断面较大，不易于实现施工的机械化和工厂化。

根据建筑材料可分为石、混凝土及钢筋混凝土挡土墙等；根据所处的环境条件可分为一般地区挡土墙、浸水地区挡土墙与地震地区挡土墙等。

在石料丰富的地区，石砌重力式和衡重式挡土墙得到广泛应用。为适应不同地区的条件和发展新技术的需要，逐渐发展了各种形式的挡土墙，如悬臂式、扶臂式、板桩式、锚杆式、锚定板式、竖向预应力锚杆式、加筋土式和土钉式等新型挡土墙。这类挡土墙以抗拉强度较高的钢材或钢筋混凝土为材料，具有圬工用量少、造价低、便于拼装和机械化施工的优点，得到越来越广泛的使用。随着生产和技术的不断发展，今后还将会有一些新的结构形式不断出现。

(三)轻型挡土墙简介

1.加筋土挡土墙

加筋土挡土墙由墙面板、拉筋和填料所组成，如图4-36所示。它依靠填料与拉筋间的摩擦力来平衡墙面板所受的土压力。

为保证拉筋的摩擦力，墙后填料应采用粗粒土，由于块石与拉筋之间受力不均匀，填筑时又易砸坏拉筋，故不宜做填料。

墙面板承受土压力，防止填料流失，要求具有一定刚度。目前使用的墙面板一般为钢筋混凝土板，形状多为矩形、十字形、六角形等。

拉筋材料要求抗拉强度大，不易脆断，有一定柔性；与填料间有足够的摩擦力，有较好的耐腐蚀性和耐久性。国外的拉筋普遍采用钢带，国内多采用钢筋混凝土板连接成的板条，公路部门较多采用土工格栅。

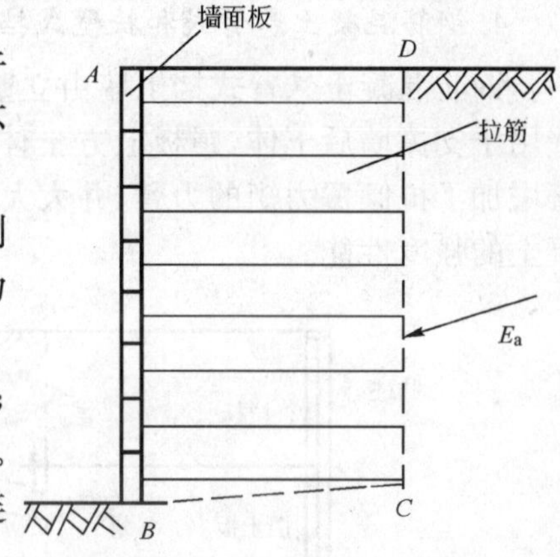

图4-36 加筋土挡土墙示意图

2.锚杆挡土墙

锚杆挡土墙由钢筋混凝土墙面系和锚杆组成，锚杆插入并锚固在稳定的岩层或土层中，如图4-37所示。作用于墙面系的土压力由锚杆埋入地层的抗拔力来平衡。这种挡土墙多用于岩质、半岩质深路堑和陡坡路堤地段。

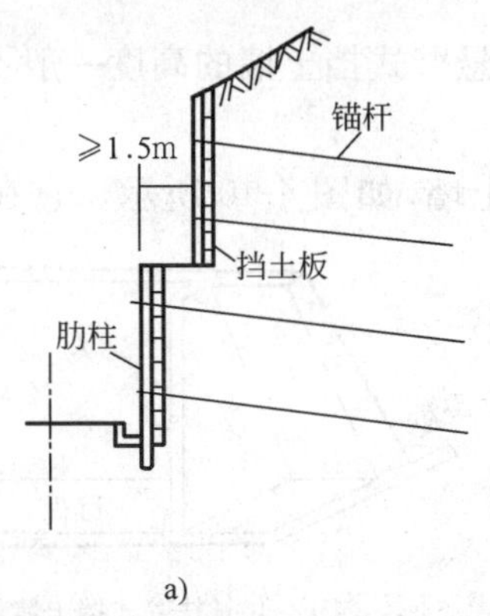

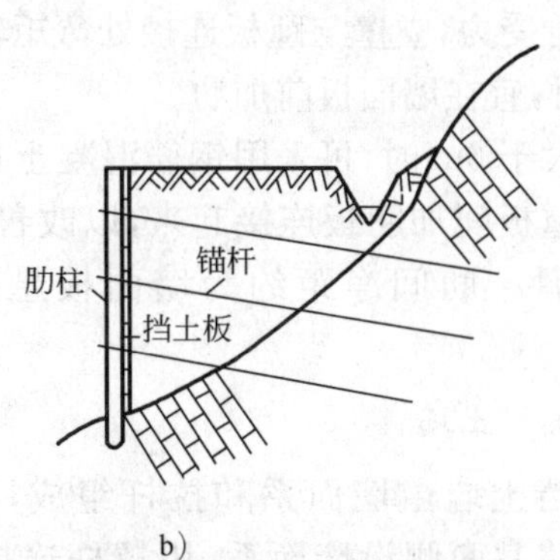

图4-37 锚杆挡土墙示意图

a)二级锚杆路堑挡墙；b)路堤锚杆挡墙

墙面系多采用柱板式，即由肋柱和挡土板组成。肋柱多为预制钢筋混凝土柱，间距 2.0～2.5m。挡土板为钢筋混凝土槽形板、空心板或矩形板。板的长度为两肋柱间的净跨加两个搭接长度，搭接长度不小于 10cm。

锚杆多用单根或多根螺纹钢筋，直径 18～32cm，但每孔不宜多于 3 根。当拉力较大、长度较长时也可采用高强度钢丝束。

3. 锚定板挡土墙

锚定板挡土墙由墙面系、拉杆、锚定板组成，如图 4-38 所示。它通过锚定板前填土的被动抗力来平衡拉杆拉力。因此，锚定板是依靠土体来保持自身稳定的支挡构。

墙面系分有肋柱和无肋柱两种。有肋柱的包括肋柱和挡土板，与锚杆挡土墙相似；无肋柱式的则全是墙面板，与加筋土挡墙相似，但由于拉杆数量比拉筋数量少，因此墙面板尺寸较大。

锚定板一般为钢筋混凝土板，其面积应满足因锚定板产生的容许抗拔力大于拉杆拉力的要求。

4. 钢筋混凝土悬臂式和扶壁式挡土墙

钢筋混凝土悬臂式挡土墙由立壁、趾板和踵板组成，呈现倒 T 字形，如图 4-39 所示。立壁用于支撑墙后土体，踵板上方土体重量起增加挡墙抗滑和抗倾覆稳定性的作用，趾板显著增加了抗倾覆力矩的力臂，并大大减少了基底应力。这种结构形式较好地发挥了钢筋混凝土的强度性能。

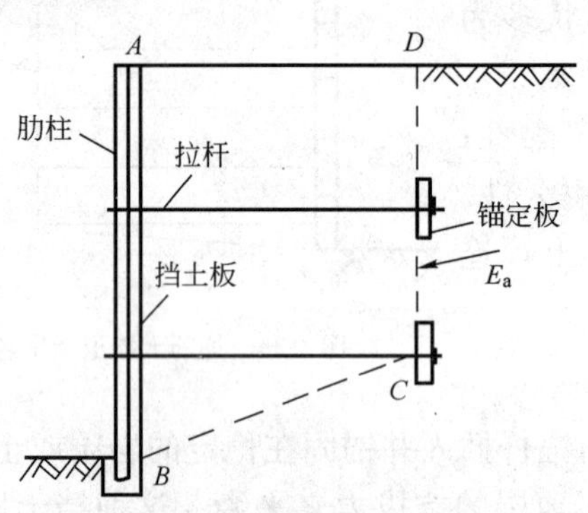

图 4-38　锚定板挡土墙示意图

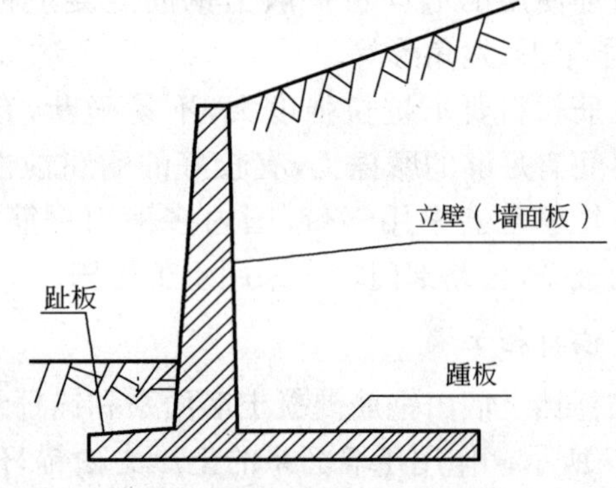

图 4-39　悬臂式挡土墙示意图

由于立壁悬臂受力，立壁与踵板连接处弯矩较大，所以悬臂式挡土墙的高度一般不大于 4m；高度大于 4m 时，宜在墙面板前加肋。

当墙高大于 6m 时，可采用钢筋混凝土扶壁式挡土墙，如图 4-40 所示。它在悬臂式挡土墙的立壁与踵板间加肋板连接起来，以改善立壁和踵板的受力条件。肋间净距约为墙面板悬臂高度的 0.3～0.5倍。

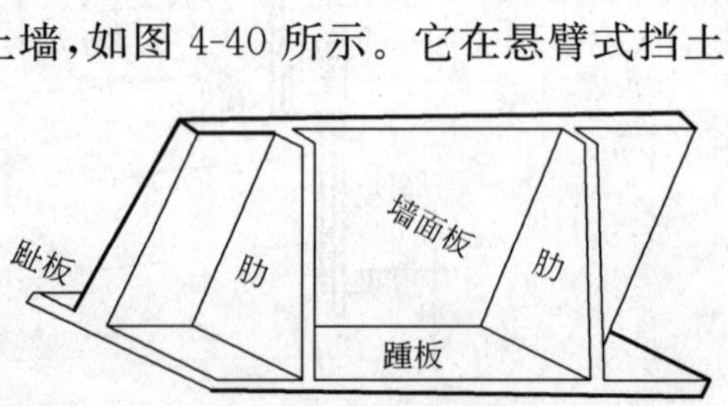

图 4-40　扶壁式挡土墙示意图

5. 对拉式挡土墙

对拉式挡土墙由墙面系和拉杆组成，如图 4-41 所示。它在路基两侧设墙面系，用拉杆连接起来，一侧墙面系承受的土压力由另一侧墙面系上的土压力来平衡，两侧墙面系相互支承。墙面系一般采用肋柱和挡土板，其形状与锚定板挡土墙的相同。

6. 桩板式挡土墙

桩板式挡土墙如图4-42所示，它由钢筋混凝土桩、板所组成。钢筋混凝土桩锚固于较深土层中，土压力通过挡土板传给桩并由桩前土体的弹性抗力来平衡。这种结构形式的挡土墙能适用于承载力较低的不良地基，可用做路肩墙、路堤墙和路堑墙。

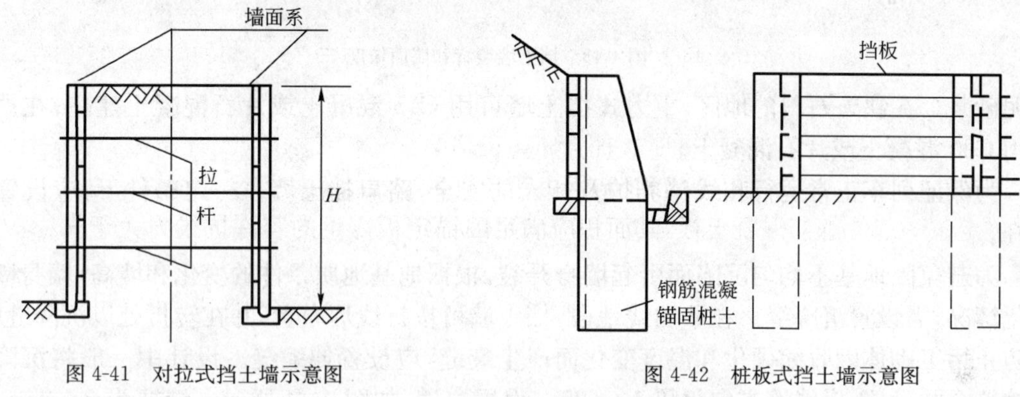

图4-41 对拉式挡土墙示意图　　图4-42 桩板式挡土墙示意图

(四)重力式挡土墙的构造

重力式挡土墙的构造必须满足强度与稳定性的要求，同时应考虑就地取材，经济合理，施工养护的方便和安全。

1. 墙身构造

重力式挡土墙的仰斜墙背坡度一般采用1∶0.25，如图4-43a)所示，不宜缓于1∶0.30。俯斜墙背坡度一般为1∶0.25～1∶0.40如图4-43b)所示。衡重式或凸折式挡土墙墙背坡度多采用1∶0.25～1∶0.30仰斜，上墙墙背坡度受墙身强度控制，根据上墙高度，采用1∶0.25～1∶0.45俯斜，如图4-43c)所示；墙面一般为直线形，其坡度应与墙背坡度相协调，同时还应考虑墙趾处的地面横坡；在地面横向倾斜时，墙面坡度影响挡土墙的高度，横向坡度越大影响越大。因此，地面横坡较陡时，墙面坡度一般为1∶0.05～1∶0.20，矮墙时也可采用直立；地面横坡平缓时墙面可适当放缓，一般不缓于1∶0.35，如图4-43d)所示。

仰斜式挡土墙墙面一般与墙背坡度一致或缓于墙背坡度，参见图4-43a)；衡重式挡土墙墙面坡度采用1∶0.05，参见图4-43c)；所以在地面横坡较大的山区，采用衡重式挡土墙较经济。衡重式挡土墙上墙与下墙的高度之比，一般采用2∶3较为经济合理。对一处挡土墙而言，其断面形式不宜变化过多，以免造成施工困难，并且应当注意不要影响挡土墙的外观。

混凝土块和石砌体挡土墙的墙顶宽度一般不应小于0.5m，混凝土墙顶宽度不应小于0.4m。路肩挡土墙墙顶应以粗料石或C15混凝土做帽石，其厚度不得小于0.4m，宽度不小于0.6m，突出墙外的飞檐宽应为0.1m。如不做帽石或为路堤墙和路堑墙时，应选用大块片石置于墙顶并用砂浆抹平。

在有石料的地区，重力式挡土墙应尽可能采用浆砌片石砌筑，片石的极限抗压强度不得低于30MPa。在一般地区及寒冷地区，采用M7.5水泥砂浆；在浸水地区及严寒地区，采用M10

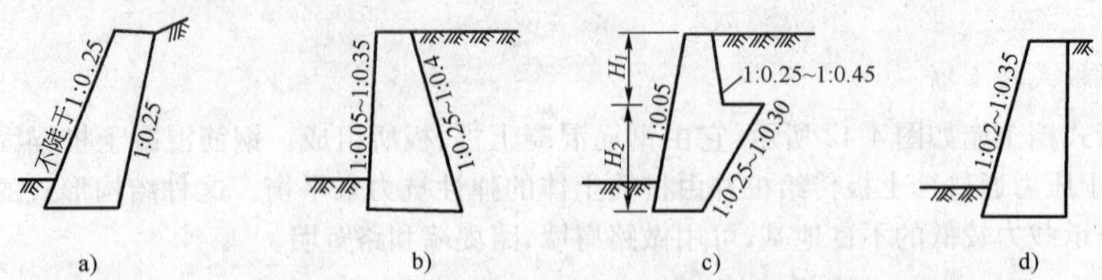

图 4-43 挡土墙墙背和墙面坡度

水泥砂浆。在缺乏石料的地区，重力式挡土墙可用 C15 混凝土或片石混凝土建造；在严寒地区用 C20 混凝土或片石混凝土。

为保证列车正常运行和线路养护及行人的安全，路肩挡土墙在一定条件下，应设置防护栏杆。

为避免因地基不均匀沉陷而引起墙身开裂，根据地基地质条件的变化和墙高、墙身断面的变化情况，需设置沉降缝。在平曲线地段，挡土墙可按折线形布置，并在转折处以沉降缝断开。为防止圬工砌体因收缩硬化和温度变化而产生裂缝，应设置伸缩缝。设计中一般将沉降缝和伸缩缝合并设置，沿线路方向每隔 10～25m 设置一道，如图 4-44 所示。缝宽为 2～3cm，自墙

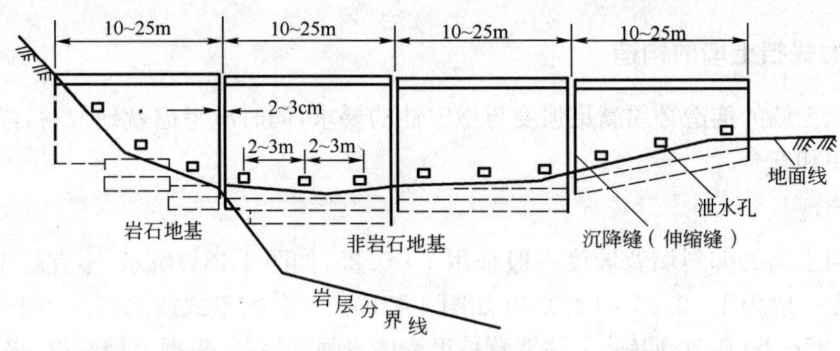

图 4-44 沉降缝与伸缩缝

顶做到基底。缝内沿墙的内、外、顶三边填塞沥青麻筋或沥青木板，塞入深度不小于 0.2m。当墙背为岩石路堑或填石路堤时，可设置空缝。

2. 排水设施

挡土墙排水设施的作用在于疏干墙后土体中的水和防止地表水下渗后积水，以免墙后积水致使墙身承受额外的静水压力；减少季节性冰冻地区填料的冻胀压力；消除黏性土填料浸水后的膨胀压力。

挡土墙的排水措施通常由地面排水和墙身排水两部分组成。

1）地面排水

地面排水主要是防止地表水渗入墙后土体或地基，地面排水措施有：

(1)设置地面排水沟，截引地表水。

(2)夯实回填土顶面和地表松土，防止雨水和地面水下渗，必要时可设铺砌层。

(3)路堑挡土墙趾前的边沟应予以铺砌加固，以防止边沟水渗入基础。

2）墙身排水

墙身排水主要是为了排除墙后积水，通常在墙身的适当处布置一排或数排泄水孔，如图 4-45 所示。泄水孔的尺寸可视泄水量的大小分别采用 0.05m×0.1m、0.1m×0.1m、0.15m×0.2m 的方孔或直径为 0.05～0.1m 的圆孔。孔眼间距一般为 2～3m，干旱地区可以增大，多雨地区则可减小。浸水挡土墙则为 1.0～1.5m，孔眼应上下左右交错设置。最下一排泄水孔的出水口应高出地面 0.3m；如为路堑挡土墙，应高出边沟水位 0.3m；浸水挡土墙则应高出常水位 0.3m。在特殊情况下，墙后填土采用全封闭防水，一般不设泄水孔。干砌挡土墙可不设泄水孔。

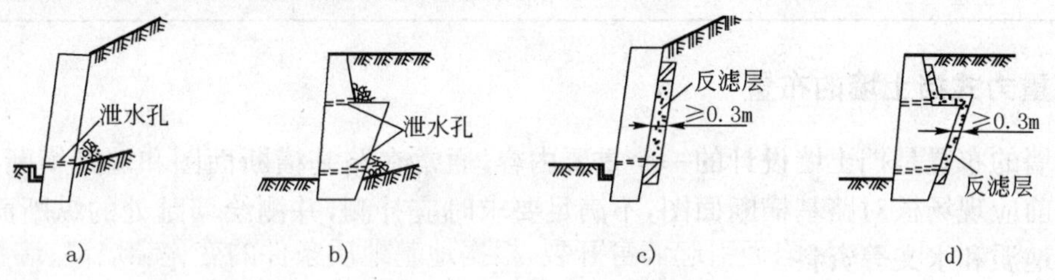

图 4-45　挡土墙泄水孔和反滤层

若墙后填土的透水性不良或可能发生冻胀时，应在最低一排泄水孔至墙顶以下0.5m 的高度范围内，填筑不小于 0.3m 厚的砂加卵石或土工合成材料反滤层，既可减轻冻胀力对墙的影响，又可防止墙后产生静水压力，同时起反滤作用。反滤层的顶部与下部应设置隔水层。

(1)防水层。为防止水渗入墙身形成冻害及水对墙身的腐蚀，在严寒地区或有浸水作用时，常在临水面涂以防水层。

①石砌挡土墙，先抹一层 M5 水泥砂浆(2cm)，再涂以热沥青(2～3mm)。

②混凝土挡土墙，涂抹两层热沥青(2～3mm)。

③钢筋混凝土挡土墙，常用石棉沥青及沥青浸制麻布各两层防护，或者加厚混凝土保护层。一般情况下可不设防水层，但片石砌筑挡土墙需要用水泥砂浆抹成平缝。

(2)基础埋置深度。挡土墙一般采用明挖基础。当地基为松软土层时，可采用加宽基础、或填换桩基础。水下基础挖基有困难时，可采用桩基础或沉井基础。

基础埋置深度应按地基的性质、承载力的要求、冻胀的影响、地形和水文地质等条件确定。

挡土墙基础置于土质地基上时，其基础埋深应符合下列要求：

①基础埋置深度不小于 1m。当有冻结且冻结深度小于或等于 1m 时，应在冻结线以下不小于 0.25m(不冻胀土除外)；当冻结深度超过 1m 时，可在冻结线下 0.25m 内换填弱冻胀土或不冻胀土，但埋置深度可不小于 1.25m。不冻胀土层(例如碎石、卵石、中砂或粗砂等)中的基础，埋置深度可不受冻深的限制。

②受水流冲刷时，基础应埋置在冲刷线以下不小于 1m。

③路堑挡土墙基础底面应在路肩以下不小于 1m，并应低于侧沟砌体底面不小于0.2m。

挡土墙基础置于硬质岩石地基上时，应置于风化层以下。当风化层较厚，难以全部清除时，可根据地基的风化程度及其相应的承载力将基底埋于风化层中。置于较软质岩石地基上时，埋置深度不小于 1.0m。

挡土墙基础置于斜坡底面时，其趾部埋入深度和距地面的水平距离应符合表 4-1 的要求。

斜坡地面趾部埋入的最小尺寸(单位:m)　　表 4-1

地　层　类　型	埋入深度 h	距斜坡地面的水平距离 L
较完整的硬质岩层	0.25	0.25～0.50
一般硬质岩层	0.60	0.60～1.50
软质岩层	1.00	1.00～2.00
土层	≥1.00	1.50～2.50

(五)重力式挡土墙的布置

挡土墙的布置是挡土墙设计的一个重要内容,通常在路基横断面图和墙趾横断面图上进行。布置前应现场核对路基横断面图,不满足要求时应补测,并测绘墙趾处的纵断面图,收集墙趾处的地质和水文等资料。

1.挡土墙位置的选定

(1)路堑挡土墙的位置通常设置在路基的侧沟边。山坡挡土墙应考虑设在基础可靠处,墙的高度应保证墙后墙顶以上边坡的稳定。

(2)路肩挡土墙因可充分收缩坡脚,大量减少填方和占地,当路肩与路堤墙的墙高或截面圬工数量相近、基础情况相似时,应优先选用路肩墙。若路堤墙的高度或圬工数量比路肩墙显著降低,而且基础可靠时,宜选用路堤墙。必要时应作技术经济比较,以确定墙的位置。

(3)当路基两侧同时设置路肩和路堑挡土墙时,一般应先施工路肩墙,以免在施工时破坏路堑墙的基础。同时要求过路肩墙墙踵与水平面成 ϕ 角的平面不得伸入到路堑墙的基底面以下;否则,应加深路堑墙的基础,或将两者设计成一个整体结构。

(4)沿河路堤设置挡土墙时,应结合河流的水文、地质情况以及河道工程来布置,注意应保证墙后水流顺畅,不致挤压河道而引起局部冲刷。

(5)滑坡地段的抗滑挡土墙,应结合地形、地质条件、滑面的部位、滑坡推力,以及其他工程,如抗滑桩、减载、排水等综合考虑。

(6)带拦截落石作用的挡土墙,应按落石范围、规模、弹跳轨迹等进行考虑。

(7)受房屋、公路、桥梁、隧道等其他建筑物控制的挡土墙,在满足特定的要求下,尚需考虑技术经济条件。

2.挡土墙的布置

1)纵向布置

纵向布置在墙址纵断面图上进行,布置后绘成挡土墙正面图,布置的内容有:

(1)确定挡土墙的起讫点和墙长,选择挡土墙与路基或其他结构物的衔接方式。

路肩挡土墙端部可嵌入石质路堑中,或采用锥坡与路堤衔接;当路肩挡土墙、路堤挡土墙兼设时,其衔接处可设斜墙或端墙;与桥台连接时,为防止墙后回填土从桥台尾端与挡土墙连接处的空隙中溜出,需在台尾与挡土墙之间设置隔墙及接头墙。

路堑挡土墙在隧道洞口应结合隧道洞门、翼墙的设置情况平顺衔接;与路堑边坡衔接时,一般将墙高逐渐降低至 2m 以下,使边坡坡脚不致伸入边沟内,有时也可用横向端墙连接。

(2)按地基、地形及墙身断面变化情况进行分段,确定伸缩缝和沉降缝的位置。

当墙身位于弧形地段,例如桥头锥体坡脚,因受力后容易出现竖向裂缝,宜缩短伸缩缝的间距，或考虑其他措施。

(3)布置各挡土墙的基础。墙趾地面有纵坡时，挡土墙的基底宜做成不大于5%的纵坡。但地基为岩石时，为减少开挖，可沿纵向做成台阶。台阶尺寸应随纵坡大小而定，但其宽度比不宜大于1：2。

(4)布置泄水孔的位置，包括数量、间隔和尺寸等。此外，在布置图上应注明各特征断面的桩号，以及墙顶、基础、顶面、基底、冲刷线、冰冻线、常水位或设计洪水位的高程等。

2)横向布置

横向布置选择在墙高最大处、墙身断面或基础形式有变异处。根据墙型、墙高、地基及填土的物理力学指标等设计资料，进行挡土墙设计或套用标准图，以确定墙身断面、基础形式和埋置深度，布置排水设施等，并绘制挡土墙横断面图。

3)平面布置

对于个别复杂的挡土墙，如较高、较长的沿河挡土墙和曲线挡土墙，除了纵、横向布置外，还应进行平面布置，绘制平面图，表明挡土墙与线路的平面位置及附近地貌和地物等情况，特别是与挡土墙有干扰的建筑物的情况。沿河挡土墙还应绘出河道及水流方向、其他防护与加固工程等。

在以上设计图中，还应标写简要说明。必要时可另编设计说明书，说明选用挡土墙方案的理由，选用挡土墙结构类型和设计参数的依据，对材料和施工的要求及注意事项，主要工程数量等。如采用标准图，应注明其编号。

(六)挡土墙的施工要点

挡土墙的施工大体上分施工放样、挖基坑、砌筑基础和砌筑墙身4个步骤。在施工中应注意下列事项。

1.挖基坑

(1)基坑开挖前应做好截排水工作。

(2)随挖随核对基础技术资料，如遇地质不良、承载力不足的地基，应通过变更设计采取措施，然后据以施工。

(3)墙基位于斜坡地面时，其趾部埋入深度和距地面水平距离，应同时符合设计要求；墙基高程如不能满足设计要求时，应通过变更设计后再施工。

(4)采用倾斜基底时，应准确挖凿，不得用填补方法筑成斜面。

(5)基坑超挖部分，应用同标号浆砌体回填。

(6)基坑应视地质情况确定是否需要支撑加固以及加固类型，特殊条件下采用沉井和挖孔桩基础，并通过设计确定后，据以施工。

2.砌筑基础

(1)砌筑前，应将基底表面风化、松散土石清除。

(2)硬石基坑中的基础，宜紧靠坑壁，并插浆塞满间隙，使之与岩层结为一体。

(3)雨季在土质或易风化软石基坑中砌筑基础，应于基坑挖好后，立即铺满砌筑一层。

(4)采用台阶式基础时，台阶转折处不得砌成竖向通缝；砌体与台阶壁间缝隙应插浆满。

(5)应随砌筑分层回填、压实。

3.砌筑墙身

(1)砌出地面后应立即回填夯实，并做好排水防渗设施。

(2)伸缩缝与沉降缝内两侧壁应平齐无搭叠，缝中防水材料应按要求深度填塞紧密。

(3)应按设计要求做好墙后隔水、排水设施，泄水孔的进水侧应设置反滤层，厚度不小于0.3m。

(4)预埋构件、检查梯、台阶、栏杆等应与墙身同时砌筑，并连接牢固。

二 抗滑桩

抗滑桩又称锚固桩。我国1967年首次用于整治沙北滑坡工点获得成功。它是获得广泛应用的一种新型抗滑支挡结构物。抗滑桩埋于稳定滑床中，依靠桩与桩周岩(土)体的相互嵌制作用把滑坡推力传递到稳定地层，利用稳定地层的锚固作用和被动抗力，使滑坡得到稳定。桩可改善滑坡状态，促使滑坡向稳定转化。抗滑桩的埋置情况如图4-46所示。

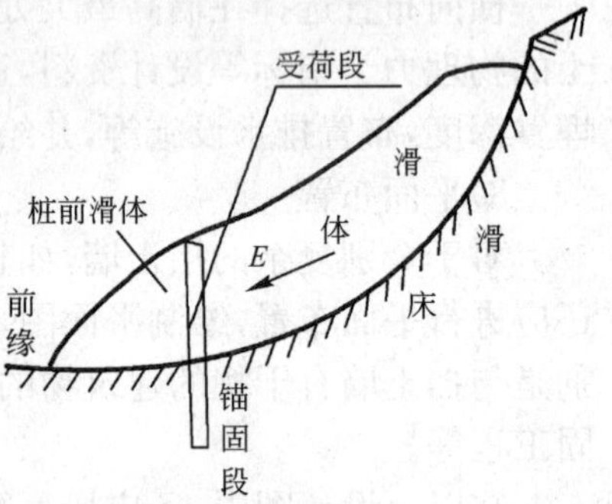

图4-46 抗滑桩

从桩的材料和施工方法上看，抗滑桩与一般用于基础的桩并无显著区别。目前，我国铁路部门所采用的抗滑桩均是人工挖孔就地灌注的钢筋混凝土矩形桩。

按桩的变形条件，抗滑桩可分为刚性桩、弹性桩两种。刚性桩在侧向推力作用下，桩身的挠曲变形很小，可忽略不计，桩在土中产生整体转动位移，桩的侧向位移随离转动中心的距离而成直线增加。弹性桩在侧向推力作用下，它的变形以桩身的挠曲变形为主，而桩整体转动所引起的变形可略而不计。

按桩的埋置情况和受力状态，抗滑桩可分为全埋式和悬臂式两种。全埋式桩即是桩前桩后均受外力作用，如桩前滑动面以上部分对桩不产生作用力时称为悬臂桩。

抗滑桩应用于整治滑坡有如下一些优点：与抗滑挡土墙比较，它的抗滑能力大，圬工小；设桩位置比较灵活，可集中设置，也可分级设置，可单独使用，也可与其他支挡工程配合使用；桩施工时破坏滑体范围小，不致改变滑坡稳定状态；施工简便，采用混凝土护壁后施工安全；由于分段同时施工，劳力易于安排，工期可缩短；成桩后能立即发挥作用，有利于滑坡稳定，而且施工可不受季节限制；施工开挖桩孔过程中，易于校对地质资料，如有出入可及时修改设计；采用抗滑桩处理滑坡时，可不做复杂的地下排水工程。因此，抗滑桩在滑坡整治中得到了广泛应用。

抗滑桩除用于稳定滑坡外，还可用于路基边坡加固，防止填方沿基底滑动，加固已成建筑物，如挡土墙及隧道防止开裂扩大等。

抗滑桩一般设置在滑坡前缘抗滑段上，并垂直于滑坡主滑方向，成排布置。

抗滑桩设计计算包括桩截面尺寸及合理间距的确定、桩的长度及锚固深度的确定、作用与桩身的外荷载计算。推力在桩上的分布，可根据滑体的性质来确定。当滑体为黏聚力较大的黏土、土夹石、较完整的岩层时，滑体系均匀向下蠕动，或整体向下移动，故推力可按矩形分布考虑；当滑体为松散体或堆积层时，可按三角形分布考虑；当滑体不属上述情况，而介乎两者之间时，可按抛物线形或简化为梯形分布考虑。

推力在桩上的分布，实际上还与桩的变形性质、桩前滑体产生抗力的性质、滑体面性质与倾角大小及滑动的速度有关，是一个比较复杂的问题，所以，精确的计算方法还需进一步研究。

桩的截面形式和施工方法有关。挖孔桩采用矩形断面，其长边顺滑动方向布置，最小边长不宜小于1.25m，长边一般为2～4m。桩的间距，应根据不使上方滑体从桩间滑走，又不致过密的原则来确定。有滑体试验资料时，应根据试验资料确定，无试验资料时，可参照经验数据确定。一般滑体较完整，土质较密时桩的间距可大一些。

桩的长度和锚固深度需要经过计算确定。当桩的位置确定后，桩的全长等于滑体厚度加上桩的锚固深度。桩的锚固深度不足时，桩就有被推倒的危险；锚固太深，既增加施工困难，又不经济。一般锚固深度约为桩全长的1/3～1/2。

抗滑桩承受的荷载除了滑坡推力之外，还有地基抗力。抗滑桩所承受的滑坡推力经过桩的传递，为地基抗力所平衡。但是，地基抗力是一个未知量，它的大小、分布与地基的性质、桩的变形量的大小等有关。当桩周地基的变形处于弹性阶段时，抗力按弹性抗力计算；当变形处于塑性阶段时，按地基侧向允许承载力计算；处于变形范围较大的塑性阶段时，则采用极限平衡法计算岩、土层的抗力值。在一般条件下，若不产生塑性变形时，均可按弹性抗力考虑。

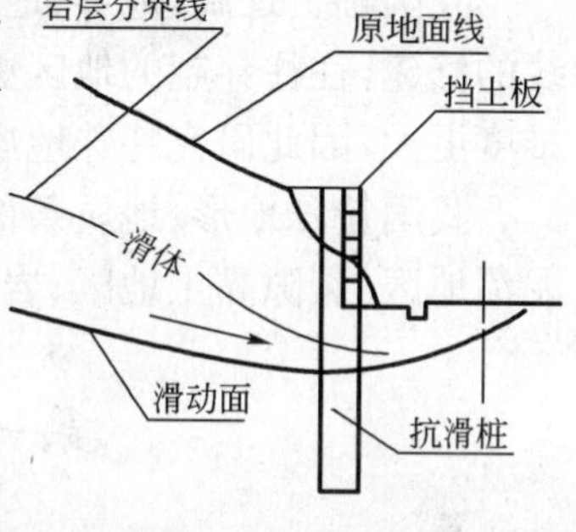

图4-47　桩板式抗滑性

实践证明，抗滑桩用于整治滑坡是有效的。设计中所应用的理论和计算方法在不断地完善，结构形式也在不断改进。为增强支挡斜坡的稳定性，防止受荷段桩间土体下滑，在桩间增设挡土板，构成桩和板组成的桩板式抗滑桩（墙）如图4-47所示。承台式抗滑桩是由若干根桩的顶端用混凝土板或钢筋混凝土板连成一组共同抗滑的桩体。承台在平面上呈矩形、T形或拱形，可分别连接三根或四、五根桩共同抗滑。它抗滑能力很强，设置简便。当承台上增设有挡土墙和拱板时，就构成椅式桩墙。排架式抗滑桩是由两根竖桩与两根横梁连接成的整体桩体，它刚度大、抗滑能力强，设置简便，受力条件较排式单桩有明显改善。

复习思考题

4.1　路基的附属工程包括哪些？

4.2　路基排水系统设计的原则是什么？

4.3　路基排水有哪两种？各有哪些设备？设置位置在何处？

4.4　地面排水设备的标准断面尺寸如何？加固类型有哪几种？

4.5　地下水的处理措施有几种？各适用于什么情况？

4.6　路基防护类型有哪几种？各适用于什么情况？

4.7　边坡渗沟、支撑渗沟的构造和作用有何不同？

4.8　防护、加固设备的作用有何不同？

4.9　铁路工程中常用的挡土墙类型有哪几种？重力式挡土墙构造有何要求？

4.10　何谓沉降缝及伸缩缝？其构造要求是什么？

4.11　路基边坡的其他加固类型有哪些？

第五章　特殊条件下的路基施工

我国幅员辽阔，地形、地质条件复杂多变，给建筑施工带来了极大的困难。特别是铁路新线的修建，往往穿越的地区更为广泛，这势必使得铁路工程施工的难度比其他工程项目的施工难度更大，因此研究特殊地质条件下的铁路工程施工方法具有十分重要的意义。

我国特殊地形、地质条件包括滑坡地段、崩塌及岩堆地段、泥石流地段、浸水地区、软土和泥沼地区、裂隙黏土地区、岩溶及其他空洞地区、多年冻土地区、盐渍地区和风沙地区等。

第一节　泥沼及软土地区路基施工

一　泥沼及软土的特征

(一)泥沼的特征和分类

泥沼是一种以泥炭沉积为主，并包含着各种水草、淤泥和水的土层。泥沼的表面多呈现为洼地，被不深的水所浸漫，植物繁衍，承载力极低。在浅水湖泊或流速很慢的河流附近，沿岸生长的喜水植物死去后沉积水底，并在氧气不足的条件下缓慢地分解，如此年复一年地堆积，即成为泥沼。

我国泥沼主要分布在青藏高原的雪山草地、东北森林以及青海、新疆的低温地带。

在工程上按照泥沼沉积稳定程度分为3类，见表5-1。

泥沼沉积稳定程度分类　　表5-1

类　型	沼泽内充满物	特　征	承载力参考值(MPa)
第一类沼泽	完全为稠度稳定的泥炭	无论含水率多少，温度在0℃以上时，深为2m的试坑，垂直边坡能保持5昼夜不变形的泥炭	0.1左右
第二类沼泽	完全为稠度不稳定的泥炭	无论含水率多少，温度在0℃以上时，深为2m的试坑，垂直边坡不能保持5昼夜不变形的泥炭	0.05～0.08
第三类沼泽	完全为水或流动的泥炭或淤泥	泥沼很烂，在饱和水分时，该地区的试样呈流动状态；地势甚为低洼，地下水大多数露出地表，部分洼地有常年流水的水沟，芦苇及灌木生长很茂盛	≤0.03

泥炭的渗水性很强，当在泥炭上缓慢施加荷载时，泥炭的孔隙水迅速渗透排出，发生固结作用而沉落，其强度亦随之增长。这一特性为在泥沼地基上修筑路基提供了有利条件。

(二)软土的特征

软土是指水下沉积的淤泥或饱和软黏土为主的地层。它与泥沼相比，形成年代比较久远。软土地区近代地貌多为宽阔的平原，已不再为地表水所浸漫，表面常具有可塑硬壳，地下水位接近地表，下部为流动性淤泥，沉积厚度一般较深。

软土地区路基施工，如果施工方法和养护措施不当，常常造成重大事故。其工程地质问题主要体现在：

(1)软土属于高压缩土，压缩系数大(0.5～2.0MPa^{-1})，沉降量大，影响结构物的正常使用。若不加控制，不均匀沉降也较大，往往发生地基变形，引起基础下沉和开裂，直至结构物不能使用。

(2)软土含水率高(34%～72%)，孔隙比大(1.0～1.9)，但透水性差(其渗透系数为10^{-8}～10^{-7}cm/s)，对路基基底的固结排水不利，导致沉降延续时间长，强度增长缓慢。

(3)软土的抗剪强度低，其快剪黏聚力在10kPa左右，快剪内摩擦角在0°～5°之间，在荷载作用下，往往由于地基丧失强度而产生局部或整体剪切破坏。

(4)软土具有触变性，一旦受到扰动，土的强度明显下降，甚至呈流动状态。

二 泥沼及软土路基的处理措施

(一)泥沼路基的处理措施

为了保证泥沼地区路基的稳定，在设计和施工上有如下的要求和措施：

(1)泥沼地区地下水位较高，如以路堑通过，不仅处理工程费用大，而且施工养护也困难，所以线路通过泥沼地区，一般采用路堤而不用路堑。要求路堤面高出泥沼地表不小于1.2m；否则应进行基底处理，不得直接在天然地基上填筑路堤。

(2)路堤填料应尽可能采用渗水材料。泥沼地表以下换填部分不允许用非渗水土填筑。

(3)不论哪种类型的泥沼，都应考虑泥沼地区的积水和地下水位是否有排除、疏干和降低的可能性。如果有条件，路基施工应配合桥涵设计做好泥沼地区的排水系统，改善泥沼的力学性质，以减少其加固措施，增强路基的稳定性。

(4)根据泥沼类型采取不同的施工方法，见表5-2。

泥沼地区路堤施工方法 表5-2

泥沼类型	施工方法
第一类沼泽	1.当路堤高度小于3m时，应采取部分挖填的方法，换填深度一般不超过2m
	2.当路堤高度大于或等于3m时，泥沼一般不挖除，可将路堤直接置于泥炭表层，利用路堤本身重量把泥炭层压实
	3.为使路基稳定，必须控制填土速度。在施工期间，要进行边桩和路基中线地面沉降观测。超过一定数值时，即停止填筑，等路基稳定后再开始增高
	4.泥沼底部横向坡度陡于1：10时，应进行整平处理
第二类沼泽	1.泥沼深度小于3.0m时，不论路堤高度多少，应将泥沼全部挖除，换填渗水土，使路堤落到泥沼底
	2.泥沼深度大于3.0m时，应考虑部分换填和采取路堤两侧增建反压护道的措施。换填深度不得小于3m
	3.泥沼底部横向坡度陡于1：15时，应进行整平处理
第三类沼泽	1.不论泥沼多深，路堤应落到实底上，或者将表层泥炭皮挖除后，抛填片石沉落到沼底
	2.泥沼底部横向坡度陡于1：20时，应进行整平处理，整平方法有：开挖整平、爆炸整平以及片石填平等

(二)软土路基的处理措施

在软土地基上修筑路堤,有两个特点:一是容易坍塌,二是有较大的沉降。

在软土地区快速填筑路堤时,如果荷载增加速度大大超过地基固结速度,常常在尚未达填方预期高度时就发生塌方。这种对基底不做任何处理,而用快填施工所能填筑的路堤最大填筑高度称为临界高度,它与表层硬壳厚薄、淤泥厚度等有关,通常为 3～5m。

在软土地基上筑路,有的在填筑过程中便产生严重的下沉;有的经运营若干年后还有下沉现象。如图 5-1 所示为一段软土地基上填筑的路堤,填到 2～3m 高时,就连同地基一起滑动,其扰动范围纵、横方向达百余米。在软土地区筑路,必须采取有效的加固措施。归纳起来,软土地基路堤的加固技术,可大致分为以下几类。

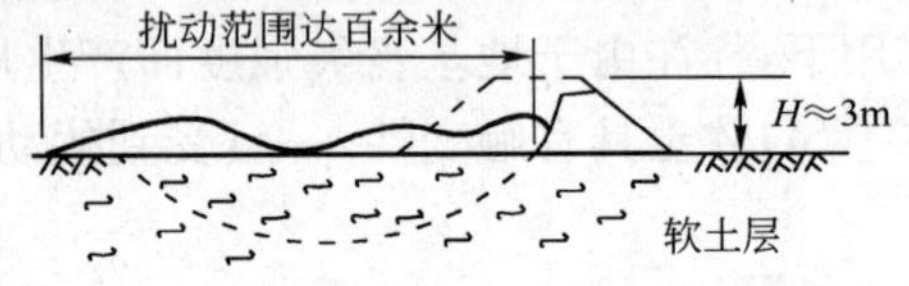

图 5-1 软土地基滑动破坏

1. 改变路堤结构形式

1)优化设计

减小路堤或结构物作用于软土地基上的压力,控制路堤高度,减轻结构物的自重或加大承载面积,以减小单位面积压力。

2)反压护道

反压护道是在路堤两侧填筑一定宽度的低于路堤高度的护道,使路堤底地基土不被挤出和隆起,以增加路堤抗滑的稳定性,如图 5-2a)所示。当软土层较薄,且其下卧岩层面具有明显的横向坡度,可采用两侧不同宽度的反压护道,横坡下方的护道应较横坡上方的护道宽些,如图 5-2b)所示。反压护道宜与路堤本体同时填筑;分开填筑时,必须在路堤填至临界高度前将护道筑好。反压护道外侧天然护道的宽度应不小于 6m。

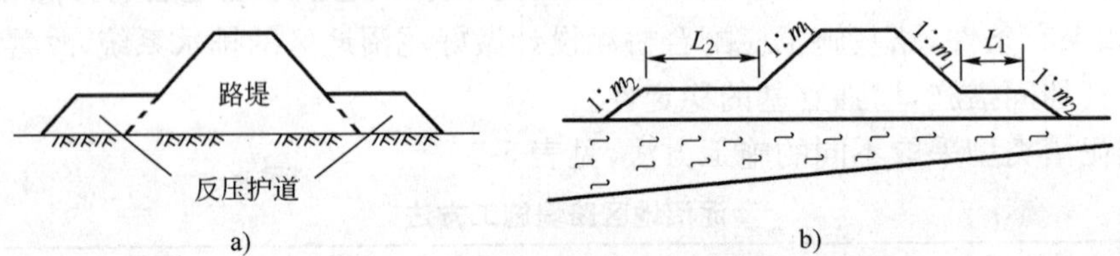

图 5-2 反压护道典型断面图

反压护道的优点是施工方便,不需要控制填土速率,可就地取材。缺点是后期沉降大,需经常抬道,给养护带来困难;同时占地面积多,土方量大,耕地地区应尽量少用。

2. 人工地基

1)换填

(1)直接换土。直接换土是用人工或机械挖除全部软弱土,换填以强度较高的黏性土或砂、卵石、砾石等渗水性材料。它从根本上改善了地基,不留后患,直接换土工程实例如图 5-3 所示。施工单位每换填 10000m^3 时抽样试验 2 组,每增加 5000m^3 增加 1 组检验。换填地段的压实标准应符合设计要求。路堤高度小于基床厚度的低路堤,设计需换填时,其换填后的地基压实质量应符合路基基床的压实标准。

(2)抛石挤淤。抛石挤淤适用于软土层厚度为 3～4m 的湖泊或河流等积水洼地,如图 5-4 所示。抛投片石使用坚硬、不易风化的片石,其大小视软土稠度而定,一般截面最小尺寸不小于 0.15m。当软土底地层平坦时,抛投应自地基中部向两侧逐渐进行,以便将淤泥从两旁挤出。当下卧岩层层面具有明显横向坡度时，片石抛填应从高向低的一侧进行，并在低的一侧多填一些，以求稳定。片石抛出水面 0.5m 后，应在顶面用较小石块填塞垫平，用重型机械碾(夯)紧密，然后铺设反滤层及填土，最好能配合预压，使软土能彻底挤出。

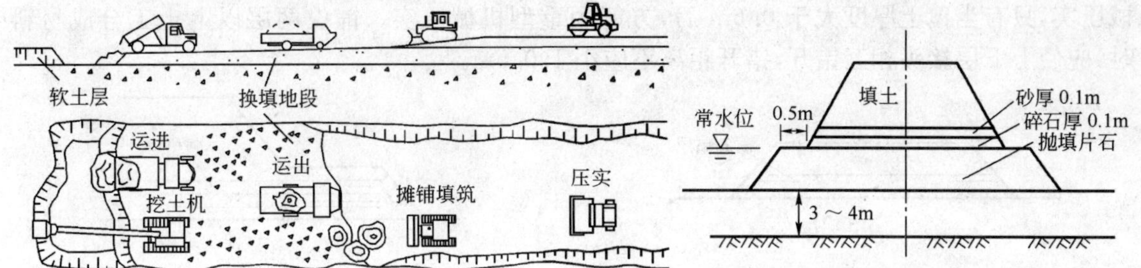

图 5-3 直接换土施工实例

图 5-4 抛石挤淤法典型断面图

(3)爆破排淤。爆破排淤是用炸药在软土中爆炸，把软土扬弃和压缩，然后回填以渗水土或强度较高的黏性土。它较一般换填方法加固深度大，工效高。爆破排淤法有两种工艺：一是先填后爆法，即先在原地面上填筑低于临界高度的路堤，随爆随沉，避免了回淤。但应注意严格控制炸药的用量，尽量做到既能炸开软土，又不致抛弃已填路堤。此法适用于液性指数较大的软土，如图 5-5 所示。二是先爆后填法，即爆前先准备好充足的回填土，以便爆后在尽可能短的时间内填满基坑。如果工点面积过大，则应采取分区分段进行，以免回淤。此法适用于液性指数较小、回淤较慢的软土。

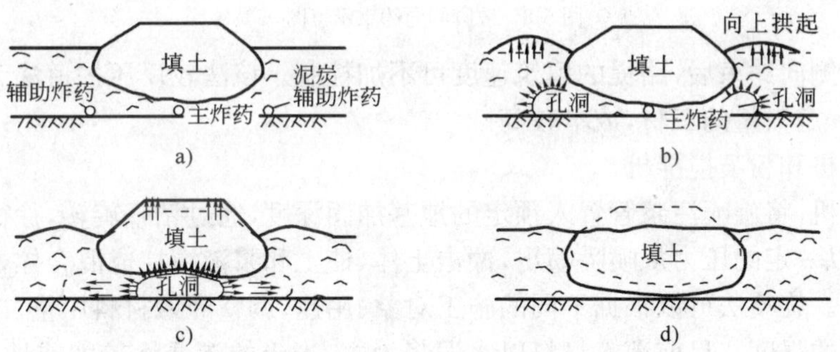

图 5-5 爆破排淤典型断面图

2)灰土挤密桩

灰土挤密桩处理软土地基是采用机械成孔，通过挤压作用使地基土得到加密，然后分层填入生石灰、水泥和外加剂后夯实而成双灰桩。它利用生石灰的吸水膨胀、放热作用以及土体与石灰的化学反应、凝结反应，改善桩周土体的物理力学性能，使桩与桩周土共同承受荷载，从而达到提高原地基承载能力的目的。

3)土工合成材料加筋垫层

加筋垫层加固地基法是在路堤底部铺设一层或多层土工合成材料，可起到柔性柴排的作用，如图 5-6 及图 5-7 所示。土工合成材料主要是聚酯高分子材料的化合物，耐酸碱，耐腐蚀，并具有较大的抗拉强度。通常土工织物端部要折铺一段，起锚固作用。

铺设土工合成材料前应先整平、压实底层，加筋垫层下承层填料不得有尖石、硬块。铺设时，应使其长幅沿线路横断面方向铺设，其受力方向的接头强度不应低于整幅强度，土工织物各横幅之间采用搭接，搭接宽度不应小于 0.3～0.5m，土工格栅可不搭接，但应密排放置、联结牢固。土工合成材料应理顺、拉直、绷紧，不得有褶皱和破损。铺设后应按设计要求铺设回折段，严禁直接碾压、运输、碾压机械直接在其上行走，并及时填土覆盖。在加筋垫层上填第一层土时，先填两边、后填中间，避免挤动面砂，使土工合成材料松弛，压实时应先采用轻型碾压机械压实，只有当覆土厚度大于 0.6m 后，方能用重型机械压实。铺设两层以上土工合成材料时，应使上下层接头相互错开，错开距离不应小于 0.5m。

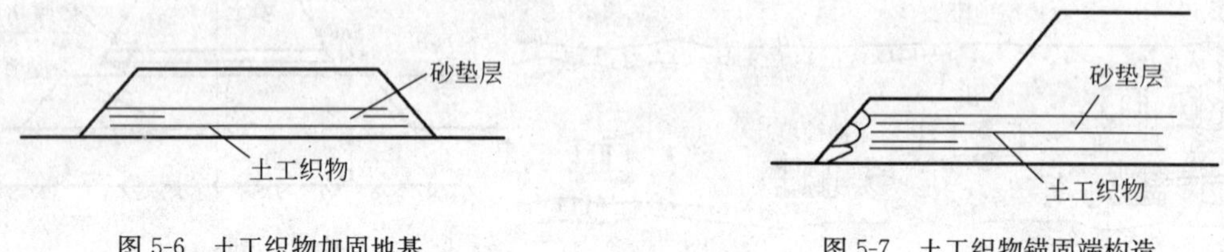

图 5-6　土工织物加固地基　　　图 5-7　土工织物锚固端构造

4)侧向约束法

侧向约束法是在路堤两侧坡脚附近打入木桩、钢筋混凝土桩或者设置片石齿墙等，以限制基底软土的挤动，保持基底的稳定，如图 5-8 所示。它适用于软土层较薄、底部有坚硬土层和工期紧迫的情况，下卧层面具有横向坡度时尤其适合。

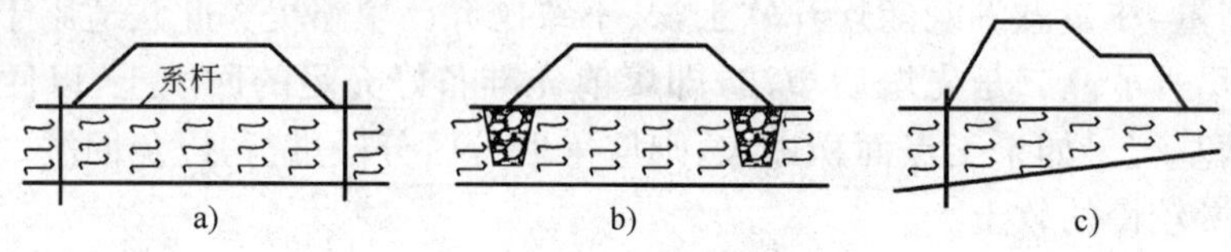

图 5-8　坡脚侧向约束示意图

地基在施加侧向约束后，路堤的填筑速度可不加控制。该法较反压护道法节省土方，少占耕地，但需耗费一定数量的三材，成本较高。

5)旋喷搅拌桩和粉喷搅拌桩

利用工程钻机，将旋喷注浆管置入预定的地基加固深度，通过钻杆旋转，徐徐上升，将预先配制好的浆液，以一定的压力从喷嘴喷出，冲击土体，使土和浆液搅拌成混合体，形成具有一定强度的人工地基。旋喷法可以根据不同的施工对象、用途，调整灌入材料用量、浓度，使加固土体满足工程需要的强度。目前灌入材料以水泥浆为主，当土的渗透性较大或地下水流速过大时，为了防止浆液流失，可在浆液中掺加速凝剂。

当灌入材料为水泥或生石灰粉时，称为粉喷搅拌桩。其桩径为 0.5m，加固深度一般在10～15m，如图 5-9 所示。

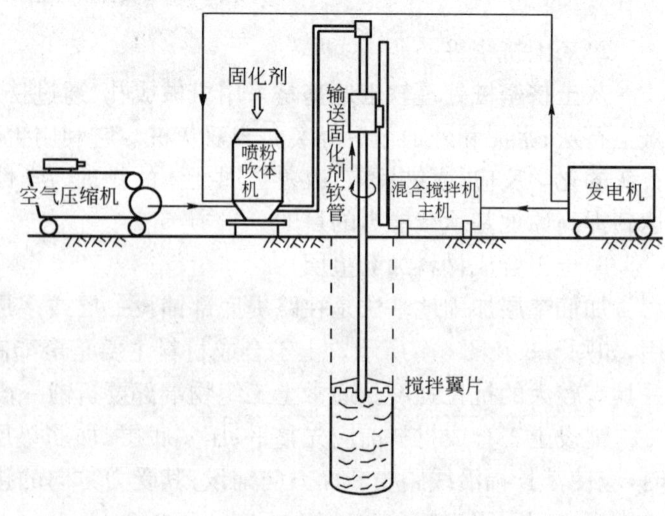

图 5-9　粉喷搅拌法

水泥加固软土是基于水泥和加固土的物理化学反应。水泥颗粒表面矿物很快与土体中的水发生水解和水化反应，生成氢氧化钙、水化硅酸钙、水化铝酸钙、水化铁酸钙等。水泥的各种水化物生成后，有的自身继续硬化，形成水泥石骨架；有的与周围具有一定活性的黏土颗粒发生反应，形成水泥土的团粒结构，并封闭各土团之间的孔隙，形成坚硬的联结体。拌入水泥7d后，土颗粒周围充满水泥凝胶体；1个月后，充填到颗粒间的孔隙中，形成网状结构；5个月时，纤维状结晶辐射向外伸展，产生分叉，并相互连接形成空间网状结构，增加土体强度。

6)振冲碎石(砂)桩

振冲碎石桩法是利用能产生水平方向振动的管状设备，在高压水流冲切配合下，使地基成孔，然后向孔内分批填入碎石(砂)等坚硬材料，用振冲器将其挤密，形成碎石(砂)桩，如图5-10所示。这样，一方面碎石(砂)桩与地基土形成复合地基；另一方面，由于填入坚硬材料和振冲作用，使原地基土被挤密，原地基土中的水又被压入碎石(砂)桩，桩体同时起到排水通道的作用，故地基土的物理力学性能得到改善，从而使地基的承载力得以提高，沉降量得以降低。

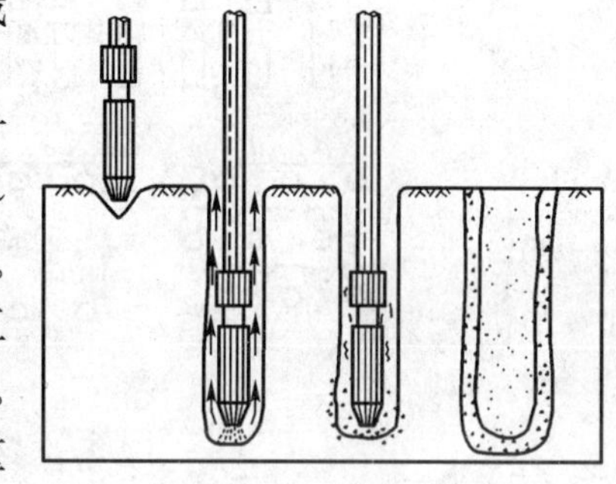

图5-10 振动桩

桩体和桩顶排水垫层填料可采用碎石、卵石、砾石、矿渣和碎砖等渗水材料，粒径不宜大于80mm，一般为5～50mm，含泥量不得大于5%，并不得含有土块和泥质岩石。制桩应分段投料振密，分段长度一般为0.8～1.0m。施工开始后应及时进行复合地基承载力试验，以确认设计参数。碎石桩全部制完经检验合格后，方可铺设碎石垫层，并用重型振动压路机压实。

3.排水固结

1)砂(碎石)垫层

砂(碎石)垫层是在路堤基底铺设一层较薄的砂砾土壤，以加速地基的排水固结，提高其稳定性。它是最简单的换土方法，其优点是不扰动软土结构，排水性能好，施工简便，费用较低；缺点是必须严格控制加荷速率，且地基没有足够宽度时会出现侧向挤出。

砂垫层的铺设形式有两种，即排水砂垫层和换填砂垫层。排水砂垫层是在路堤底部的原地面上直接铺设薄层砂垫层，如图5-11所示，其厚度一般为0.6～1.0m，为利于排水，一般在路堤坡脚外每侧伸出1m左右。换土砂垫层是先挖除地表硬壳，代以砂垫层，然后填筑路堤。

砂垫层应采用中、粗、砾砂，含泥量不得大于5%；碎石垫层应采用未风化的碎(卵)石和砾石，最大粒径不得大于50mm，其含泥量不得大于5%，且不含草根、垃圾等有机杂质。垫层用砂、碎石进场时应进行进场验收，并对其杂质含量和粒径级配进行检验。垫层应分层碾压，其压实质量应符合要求。

2)砂桩

砂桩是在软土地基中利用各种打桩机具获得的按一定规律排列的孔眼，并在孔眼中灌进粗砂形成砂柱，如图5-12所示。在地表再将各个砂桩用砂沟连接起来，使地基固结，水分排入

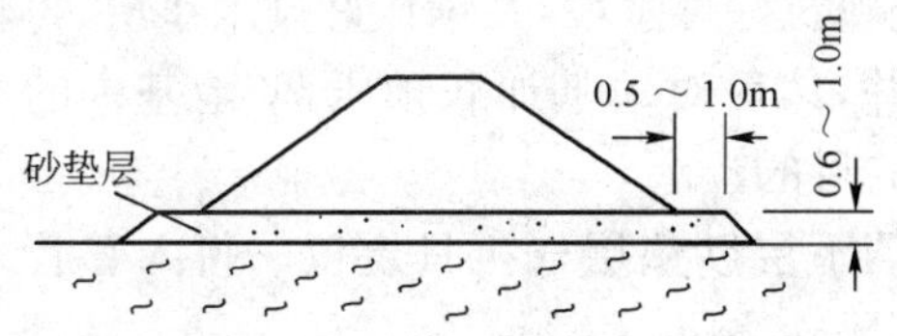

图5-11 排水砂垫层

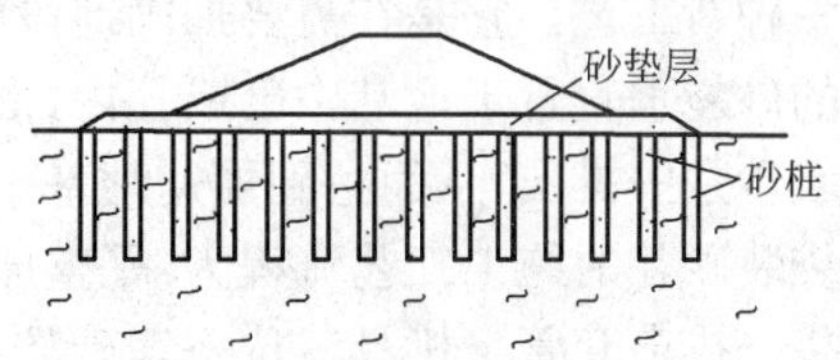

图5-12 排水砂桩

砂桩后，很快由砂沟排去，从而加速软土的固结，提高地基强度。

砂桩深度应视软土厚度及结构物重要性而定，一般均应贯穿软土层达到坚固土层。但也不宜过深，以免施工困难。桩径一般采用 20～30cm，桩距一般为 2～5m 或为桩径的 7～10 倍，呈梅花形排列，并超出两侧坡脚处各 1～2 排，砂桩(不管是已经打下的还是将要打下的)位置确定后要做好标记，如图 5-13 所示。砂桩所用的砂料应为渗水率高的中粗砂、砾砂，细度模数为 2.3～2.7，含泥率不大于 5%。桩内灌砂深度不能小于桩深的 90%，并须保证灌砂的连续性。

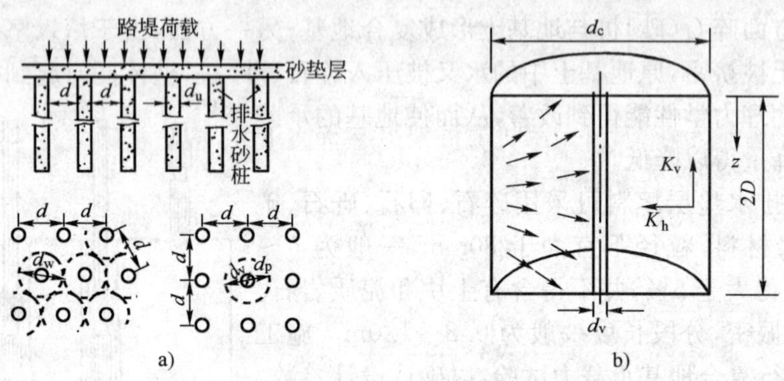

图 5-13 砂桩的布置

根据施工方法可分为打入式、射水式、螺旋式、振动锤式等，如图 5-14 所示。

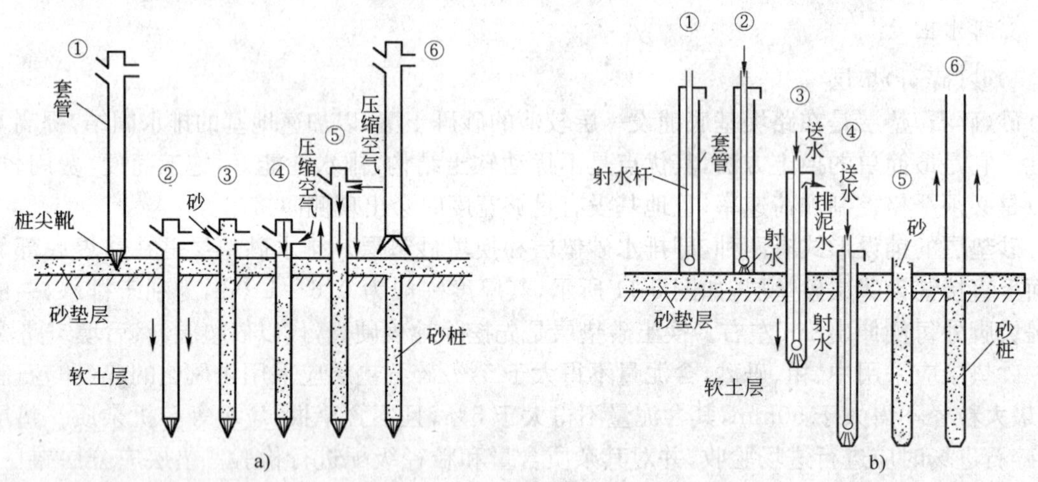

图 5-14 砂桩施工步骤

a)打入式砂桩；b)射水式砂桩

3)袋装砂井

袋装砂井加固软土地基法属于垂直排水加固地基方法，是在一般砂井法的基础上发展起来的一种新工艺。它是在需要加固地段的地面上先填筑好排水坡，并铺设好排水垫层，再将加工好的砂袋垂直置于地基中已成孔内，形成袋装砂井，然后对地基加载预压，使地基中的水分从袋装砂井中排出，从而达到加速地基土沉降固结的目的。

袋装砂井的施工工艺流程为：平整原地面→摊铺下层砂垫层→机具定位→打入套管→沉入砂袋→拔出套管→机具移位→埋砂袋头→摊铺上层砂垫层。

主要施工机械为导管式振动打桩机或导管式锤击打桩机，其施工步骤见图 5-15。

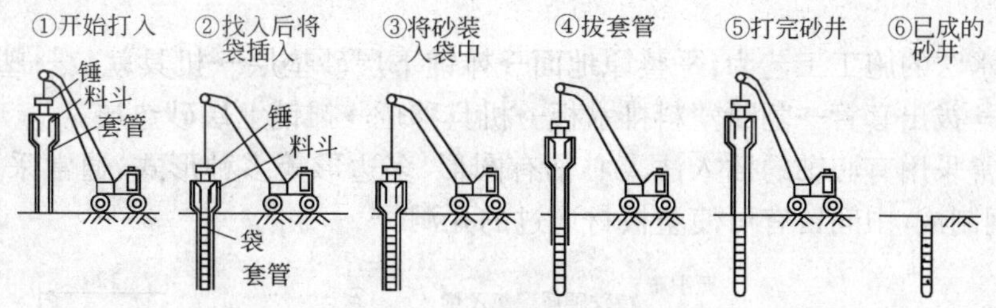

图 5-15　袋装砂井的施工步骤

(1)将套管打入到土中预定的深度。打入时导轨桩垂直,钢套管不得弯曲,可用经纬仪或重锤控制垂直度。

(2)沉入事先灌制的砂袋,可用吊机或桩架吊起垂直下井,应防止砂袋发生扭结、缩颈、断裂和砂袋磨损。砂袋的灌砂率应符合要求。

(3)拔出套管,形成砂柱。拔钢套管时要垂直起吊,防止带出或损坏砂袋。施工中若发现跟袋长度大于 0.5m 时,应在原孔边缘重新补打;连续两次将砂袋带出时,应停止施工,待查明原因、消除故障后再施工。

(4)移至下一孔位,重复以上步骤。

为保证袋装砂井的质量,应采用含泥率小于 3%的中、粗砂,湿砂应风干或烘干至松散状态,渗透系数不小于 5×10^{-3}cm/s,砂袋灌砂率应大于 95%,灌砂率可按下式计算:

$$\gamma=\frac{m_{sd}}{0.78d^2L\rho_d}\times100 \tag{5-1}$$

式中:γ——灌砂率,%;

m_{sd}——实际灌入砂的干质量,kg;

d——井孔直径,m;

L——井孔深度,m;

ρ_d——相对密度中密时,砂的干密度,kg/m^3。

另外,砂袋头应露出地面不小于 0.5m,保证伸入砂垫层至少 30cm,并不得卧倒。砂井施打后一周内应经常检查袋中砂的沉缩情况,及时进行补砂。

在袋装砂井法的基础上,施工中又发展出砂井真空预压法。它是在需要加固的软土地基表面铺设砂垫层,搭设袋装砂井,埋设滤水管,在砂垫层上铺设不透气的塑料薄膜,用胶管将出膜装置与真空装置连成一体(图 5-16),利用真空装置将密封膜下的空气抽出,使其形成真空,在真空的吸力作用下,将土体中的孔隙水吸出,通过砂井、砂垫层、滤水管排出膜外,使土体压密固结。

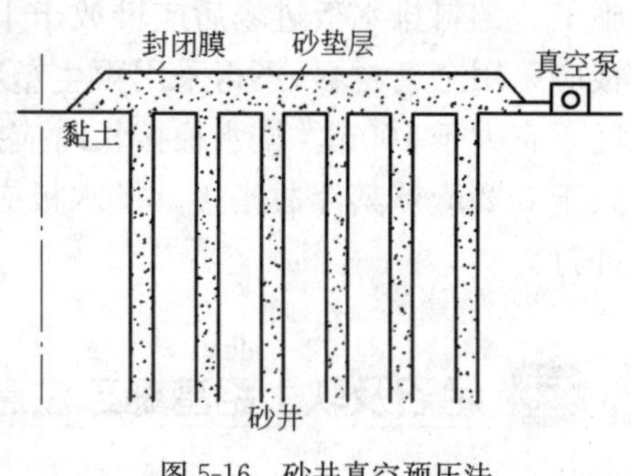

图 5-16　砂井真空预压法

4)塑料排水板

塑料排水板法是在软土地基中按一定的间距和布置形式打设塑料排水板,在上部预压荷载(路基)的作用下,土层中的孔隙水,通过塑料排水板和砂垫层排出,加快地基固结速率,使沉降在预压期间基本完成。其施工设备简单,排水效果好,工效高,可有效降低工程造价,是目前广泛应用的软土地基加固方法。塑料板的断面形状如图 5-17 所示,有两种结构,以复合结构型为好。

塑料板排水法的施工工艺为：平整原地面→摊铺下层砂垫层→机具就位→塑料排水板穿靴→插入套管→拔出套管→割断塑料排水板→机具移位→摊铺上层砂垫层。

施工方法常采用有心轴的插入法。心轴有圆形、多边形等多种形式，通常采用图 5-18 所示的形状，用钢制成，中间留有可使塑板材通过的孔洞。

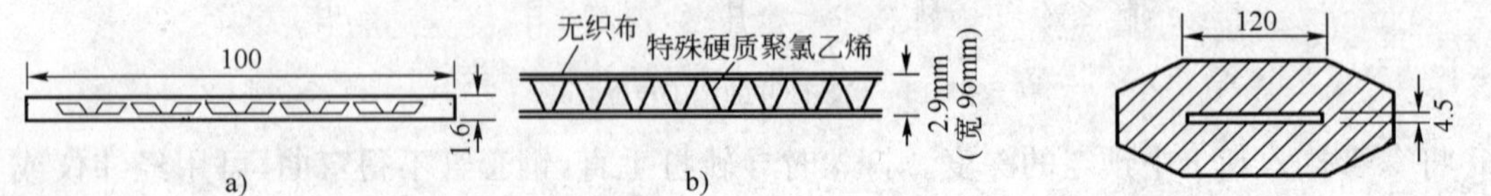

图 5-17 塑料排水板断面形式

a)多孔单一结构断面；b)复合结构断面

图 5-18 标准型心轴断面(尺寸单位：mm)

插入法施工步骤(图 5-19)：

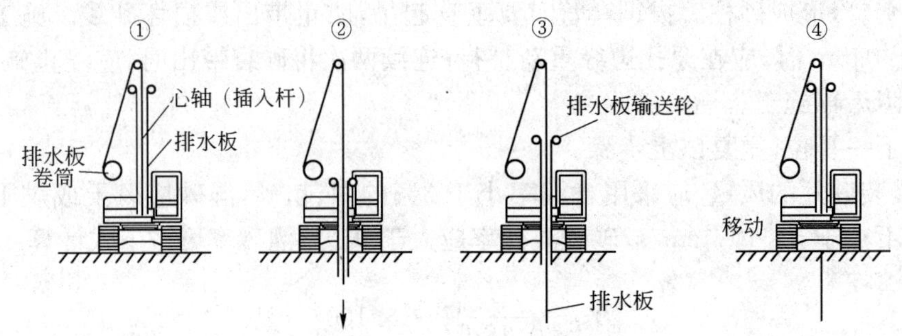

图 5-19 插入式排水板的施工步骤

(1)塑板材由后面的卷筒通过井架上部的滑轮插入心轴。

(2)用心轴的输送轮轴夹住塑板材，一起垂直压入地下，透水滤膜不应被撕破或污染。

(3)心轴达到预定深度后，输送轮轴反转将心轴上拔，塑板材留在土中，然后用自动刀具将塑板材切断但应保证塑板伸入砂垫层 50cm 以上，使其与砂垫层贯通。

(4)移向下一个施打位置。

施工前应清除地面上的淤泥、树根、草皮及杂物。打设塑料排水板不得采用锤击法或水冲法施工。塑料排水板进场后应堆放于干燥通风处，并加遮盖，严禁在太阳下暴晒；塑料排水板芯板应采用全新材料，不得采用再生塑料。打设塑料排水板宜顺线路方向分段逐排进行，分段长度不宜大于 100m。排水板接长时应拆开滤膜对准芯板槽口、再包好滤膜，用钉固定，搭接长度大于 0.2m，严禁浮放搭接。排水板应锚定在孔底，防止跟袋；当跟袋长度大于 0.5m 时应重新补打。

三 泥沼及软土路基施工注意事项

(1)当沼泽及软土地积水深度较浅时，可以在路堤四周修筑防水围堰进行抽水，换填渗水土。当积水较深时，可以在冬季采用冻结法层层开挖，换填渗水土。

(2)在林木丰富的地区，路基通过泥沼地而不能采取明挖回填施工时，可采用木排下沉。它能起扩大基础、扩散荷载的作用。填土时为了防止木排倾斜，必须由中间向两侧散土，分层填筑。

(3)采用砂垫层及砂井处理软土地基，其基底的固结过程往往需要经过较长时间；泥沼地区基底淤泥的强度在受压后，是缓慢地逐渐增加，而且是由浅至深增加。因此，软土和泥沼地区路堤宜提前安排施工，以利于加强预压固结效果，使路堤在铺轨通车前具有足够的稳定性，减少加固费用。

(4)当路堤修筑到极限高度后，应注意观测，并严格控制施工速度，以防止路堤丧失稳定。控制施工速度的主要依据是进行水平位移和地面沉降的观测。在测定边桩位移量的同时，还应进行路基中线部分的地面沉降观测，来测定地基沉降量。正常的沉降量每天在 15mm 左右。

(5)填筑软土和泥沼地区路堤，应按其地基和路堤的后期沉落量一并加足预留沉落量。计算土方数量时，除断面数量外，还应考虑路堤在施工期间内由于基底沉陷及路堤顶面预留加宽度而增加的土方。

(6)软土地基处理，除采用水下抛石挤淤方法外，均应于开工前疏干地表水；有条件时可采用降低地下水位的措施，如挖槽、打井、抽水等。

(7)路堤填土一般从旱地取土，或从可耕面积以外的残丘山麓、废弃土堆等地区取土。只有在特别困难的情况下，才考虑从两侧耕地取土，但所得填料往往含水率超过规定，应先晾干后再行填土。

(8)泥沼地区施工条件恶劣、多蚊蝇，并有影响施工人员健康的霉腐恶臭味道。因此必须配备足够的劳保用品及医药设备，并注意改善施工环境，以保证施工的顺利进展。

第二节　多年冻土地区路基施工

一　冻土的概念

在严寒地区，地面以下一定深度的地温常年保持在 0℃以下，土中含有冰，这类土称为冻土。含冰的土持续 3 年或 5 年以上不融化，称为多年冻土。在多年冻土地区的地表往下一定深度的土层(一般在 3m 以内)，寒季冻结，暖季融化，此土层称为季节融冻层。多年冻土与季节融冻层的交界处称为多年冻土的“上限”，多年冻土的下部界限称为“下限”。

多年冻土处于冻结状态时，有很高的强度，但是开挖路堑或填筑路堤从根本上改变了多年冻土的边界条件，破坏了原来的热平衡状态，引起多年冻土的上限移动，从而出现反复的冻胀或融化下沉，这往往造成房屋破坏、道路变形、管道断裂等冻害现象，带来很大的损失。

如图 5-20 所示，当路堤的修筑引起上限向地表移动时，土中的水结成冰，体积膨胀，出现局部的冻胀，抬起结构物。土冻结时，还引起水分向冻结面转移，更使土的冻胀量加大。当上限下降时，土中的冰融化成水，土的强度削弱，产生融化下沉或边坡坍塌的现象。路基融沉是非常普遍的现象，有些地段几年来累计融沉已达 2m 多，不得不每年用大量碎石道碴充填。这种融沉一旦发生，便在路基中形成融化槽。每年夏季大量雨水渗入，又带来大量热能，进一步促使融沉发展，造成较严重的路基病害。

我国多年冻土分布很广，主要集中在东北的大兴安岭、小兴安岭、青藏高原、祁连山、天山等地，占全国总面积的 1/5。多年冻土的工程性质，固然有其共性，但因其所在地的地理、气候条件不同，又各有其特殊性。因此，必须根据当地独特的情况，采取合理的处理措施。

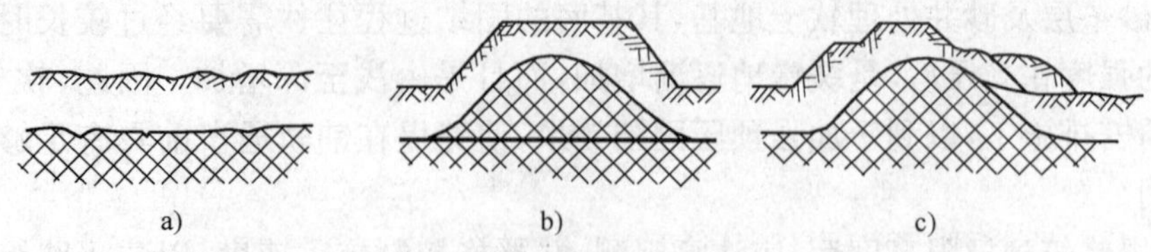
a)　　b)　　c)

图 5-20　多年冻土地区修筑路堤

a)原始地面及多年冻土上限；b)筑堤后上限上升；c)夏融后沿上限滑塌

二 冻土地区路基施工措施

对多年冻土地区病害的处理措施主要从 3 个方面着手：地基土改善、治水及保温。粉砂土或粉砂质黏土的冻胀量和融沉量都很大，在条件可能时，可考虑将这种地基土换成砾石、砂等粗颗粒土。换土后表层要做封闭层，防止地表水流入。冻土中的水是造成一切冻害的主要原因，所以首先要防止地表水渗入结构物地基，同时也要拦阻地下水向结构物地基附近聚集，可考虑设置截水沟。设置保温层的目的是维持地温的相对稳定，防止结构物地基及其附近地温因施工引起过大的变化。保温材料最好能就地取材，如泥炭、草皮、炉渣等。

(1)多年冻土地区一般采用路堤通过，施工中应以不破坏或少破坏地基的热平衡状态为原则。若必须以路堑通过，则一般应尽量减少挖方，因为这样直接破坏了路堑本体工程的多年冰冻状态。只有严格按照设计要求施工，迅速做好边坡保温层、基底换填、边坡加固及排水等措施，方能保证路基的坚固稳定。

当路堑按保护冻土原则设计时，宜在寒季施工。如果需要在暖季施工，应采取临时性保温措施，并须防止地表水流入或渗入基底和冲刷边坡。不得在雨季施工。

(2)当地基为少冰冻土或多冰冻土时，对基底不做特殊处理；当路堤的基底位于或路堑基底穿过富冰冻土、饱冰冻土或含水冰层时，为消除冻土的冻胀危害，可采取将基底全部清除至多冰冻土层，回填渗水土或含水率小于 1.2 倍塑限的黏性土，并做好基底纵向排水。当回填渗水土时，其顶部 0.5m 厚应铺填黏性土(图 5-21a)；当回填黏性土时，应在其底部 0.3m 厚铺填碎卵石(图 5-21b)。如果基底全部清除换填有困难或不经济时，可部分清除换填。基底换填开挖工程应在春融前完成。

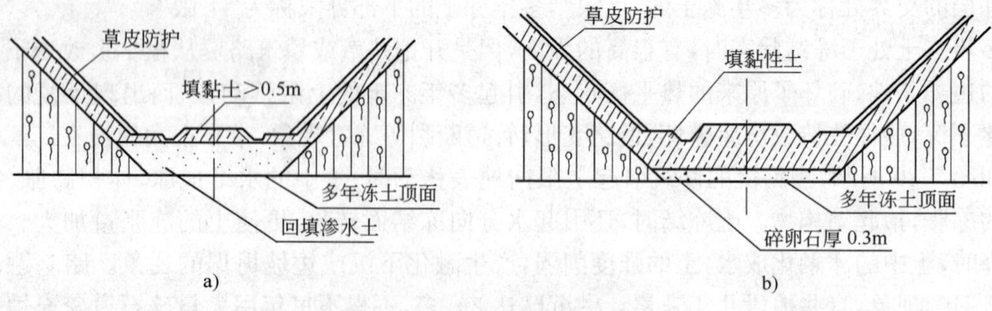

图 5-21　基底全部换填断面型式

(3)在地下冰或冻土融化后呈现流塑性状态的地段，除对基底采取保护基底天然植被的保温措施外，可在路堤两侧设保温护道，以缓和多年冻土上限的上升速度及保证路堤边坡的稳定。护道一般高 1～2m，宽 2～3m，坡度为 1：2～1：1.75，护道顶面设 4%的排水横坡。护道和路堤本体填料相同时，应连在一起填筑压实，如图 5-22 所示。排水沟至路堤坡脚或保温护道坡脚的距离不应小于 5m。

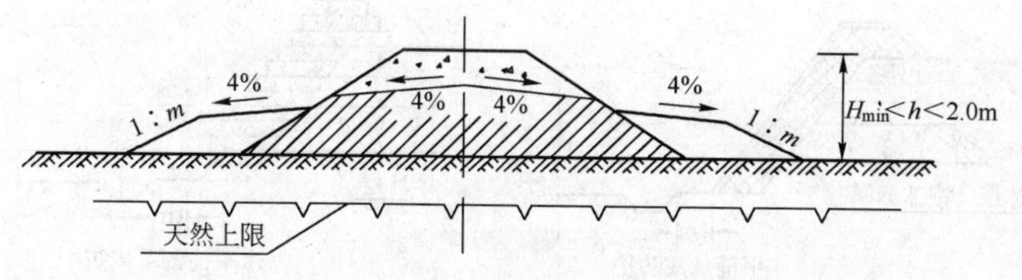

图 5-22　路基面填渗水土的断面形式

(4)如路堑边坡高度较大(大于 6m),有较好的地基条件时,可修建挡土墙,墙后填筑保温材料,保护边坡冻土不致融化(图 5-23)。当地基条件较差时,亦可采用锚杆挡土墙(图 5-24)。

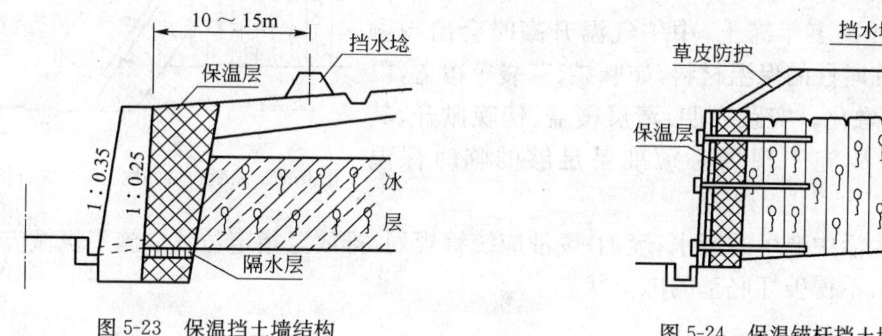

图 5-23　保温挡土墙结构

图 5-24　保温锚杆挡土墙结构

(5)土方填筑以 5～10 月份施工为宜。当基底为饱冰冻土或含水冰层时,路堤填料应根据路堤高度与最小保温高度(在东北地区大于 1.5～2.0m,在西北地区大于 1.0～1.5m)间大小关系来选定,同时应考虑冻土地区路堤填筑的特殊要求。应尽量优先采用粗颗粒的渗水土填筑路堤,并远离路堤集中取土,以保证多年冻土范围以内多年冻土状态不被破坏。如果必须在路基一侧取土时,取土坑宜在靠山一侧,离开路堤坡脚应有 20m 以上的距离。

施工时,基底换填和边坡填土应同时进行,先基底后边坡,最后铺砌草皮护坡或其他保温材料,如加气混凝土、泡沫塑料混凝土等。边坡填土须十分注意质量,否则不但降低了保温效果,而且会出现边坡滑动、坍塌。因此应保证夯实质量和填土与路堑坡面的良好结合,草皮等保温材料应待填土沉实以后铺设为宜。

(6)当路堑边坡穿过饱冰冻土或含水冰层而清除有困难时,坡面应采取保温措施,设置边坡保温层。通常可采用平铺或水平叠砌式的草皮单层护坡(图 5-25),或黏性土保温护坡,或采用两者结合的混合护坡(图 5-26)。

三 冻土地区路基施工注意事项

(1)多年冻土地区气候寒冷,平均气温低,因此有利于施工的季节很短。部分地区,如青藏高原,全年有大风的时间太多,缺氧严重,使得机械功率和施工人员的生产效率均大大降低。加上为保证冻土不融化所采取的保温措施,使得施工数量和施工费用增加,这些都造成多年冻土地区施工难度加大。因此必须抓紧有利季节组织快速施工,尽量在寒季备运工程用料。

(2)严格保护多年冻土的路堤基底、路堤两侧天然护道范围内的植被。对路堤基底部分,植被空隙应从别处移取植被填补。

(3)水中携带了一定的热量,暖季时水在冻土中浮动会加速冻土融化,不利于路基施工和

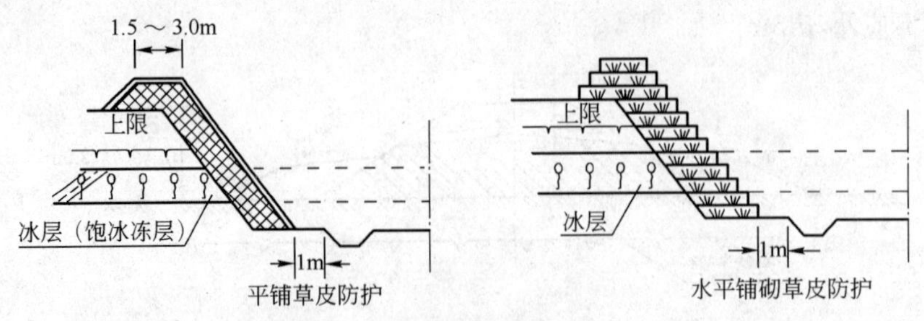

图 5-25　路堑边坡草皮单层护坡

路基稳定；寒季则给路基造成冻胀危害，危及行车安全。因此，要做好路基排水。

(4)在暖季开挖多年冻土，中午气温升高时会出现融化现象，可以用临时性的保温材料，如麻袋、草袋等覆盖，以避免和减轻冻土融化。实践表明：清晨覆盖、傍晚掀开，其保温效果最好。故施工现场必须准备足够的临时保温材料。

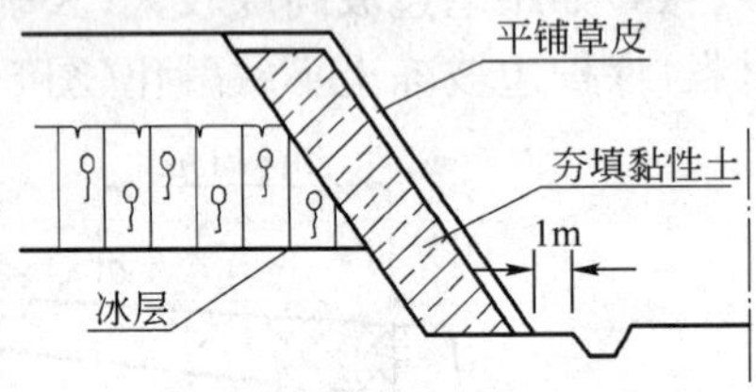

图 5-26　路堑边坡黏性土草皮混合护坡

(5)施工及生活中产生的废水、废油、废液应统筹规划，排放至指定位置。施工机械应按照规划的道路行走，不得破坏底基的冻土状态。

第三节　膨胀土地区路基施工

膨胀土是在最近 10～20 年内，铁路路基施工中越来越多地遇到的一种具有特殊性质的土。它的裂隙非常发育，土粒度成分黏粒比重较大，一般占 30%以上，所以称为膨胀土。由于膨胀土的湿胀、干缩现象很显著，能引起路基基底或结构物地基基础变形，甚至破坏，所以根据这些特征也称之为膨胀土。

膨胀土在我国分布很广，从东南沿海到川西平原，从太行山到云贵高原均可见到。在以往的铁路建设中，把它作为一般黏土对待，未引起足够的重视。自 20 世纪 60 年代以后，在实践中开始认识到膨胀土的特殊性，才开始对它进行研究。

一　膨胀土的主要特征

1. 裂隙发育

膨胀土中的裂隙主要为成岩裂隙和构造裂隙，另外还有各种杂乱无章的风化裂隙。裂隙的形成与其成土过程、胀缩效应、风化作用等许多因素有关。土体被各种裂隙割裂成柱状、板状和鳞片状，裂隙间常夹有软弱的填充物，故削弱了土体强度，且土体易沿裂隙产生变形。

2. 干缩湿胀

膨胀土的矿物成分以伊利石为主，混有蒙脱石。而蒙脱石系膨胀性黏土矿物，吸水时体积膨胀，失水时则收缩出现裂缝。膨胀土暴露在自然界中，易于崩解软化，工程性质很差，即使边坡坡度很缓时，仍不免发生边坡溜坍。

3. 强度差异

膨胀土的单独原状土块强度高，但由许多土块组成的土体，强度较低，其原因是受了裂隙的影响。膨胀土土体的强度还随裂隙各向分布的不同而有所差别，故用一般力学检算膨胀土边坡的稳定性尚有一定困难。

二 膨胀土地基常见病害

膨胀土的工程性质非常不稳定，常常出现滑坍、翻浆冒泥等不良现象。例如陕西省境内某线路的膨胀土路堑边坡，坡高仅3～4m，坡度虽缓至1∶2，但仍不稳定，经常发生滑坍现象。更有甚者，湖北省境内某线路的膨胀土路堑边坡，虽刷缓至1∶4，但仍不稳定，经常发生表层流坍现象。膨胀土路基病害非常普遍，路堑主要有冲蚀、剥蚀、溜坍、滑坡；路堤主要有下沉、边坡坍滑、坍肩、路肩开裂，如表5-3所示。

膨胀土地基常见病害　　表5-3

<table>
<tr><th colspan="2">病害名称</th><th>形成原因与特征</th><th>主要防治措施</th></tr>
<tr><td rowspan="4">路堑</td><td>溜坍</td><td>雨季中，坡凹处汇水下渗，膨胀的土层局部滑动、下沉、外移；坍界周围呈马蹄形</td><td rowspan="4">天沟、截水沟、侧沟平台及其他防冲刷、防渗设施；边坡坡面防护加固；边坡渗沟；有滑坡迹象时采用疏排水与支挡结合措施；疏排堑顶有害积水措施</td></tr>
<tr><td>剥蚀</td><td>开挖土体卸荷，应力释放，边坡向临空面胀裂，再经风化，土层逐步散解成碎块、石屑剥落堆于坡脚，堵塞水沟</td></tr>
<tr><td>冲蚀</td><td>表面土中微裂隙由于反复胀缩，逐渐发育，终使土块破碎成颗粒；遇雨冲刷呈现无数冲沟使风化加剧，形成恶性循环，危及边坡土体稳定</td></tr>
<tr><td>滑坡</td><td>由于土体抗剪强度的过度降低引起。具有滑坡形成的一般特征，常为牵引式塑性滑坡并恶性扩大发展</td></tr>
<tr><td rowspan="3">路堤</td><td>翻浆冒泥</td><td>路基顶部受气候、湿度等外力作用，多次膨胀变弱，在经水浸泡溶胀，强度骤减，受力后形成水囊，使道床下沉挤入土中，泥浆上翻冒出，引起轨道变形</td><td>采取换填透水填料及横向疏排水；设路基面封闭层</td></tr>
<tr><td>边坡溜坍和滑坡</td><td>外力作用，使边坡部分土体强度降低，遇雨更骤减，产生局部的或由路基面至坡脚的滑动；多由于施工中使用填料不当，压实不够或排水防护工作不善而引起</td><td rowspan="2">采用非裂隙土适用填料或对裂隙土填料进行土质改良；加强压实，边坡分层铺设土工纤维；边坡开裂，有滑坡迹象，采用支挡或挖除坍体，翻填放缓边坡或换填；基底换填及引排地下水</td></tr>
<tr><td>路肩开裂</td><td>由边坡溜坍或滑坡造成。裂隙一般位于距路肩边缘1～2m范围，或发展至更远</td></tr>
</table>

三 膨胀土路基施工措施

(1)膨胀土路基施工应优先安排在非雨季施工，当无法避免时，应保证施工中排水通畅，不出现积水浸泡工作面场地的现象。应尽可能采用机械化快速施工。路基一经开工，其开挖、填筑、防护加固、支挡、防排水各项设施和工作应依序一次性完成，尽快缩短开挖面暴露时间。当防护工作不能紧跟开挖完成时，应留出不小于0.5m的保护层。

(2)膨胀土的裂隙方向、开挖时间长短及路堑边坡的高度对其边坡的稳定都有很大的影响。当裂隙倾向线路方向时，对线路稳定不利。刚开挖的边坡，有足够的稳定性，时间稍久，水分渗入裂缝，裂隙间的强度衰减，间断的裂隙连贯起来，就有发生边坡坍滑的可能。路堑边坡越高，发生坍滑的可能性就越大，故在膨胀土地区应尽量避免做深路堑，必要时用挡土墙来支挡边坡。路堤边坡高度在6m以内时，采用1∶1.5的坡度；超过6m时要放缓坡度，或做反压护道。当路堑深度超过10m，应设置宽度不小于2m的边坡平台分级开挖，且挖一级，护一级。

(3)膨胀土地区的路堤填料应尽量选用经过搬运的膨胀土做填料。使用生土做填料，因土块较硬，不易碾碎压密，易产生路基病害，所以应预留必要的沉降量，其预留沉降量较一般路堤大。填筑路堤时，可将较差的土填在中间，外面用较好的土"包裹"(图5-27)。填层应用重型碾压机械压实，碾压时应严格保持最优含水率；压实层铺土厚度不宜大于30cm；土块应击碎至块径15cm以下。

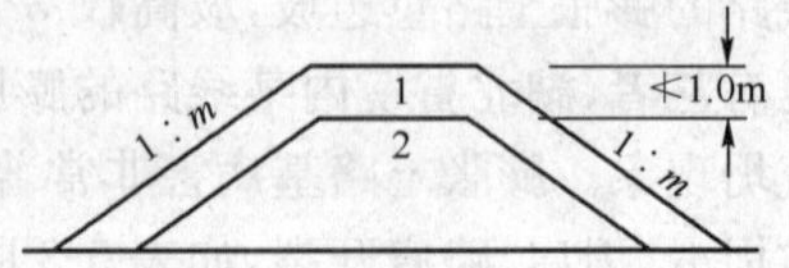

图5-27 膨胀土路堤填筑方法

1-种植土、渗水土和其他黏性土；2-刚开挖出来的膨胀土

当使用膨胀土填筑路堤时，虽然经过开挖、搬运及压实等重塑过程，膨胀土的工程性质已得到极大的改善，但由于重塑不可能很彻底，故仍保留一些裂隙土的性质，只是比天然膨胀土已大大改善了。此种路堤在建成的初期是稳定的，但经过几年后，仍有可能出现路堤下沉和边坡坍滑的问题。

(4)表土溜坍是膨胀土路堑病害中最为普遍的，溜坍厚度常在0.7m左右。刷缓膨胀土的边坡，对其稳定是不起作用的。只有将刚挖出的路堑边坡及时防护好，使边坡的表层土不受日晒雨淋的影响，尽可能保持土体的天然含水率，才能真正限制风化作用的发展。选择防护加固结构物应考虑膨胀土坡面不均匀下沉及表层土体干缩湿胀的特点。目前常用的边坡防护加固措施有：

①植物防护。常用的是铺种草皮，或兼种植紫穗槐。及时铺种草皮，可有效地抑制风化，防止冲刷，加固坡面土层。种植紫穗槐可防止碎石状的表土溜坍。

②骨架防护。骨架护坡采用拱形及方格形骨架较多，是加固膨胀土路堑边坡效果较好、使用较多的一种方法。浆砌片石骨架需设在稳定的边坡上，埋入坡面的深度宜大于0.5m，对易产生溜滑者，可加深至1.5m。

③重塑土反压。如图5-28所示，重塑土顶宽不小于2m，且要有一定的厚度，夯实密度应控制在最佳密度的85%左右。坡脚应设片石垛予以加强。

④坡脚挡土墙。可与重塑土反压措施配合使用，如图5-29所示。

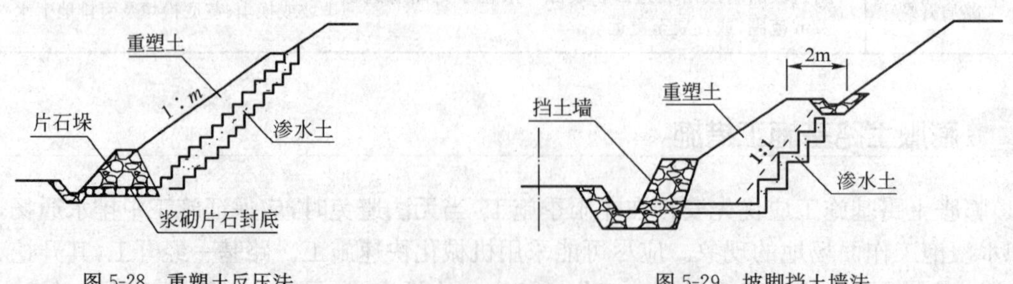

图5-28 重塑土反压法

图5-29 坡脚挡土墙法

(5)膨胀土的路堑出现坍滑的情况，以久旱后暴雨季节最为频繁，所以排除地面水，使之不侵入路堑坡面是很重要的。除做好坡面防护外，还必须在堑顶修筑天沟，以引走堑顶水流。如堑顶有积水洼地或池塘，最好填平。

(6)在路堤的基床范围内，填料最好用熟土或生土掺砂夯实填筑。路堑地段，最好在基床顶面0.2～0.5m厚度范围内换填好土。如无换土条件时，须将表层土疏松掺砂修筑路拱，并做好侧沟的防渗处理。

第四节　黄土地区路基施工

黄土是第四纪的一种特殊堆积物，它广泛分布于亚洲、欧洲、北美和南美等10多个国家。在我国，黄土主要分布于黄河中、下游的甘肃、宁夏、内蒙、陕西、山西、河南和河北诸省，在东北和新疆也有少量黄土分布，覆盖面积达64万km^2，约占我国领土面积的6.6%。特别是我国西北地区，黄土分布广，厚度大，地层完整，地貌类型多而复杂，为世界上黄土最为发育的地区。其主要特征为：颜色以黄色为主，有灰黄、褐黄等色；含有大量粉粒，含量一般在55%以上；具有肉眼可看见的大孔隙，孔隙比在1左右；富含碳酸钙成分及其结核；无层理，垂直节理发育。具有易融蚀、易冲刷尤其是湿陷性等工程特性。上述特征和特性，导致黄土地区的路基容易产生多种特有的问题和病害。

一　黄土的工程特性

(一)黄土的结构特征

1. 黄土的结构

黄土的颗粒组成以粉粒(0.005～0.05mm)为主，可达50%以上，其中粗粉粒(0.01～0.05mm)含量又大于细粉粒(0.005～0.01mm)含量。因此，黄土的结构是以粗粉粒为主体骨架的结构。较大的砂粒“浮”在结构体中，细粉粒、黏粒和腐殖质胶体则附在砂粒及粗粉粒的表面与易溶盐及沉积在该处的碳酸钙、硫酸钙一起形成了胶结性的联结。有了这种胶结性联结后，黄土结构也就稳固了。

2. 黄土的多孔性

黄土结构中的孔隙可分为以下3类。

(1)大孔隙，基本上肉眼可见，为直径约0.5～1.5mm的孔道。

(2)细孔隙，是架空结构中大颗粒的粒间孔隙。肉眼看不见，双目放大镜下可观察到。

(3)毛细孔隙，由大颗粒与附在其表面上的小颗粒所形成的粒间孔隙，肉眼更看不见。

这3种孔隙形成了黄土的高孔隙度，故又称黄土为大孔土，遇水易冲蚀、崩解、湿陷。黄土的孔隙率变化在35%～60%之间，有沿深度逐渐减少的趋势。在地理分布上则有着自东向西、自南向北孔隙率增大的规律。黄土中的孔隙呈垂直或倾斜的管状，以垂直为主、上下贯通。其内壁附有白色的碳酸钙薄膜，碳酸钙的胶结对黄土起着加固的作用。

3. 黄土的节理

黄土节理以垂直节理为主。一般在干燥而固结的黄土层中比较发育，土层上部比下部发达。有时在黄土中发现有斜节理，这大都是由新构造运动所造成的。

(二)黄土的水理特性

1. 渗水性

由于黄土具有大孔隙及垂直节理等特殊构造，故其垂直方向的透水性较水平方向为大。黄土经压实后大孔隙构造被破坏，其透水性也大大降低，一般新黄土的渗透系数 k 约为 $1\times(10^{-2}\sim10^{-3})$m/s，老黄土的渗透系数 k 约为 $1\times(10^{-3}\sim10^{-5})$m/s。此外，黏粒的含量也会影响黄土的渗透性。

2. 收缩和膨胀

黄土遇水膨胀，干燥后又收缩。经多次反复后，容易形成裂缝及剥落。由于土的自重作用使粉粒在垂直方向的粒间距离变小，所以具有天然湿度的黄土在干燥后，水平方向的收缩量比垂直方向的收缩大，一般约大 50%～100%。

3. 崩解性

各类黄土的崩解性相差甚大。新黄土浸入水中后，很快就全部崩解。老黄土则要经过一段时间才全部崩解，红色黄土基本不崩解。

(三)黄土的物理力学特性

1. 黄土的抗剪强度

原状黄土的各向异性。由于垂直节理及大孔的存在，原状黄土的强度随方向而异，黄土水平方向的强度一般较大，45°方向居中，垂直方向强度最小。但冲积洪积黄土则因存在有水平层理的关系，则以水平方向强度为最低，垂直方向强度最大，45°方向仍居中。

2. 黄土的湿陷性

黄土可分为两类。一类为湿陷性黄土，另一类为非湿陷性黄土。黄土的湿陷性，可按下述方法鉴别。

将土样用普通固结仪加压至 200kPa，变形稳定后，浸水测定相对湿陷系数 δ_s。

$$\delta_s = (h_z - h'_z)/h_z \tag{5-2}$$

式中：δ_s——相对湿陷系数；

h_z——试样在 200kPa 压力下变形稳定后高度，cm；

h'_z——上述加压稳定后的土样，在浸水作用下变形稳定后的高度，cm。

当 $\delta_s \geqslant 0.02$ 时，黄土被认为是具有湿陷性的。

3. 黄土的液塑限

从黄土的液塑限试验结果看，黄土是一种比较特殊的黏性土或粉性土。例如宝兰二线某合同段沿线取土场的试验结果表明(表 5-4)，其液限大多小于 28，个别的略大于 28，主要集中于低液限区，塑性指数一般都小于 12，大部分在 10 以下，最低的在 7 左右。黄土可命名为粉质中低液限黏土或低液限粉土，所以黄土较难压实。

4. 黄土的击实特性

从黄土的重型击实曲线来看(图 5-30)，其最大干密度一般在 1.85～1.98g/cm³ 之间，最佳含水率 11.5%～13.8%。最大干密度越小，曲线越平缓，这主要是黄土的孔隙发达所致。

随着含水率的增加，大量的水分首先填满孔隙，然后润滑表面。因此孔隙越发达，曲线越平缓。

黄土的液塑限试验结果表 表 5-4

取土场桩号	液限(%)	塑限(%)	塑性指数
DK1384+458	26.2	18	8.2
DK1388+500	27.7	18.8	8.9
DK1386+400	28.3	18	10.3
DK1383+300	30.8	19.6	11.2
DK1391+300	27.4	17.4	10
DK1388+620	30.4	16.5	13.9
DK1378+400	21.4	16	5.4
DK1386+300	21.6	16	5.6
DK1421+600	28.5	21.4	7.1
DK1429+400	28.6	20.9	7.7
K1433+330	27.2	18.9	8.3

但从曲线的峰值附近看，曲线半径越来越小，这就反映了黄土在达到高标准压实要求时，对含水率的敏感性，也就是说，使用黄土填筑路堤时施工含水率的控制范围很小，这就给黄土压实工作带来了一定的难度。一般土的含水率在最佳含水率3%上下范围时，压实度更容易达到要求。工程实践表明，含水率小于最佳含水率时，压实功明显增加，当含水率大于最佳含水率时，压实相对更容易些。这主要因为：

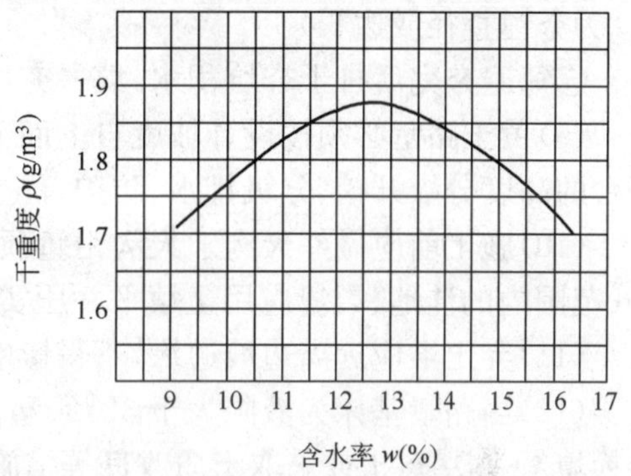

图 5-30 取土场黄土击实曲线

(1)含水率大于最佳含水率时，施工中水分损失后，其压实时的含水率更接近最佳含水率。

(2)水分较多时，土颗粒表面的水膜可起一定程度的“润滑”作用，土颗粒在外力作用下，更容易移动，使土颗粒挤压得更密实些。不过，像其他土质一样，含水率达到一定程度时，黄土压实时同样会出现“弹簧”，最好不超过最佳含水率的3%。

二 黄土路基施工措施

(1)黄土路基宜在旱季施工。当雨季施工时，应集中力量快速施工，工作面应随时保持不小于4%的排水坡，路堤、路堑边坡坡脚不得受水浸泡、冲刷。地质不良、地基处理和重点土石方工点应避免雨季施工。

(2)各工点施工前，应先做好地面排水和防洪设施。各种水沟铺砌必须保证质量，严防渗漏。

(3)对强湿陷性、高压缩性、承载力不足和有陷穴的地基，应按设计要求处理后才能填筑路堤。

(4)填筑路堤前应将松散的地基表面洒水压实至规定密度。路堤两侧排水沟以内的坑洼和松散地面皆应整平压实至干重度不小于 15kN/m³,且不得积水。

(5)路堤基床应采用 Q_4、Q_3 黄土填筑;在平均年降水量大于 500mm 的地区,不得采用液限大于 32%、塑性指数大于 12 的 Q_2、Q_1 黄土填筑。基床以下可采用各种黄土填筑;但用 Q_2、Q_1 黄土做填料,当其黏土颗粒含量大于 30%时,宜填于路堤内部。

(6)填筑路堤应采用重型压实设备快填、快压;填料含水率应严格控制在规定范围内,并宜接近于最优含水率。

(7)应严格控制填土松铺厚度,路堤两侧填宽以 50cm 为宜,施工预留沉降量可按路堤高度的 1%~1.5%设置。

(8)强夯法处理地基施工应符合下列规定:

①施工前应按设计的高程整平场地,应设置必要的土质监测点和空隙水压监测点,并做好防震设施。

②应按设计的强夯参数现场进行试夯,确定强夯工艺和检定参数。

③强夯机宜采用履带式起重机;夯锤底面必须设置一定数量的竖向气孔;脱钩器应与夯锤配套。

④必须按照设计的遍数、点数、点位和试夯确定的工艺进行施工,点位允许偏差为 $\pm D/10$(D 为夯锤直径或边长)。

⑤每遍夯完后排干夯坑积水,填平夯坑,待空隙水压消散后再行下一遍。

(9)黄土路堑必须按设计坡度自上而下进行开挖,并保持坡面平顺。对深长路堑宜按边坡平台的高度分级开挖、分级排水、防护。

(10)施工前应做好天沟。天沟距堑顶边缘不得小于 5m。堑顶边缘外相当于边坡高度加 5m 范围内的洼地、裂缝应用土填平并压实至干重度不小于 15kN/m³。

(11)弃土堆应远离边坡边缘,不得影响边坡稳定;深路堑边坡顶不得设置弃土堆。

(12)当路堑基床为液限大于 32%、塑性指数大于 12 的 Q_2、Q_1 黄土和古土壤时,基床表层应换填 Q_4、Q_3 黄土或采取土质改良等措施。

(13)黄土陷穴处理施工应符合下列规定:

①考虑到陷穴的发展,应对路堤或路堑上侧 50m,下侧 10~20m 以内的陷穴进行处理。

②对浅的陷穴应按实际情况跟踪明挖,用黄土回填,分层夯实。

③对小而直的竖向陷穴可灌入干砂,用棒捣实,并用黏土封顶夯实。

④对洞径不大、洞身曲折、离路基较远的陷穴,可取黏土、水泥(约为土重的 10%~15%)加水拌和成泥浆,用泥浆泵多次灌注充填。

⑤对大而深的陷穴可跟踪开挖导洞,从内向外用黄土回填夯实,并用黏土夯填封口,厚度不小于 50cm。

第五节　崩塌地段的路基施工

一 崩塌地段特征及成因

崩塌是指陡峭斜坡上的大量岩块在重力作用下突然而猛烈发生向下崩落、翻滚的地质现象。它是山区最常发生的不良地质现象,个别的下落岩块一般称为落石,而规模极大的崩塌称为山崩,如图 5-31 所示。崩塌的规模在几立方米到几万立方米之间,小规模的崩塌可根据具体的地形、地质情况采取相应的措施进行治理；而大规模的崩塌对铁路建筑物的危害则很大，往往造成道路破坏、河流堵塞，甚至直接摧毁结构物，处理起来也较为困难，是山区铁路施工的一个难点。

在我国西南、西北及华东地区，如宝成、成昆、贵昆、鹰厦等线路历年均有崩塌、落石的发生，几乎占了全部路基病害工点的50%以上，形成崩塌落石群。

崩塌的形成是多种因素共同作用的结果，主要原因如下。

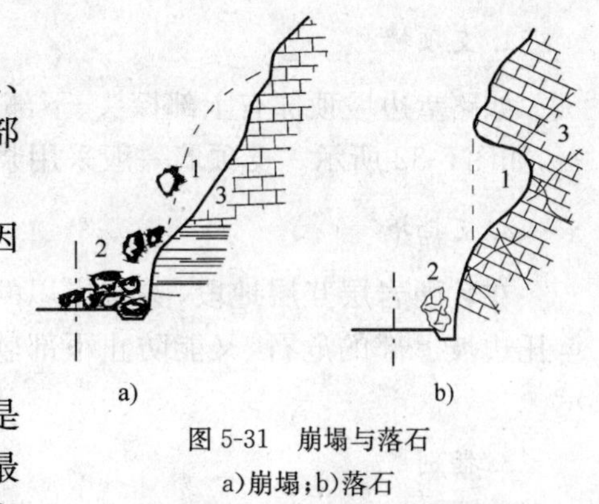

图5-31　崩塌与落石

a)崩塌；b)落石

1-崩塌落石体；2-堆积块石；3-风化岩体

1. 地形条件

地形条件是崩塌发生的外因，坡度、坡高及坡形是影响崩塌的主要因素。高峻陡峭的地形是发生崩塌最有利的条件。当坡度大于45°时，发生崩塌的概率大大增加，尤其是以55°～75°时居多。

2. 岩层性质及构造条件

岩石性质、成层及构造条件是决定斜坡形态及稳定性的直接因素。

不同的岩石性质，其强度、抗风化和抗冲刷的能力及渗水程度均不同。一般来说，直立陡峻的地形往往由硬质岩形成。硬质岩受风化作用后，岩石逐渐分解，崩塌也就随之形成。对于软硬相同的岩石形成的斜坡，如砂页岩互层，由于页岩易风化，砂岩突出，失去支撑，岩体受节理切割极易产生崩落。由软质岩构成的斜坡，由于软质岩风化严重，故斜坡坡度一般较缓，较少出现崩塌。

不同的成层，其斜坡稳定性不同。一般情况下，由单层比较完整均一的岩石组成的斜坡，稳定性较高；而由非均一的互层岩石组成的斜坡，稳定性较差。

不同的岩体构造，其斜坡结构面的空间位置也不同，出现崩塌的程度也各异。岩体节理发育，且结构面的组合位置处于不利情况时，易沿这些面发生崩塌；当山坡上方有断层破碎带时，易沿断层破碎带发生崩塌。

3. 水的破坏作用

水是崩塌产生的最重要因素。当水渗入岩石裂隙后，岩石发生软化、润滑和动水压力作用，导致岩石强度降低，加速崩塌的发生。故绝大多数崩塌发生在雨季或暴雨之后。

4. 其他因素的影响

爆破施工、列车振动、地震以及人工边坡过高、过陡，均有可能破坏岩体结构，造成斜坡的稳定性变差，形成崩塌。

只有充分了解崩塌的成因，才能采取合理的处理措施，对山坡上的危石、落石加以处理，防止危石、落石掉到路基上，阻碍行车。当然，在勘测设计时，应尽可能选择不通过崩塌地段的最优线路，或者尽量缩短线路通过崩塌地段的长度。

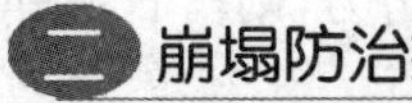

二 崩塌防治措施

崩塌的防治措施很多，通常有支补、拦截及遮挡3种。

(一)支补

1. 支顶墙

如路堑边坡顶部有上部探头、下部悬空的危石时，为防止崩塌的发生，可设支顶墙支持危石，如图 5-32 所示。支顶墙一般采用浆砌片石或混凝土砌筑。

2. 支挡墙

在软硬岩层互层地段，除有崩塌的危险外，路堑边坡也不稳定，可修建支挡墙。它既能承托边坡上部的危石，又能防止下部软岩的继续风化，且还具有挡土墙的作用，如图 5-33 所示。

3. 插别

对于山坡上个别孤立的危石，当不易清除时，可采用插别法进行稳固，如图 5-34 所示。先在紧靠危石脚下适宜位置打出若干孔，插入适当长度的粗钢筋或废钢轨，紧贴危石，然后灌入水泥砂浆锚固住。

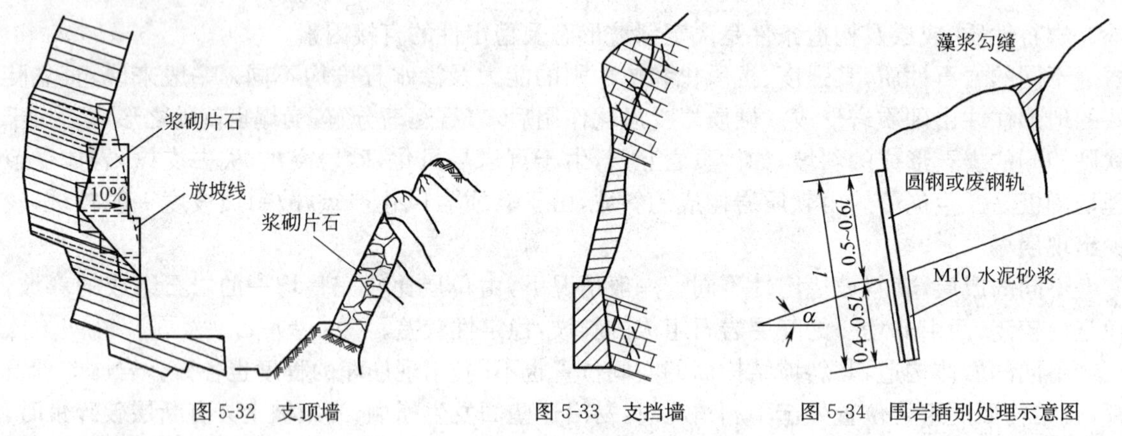

图 5-32　支顶墙　　图 5-33　支挡墙　　图 5-34　围岩插别处理示意图

4. 压浆

节理或裂隙发育的斜坡，可采用压浆方法处理，即将水泥浆液或其他化学浆液，用高压水泵沿钻孔压入岩石裂隙中去，固结岩块，增加它们的连接性和岩块间的摩擦力，同时也可防止地表水的下渗。

(二)拦截

当山坡上部的岩石风化严重，落石较为频繁，且落石规模不大时，可修建拦截建筑物，以防落石跳到路基上。常见的拦截建筑物有：落石槽、落石平台、拦石墙、拦石网及桩障等。

1. 落石槽及落石平台

当落石地带与路基之间有富裕的缓坡地带(倾角小于 50°)时，可在缓坡上高出路基高程不超过 20～30m 处修筑落石槽，如图 5-35 所示。若崩落物有较大的冲击力，则落石槽外侧应配合设置拦石墙。

当落石地带与路基之间有一定距离的平缓地带，且路基高程较落石地带高出较多，则可因地制宜修筑落石槽，但在迎石边坡应采用干砌片石防护，如图 5-36 所示。

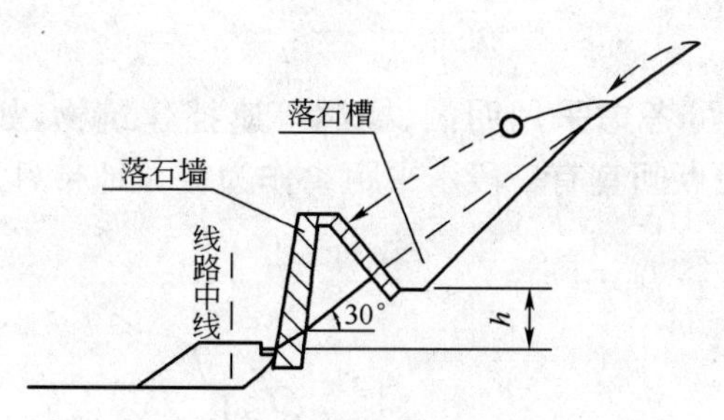

图 5-35　落石槽典型断面图之一

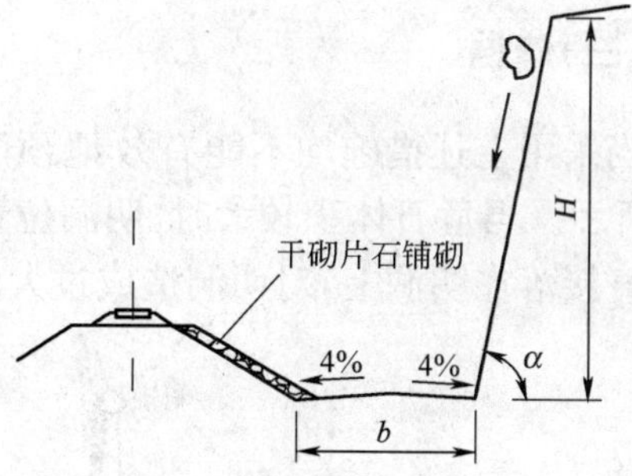

图 5-36　落石槽典型断面图之二

若路基高程与落石地带的高程相差不多(不超过 2～2.5m)，宜修筑落石平台。当落石平台的高程与路基高程大致相同或略高时，宜在路基侧沟外侧加修拦石墙，如图 5-37 所示。当落石平台的高程略低于路基高程时，宜在路堤边缘修建路肩挡土墙，如图 5-38 所示。

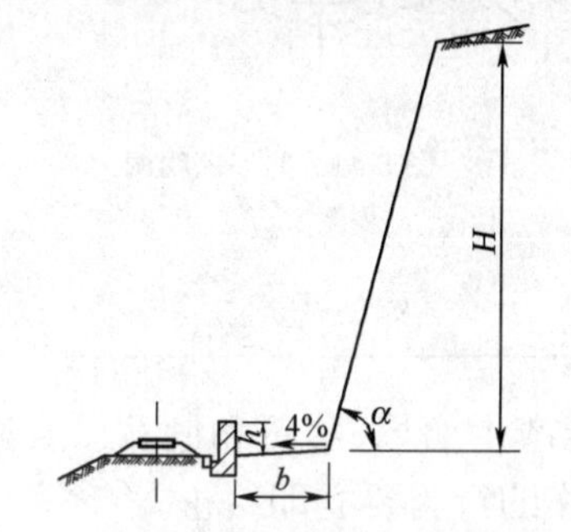

图 5-37　落石平台典型断面图之一

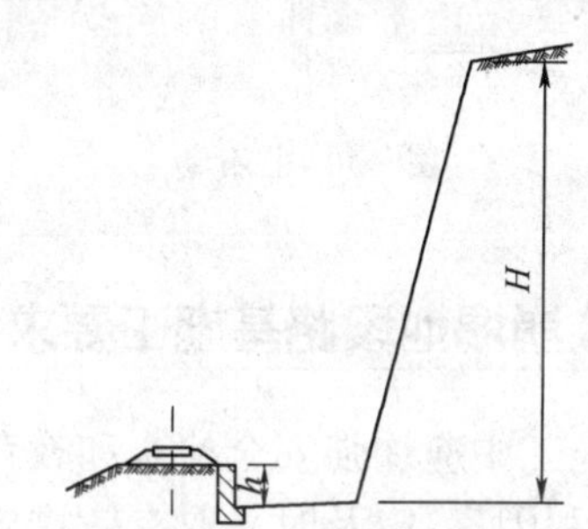

图 5-38　落石平台典型断面图之二

2. 拦石网

如山坡上部坠落的石块为小粒石块，可在山坡下部的较缓地带或路基旁侧设置拦石网。拦石网是用木料或钢筋混凝土做立柱，露出地面的高度不小于 1.5～2.0m。柱间间距为 2～4m，柱间张拉铁丝网，略呈弧形，借以削减坠落石块的动能，如图 5-39 所示。

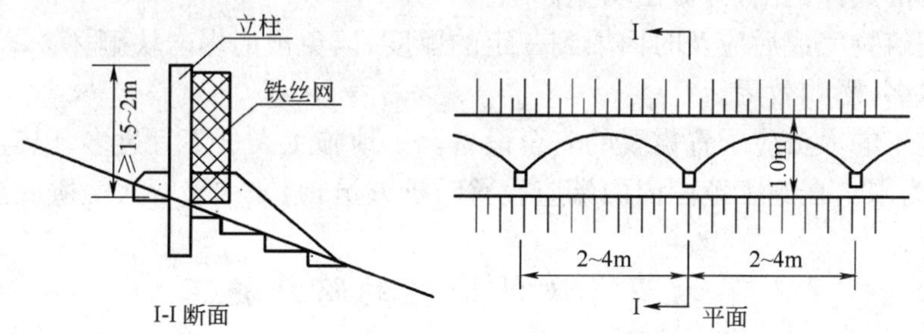

图 5-39　拦石网

在边坡上设置桩障以及植树防护边坡也能起到减少、拦截落石的作用。拦石网应按设计要求结合实际地形布置施工，网不可绷得太紧，应放松略呈弧形。

3. 拦石墙

当落石山坡的下部无缓坡，但有小于 40°斜坡的地方，可在这些斜坡上修建拦石墙。也可在路堑边坡坡脚修建拦石墙。拦石墙墙背通常用砂土填筑缓冲层，以防墙被撞坏，如图 5-40 所示。

(三)遮挡

当采用上述措施均不能有效地预防崩塌时,可考虑采用明洞、棚洞等遮挡建筑物,如图5-41所示。当危石体积较大时,明洞位置与危石地点间宜有一段水平距离作为缓冲地带,以免危石直接落在明洞上,对明洞造成过大的损伤。

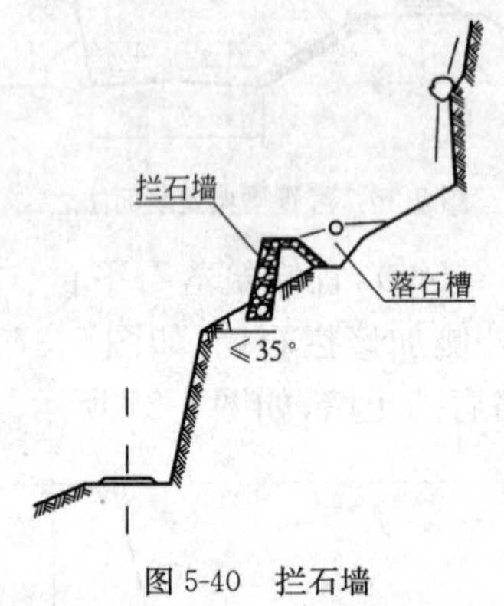

图 5-40　拦石墙

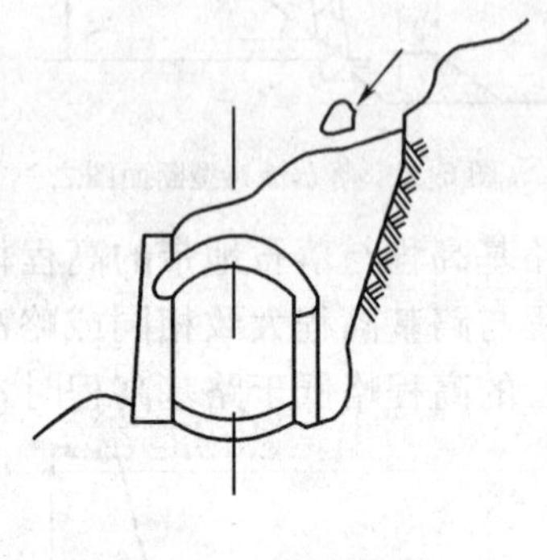

图 5-41　防崩塌明洞

三 崩塌地段路基施工要求

(1)施工中应加强安全检查和教育,对检查发现可能产生崩塌、落石和危石以及影响岩体稳定的不利因素,应及时采取有效措施。对违反安全操作的行为要立即纠正。

(2)当崩塌情况严重,采用清方明挖易造成人员伤亡时,应通过设计采取可靠的工程对策或变更防治措施。

(3)落石地段各项防治措施应及时配套完成。落石台和落石槽的排水坡坡面设有防渗设施时,应紧随落石台、落石槽同时完成。

(4)在崩塌地段施工,为防止造成坍方,只宜采用小爆破自上而下进行开挖作业,而且刷坡时,应明确清刷的具体范围,并做出明显标志。

(5)遮挡建筑物完成后应及时回填到一定的厚度,以免被崩塌岩块砸坏。落石坑应经常清理,防止堆积过多,影响效用。

(6)参与施工的人员应配置需要的安全设备。工地施工人员不宜过多,以避石处所的容量及其通道情况为限。在施工范围内两端应设置防护人员,通知往来行人绕避或注意。

第六节　风沙地区的路基施工

我国的风沙地区主要分布在新疆、内蒙古、宁夏、甘肃、青海 5 个省区,陕西、吉林、黑龙江、辽宁等省也有小片分布,面积大约 109 万 km^2。在风沙地区的铁路路基,容易遭受风蚀或沙埋等病害,若在施工时没有良好的防护工程,运营后会给铁路的行车安全带来极大的隐患。

一 风沙地区分类

沙丘按固定程度可分为固定沙丘、半固定沙丘和流动沙丘 3 种。固定沙丘呈钟形或坟堆形,植物覆盖面积达 40%～50%,其沙害较小,如注意保护植物,封沙育林,则对铁路无危害。

半固定沙丘呈椭圆形或长条形，植物覆盖面积在15%～40%之间，其沙害较轻，但必须有适当的防沙措施。流动沙丘密集分布，远望如海洋，植物覆盖面积在15%以下甚至裸露，其沙害严重，铁路两侧必须采取有效的防沙措施。

风沙地区按沙害严重程度不同可分为3种，见表5-5。

风沙地区分类表

表5-5

风沙地区分类	沙　源	病害方式	年输沙量(m^3/m)
较微风沙地区	少数半固定沙丘，大部分为固定沙丘或沙地	少量流沙	≤5
一般风沙地区	少数流动沙丘，大部分为固定和各半固定沙丘	以风沙流为主	5～15
严重风沙地区	成片的流动沙丘，沙丘面积在20%以上；或地面几乎都是裸露的疏松沙地	沙丘移动和风沙流并重	≥15

二 风沙对铁路的危害

1. 风蚀

风沙地区修建路堤时，常采用粉砂或细砂来填筑。当风力达到起沙风速而作用于路堤时，沙粒被吹走，产生路基风蚀。路基坡面出现风蚀槽痕；顶面被磨成浑圆状，宽度减小，严重时造成枕木外露，影响行车安全。路基风蚀一般在路肩处最为严重，坡面次之，背风坡脚反而有积沙现象。

路堑地段，堑顶被风蚀成浑圆状或不规则形状；路堑坡面形成风蚀洞，引起坍方。

2. 积沙

路基本身是风沙流运行的障碍物，能导致风沙流运行速度降低，沙粒沉落，积沙于线路，形成积沙现象。当积沙超过一定程度或者沙丘体前移时，积沙会掩埋了道床，出现所谓的"沙埋"现象。

积沙的堆积形式不同，会对线路产生不同程度的危害。分布在道床内的均匀的"片状积沙"会导致掩埋钢轨，引起道床病害，可能造成行车事故；由于大风使大片流沙或流动沙丘舌状向前延伸形成的"舌状积沙"，短时间可以掩埋路基，沿路基延长可达数米至数十米，高出轨面达数十厘米，对行车安全威胁较大；因沙丘体前移，流沙成堆状停积在线路上形成的"堆状积沙"，则易造成行车险情，且积沙量大，清除工作艰巨。

三 风沙地区路基防护

路基防护通常采用固定、阻隔、疏导等综合治理措施，从路基本体保护、路基两侧保护和植树造林3方面着手，以植物治沙为主，机械固沙为辅，效果较为显著。

(一)路基本体防护

路基本体防护的目的是保护路基处于稳定状态，不受风沙的损害和破坏。防护材料一般采用耐干旱、须根发达且带土的草皮，其他如干草类(麦秸、蒲草)及碎石也可，但碎石最小粒径不得小于1cm。

路基本体防护主要形式有草皮防护、黏性土防护和碎石防护3种。

1. 草皮防护

草皮防护只宜作为施工初期的坡面临时防护。草皮防护的施工步骤为：材料准备→路基中线→水平测量→按设计图纸检查各部尺寸→整修边坡→铺草皮→封闭缝隙→清理坡面。铺草皮按自下而上的顺序进行，第一块草皮在坡脚应埋入地面 8～10cm。草皮块之间应有 30cm 的搭接长度；若采用顺序铺设，草皮块缝应交错布置，草皮块之间的缝隙需用黏土封闭，以减少草皮下的水分蒸发，如图 5-42 所示。

2. 碎石防护

坡面平铺碎石厚度为 5～7cm，路肩铺 10cm 厚的碎石层。碎石层厚度要均匀，并保证路基横断面尺寸准确，如图 5-43 所示。

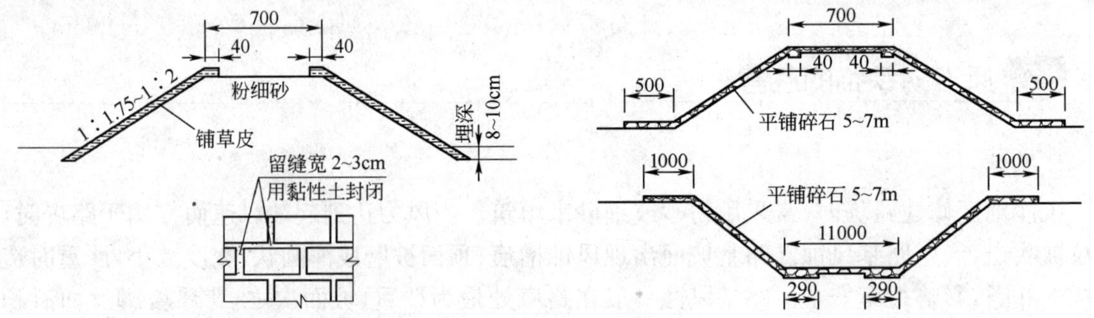

图 5-42　草皮本体防护(尺寸单位：cm)　　图 5-43　平铺碎石本体防护(尺寸单位：cm)

3. 黏性土防护

采用黏性土防护的测量放线工作与草皮防护相同。施工也是自坡脚开始，自下而上边填土边拍实，坡面黏土层厚 15～20cm，坡面填拍后应撒种草籽。

(二)路基两侧防护

1. 防沙体系

防沙体系包括设防带和植被保护带，如图 5-44。设防带一般采用两种以上的防沙措施，其宽度除考虑风沙严重程度外，尚应考虑风况、地形地貌及采用的防沙措施等。植被保护带宽度主要考虑风沙严重程度和当地人为活动情况。靠近铁路是加强防护区，绝不允许沙流越过该区而掩埋铁路工程；远离铁路，可允许少量沙流浸入加强设防区的外缘。

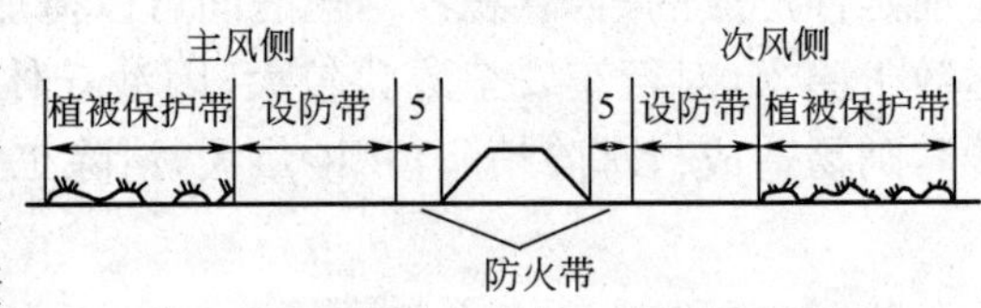

图 5-44　路基两侧防护体系(尺寸单位：m)

2. 工程防沙

防沙按其性质可分为工程防沙和植物防沙两大类。植物防沙必须用工程防沙过渡，所以工程防沙是新建铁路初期的基本防沙措施，它主要分为固沙、固阻沙和阻沙 3 种。

1)固沙

在路基两侧的设防带内，靠近路基一定范围内采取固沙(平铺)措施，一般迎风侧为 100～200m，背风侧为 50～100m。其外则采用阻沙措施。固沙主要采用不被风吹蚀的材料覆盖沙面，使得覆盖层下的沙子不再移动，但此法不能阻止风沙流中沙子的搬运。

固沙措施根据就近料源的情况，可分别选择卵石、砾石、矿渣及黏性土进行覆盖。覆盖沙丘时，宜先将陡立的落沙坡铲成缓坡，先铺迎风坡，后铺背风坡。当选用卵石、砾石、矿渣时，可以铺设成堆状，也可摊平，一般卵石土铺厚 5～10cm，砾石土铺厚 8～12cm，矿渣根据其性质比照卵石土决定平铺厚度。平铺时，播种抗干旱的灌木或半灌木种子。当选用黏性土进行覆盖时，宜铺成中部略高、两侧略低的条带状，铺设厚度一般为 10～15cm，宽 0.5m，应拍打密实，带间距离为 1～1.5m，以便雨水下渗地层，有利形成旱生灌木林带。

2)固阻沙

固阻沙措施常采用低立式沙障。此类沙障兼有固沙和阻沙作用，还能保持沙中水分，以利植物生长。沙障露出地面高 10～20cm，埋入地面深 10cm 左右。沙障材料可采用稻草、黏性土、草皮块及沥青毡等。图 5-45 为草方格沙障防护示意图，它适用于防护高大流动沙丘对路基的侵害，内层草方格为 1.0m×1.0m，外层为 2.0m×2.0m，草埋深 15cm，外露 15～20cm。

3)阻沙

阻沙措施通常采用高立式沙障，只起阻沙作用，以树枝条立式沙障最为常见，其埋设方法如图 5-46 所示。风向单一时，树枝条按环状布设，如图 5-47 所示，沙障排距一般为 2～3m，上风侧应密一些；风向多变时，树枝条按格状布设，如图 5-48 所示，上风侧做成格状，下风侧做成环状。

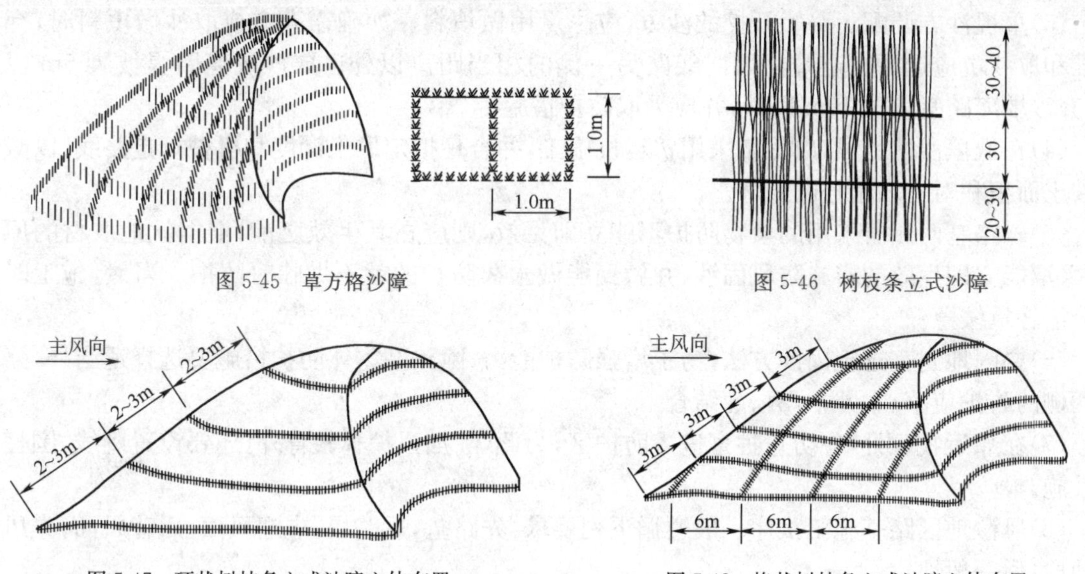

图 5-45 草方格沙障

图 5-46 树枝条立式沙障

图 5-47 环状树枝条立式沙障立体布置

图 5-48 格状树枝条立式沙障立体布置

(三)植物防沙

植物防沙是最有效的防沙措施，通常采取种防沙林的办法，但初期必须用工程防沙过渡。林带一般沿线路平行布置，比沙害地段略长，形成封闭状态，阻截任何方向的流沙。当风向与铁路线为大角度相交时，树行可与线路平行，如图 5-49 所示。

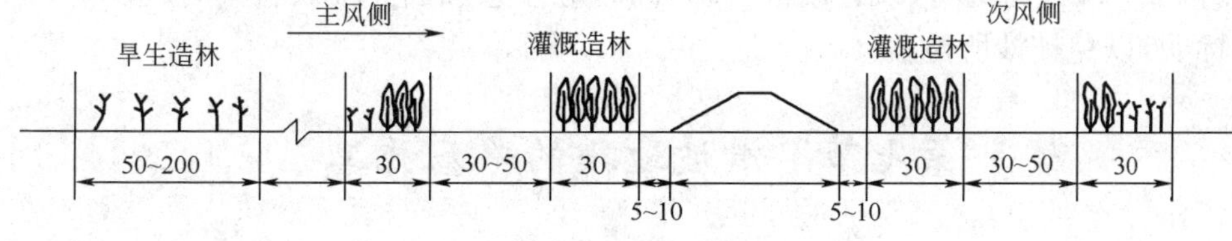

图 5-49 林带横断面图(尺寸单位：m)

植树要选好季节和部位。如:不耐旱的树种应在春季栽种,其余树种宜在秋季种植;杨柳和松树需要较多水分,则宜种在坡脚和丘间平地处;黄柳适应性强,可种于坡面;沙枣满身带刺,宜种于林带外围,可对林带起保护作用。

防护工程需要劳动力多,季节性又强,重点防护区要突击施工。因此,可与当地政府联系,动员当地人员参加施工,施工单位派人进行技术指导,以保证成型路基的防护工程在风季之前完成。

四 风沙地区路基施工要求

(1)应尽量抓住有利的施工季节。旱季多风缺雨,沙粒活动量较大,对施工不利;最适宜的施工季节为雨季及少风的季节,但夏季炎热,应尽量安排早晚施工。冬季则按冬期施工规定办理。

(2)沙方工程与防护工程同时进行。填筑路堤或开挖路堑时,应集中使用机械、劳力和运输工具,分段进行沙方工程施工,完工一段,防护一段。防护工程施工时,先做主体防护,再按先近后远的原则做两侧防护。沙害严重地区要先做。

(3)重视沙方调配。路堑开挖的沙方,应尽量用做填料。如确需弃方或取沙做填料时,弃沙堆和取沙坑应选择在避开主风向线路另一侧的相当距离以外。取沙坑离路堤坡脚 5m 以外,弃沙堆离路堑坡顶 10m 以外,并应采取防护措施。

(4)在低填浅挖地段,应尽量采用铲运机施工,并合理拟定取土深度和机械行走路线,以减少破土面积和对地表植被的破坏。

(5)若路基两侧所采用的植物防护不能立即见效,则应在其生效之前,根据就地取材的原则,采取能立即生效的措施防风固沙,并做到能做永久防护的就不做临时防护。当然,施工时要分清轻重缓急。

(6)要因地制宜选定固沙方法,为了增强防护能力,除路基本体防护措施要选择适当外,路基两侧的防护应草、木并举,乔、灌结合。

(7)在靠近牧区处,应防止牲畜进入防护区,为此,除加强护林教育外,还要设置刺线、围栏等设施。

(8)风沙地区路基施工次序一般遵循下列要求:先路堑,后路堤;先迎风面,后背风面;先风口地段,后一般地段。

(9)施工中,应采取措施保护线路两侧各 500m 范围内的地表原有植被和地表硬壳。因施工作业使两侧地表受损时,应按设计要求在新出露的沙面上设置覆盖防护。

(10)由于风沙大,加速了机械的正常磨损,使机械经常出现故障。因此要加强机械修理,做好易损零件的储备和供应;加快维修进度,提高修理质量,保证机械正常施工。

(11)沙漠地区人烟稀少,供施工人员居住的活动房屋或帐篷要搭在沙丘的背坡和沙丘坡脚,与其保持 5～10m 的距离,以免被沙压埋,同时应注意加固。堆放料具时,应专人保管,并设置料牌标明,以免被沙所掩盖。

第七节 滑坡地段的路基施工

随着我国铁路建设的迅猛发展,在山区兴建铁路与日俱增。山区山坡陡峭,地层遭受过多次构造变动，地质条件极差，再加上地面水流冲刷和地下水活动又较严重，容易产生各种山坡变形。在这种复杂情况下，修筑路基又人为地破坏了天然植被，破坏了其原有的平衡状态，使情况更加恶化。因此，在山区进行铁路工程施工，常常会遇到许多的不良地质现象，如：滑坡、崩塌、泥石流等，极大地增加了施工的难度。如果处理措施不够完善，就有可能在施工中造成大的工程质量事故，在运营时危及行车安全，给国家造成重大的经济损失。如宝成线某处滑坡，突然下滑 30 万 m^3 土石，将已建成的路堑向嘉陵江边推移了 800m，使江水一时为之断流，中断行车 7d。又如狮子山滑坡，该处为 1340m 长的路堑，边坡高度 10～18m，1958 年 7 月施工，1959 年 3 月铺轨通车，大雨后滑坡路基破坏，使路堑内积水达 1m 以上，中断行车达两个月之久。后耗费大量人力和资金进行抢修，虽恢复通车，但滑坡仍不断有所发展，给该线正常运营带来极大的不利影响。此类事例不胜枚举。

一 滑坡的概念

滑坡是在山坡一定的自然条件（如地层结构、构造岩性、水文地质条件等）下，由于地下水活动、河流冲刷、人工切坡、地震活动等因素的影响，部分岩体或土体失去稳定，在重力作用下，沿着一定的软弱面，缓慢地整体向下发生滑动的地质现象。

一个发育完全的滑坡，一般具有下列各要素：整个滑动的滑坡体（滑体）、滑坡体上缘位移后产生的环状滑坡壁、因滑坡体各部分滑动速度和时期不同而形成的滑坡台阶、分隔滑坡体与不动体的滑动面、滑坡体前部舌状下伸的滑坡舌、滑体滑动后产生的各种裂缝以及封闭洼地等，如图 5-50 所示。

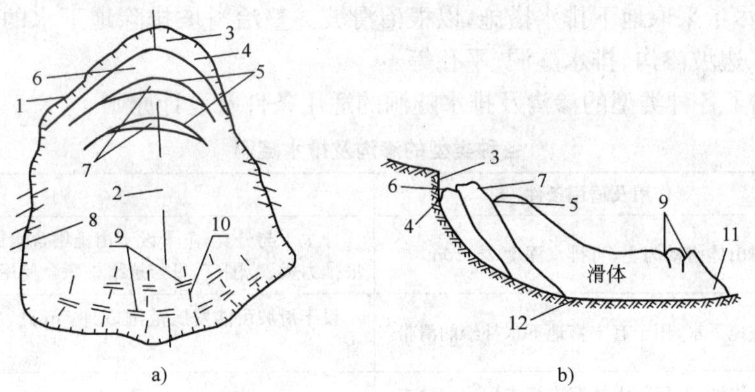

图 5-50　典型滑坡外貌示意图

a）平面；b）主轴纵断面

1-滑坡周界；2-滑坡主轴；3-滑坡壁；4-主裂缝；5-拉张裂缝；6-封闭洼地；7-滑坡台阶；8-剪切及羽毛状裂缝；9-鼓张裂缝；10-放射状裂缝；11-滑坡舌；12-滑坡床

二 滑坡的整治

对新建铁路，在滑坡地段，线路应尽量设法绕避。如不能绕避，则应将线路置于滑坡的合理位置。但是在铁路建设中，往往是勘测阶段未发现滑坡，直至开挖路堑过程中，山坡滑动了才知道，此时，滑坡两端已完成部分桥隧工程，如改线将引起报废工程，因而施工中不可避免会涉及滑坡整治的问题。

滑坡的整治措施大致可分为4类：排水、支撑、减重或加载、改变滑带土的性质。根据滑坡产生的主要因素，选择一种作为相应的主要措施，再配合一些其他辅助措施。对性质复杂的大型滑坡，常用多种措施综合治理，各种措施相互配合起作用。

(一)排水

1. 地面排水

在多数情况下，滑坡的形成和发展和未能合理调节与排除地表水有关，地表水的渗透与冲刷降低了滑坡的稳定性。地面排水的目的就是不使滑体外的地面水流入滑体内，同时将滑体内的地面水，以最短的途径迅速地汇集排出滑体以外。

地面排水应有完整的排水系统设计。滑坡体外的地表水应以拦截和旁引为原则，设置环形截水沟将水引至附近自然沟排走。滑坡体内的地表水以防渗、尽快汇集和引出为原则，应设置树枝形排水沟，主沟平行于滑坡滑动的方向，支沟则尽量做到不横切滑坡体，大致与主沟成30°～45°的交角，如图5-51所示。

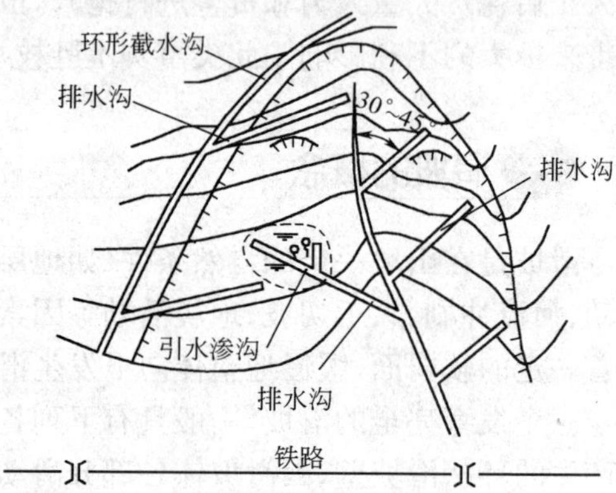

图5-51　滑坡地面排水系统

2. 地下排水

滑带处的地下水活动是造成滑坡进一步发展的主要因素，应尽量采取地下排水措施，以根治滑坡。整治滑坡排除地下水的措施包括：支撑渗沟、截水渗沟、边坡渗沟、排水隧洞、平孔等。

表5-6列出了各种类型的渗沟及排水隧洞的适用条件及设计原则。

各种类型的渗沟及排水隧洞　　表5-6

类　型	作用及适用条件	原　则
支撑渗沟	支撑山体滑动为主，可排水深度2～10m	分主干与分支，主干设于由土壤含水形成的坍塌处，若滑坡推力大、范围广，可与抗滑桩联合使用
截水渗沟	拦截地下水，用于有丰富地下水补给的滑带	设于滑坡可能发展范围以外5m处，应与地下水流向垂直
边坡渗沟	疏干边坡，对局部土体有支撑作用。有分支、垂直和拱形等几种	设于滑坡前沿坡面上，或有泉眼、坡面潮湿的地方
排水隧洞	排除滑体内封闭式积水	全部埋设于滑动面或滑动面下部0.5m、在滑坡稳定部分。底部应低于含水层0.5m以上

平孔排水是用仰角不大的平卧钻孔深入滑坡体内的含水地带，使地下水得以排除，促使滑坡稳定的工程措施，如图5-52所示。用平孔排水整治滑坡在工程实践中收到了良好的效果。其主要优点在于施工简便、安全，不需开挖滑坡体，造价低。同时，平孔位置灵活，个别钻孔失效对整个整治工程影响不大，且便于补救，目前是整治滑坡的重要方法。

(二)支撑

作为抗滑用的支撑建筑物种类很多，通常采用的有抗滑挡土墙、支撑渗沟以及抗滑桩。

抗滑挡土墙的位置一般位于滑坡的前缘或下部，其墙高应以原滑坡滑面受挡土墙阻止后，不从墙顶或墙基下产生新的滑面而滑出为准。由于滑坡推力一般远大于主动土压力，为增大滑带稳定性，常将挡土墙设计成倒靴形，如图5-53所示。

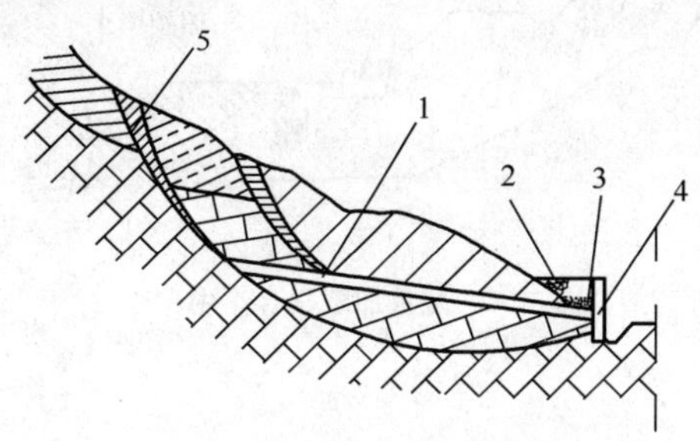

图5-52　平孔排水

1-排水平孔；2-干砌片石；3-回填砂卵石；4-锚杆挡墙；5-滑动面

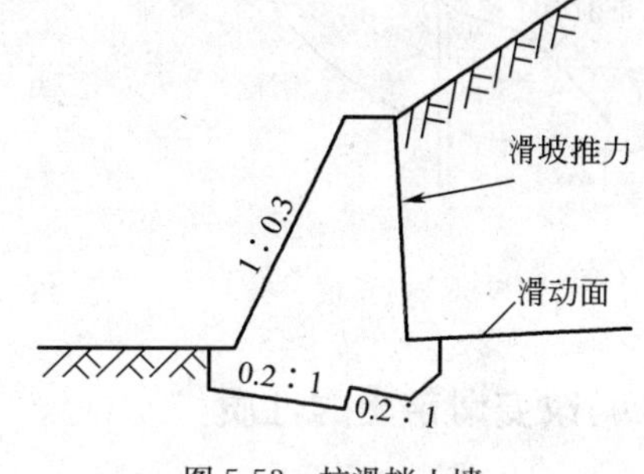

图5-53　抗滑挡土墙

支撑渗沟主要用于排除滑带水，当它作为起支撑作用的建筑物时，通常与抗滑挡土墙配合使用。支撑渗沟依靠本身的重量支撑其上端土体的推力，在滑体下滑力较大时，同时在渗沟的出口处修筑挡土墙，共同防止滑坡的失稳，如图5-54所示。

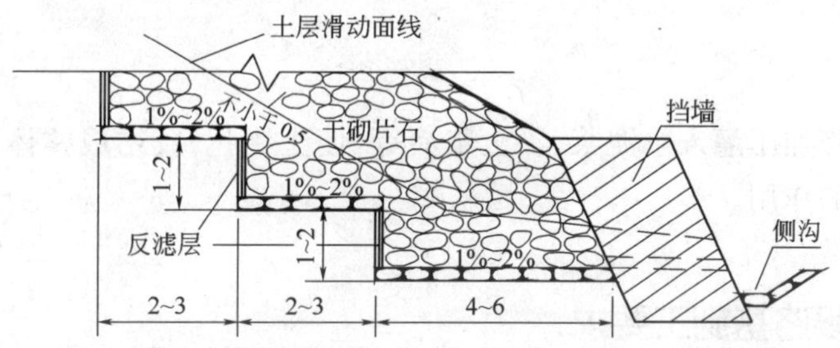

图5-54　支撑渗沟与挡土墙配合使用(尺寸单位：m)

抗滑桩是近年来国内外在滑坡整治中应用最广的一种结构形式。抗滑桩是一种大截面的侧向受荷桩，嵌固在滑坡面以下一定深度，埋在滑坡体内的部分(锚固深度)即起着阻止滑坡下滑的作用。合理选择抗滑桩的锚固深度是非常重要的。锚固过浅，桩易被滑坡体推倒拔出失效；过深则造成施工困难且不经济。根据不同的需要，在垂直于滑坡活动的方向，抗滑桩间隔布置成一排或多排。抗滑桩可以设置在滑坡前缘的线路旁侧做成悬臂式的；也可以将设置在滑坡中部滑体厚度较薄的抗滑部分，做成全埋式的，如图5-55所示。

(三)减重或加载

减重与加载措施适用于推动式滑坡或由错落转化的滑坡，其方法是在滑坡的主滑段减重以减小下滑力；在抗滑地段加载以增大抗滑力。此类滑坡滑床常具有上陡、下缓的形状，滑坡后缘及两侧的地层相当稳定，不致因减重开挖引起滑坡向后及两侧发展。滑坡前缘有较长的抗滑地段，可以在前缘加载。一般减重与加载同时采用，利用滑坡后缘减重的弃方运到前缘的抗滑地段作为加载，如图5-56所示。

减重的底部平台应修成向临空面为1∶3～1∶5的斜面，以利于排水，必要时还应增加防渗工程。对加载土堤要注意滑坡水对土堤的浸湿问题，一般应在土堤底部用渗水土填筑，或用渗沟引出排走。减重与加载的措施如处理得当，常能收到良好效果。

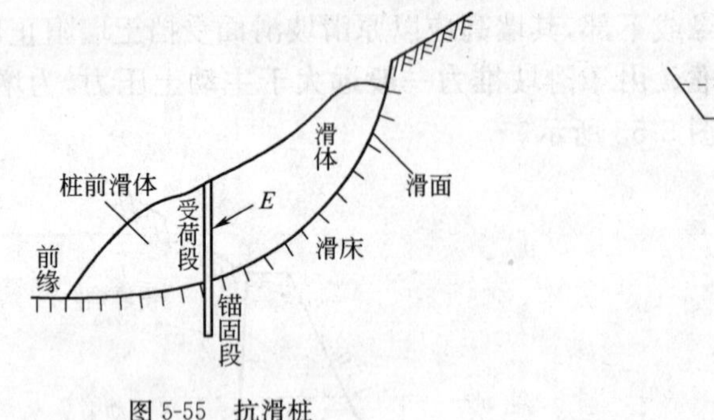

图 5-55　抗滑桩

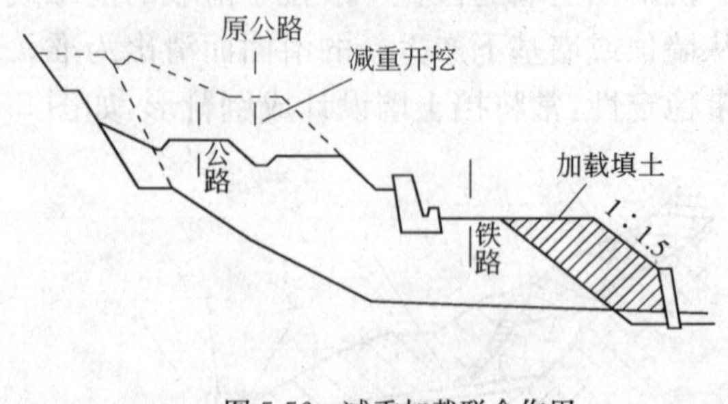

图 5-56　减重加载联合作用

(四)改变滑带土的性质

改变滑带土的工程性质,使其强度指标提高,也是增强滑坡稳定性的有效措施。目前这类方法主要有如下几种。

1. 电化学法

电化学法适用于土质边坡或夹少量碎石的滑带土的处理。在滑带中插入两个电极,通以直流电。在电流的作用下,土中的水向阴极汇聚,由阴极金属过滤管中排出,达到加固土体的目的。

2. 灌浆法

灌浆法是在滑带加压灌入水泥浆、黏土浆液等,使土钙化,胶结成整体,同时堵塞裂缝,因而可起到稳定滑坡的作用。

三　滑坡地段路基施工要求

(1)由于施工现场的地质情况千差万别,对滑坡的危害必须认真分析。只有在充分认识地形、地质和水文地质条件及其变化后,才能采取行之有效的措施加以彻底根治,否则是难以奏效的。滑坡应及早整治。对于中、小型滑坡,由于整治技术比较简单,工程数量较小,以彻底根治不留后患为原则。对滑动缓慢的大型滑坡,应分期整治,仔细观察工程效果,以采取相应的整治措施。对于施工及运营中新生的或复活的大型滑坡,应进行综合方案比较,慎重对待废弃工程,决定绕避或整治方案。在未搞清滑坡性质之前,切忌盲目刷坡,破坏平衡。

(2)滑坡整治工程宜在旱季施工,并注意施工方法,避免引起滑坡的进一步发展。

(3)在滑坡体上施工,应设桩点随时观测滑坡体变化,采取相应的安全措施。观测应进行至完工后的一个雨季之后,观测资料应随附于竣工文件中。

(4)拦截地下水的渗水沟构筑物施工应做到:位置、高程及尺寸准确;渗水材料经筛选合格洗净后使用,并各不相混;渗、滤结构层次分明。

(5)采用减重措施时,减重应自上而下开挖。新暴露的地面应立即整平压实并夯填裂缝。平台上的排水设施和坡面应及时做好。

(6)抗滑挡土墙及抗滑桩施工时,应采取分段跳槽法施工,严禁大段拉槽开挖。砌筑应紧跟开挖进行,并随时回填夯实。开挖与砌筑时,均应加强支撑或临时锚固,并随时注意其受力状态,及时加固。

第八节　泥石流地区的路基施工

一 泥石流的含义及特征

泥石流是在地质不良、地形陡峭的地区，由于暴雨、融雪、冰川等形成的一种含有大量泥沙、石块等固体物质的特殊洪流。

典型的泥石流的流域地区可以分为3个：形成区、流通区和堆积区，如图5-57所示。形成区一般位于流域上游的区段，沟坡陡峭，分布着大面积的滑坡、崩塌等不良地质现象，有利于囤积固体物质，水土流失严重，山坡极不稳定。流通区一般位于流域的中下游地段，长度较形成区短，沟床纵坡比降大，多陡坎及跌水，泥石流由此穿峡而出。堆积区位于流域的下游较平缓地段，是泥石流固体物质的沉积区，多呈扇形或锥形，其上大小石块混杂堆积，地表起伏不平。

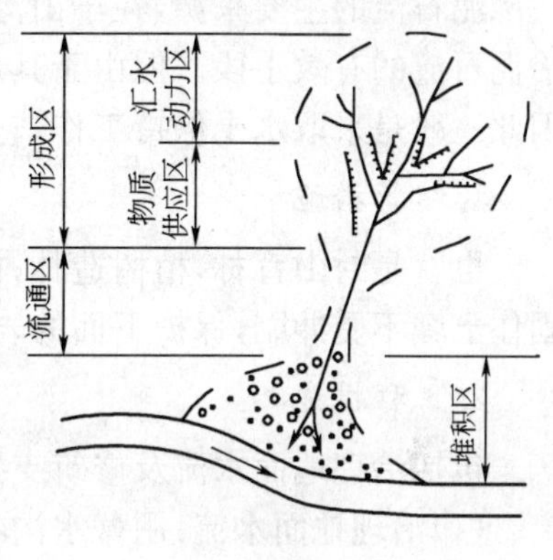

图5-57　典型泥石流示意图

我国泥石流主要分布在西南、西北及华北等山岳地带或山前地带以及青藏高原边缘的山区，另外在华东、中南的部分山地及东北的辽西山地也有零星分布。

泥石流含有大量的泥沙石块等松散固体物质，流速快，一般为2.5～12m/s，在行进过程中具有强烈的沿直线运动的特点。泥石流的产生具有周期性，只有当地形、地质及气候条件均具备时才会发生，故掌握泥石流的活动规律有利于对泥石流的改造和治理。

二 泥石流的危害

泥石流爆发时，来势凶猛，在很短的时间内能从沟内冲出数十万至数百万方的固体物质，具有极强的破坏力。能摧毁道路、桥涵，埋没农田和森林，甚至堵断江河形成湖泊，常造成极大的灾害。泥石流对铁路的危害主要体现在以下几个方面。

(1)铁路通过泥石流流通区或堆积区，常由于桥涵跨度不够，或导流建筑物失效，使得主河槽改道，冲毁桥头路基。

(2)并行排列在主河岸的泥石流沟，构成巨大的洪积扇群，当河流不足以将两岸泥石流所带来的固体物质冲走时，就会出现桥孔宣泄不畅、路基淤埋的现象。

(3)当淤埋严重时，会出现堵河阻水现象。堵河造成回水淹没上游沿河建筑物，浸泡山体减少其稳定性。同时在下游形成陡坎、急滩，产生严重冲刷。堵河一旦溃决，将危及下游建筑物及人民生命财产的安全。

三 泥石流的整治措施

跨越泥石流地区的线路，应避开泥石流，以隧道方式从泥石流的形成区或流通区通过；以大跨度桥、多跨桥在泥石流流通区或沉积区通过。为防止泥石流阻塞，应加大桥孔跨度，提高线路高程。除此之外，常常需要对泥石流进行治理才能防止其向不利于铁路工程的方向发展。

治理泥石流，应综合考虑泥石流的形成条件、发育阶段、规模大小、流域特征以及工程位置等因素而采取不同的处理措施。对泥石流的处理，不外乎采用固、拦、排等措施。亦即在泥石流沟的上游加固山坡，预防泥石流的发生；在中游设置拦截建筑物，使泥石流的泥石减速沉积下来；在下游洪积扇区，引导水流，增大流速，不使泥石在线路附近停积。但每一种处理措施均不易彻底治好泥石流，对危害较大的泥石流，一般需要使用多种措施进行综合治理。

(一)加固

泥石流的主要来源，在于山沟上游破碎的山坡所产生的大量松散物，故对其进行加固是防治泥石流的有效手段。但由于其规模较大，工程艰巨，不能针对每处的病害采取彻底的整治，因此一般是采取水土保持工作，它分为植物措施和工程措施两方面。

1.植物措施

也就是封山育林，植树造林；树干可以拦截从山坡上滚落的石块，植物的树根和草皮可以固住土壤不受冲刷，保护下面的岩层不受风化作用，从而减缓地表径流，减少水土流失。

2.工程措施

包括治理地面水流及修筑支挡工程。

(1)治理地面水流：用截水沟将冲刷山坡的水流截引出去，减少水流集中下泻；封固风化坡面，填砌冲沟；将陡坡地带整平，做成阶梯状缓坡。

(2)修筑支挡工程：对主要的坍方、滑坡地段进行支挡锚固；坡脚易冲刷处做矮挡墙；对植物不易生长的破碎坡面，进行坡面防护工程。

水土保持工作是从根本上清除泥石流的固体物质及减少地表径流的迅速集中下泻，达到水土不大量出沟的目的，效果较好，但它需要较长的年限才能收效，故还得结合近期泥石流的危害，在流通区和堆积区，根据泥石流的规模、性质、流量、重现周期等采用拦截或导流等综合治理措施。

(二)拦截

为减少泥石流的冲刷破坏作用，可在泥石流沟中修建一系列低矮的拦挡坝，通常称为谷坊坝。其作用是：拦蓄泥沙石块等固体物质，以减弱泥石流的规模；使泥石流沟纵坡放缓，以削弱水流携带泥石的能力；固定泥石流的沟床，防止沟床下切；修建于流通区上端的拦挡坝还有稳定形成区的作用。

谷坊坝的结构如图5-58所示。其建筑材料可根据泥石流的强度、使用期的长短与当地出产的建筑材料而定，一般选用砌石、混凝土、铁丝石笼等。坝高一般不超过5m，在泥石流流速大时，为减少坝的受冲力量，以采用低坝较好；在上游首当其冲的坝，还要比下游的坝更低一些。当地形、地质条件良好时，可修成高坝。坝的间距当坝高时可大些，坝矮时间距要缩小，坝高与坝距之间的关系为(图5-59)：

$$L=\frac{H}{I_0-I} \tag{5-3}$$

式中：L——坝与坝间距，m；

H——坝高，m；

I——回游坡度，%；

I_0——原沟床坡度，%。

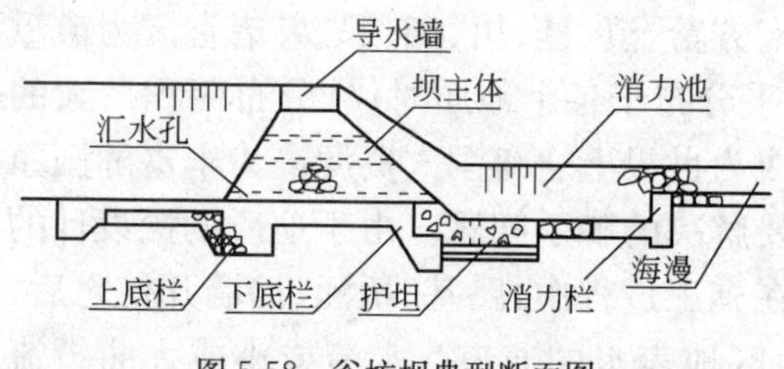

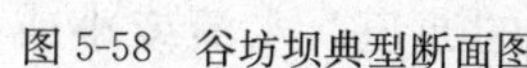
图 5-58　谷坊坝典型断面图

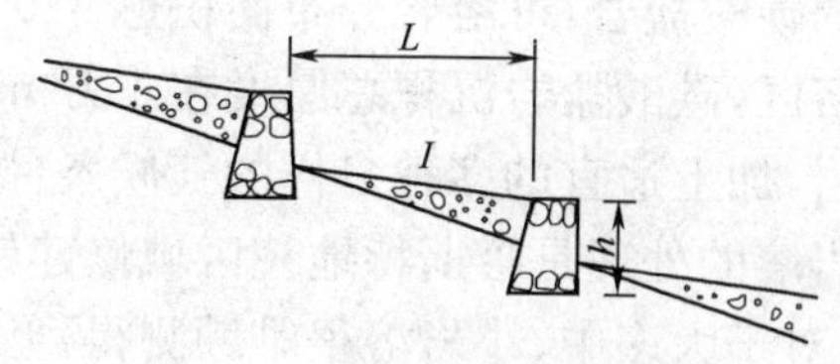

图 5-59　坝高与坝距关系示意图

坝体一般要坚固，基础要牢固，可经受泥石流翻越而不被冲毁；否则，突然毁坝将会造成比未拦挡前凶猛很多倍的泥石流，危害将更严重。

（三）排洪

当线路以大跨度桥通过泥石流流通区与堆积区时，应修建排洪道或导流堤，以保证泥石流顺畅排泄，不会冲毁路基或堵塞河道。

排洪道的平面应顺直，以使排洪道尽可能做到不淤积、不冲刷、不漫流或决堤。其断面形式常见的有梯形、矩形、复式形、锅底形。在河床弯曲处应架设导流建筑物。在桥孔处断面不宜突然放大或收缩，以免冲刷或淤塞。排洪道两侧常用护坡、挡土墙和堤坝。护坡与挡土墙多用于下挖的排洪道，堤坝多用于填方的排洪道。

四 泥石流地区路基施工要求

（1）线路通过泥石流形成区及其邻近地区时，必须注意山坡的稳定性。做好地质勘察和路基防护工程。

（2）泥石流堆积区和沿河岸修筑的路基，应防止河水的冲刷，做好河岸及边坡的防护。

（3）跨越泥石流地区的桥头路基极易为泥石流冲毁，所以应加强路堤防护，并设置抢险时的防护平台或增设护道。路堤迎水一侧或两侧应设浆砌或干砌片石加固。

（4）植树造林通常以乔木与灌木间植、草皮绿苔加以保护的方法，应根据当地地形及气候情况选择成活率较高的树种。常用的乔木树种有洋槐、榆树、合欢、杜梨等；灌木有紫穗槐、大麻子树、木豆、马桑等。

（5）谷坊坝设置时，宜先做上游坝，后做下游坝。坝址应移向跌水上游沟底平缓处，或在跌水下游平缓处；最后一座坝与路基之间的距离，大致等于坝的 3 倍长度。

（6）由于泥石流的容重很大，切割力强，所以排洪道的沟坡及沟底均应防护加固。排洪道的基础埋深，必须考虑泥石流的实际冲刷强度，特别是对凹岸的冲刷。排洪道的弯道超高，在现场调查与施工时应特别注意。

第九节　岩溶、洞穴地段的路基施工

一 岩溶的处理

（一）工程特点

我国可溶岩分布面积广大，裸露于地表的碳酸盐岩面积有 91 万 km^2，加上覆盖与埋藏于地下的碳酸盐岩，可溶岩分布面积达 340 万 km^2，南方黔、滇、桂、川、湘、鄂、粤诸省区为最重要的岩溶区，碳酸盐岩沉积总厚度在 1 万 m 以上，几乎分布于各个地质时代，分布面积广大的碳酸盐岩，加上适宜的多种多样的气候条件，使我国成为世界上岩溶洞穴资源最为丰富的国家。

岩溶的处理是喀斯特地貌区域修建铁路必须要解决的棘手问题。由于地质勘探设计的局限性，对于大多中、小岩溶很难勘测得到。往往是在施工过程中，路基、桥涵、挡墙开挖之后，才得以发现。溶洞的走势或横穿或纵向伸延，多为山区地表水的通道。水流或小或大曲折流入低高程地区。因此，岩溶具有两个特点：一是它的排水性，处理过程中不能单纯将其堵死，否则将妨碍其排水功能，破坏生态环境，影响农民耕地灌溉；二是岩溶洞壁多为石灰质岩石，岩石强度较高。

岩溶大小不一，若其范围过大难于处理，是改线还是直接处理，必须从造价和工期的角度进行方案比较，以取得满意的效果。

(二)路堑内向纵深发展的岩溶处理措施

1. 浇筑片石混凝土

若洞内形状上大下小，呈漏斗状，如图 5-60 所示，将其狭窄部分用片石封住，防止混凝土透入到溶洞深处，再在其上浇筑 C15 片石混凝土。混凝土与溶洞壁牢固地靠接且不影响溶洞排水，达到处理的目的。

2. 制作盖板(此溶洞盖板类似于涵洞盖板、桥梁的简支板、梁，以下简称盖板)

大多数溶洞洞内范围很大，形状或基本垂直，或上小下大，或下部曲折蜿蜒。若浇筑混凝土，方量大，造价高，且妨碍溶洞排水。可制作盖板以封住洞口。盖板的设计施工应注意以下事项。

(1)盖板支承处的承力层厚度和岩石地质情况必须满足盖板的受力要求；否则，必须将其凿开处理至满足要求为止，如图 5-61 所示。

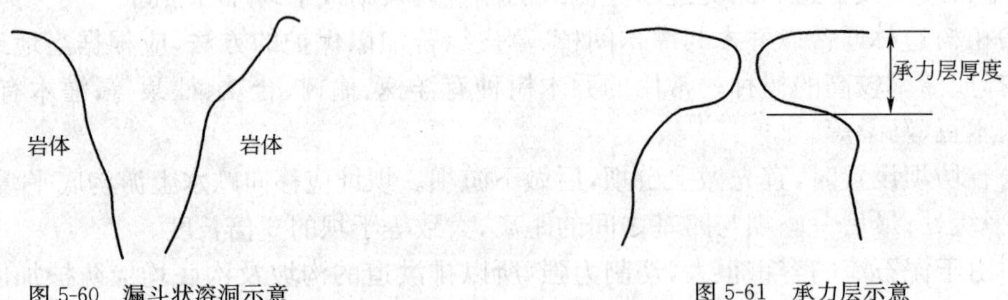

图 5-60　漏斗状溶洞示意

图 5-61　承力层示意

(2)盖板下支承处要进行砂浆整平处理，且满足盖板搭接宽度要求。

(3)盖板多为四边支承，当支承的长边与短边之比等于或大于 2 时，可按以短边为跨径的单向板计算；若该值小于 2 时，则按双向板计算。

(4)盖板短边长度小于 5m 时，盖板视为涵洞盖板，将支承处凿平后砂浆抹平即可；盖板短边长度为 5～10m 时，盖板视为桥梁的梁板，其中短边 5～10m 的盖板支承处可采用油毛毡等垫层或平板支座。若溶洞尺寸过大则考虑架桥。

(5)盖板的顶面高程要与路基顶面高程一致，不可影响道床施工。

(6)盖板下多采用干砌片石填塞溶洞，并在干砌片石上铺 3 层 20～30cm 的级配碎石，既可起到支承作用，又可当成盖板的底模。

(三)岩溶横跨路基的处理方案

此类岩溶多因地质断层而产生,形状狭而长,地表水延其裂隙汇集在洞中且水流很大,处理时必须考虑其排水要求,不可用干砌片石填塞,而是将溶洞纵向两侧稍加修整,再浆砌片石两侧支承墙(视为涵洞墙身),在其上制作盖板。

若溶洞过深,上述盖板可置于溶洞之间,其上采用干砌片石填塞;干砌片石顶再制作盖板,即为第二层盖板。另须注意第一层盖板的设计要考虑其上干砌片石的荷载。

(四)溶洞出口处于半填半挖路基中间的处理措施

溶洞出口处于半填半挖路基中间的处理,须经水文记录调查,若有水流则根据其流量设计半截涵连接溶洞出口,以满足排水要求。注意涵洞与溶洞的连接必须保证严实。若溶洞水流量过大则考虑架桥。

(五)溶洞处于挡土墙基础下的处理措施

可在溶洞口设一浆砌石拱,以承担挡土墙的重量,且不妨碍溶洞排水,具体方法如下。

(1)将基坑挖至设计高程,若不是基岩则继续下挖。考察溶洞洞口边缘承力层的厚度和岩石地质情况,确定是否满足拱脚受力要求;若不能满足,可加大拱跨,直至拱脚落在安全可靠的位置。

(2)溶洞洞内到拱下范围内采用干砌片石填塞,其上抹一层 M5 砂浆,既可起到拱圈模板作用,又防止挡土墙内侧路基填土外泻。

 洞穴的处理

(一)工程特点

铁路路基工程施工会遇到各种地形、地质以及众多复杂的自然环境。在黄河流域的丘陵地区,历来被认为是最终归宿的风水宝地,文物古迹众多,不可预见的墓穴甚多;由于黄土在天然含水率时具有较高强度及能保持直立的特性,能够开挖窑洞,当地老百姓一直沿袭着居住窑洞的传统,其中以天井院形式居多。所谓天井院就是在平地上下挖一个 10m 左右见方深 7m 左右的天井,然后在四周挖窑洞,窑洞有单间的,也有套间的,有人居住的,也有专为牲畜住的,有储藏室,也有磨房,院内开挖有水井、渗水井及菜窖等(图 5-62)。新中国成立以后,人们逐渐从窑洞迁出,有的被填平造地,有的形成废窑;黄河中游地区以煤炭为主的矿藏储量丰富,煤窑、矿井、掏砂井星罗棋布。当新建铁路通过上述地段时,对这些人工洞穴必须认真处理;否则,会给路基留下隐患。

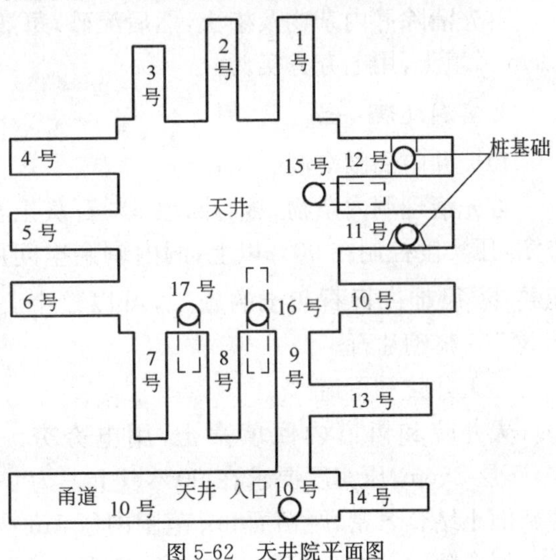

图 5-62 天井院平面图

(二)洞穴处理措施

1. 墓穴处理

1)单个L形墓穴

如图5-63所示,采用灌砂法,具体过程如下:

(1)先在平面顶上用洛阳铲打孔,孔径不小于50cm,按洞内底面积计算,每平方米1个,均匀排列;

(2)将洞内松土和废物清除干净;

(3)从孔口向洞内灌中粗砂或细砂,每灌砂50cm厚灌一次水,水下渗时带动砂下沉使其变实,由于黄土孔隙率较大,所以最后水能完全渗入土中;

(4)竖洞也同时灌砂;

(5)地面以下60cm填土,用人工夯实。

2)单个直筒状墓穴

如图5-64所示,也采用灌砂法,只是灌砂前将洞口部分用机砖砌墙(50cm厚)封口。

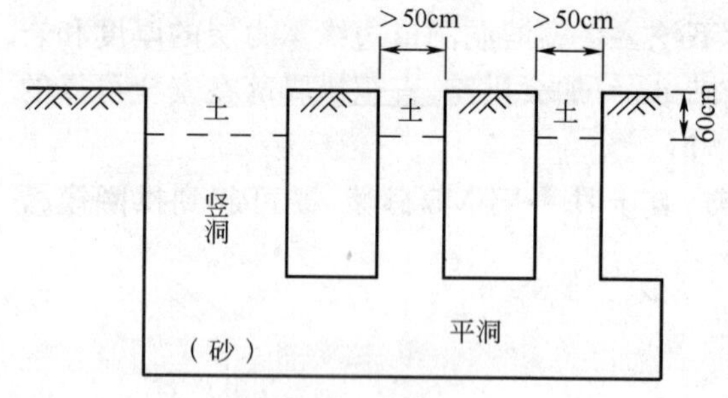

图5-63 L形墓穴

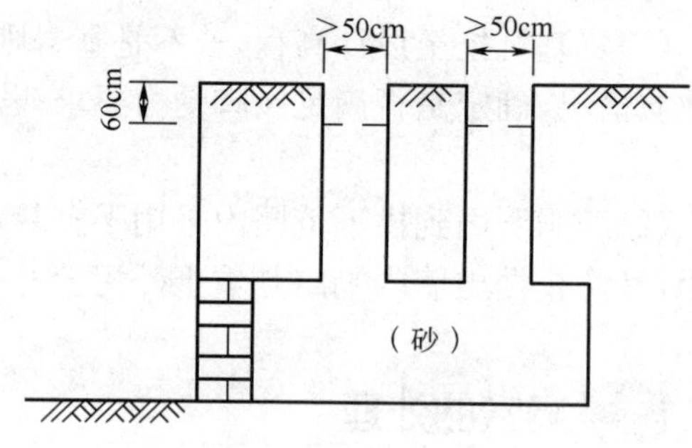

图5-64 直筒状墓穴

3)墓穴比较集中的墓群

采用大开挖法,然后分层回填压实。

2. 水井处理

首先清除井内杂物及松土,然后灌砂,每灌砂50cm厚用水冲使其密实。灌砂至距原地面60cm后填土,用电夯夯实。

3. 窑洞处理

1)天井院周围窑洞

首先清理洞内杂物,然后回填6%石灰土至距洞顶1.5m处,石灰土每15cm一层用电夯夯实,压实度控制在90%以上,洞内剩余空间用M7.5浆砌片石砌满。如果窑洞局部由于面积狭小,很难进行石灰土的施工,可以整个填M7.5浆砌片石。

2)天井院和甬道

天井院和甬道内回填素土,用电夯夯实,每层15cm,压实度要求在90%以上。为使新旧土结合紧密,距顶面3m范围内每1m挖一层台阶,台阶宽0.5m。如图5-65所示。

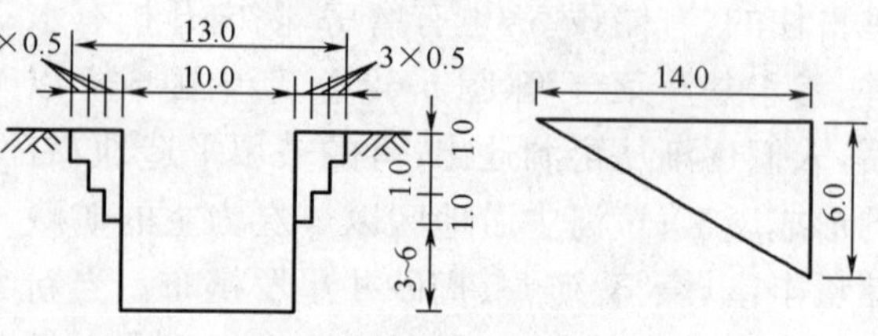

图5-65 天井院开挖断面(尺寸单位:m)

3)菜窖、水井

水井为直筒状，采用水冲灌砂方法灌至井口。菜窖为L状或⊥状，对伸入天井院中的洞采用灌砂处理，具体方法同单个L形墓穴。对于伸入墙中的菜窖，用M7.5砂浆砌片石填塞密实。

复习思考题

5.1 整治滑坡的措施有哪些？

5.2 何谓崩塌和岩堆？此地段路基应如何处理和防护？

5.3 泥石流对铁路有何危害？如何进行防治？

5.4 何谓软土路堤的极限高度？

5.5 软土路堤基底加固措施有哪些？各适用于什么情况？

5.6 泥沼分为哪3类？填筑路堤时采取什么措施？

5.7 膨胀黏土有何特征？对路基修筑有何影响？

5.8 什么叫重塑土反压法？

5.9 防治膨胀土路基的措施有哪些？依据是什么？

5.10 如何处理岩溶和黄土陷穴？

5.11 影响冻土的工程性质主要是哪4个因素？

5.12 何谓多年冻土融沉、冻土路堤的临界高度和最小高度？

5.13 多年冻土的构造特征是什么？季节融冻层有何作用？修筑路基时应采取什么措施？

第六章 路基施工过程质量管理

根据工程建设项目的形式、具体条件和施工组织的需要，路基工程的施工过程管理可分为施工组织管理、施工质量控制体系和施工过程的质量控制。

第一节 路基施工组织管理

根据路基施工的特点，路基工程大体可分为路基土石方工程和附属工程(包括防护支挡工程和排水工程)。路基工程作为建设项目的单位工程，按工程量的大小、工程实体的类型和施工单位的条件可划分为一个或几个施工路段。因此，施工组织管理应根据工程的实际情况，进行施工组织设计，并且实施经批准合格的施工组织设计。

一 施工组织设计

施工单位应根据施工图设计文件中的施工组织设计，编制可实施性施工组织计划，用以指导、安排路基工程的施工。它是施工单位制订年度、季度施工计划和编制月、旬作业计划的重要依据，是施工单位保证工程质量和工程进度的必要措施。

(一)施工组织设计的内容

施工组织设计的内容主要有：

(1)工程概况。如工程规模、数量、工期、特征，主要地质、水文、气候情况、技术要求等。

(2)施工技术方案。包括施工总体方案和重点工程的施工方案，尤其是特殊季节的施工方法，新技术、新工艺、新材料、新设备的施工质量保证措施。

(3)施工进度计划和分工期进度安排，包括工程总进度计划和分年度计划，以及需要的工日数、机械台班数。

(4)施工总体及部分工程平面布置，施工现场平面布置。

(5)劳动需要量及来源，包括总需要量和分工种、分年度的需要量。

(6)施工机械、筑路材料、施工用水、用电的分年度需要量和供应情况、解决方案。

(7)安全、质量、进度、环保、水保、文明施工、文物保护等的措施。

(8)施工协调措施。

(9)附图。包括施工总平面图、进度计划横道图、主要工程材料供应计划表、拟投入本标段工程的主要施工机械、设备表等。

施工组织设计可用文、图、表等多种形式表示，做到形象、准确、简单。

(二)施工组织设计的编制依据和程序

施工组织设计的编制依据为:国家、铁道部、交通部现行设计规范、施工规范、验收标准和有关规定;现行铁路施工、材料、机具设备等定额;现场考察所获得的有关地形、水文、地质、交通、电力等资料;投资计划及工期要求;国家、铁道部、交通部、地方政府有关安全、环境保护、水土保持的法律、法规、规则、条例等。

施工组织设计的编制程序可按图 6-1 进行。

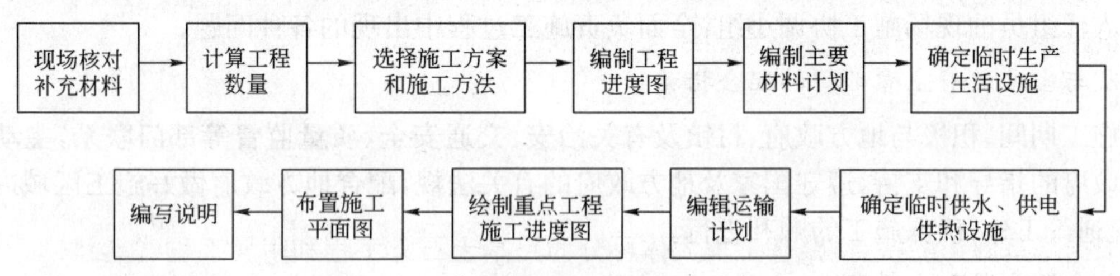

图 6-1　施工组织设计的编制程序

二 施工组织设计的实施

施工组织设计是一种指导施工的技术经济文件,为保证其顺利进行,除了一般的管理工作外,还必须随时根据现场实际情况,不断进行修正和平衡,以保证计划的实现。

(一)施工作业计划

施工作业计划是施工单位的施工任务、施工进度计划和现场具体情况的综合产物,是施工单位进行施工的直接依据,是改进现场管理和执行施工进度计划的关键措施。

施工作业计划可分为月作业计划和旬作业计划,一般包括本月内应完成的施工任务和资源需要等内容。

施工作业计划由直接进行施工的基层单位编制,经管理部门批准后,以施工任务单的形式,送给所属的施工技术人员执行。

(二)施工调度

施工调度工作是组织施工中各环节、各专业、各工种协调动作的中心。必须随时掌握施工进度,了解施工计划完成情况;了解材料、燃料供应、进场情况和电力供应情况;对停水、停工、断路及工程事故等申请进行审查、批复,把对工程的不利影响降低到最低限度。

(三)施工原始记录

施工单位从事施工活动的原始记录,是各项工程完成情况的文字和数据反映,是鉴定工程质量等级的可靠资料,也是交付使用后进行养护管理、维修的依据。原始记录主要包括:各种原材料、半成品、成品的检验、试验记录;主要测试记录;隐蔽工程检查记录及照片;各种有关质量、事故的报告,如变更设计申请、质量事故报告等;工程进度日记;交接检查记录。

(四)施工协调

为保证施工建设的顺利进行,与建设有关的各部门应做好各项协调工作,尤其是施工单位,必须做好与各方的协调工作,具体可以依照下列方法进行。

1.施工接口界面协调配合措施

成立现场施工协调小组,由对本工程有较全面认识的项目部总工程师任组长、各专业技术负责人任组员的现场施工协调小组,全面负责施工过程中出现的各种问题。

2.与当地政府主管部门的配合措施

施工期间,积极与地方政府、村镇及有关治安、交通安全、质量监督等部门联系,主动争取地方政府的指导和支持,遵守国家及地方政府的有关法规,配合地方政府做好施工区域内的治安、交通等工作,确保施工的顺利进行。

3.与甲方的配合措施

严格执行甲方有关工程质量、工期、安全、文明施工、环境保护的管理制度;严格按照甲方同意的施工场地平面图布置施工场地,按时向甲方报送有关报表。积极参加甲方组织的有关施工的会议,主动配合建设单位的各项检查工作,接受甲方对施工提出的各项要求,按甲方的要求进行改进和落实。

严格执行甲方关于与地方政府行政主管部门、设计单位、监理单位的协作配合,积极主动为相关单位的检查、监督工作提供条件。

在相邻标段出现紧急情况时,按照甲方的要求协助解决。

4.与监理的配合措施

全面履行合同,履行投标时作出的承诺。

在工程开工前,先向监理工程师提供详细的施工方案、施工计划,提供机械设备配置情况、人员组织、原材料检验报告、混凝土设计成果和测量放线资料等,经监理工程师认可后开始施工。

配合监理单位做好施工过程中的质量管理。在内部专检及“三检”制的基础上,接受监理工程师的验收和检查,并按照监理工程师的要求予以整改。对隐蔽工程进行检查、验收、签证工作,对原材料施工机械设备的检查和施工工艺的审批等。

接受工程质量检查,主要有工序检查、施工过程中的验收、单位工程验收和全部工程竣工验收,接受质量缺陷责任期的质量检查。

配合监理单位做好工程施工的投资管理工作,主要内容包括工程的计量支付、工程变更、费用索赔以及按照合同规定的价格调整等。

积极配合监理单位对工程施工进度的监督和管理,配合监理单位做好工程开工令审批、制订和调整工程施工进度计划,确保工程施工工期计划的实现。

5.与设计的配合措施

组织参加设计交底,弄清设计意图,建立整个施工过程中的情况通报制度,对工程施工过程中遇到的设计问题,做好记录,及时与设计单位取得联系。

优化施工方案,重大施工方案的变更都应与设计单位沟通,征求意见。

加强对工程地质条件及水文地质条件的复核检查，对于与设计资料不符的地质情况要及时与设计单位取得联系，为完善工程设计提供必要的资料。

积极配合设计单位做好设计管理和现场资料的收集工作。

6.与相邻施工单位的配合措施

在施工场地布置、贯通测量、施工作业安排、施工便道使用及养护等方面，与相邻标段加强配合，以保证布置合理，少占耕地、农田，保证施工顺利进行。

积极主动与铺轨、信号、通信等施工单位联系，统筹考虑施工场地、临时设施的布置，合理安排不同专业相连的工程施工顺序，做好施工配合，减少施工干扰。

及时做好已完线工程的技术总结工作，为后续工程的施工提供各方面支持，配合后续有关单位进行相关作业。

7.与铺轨工程配合措施

成立现场施工协调小组，由对本工程有较全面认识的项目部总工程师任组长、各专业技术负责人任组员的现场施工协调小组，全面负责施工交接过程中出现的各种问题。

凡后续工程施工对上道已完工程会产生损伤或污染的，施工前必须先采取对应的保护措施后方可进行施工。

项目经理部内部的各专业之间的衔接及内部协调管理，必须服从项目经理部的统一安排。本标段与其他单位的工序衔接时，必须积极配合业主及监理工程师的统一协调指挥。

铺轨工程施工之前，上道已完工程必须提供必要的施工、技术条件，并设专人在上下工序的衔接中做好协调工作。

上道已完工程验收合格并经现场监理工程师签认后，方可进入后续工程的施工。相互之间的衔接必须合理安排，并做到顺利过渡。

8.交通配合措施

主动与当地交通部门取得联系，协调配合，确定合理的施工运输方案，积极与各有关部门联系，按有关部门具体要求制订安全防护措施(如航道运输)。

施工机动车辆在国道或地方道路上运行，遵守地方政策和交警部门的管理规定，遵守《中华人民共和国道路交通安全法》，维护交通秩序，保证运输安全。

所有机动车辆始终保持完好状态，经常检修，定期维护。

施工所用机械设备、材料存放不侵入既有公路，且不影响交通。

大型机械行驶，事先对既有公路的路面宽度、桥涵宽度和通过荷载等进行调查，需加宽道路和加固桥涵时，与当地交通部门联系，征得同意后方可进行。车辆通过后或施工结束后，恢复原状。

施工便道和既有公路交会处，要引起足够重视，设立安全警示标志、安全监督岗，并专人指挥施工车辆。

在交通运输繁忙的便道口，设立安全警示标牌、安全监督岗，指挥行人和车辆，确保汽车运输及行人安全。

9.试验配合

成立以主管试验工作的工程试验室主任为组长，各单位试验室主任为组员的试验配合小组，全面负责试验配合工作。

项目部设立工程试验室，配备与本施工段配套的试验器具及试验人员。

积极配合监理工程师进行现场抽样试验。

按业主、监理要求对各种试验结果进行统计分析处理，建立试验档案并按要求按时报送。

积极配合业主、监理对试验工程中心的监督、检查和管理。

在试验配合小组的领导下，各工程试验室积极配合业主、设计单位完成其他各项试验任务。

10.地下、地上管线和周围建筑物保护、协助迁改配合措施

管线保护方案：施工时保护管线根据“谁施工谁负责”的原则，在施工期间及工程范围内对各类地下管线保护工作全面负责。

详细阅读、熟悉掌握设计、建设单位提供的地下管线图纸资料，并在工程实施前召开各管线单位参加的施工配合会议，进一步搜集管线资料。在此基础上，对影响施工和受施工影响的地下管线人工开挖探沟，核对弄清地下管线的确切情况（包括高程、埋深、走向、规格、容量、用途、性质、完好程度等），做好记录，并填写市政局的《公用管线施工配合业务联系单》，双方签字认可，由建设单位见证。

在编制工程实施性施工组织设计时，把保护地下管线工作列为施工组织设计的主要内容之一，并在施工总平面布置图上标明影响施工和受施工影响的地下管线。

工程施工前，向有关管线单位提出监护的书面申请，办妥《地下管线监护交底卡》手续。

工程施工前，把施工现场地下管线的详细情况和制定的管线保护措施、保护管线的有关规定向施工现场负责人、工地主管、班组长直至每一位操作工人作层层安全交底，随即填写《管线交底卡》，并建立“保护公用事业管线责任制”，明确各级人员的责任。

工程实施前，对受施工影响的地下管线设置若干数量的沉降测点，工程实施时，定期观测管线的沉降量，及时向建设单位和管线管理单位提供观测点布置图与沉降观测资料。管线应依据管线的类型分别设立一定的安全保护区域，设立安全警戒牌，严禁机械设备靠近。

成立由业主单位、各管线主权单位和施工单位的有关人员参加的现场管线保护领导小组，定期开展活动，检查管线保护措施和落实情况及保护措施的可靠性，研究施工中出现的新情况、新问题，及时采取措施完善保护方案。

工程实施时，严格按照审定的施工组织设计和地下管线保护技术措施的要求进行施工，各级管线保护负责人深入施工现场监护地下管线，督促操作（指挥）人员遵守操作规程，制止违章操作、违章指挥和违章施工。

施工过程中发现管线现状与交底内容、勘测资料不符或出现直接危及管线安全等异常情况时，立即报告建设单位和有关管线单位，商议补救措施，在未做出统一结论前，不擅自处理或继续施工。

施工过程中对可能发生意外情况的地下管线，事先制订应急措施，配备好抢修器材，以便在管线出现险兆时及时抢修，做到防患于未然。

一旦发生管线损坏事故，在24h内报上级部门和业主单位，特殊管线立即上报，并立即通知有关管线主权单位要求抢修，积极组织力量协助抢修工作。

对人为原因造成损坏地下管线事故，要认真吸取教训，并按“四不放过”的原则进行处理。对重要保护的管线，除在开挖前采取有效加固措施外，还应备足设备、材料。对管线和建筑物进行严密观测，当监测数据达到警戒值时采取应急措施进行处理。施工前，先对施工区域及其周围的地下管线和建筑物进行调查，会同其产权、维护单位共同确认地下管线位置、走向，并划定需要施工防护的范围，需要拆迁的地下管线及建筑物，及时与产权单位签订拆迁协议，并尽

早拆迁。需保留的地下管线和建筑物，与产权单位商定加固防护方案，采取切实可行的保护措施，保证施工中正常使用及安全。

开挖施工前，在已查明的地下管线路径上设立标志或撒灰线，并向施工人员技术交底。地下管线路径两侧各 2.0m 范围内不用机械开挖。人工作业时，使用铁镐和齿类尖耙，做到逐层轻插浅挖，同时请产权单位或维护单位人员到现场监护，一旦发生损坏，及时组织抢修。挖出的电缆、管线按监护人员的要求进行保护或迁移，保证既有设备的正常使用。管线及建筑物附近不进行爆破作业；必须爆破时采用松动爆破。

对地上各种管线、建筑物采取措施加强防护与保护，保证其安全使用。

第二节　路基施工质量控制体系

为使工程顺利有序地进行，保证工程的整体质量，创造优质精品工程，工程建设项目的管理部门，在工程的组织、施工、交工验收、质量监督等环节，应根据工程项目的具体特点和特定条件，建立相应的工程质量控制体系。

工程质量控制体系一般由工程项目建设部门（业主）、施工部门（承包方）和专业部门（工程监理）共同组成。各部门应设置相应的质量保证机构，层层控制，相互制约，共同保证工程质量。

一　业主的质量控制

建设部门（业主）为了控制工程项目的整体质量和投入营运后的服务水平，在工程实施过程中需要设置相应的临时部门（如建设指挥部），合理地协调工程的质量、进度和资金的关系。其中，工地中心试验室对施工标段、工程项目的施工阶段和施工部位进行全面的技术控制，通过组织抽检、复查、验收等环节，将工程隐患尽量消除在施工的各个阶段中。

二　承包方的质量控制

施工部门（承包方）根据合同文件，建立工程质量保证体系，组建行之有效的机构，全面、具体、系统地控制工程质量。

目前，施工单位设置与工程质量相关的机构主要有工程技术、施工机械、试验检测、质量验收等组别。工程技术组全面负责工程各环节的质量及相关组别间的协调，控制工程的关键工序；施工机械组根据可实施的施工组织计划，合理地选用机械的型号、性能及数量；试验检测组负责所有的工程试验（标准试验及常规试验）和施工各阶段、各部位的试验与检测，为工程的阶段性实施提供可靠的、具有指导性的建议；质量验收组全面掌握工程项目的质量，施工原始资料，为工程的竣工验收提供翔实、可靠的资料。

（一）质量保证措施

依靠组织保证体系，完善组织机构、责任制、规章制度等项工作；依靠思想保证体系，做好教育工作；依靠工作保证体系，做好质量控制工作，以保证质量计划的执行，图 6-2。

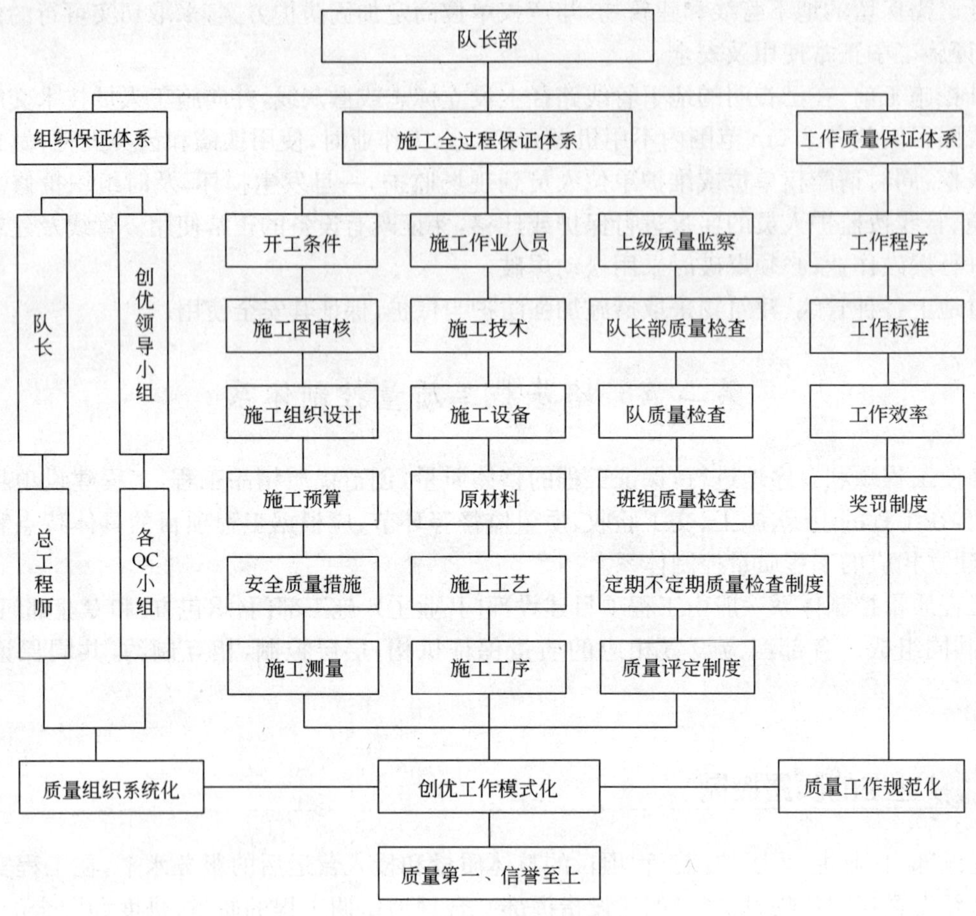

图 6-2　质量管理保证体系图

1. 组织机构保证

在本项目工程建立专职质检体系，队长部设质量监察部、专职质检工程师，工区设专职质检员，工班设兼职质检员，形成体系完善、功能齐全、责任明确的质量控制及检查体系，见图 6-3。

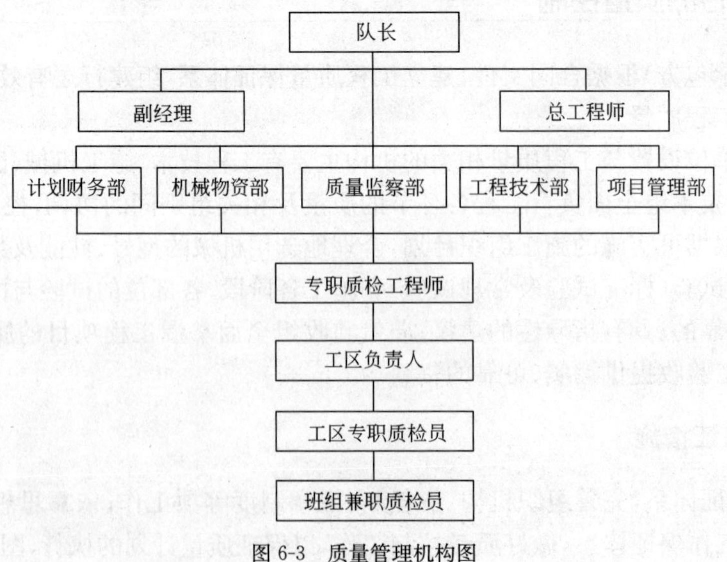

图 6-3　质量管理机构图

队长部工程试验室设专职试验工程师，指导基层试验人员工作，通过检测试验手段，协助配合工地质检工程师和监理工程师进行全面的施工质量控制。

建立健全各级质量管理组织，分工负责，做到以预防为主，预防和检查相结合，形成一个有明确任务、职责、权限，互相协调和促进的有机整体。

建立和健全各级质量管理小组。由管理部门的专业人员及施工班组生产人员分别组成重点、难点工程及技术复杂工程 QC 小组，以施工质量为目标，运用科学的管理方法，开展攻关活动。

确定各职能部门主管人员和施工人员，在保证和提高工程质量中所承担的任务、职责和权限，做到各尽其职、各负其责。

主动接受质监站的监督、甲方监察及监理工程师的随时抽查和重点检查，并为之提供必要的检查条件。

建立质量管理信息系统。配备完善的计算机硬件和软件，全面使用计算机进行进度、质量、试验检测、计量与支付等工程管理工作，形成一个高效、准确、灵敏的信息传递及反馈系统，确定各种质量信息传递的程序，及时掌握外部和内部的质量动态，以便有关人员及时做出相应的决策。

2. 思想保证

对全体参建职工进行相关质量目标、创优规划、法规及措施的学习教育，增强全员的质量责任观念，牢固树立“百年大计，质量第一”的思想，使创建优质工程、实现质量目标真正成为每位建设者的自行为。

用全面质量管理的思想、观点和方法，使全体人员树立起强烈的质量意识，树立“质量第一”的点。

3. 工作保证

工作保证体系主要内容是产品形成过程的质量控制，强化工程质量控制系统。质量控制的策略是：全面控制施工过程，重点控制工序质量，见图 6-4。

做到施工项目有方案，技术措施有交底，图纸会审有纪录，配制材料有试验，工序交接有检查，质量预控有对策，隐蔽工程有验收，器具校正有复核，设计变更有手续，材料替换有制度，质量处理有复查，成品保护有措施，质量监控有否决，质量文件有档案。

依靠思想保证体系，做好教育工作；依靠组织保证体系，完善组织机构、责任制、规章制度等项工作；依靠工作保证体系，做好质量控制工作，以保证质量计划的执行。

（二）确保工程质量的管理制度

建立健全以技术责任制、质量责任制、岗位责任制等为核心的质量管理规章制度，是确保工程质量的关键所在。

为确保实现质量目标，队长部将根据本标段工程特点，加强对关键工序的技术攻关与技术指导，加强对施工全过程质量的控制，严格执行以下制度。

1. 质量自检制度

队部经常进行质量大检查，质量检查由主管领导组织有关部门人员参加，按外业、内业分别进行检查。施工中严格执行自检、互检、交接检的“三检”制度，上道工序经自检合格，并经监理工程师检查、签证以后，方可进行下道工序的施工。

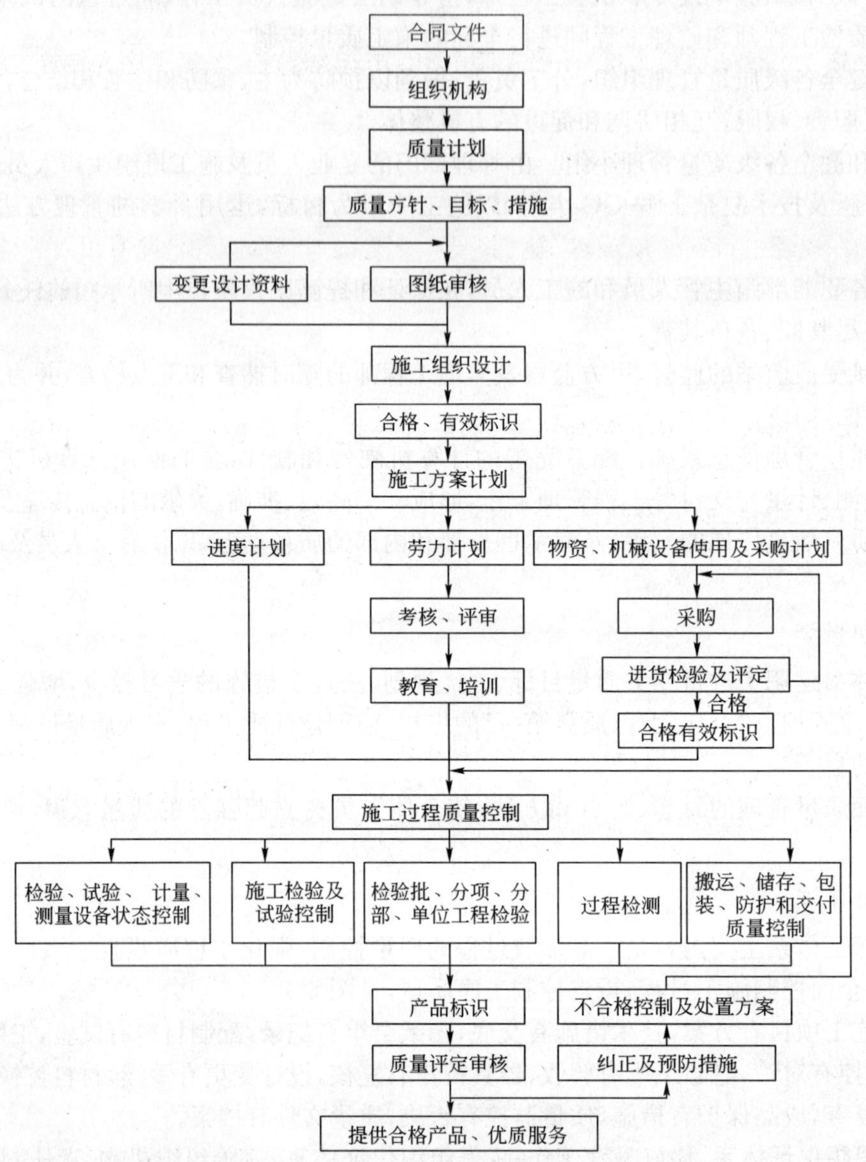

图 6-4 质量管理工作流程图

严格按照质量体系文件的规定，从事质量活动，严禁随意简化程序、降低标准。

严格执行开工报告审批制度，工程开工必须由施工队长组织召开专门会议，落实各项开工前必须完成的工作。

严格执行测量放线复核制度。形成的放线记录，必须经同级、上级或监理工程师复核，否则不得施工。

严格执行技术交底制度，必须采用书面形式，内容包括操作规程、作业标准、工艺要求和质量标准等，交接人员应互相签名确认。严格现场拌制混凝土、砂浆的配和比计量工作。

每道工序或分项工程开工前，必须制订相应的施工方案、操作标准和要求及质量保证措施，向作业人员进行全面详细的交底。施工中项目副队长、领工员、技术、质检等管理人员必须实施不间断的监控。对关键工序和特殊工序工程，大力开展质量问题或事故预想活动，对施工中可能出现的质量问题认真分析、提前预想，制订预防措施并实施，以防止质量问题的发生。

强化对施工过程的监控力度，一般工序由副队长组织监控，关键工序和特殊工程由队长组织监控。

2. 现场核查和施工技术交底制度

施工前，由项目总工程师主持，全体技术人员参加，对施工图进行详细的复核，并对施工图中的构筑物在现场进行放样核对，对施工图错误之处及与现场实际情况有出入的，按程序书面上报监理工程师、设计院及业主。施工技术交底资料经复核无误，且签认手续齐全后，方可进行技术交底。

3. 物资设备配件采购制度

采购前必须对供应方进行资质审查，经审查合格后方可进行采购。工程所需的所有物资、设备、构配件，必须经过严格的质量检验，验收合格后方可进场。由试验、质检、物资三个部门派人现场验收，对不合格的产品坚决拒收；对进场物资、设备、构配件分类别、批号进行堆放、编号，并按规定分批号进行取样试验，对检验不合格的予以标识并清退出施工现场。

4. 试验室管理制度

实验室由具有多年施工经验的试验工程师负责，以确保工程质量。用先进的科技成果，配备先进的仪器设备，为工程质量提供技术保证。试验、检测仪器齐全，进一步加强测试工作，在施工中严格按设计文件和规范中的要求进行检测、试验。对于原材料，实行先检后用，不合格的材料不允许进场。实行原材料、成品、半成品现场验收制度。

5. 实行"五不施工、两坚持"制度

施工中严格执行进度服从计划，计量支付服从工程质量，质量否决服从监理工程师；施工准备不充分不施工，试验未达到标准不施工，施工方案和质量保证措施未确定不施工，设计图纸没有自审和会审不施工，现场没有技术交底、重难点项目没有作业指导书不施工；坚持质量一票否决权和不合格的工程坚决返工。

6. 实施技术干部、质检员工点质量责任制

要求责任人员勤测、勤量、勤检查、勤指导，认真做好各种原始记录，施工前认真细致地复核设计资料，对图纸做到心中清楚，交底尺寸要同现场反复核对。

上至队长，下至施工作业人员，均制订岗位责任制，签订质量保证书。做到指导工程施工者负责质量，施工操作者保证质量，检查质量者评定质量。把质量管理的每项工作、每个环节，具体落实到每个部门、每个人，坚持质量一票否决制。

7. 隐蔽工程检查签证制度

即所有隐蔽工程必须经自检合格后，在隐蔽前48h，邀请监理工程师到现场检查，并在检查证上签字，方可进行下一道工序施工。

8. 质量定期检查及质量例会制度

包括检测设备定期检验和标定，工程质量定期检查评比，机械设备定期维护、修理评比，质量评定，工程质量观摩，质量奖惩，质量报告，工程质量事故报告及处理制度。

9.质量监督制度

无条件接受业主和监理工程师的质量监督管理，为质检人员提供检测仪器，创造检测条件。配合做好工程质量复检工作，提供准确的技术数据和自检数据。

(三)质量保证技术措施

在技术方面，路基质量可按照以下措施方法得以保证，但具体实施时应结合工程实际。

1.施工准备措施

(1)施工中把路基工程作为主体结构工程来对待，保证路基工程质量零缺陷，满足铺设轨道基础高平顺性要求。

(2)施工前组织参加施工的管理人员、技术人员、作业人员进行技术培训和交底，使全体施工人员了解设计意图，熟悉工程内容、特点、施工方案及各项要求，确保工程顺利进行。编制路基重点(控制工程)施工组织设计以及路基各类工程施工作业指导书，用于指导施工。

(3)在进行地基处理前，根据施工图设计提供的地质资料进行现场复核和补充勘探，并结合室内土工试验进行地基条件评价，确定地基处理措施。

(4)路基填筑施工前对设计取土场及利用的填料进行核对、确认，并在施工中对进场填料进行复查和试验，确保填料种类、质量符合设计要求。填料拌和、加工实行工厂化生产。

2.地基处理措施

下面以CFG桩为例加以说明。

施工前进行成桩工艺性试验(不少于2根)，以复核地质资料以及成桩设备、工艺、施打顺序是否适宜，确定混合料配合比、坍落度、搅拌时间、拔管速度等各项工艺参数。

施工中，认真检验所用的水泥和粗细集料品种、规格及质量；CFG桩混合料坍落度按工艺性试验确定并经监理工程师批准的参数进行控制；CFG桩混合料强度按每台班制作混合料试块，进行28d标准养护试件抗压强度检验；查验料斗现场计量或混凝土泵自动记录，检验每根桩的投料量；100%进行低应变检测，以检测CFG桩的桩身质量和完整性。

施工中根据地层情况、桩间距等安排合理的施工顺序和作业间隙期，以避免施工过程中的扰动造成土、桩强度降低；严格按工艺性试验确定的参数进行施工，加强过程控制，避免CFG桩桩身土、料混合形成质量缺陷。

CFG桩施工开始后及时进行地基承载力试验，以确认设计参数。

3.路基填筑措施

(1)填筑施工时选取有代表性的填料进行摊铺压实工艺试验，试验填料碾压含水率、摊铺厚度、碾压机械、碾压遍数等施工工艺参数，经检验地基系数K_{30}、压实系数K(改良细粒土)、动态变形模量E_{vd}(级配碎石)、静态变形模量E_{V2}、孔隙率n均满足设计要求后，确定施工工艺参数，再进行大面积路基填筑。路基填筑施工严格按工艺试验确定的参数施工，严格过程监控和质量检验、记录。

(2)路基作为变形控制十分严格的土工构筑物，施工中根据设计要求对沉降变形进行动态监测，构筑纵横立体监测网络，对路基本体及地基沉降进行全面、系统的监测，并通过沉降预测、评估技术，达到优化设计、控制工后沉降，确定无碴轨道结构施工和铺轨时间。

(3)过渡段严格采用设计的填料类型与路基同步施工，保证刚度均匀过渡，使不均匀沉降满足设计及规范要求。运架梁车需通过的路基地段提前安排施工，保证在运架梁作业前1个月完成该段路基施工（包括堆载预压、卸载），并完成箱梁运架前“路基评估”规定程序。

4.路基相关工程施工

接触网支柱基础及声屏障基础在路基填筑至相应高程且沉降稳定后，采用螺旋钻机干式成孔，出渣直接装入自卸车远弃，旋挖钻机选用轮胎式或橡胶履带式，以减少钻机对基床表面的磨损破坏。综合接地线、观测元器件、各类预埋管道与路基填筑同步施工，一次预埋合格，避免返工开挖破坏路基稳定。

三 工程监理的质量控制

工程监理是工程顺利、有序进行的重要保证，是工程项目实施全过程的监控核心。作为相对独立的部门，工程监理以业主与承包方签订的合同文件为依据，执行与业主签订的监理委托合同，平等、公正、依法保证业主与承包方在质量、进度、资金等方面合同的履行。

监理工程师按照合同要求，对影响工程质量的各个因素，从原材料、施工工艺到成品，进行全过程的质量控制。对工程实施中的实际情况和可预见性的工程隐患，采取合理的处理措施，并利用旁站、抽检、试验、验收和指令性文件等手段进行质量控制。

第三节 路基施工过程的质量管理

一 前期工作

施工单位进入现场后，需要熟悉所承包的施工路段的周围环境，以便统筹考虑生活住所、料场位置、出行交通及工程初期的安排等。

1.施工现场核对

熟悉设计文件后，施工单位应会同业主、设计单位代表、工程监理进行现场核对，若发现与设计文件有严重不符的地方，应及时提出，或按相应的合同条款执行。

2.材料检验与标准试验

施工单位应会同业主、工程建立对设计文件中确定的料场进行实地复查，核定材料的工程性能和产量，必要时可增加候补料厂，以满足工程需要。对取土场和利用原有路基范围的料样应取样做试验鉴定。

工程中的钢材、水泥等材料应使用国家免检产品，并随机抽样检验。砂、石、石灰等材料须做常规的工程试验，以确定其性能；对现场材料随机取样，做好路基的标准试验。一般的试验有：最佳含水率试验、最大干密度试验、液塑性试验、钢筋的强度和韧度试验、石灰的钙镁含量试验、水泥的强度试验、改善土的灰（石灰、水泥等）剂量试验、构造物的混凝土及砂浆强度试验等。试验的结果应与工程监理的试验结果作对比，经双方确认后，报工地中心试验室审批。

3.拟定施工方式

根据编制的施工作业计划和工程量的分布情况、难易程度，合理安排施工段落，拟定施工方式。土石方和构造物可以同时施工，也可以分期分段施工，一般采用平行作业法和流水作业法进行多劳力、多作业面施工，以缩短工期。

二 施工过程质量控制

路基工程包括的项目较多，工作点散，且施工方式不同。因此，施工单位应根据自身的条件和技术人员的数量、素质，合理地确定作业计划，以免影响工程质量。

(一)过程控制

1.原地面及基床处理

路堤地基土密实，且地面横坡不陡于1∶10时，可直接填筑；零填或填土高度低于0.50 m时，应清除表层草皮及腐质土；横坡较陡时，应开挖台阶。当地基土为耕地或松土时，应压实后再填筑；过水田、池塘、洼地时，应先排水清淤，后回填、压实，特殊时，可采取挖除、填碎砾石等措施，以保证基底有足够的稳定性。

挖方路堑处的表层，若利用在路基上，应清除表层草皮、树(竹)根及腐殖土等。

路堤填筑前，清除基底表层植被，挖除树根，做好临时排水设施。原地面处理后的外观符合下列要求：

基底无草皮、树根等杂物，且无积水；原地面基底密实、平整；坑穴处理彻底，无质量隐患；横坡符合设计要求。

测试基床范围内路基或天然地基土比贯入阻力 P_s 值和容许承载力$[\sigma]$值，自路肩以下2.7m路基范围内不得有 $P_s \leqslant 1.8$MPa 或$[\sigma] \leqslant 0.2$MPa 的土层；否则，根据现场地面实际条件及土质情况按设计要求进行基底处理。

2.隐蔽工程施工

对特殊地基的处理，如砂桩、砂井、碎石桩、插板桩、粉喷桩、土工布等，应严格遵循相应的设计和施工规范，并进行数据记录，跟踪检测，掌握地基的变形和沉降速度，以控制路基的稳定。

对构造物的天然基处施工，应检查其基底的平面位置、尺寸大小、基底高程，地基土质的均匀性、地基稳定性及承载力，施工日记及有关试验资料等。

对构造物的桩基础的施工，应由具备相应资质的部门进行桩身检测(结构完整性检测)和单桩承载力检测。同时应对桩基的原材料及半成品、人工挖孔桩孔底检测。

3.路基施工

路基填筑时，对填土路基主要控制填土的颗粒大小、杂质含量、分层厚度、含水率、塑性指数和分区的压实度等指标；对填实或土石混填路基，主要控制石块的尺寸、空隙、分层厚度、碾压机械类型、施工方式和压实度等。

零填及挖方地段的施工，应检测地基的承载力和翻松层的压实，挖方边坡的坡面是否平顺，有无浮石、扎堆、坑穴等。

4.构造物的施工

应检查构造物的施工方式是否合理，施工工序是否规范，控制现场材料的质量、砂浆和混凝土的强度。

5. 特殊地段的施工

挖方地段施工时，应检查开挖面的排水设施，挖方边坡与有关防护工程的衔接，结构物台后填料类型、施工方式和压实度。

水塘路基可参照下列方法施工。

当水塘较小，且基底条件良好、塘底淤泥厚度小于0.5m时，废弃小水塘，排水疏干后，疏干片石0.3～0.5m厚；当水塘范围、水深较大，不易排水疏干，淤泥厚度小于2.0m时，设围堰抽水疏干后，塘埂顶面以下采用疏干片石至淤泥底，片石顶设碎石和砂砾石垫层，并设2.0m宽护道。

当基底为软土、松软土厚度大于2.0m时，视水塘大小、水深，采取破塘放水或围堰排水疏干后，按软土或松软土地基处理。

6. 特殊季节的施工

冬季施工时，不得填筑冻土块；基底应清除积雪；填方路堤应在全宽内分层压实，并预留沉落量；施工工序要紧凑，随挖、随填、随压；路基的填挖结合部应在冬季前做完，或在天暖后用解冻土填压。

雨季施工时，应加强路基的排水工作，特别注意填料的选择。对低洼地段、高填深挖地段、工程地质水文条件不良地段及受水浸地段，不宜施工。

(二)路基监测

施工过程中，采用先进、可靠、精确、完整、有效的质量控制与检测体系，保证所采用的各种技术参数正确；保证填料特性、工程措施及适用范围等全过程受控；保证路基均匀或不均匀沉降及沉降值得到持续正确的检测。按设计要求埋设监测元器件，编制监测数据管理软件，利用计算机实现数据的管理与存储，基本实现初步分析功能。

路堤施工按照设计要求的项目进行施工监测，见表6-1。设置精密控测网，用以作为重要观测点的沉降板、路基面观测桩的沉降变形观测和位移边桩的水平位移观测。测量精度达到二级水准测量标准。

软土路堤施工监测项目一览表　　表6-1

监测项目		观测目的	埋设装置	观测仪器	监测工作
稳定监测	水平位移	测定路堤坡脚水平位移量，路基中心垂直沉降量，控制填土速率	水平位移边桩	全站仪、水准仪、水准尺	1. 检测计划 2. 量测装置埋设 3. 现场观测和成果纪录 4. 计算和整理 5. 分析评估 6. 观测资料整编
	路堤中心地面沉降		智能单点沉降计、沉降板		
沉降变形监测	路基面沉降	路基填筑完成后的路基面沉降量，土体的分层沉降量，分析、评估、预测路基工后沉降	沉降观测桩		
	路基本体沉降		智能分层沉降计		

路基变形监测分3阶段进行“监测—评估—调整”循环，直至工期要求的时间止，并满足无碴轨道铺设要求。第一阶段：路基填筑期间的监测，主要监测路基填筑期间地基沉降及路堤坡脚边桩位移，控制填筑速率。第二阶段：路基填筑完成后，自然沉落期的变形监测(不少于6个月时间)；根据6个月的监测数据，绘制“时间—填土高—沉降量”曲线。第三阶段：利用实测数

据，根据工点具体情况，视拟合程度的优劣，选择与工程实际情况较为吻合或接近的方法(修正双曲线法、三点法等)，推算最终沉降量、工后沉降量及后期沉降速率。

1.路基沉降变形监测与分析

路基作为变形控制十分严格的土工构筑物，路基工后沉降必须满足无碴轨道的要求。施工中要根据设计要求对沉降变形进行动态监测，构筑纵横立体监测网络，对路基本体及地基沉降进行全面、系统的监测，实施信息化施工，建立计算机数据处理系统，进行数据处理分析和沉降预测、评估，达到较准确推算沉降，验证或调整设计措施使地基路基处理达到规定的变形控制要求，根据沉降监测反馈信息进一步完善路基施工措施，分析推算路基的最终沉降量和工后沉降，确定无碴轨道结构施工和铺轨时间。工后沉降控制精度、监测系统和评估是无碴轨道建设的关键。

2.路基面沉降监测

路堤地段：分别在路基中心、两侧路肩各设一个监测点。每个监测断面 3 个点，采用监测桩(包桩)，路基成型后设置。

路堑地段：对厚层土质、全风化层路堑，红黏土和膨胀土路堑，花岗岩全风化路堑，浅挖路堑(挖深≤3.0m)，分别于路堑中心、两侧路肩各设一个监测点。每个监测断面 3 个点，采用监测桩(包桩)，路基成型后设置。

3.路基本体沉降监测

在路基本体内设置沉降监测系统。当路基采用 A、B 组填料填筑时，采用高精度智能型单点沉降计埋设于线路中心的路基基床表层底部，一个监测断面设一个测点。当路基采用 A、B 组填料填筑时，各监测断面设置单个监测点；当路基采用改良土填筑时，采用高精度智能型分层沉降计分层埋设，分层厚 2.0～3.0m，分别于基床表层底部、基床底层底部设置；当路基填高大于 6.0m 时，在基床以下路基填土中增加一监测点。路基成型后，采用钻孔成孔后埋设沉降计。

当地表横坡大于 20%时，于线路中心及较高侧左(或右)线外侧 3.1m 处分别采用高精度智能型单点沉降计监测，一个监测断面设 2 个测点。

4.基底沉降监测

路堤填筑前，分别于路堤基底地面的线路中心(当地表横坡大于 20%时，于线路中心及较高侧左或右线外侧 3.1m 处)除预埋高精度智能型单点沉降计进行监测外，每隔一监测断面增设沉降板进行校核监测，各断面设置 1～2 个监测点，路基填筑前埋设。

5.深厚层地基分层沉降监测

土层、全风化层厚度≥10m(软土、松软土厚度大于 6m)的地基，一般每隔 50m 设置一处深层沉降监测断面，过渡段路基必须设置；采用高精度智能型串联式分层沉降计，于路基中心地基中设置，分层沉降计布设间距 2.0～3.0m。每个监测断面设 1 个测孔。路基填筑前，采用钻孔成孔后埋设沉降计。

当地表横坡大于 20%时，于线路中心及较高侧或压缩层较厚侧的左(或右)线外侧 3.1m 处，分别设高精度智能型单点沉降计进行监测，每个监测断面设 2 个测点。

6.软土地基水平位移监测

软土、松软土路基地段，沿线路纵向每隔 30～50m，在距坡脚外 2m 处设置边桩进行水平位移监测，以控制软土地段的填土速率。各监测断面设 2 个测点。

7. 测量频度

在路堤填筑期间，应每天监测 1 次，暂时停止施工期间，前 2d 每天监测 1 次，以后每 3d 测试 1 次。填筑施工完成后至铺设无碴轨道期间，前 15d 内每 3d 监测 1 次，第 15～30d 每星期监测 1 次，第 30d 后每 15d 监测 1 次，雨后加密监测。无碴轨道铺设后至试运营期间每月监测 1 次。施工时应根据监测数据的变化情况，调整监测频度。

8. 沉降评估

路基施工至设计高程（有预压土方时至预压土方的顶面）后，先持续监测不少于 6 个月时间。根据 6 个月监测的数据，绘制“时间—填土高—沉降量”曲线，按实测沉降推算法或沉降的反演分析法，分析并推算总沉降量、工后沉降值以及后期沉降速率，并初步分析推测最终沉降完成时间，确定铺轨时间。根据分析结果，结合工期要求，验证、调整设计措施使地基处理达到预定的变形控制要求。如评估结果表明沉降还不能满足无碴轨道的要求时，报请设计研究确定调整措施，进行“监测—评估—调整”循环。

实测沉降推算：利用实测数据推算最终沉降的方法有双曲线法、三点法（对数曲线法）、沉降速率法、星野法及修正双曲线法等。复合地基选用沉降速率法、双曲线法；等载（或超载）排水固结选用三点法（对数曲线法）、双曲线法。

沉降的反演分析推算：利用先前实测沉降曲线进行反演分析，修正地基设计参数，并重新进行沉降计算，再由实测沉降验证，经过多次循环分析计算，预测工后沉降量。

9. 路基工后沉降控制方案

路基工程安排合理的沉落放置时间，保证路基成型后至少有 6 个月的沉降观测稳定期，以确保工后沉降、不均匀沉降满足要求，并为下道工序施工创造条件。针对不同地基条件下的各种地基加固措施，施工前进行工艺性试验，确保施工质量及地基加固处理措施的有效性，满足工后沉降的控制要求。

（三）施工技术措施

路基工程以严格执行国家、行业标准，满足设计技术要求；采用符合设计要求的填料，按照成熟工艺组织机械化施工，达到各部位压实标准要求；控制工后沉降、不均匀沉降，主体结构质量实现零缺陷；箱梁运架、相关工程施工确保路基的稳固、安全；推广采用新技术、新工艺、新设备、新测试方法为基点，制订各环节切实可行的施工技术措施。

1. 组织技术培训、技术交底

施工前，依据路基工程技术标准、设计文件、验收标准，对参与施工的管理人员、技术人员、作业人员有针对性地组织技术培训，使全体施工人员了解设计意图，熟悉工程内容、特点、施工方案、施工工艺、安全措施、工期要求，确保工程按照设计施工做到位。

施工准备阶段，结合工程主要技术条件、水文地质特点、路基工程主要技术标准及相关设计规定、路基土石方调配及相关设计、路基支挡结构及加固防护设计原则和采用的新技术、新结构、路基修建对生态环境与水土保持的影响及采取的相应措施、主要技术方案及施工安排要点等，向管理人员、技术人员和作业人员分层次进行详细的技术交底，使全体施工人员做到心里有数，有的放矢，从而保证施工质量。

2. 科学计划、合理安排、精心组织

为保证路基工程连续、有序、均衡地进行施工，实现质量、工期、安全诸项控制目标，开工前，及时编制路基实施性施工组织设计、路基重点(控制)工程施工组织设计以及路基各类工程施工作业指导书。针对由结构决定的施工顺序、由关键设备决定的程序及配套机械化工艺流程，在数种方案中，选择工艺程序最短、施工效率最高、质量安全最有保证的工艺方案，作为施工组织设计的核心，认真付诸实施。

3. 达到压实标准、工后沉降及不均匀沉降的措施

1)加强测量、试验监测工作

测量工作认真执行"双检制"，全标段布设精密控测网，用于路基沉降变形观测及施工控制测量。对施工测量控制网定期和不定期进行贯通、复核测量，保证其准确性、可用性和满足精度要求。

路基工程按照试验及监测要求，设置经国家计量部门认证合格的试验室，对监测仪器设备及时进行自检和送检，并定期由有相应资质的计量部门进行校核标定，保证其准确性和满足精度要求，从而保证检测试验结果的准确性。

2)地质核查

施工准备阶段，根据设计提供的地质勘察资料，按照规范要求，采用原位测试、电法物探，必要时采用地质钻机钻探取样等方法，针对标段内地质情况，特别是不良地质、特殊地质地段，对地面情况核查和检测，补充地质灾害专项调查，进一步查明岩溶塌陷、顺层软土等对线路经过区域的现状影响，对各种地质灾害进行现状、预测、综合分析，提出减灾防灾的有效措施。

3)路基沉降变形控制措施

按设计要求埋设对施工干扰小，无测杆的智能数码型监测元件，编制监测数据管理软件，利用计算机实现数据的自动管理与存储，基本实现初步分析功能。

设置精密控制网，用以作为辅助元器件的重要观测点沉降板、路基面观测桩的沉降变形观测。沉降观测采用二等水准测量，观察精度不低于 1mm。

路基变形监测分阶段进行。路基填筑期间，主要监测地基沉降及路堤坡脚边桩位移，控制填筑速率；路基填筑完成后，自然沉落期及堆载预压期的变形监测，直到工后沉降分析可满足无碴轨道铺设要求为止。

利用实测数据推算最终沉降量，目前使用较多的有修正双曲线法、三点法等，根据工点具体情况，视拟合程度的优劣，选择与工程实际情况较为吻合或接近的方法，推算最终沉降量、工后沉降量及沉降速率。

4. 为达到路基填料标准、压实标准所采取的措施

1)开展填料施工设计

基床以下路堤、基床底层、基床表层、过渡段，采用符合设计要求的填料。施工前，对设计取土场及利用的填料进行核对、确认；施工过程中，对进场填料进行复查和试验，在此基础上开展填料施工设计工作，确保填料种类、质量符合设计要求。

以试验数据分析改良土物理性质(颗粒级配、塑限、液限、塑性指数、击实试验参数)的变化、强度和水稳性的变化特点。

要对级配碎石、级配砂砾石认真进行原材料分级、配合比的确定及室内击实试验，并在进行填筑工艺试验的基础上，组织集中供应、规模生产。

2)保证达到压实标准采取的措施

基床以下路堤、基床底层填筑前，选取地质条件、断面形式均具有代表性的地段进行填筑压实工艺试验，确定不同压实机械、不同填料施工含水率的控制范围、松铺厚度和相应的碾压遍数、最佳的施工机械和施工组织，确定施工工艺参数，再进行路基填筑施工。

基床以下路堤、基床底层按照“三阶段、四区段、八流程”的施工工艺组织施工。路堤沿横断面全宽纵向分层填筑，分层填筑厚度根据填筑机械能力，填料种类和要求的压实度，通过现场工艺确定，填料摊铺使用推土机进行初平，平地机进行整平，填层面无明显的局部凹凸，做成向两侧横向排水坡。当填料为改良土或含细粒成分较多的粗粒土填料时，严格控制填料的含水率在工艺试验确定的施工允许含水率范围内。压实顺序按先两侧后中间，先静压、后弱压、再强振的操作程序进行碾压。

基床表层施工前做好级配碎石或级配砂砾石的备料工作。拌和场内不同粒径的碎石、卵石、石屑或砂砾等集料分别堆放。级配碎石或级配砂砾石采用场拌法施工。大面积摊铺前，根据初选的摊铺和碾压机械及试生产出的填料，进行现场填筑压实工艺试验，确定合理级配、施工含水率范围、松铺厚度和碾压遍数、机械配套方案和施工组织，试验段长度不小于100m。基床表层填筑前验收基床底层，检查几何尺寸，核对压实标准。不符合标准的基床底层进行修整，使其达到基床底层验收标准。

基床表层的填筑按验收基床底层、搅拌运输、摊铺碾压、检测修整“四区段”和拌和、运输、摊铺、碾压、检测试验、修整养护“六流程”的施工工艺组织施工。

级配碎石或级配砂砾石的摊铺采用摊铺机或平地机进行，顶层用摊铺机摊铺。每层的摊铺厚度按工艺试验确定的参数严格控制。用平地机摊铺时，在路基上采用方格网控制填料量，方格网纵向桩距不大于10m，横向分别在路基两侧及路基中心设方格网桩。用摊铺机摊铺时，根据摊铺机的摊铺能力配置运输车，减少停机待料时间。在摊铺机或平地机后面由人工及时消除粗细集料离析现象。

整形后，当表面尚处湿润状态时立即进行碾压。如表面水分蒸发较多，明显干燥失水，在其表面喷洒适量水分，再进行碾压。用平地机摊铺的地段，用轮胎压路机快速碾压一遍，暴露的潜在不平整再用平地机整平和整形。碾压时，采用先静压、后弱振、再强振的方式碾压，最后静压收光。直线地段，由两侧路肩开始向路中心碾压；曲线地段，由内侧路肩向外侧路肩进行碾压。沿线路纵向行与行之间压实重叠不应小于40cm，各区段交接处，纵向搭接压实长度不小于2m，上下两层填筑接头错开不小于3.0m。

横向接缝处填料翻挖并与新铺的填料混合均匀后再进行碾压，并注意调整其含水率，纵向避免工作缝。碾压后的基床表层外形质量满足设计要求，局部表面不平整应洒水补平并补压。

已完成的基床表层要采取措施控制车辆通行，并做好路基表面的保护工作，防止表层扰动破坏。严禁在已完成的或正在碾压的路段上掉头或紧急制动。

(四)施工过程的质量抽检

(1)路基的含水率和压实度检测，应分层分路段全幅控制，路基范围内任意点都应满足规范要求。一般黏性土可采用环刀法检测，石质土或改善土结合施工方法可采用灌砂法检测，有条件时，可采用贯入仪法和圆锥仪法。

(2)对取土场的土质应根据开挖的深度，经常进行检测，并根据土质的变化(成分、含水率)随时调整施工的标准试验；同时对进场材料(砂、石等)根据料源经常进行检测，以指导施工配合比。

(3)对路基改善土,应控制其含水率和含灰量,同时现场取样,以7d无侧限抗压强度控制其施工质量。

(4)对构造物工程,应检查石料的强度、砂浆和混凝土试块的抗压强度。

(五)阶段性验收

(1)路基的构造物施工完后,应按照《铁路桥涵工程施工质量验收标准》(TB 10415—2003)和《铁路路基工程施工质量验收标准》(TB 10414—2003)进行全面的质量检查,特别是构造物与路基衔接部分的压实须满足规范要求。

(2)特殊路基地段施工完成后,应按有关施工规范进行检测验收,并会同有关专家对其进行鉴定。

(3)路基施工应根据土基和基床分阶段进行压实度的控制,并在路基施工结束后,按《铁路路基工程施工质量验收标准》(TB 10414—2003)进行路基单位工程的检验与质量评定。

复习思考题

6.1 编制路基工程实施性施工组织设计需要哪些资料?

6.2 工程质量控制体系一般由哪些部门组成?

6.3 施工单位有哪些质量管理的措施?

6.4 路基工程施工过程质量控制主要有哪些项目?

6.5 路基工程质量抽检的标准试验有哪些?

第七章　轨　　道

第一节　轨 道 组 成

轨道是铁路线路的组成部分，这里所指的轨道包括钢轨、轨枕、连接零件、道床、防爬设备和道岔等(图 7-1)。作为一个整体性工程结构，轨道铺设在路基之上，起着列车运行的导向作用，直接承受机车车辆及其荷载的巨大压力(垂直压力、横向水平力、纵向水平力、温度附加力)。在列车运行的动力作用下，它的各个组成部分必须具有足够的强度和稳定性，结构要合理，尺寸及材质要相互配合，等强配套，保证列车按照规定的最高速度，安全、平稳和不间断地运行。

一　钢轨及轨缝

(一)钢轨的功用、性能和断面

1. 钢轨的功用

不管铁路交通采用何种类型、何种形式的轨道结构，钢轨都是铁路轨道的主要部件。钢轨与机车车辆的车轮直接接触，钢轨质量的好坏直接影响到行车的安全性和稳定性。为了使线路能按照设计速度保证列车运行，钢轨必须具备以下几方面的功能：

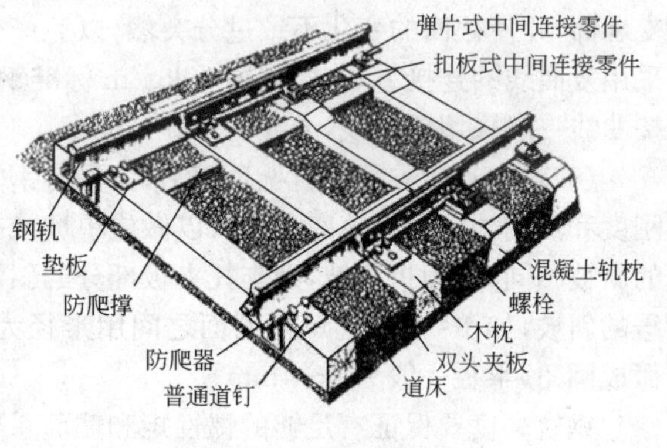

图 7-1　轨道的基本组成

(1)为车轮提供连续、平顺和阻力最小的滚动面，引导机车车辆前进。车辆要求钢轨表面光滑，减小轮轨阻力；而机车要求轮轨之间有较大的摩擦力，以发挥机车的牵引力。

(2)钢轨要承受来自车轮的巨大垂直压力，并以分散的形式传给轨枕。在轨面要承受极大的接触应力。除垂直力外钢轨还要承受横向力和纵向力。在这些力的作用下，钢轨要产生弯曲、扭转、爬行等变形，轨头的钢材还要产生塑性流动、磨损等；因此要求钢轨有足够的强度、韧性、耐磨性。

(3)兼做轨道电路，为轨道电路提供导体。

2. 钢轨的断面

从构件截面的力学特性可知，工字形截面的构件具有较好的抗弯曲性能。可把钢轨看成是连续弹性地基梁，或连续点支撑地基梁。根据钢轨的功能要求，一般将钢轨截面设计成工字形，如图 7-2 所示。钢轨截面由轨头、轨腰和轨底 3 部分组成，相互之间用圆弧连接，以便安装钢轨接头夹板和减少截面突变引起的应力集中。钢轨的 3 个主要尺寸是钢轨高度、轨头宽度、轨底宽度。根据钢轨的受力特点，对轨头、轨底、轨腰的要求如下。

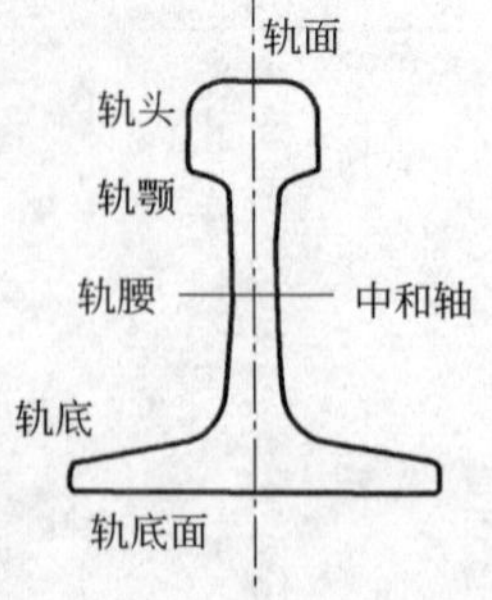

图 7-2　钢轨截面形状

(1)轨头宜大而厚，并具有与车轮踏面相适应的外形，以改善轨轮接触条件，提高抵抗压陷的能力，同时具有足够的支撑面积，以备磨耗。钢轨顶面在具有足够宽度的同时，为使车轮传来的压力更集中于钢轨中心轴，顶面形状为隆起的圆弧形。圆弧的半径不能太小，虽可以使压力集中于钢轨中心轴，但又不至于轮轨间的接触面积太小而造成过大的接触应力。实践表明，钢轨顶面被车轮长期滚压以后，顶面近似于 200～300mm 半径的圆弧。因此我国轻型的钢轨顶面常由一个半径为 300mm 的圆弧组成，而较重型的钢轨顶面，则用 3 个半径分别为 80mm、300mm、80mm 或 80mm、500mm、80mm 的复合圆弧组成。轨头侧面形式在不增加轨顶面宽度又能扩大轨头下部宽度，使夹板与钢轨之间有较大的接触面，并可使轨头下颚与轨腰之间用较大半径的圆弧连接起来，又有利于改善该处的应力集中的前提下，宜采用向下扩大的形式。

(2)轨腰必须有足够的厚度和高度，具有较大的承载能力和抗弯能力。轨腰的两侧或为直线，或为曲线，而以曲线最常用，以有利于传递车轮对钢轨的冲击力作用和减少钢轨轧制后因冷却而产生的残余应力。我国设计的标准 50kg/m、60kg/m 和 75kg/m 钢轨的轨腰圆弧半径分别采用 350mm、400mm、450mm。轨腰与钢轨头部和底部的连接，必须保证夹板能有足够的支承面，并使截面的变化不致过分突然，以免产生过大的应力集中。为此，轨腰与轨头之间可采用复曲线的连接方式，如我国 60kg/m 标准钢轨采用了 25mm、8mm。轨腰与轨底之间的连接曲线一般采用单曲线，半径为 14～20mm。

(3)轨底直接支承在轨枕顶面上，为保持钢轨稳定，应有足够的宽度和厚度，并具有必要的刚度和抗锈蚀能力。轨底顶面可以做成单坡或折线坡的斜坡。如为单坡，则要求与轨头下颚的斜坡相同；如为折线坡，则支托夹板部分的斜坡要求与轨头下颚相同，其余部分可采用较平缓的斜坡，如 1∶6～1∶9，两斜面之间用半径为 15～40mm 的圆弧连接。轨底的上下角也应做成圆角，半径一般为 2～4mm。

钢轨高度要保证有足够的惯性矩和截面系数来承受车轮的竖直压力，并要使钢轨在横向水平力作用下具有足够的稳定性。钢轨身高与轨底宽度之间应有一个适当的比例，一般地，$H/B=1.15\sim1.20$。

为使钢轨轧制冷却均匀，轨头、轨腰及轨底的面积应有一个最适当的比例。根据上述要求，我国的 60kg/m 和 75kg/m 钢轨标准截面尺寸如图 7-3 所示，其余部分的截面尺寸及特征如表 7-1 所示。

钢轨截面尺寸及特性参数　　表 7-1

钢轨类型(kg/m)	75	60	50	45
每米质量(kg/m)	74.414	60.64	51.514	44.653
截面面积 F(cm^2)	95.073	77.45	65.8	57
重心距轨底面的距离 y(mm)	88	81	71	69
对水平轴的惯性矩 J_x(cm^4)	4490	3217	2037	1489

续上表

钢轨类型(kg/m)	75	60	50	45
对竖直轴的惯性矩 J_y(m^4)	665	524	377	260
底部截面系数 W_1(cm^3)	509	396	287	217
头部截面系数 W_2(cm^3)	432	339	251	208
轨底横向挠曲截面系数 W_y(cm^3)	89	70	57	46
钢轨高度 H(mm)	192	176	152	140
钢轨底宽 B(mm)	150	150	132	111
轨头高度 h(mm)	55.3	48.5	42	42
轨头宽度 b(mm)	75	73	70	70
轨腰厚度 t(mm)	20	16.5	15.5	14.5

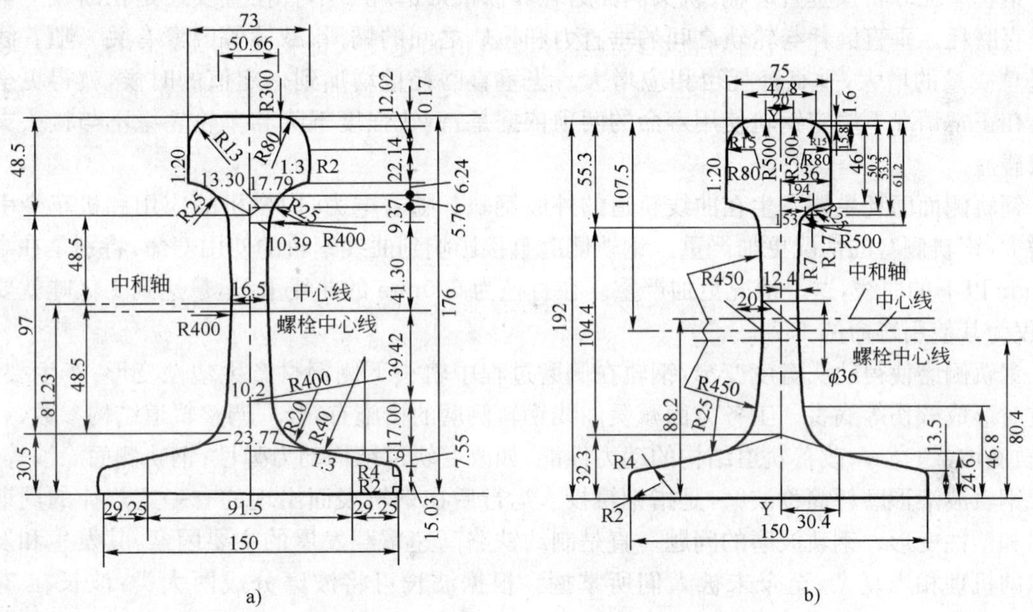

图 7-3 60kg/m、75kg/m 钢轨断面形状(尺寸单位:mm)

a)60kg/m 钢轨;b)75kg/m 钢轨

(二)钢轨的类型

世界上铁路所用的钢轨类型通常按取整后的每延米质量来分,在轴重大、运量大和速度高的重要线路上采用质量大的钢轨,在一般次要线路上使用的钢轨质量相对要小一点。我国铁路所使用的钢轨类型有 43kg/m、45kg/m、50kg/m、60kg/m 和 75kg/m。我国标准钢轨的长度有 25m 和 12.5m(75kg/m 只有 25 m)两种,另外还有比 25m 缩短 40mm、80mm、160mm 和比 12.5m 缩短 40mm、80mm、120mm 的 6 种标准短轨。

(三)钢轨的伤损

钢轨伤损是指钢轨在使用过程中发生裂纹、折断、磨耗以及其他影响和限制钢轨使用性能的病害。其伤损的原因,既有钢轨在冶炼过程中出现的缺陷,又有在运输、使用过程中出现的破损。因此，及时发现钢轨的伤损，摸清钢轨伤损规律，进而加强对钢轨的管理工作，这对铁路工务部门是极为重要的。钢轨伤损分为：锈蚀、折断、磨耗。

1. 锈蚀

钢轨的锈蚀多出现在隧道、盐渍土地区，故决定钢轨使用寿命的主要因素是折断和磨耗。

2. 折断

钢轨因折断而更换的数量，虽然一般不超过更换总数的1%～2%，但它会在行车中突然发生，对行车安全威胁很大，因此钢轨的折断是一个重要问题。造成钢轨折断的主要原因是疲劳伤损，除因钢轨材质外，在气候寒冷季节更为突出，主要是随着行车速度的提高，在高速、重载情况下钢轨折断更为严重。

3. 磨耗

钢轨磨耗分轨顶垂直磨耗、轨头侧面磨耗和波浪形磨耗。不管在直线还是在曲线上都存在垂直磨耗。垂直磨耗与轮轨之间的垂直力和轮轨之间的蠕滑、摩擦等因素有关。随着线路通过总质量的增大，垂直磨耗也相应增大。当垂直磨耗量增加到一定值的时候，就得更换钢轨。在正常情况下决定钢轨使用寿命的两项依据是：钢轨强度下降和车轮轮缘不与接头夹板上缘碰撞。

钢轨侧面磨耗主要发生在曲线轨道的外股钢轨。随着电力、内燃机的应用和机车牵引功率增大，钢轨侧磨的情况更加严重。钢轨侧磨直接影响到曲线钢轨的使用寿命，特别是在半径800mm以下的曲线，这一情况更加严重。在直径为600mm的曲线上，运量达到1亿吨就要更换，仅为其使用寿命的1/7。

钢轨侧磨使得轨头宽度变窄，钢轨在侧磨过程中轨头下侧钢材产生塑性变形，产生裂纹，严重时形成核伤等病害。工务方面减缓曲线钢轨侧磨的措施有：合理调整轨道结构参数，如轨距、轨底坡、超高等；改善轨道结构的动力性能，如改变轨道结构动力弹性；钢轨侧面涂油等。

钢轨波浪形磨耗简称波磨，是指钢轨投入运行后在钢轨表面出现的有一定规律的周期性磨损和塑性变形。钢轨波磨的问题一直是制约铁路高速重载发展的主要因素，其发生和发展规律的机理相当复杂，至今未被人们所掌握。根据波长可将波磨分成两大类：波长在30～80m，波深0.1～0.5mm，波峰亮，波谷暗，规律明显，此类波磨称为波纹磨耗；波长为150～600m及以上，波深0.5～5mm，波峰波谷都发亮，波浪界限不规则，此类波磨称为长波磨耗。

波磨一般出现在曲线地段，在半径为300～4500m的曲线上都可能发生波磨。列车制动地段的波磨出现概率和磨耗速率都较大。直线地段出现波磨的情况很少。波磨的成因十分复杂，有钢轨材质原因，也有机车车辆动力性能的原因，还有列车运行工况的原因。防止和减缓钢轨波磨的措施有：提高轨道结构的弹性，合理设置曲线轨道参数，钢轨表面打磨等。

（四）轨缝

钢轨与钢轨之间留有一定的缝隙（称为轨缝），通过夹板和接头螺栓将钢轨夹紧而连接起来。随着轨温的变化，钢轨要伸缩，这个伸缩量是由钢轨螺栓孔、夹板螺栓孔与螺杆之间的间隙来提供的，我们把它们之间在构造上能实现的轨端最大缝隙称为构造轨缝。在铺轨施工时，也需要预留一定的轨缝，称为预留轨缝。预留轨缝要适当，能保证冬天不超过构造轨缝，以防止拉弯接头螺栓及增大车轮冲击；使夏天轨缝不顶严，以防温度压力太大而胀轨跑道。《铁路线路维修规则》规定普通线路预留轨缝计算公式为

$$a_0 = \alpha L(t_z - t_0) + \frac{1}{2}a_g \tag{7-1}$$

$$t_z = \frac{1}{2}(T_{max} + T_{min}) \tag{7-2}$$

式中：a_0——更换钢轨或调整轨缝时的预留轨缝，mm；

α——钢轨线膨胀系数，为0.0118mm/m℃；

L——钢轨长度，m；

t_0——更换钢轨或调整轨缝时的轨温，℃；

a_g——构造轨缝，38 kg/m、43 kg/m、50kg/m、60 kg/m、75 kg/m 钢轨 a_g 均采用18mm；

t_z——更换钢轨或调整轨缝地区的中间轨温，℃；

T_{max}、T_{min}——当地历史最高和最低轨温，℃。

最高、最低轨温差不大于85℃的地区，在按上式计算以后，可根据具体情况将轨缝值减小1～2mm。

25m钢轨铺设地段，在当地历史最高轨温与最低轨温的差大于100℃时应个别设计。

12.5m钢轨铺设地段，更换钢轨或调整轨缝时的轨温不受限制。25m钢轨铺设地段，更换钢轨或调整轨缝时的轨温限制范围为(t_z－30℃)～(t_z＋30℃)；最高与最低轨温差不大于85℃的地区，如将轨缝值减小1～2 mm，轨温限制范围相应地应降低3～7℃；特殊情况下，在轨温限制范围以外更换的25 m钢轨，必须在轨温限制范围以内时调整轨缝，使其符合上述规定。

轨枕

轨枕是轨下基础的部件之一，它的功能是保持钢轨的位置、方向和轨距，并将它承受的钢轨力均匀地分布到道床上。轨枕要有一定的坚固性、弹性和耐久性，并能便于固定钢轨，抵抗轨道框架结构的纵向和横向位移，并且应具有价格低廉、制造简单、易于铺设养护的特点。

世界铁路有渣轨道所用的轨枕主要有木枕、钢枕和混凝土枕。混凝土枕由于原料充分、轨道结构稳定、弹性均匀，是目前高速和重载铁路的首选轨枕类型，我国铁路的技术政策也规定，新建线路都是用混凝土轨枕。钢枕的使用范围更小，只是在一些工业发达的国家和一些特殊地区使用。

(一)木枕

1.优缺点

木枕即为木制轨枕。木枕富于弹性，便于加工、运输和维修；有较好的电绝缘性能。但是有易腐烂、轨道稳定性差、弹性不均匀等缺点，所以高速铁路基本上不用木枕轨道。

2.分类及断面尺寸

木枕也分普通木枕、道岔木枕和桥梁木枕，如图7-4所示。我国铁路的普通木枕长为2.5m，有160mm(高)×220mm(宽)和145 mm(高)×200 mm(宽)两种规格。在不同的道岔

部位,岔枕长度也不一样,最短为 2.6m,最长为 4.85m,级差为 0.15m,岔枕截面为 160mm(高)×240mm(宽)。桥枕的截面高度为 220～300mm,宽度为 200～240mm。

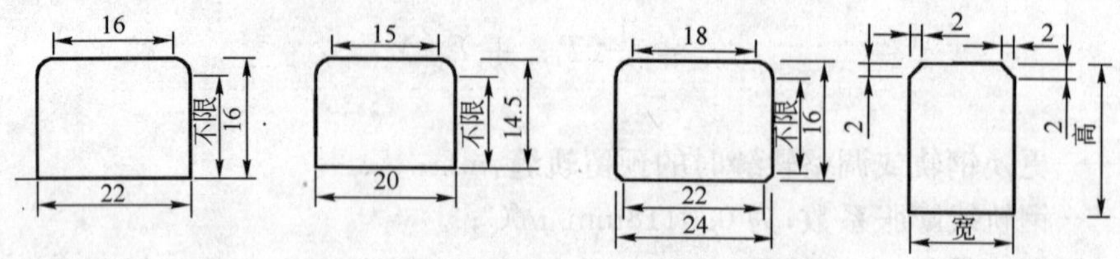

图 7-4 木枕断面形状(单位尺寸:cm)

(二)混凝土枕

混凝土枕全称是预应力混凝土轨枕。混凝土轨枕结构形式有整体式、组合式和短枕式 3 种,见图 7-5。

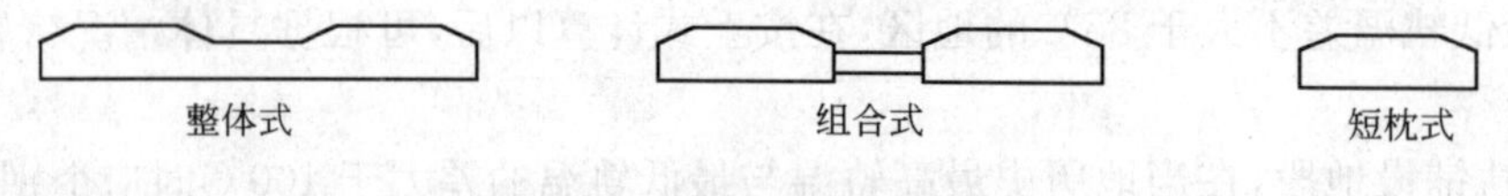

图 7-5 混凝土枕的结构形式

1. 优缺点

钢筋混凝土轨枕材源丰富,尺寸统一,使轨道弹性均匀,从而提高轨道的稳定性。不受气候、腐朽、虫蛀及失火的影响,使用寿命长,养护工作量小,损伤率和报废率比木枕要低得多。在无缝线路上,钢筋混凝土轨枕比木枕的稳定性平均提高 15%～20%,因此,尤其适用于高速客运线。

但是钢筋混凝土轨枕弹性差、连接零件复杂、绝缘性较差、更换困难;道床受较大的压力和冲击力,要求道床材料较好,断面厚度较大。

2. 外形主要尺寸

各类混凝土轨枕的截面采用上窄下宽的梯形,这是为了增加轨枕的支撑面积,用以抵抗正弯矩。在设计混凝土轨枕时,从以下几方面考虑轨枕的长度:轨枕长度越长,轨下截面的下弯矩越大,轨中截面的负弯矩越小,甚至为正弯矩,所以轨枕长度要合理,使得轨枕受力最佳;轨枕太短,轨枕端部的长度不足以锚固预应力筋,轨下截面的抗弯能力达不到要求;轨枕长度较短,道床支撑面积较小,使得道床应力增大和阻力减小,影响轨道的稳定性。对于标准轨距轨道,世界各国混凝土轨枕长度一般为 2.2～2.7m。

轨枕截面尺寸与轨枕受力有关。首先轨枕顶部要有一定的宽度,在轨座压力的作用下不压溃,一般承轨台的宽度在 185～190mm 之间。在轨枕长度确定的情况下,轨底宽度要考虑到道床的承载能力,一般枕底宽度在 250～330mm 之间。考虑到轨枕制造时的脱模方便,也要将轨枕截面设计成梯形。

混凝土轨枕在长度方向的高度是不一致的,轨下部分截面高度较高,中间截面高度相对较低。这是因为轨枕纵向预应力筋为直线配筋,且在轨枕通长上配筋一致,轨下截面承受正弯矩,所以要求预应力筋的重心在截面形心以下;枕中截面一般承受负弯矩,所以要求预应力筋重心在截面形心上,如图 7-6 所示。

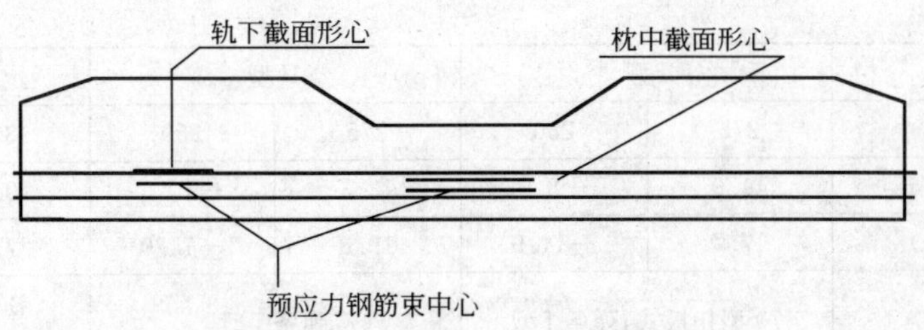

图 7-6 混凝土轨枕截面形心与钢轨重心之间的关系

目前我国使用的混凝土轨枕有 I、II、III 型。其中 I 型目前已经停止生产，在一级干线上也不得使用；II 型轨枕目前使用的较为广泛，主要用于一般轨道，轴重为 23t，客车行车速度在 160km/h 以下；III 型是近几年开发研制的，主要用于速度在 140～160km/h，轴重为 25t 的提速重载线路。III 型轨枕的外形和尺寸如图 7-7 所示。我国 3 种类型轨枕的主要设计参数见表 7-2。

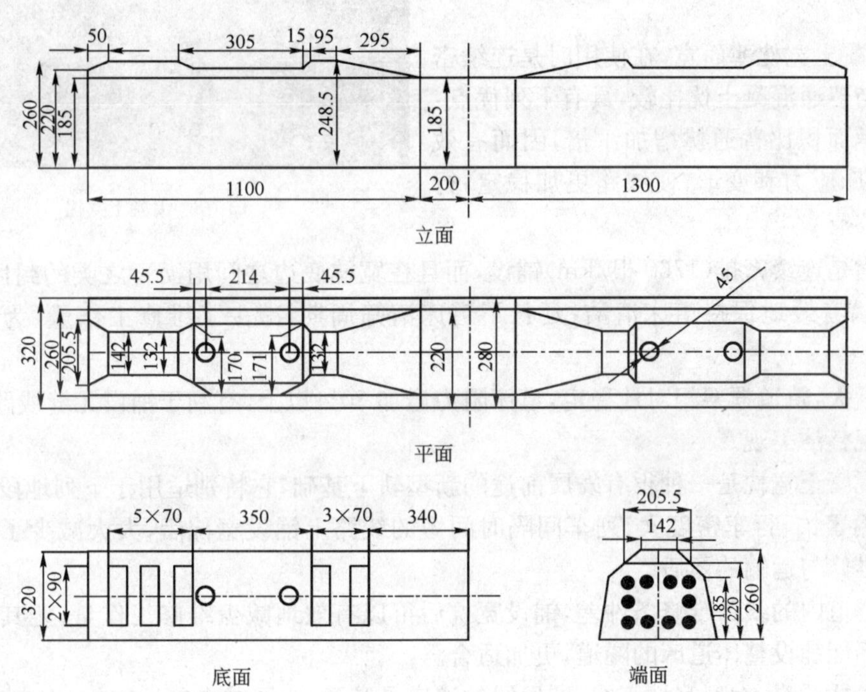

图 7-7 III 型混凝土轨枕的外形和截面尺寸(单位尺寸：mm)

我国各类混凝土轨枕的主要设计参数 表 7-2

轨枕类型	I 型		II 型		III 型	
轨枕长度(mm)	2500		2500		2600	
轨枕质量(kg)	250		251		320,340	
轨枕底面积(cm^2)	6588		6588		7720	
端头面积(cm^2)	490		490		590	
截面位置	轨下	中间	轨下	中间	轨下	中间
高度(mm)	201	175	201	201	230	185
表面宽度(mm)	165	155	165	165	170	200

续上表

轨枕类型	I型		II型		III型	
底面宽度(mm)	275	250	275	250	300	280
设计承载弯矩(kN·m)	11.9	−8.0	13.3	−10.5	19.05	−17.30
抗裂弯矩(kN·m)	17.7	−11.9	19.3	−14.0	27.90	22.50
扣件类型	70型扣板式,弹条I型		弹条I型		(a) 弹条II (b) 弹条III型	

(三)混凝土宽枕

混凝土宽枕如图7-8所示。目前我国铁路上使用的宽枕主要为弦76、筋76、筋82、弦82等几种型号,过去也曾用弦65A、筋65A、筋65B、弦72等。

图7-8 混凝土宽枕

由于混凝土宽枕薄而宽,在使用时是连续密排铺设,它与普通混凝土枕比较,具有下列优点:

(1)支承面积比普通枕增加1倍,因而有效地降低了道床应力和变形,使线路更加稳定,行车平稳。

(2)因为是连续密排(1760根/km)铺设,而且在宽枕底边之间用沥青之类的封闭层封闭,所以能持久、有效地保持道床清洁,延长了道床清筛周期,减少了维修工作量(为普通枕的1/3~1/2)。

(3)重量大,轨道框架相对地稳定,道床阻力增加80%以上,有利于铺设无缝线路。

(4)外观整洁美观。

因此,混凝土宽枕是一种很有发展前途的新型轨下基础,它特别适用于下列地段。

(1)运输繁忙、行车密度大、列车间隔时间短的线路上铺设宽枕后,大大减少了维修工作量,缓和了维修与运输的矛盾。

(2)在隧道内的线路维修条件差,铺设宽枕后可以有效地减少维修工作量,尤其在一些地质条件差,不能铺设整体道床的隧道,更加适合。

(3)在大桥桥头,大型客站正线、到发线的道床易脏污,为了减少养护工作,也宜采用。

良好的宽枕,必须有正确的铺设施工方法并保证质量,必须做到路基稳固,道床密实而平整。铺设后的养护维修工作也直接影响宽枕的使用寿命,由于宽枕重而宽,不便起道捣固,现在是采用起道垫碴和枕上垫垫板相结合的形式,要求垫碴的材料应是粒径为8~20 mm的火成岩碎石,垫碴要均匀、准确。宽枕地段出现轨道不均匀下沉,道床翻浆冒泥,将严重影响宽枕寿命,必须充分重视。

(四)轨枕的铺设数量及布置

1. 轨枕的铺设数量

每公里轨枕铺设的数量与运量、轴重及行车速度有关,每公里铺设的数量多,轨枕布置得密,传递到道床上的单位面积压力相对地减少,但是轨枕间隔窄了,也不便捣固。因此规定:对木枕线路，最多为1920根/km，混凝土枕为1840根/km；轨枕最小为1440根/km。在1440～1920根/km之间，轨枕的级差为80根/km，分别有1920根/km、1840根/km、1760根/km、1680根/km、1600根/km、1520根/km、1440根/km。每公里采用哪种数量来铺设，与线路等级有关。在既有线上，线路标准略有提高，每公里混凝土枕的数量与木枕相同。在站内的到发线、驼峰溜放线，木枕线路不小于1600根/km，混凝土枕不小于1520根/km；其他站线及次要站线一律不小于1440根/km。混凝土宽枕一律为1760根/km。

为下列地段条件之一者，正线轨道应加强，对于混凝土枕增加80根/km，木枕增加160根/km；当条件重合时，只增加一次，当然不能超过允许最大铺设数量。

(1)在混凝土枕轨道 $R\leqslant 600$m 的曲线(包括缓和曲线和圆曲线)，或木枕轨道、电力牵引线路 $R\leqslant 800$ m 的曲线地段。

(2)坡度大于12‰的下坡制动地段。

(3)长度等于或大于300m的隧道内线路。

2.轨枕的布置

钢轨接头处车轮的冲击动荷载大，接头处轨枕的间距应当比中间的小一些，并且从接头间距向中间间距过渡时，应有一个过渡间距，以适应荷载的变化。如图7-9所示，每节钢轨下轨枕间距应当满足：$a>b>c$。接头轨枕间距一般是给定的，对于采用50kg/m、60kg/m钢轨，接头木枕间距为440mm，接头混凝土枕间距为540mm；对于43kg/m、38 kg/m钢轨，不分轨枕类型，接头轨枕间距为500mm。由图7-9可知：

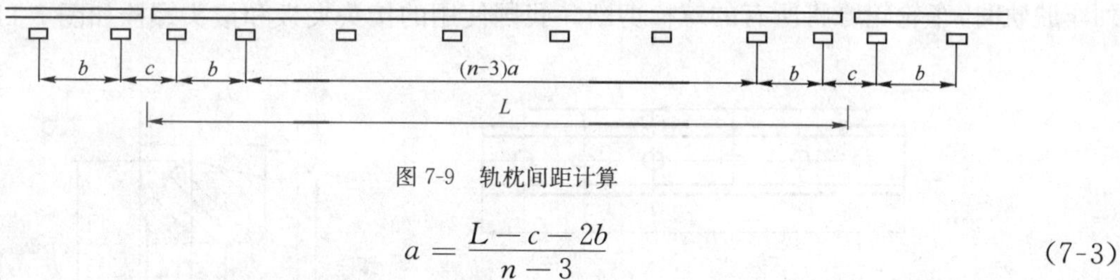

图7-9 轨枕间距计算

$$a=\frac{L-c-2b}{n-3} \tag{7-3}$$

式中：L——标准轨长，并考虑轨缝为8mm；

n——节钢轨下轨枕的根数，由每公里铺设的轨枕数换算过来；

a——中间轨枕间距；

c——接头轨枕间距；

b——过渡轨枕间距。

对于相错式接头、非标准长度钢轨的轨枕配置根数和间距，可以通过上式计算。使用大型养路机械的线路，为了捣固机械的机械化工作，轨枕间距可适当调整成均匀布置。无缝线路长轨节下轨枕间距要均匀，铝热焊缝应距枕边70mm以上。

线路上轨枕位置应用白油漆标在顺公里方向左股钢轨内侧轨腰上，曲线地段标在外股钢轨内侧轨腰上。轨枕应按标记位置铺设，并应与线路中线垂直。

三 连接零件

轨道连接零件分为连接钢轨与钢轨的接头扣件和连接钢轨与轨枕的中间扣件(简称扣件)。

(一)钢轨接头扣件

1. 接头连接零件

钢轨接头的连接零件由夹板、螺栓、螺母、弹簧垫圈组成。

1)钢轨夹板

接头夹板的作用是夹紧钢轨。夹板以双头对称式最常用。接头夹板分斜坡夹板支承型和圆弧支承型,如图 7-10 所示。我国目前标准钢轨接头用斜坡支承型双头对称式夹板。这种夹板的优点是:在竖直荷载作用下具有较大的抵抗弯曲和横向位移的能力。夹板上下两面的斜坡能楔入轨腰空间,但不贴住轨腰。这样当夹板稍有磨耗,以致连接松弛时,仍可重新旋紧螺栓,保持接头螺栓的牢固。接头夹板有 4 孔和 6 孔,在我国铁路使用的夹板上有 6 个螺栓孔,圆形与长圆形孔相间布置。圆形螺栓孔的直径较螺栓直径略大,长圆形螺栓孔的长径较螺栓头下长圆形短柱体的长径略大,当夹板就位后螺栓头部的长圆形柱体部分与夹板的长圆孔配合,拧螺母时螺栓就不会转动。依靠钢轨圆形螺栓孔直径与螺栓直径之差,以及夹板圆形螺栓孔直径与螺栓直径之差,就可以得到所需的预留轨缝。夹板的 6 个螺栓头部交替布置,以免列车脱轨时,车轮轮缘将所有的螺栓剪断。我国使用的接头夹板和接头螺栓如图 7-11 所示。

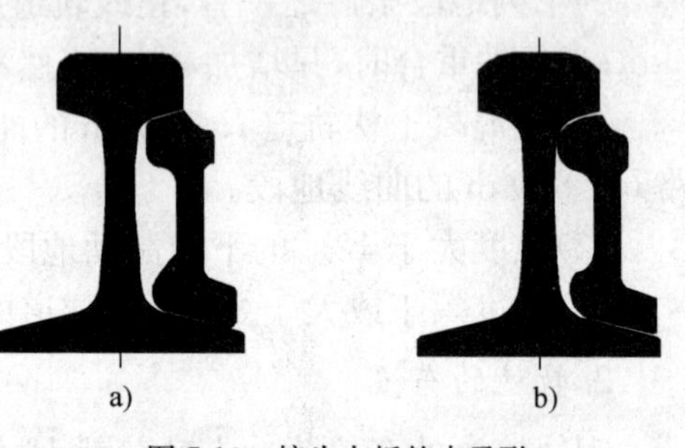

图 7-10 接头夹板的支承形

a)斜坡支承型;b)圆弧支承型

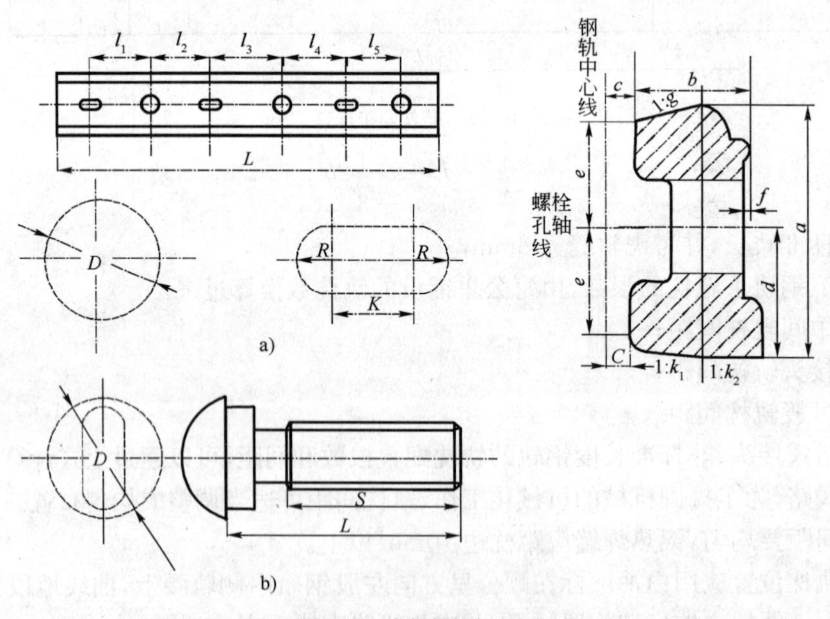

图 7-11 夹板螺栓与夹板

a)接头夹板;b)轨道接头螺栓

2)接头螺栓

接头螺栓、螺母是在钢轨接头处用以夹紧夹板和钢轨的配件,使夹板连接牢固,阻止钢轨部分伸缩。螺栓由螺栓头、径、杆组成,与夹板长孔相对应。螺杆长度、直径与钢轨型号相适应。垫圈是为了防止螺母松动,普通线路用弹簧垫圈,其断面形状有圆形、矩形两种。

2.接头连接形式

(1)钢轨接头类型按照左右股钢轨接头位置来分,有相对式(轨缝对接)和相互式(轨缝错接)两种,如图7-12所示。对接式可减少车轮对钢轨的冲击次数,使左右钢轨受力均匀,旅客舒适,也有利于机械化铺设,被世界各国广泛采用。错接式接头,《线规》规定:直线上钢轨接头容许最大错开量为40mm,曲线上最大错开量为40mm加所用缩短轨缩短量的一半。

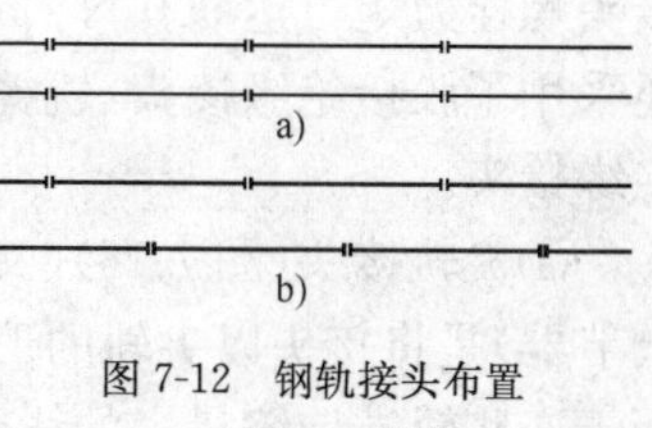

图7-12 钢轨接头布置

a)对接;b)错接

(2)按钢轨接头与轨枕的相对位置,由悬空式、单枕承垫式和双枕承垫式,如图7-13所示。目前我国广泛采用的是悬空式,即将轨缝悬于两接头轨枕之间。当车轮通过时钢轨挠曲,轨端下落,弯矩增大,为了减少挠曲和弯矩,采用较小的接头轨枕间距。单枕承垫式很少采用,因为当车轮通过时,轨枕左右摇动,不稳定。双枕承垫式可保证稳定性,但又有刚度大、不易捣固的不足。一般为了加强木枕地段钢轨接头,只在正线绝缘接头处,采用双枕承垫式。

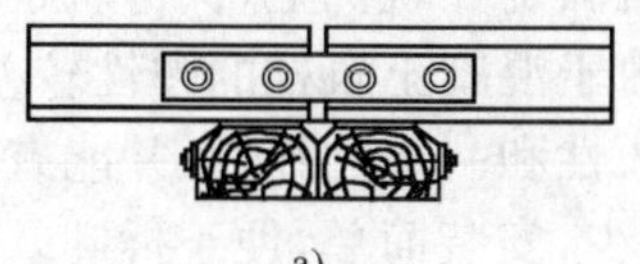

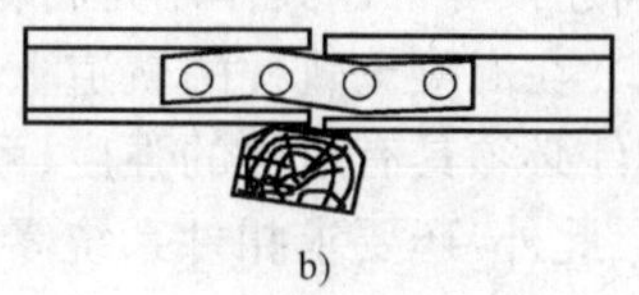

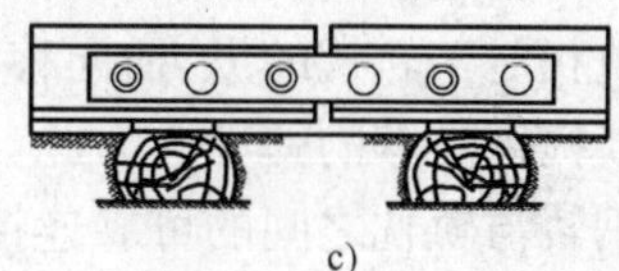

图7-13 钢轨接头的承垫方式

a)双枕承垫式;b)单枕承垫式;c)悬空式

(3)按照接头连接的用途及工作性能来分,有普通接头、导电接头、绝缘接头、异型接头、尖轨接头、冻结接头。

①普通接头用于前后同类型钢轨的正常连接。

②异型接头(又称过渡接头)则用于前后不同类型钢轨的连接,由于异型接头较易损坏,现多用异型钢轨代替。

③导电接头(图7-14)和绝缘接头(图7-15)是用于自动闭塞区段上的两种接头。将钢轨作为导电体的自动闭塞区段,为了确保和加强导电性,要在接头处锚上或焊上一根导线,称为导电接头。使信号电流不能从一个闭塞分区传到另一个闭塞分区的接头,称为绝缘接头。它在钢轨与夹板之间、夹板与螺栓之间、两轨端之间都应用绝缘材料填充,加以严格绝缘,防止漏电。绝缘材料有多种,过去一直用纸介材料,因强度低,螺栓不能拧得太紧,而且绝缘接头两端75m范围内的线路应当加强防爬锁定,防止轨缝挤严,挤坏绝缘纸。尽管采用这些措施,绝缘

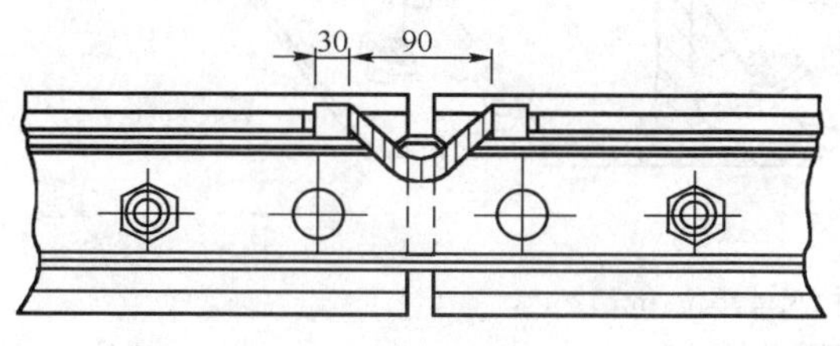

图7-14 导电接头(尺寸单位:mm)

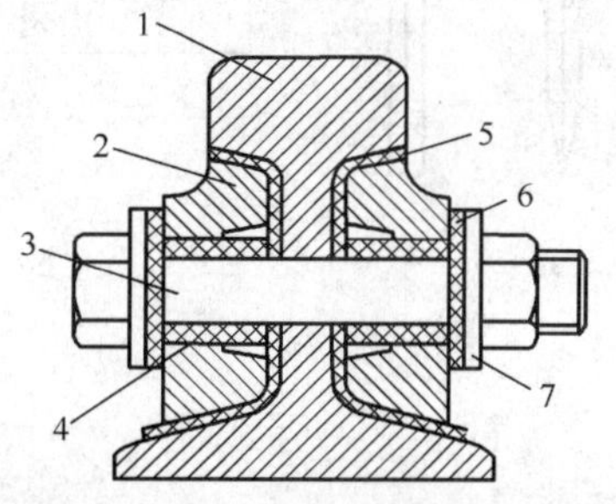

图7-15 绝缘接头

1-钢轨;2-接头夹板;3-螺栓;4-绝缘套管;5-槽型绝缘板;6-高强绝缘垫圈;7-钢平垫

纸还是经常损坏。近年来，随着高分子工业的发展，用高强度尼龙绝缘层代替绝缘纸，使绝缘接头螺栓力矩可达 900 N·m，一般在温差 90℃以下地区，轨缝几乎不变化。在无缝线路上，还采用了胶接绝缘接头，轨缝也用胶填满，其抗剪荷载可达 1700kN 以上，是一种较为理想的绝缘接头。

④尖轨接头（图 7-16）（又称伸缩接头或温度调节器）是将接头以尖轨的形式连接。尖轨接头用于一些轨端伸缩量大的线路，如无缝线路长轨节、温度跨度大的桥梁。

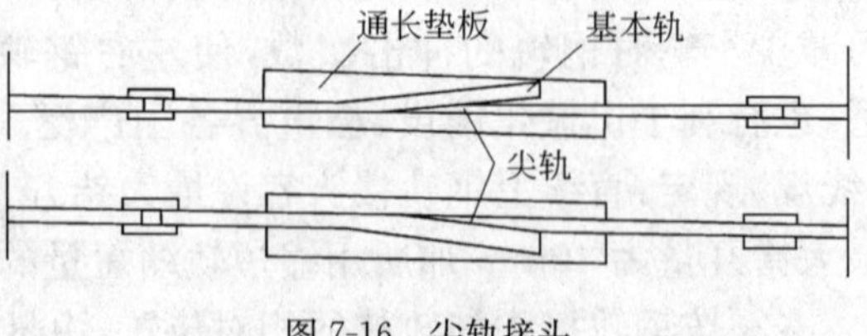

图 7-16 尖轨接头

上述几种接头结构允许轨端伸缩，也有一种接头不允许钢轨伸缩，称为冻结接头。一般用于道口、明面小桥等不适应设钢轨接头的地方。

（二）中间扣件

扣件是连接钢轨和轨枕的中间连接零件。其作用是将钢轨固定在轨枕上，保持轨距和阻止钢轨相对于轨枕的纵、横向移动。在混凝土轨枕的轨道上，由于混凝土轨枕的弹性较差，扣件还要提供足够的弹性。为此，扣件必须具有足够的强度、耐久性和一定的弹性，并能有效地保持钢轨与轨枕之间的可靠连接。此外，还要求扣件系统零件少，安装简单，便于拆卸。这里主要介绍木枕和混凝土枕上使用的扣件。

1. 木枕扣件

木枕扣件有混合式和分开式两种。

（1）混合式扣件较为简单，且在木轨枕轨道上也用的最多，如图 7-17 所示。扣件系统由铁垫板和道钉组成。铁垫板上有 5 个方形孔，勾头道钉为方形，从铁垫板孔中打入轨木后，即扣住钢轨，又固定住铁垫板。但这种道钉的扣压力较小，为防止钢轨纵向爬行，需要较多的防爬器配合使用。

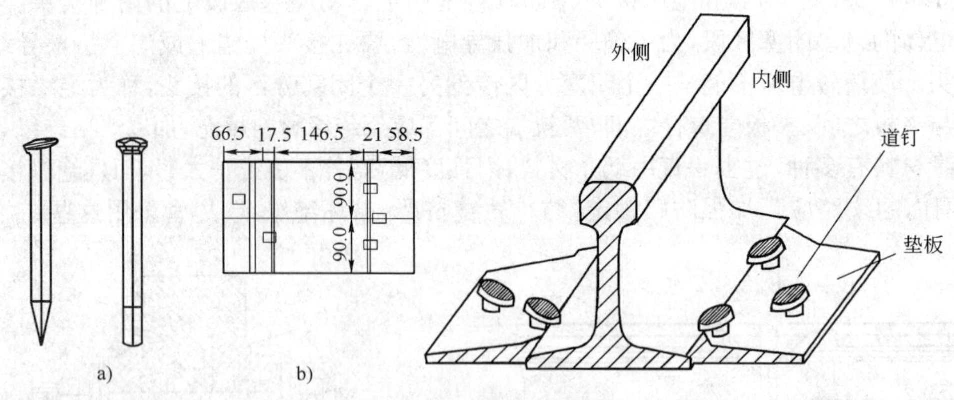

图 7-17 木枕混合式扣件（尺寸单位：mm）

a）道钉；b）无孔双肩垫板

（2）分开式扣件（图 7-18）是将固定钢轨和固定铁垫板的螺栓或道钉分开。一般用螺旋道钉将铁垫板固定在枕木上，铁垫板有承轨槽，固定钢轨的螺栓安装在铁垫板上，然后用弹条或扣板将钢轨固定住，一般用在桥上线路。分开式扣件扣压力强，垫板振动得到减缓，并且能有效地制止钢轨的纵横向移动；更换钢轨时，不需要松开铁垫板，对枕木的伤损小，组装轨排方便。但分开扣件的零件较多，用钢量大，相应成本也大。

2. 混凝土枕扣件

混凝土枕扣件，按钢轨与轨枕连接形式可以为不分开式、半分开式和分开式 3 种。按轨枕上有无挡肩可分为：有挡肩和无挡肩扣件。按扣件的弹性性能可分为：全弹性扣件、半弹性和刚性扣件。

我国铁路扣件经历了扣板式扣件（图 7-19）、拱形弹片式扣件（图 7-20）、I 型弹条扣件（如图 7-21）、II 型弹条扣件和 III 型弹条扣件的发展阶段。随着运量和速度的提高，扣板式扣件和拱形弹片式扣件已不能满足使用要求，正在逐渐被淘汰。

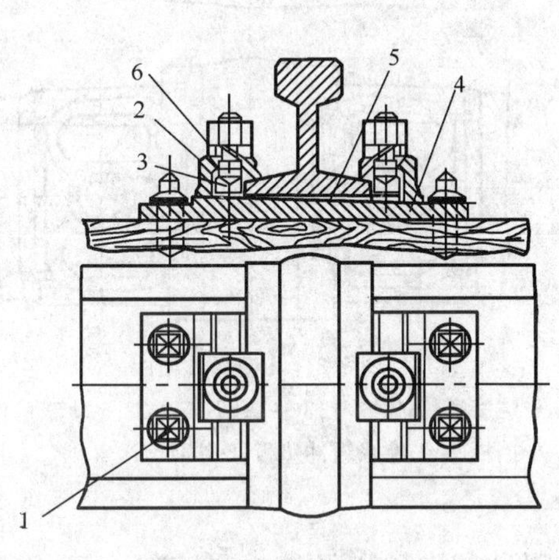

图 7-18　分开式扣件

1-螺纹道钉；2-扣轨夹板；3-底脚螺栓；4-垫板；5-木片；6-弹簧垫圈

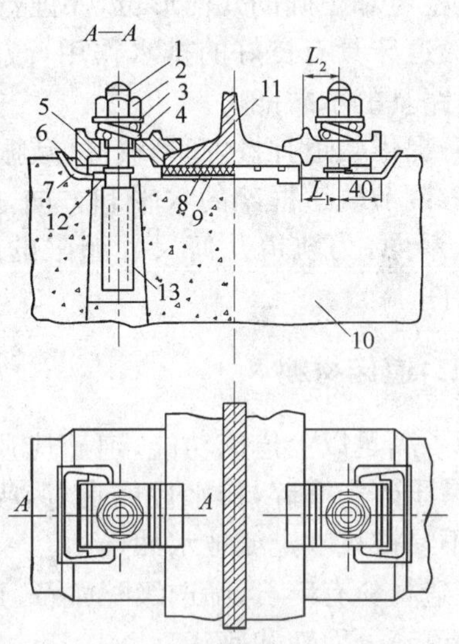

图 7-19　扣板式扣件

1-螺纹道钉；2-螺母；3-平垫圈；4-弹簧垫圈；5-扣板；6-铁座；7-绝缘缓冲垫片；8-绝缘缓冲垫板；9-衬垫；10-轨枕；11-钢轨；12-绝缘防锈涂料；13-硫磺锚固剂

I 型弹条扣件由 ω 弹条、螺旋道钉、轨距挡板及橡胶垫组成。I 型弹条分 A、B 两种，A 型用于 50kg/m 钢轨，B 型用于 60kg/m 钢轨。轨距挡板的作用是传递横向力和调整轨距，所以也有多种号码，以满足轨距调整的需要。

II 型弹条扣件除采用新材料（优质弹簧钢 60SiCrVA）重新设计外，其余部件与 I 型弹条扣件通用。II 型弹条扣件具有扣压力大、强度安全储备大、残余变形小等优点。适用于 II 型和 III 型混凝土枕的60kg/m 钢轨线路。

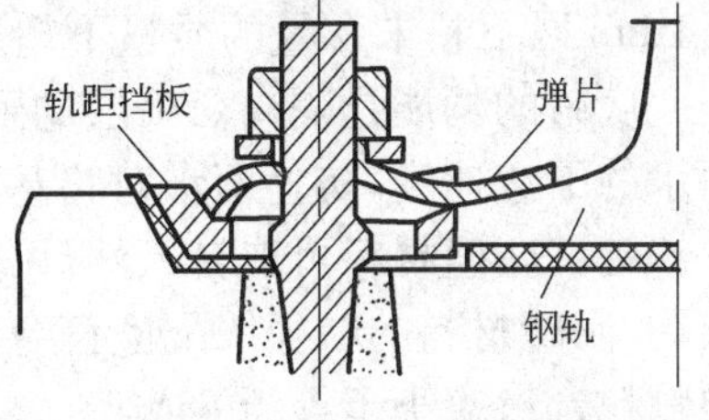

图 7-20　拱形弹片式扣件

III 型弹条扣件为无挡肩扣件，适合于重载大运量、高密度的运输条件。III 型弹条扣件由弹条、预埋铁件、绝缘轨距块和橡胶垫组成。III 型弹条扣件具有扣压力大（不小于 11kN）、弹性好（弹性变形不小于 12mm）等优点，特别是取消了混凝土挡肩，消除了轨底在横向力作用下发生横位移导距扩大的可能性，因此有较强的保持轨距能力，又由于该扣件采用无螺栓连接，大大减小了扣件的维修养护工作量。

四 道床

(一)道床的功用

道床是轨道框架的基础,它的功用是:

(1)机车车辆的荷载通过钢轨、轨枕传递给道床,道床将荷载扩散,然后传给路基,从而减小路基面上的荷载压强,起到保护路基顶面的作用。

(2)提供抵抗轨道框架纵、横向位移的阻力,保持轨道稳定和正确的几何形位,保证行车安全。

(3)道床具有良好的排水作用,减少轨道的冻害和提高路基的承载能力。

(4)提供轨道弹性,起到缓冲、减振降噪的作用。

(5)调节轨道框架的水平和方向,保持良好的线路平纵断面,为轨道几何尺寸超限的维修保养提供便利条件。

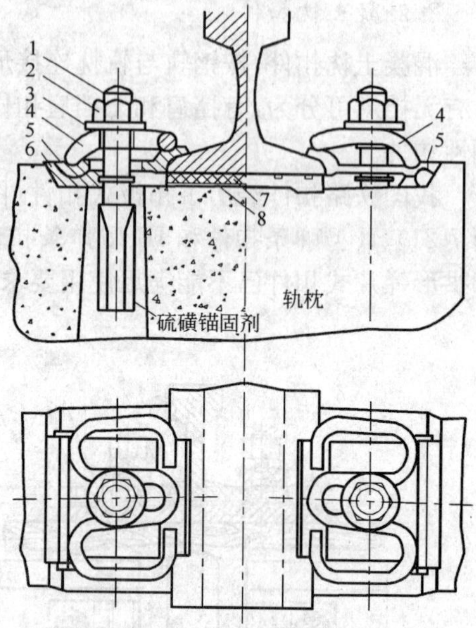

图 7-21　I 型弹条扣件

1-螺旋道钉;2-螺母;3-平垫圈;4-弹条;5-轨距挡板;6-挡板座;7-绝缘缓冲垫板;8-垫片

(二)道床材料

为了满足以上道床功能,道碴应质地坚硬,有弹性,不易压碎和捣碎,排水性能良好,吸水性差,不易风化,不易被风吹走或被水冲走。

道碴材料有碎石、筛选级配卵石、天然级配卵石、粗砂和中砂以及熔炉矿碴等。目前我国铁路的道碴分面碴和底碴。

面碴的材料一般为级配碎石。我国《铁路碎石道碴》(TB/T 2140—90)标准中将道碴质量划分为一级和二级(表 7-3),并规定在特重型、重型轨道地段应优先采用一级道碴。碎石道碴属于散粒体,其级配是指道碴中不同大小粒径颗粒的分布。道碴级配对道床的物理力学性能、养护维修工作量有重要的影响。现有的道碴级配标准如表 7-4 所示。道碴颗粒形状对道床质量也有较大的影响,一般要求道碴颗粒棱角分明,近于立方体。针状、片状颗粒容易破碎,使道床强度和稳定性下降。颗粒长度大于平均粒径 1.8 倍称为针状,厚度小于平均粒径 0.6 倍称为片状。我国道碴标准规定针状和片状指数均不大于 50%。道碴中的黏土团或其他杂质、粉末都直接影响道碴排水、加速板结等,要求黏土团或其他杂质的含量不超过 0.5%,粒径 0.1mm 以下粉末含量的质量不超过 1%。

底碴的功能是隔离面碴层的颗粒与路基面直接接触,截断地下水的毛细管作用,并降低地面水的下渗速度,防止雨水对路基面的侵蚀。在我国《铁路碎石道床底碴》(TB/T 2897)标准中规定:"底碴材料可取自天然砂、砾材料。也可由开山块石或天然卵石、砾石经破碎、筛选而成"。底碴材料的粒径级配应符合表 7-5 的规定,且 0.5mm 以下的细集料中通过 0.075mm 筛的颗粒含量应小于等于 66%。

在粒径大于 16mm 的粗颗粒中带有破碎面的颗粒所占有的质量百分率不少于 30%。粒径大于 1.7mm 集料的洛杉矶磨耗率不大于 50%,其硫酸钠溶液浸泡损失率不大于 12%;粒径小于 0.5mm 的细集料的液限不大于 25%,其塑性指数小于 6%,黏土团及其他杂质含量的质量小于等于 0.5%。

碎石道碴标准 表 7-3

性能	参数	特级道碴	一级道碴	二级道碴	评价方法	
①抗磨耗、抗冲击性能	洛杉矶磨耗率 LAA(%) 标准集料冲击韧度 IP 石料耐磨硬度系数 K	≤20 ≥100 >18	≤27 ≥95 >18	27≤LAA<32 80<IP≤95 17～18	若三个指标分属两个等级，则以两个指标为准，若三个指标分属三个等级，则划分为中间等级	道碴的最终等级以①②③中的最低等级为准。并满足④⑤⑥三项性能要求
②抗压碎性能	标准集料压碎率 CA(%) 道碴集料压碎率 CB(%)	CA<9 CB<18	CA<9 CB<18	9～14 18～22	若两指标分属两等级，则定为低等级	
③渗水性能	渗透系数 $P_m(10^{-6}cm/s)$ 石粉试磨件抗压强度 σ (MPa) 石粉液限 L_L(%) 石粉塑限 P_L(%)	$P_m>4.5$ $\sigma<0.4$ $L_L>20$ $P_L>11$	$P_m>4.5$ $\sigma<0.4$ $L_L>20$ $P_L>11$	3～4.5 0.4～0.55 16～20 9～11	四个指标中，以其中两个指标最高的等级为准，若这两个指标的等级不在同一级别，则定为低一级	
④抗大气压腐蚀破坏	硫酸钠溶液浸泡损失率(%)	<10	<10	<10		
⑤稳定性能	密度(g/cm³) 密度(g/cm³)	>2.55 >2.50	>2.55 >2.50	>2.55 >2.50		
⑥软弱颗粒	饱和单轴抗压强度 M	≤20	≤20	≤20	含量少于 10%(质量比)	

道碴级配标准 表 7-4

方孔筛边长(mm)	16	25	35.5	45	56	63
过筛质量百分率(%)	0～5	5～15	25～40	55～75	92～97	97～100

底碴颗粒级配 表 7-5

方孔筛边长(mm)	0.075	0.1	0.5	1.7	7.1	16	25	45
过筛质量百分率(%)	0～7	0～11	7～32	13～46	41～75	67～91	82～100	100

(三)道床断面

道床断面(图 7-22)包括道床厚度、顶面宽度和边坡坡度 3 个主要特征。

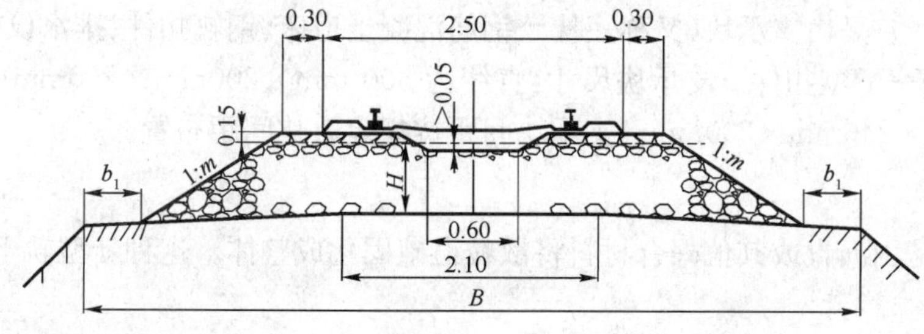

图 7-22 道床断面(尺寸单位:m)

1. 道床厚度

道床厚度是指在直线上钢轨或曲线上内股钢轨中心线与轨枕中心线相交点处的轨枕底面至路基顶面的距离。道床厚度应根据作用在道床顶面上的轨枕压力在道床内部的传递特性及路基的承载力来决定。我国铁路的道床厚度为 250～500mm。

2. 道床顶面宽度

道床顶面宽度取决于轨枕长度和轨道类型。其伸出轨枕端的部分称为道床肩宽，一般情况下的道床肩宽为 200～300mm，在无缝线路上定为 400～500mm，为提高道床的横向阻力，还需要将碴肩堆高 150mm。

3. 道床边坡

自道床顶面引向路基顶面的斜坡称为道床边坡，其大小对道床的稳定性有十分重要的意义。道床边坡的大小与道碴材料的内摩擦角和黏聚力有关。我国铁路的道床顶面宽度和边坡坡度如表 7-6 所示。

道床顶面宽度及边坡坡度　　　　表 7-6

线路类别		顶面宽度(m)	曲线外侧道床加宽		碴肩堆高	边坡坡度
			半径(m)	加宽(m)		1∶1.75
正线	无缝线路	3.4	>600		0.15	1∶1.75
		3.5	≤600		0.15	1∶1.75
	普通线路	3.1	≤800	0.10		1∶1.75
	年通过总重密度小于(8Mt×km/km)	3.0	≤600	0.10		1∶1.75
站线		2.9				1∶1.50

(四)整体道床及沥青道床

1. 整体道床

整体道床是用整体浇筑混凝土取代传统的道床，也称为无碴轨道。常用于隧道、地下铁道、无碴桥梁以及特殊需要的土质路基上。

我国从 1958 年开始试铺，至今已在隧道内修建 300km，约占隧道总长的 14.5%。

我国整体道床主要有预制钢筋混凝土支承块式和整体灌注式两种。图 7-23、图 7-24 为支承式整体道床。它是由支承块(又称短枕)、钢筋混凝土道床、钢轨扣件、排水设施及基底组成。扣件主要为 TF－Y 型扣件。支承块尺寸：直线为 500 mm×200mm×200mm(长×宽×高)，曲线为 600mm×240mm×200mm。支承块间距按规定轨枕间距布置。

2. 沥青道床

沥青道床是用沥青或其他聚合材料将散粒道碴固化成整体。这种新型轨下基础具有以下优点：

(1)道床下沉量和永久变形的积累比碎石道床少得多，因此可以用调整扣件的调高垫板来满足两股钢轨水平的要求；

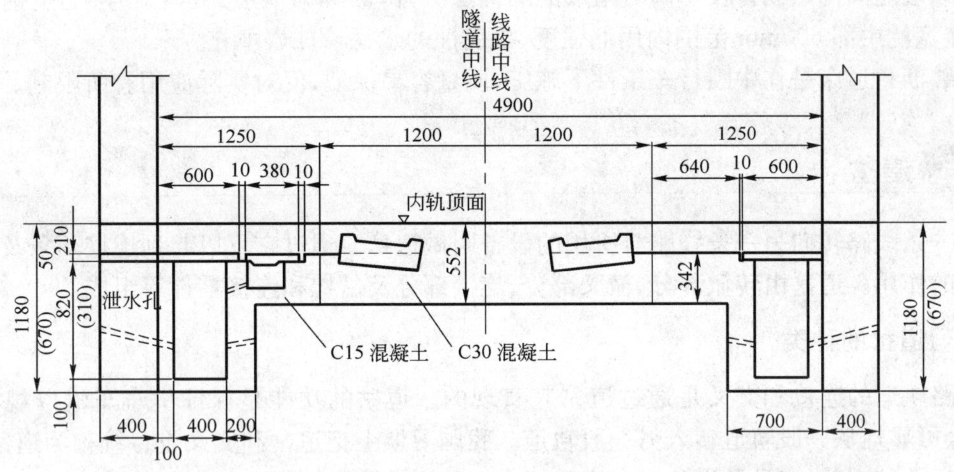

图 7-23　整体道床(尺寸单位:mm)

(2)道床稳定性好、支承均匀、位移阻力大;

(3)具有较好的弹性,能减少道床的压力和振动;

(4)可防水、防脏,整齐、美观;

(5)在隧道内应用,可以减少隧道开挖面积,争取净空;

(6)可大大减少维修工作量,达到"少维修"的目的。

图 7-24　郑西线整体道床

沥青道床按其使用材料加施工方法,可分为铺装式沥青道床和填充沥青道床两类。

填充沥青道床,就是用沥青灌入碎石的道床,沥青填充了道碴的空隙,并使之成为整体,可以不用中断行车就能施工。

铺装沥青道床是分层铺设由各种材料组成的承重层,最后用沥青封闭处理,再铺上混凝土枕或宽枕。图 7-25 为由乳化沥青水泥砂浆(简称 AC 砂浆)组成顶层,再由碎石组成底层。在

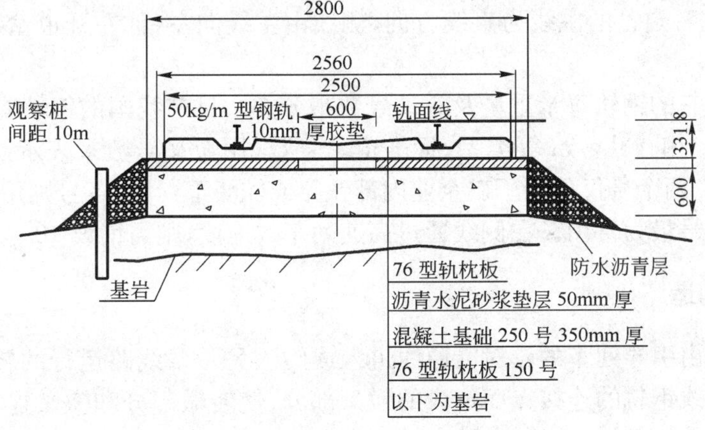

图 7-25　沥青道床(尺寸单位:mm)

底层与顶层之间用热沥青及小碎石组成的隔离层分开，故称为双层式。在顶层之上铺混凝土宽枕，在宽枕中部600mm范围内用低强度、抗腐蚀的水泥珍珠岩填充。

铺装沥青道床是在中断行车条件下施工，质量容易保证，但对实际应用有所限制。

五 道岔

从一条线路转向另一条线路时所用的设备叫做道岔。通过它可以起到连接两条及两条以上线路的作用。道岔由转辙部分、辙叉部分、连接部分及岔枕和连接零件等组成。

(一)道岔的种类

铁路轨道的连接和交叉是通过道岔来实现的。道岔的功能是保证机车车辆以规定的速度，安全可靠地从一股轨道转入另一股轨道。我国习惯上把道岔和交叉设备统称为道岔，这些设备包括各种道岔、交叉及道岔和交叉的组合。我国铁路上铺设和使用的标准形式的道岔有：普通单开道岔、单式对称道岔、三开道岔、交叉渡线和交分道岔(图7-26)。

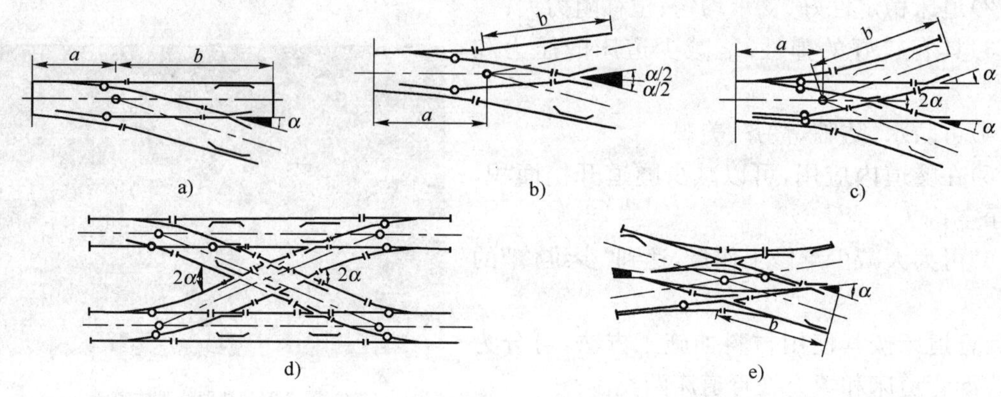

图7-26　道岔的种类

a)普通单开道岔；b)单式对称道岔；c)三开道岔；d)交叉渡线；e)交分道岔

a-道岔前长；b-道岔后长；α-辙叉角

我国铁路上使用最多的道岔形式是“普通单开道岔”，简称单开道岔，其数量占各类道岔总数的90%以上。这种道岔的主线为直线方向，侧线由主线向左(称左开道岔)或右(称右开道岔)侧分支。

单开道岔又以它的钢轨每米重量及辙叉号数来分类。目前我国的钢轨有75kg/m、60kg/m、50kg/m、45kg/m和43kg/m等类型，标准道岔号数(用辙叉号数来表示)有6、7、9、12、18和24等。其中6、7两个号仅用于厂矿企业内部铁路或驼峰下，其他各号则用于铁路正线和站线，并以9号和12号最为常用。在侧线通过高速列车的地段，则需铺设18号或24号道岔。

(二)道岔的构造

单开普通道岔由引导列车的轮对沿原线进入或转入另一条线路运行的转辙部分、为使轮对能顺利地通过两线钢轨的连接点而形成的辙叉部分、使转辙部分和辙叉连接的连接部分以及岔枕和连接零件等组成，如图7-27所示。

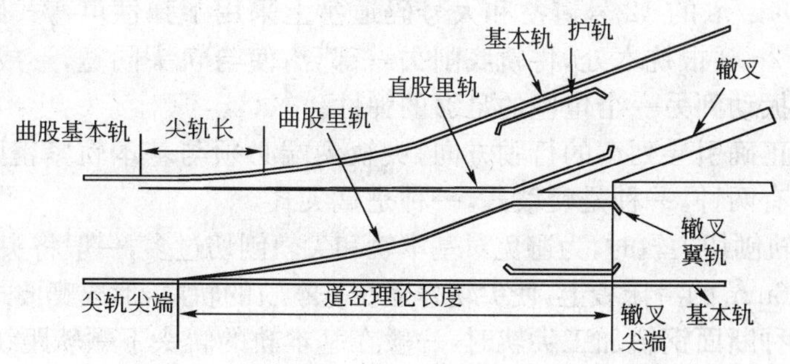

图 7-27　道岔的各组成部分

1. 转辙器

单开道岔的转辙器由两根基本轨、两根尖轨、各种连接零件和道岔转辙机构组成。

(1)基本轨是用一根 12.5m 或 25m 标准断面的普通钢轨制成，主股为直线，侧股按转辙器各部分的轨距在工厂事先弯折成规定的折线。基本轨除承受车轮的垂直压力外，还与尖轨共同承受车轮的横向水平力。

(2)尖轨是转辙器的主要部分，机车车辆进出道岔靠它引道。尖轨在平面上可分为直线型和曲线型。我国铁路大部分为 12 号及 12 号以下的道岔，均采用直线型尖轨。直线型尖轨制造简单，便于更换，尖轨前端的刨切较少，横向刚度大，尖轨的摆度和跟端轮缘槽较小，可用于左开或右开。但这种尖轨的转折角较大，列车对尖轨的撞击也大，尖轨尖端易于磨耗和损伤。我国新设计的 12 号道岔和 18、24 号道岔均采用曲线型尖轨，这种尖轨冲击角较小，导曲线半径大，列车进出侧线比较平稳。但曲线型尖轨制造较复杂，前端刨切较多，并且左右开不能通用。

尖轨可用普通断面钢轨、高型特种断面钢轨或矮型特种断面钢轨制成。用普通钢轨制成的尖轨，一般在尖轨前端加补强板，以增加其横向刚度。特种断面尖轨，断面粗壮，稳定性好。与基本轨高度相同的称为高型特种断面，较矮者称为矮型特种断面。图 7-28 为我国新轧制的 60AT 特种断面钢轨，它属于矮型特种断面。特种断面尖轨，无论高型或矮型，都需将它的跟端加工成普通钢轨断面，方能与后面的连接轨用标准的跟部结构相连；否则，需要采用特殊的根端结构。

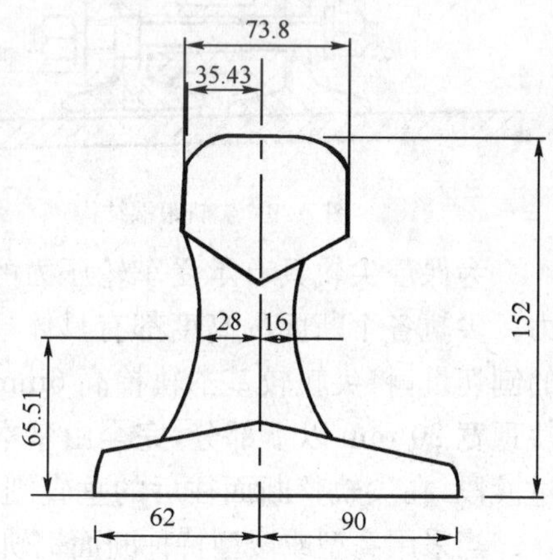

图 7-28　特种断面钢轨(尺寸单位:mm)

尖轨的长度随道岔号数和尖轨的形式不同而异。在我国铁路上，9 号道岔的尖轨长度为 6.25 m，12 号道岔直线型的尖轨长度为 7.7 m，曲线型的尖轨长度为 11.3～11.5m，18 号道岔的尖轨长度为 12.5m。

尖轨与导曲线钢轨连接的一端称尖轨跟端。我国的道岔主要采用间隔铁鱼尾板式和弹性可弯式跟端结构。

间隔铁鱼尾板式跟端结构由尖轨根端大垫板、间隔板、跟端夹板、跟端轨撑、防爬卡铁及连接螺栓等组成，如图 7-29 所示。在钢轨为 75kg/m 型的道岔中，防爬卡铁已改为内轨撑。间隔铁鱼尾板式跟端结构，零件较少，结构简单，尖轨扳动灵活。但稳定性较弹性可弯式差，容易出现病害。

在新设计的60kg/m的12号道岔和大号码道岔上采用了弹性可弯式跟端结构。弹性可弯式尖轨在跟端前2～3根枕木处，将轨底削去一部分，使与轨头同宽，形成柔性部位，使尖轨具有能从一个位置扳动到另一个位置的足够的弹性。

为使转辙器能正确引导列车的行驶方向，尖轨尖端必须与基本轨紧密贴靠。尖轨与基本轨的贴靠方式通常有两种，一种是爬坡式，一种是藏尖式。

当采用普通钢轨刨切尖轨时，为避免对基本轨和尖轨刨切过多，一般将头部经过刨切的尖轨置于较基本轨高出6mm的滑床板上，使尖轨叠盖在基本轨的轨底，形成爬坡式尖轨(图7-30)。

当采用矮型特种断面钢轨加工尖轨时，一般在基本轨的轨头下颚轨距线以下做1∶3的斜切，使尖轨尖端藏于基本轨的轨距线之下，形成藏尖式结构。这样就保护了尖轨尖端不被车轮轧伤，并使尖轨在动荷载作用下保持良好的竖向稳定性(图7-31)。

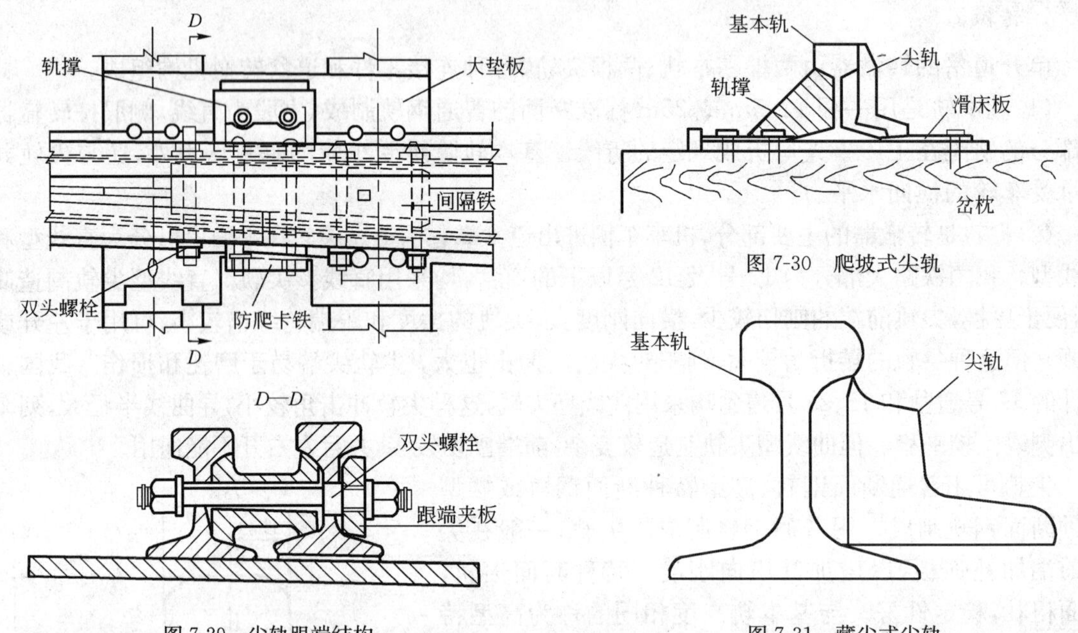

图7-29　尖轨跟端结构

图7-30　爬坡式尖轨

图7-31　藏尖式尖轨

为保证尖轨具有承受车轮压力的足够强度，规定在尖轨顶宽50mm以上部分才能完全受力。尖轨各个断面的高度都有具体规定。当用普通断面钢轨制作尖轨时，为了减少尖轨轨底的刨切量，将尖轨较基本轨抬高6mm(图7-32)。这时，尖轨尖端较基本轨顶面低23mm，在尖轨顶宽20 mm以下部分，完全由基本轨受力。尖轨顶宽为20～50mm的部分，为车轮荷载的过渡段，在尖轨整断面往后的垂直刨切终点处，尖轨顶面完全高出基本轨顶面6mm。

当采用高型或矮型特种断面钢轨加工尖轨时，尖轨顶宽50mm以后直到尖轨跟端，尖轨和基本轨是等高的，尖轨顶宽为20～50mm这一段为过渡段，尖轨尖端低于基本轨23mm(图7-33)。

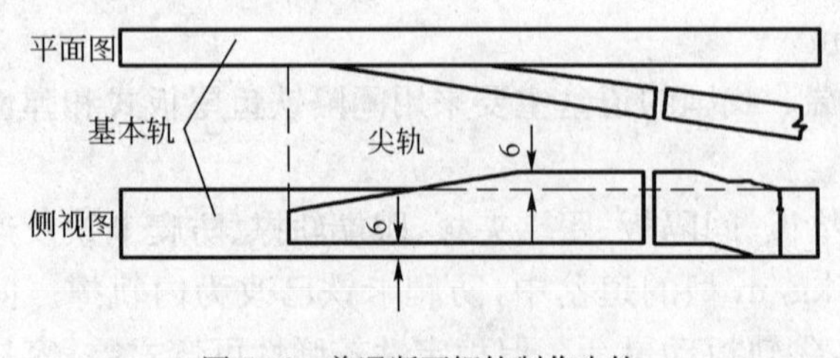

图7-32　普通断面钢轨制作尖轨

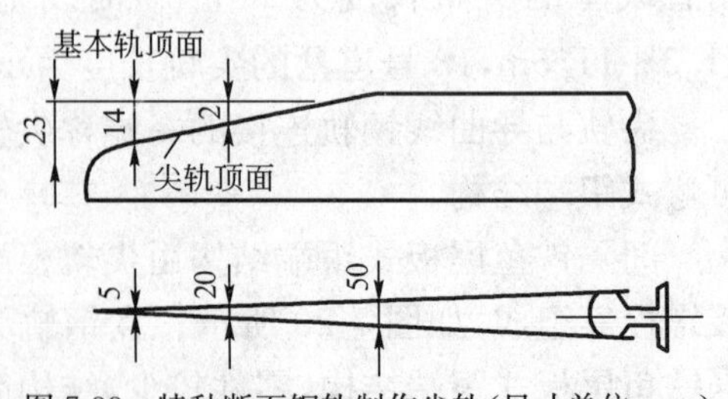

图7-33　特种断面钢轨制作尖轨(尺寸单位:mm)

(3)在转辙器上的零、配件及其作用：

①在整个尖轨长度范围内的岔枕面上，有承托尖轨和基本轨的滑床板。滑床板有分开式和不分开式两类。不分开式用道钉将轨撑、滑床板直接与岔枕连接；分开式是轨撑由垂直螺栓先与滑床板连接，再用道钉或螺纹道钉将垫板与岔枕连接。

②用以防止基本轨倾覆、扭转和纵横向移动的轨撑，安装在基本轨的外侧。它用螺栓与基本轨相连，并用两个螺栓与滑床板连接。轨撑又分为双墙式和单墙式。

③铺设在尖轨之前的辙前垫板和之后的辙后垫板。

④铺设在尖轨尖端和尖轨跟端的通长垫板。

⑤道岔顶铁。尖轨的刨切部位紧贴基本轨，而在其他部位则依靠安装在尖轨外侧腹部的顶铁，将车轮施加的横向力传递给基本轨，以防止尖轨受力时弯曲，并保持尖轨部分的轨距正确。

⑥为保持导曲线的正确位置而设置的支距垫板。

⑦道岔拉杆和连接杆。道岔拉杆是连接两根尖轨，并与转辙设备相连，以实现尖轨的摆动，故又叫转辙杆。连接杆为连接两根尖轨的杆件，它的作用是加强尖轨间的联系，提高尖轨的稳定性。

尖轨尖端非作用边与基本轨作用边之间的拉开距离叫作道岔的尖轨动程，规定在距尖轨尖端 380mm 的第一连接杆中心处量取。

最常用的道岔转换设备的种类有机械式和电动式。若按操纵方式分类，则有集中式和非集中式两类。机械式转换设备可以为集中式或非集中式，电动式转换设备则均为集中式。

道岔转换设备必须具备转换(改变道岔开向)、锁闭(锁闭道岔、在转辙杆中心处尖轨与基本轨之间，不允许有 4mm 以上的间隙)和显示(显示道岔的正位或反位)3 种功能。

2. 辙叉及护轨

辙叉是使车轮从一股钢轨越过另一股钢轨的设备，它设置于道岔侧线钢轨与道岔主线钢轨相交处。辙叉由心轨、翼轨、护轨及连接零件组成。按平面形式分，辙叉有直线辙叉和曲线辙叉两类；按构造分，又有固定式辙叉和可动辙叉两类。在单开道岔上以直线式固定辙叉最为常用。直线式固定辙叉分两种，即整铸辙叉和钢轨组合式辙叉。

整铸辙叉是用高锰钢浇铸的整体辙叉(图 7-34)。高锰钢是一种含锰、碳元素较高的合金钢(含锰约 12.5%、碳 1.2%)，具有较高的强度和良好的冲击韧性，经热处理后，在冲击荷载作用下，会很快产生硬化，使表面具有良好的耐磨性，同时，由于心轨和翼轨同时浇铸，整体性和稳定性较好，可以不设辙叉垫板而直接铺设在岔枕上。这种辙叉还具有使用寿命长，养护维修方便的优点。

钢轨组合式辙叉是用钢轨及其他零件经刨切拼装而成的。它由长心轨、短心轨、翼轨、间隔铁、辙叉垫板及其他连接零件组成(图7-35)。辙叉心是由长、短心轨拼装而成，长心轨应铺

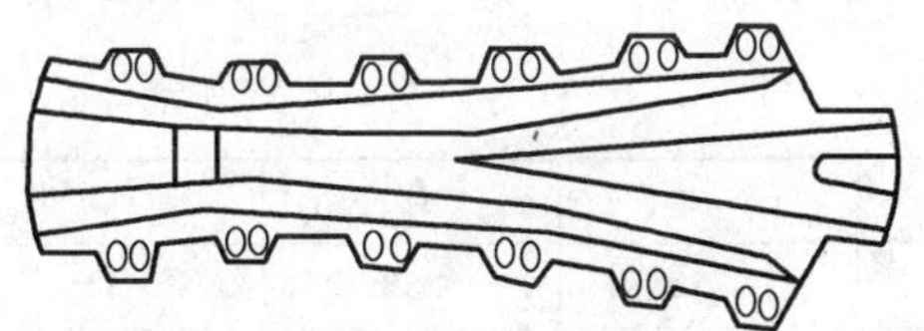

图 7-34　高锰钢浇铸的整体辙叉

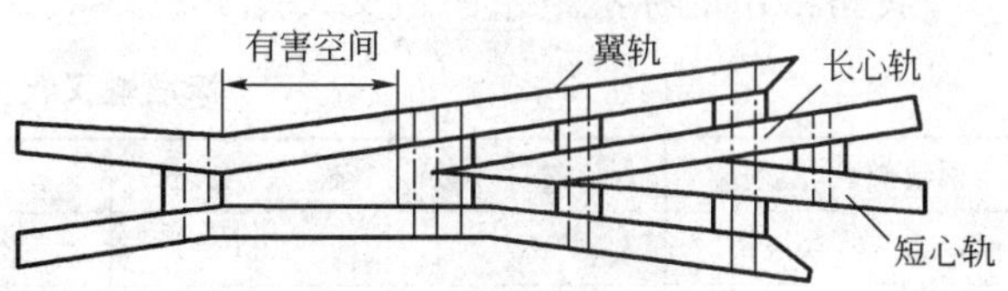

图 7-35　组合式辙叉

设在正线或运量较大的线路方向上。为尽可能保持长心轨断面的完整，而将短心轨的头部和底部刨去一部分，使短心轨轨底叠盖在长心轨轨底上，以保持辙叉心的坚固稳定。

叉心两侧作用边之间的夹角叫辙叉角 α，辙叉心轨两个工作边延长线的交点称为辙叉理论中心(理论尖端)。由于制造工艺的原因，实际上的叉心尖端有 6～10mm 的宽度，此处称为心轨的实际尖端。

翼轨由普通钢轨弯折刨切而成，用间隔铁及螺栓和叉心连接在一起，以保持相互间的正确位置，并形成必要的轮缘槽，使车轮轮缘能顺利通过。两翼轨工作边相距最近处称辙叉咽喉。从辙叉咽喉至心轨实际尖端之间的轨线中断的距离叫做“有害空间”(图 7-36)。道岔号数越大，辙叉角越小，这个有害空间就越大。车轮通过有害空间时，叉心容易受到撞击。为保证车轮安全通过有害空间，在辙叉两侧相对位置的基本轨内侧设置了护轨，借以引导车轮的行驶方向。

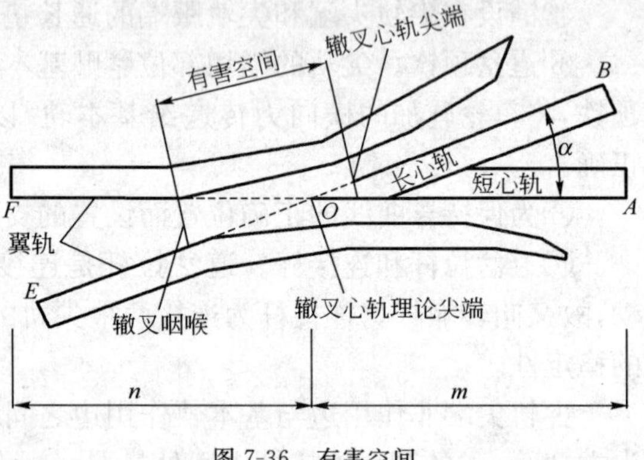

图 7-36 有害空间

道岔号数是以辙叉号数 N 来表示的。

辙叉号数越大，辙叉角越小。

辙叉号数的计算方法如图 7-36 所示，为：

$$N = \cot\alpha = \frac{OB}{AB} \tag{7-4}$$

辙叉角的计算方法为：

$$\alpha = \operatorname{arccot}\frac{1}{N} \tag{7-5}$$

我国道岔号数与辙叉角的对应值见表 7-7。

道岔号数与辙叉角的关系 表 7-7

道 岔 号 数	6	7	9	12	18	24
辙 叉 角	9°27′44″	8°07′48″	6°20′25″	4°45′49″	3°10′47″	2°23′09″

在单开道岔中，因辙叉角小于 90°，所以将这类辙叉又称之为锐角辙叉。

单开道岔辙叉从其趾端到跟端的长度 FA 或 EB(图 7-36)称辙叉全长，从辙叉趾端到理论中心的距离 EO 或 FO，称辙叉趾距(又称辙叉前长)，用 n 表示；从辙叉跟端到理论中心的距离 AO 或 BO 称辙叉跟距(又称辙叉后长)，用 m 表示。辙叉趾端两翼轨作用边间的距离 EF 和辙叉跟端叉心两个作用边间的距离 AB，分别称为辙叉趾宽(前开口)和辙叉跟宽(后开口)。

我国常用的标准道岔的辙叉尺寸见表 7-8。

标准辙叉尺寸(mm) 表 7-8

钢轨类型(kg/m)	道 岔 号 数	辙 叉 全 长	n	m	P_n	P_m
75、60	18	12600	2851	9749	258	441
75、60	12	5927	2127	3800	177	317
50	12	4557	1849	2708	154	225

续上表

钢轨类型(kg/m)	道岔号数	辙叉全长	n	m	P_n	P_m
60	9	4309	1538	2771	171	308
50	9	3588	1538	2050	171	228

护轨设于固定辙叉的两侧,用于引导车轮轮缘,使之进入适当的轮缘槽,防止于叉心碰撞。护轨可用普通钢轨或特种断面的护轨钢轨制作。

护轨的防护范围,应包括辙叉咽喉至叉心顶宽 50mm 的一段长度,并要求有适当的余裕。辙叉护轨由中间平直段、两端缓冲段和开口段组成,如图 7-37所示。护轨平直段是实际起防护作用的部分,缓冲段和开口段起着将车轮平顺地引入护轨平直段的作用。缓冲段的冲击角应与列车允许的通过速度相配合。

可动辙叉是指辙叉个别部件可以移动,以保证列车过岔时轨线的连续,消除了固定辙叉上存在的有害空间,并可取消护轨,同时辙叉在纵断面上的几何不平顺也可以大大减少,从而显著地降低了辙叉部位的轮轨相互作用力,提高运行的平稳性,延长辙叉的使用寿命。

可动辙叉有 3 种形式。

(1)可动心轨式,即心轨可动,翼轨固定。这种辙叉结构的优点是车辆作用于心轨的横向力能直接传递给翼轨,保证了辙叉的横向稳定。由于心轨的转换与转辙器同步联动,不会在误认进路时发生脱轨事故,故能保证行车安全。缺点是制造比较复杂,并较固定式辙叉长。

可动心轨式辙叉的心轨跟端有铰接式和弹性可弯式两种。心轨跟端为铰接式的又称为回转式心轨,如图 7-38 所示。

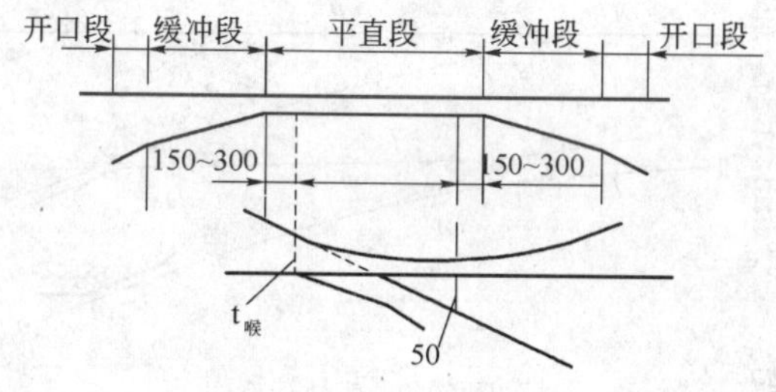

图 7-37　护轨(尺寸单位:mm)

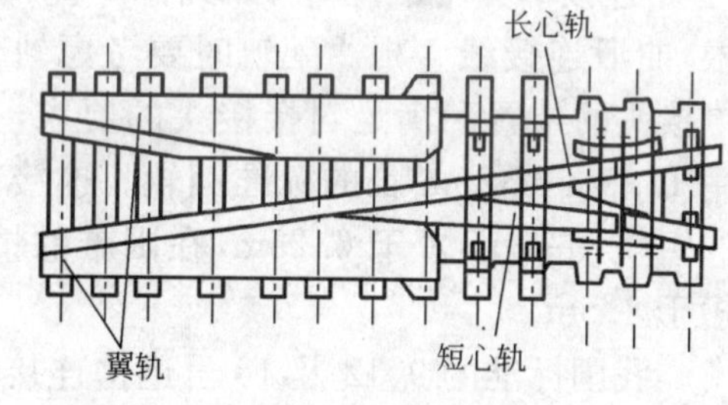

图 7-38　回转式心轨

铰接式心轨可为整铸或用特种尖轨钢轨制作,通过高强螺栓固定在翼轨上的间隔铁能保证心轨与翼轨的相对位置,并传递水平力。这种辙叉便于铸造,转换力较小,可以保持原有固定式辙叉的长度。铺设这种可动心轨辙叉时不致引起车站平面的变动,因此,尤其适用于既有线大站场的技术改造。但是,在辙叉范围内出现活接头,不如弹性可弯式结构稳妥可靠。

另一类可动心轨辙叉的心轨为弹性可弯式。心轨用特种断面钢轨制成,心轨的一肢跟端可以为弹性可弯式,另一端为活动铰接式;或是心轨的两肢均为弹性可弯式,转换时长短心轨接合面上产生少量的相对滑动。这种心轨较长,并且转换力要求较大。前一种方式不仅连接可靠,而且构造简单,辙叉转换力也较少,我国研制的可动心轨辙叉选用的就是这种形式(图 7-39)。

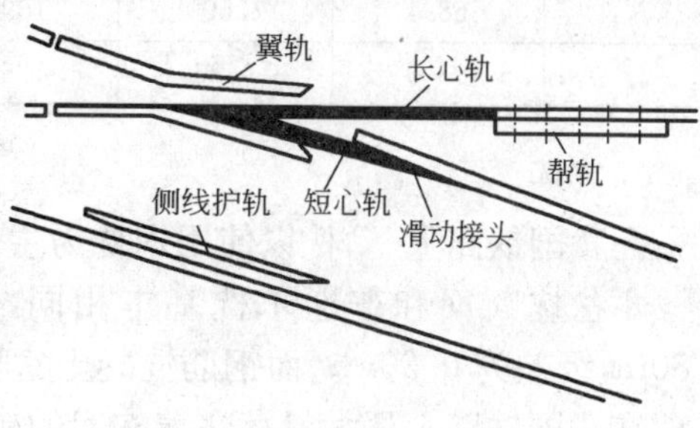

图 7-39　弹性可弯式心轨

第七章 轨道

(2)可动翼轨式，即心轨固定，翼轨可动。又分单侧翼轨可动或双侧翼轨可动两种形式。这类辙叉可以设计成与既有固定式辙叉互换的尺寸，铺设时可以避免引起站场平面的变动，同时又满足了消灭有害空间的要求。缺点是可动翼轨的横向稳定性较差，翼轨的固定装置结构复杂。

(3)其他消灭有害空间的辙叉形式，如德国的 UIC60 型钢轨道岔，就是用滑动的滑块填塞辙叉轮缘槽。

我国从 1972 年开始，先后在一些主要铁路干线上试铺了 50kg/m 钢轨 12 号道岔和 60 kg/m钢轨 12 号弹性可弯式心轨活动辙叉道岔，直向过岔速度分别为 100～115km/h 和 160km/h。经过运行及观察，辙叉工作稳定可靠，机车车辆对辙叉的附加冲击力及列车摇晃显著降低，养护工作量减少，使用寿命延长，并且改善了旅客列车过岔时的舒适度。

3. 连接部分

连接转辙器和辙叉的轨道称为道岔的连接部分，它包括直股连接线和曲股连接线，直股连接线与区间直接线路的构造基本相同，曲股连接线又称导曲线，导曲线的平面形式可以是圆曲线、缓和曲线或变曲率曲线。我国目前线路上铺设的道岔导曲线均为圆曲线，当尖轨为曲线型时，尖轨本身就是导曲线的一部分。导曲线由于长度及限界的限制，一般不设超高和轨底坡，但在构造及条件容许的情况下，可设置少量超高。我国在钢筋混凝土岔枕上铺设的导曲线设置了 6mm 的超高，两端用逐渐减薄厚度的胶垫进行顺坡。

为防止导曲线钢轨在动荷载作用下的外倾和轨距扩张，可设置一定数量的轨撑或轨距拉杆。也可以在导曲线范围内设置一定数量的防爬器及防爬木撑，以减小钢轨的爬行。

连接部分一般配置 8 根钢轨，直股连接线 4 根，曲股连接线 4 根。配轨时要考虑轨道电路绝缘接头的位置和满足对接接头的要求，并尽量采用 12.5m 或 25m 长的标准钢轨。连接部分使用的短轨，一般不短于 6.25m，在困难的情况下，不短于 4.5m。

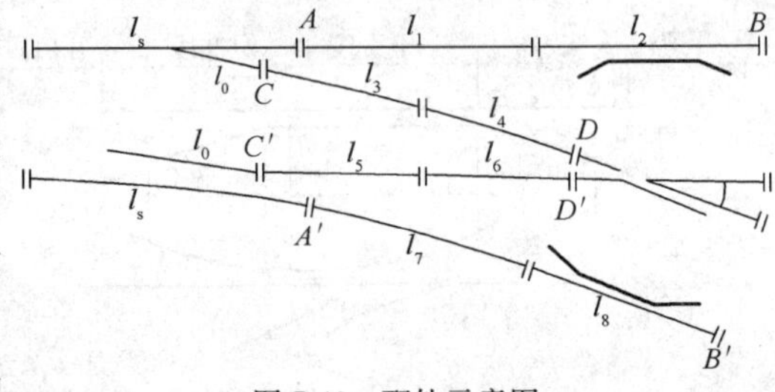

图 7-40　配轨示意图

我国标准的 9、12 及 18 号道岔连接部分的配轨如图 7-40 所示，尺寸见表 7-9。

标准道岔的配轨尺寸(mm)　　表 7-9

N	9	12	18	N	9	12	18
l_1	5324	11791	10226	l_5	6838	12500	16574
l_2	11000	12500	18750	l_6	9500	9385	12500
l_3	6894	12500	16903	l_7	5216	11708	10173
l_4	9500	9426	12500	l_8	11000	12500	18750

4. 岔枕

在我国铁路上，岔枕以使用木枕为主，近年来已设计和试铺了混凝土岔枕。

木岔枕断面和普通木枕基本相同，长度分为 12 级，其中最短的为 2.60m，最长的为 4.80m，级差为 0.20m。而钢筋混凝土岔枕最长者为4.90m，级差为 0.10m。

在我国铁路上还大量存在着按旧的标准加工的岔枕。这类岔枕长度分为 16 级，其中最短的为 2.60m，最长的为 4.85 m，级差为 0.15 m。岔枕的间距不应大于区间线路上的轨枕间距，通常为 0.9～1 倍的区间轨枕间距。

5.普通单开道岔主要尺寸

单开道岔主要尺寸见图 7-41。单开道岔的直线轨道中心线与侧线轨道中心线的交点称为道岔中心。从道岔中心到基本轨前端的距离称为道岔前长（定型图一般用 a 表示）；从道岔中心到辙叉尾端的距离称为道岔后长（定型图一般用 b 表示）；从基本轨前端至辙叉尾端的距离称为道岔全长。

根据机车限界的要求，为保证行车安全，在道岔后部距离两股轨道中线各 2m 的地方设置警冲标。禁止机车车辆在警冲标内停放，以免另一股道上通过列车时发生撞车事故。警冲标的位置可近似地从道岔中心沿直线轨道中心线量 4 倍于道岔号数的长度找到一点，再从这一点往侧线方向垂直量 2m 的距离求得，如图 7-42 所示。在自动闭塞区段的警冲标，应满足钢轨绝缘接头 3.5m 的要求。

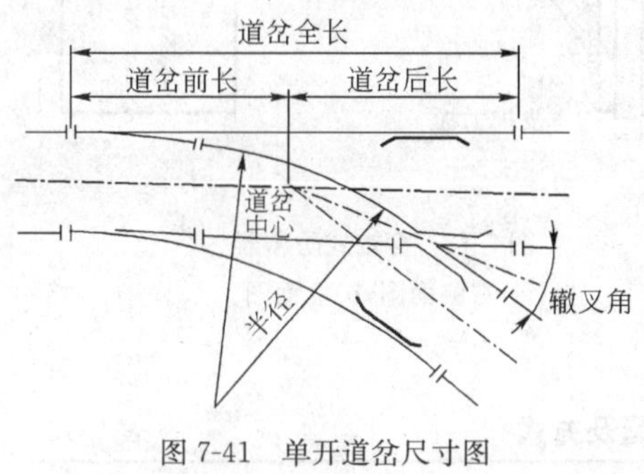

图 7-41 单开道岔尺寸图

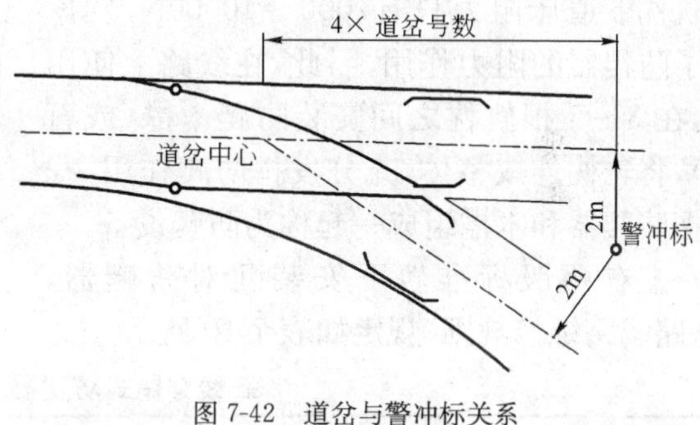

图 7-42 道岔与警冲标关系

六 防爬设备

（一）线路爬行及其防止

列车运行时产生纵向水平力，使钢轨沿着轨枕或轨道框架沿着道床顶面纵向移动，这种现象称为线路爬行。使钢轨产生爬行的纵向水平力称为爬行力。

一般情况下，钢轨爬行是沿着列车运行方向。当轨枕扣件扣压力不足，扣件阻力小于轨枕下道床纵向阻力时，则钢轨沿轨枕顶面爬行；如果扣件阻力大，而道床纵向阻力小，则钢轨——轨枕框架（简称轨道框架）沿着道床顶面爬行。

影响线路爬行的因素有：

(1)在长大下坡、进站地段，列车减速、限速、制动；

(2)运量大，爬行量也大，爬行方向与列车运行方向一致；

(3)列车轴重大、速度高，则沿着运行方向爬行也大；

(4)线路状态不良，扣件松弛，道床松散，爬行加大。

线路爬行时引起钢轨轨缝的挤严或拉大，轨枕歪斜，间距不一致，使线路动力的不平顺加剧，增加了维修工作量。如果是在无缝线路、道岔前后、桥梁两端处的线路爬行，会产生更加严重的后果。

为了防止线路爬行，必须提高线路的纵向阻力。一是提高扣件阻力，采用弹性扣件，加大扭矩，防止螺栓松动，保持一定的扣压力；二是加强道床的捣固、夯实，以提高轨道下道床的纵向阻力。在正常情况下，混凝土枕线路的每根轨枕下，道床的纵向阻力为 10000N 左右。

对于木枕道钉扣件、混凝土枕扣板式扣件，一股轨下的扣件阻力分别为500N、4000N(扭矩为80N·m)，都比道床纵向阻力小，因此，必须采取补充措施，加强钢轨的锁定，防止沿轨枕面爬行。

这些补充措施，就是设置防爬设备。防爬设备有两种：一种是弹簧防爬器；另一种是穿销式防爬器。我国广泛应用穿销式防爬器。

穿销式防爬器由轨卡、挡板和穿销组成(图7-43)，挡板紧贴在轨枕侧面，通过穿销使轨卡紧紧地卡在轨底，这样，当钢轨爬行时，带动防爬器一起前进，而挡板又贴靠轨枕，因此又带动轨枕一起爬行，发挥了穿销防爬器的防爬作用。一个防爬器的阻力为15000N，而一根轨枕下道床阻力只有7000～10000N，发挥不了防爬器的阻力作用，因此，在线路上使用时，在3～5根轨枕之间安装防爬木撑(或石撑)，将轨枕连成整体，充分发挥防爬作用，我们把防爬器和木撑组成一起称为防爬设备。

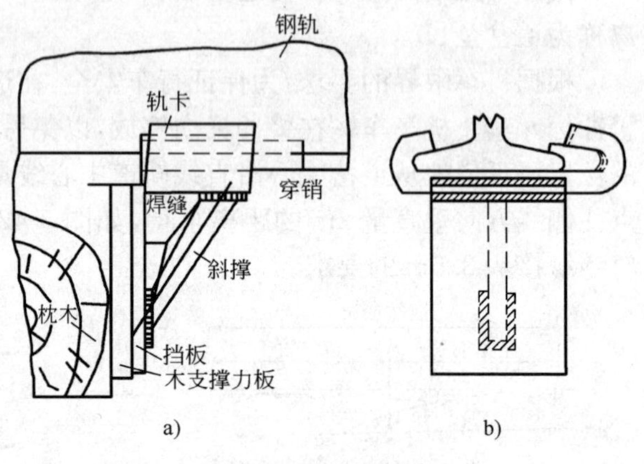

图7-43 穿销式防爬器

a)右侧面图；b)立面图

左右两股标准轨下安装几对防爬器，《铁路线路维修规则》规定如表7-10所示。

正线穿销式防爬器安装数量及方式　　表7-10

线路特征	安装方向	非制动地段(对)		制动地段(对)	
		25m钢轨	12.5m钢轨	25m钢轨	12.5m钢轨
双线区间单方向运行	顺向/逆向	6/2	3/1	8/2	4/1
单线区间两方向运量大致相等		4/4	2/2	6/4	4/2
单线区间两方向运量显著不同	运量大/运量小	6/2	3/1	8/2	4/1
运量小/运量大	运量小/运量大	—	—	4/6	2/3

防爬器随着安装位置不同，在复线、道岔区的防爬器分正向(又称顺向)防爬器和反向(逆向)防爬器两种，所谓正向防爬器是指阻止列车向运行方向爬行的防爬器，反之为反向防爬器。

(二)曲线加强

在线路曲线地段，尤其是小半径曲线地段，列车通过时，横向水平力比直线段大，可使轨距扩大，轨道框架横移，平面位置歪曲，轨枕挡肩损坏，养护维修工作量增加。因此，必须对小半径曲线段予以加强，加强办法有：

(1)增加轨枕配置，提高轨道框架横向稳定性。对于混凝土枕轨道$R\leqslant800$m的曲线(包括缓和曲线)，每公里增加轨枕根数分别为80、160根。

(2)安装轨撑或轨距杆，提高钢轨水平方向的稳定性，防止轨距扩大。

轨撑是安装在钢轨外侧以顶住轨下颚和轨腰，防止钢轨外倾(图7-44)。轨距杆是一端扣住外轨轨底，另一端扣住里轨轨底的拉杆(图7-45)，防止钢轨位移，保持轨距。实践证明，轨撑、轨距拉杆都是比较有效的防止轨距扩大、车轮脱轨的重要手段。表7-11为木枕线路，正线半径$R\leqslant800$m和站线$R\leqslant450$m的曲线轨道需要安装的轨距杆或轨撑安装数量。

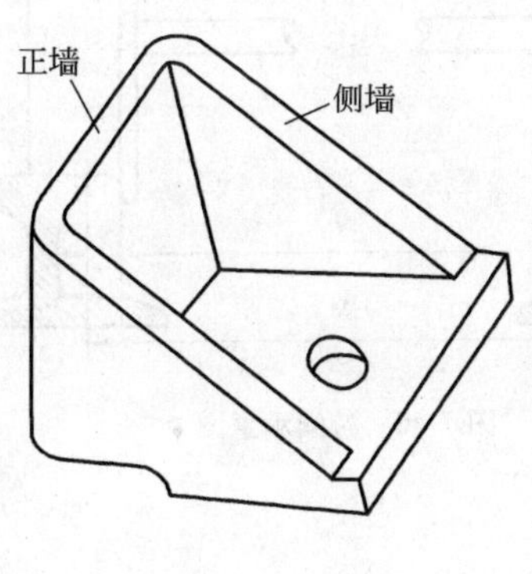

图 7-44　轨撑

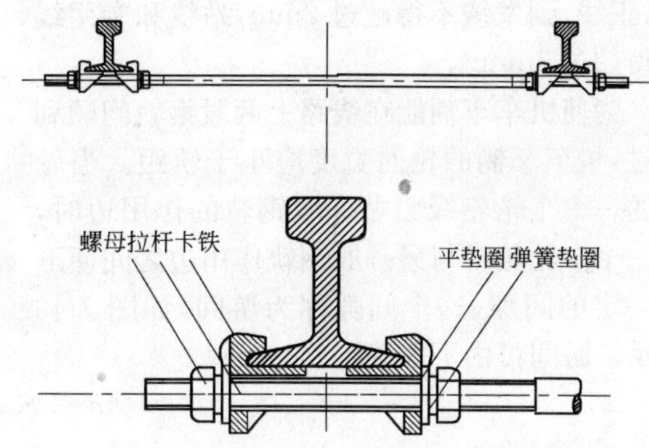

图 7-45　轨距拉杆

对于 $R \leqslant 350$m 的曲线和道岔导曲线，可根据需要安装轨距杆或轨撑两种加强设备。

在铺混凝土枕的线路上，可以不安装轨撑或轨距杆，但在行驶电力机车的区段，在正线 $R \leqslant 600$m的曲线上，根据需要比照表 7-11 安装。

轨距杆有普通轨距杆和绝缘轨距杆两种，在有轨道电路的线路上，应当用绝缘轨距杆。

轨距杆或轨撑安装数量　　表 7-11

曲线半径(m)	轨距杆(根)		轨撑(对)	
	25m 钢轨	12.5m 钢轨	25m 钢轨	12.5m 钢轨
$R<350$	10	5	14	7
$350<R\leqslant 450$	10	5	10	5
$450<R\leqslant 600$	6～10	3～5	6～10	3～5
$600<R\leqslant 800$	根据需要安装			

第二节　轨 道 状 态

 轨距

轨距为两股钢轨头部内侧与轨道中线相垂直的距离。因为钢轨头部外形由不同半径的复曲线组成，钢轨底面设有轨底坡，钢轨向内倾斜，车轮轮缘与钢轨侧面接触点发生在钢轨顶面下 10～16mm 处，我国规定轨距测量部位在钢轨顶面下 16mm 处。

(一)直线轨距

目前，世界大多数国家铁路普遍采用 1435mm 轨距，称为标准轨距。轨距宽于 1435mm 称为宽轨距，常用的有 1542mm、1600mm 和 1676mm。轨距窄于 1435mm 为窄轨距，有 1067mm，1000mm 和 762mm。

轨距用道尺或轨检车进行测量。前者测得的是静态的轨距，后者可以测得列车通过时轨距的动态变化，这对高速运行的列车来说是非常重要的。我国静态的标准轨距容许偏差值为 +6mm 和 −2mm，即宽不能超过 1441mm，窄不能小于 1433mm。轨距变化应和缓平顺，其变化率：正线、到发线不应超过 2‰，站线和专用线不得超出 3‰。即在 1m 长度内的轨距变化

值：正线、到发线不得超过 2mm，站线和专用线不得超过 3mm。

为使机车车辆能在线路上两股钢轨间顺利通过，机车车辆的轮对宽度应小于轨距。当轮对的一个车轮轮缘紧贴一股钢轨的作用边时，另一个车轮轮缘与另一股钢轨作用边之间便形成一定的间隙，这个间隙称为游间，如图 7-46 所示。游间可由下式确定

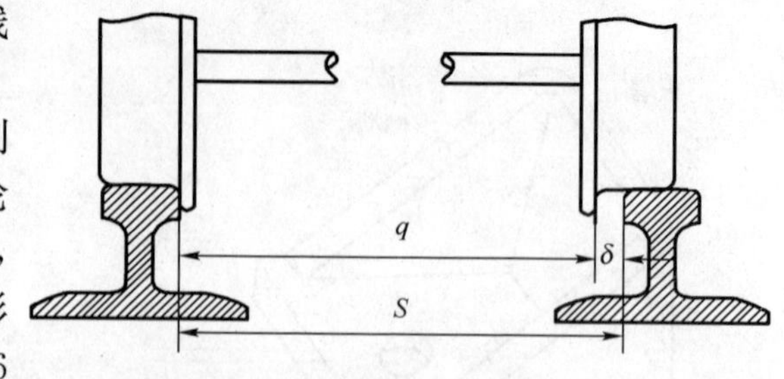

图 7-46　游间示意图

$$\delta = S - q \tag{7-6}$$

式中：δ——游间，mm；

q——轮对宽度，mm；

S——轨距，mm。

若 S_0 为标准轨距，q_0 为正常轮对宽度，则正常轮轨游间 δ_0 为：

$$\delta_0 = S_0 - q_0 \tag{7-7}$$

轨距和轮对宽度均规定有容许的最大值 S_{max} 和最小值 S_{min}。若轨距最大值为 q_{max}，最小值为 q_{min}，轮对宽度最大值为 δ_{min}，最小值为 δ_{min}，则游间最大值、最小值分别为：

$$\delta_{max} = S_{max} - q_{min}$$
$$\delta_{min} = S_{min} - q_{max} \tag{7-8}$$

游间 δ 的大小对列车运行的平稳性和轨道的稳定性有重要的影响。如果太大，则列车运行的蛇形幅度增大，作用于钢轨上的横向力大，动能损失大，会加剧轮轨磨耗和轨道变形，严重时将引起列车脱轨，危机行车安全；如太小，则增加行车阻力和轮轨磨耗，严重时还可能楔住轮对、挤翻钢轨或导致爬轨事故，危及行车安全。因此必须对游间值进行限制，我国机车车轮轮轨游间最大值、正常值及最小值见表 7-12。

轮 轨 游 间 表　　表 7-12

车 轮 名 称	轮轨游间值 δ(mm)		
	最　大	正　常	最　小
机 车 轮	45	16	11
车 辆 轮	47	14	9

(二)曲线轨距

为使机车车辆顺利通过小半径曲线地段，因此，轨距需要加宽。曲线轨距加宽的大小与曲线半径、机车车辆的固定轴距等有关。《铁路工程技术规范》(以下简称《规范》)规定的曲线轨距加宽值，是以固定轴距为 4m 的车辆顺利通过曲线为条件计算出来的，并按各类机车亦能顺利通过为条件加以检算。

曲线上的轨距为轮对宽度 q 与曲线矢距 f 之和，即 $S=q+f$，如图 7-47 所示。

为保证所有的车轮都能顺利通过曲线，计算曲线轨距时，q 值采用表 7-13 中的最大轮对宽度。

矢矩 f 则按几何原理(图 7-48)推导出的公式进行近似算出。

$$f = \frac{l^2}{2R} \times 1000(\text{mm}) \tag{7-9}$$

式中：l——车辆固定轴距，我国采用 4m；

R——曲线半径，m。

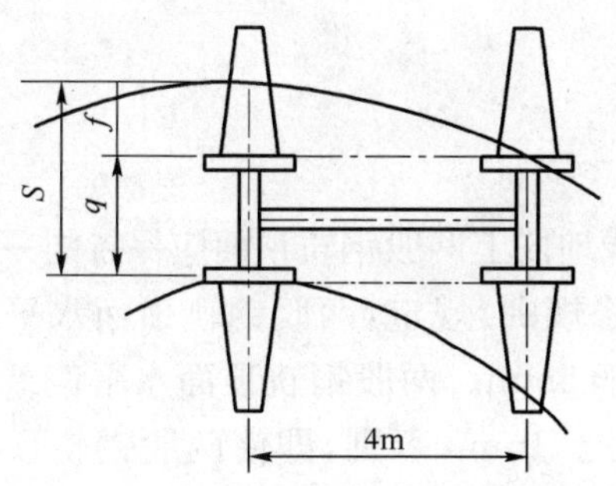

图 7-47 轨距与轮对和矢距的关系

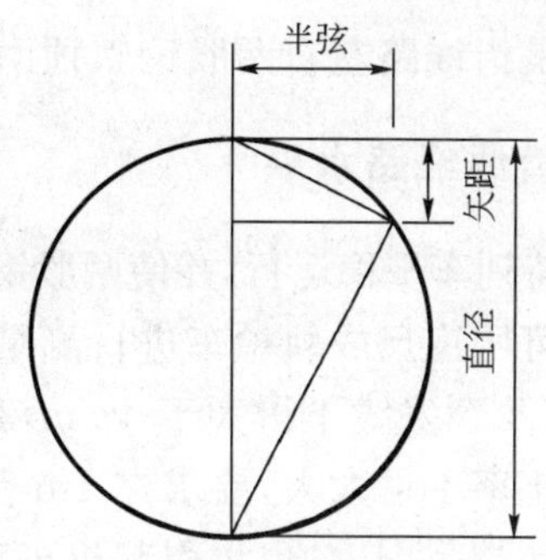

图 7-48 矢距计算原理

轮对主要尺寸(mm) 表 7-13

车轮名称	轮缘高度	轮缘厚度		轮对内侧距离			轮对宽		
		最大(正常)	最小	最大	正常	最小	最大	正常	最小
机车轮	28	33	23	1356	1353	1350	1422	1419	1396
煤水车轮	25	34	22	1356	1353	1350	1424	1421	1394
车辆钢轮	25	34	22	1356	1353	1350	1424	1421	1394

根据上述条件，曲线上的最大轨距可按下式计算：

$$S_{\max} = q_{\max} + \frac{8000}{R}(\text{mm}) \tag{7-10}$$

表 7-14 的数值是根据式(7-10)计算所得。而表 7-15 的曲线轨距加宽值是根据表 7-14 的规定而得来的。

不同半径曲线使车辆顺利通过所需轨距 表 7-14

曲线半径(m)	1000	800	650	600	550	500	450	400	350	300
矢距(mm)	8	10	12	13	15	16	18	20	23	27
最大轮对宽(mm)	1424									
需要轨距(mm)	1432	1434	1436	1437	1439	1440	1442	1444	1447	1451

曲线轨距加宽 表 7-15

曲线半径(m)	651 及以上	650～451	450～351	350 及以下
轨距(mm)	1435	1440	1445	1450
加宽值(mm)	0	5	10	15

实践证明，表 7-15 所列加宽值是偏大的。目前，我国铁路已在部分线路上进行了改小曲线轨距的试验，加宽值采取：半径大于 350m 的曲线，轨距不加宽；半径小于 350m 至等于 300m 的曲线，轨距加宽 5mm；半径小于 300m 至等于 250m 的曲线，轨距加宽 10mm，半径小于 250m 时，加宽 15mm，效果良好。

曲线轨距加宽是把曲线的内轨向内侧移动。轨距加宽的递减，应在缓和曲线或直线(没有缓和曲线时)范围内进行，递减率不大于 1‰。

二 水平

水平是指线路左右两股钢轨顶面的相对高差。

(一)直线线路水平

为保持列车平稳运行,并使两股钢轨均匀受力,直线地段上两股钢轨顶面应保持同一水平。

水平可用道尺或轨检车进行测量。《铁路线路维修规则》规定:两股钢轨顶面水平的容许偏差,正线及到发线不得大于4mm,其他站线不得大于5mm。两股钢轨顶面水平偏差沿轨道方向的变化率不可太大,要求在1m范围内,变化不大于1mm;否则,即使两股钢轨顶面的水平偏差在允许范围内,也将引起机车车辆的剧烈摇晃。实践中有两种性质不同的钢轨水平偏差,对行车的危害程度也不相同。一种是水平差,另一种称为三角坑。水平差是指在一段规定的距离内,一股钢轨的顶面始终比另一股钢轨的顶面高,高差值超过容许偏差值。三角坑是指在一段规定的距离内,先是左股钢轨高于右股,后是右股高于左股,高差值超过容许偏差值,而且两个最大水平误差点之间的距离不足18m。

在一般情况下,超过允许限值的水平差,只是引起车辆摇晃和两股钢轨的不均匀受力,并不导致钢轨不均匀磨耗。但如果在延长不足18m的距离内出现水平差超过4mm的三角坑,将使同一转向架的4个车轮中,只有3个正常压紧钢轨,另1个形成减载或悬空。如果恰好在这个车轮上出现较大的横向力,就可能使悬浮的车轮只能以它的轮缘贴紧钢轨,在最不利条件下甚至可能爬上钢轨,引起脱轨事故。因此,一旦发现三角坑,必须立即消除。

(二)曲线外轨超高

列车在曲线上运行时,产生一个向外的离心力,这个力使外轨承受较大压力,钢轨磨耗加重,使旅客不舒适,严重时可使车轮脱轨、列车倾覆。因此,需要将外轨抬高(超高),使车体内倾来平衡这个离心力,达到内外两股钢轨受力均匀和垂直磨耗均等,满足旅客舒适感,提高线路的稳定性和安全性。

曲线外轨超高的数值,视离心力的大小而定,曲线半径越小,速度越高,离心力就越大,需要用来平衡离心力的超高数值也越大。超高按下列两种方法计算。

1. 保证内外轨磨耗均匀

为保证内外轨磨耗均匀,列车通过曲线时,其加权平均速度所产生的离心力,应与外轨超高值所产生的向心力相等。外轨超高值(h)一般可按下列公式计算:

$$h = \frac{11.8V_p^2}{R}(\text{mm}) \tag{7-11}$$

式中:R——曲线半径,m;

V_p——通过曲线时列车的平均速度,新建铁路按下式计算:

$$V_p = \beta \cdot V_{max}(\text{km/h}) \tag{7-12}$$

β——速度系数,一般地段,$\beta=0.8$;上下行速度悬殊地段,$\beta=0.65$;

V_{max}——最大行车速度,km/h。

外轨超高值一般取5mm的整数倍,但当计算值小于10mm时,该曲线可以考虑不设超高。

2. 保证旅客舒适

为保证旅客舒适，旅客列车以最大速度通过曲线时，未被平衡的离心加速度 α 不应超过允许值。这时，外轨的超高值 h 可按下列公式计算：

$$h=\frac{11.8{V_{max}}^{2}}{R}-153\alpha(\mathrm{mm}) \tag{7-13}$$

式中：α——允许的离心加速度，$\mathrm{m/s^2}$，一般地段 $\alpha=0.5$，困难地段 $\alpha=0.6$。

根据上述两种计算方法算出的超高应进行比较，选用最大值。但外轨的超高值一般不应超过以下规定：双线地段不超过 150mm；单线地段不超过 125mm。

（三）曲线外轨超高检算

由于列车实际速度常与计算超高时的平均速度不同，因此外轨超高不能与行车速度完全适应，必然产生未被平衡的离心力或向心倾覆力。为保证行车安全和旅客舒适，一般是把这些力换算成未被平衡的超高度来加以限制。因此规范采用值为：h_q 一般取 70mm，困难时取 90mm，既有线提速改造时可取 110mm；h_g 一般取 30mm，困难时取 50mm。

根据允许最大未被平衡超高度的规定，可按式(7-14)、式(7-15)检算通过曲线的允许最高、最低行车速度：

$$V_{max}=\sqrt{\frac{(h+h_q)R}{11.8}}(\mathrm{km/h}) \tag{7-14}$$

$$V_{min}=\sqrt{\frac{(h-h_g)R}{11.8}}(\mathrm{km/h}) \tag{7-15}$$

式中：h_q——未被平衡的欠超高，mm；

h_g——未被平衡的过超高，mm。

其他符号意义同前。

外轨超高值既不能太大，也不能太小。小的程度要能保证列车以较高速度通过时不致发生脱轨和倾覆事故；大的程度要能保证列车以低速通过或在曲线上停车时，不致产生危及列车安全的向心倾覆力。

（四）外轨超高设置办法

合理地设置外轨超高，可以减少曲线钢轨的磨损和压溃，延长钢轨使用年限。若外轨磨耗、内轨压溃、内轨切压枕木，说明超高过大；若轨道外闯、外轨垂直磨耗过大而有压溃、内轨侧面磨耗，则是超高太小。发现超高值不当时，可通过测速观察和计算，经过几次调整，找到合适的数值。

外轨超高应在整个缓和曲线内递减顺坡，未设缓和曲线者，则以不大于 1‰的递减率在直线段顺接。其顺坡长度的计算式为：

$$l_0\geqslant 10\times h\times V_{max}$$

困难时

$$l_0\geqslant 7\times h\times V_{max} \tag{7-16}$$

式中：l_0——外轨超高顺坡长度，m；

其余符号同前。

计算结果应取为10的整倍数。

三 轨底坡

因车轮踏面的主要部分为1∶20的斜坡，所以在直线上，钢轨不应竖直铺设，而要适当地向内倾斜，因而我们定义轨底坡为钢轨底面相对轨枕顶面的倾斜度(也叫内倾度)。钢轨设计轨底坡可使其轮轨接触集中于轨顶中部，提高钢轨的横向稳定性，避免或减小钢轨偏载，减小轨腰的弯曲应力，减轻轨头不均匀磨耗，延长钢轨使用寿命。

我国铁路在1965以前轨底坡定为1∶20。但在机车车辆的动力作用下，轨道发生弹性挤开，轨枕产生挠曲和弹性压缩，加上垫板与轨枕不密贴，道钉的扣压力不足等因素，实际轨底坡与原设计轨底坡有较大的出入。另外车轮踏面经过一段时间的磨耗后，原来1∶20的斜面也接近1∶40的坡度。所以1965年以后，我国铁路的轨底坡统一改为1∶40。在曲线地段，由于超高的存在，内股钢轨的轨底坡要有适当的调整才能保证其不向轨道外方倾斜，调整范围见表7-16。当轨顶面由于不均匀磨耗形成横向坡度时，轨底坡应按轨顶磨耗情况予以调整。在任何情况下，轨底坡不应大于1∶12，或小于1∶60。

内股钢轨轨底坡调整范围　　表7-16

外轨超高(mm)	轨枕面最大坡度	铁垫板或承轨槽面倾斜度		
		0	1/20	1/40
0～75	1∶20	1∶20	0	1∶40
80～125	1∶12	1∶12	1∶30	1∶17

轨底坡设置的正确与否，可根据钢轨顶面有车轮踏面碾磨形成的光带位置判断，一般情况下，要求光带宽度一致，并稍偏向轨头中心内侧。如光带偏向钢轨中心内侧较大，则说明轨底坡不足，如偏向外侧，说明轨底坡过大，所以在线路维修养护工作中，可根据轨顶面的光带判断轨底坡设置得正确与否。

复习思考题

7.1　铁路轨道由哪几部分组成？

7.2　轨道类型如何分类？

7.3　轨距、水平、轨底坡的定义是什么？如何测定？

7.4　标准轨距是多少？曲线轨距如何规定？

7.5　轨距、水平的允许误差及适用范围是什么？何为三角坑？

7.6　曲线轨距加宽和外轨超高的设置方法是什么？超高值有何规定？

7.7　钢轨类型如何划分？有哪几种？

7.8　钢轨的标准长度及标准缩短轨有哪几种？允许铺设的短轨长度是多少？

7.9　轨道附属设备有哪些？什么叫轨道爬行？信号标志及线路标志的作用及设置位置如何？

7.10　轨缝及钢轨接头位置有何要求？构造轨缝为多大？

7.11　轨枕的作用是什么？如何分类？

7.12　轨枕如何设置？

7.13　连接零件有哪几种？它们的作用分别是什么？

7.14　道床的作用是什么？其材料有几种？铺设时有何要求？碎石道床的粒径有何要求？

7.15　绘图说明道床的三要素。

7.16　常见的新型轨下基础有哪些？

7.17　道岔的种类有哪几种？

7.18　普通单开道岔由哪几部分组成？各部分的作用是什么？

7.19　绘出普通单开道岔的示意图，并标注以下部位及尺寸：

(1)岔头；(2)岔尾；(3)导曲线 R 头及 R 尾；(4)基本轨伸出长度；(5)开通方向；(6)辙叉理论尖端；(7)辙叉实际尖端；(8)道岔咽喉及有害空间；(9)辙叉角；(10)叉心；(11)道岔前长及后长；(12)道岔全长 L

7.20　道岔号数理论及现场如何确定？道岔号数与侧向过车速度有何关系？

7.21　可动心轨的优点是什么？

7.22　警冲标的作用是什么？如何设置？

第八章 轨道铺设

所谓轨道铺设是指将轨道铺设在已完成并达到设计强度的路基、桥梁、隧道等工程上的工作。轨道铺设能否如期完成，直接影响铁路交付运营的期限。尽早通行工程列车，分段分期开办临时客、货运业务，对加快工程进度、降低工程成本以及发展铁路所经过地区的国民经济都具有十分重要的意义。

轨道铺设按其性质可分为正常铺轨和临时铺轨。正常铺轨是在正常条件下，把正式轨道铺设在已完工的永久性路基及桥隧建筑物上；临时铺轨是为了满足工程运输的需要临时铺设的轨道，在工程竣工后予以拆除。

按照铺轨方向可分为单向铺轨和多向铺轨。单向铺轨是由线路起点一端循序向前铺轨至线路终点。这一线路起点既可以是新建铁路线与既有线路的接轨点，也可以是运送铺轨材料及机车车辆来源的通航港口或内河码头。多向铺轨是在工期紧迫和运输条件许可的情况下，全线分段、同时铺轨，即从两端或更多方向开展。其中，双向铺轨多用于新建铁路，多向铺轨常在铁路增设第二线时采用。

按照铺轨方法可分为人工铺轨和机械铺轨两种，包含轨排组装、运输及铺设 3 个环节。人工铺轨是从材料基地将铺轨材料用工程列车或汽车运到铺轨现场并就地连接铺成轨道。它主要适用于铺轨工程量小的便线、专用线和旧线局部平面改建，较为经济。机械铺轨是将基地组装好的轨排，用轨排列车运到铺轨前方，再用铺轨机械铺设于路基上。它主要适用于铺轨工程量大的新线或旧线的换轨大修以及增建第二线的轨道铺设。我国目前现场施工通常采用机械铺轨，一般不宜采用人工铺轨，除非在特殊情况下才不得不采用人工铺轨。

第一节 准备工作

铺轨工程是一项时间紧、任务重、劳动强度大的多工种联合作业，包括轨排组装、轨排运输和轨排铺设 3 道工序。因此，必须事先做好以下各项铺轨前的准备工作，使铺轨工程能顺利进行。

一 铺轨施工文件

轨道工程开始施工前，线下路基、桥涵、隧道等主体工程及线路复测应已完成，此时形成的资料包括了平、纵断面及建筑物变更设计的重要内容，是铺轨工程重要、可靠的指导文件，应在建设单位的主持下，向有关施工单位办理接受。施工单位所具备的施工设计文件和有关基础工程竣工资料，包括车站平面图、隧道表、桥梁表(含孔跨)、架梁岔线位置表、曲线表、坡度表、水准基点表、断链表及线路情况说明书等。根据设计文件要求及有关基础工程竣工资料、全线指导性施工组织设计规定的铺轨总工期、有关重点工程的施工方案以及施工单位自身的铺轨能力，编制实施性施工组织设计，指导施工。

二 筹建铺轨基地

铺轨基地是新建铁路的一项临时性工程，是铺轨材料的装卸、存放、轨料加工以及轨排组装、列车编组、发送的场所，是铺轨工程的后方基地。在筹建时，必须全面考虑，统一规划，尽量与永久性工程相结合，做到投资少、占地少、上马快、作业方便，并使铺轨列车调度灵活，充分发挥基地的生产潜力。

铺轨基地筹建的快慢和好坏，直接影响铺轨任务的完成。因此，必须及早筹建，在进轨料前准备好卸料、堆放场地和必需的股道，在正式铺轨前建成基地，并提前组装和储存一定数量的轨排，以保证铺轨工作的顺利进行。

(一)铺轨基地的任务

铺轨基地主要负责储存轨料、组装轨排和道岔，并将轨排源源不断地供应前方，保证不间断地铺轨。对于铁路新线的建设而言，有时由于施工组织设计的需要，铺轨基地也兼做部分架梁的准备工作，如存梁等。

1. 储存轨料

轨料、轨排存放场的大小主要应根据下面3个因素决定：基地所担负的铺轨总长度、工程施工进度要求及进料情况(与轨料产地距铺轨基地的距离以及储存费用有关)。

(1)接收各种轨料：钢轨、轨枕、配件及道岔材料等。

(2)对各种轨料负责检查、整理、堆码及储存，轨料分别堆置后，应树牌标明规格、类型、数量。

(3)对运入的轨料进行必要的加工，如必要的锯轨、钻螺栓孔等。

(4)根据进度要求，向轨排组装车间输送整理好的轨料。

2. 组装轨排和道岔

(1)将轨料场送入的各种轨料堆放到指定地点，或整车停放在指定地点。

(2)组装轨排。

(3)组装道岔。

(4)按铺轨进度及线路技术要求，编配轨排、道岔列车，捆扎牢固，装齐配件，供应前方铺设。

(5)储存已组装好的轨排和道岔。

(二)基地设置原则

(1)基地一般应在铺轨前7～10个月内开始筹建。

(2)基地一般选在铺轨起点附近的平坦开阔处，从既有站线出岔时，用联络线引进基地。不应将基地设置在低洼进水地带。为避免工程列车穿过既有站进入新线时与运营列车干扰，新铺线路和基地应尽量放在既有站的同侧。

(3)基地应与附近公路相通，基地内应设置汽车、起重机械的通道和龙门起重机的轨道，以便装卸材料和机械的组装作业。

(4)基地供应半径应经济合理，同时考虑每条线的具体情况和工期缓急，一般用下列公式计算：

$$x=\sqrt{\frac{M}{a}} \tag{8-1}$$

式中：M——建厂费用，包括土石方、铺碴、安装费、施工房屋建厂设备折旧费等，元；

x——经济供应半径，km；

a——每1km轨料与轨排单位运费差额，元。

新线上一般铺轨基地的最大供应半径为200～300km。

(5)基地的设计规模应通盘考虑，既要留有一定余地，又要考虑少占农田和资金。

(三)基地平面布置

基地的布置，主要包括轨料存放场、轨排组装车间和轨排储备场3部分。这些场地内的料具应统一规划，合理安排，使轨排组装工作顺利进行。图8-1为基地平面布置的一个例子。

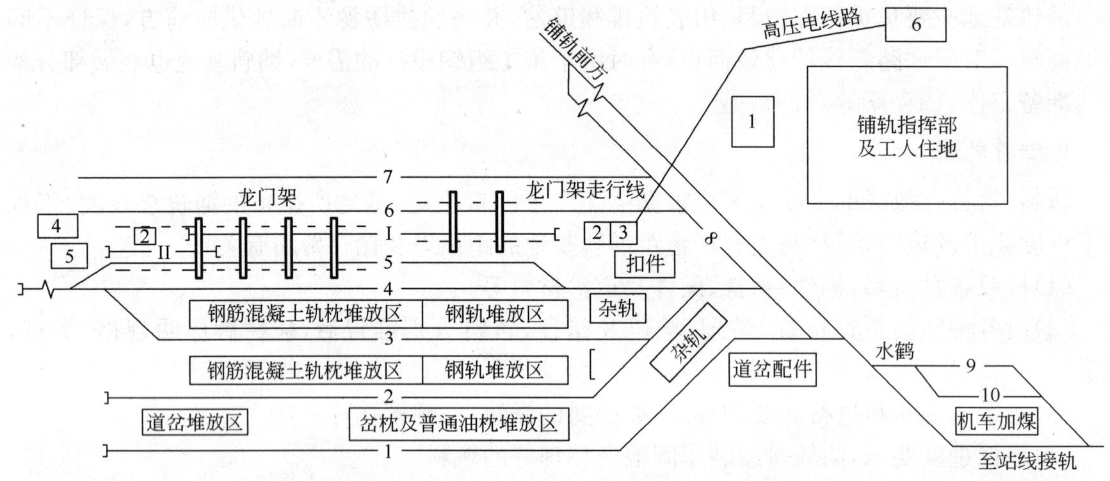

图8-1 轨排组装基地布置

图中方框1～方框6依次为材料库($80m^2$)、卷扬机棚两栋($32m^2\times2$)、配电室($40m^2$)、硫磺水泥库($100m^2$)、熬硫磺砂浆棚($50m^2$)、发电机房($120m^2$)；股道编号1为停留线，2、3为材料装卸线，4、5为材料供应线，6～10依次为轨排装车线、轨排储备线、调车线、机车停留线、煤水线

1.轨料存放场

布置轨料存放场时，应根据铺轨进度和铺轨基地距轨料来源的远近、运输状况来确定，一般应保证铺轨日进度的10倍左右或至少能满足1个区间的轨料。

场内轨料的堆放必须考虑经济原则，要尽量减少倒装、搬运的次数，要缩短运距以节约劳力，同时，还应该使各种轨料向组装车间运送方便，作业手续简化。

为便于轨料的装卸、搬运，场内应备有必要的吊车设备及其行走道路和进料卸车的股道。

2.轨排组装车间

布置轨排组装车间时，应按照进料→轨排组装→轨排装车的次序考虑。一般都设有进料线、组装作业线和装车线。进料线与装车线分设于组装线两侧，进料线连接轨料场，应便于运出轨排和回送空车。组装作业线的两旁，放置组装用的机具设备，以便进行组装作业。

3. 轨排储备场

为了保证轨排的连续性生产与供应，必须具有轨排储备。轨排储备场的场地应平坦坚实，以免底层轨排变形或轨排垛倾倒。场地大小视计划的铺轨日进度与组装能力而定，一般应储存铺设 2～3d 所需的轨排。

储备场的布置要便于装卸，力求简化调车编组作业。一般储备场设有两台龙门吊担负轨排的装卸。由于在储备场存放轨排，增加了不少倒运、装卸工作量，所以一般都由组装车间直接装车运往工地，仅在轨排供应紧张时，才从储备场补充；或者因工地架桥等原因停止铺轨时，才将轨排储存起来。

4. 其他设施的布置

除了上述 3 个主要部分外，基地内还应根据场地条件、每日生产进度、轨排组装方式以及轨料供应数量等布置调车走行股道、机车加水股道以及停放车辆的股道等。所有这些股道均应使调车作业走行距离短，通过道岔少，迅速方便。另外，为了满足基地作业需要，还应设置动力、照明、机械维修等设备，修建必要的生产和生活房屋。

三 其他准备工作

（一）路基整修

铺轨前 15d 应对已完工的路基进行全面检查，如果尚有过高或过低等凹凸不平、路面宽度不够等现象，必须进行整修，以符合设计要求。

路基平面和纵、横断面的形状尺寸应符合设计要求。不同土质路基交界处按 1% 递减率做好顺坡，路面宽度如小于设计宽度的应予补够。

如果路堤欠填高度或路堑超挖深度不足 5cm 时，可不做处理，铺碴时用道碴填平；超过 5cm 时，应用同类土壤填补、夯实。如果路堤超填高度（路堤的超填高度必须是考虑沉落量后的高度，如果路基沉落量尚未完全沉落，则应定出施工坡度，在铺轨前整修好）或路堑欠挖深度不足 5cm 时，可不做处理；超过 5cm 时，应铲除。

路基面上的草皮、树根应彻底铲除；上面的污垢杂物应清除干净；整平坑洼及波浪起伏的路面。

（二）线路复测

在铺轨之前应取得线下施工单位线路测量资料、中桩、基桩和水准点，并进行铺碴前路基面检查，复测线路中桩、基桩、路基面高程以及临时线路标志的埋设情况。在铺轨前一个月，由施工单位从铺轨起点测设线路中桩。直线地段每隔 50m、圆曲线上每隔 20m、缓和曲线上每隔 10m 钉一个桩。在缓和曲线、圆曲线起讫点、道碴厚度变更点以及道岔交点等均须加钉永久中桩。

正式线路标志未埋设时，应埋设简易的临时里程标、曲线标、坡度标等标志。

（三）预铺道碴

为了保证铺轨列车的行车安全，轨枕不致压断，路基不致损坏，铺轨之前应先铺设底层道碴。底碴层的主要功能是隔离道碴层和基床表面，防止上层道碴压损下层路基表层，同时对从道碴到基床表层的渗水起缓冲作用，防止基床表层在暴雨时被冲刷。

一般先铺有垫层的底层道床，按垫层厚度铺足，铺碴厚度可较设计值偏差±50mm，半宽允许偏差$+^{50}_{0}$mm，并将顶面整平，采用压强不小于160kPa的机械碾压，压实密度不低于1.6g/cm³；正线道岔预铺道碴应分层碾压，预留起道量不得大于50mm，压实密度不低于1.7g/cm³，碴面平整度用3m直尺检查不得大于3cm，道岔前后各30m范围应做好顺坡并碾压。单层道床轨道或道碴供应困难地段，铺轨前每股钢轨下预铺厚度15～20cm、宽度不小于80cm的碴带。

桥梁两端各30m范围内应铺足道碴，预铺道碴面应比桥台端墙顶高5cm，并按5‰做好两端顺坡，如图8-2所示。

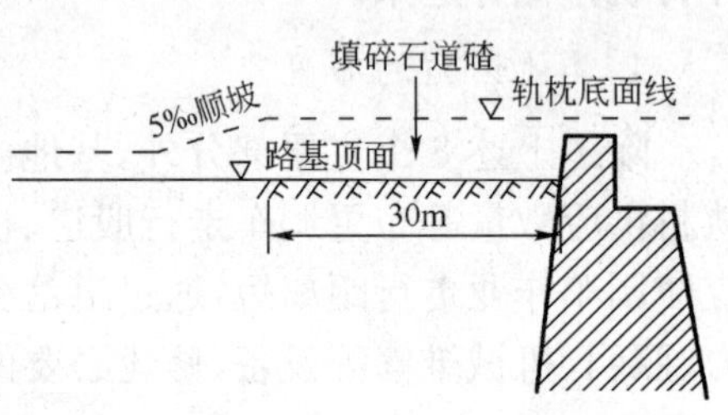

图8-2 桥头预铺道碴顺坡

有碴桥面的全部道碴，应在桥头附近适当地点堆存备用。铺轨列车通过后，应尽快上足桥上的道碴。无论线路上采用何种道碴，道碴槽及桥面均应用碎石道碴。桥梁跨度在8m及以上的桥头，在架桥机吊梁运行地段，应预铺道碴，其厚度为15～25cm，宽度为3～4m。

底碴粒径级配应符合表8-1的规定。

底碴粒径级配要求　　表8-1

方孔筛孔边长(mm)	0.075	0.1	0.5	1.7	7.1	16	25	46
过筛质量百分率(%)	0～7	0～11	7～32	13～46	41～75	67～91	82～100	100

(四)查勘线路

铺轨之前应按照计划做好沿线的施工调查，以保证铺轨工作的正常进行。其主要内容是：线路中心桩及标志的缺损情况，路基整修与预铺道碴是否符合规定；沿线道碴供应情况，车站、道口的地形地貌和交通等情况；限界内障碍物的拆迁情况(高压线、通信线路等)，隧道内侵入限界部分的处理情况以及施工困难地段如陡坡、小半径曲线、长隧道等的现场情况；机车用水、隧道照明、沿线公路交通、通信线路和宿营地点等的情况。

第二节　轨 排 组 装

轨排组装是在铺轨基地将钢轨、轨枕用连接零件连成轨排，然后运到铺轨工地进行铺设。它是机械化铺轨的重要组成部分。为了保证基地组装轨排的质量，防止组装中发生差错，造成返工浪费，影响铺轨进度，组装时必须仔细地按照事先编制的轨排组装作业计划进行。

轨排组装的作业方式可分为活动工作台和固定工作台两种；活动工作台作业方式组装轨排又分为单线往复式和双线循环式两种。作业方式不同，使用的机具设备和作业线的布置也不同。因此，在轨排组装前，应根据具体情况确定作业方式。

我国在20世纪50年代初期，一直采用木枕和43kg/m的12.5m长钢轨，设计出固定工作台式和双线循环式两种轨排组装生产线。60年代中期，25m长钢轨和混凝土轨枕普遍使用后，轨排组装的劳动强度骤增。为减轻劳动强度，各种新型轨排组装机械和机具相继出现。到

70 年代初，研制出机械化程度较高的单线往复式组装生产线。单线往复式组装生产线目前已得到广泛运用，下面重点对其进行介绍。

一 轨排组装作业方式

(一)活动工作台作业方式

1. 单线往复式

单线往复式生产线(图 8-3)是我国目前新线及运营线使用最多的一种轨排组装生产线。其特点是作业线上采用了起落架，在起落架上完成各工序的作业内容。其作业过程为：将人员和所需机具，按工序的先后固定在相应的工作台位上，而用若干个可以移动的工作台组成流水作业线，依靠工作台往复移动传递轨排，按组装顺序流水作业，直到轨排组装完毕。

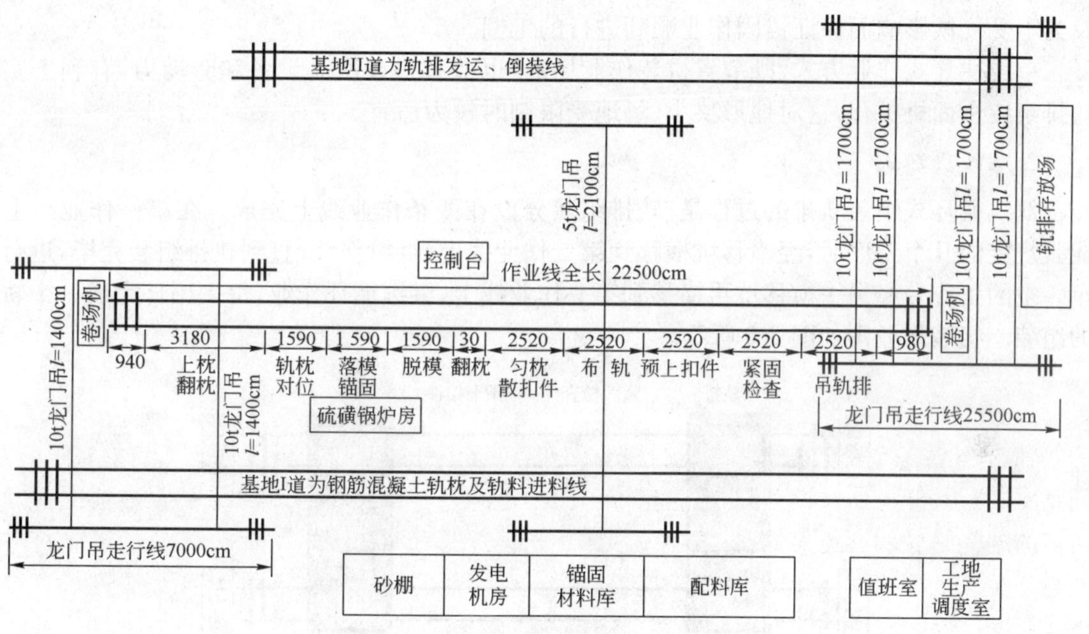

图 8-3 单线往复式组装作业生产线

在组装中，工作台的往复移动，是由设在工作台两侧的起落架配合进行的。每完成一个工序，工作台就前移一个台位，并由起落架将轨排顶起，工作台退回至原位，然后下降起落架，轨排即留在下一工序的工作台上。这样，每完成一个工序，工作台车就前后往复一次，起落架也相应升降一次，保证了轨排组装的连续性。

活动工作台由铁平车和钢轨连接而成。活动台及固定台的组成，如图 8-4 所示。外侧虚线表示固定台，起落架的升降由设在作业线一端的 5t 卷扬机控制。工作台应高出未升起时的起落架顶面 5cm，以利工作台的移动。作业时固定台上升 Δh，轨枕等全由固定台承托。实线表示活动台，高度不变，可沿轨道由设在作业线另一端的 3t 卷扬机牵引运行。前一个工序完成后，固定台下降 Δh，轨枕落在活动台上，运至下一个工序，再由固定台抬高进行下一个作业。直到最后一个工序把轨排组装完毕。

单线往复式作业方式的作业线，布置在进料线和装车线之间，包括吊散轨枕、轨枕硫磺锚固、匀散轨枕、吊散钢轨、上配件并紧固、质量检查及轨排装车7个工序。按顺序包括散枕台→硫磺锚固台→散扣件台→上轨台等，如图8-5所示。

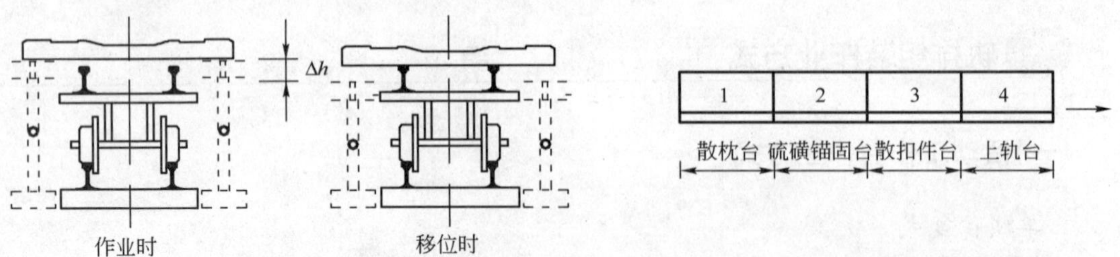

图8-4　活动台及固定台示意　　图8-5　单线往复式流水作业线

由于轨枕硫磺锚固工作量大，作业时间较长，往往成为控制工序。为了平衡各工序间的作业时间，提高组装效率，在硫磺锚固工作台位一侧，另设长约80m的硫磺锚固作业线相配合，并在锚固作业线的端部附近，备有粉碎硫磺的碾子、炒砂子及熬制硫磺锚固浆液的锅灶等，以及为不受气候影响而保证锚固作业顺利进行的工棚。

单线往复式作业方式，既节省拼装作业场地，也节省拼装所需设备和劳动力，有利于实现轨排组装全面机械化，这对地形狭小、场地受限制时较为适宜。

2. 双线循环式

双线循环式组装轨排的过程是：轨排组装分设在两条作业线上完成。在第一作业线上完成其规定的几个工序后，经横移坑横移到第二作业线上，继续作业，直到轨排组装完毕，进行装车。空的工作台经另一横移坑再横移到第一作业线上，继续循环作业，每一循环完成一个轨排的组装。组装作业图如图8-6所示。

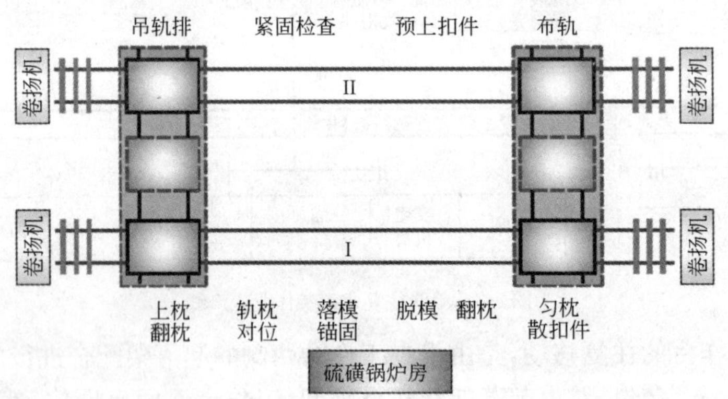

图8-6　双线循环式作业组装示意图

坑内有横移线路以及横移台车，横移时可用人力移动或卷扬机牵引。

双线循环式作业方式，可将各工序组成循环流水作业线，从而改善工作条件，提高工作效率。但该作业方式要求场地比较宽阔，因而受一定的限制。

(二)固定工作台作业方式

固定工作台作业方式，是将组装作业线划分为若干个作业台位，作业时，各工序的人员和所需机具沿各个工作台位完成自己工序的作业后依次前移，而所组装的轨排则固定在工作台上不动，并在这一台位上完成全部工序。当沿作业线组装完第一层轨排后，又在第一层轨排上面继续依次组装第二层轨排，到第三层轨排后，人员再转移到作业线 II 的台位上，继续组装。组装过程如图 8-7 所示。

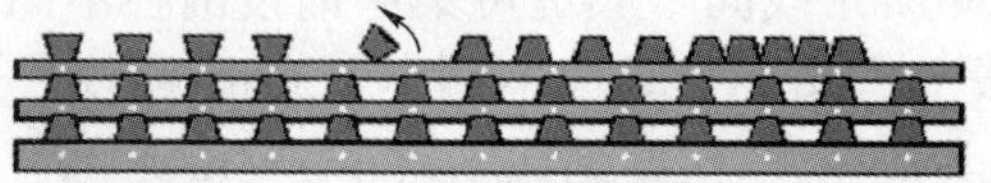

图 8-7　固定工作台组装示意图

由于固定工作台作业方式所组装的轨排是固定不动的，仅仅是人员和机具沿工作台移动，所以作业线的布置比较简单，只需在组装作业线上划分一下固定工作台的台位，每一台位长 26m，而台位的多少和作业线的长短，可根据铺轨任务和日进度的需要来决定。

二 轨排组装作业过程

(一)组装前的准备工作

组装轨排应按铺设轨排计划进行。由于车站两端需要铺道岔，曲线内股铺设缩短轨，同时钢轨本身长度有公差，因此，组装轨排要按计划编列序号，铺设时按序号施工，才不致发生错误。

组装轨排前，必须调查曲线、道岔、道口、桥梁、隧道、信号机及站场设备等有关资料，以便按技术要求编制组装轨排计划。

同一类型的轨枕应集中连续铺设(不同类型钢轨接头处除外)。两个木枕地段间的长度小于 50m 时，也应铺设木枕。在个别不同类型钢轨接头处，因构造需要，在混凝土枕间插入少许木枕，应视为个别处理的特殊情况。

半径小于 300m 的曲线，由于列车产生的横向力较大，需要对扣件和混凝土轨枕进行加强。

不同类型轨枕的分界处，应保持同类型轨枕延伸至钢轨接头外 5 根以上。木枕与混凝土宽枕之间应用混凝土枕过渡，其长度不得少于 25m。

在编制组装轨排计划时要注意以下位置不得有钢轨接头：

(1)明桥面小桥的全长范围内；

(2)钢梁端部、拱桥温度伸缩缝和拱顶等处前后各 2m 范围内；

(3)钢梁的横梁顶上；

(4)设有温度调节器的钢梁的温度跨度范围内；

(5)道口范围内。

在信号机处的两钢轨绝缘接头应为相对式，轨缝不得小于 6mm，其位置应符合下列规定。

(1)出站(包括出站兼调车)信号机处绝缘接头可设在信号机前方 1m 至后方 6.5m 范围内；

(2)调车信号机处绝缘接头可设在信号机前方 1m 至后方 1m 范围内；

(3)安装在警冲标内方的钢轨绝缘接头除渡线外，应安装在距警冲计算位置不小于 3.5m、距警冲标实际位置不大于 4m 的范围内；

(4)绝缘接头不得设异型接头。

组装轨排时，必须进行配轨。配轨之前先丈量新钢轨长度(精确至 mm)，将长度基本相同的两根钢轨配为一对(用于直线轨排)，并标注长度和编列序号。非标准长度钢轨应同一长度集中成段铺设。成段长度：正线轨道不得小于 500m，站线同一股道可集中铺设两种不同长度钢轨。采用非标准轨的最短长度：正线轨道，铺设 12.5m 钢轨地段不得小于 11m；铺设 25m 钢轨地段，不得小于 21m；到发线上不得小于 10m；其他站线、次要站线不得小于 8m。

曲线轨排应配置缩短轨。轨道上个别插入的短轨，正线轨道不得小于 6m，站线不得小于 4.5m。道岔间插入的短轨应符合设计规定。调正桥上钢轨接头位置时，短轨应铺在距桥台尾 10m 外。

(二)组装轨排作业

混凝土轨排组装质量的好坏关键在于螺旋道钉的锚固。轨排组装的作业方法通常有正锚和反锚两种。传统的作业方法是采用正锚，其施工较为简便，易于掌握，但控制不好常出现质量问题。采用正锚时，很难控制预留孔内锚固浆灌注量，太少会影响锚固强度；太多使得道钉插入后浆液溢流，污染承轨槽面，带来较大的硫磺残渣清理工作量。另外，仅仅凭手感很难控制道钉的插入深度和垂直度。而反锚作业是将轨枕底面向上，由轨枕底孔倒插入道钉，从轨枕底孔灌入锚固浆进行锚固，其劳动效率高、质量好，得到了更为广泛的应用。施工时，采用锚固板上的道钉模具控制形位，能保证组装质量，同时锚固浆液不污染承轨槽面，外形美观，且拼装作业场占地较少。

下面以活动工作台作业方式中的单线往复式作业方式组装轨排为例。对于固定工作台作业方式，除锚固工作需向各工作台位运送硫磺锚固砂浆外，其他工序与活动工作台的作业过程完全相同，不再详述。

1. 吊散轨枕

采用移动式散枕龙门架所配备的 3～5t 电动葫芦吊散轨枕，每次自轨枕堆码场起吊 16 根轨枕。如移动式龙门架本身无动力时，可用卷扬机牵引或人力推动。若采用反锚作业进行组装，应将散开的轨枕翻面，使所有轨枕底面向上。此工序由人工用木棍配合撬棍撬拨，或用 U 形钢叉翻枕，如图 8-8 所示；或采用安装在锚固台前端的翻枕器，在移动台前进过程中进行翻枕。翻枕器翻转轨枕的转速要与移动小车的运行速度相匹配，以达到轨枕翻过去的间距刚好等于所需要的轨枕间距。翻枕器如图 8-9 所示。

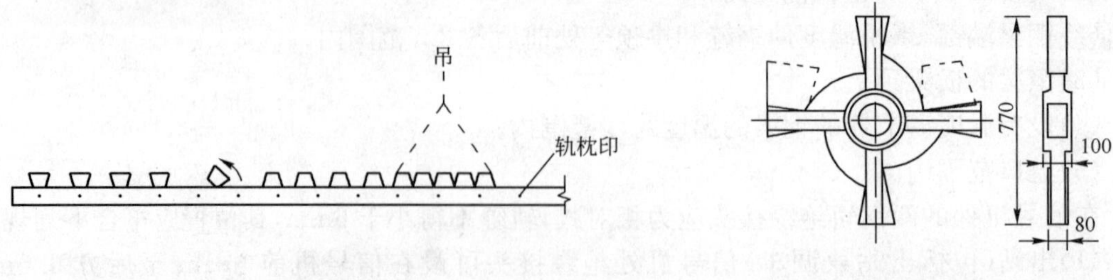

图 8-8　吊散钢轨

图 8-9　翻枕器(尺寸单位：mm)

2. 硫磺锚固

轨枕由散枕台运到锚固台时，每侧一人须将轨枕与预先插好的螺旋道钉上下对孔，然后抬高固定台，将螺旋道钉插入轨枕孔内，灌注硫磺锚固液，冷却。经锚固后，由翻转机翻转轨枕，由活动台运至下一个散扣件台，如图 8-10 所示。

硫磺锚固就是用硫磺水泥砂浆将螺旋道钉固定在钢筋混凝土或混凝土枕的道钉孔中。硫磺水泥砂浆是将硫磺、砂、水泥以及石蜡按一定的配合比配置而成。锚固方法有正锚和反锚两种，见图 8-11。

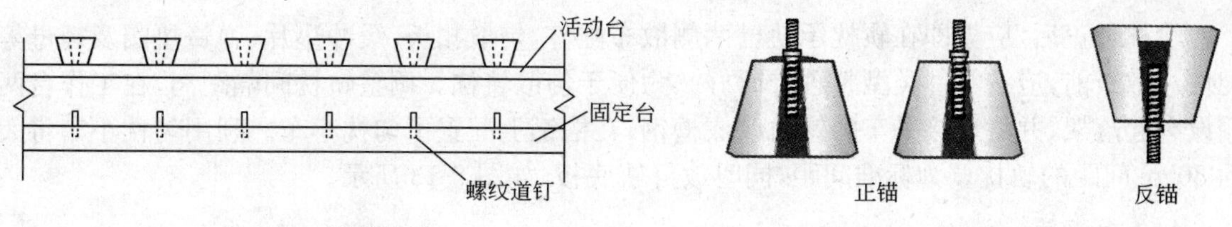

图 8-10　硫磺锚固台　　图 8-11　硫磺锚固方式

1)硫磺锚固砂浆配合比(表 8-2)

硫磺锚固砂浆配合比　　表 8-2

项　目	硫　磺	水　泥	砂　子	石　蜡
批量生产	1	0.3～0.6	1～1.5	0.02～0.03
少量生产	1	0.4	1.2	0.03
材料质量要求	含硫量不小于 95%，干燥	普通硅酸盐水泥强度等级不限	泥污含量不大于 5%，粒径不大于 2mm，干燥	一般工业用石蜡

2)熔制工艺

按选定的配合比称好各种材料，根据生产规模及熔浆器决定一次配制量。在工地锚固道钉时，一般用两个铁锅或熬浆锅炉轮流熔制，每锅熔量以不超过 50kg 为宜。先将砂子放入锅内，加热炒拌到 100～120℃时，将水泥倒入，继续炒拌到 130℃，最后加入硫磺和石蜡，继续搅拌，使硫磺熔液拌和均匀，并由稀变稠呈浓胶状蓝黑色液体，温度升高到 160℃，即可使用。

3)锚固质量要求

为保证锚固质量，锚固时可用锚固钢模固定道钉于钢筋混凝土或混凝土枕预留孔中，然后灌入锚固浆液，经过 1min 左右的冷却凝固，即可利用起落架脱模，其质量要求如下。

(1)抗压强度不低于 0.4MPa，抗拉强度不低于 0.04MPa，每个道钉抗拔力应大于 6t。

(2)道钉方(圆)盘底面应高出承轨槽面，使用扣板扣件时高出 0～5mm，使用弹条扣件时高出 0～2mm，道钉应与承轨槽面垂直，歪斜不大于 2°，道钉中心线偏离预留孔中心线不得超过 2mm。

(3)灌浆深度应比螺旋道钉插入深度多 20mm 以上，如图 8-12所示。

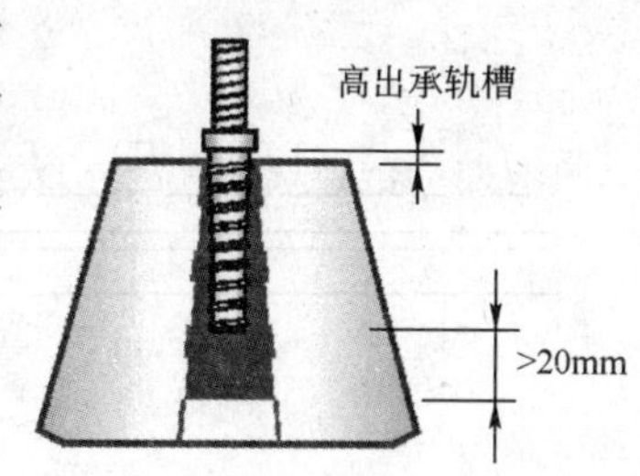

图 8-12　硫磺锚固深度

采用反锚工艺时，脱模后的轨枕在台车前进的同时，应利用翻枕器使之顶面朝上。

4)锚固注意事项

(1)熔浆火力要能控制，火候不可过猛，熔浆过程应不断搅拌，不得有水或雨雪进入锅内。熔液温度不得超过 180℃。

(2)熔浆地点尽量放在下风处，与锚固作业距离不宜过远。操作人员须佩戴防护用品。

(3)锚固前，应将预留孔内杂物及螺旋道钉上的黏土等附着物清除干净。道钉温度应保持 0℃以上，低于 0℃时，应先予以加热。

(4)灌注时，送浆提桶不得过大，防止桶内熔浆离析，并应保持温度不得低于 130℃，一孔一次灌完。锚固浆顶面宜与轨枕承轨槽面齐平，不得低于承轨槽面。

(5)道钉锚固后，应将承轨槽面残渣清除干净。

3. 匀枕散扣件

轨枕翻正后，应立即在轨枕承轨槽两侧散布配件，匀散扣板、缓冲垫片、弹簧垫圈及螺母等配件。散布前，应按零件类型整理堆码好。为便于匀散轨枕。调整轨枕间隔距离，在工作台两侧设有起落架，并将连接平车的钢轨改成槽钢，在槽钢上配置了匀枕小车。利用匀枕小车将大约 30cm 间距的轨枕调为标准间距，同时放好轨底板，如图 8-13 所示。

4. 吊散钢轨

吊轨前应检查钢轨型号、长度是否与设计一致，并将钢轨长度正负误差值写在轨头上，以便配对使用。吊轨利用 3～5t 龙门吊一台及吊轨架一个来完成。按轨排计算表控制钢轨相错量，将钢轨吊到轨枕上相应的位置，然后再通过轨枕道钉纵向中心线的钢轨内侧，用白油漆划小圆点作为固定轨枕的位置。

吊散钢轨时，为保持钢轨稳定，两端扶轨人员应用小撬棍插入钢轨螺栓孔内或拴缆绳牵行，不得用手直接扶持。吊车吊重走行的范围内禁止走人。

5. 上配件、紧固

在作业线两侧应搭设工作台，以手工操作把配件放置于正确的位置上，将螺母拧上，并用电动或风动扳手拧紧螺栓。紧固前要测定扳手的扭矩，扭矩应满足：

①70 型扣件 100～120N·m；

②I 型弹条扣件扭矩在半径大于 650m 时为 80～120N·m，在半径小于 650m 时应大于 120N·m；

③II 型弹条扣件扭矩为 100～140N·m，以确保达到设计要求。

考虑到可能由于锈蚀或锚固组装不合，会出现扭矩虽然达标但扣压力仍然不足的假象，因此观察检查仍是有效的手段。如图 8-14 所示：70 型扣板扣件双层弹簧垫圈应压平；I、II 型弹条扣件的弹条中部前端下颚应靠贴轨距挡板等。

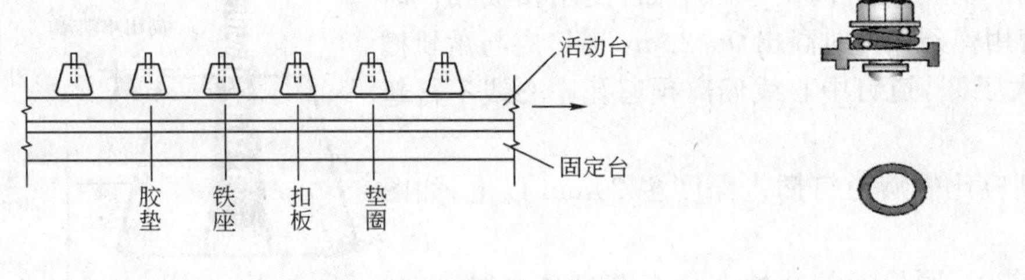

图 8-13　散布扣件　　　　图 8-14　扣件组装图

6. 质量检查

排组装完后，应由质检员详细检查轨排是否按轨排生产作业表拼装、轨排成品质量是否符合要求，包括检查轨距、轨枕间隔、接头错开量、安装质量等。如果发现有不符合的地方，应加以修整，最后对合格轨排按轨排铺设计划用色泽醒目的油漆进行编号。

优质轨排应达到下列各项标准：

(1)无不符合使用技术条件的钢轨和轨枕。

(2)轨排组装钢轨接头错开量应与组装计划表相符，误差不得超过 5mm，缩短轨位置配置正确。

(3)由12.5m轨组成的25m轨排，轨缝预留正确，并插入轨缝片，接头上下左右错牙不超过1mm，接头扣件涂油，并按规定要求拧紧。

(4)轨枕配置数量符合规定，轨枕方正，轨枕间距偏差及歪斜不得超过20mm。

(5)轨排的轨距误差为±2mm；变化率：正线不大于1‰，站线不大于2‰。

(6)道钉锚固位置正确，高低合适，螺旋道钉丝杆涂油，螺母拧紧后，螺杆顶仍有5～10mm外露。

(7)扣件齐全，位置正确密靠。扣扳或弹条不良者不超过8%，胶垫歪斜者不超过6%。

(8)按设计规定安装好防爬设备，并打紧密靠。

(9)轨排两端接头均须擦锈涂油，轨排前端摆好备用夹板、螺栓及垫圈，数量齐全并涂油。

7. 轨排装车

轨排装车是轨排拼装的最后一道工序，即将编号的组装完的轨排，用2台10t吊重、跨度17m的电动葫芦龙门架按铺设计划逐排吊装在滚轮平车上，同时做好编组及加固工作。装到车上的轨排应上下左右摆正对齐，不得歪斜。

至此，一个混凝土枕轨排组装完成，然后可以进行下一轨排的组装循环。

第三节 轨排运输

为了确保机械铺轨的速度，保证前方不间断地进行铺轨，必须组织好从轨排组装基地到铺轨工地的轨排运输。

一 轨排运输车种类

1. 滚筒车运输

滚筒车一般由60t平板车组成，车面上左右两侧各装滚筒11个，大约相距1.0～1.2m装一个，由两辆滚筒平板车合装一组轨排，每组6～7层。如用新型铺轨机铺轨，可装8层，已达到平板车的额定载重，滚筒车布置见图8-15。

用滚筒车装运轨排，必须在滚筒上面安放拖船轨，以承受运输排垛的重量。为了避免轨排在运输过程中前后窜动；两辆平板车之间的车钩应设停止缓冲器，拖船轨的头部靠滚筒处设有止轮器。

2. 平板车运输

用无滚筒平板车运送轨排时，每6个轨排为一组，装在两个平板车上，7组编一列。在换装站或铺轨现场各设两台65t倒装龙门架，将轨排换装到有滚筒的平板车上，供铺轨机铺轨，平板车运输见图8-16。

平板车运输轨排优点较多，无需制造大量滚筒，减少拖船轨轨距杆止轮器数量，捆扎工作量减少，运输速度可达30km/h，节省人力和费用。

二 轨排运输的效率

轨排运输的效率取决于两个主要因素：轨排列车的数量和新铺设轨道的质量。

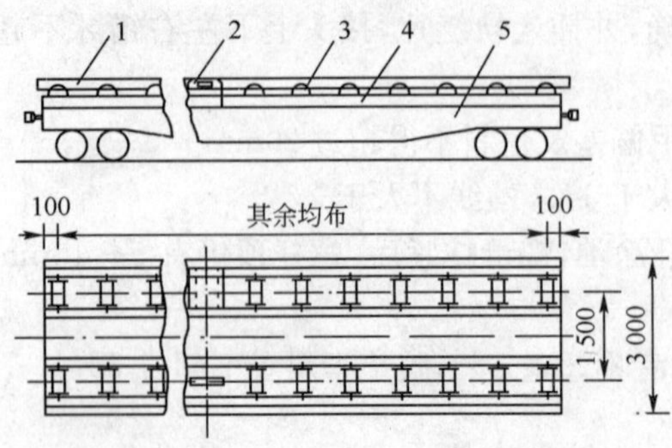

图 8-15　滚筒车组装示意图(尺寸单位:mm)

1-拖船轨;2-锁定装置;3-滚筒;4-滚筒架;5-60t 平板车

图 8-16　平板车运输

1. 轨排列车的数量

轨排运输所需要的列车数量与下列因素有关:

(1)铺轨机每天铺轨的能力;

(2)每列轨排列车能够装载轨排的数量;

(3)每列轨排列车的装车和运行的周转时间。

轨排运输列车的数量必须合理。如果轨排列车过少,则会出现铺轨工程停工待轨的现象,同时,轨排组装车间已组装完毕的轨排大量积压,造成存储费用的增加。如果轨排列车过多,则会造成大量车辆积压。因此,在确定运输列车的合理数量时,应该坚持下面的原则,即:应能保证铺轨机和轨排运输车辆得到充分的利用。

机械铺轨时,一般有一列轨排车在工地跟随铺轨机供应轨排。当该列车的轨排铺完后,该列车应立即返回邻近车站,以便让另一列轨排车继续前进供应轨排。因此,当工地距基地较近,轨排列车装车和运行的时间之和小于或等于铺轨机铺设一列车轨排所需的时间时,则需配备两列轨排车。当基地到工地的距离逐渐增加,而轨排列车装车与运行时间之和大于铺轨机铺设一列车轨排所需时间时,则需配备三列轨排列车。其中两列用于装车运输,一列用于随铺轨机供应轨排。

随着铺轨的前进,当铺轨工地离组装基地越来越远时,供应轨排的周转时间就越长,则所需的轨排列车就越多。为了更经济合理地供应轨排,一般当铺轨工地距离组装基地超过 80km 时,宜在靠近铺轨工地附近的车站设置轨排换装站。轨排换装站一般设在距铺轨工地较近的有给水设施的车站,至少有三个股道。一股进行调车作业,停放车辆及机车整备;另一股为轨排换装线;正线为列车到发线,应经常保持畅通。轨排换装线应设在直线股道上,其平面布置见图 8-17。

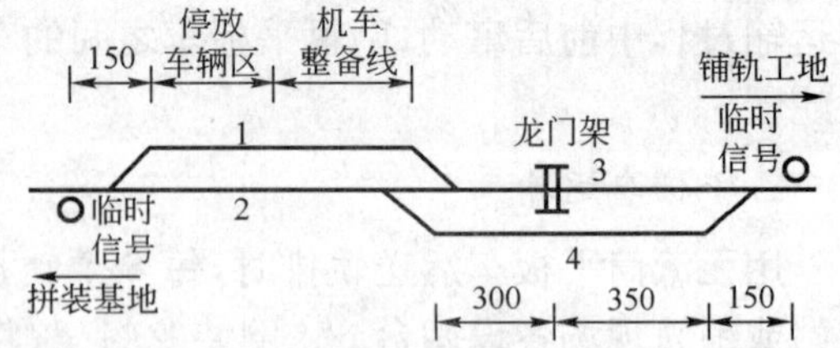

图 8-17　换装站股道布置图(尺寸单位:m)

一般每列车装 6 组轨排,每组 6 层,每组可铺轨 150m,每组需滚筒车 2 辆,共需滚筒车 12 辆。另外,在基地还应预留备用滚筒车若干辆。

设置轨排换装站后,基地到换装站用普通的平车将轨排运到换装站,在换装站用龙门架两台将轨排倒装到滚筒车上,再拉到前方铺设。

2. 新铺设轨道的质量

轨排运输的效率还取决于新铺设轨道的质量。高质量的轨道可以改善线路技术状态,以提高行车速度，缩短列车周转时间。因此，在铺轨的同时，还要抓紧铺碴整道，提高新铺设轨道的质量。

第四节　轨 排 铺 设

新建铁路的轨排铺设，大多采用铺轨机进行施工，少数情况下也有采用龙门架进行的。

 悬臂式铺轨机铺设轨排

铺轨机在自己铺设的线路上作业和行走。随着轨排质量、长度的不断增长，铺轨机的性能也不断提高，由简易铺轨机发展到目前的 PG-28 型、PGX-15 型（东风 I）、PGX-30 型 3 种铺轨机，其技术性能见表 8-3。

高臂铺轨机技术性能　　表 8-3

项　　目	PG-28 型	PGX-30 型	PGX-15 型（东风 I）
起重量（t）	28	30	15
起升速度（m/min）	7.2	7.5	8
运行速度（m/min）	50	45	37
铺轨最小曲线半径（m）	300	300	300
能否架桥	能	能	否
轴向架轴数（根）	4	5	4
铺轨时最大轴重（kN）	330	300	313
主机自重（kN）	1300	1560	1100
外形尺寸（长×宽×高）（m）	45.8×3.56×6.55	46.5×3.5×6.4	47.3×3.6×5.7
装运轨排层数	7	7	8

铺轨机一般由车体、转向架、柴油发电机组、机臂、立柱、吊轨小车、扁担、起升与运行机构、轨排拖拉机构及驾驶室等组成。其外形如图 8-18 所示，实体如图 8-19 所示。

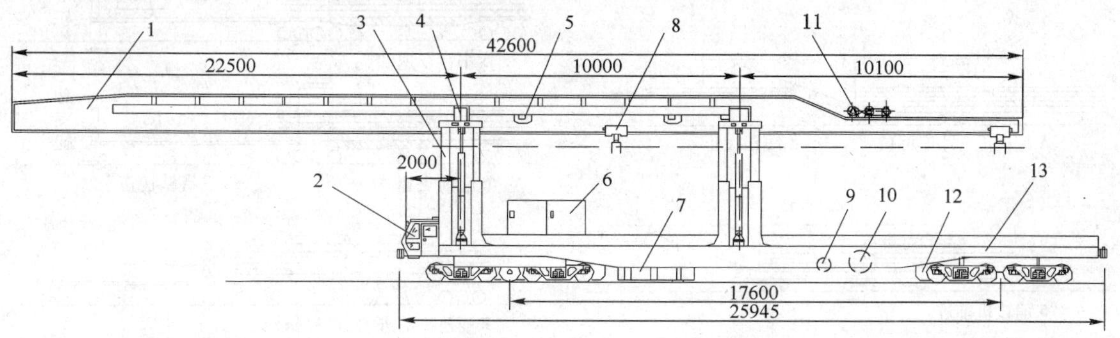

图 8-18　PG28 型铺轨机外形图（尺寸单位：mm）

1-机臂；2-驾驶室；3-立柱；4-横梁；5-摆头机构；6-电气系统；7-柴油发电机组；8-吊轨小车；9-液压系统；10-轨排垛拖拉机构；11-吊轨运行机构；12-牵引走行机构；13-车辆

施工单位在轨排铺设时所采用的机械，应根据本单位现有的设备能力及工程的工期要求合理选型。悬臂式铺轨机有高臂和低臂之分，但它的作业形式基本一致。其轨排铺设作业程

序如图 8-20 和图 8-21 所示。

图 8-19 PG28 型铺轨机实体图

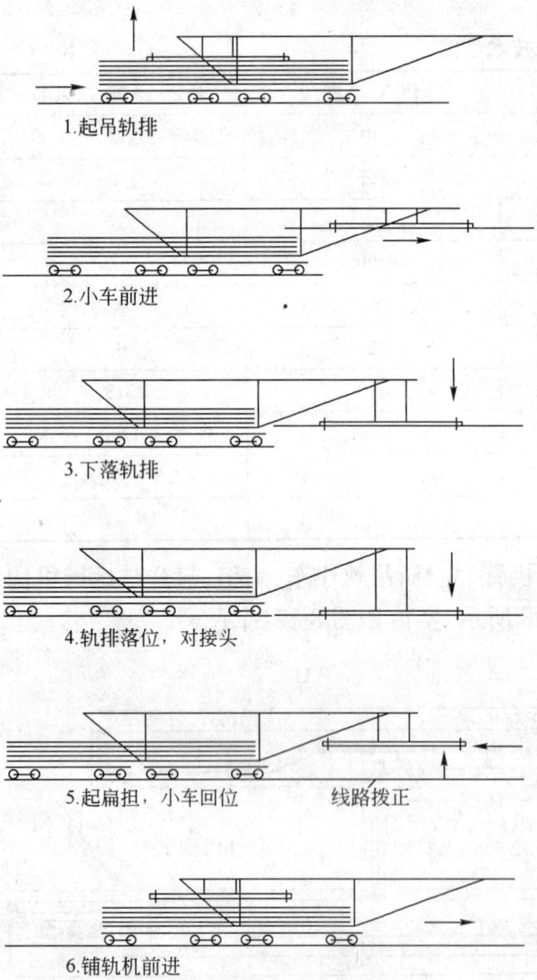

1.起吊轨排

2.小车前进

3.下落轨排

4.轨排落位，对接头

5.起扁担，小车回位　线路拨正

6.铺轨机前进

图 8-20 高臂铺轨机作业程序

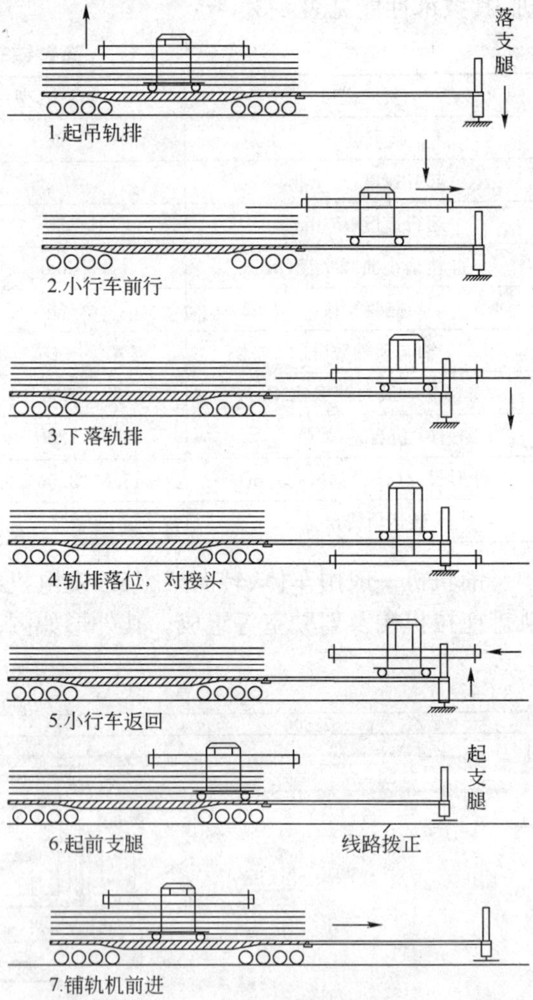

落支腿

1.起吊轨排

2.小行车前行

3.下落轨排

4.轨排落位，对接头

5.小行车返回

起支腿

6.起前支腿　线路拨正

7.铺轨机前进

图 8-21 低臂铺轨机作业程序

(一)喂送轨排

轨排列车进入工地后，当前面轨排垛喂进铺轨机后，需要将后面的轨排垛依次移到最前面的滚筒车或专用车上，这样才能保证作业的连续性。向前倒移轨排垛的方式主要有两种。

1. 拖拉方式

此种方式适用于使用滚筒列车。在铺轨机的后方选择一段较为平直的线路进行大拖拉作业。将滚筒列车最前面的一组轨排垛,用拖拉钩钩住第二层轨排的钢轨后端,用大小支架将ϕ28mm 钢丝绳支离平板车,将底板钩等专用机具固定于线路上,然后缓慢地拉动列车。由于最前面的一组轨排垛被固定在线路上不动,所以在滑靴的引导下,这组轨排垛便依此移动到前面的滚筒车上。轨排垛到位后,撤去固定轨排垛的机具,再由机车推动整列车向前送到铺轨机的尾部。

2. 用二号车或专用列车倒运方式

这种方式必须在铺轨工地配备两台起重量 65t 以上的倒装龙门吊,再配有二号车或专用车。若倒装龙门吊能够让机车通过则可省去二号车。作业方式是:将两台龙门吊吊立在离铺轨机不远且较为平直的线路上,机车将轨排列车依次推送到龙门吊下,用龙门吊吊起整组轨排垛,倒装到装有滚筒的二号车或专用车上,再由二号车或机车推送到铺轨机的尾部。

(二)铺设轨排

1. 将轨排推进主机

用铺轨机自身的卷扬设备挂千斤绳推进轨排组。

2. 主机行走对位

铺轨机自行走到已铺轨排的前端适当位置,停下对位。需要支腿的铺轨机,在摆头以后立即放下支腿,按要求支承固定。

3. 吊运轨排

开动可以从铺轨机后端走行到前端的吊重小车,在主机内对好轨排的吊点位置,落下吊钩挂好轨排,然后吊高轨排至离下面轨排 0.2m 高度,开始前进到吊臂最前方。

吊重小车的结构和吊挂小车的设施,对于高臂铺轨机,可以是两辆吊重小车(相距 2~3m)共同吊住一根 13.8m 长扁担,扁担两端各设挂钩可以挂住轨排送到前方;或不设纵向扁担,由两辆小车直接吊住轨排前后两个吊点(相距 13.8m)送到前方铺设。对于低臂铺轨机,采用一龙门式的、长 2.5m 左右的吊重台车,台车前后两端各吊住铁扁担中部(相距 2.0m 左右),在两条低臂式铺轨机的轨道上运行到吊臂前端。也可以用两台龙门吊架直接吊住轨排(相距 13.8m),在长达 26m 以上的框架式吊臂上行走,框架前端用轮胎式台车托住,构成简支式长大框架,轨排在框架内落放到地面上。

4. 落铺轨排

吊重小车吊轨排走行到位时应立即停止,并开始下落轨排至离地面约 0.3m 时稍稍停住,然后缓缓落下后端,与已铺轨排的前端对位上鱼尾板。对位时间一般占铺一节轨排总时间的一半以上,成为铺轨速度快慢的关键。

在后端对位上鱼尾板后,可通过摆头设施使前端对立线路中线,并立即落到路基上。轨排落实以前,为使轨排保持所需的形状,一般需人工(或用拨道器)左右拨正。

5. 小车回位

铺好一节轨排后立即摘去挂钩,将扁担升到机内轨排之上,吊轨小车退回主机,准备再次起吊。有支腿的铺轨机应立即升起支腿,主机再次前进对位,并重复以上工序。待一组轨排全部铺设完了，立即翻倒拖船轨。拖入下一组，再按以上工序进行铺设。当一列轨排列车铺完后，利用拖拉方法，将拖船轨返回空平板车上，由机车将空车拉回前方站，并将前方站另一列轨排列车运往工地。

6.补足夹板螺栓

为了提高铺轨的速度，铺设轨排时仅安装两个螺栓，在铺轨机的后面还要组织人员将未安装的夹板螺栓补足、拧紧。

二 龙门架铺设轨排

铺轨龙门架是铁路铺轨半机械化施工机具之一，它主要用于铺设钢筋混凝土轨排、在旧线拆换轨排以及轨排基地装卸工作等。

铺轨龙门架的特点是，机身不在自己铺设的轨道上行走，而在预先铺设于线路两侧的轨道上吊重和走行。它的缺点是体力劳动较强，占用人员较多，要求地面较宽，现在管理局的一些施工单位仍在使用。

铺轨龙门架由2～4个带有走行轮的框架式龙门架组成，每个龙门架的吊重有4t和10t两种，其中有带运行机械和不带运行机械的两种形式，相互间用连接杆连接行动。龙门架的起重和运行依靠自带的发电机供电，发电机和拖拉用的卷扬机同放在一辆普通平板车上，挂在铺轨列车的后端，用电缆送电。铺25m混凝土轨排时一般用4台起重量4t的龙门架或2台起重量为10t的龙门架；铺25m混凝土轨枕板轨排用3台起重量为10t的龙门架；铺长轨排可根据轨排重量和龙门架的起重量适当配置多台龙门架一同使用。

铺轨时，应先铺设龙门架的走行轨道。目前铺设的方法主要是人力铺设和拖拉机拖框架式龙门轨；然后将龙门架下到走行轨道上，并用滚筒车或托架车将轨排组运送到最前端，开动龙门架即可吊运轨排；把轨排运到铺设地点，降落轨排铺设在路基上。重复上述步骤，即可继续，如图8-22所示。

三 轨排铺设的注意事项

(1)铺轨前预先铺设的碴带，左右高差不得大于3cm，碴带要按照线路中心桩铺设，不得偏斜。

(2)铺轨时，如果路基比较松软，在新铺轨排的前端，在落位之前，碴带应稍加垫高，以防铺轨机前端下沉，造成连接小夹板的困难。如果路基特别松软，前支腿垫木应加长加宽，增加承压面积，提高承压力。

(3)拖拉指挥人员与驾驶调车指挥人员要密切配合，并明确拖拉速度，时时注意平板车上的作业情况，发现异常情况及时停车。机车推送前进时，速度以小于5km/h为宜，在最后5～6m时，速度应控制在3km/h，并派有经验者放风，以防止意外。

(4)铺轨机及滚筒平车上的滚筒，应有专人负责维护注油，以减少拖拉时的摩擦阻力。

(5)在低于最佳铺轨轨温下限或高于最高允许铺轨轨温时不得安排铺轨；否则，在轨温恢复至最佳铺轨轨温范围$\left(T_{\max}-\dfrac{a_g+2C}{0.0118L}\leqslant t\leqslant T_{\max}-\dfrac{a_g+2C}{0.0118L}\right)$后，必须重新调整轨缝。在最佳铺轨轨温范围内铺轨时，预留轨缝值按下式计算确定：

$$a_0 = 0.0118(T_{max} - t)L - C \tag{8-2}$$

式中：T_{max}——钢轨可能达到的最高温度，℃，其值采用当地历史最高气温加 20℃；长度大于 300m 的隧道内，最高气温可采用当地历史最高气温；

C——钢轨接头阻力和道床纵向阻力限制钢轨自由胀缩的数值，mm；钢轨长度≤15m 及长度≥15m 的 C 值分别为 2mm 和 4mm，但历史最高最低轨温差大于 85℃地区，铺设钢轨长度大于 20m 的轨道，C 值应采用 6mm。

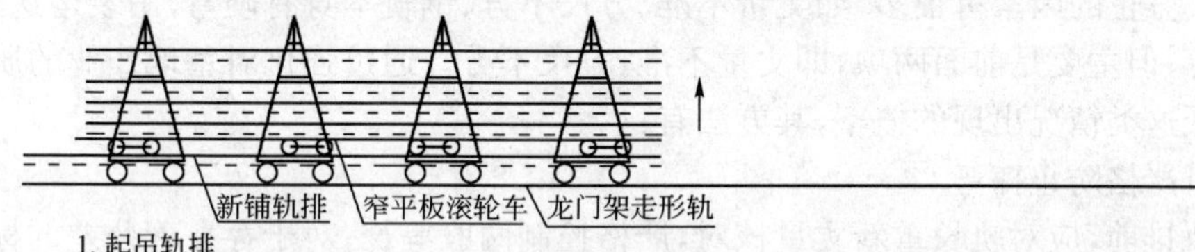

1. 起吊轨排

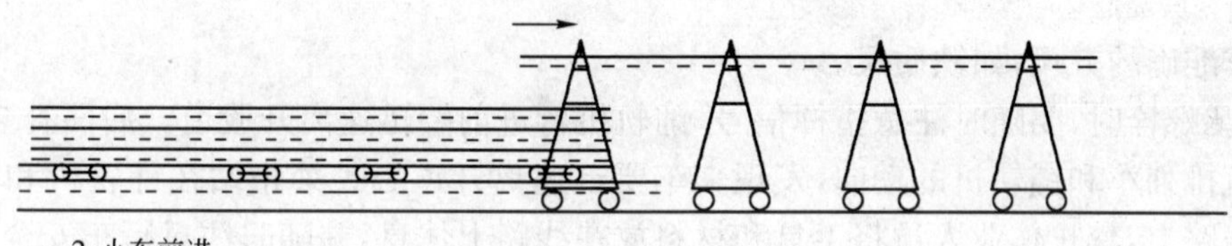
2. 小车前进

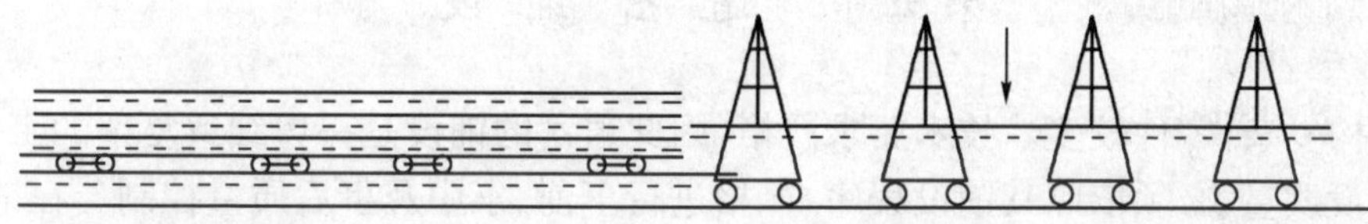
3. 下落轨排

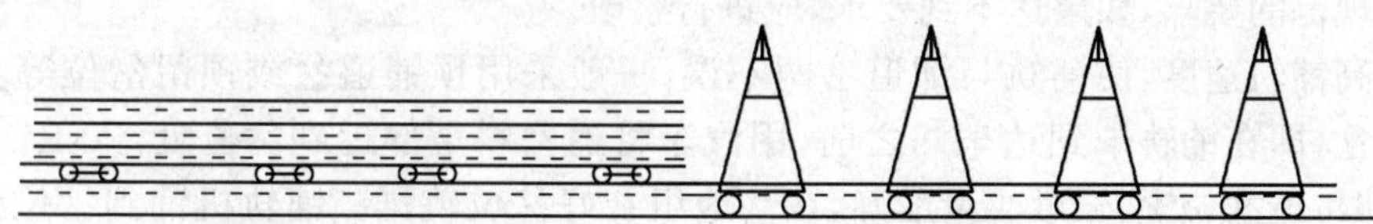
4. 轨排就位并拨正，拨顺

图 8-22　龙门架铺轨机作业程序（龙门架在预铺轨道上的走行）

实际预留轨缝，应根据铺轨时轨排对中的偏移程度和平顺状态，按上式的计算值略予加大，加大值不宜大于 2mm。钢轨绝缘接头在最高轨温时轨缝不得小于 6mm。

新铺的轨道，其预留的轨缝尺寸应当日检查，并将检查结果的总偏差量在继续铺轨时加以调整消除。

(6)轨排起吊和走行时要平稳，下落时不要左右倾斜，铺设时要注意中线及轨缝的控制。铺轨时轨道中线允许偏差为：普通轨枕 50mm，宽枕 10mm。当轨温未达到 $t \pm \frac{C}{0.0118L}$ 时，应按预留轨缝公式计算的 a_0 值为准；实际轨缝的平均值，为计算轨缝值±2mm；轨温小于当地历史最高轨温时，不得有连续 3 个及以上的瞎缝；不得出现最大构造轨缝（计算值等于最大构造轨缝时除外)。

钢筋混凝土轨枕的线路拨道比较困难,在铺设时严格掌握对中,一次铺好,可以大大提高工作效率。

(7)轨排铺设完毕后,常常会出现因轨头不够方正而影响轨缝和对中的现象。有时,轨缝对齐后,中线又会出现偏差,造成下一节轨排无法铺设。因此,为了确保轨排铺设的质量,除了在铺设过程中加强质量监控外,还必须从一开始就保证轨头的方正。

影响轨头方正的因素有很多,如丈量不准、方尺不方、钢轨本身有硬弯、吊装运送轨排时两股钢轨错动等,但主要是前面两项,即丈量不准、方尺不方。通过强化对基地作业的质量管理,可以大大降低这类情况出现的概率,其方法有:

①卸轨时严格防止摔弯。

②拼装轨排前,应对轨长重新丈量核对,严格控制两股等长;对于存在着公差的标准轨,在选配时,可允许长度差不超过 3mm,但在拼装下一轨排时,须将前一轨排的两股钢轨的长度差数补齐。

③制作准确的方尺,如铁质尺。

(8)安装螺栓时,要随时注意指挥信号,铺轨机行进前要迅速离开股道。后面补装螺栓,要随时注意轨排列车和铺轨机的动向,发现来车要迅速离开道心。禁止站在铺轨机和车辆底下作业。在线路上,禁止作业人员将工具和材料放在线路上休息,并随时注意行车安全。

第五节　道 岔 铺 设

道岔结构复杂,零件较多。技术要求严格,因此道岔的铺设是一项细致复杂的工作。要保证道岔的铺设质量,必须依照其铺设程序,严格进行事前、事中及事后质量控制。在铺设前,应详细审核图纸,全面掌握技术要求,详细检查轨料及其零件。在铺设时,要严格遵循铺设程序,严格各个部件的尺寸,对铺设质量时刻进行监控。在铺设后,要认真检查铺设质量,确定其是否能够满足规范的要求,如果达不到要求,应进行整改。

为了提高铺轨速度,使铺轨与铺道岔两不误,一般采用预铺道岔或预留岔位等方法铺道岔。预铺道岔,即在铺轨未到达车站之前,用汽车将道岔料全部运到岔位处,人工铺设道岔。预留岔位,即将道岔位置、长度丈量准确,在基地组装好岔位轨排。铺轨机铺到岔位处时将岔位轨排设在岔位处,使铺轨机继续向前铺轨。待铺轨机过去之后不影响铺轨作业时,将岔位轨排拆除,再铺设道岔。

按照铺设方法,道岔铺设可分为人工铺设和机械铺设两种方法,目前我国采用人工铺设还比较多。

一 人工铺设道岔

铺道岔是按照一定的铺设程序和铺设要求进行的,现以普通单开道岔的铺设方法和步骤为例,详述如下。

(一)准备工作

为了顺利铺设道岔,下列各项准备工作,都必须事先认真做好。

1. 熟悉图纸

道岔的设计标准图，包括道岔布置图和道岔各组成部分的构造图，是铺设道岔最主要的依据。铺岔前，应认真学习。

2. 整理料具

道岔钢轨、道岔前后的短轨、配件、岔枕等，运到施工现场后，要详细清点、检查、整理，并丈量各部尺寸，编号、分类堆放好。若有尺寸、类型不符或缺损者，应立即更换补齐。

3. 测量

即测设道岔位置桩，根据车站平面图，定出道岔中心桩；按道岔图测量基本股道起点的位置；并量取从道岔中心到尖轨尖端的长度，定出岔头位置桩；再测量辙叉根的位置，定出岔尾桩，如图 8-23 所示。一般情况下，岔头与岔尾不会正好在钢轨接缝位置，故需要在道岔前后插入短轨加以调整。

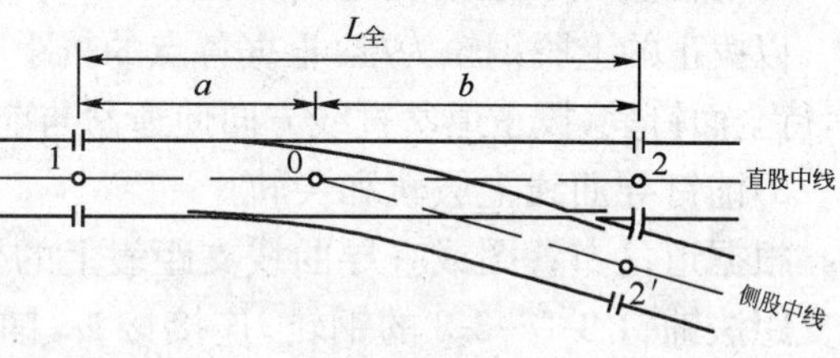

图 8-23 道岔位置桩

0-岔中心桩；1-岔头桩；2-岔尾桩(直股)；2′-岔尾桩(侧股)

(二)铺设方法

1. 铺岔枕

先把道岔前后线路仔细拨正，拆除岔位处的原有轨道，把岔枕间隔固定在岔位靠基本股道的一侧，按间隔绳散布岔枕，并使全部岔枕在基本股道的一侧取齐。图 8-24 为岔枕铺设方向示意。

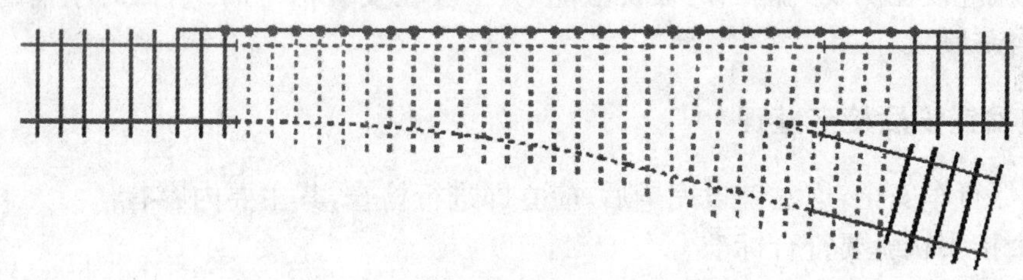

图 8-24 岔枕铺设方向示意

2. 散布垫板及配件

垫板与各类配件必须严格按设计散布与安放，不允许随便互换，特别是辙后垫板与辙叉的护轨下垫板不得弄错。

3. 岔枕钻眼

由于道岔垫板的形式、尺寸及位置不一样。岔枕道钉孔位置必须逐一量画，并打出道钉孔位置印。直股上使用普通垫板的岔枕，可用线路上道钉孔样板打印；使用其他垫板的岔枕，要根据轨距、轨头宽、轨底宽及垫板长度计算出岔枕端头的尺寸，画出垫板边线，摆上垫板，按每块垫板上的道钉孔眼，打好道钉孔印；曲线部分的道钉孔眼，要在直股钉好以后，根据支距及轨距画出垫板边线，按垫板上的钉孔打印。

4. 铺设道岔钢轨

道岔钢轨的铺设顺序，通常都是先直股后弯股，先外股后里股，共分 4 步钉完，如图

8-25 所示。

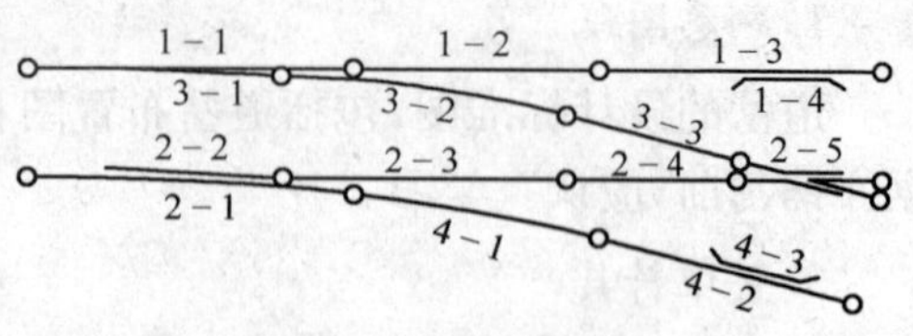

图 8-25 道岔钢轨铺设顺序

1)铺钉直线上股钢轨和护轮轨

按编号顺序铺设直股基本轨和护轨1-1～1-4，并使得 1-1 的前端与岔头桩对齐。连接钢轨接头，并按直股轨距要求，铺设钢轨 2-1～2-4 和辙叉 2-5。

2)铺钉直线下股钢轨、尖轨及辙叉

以拨正的上股钢轨为准，根据各点的轨距要求，摆正垫板，钻好道钉孔，每块垫板先钉两个道钉，待全面钉完，拨正道岔直线方向使道岔与前后轨道方向顺直，经检查后再补钉其余的道钉。

3)铺钉导曲线上股轨和尖轨

根据道岔布置图或查导曲线支距表上的导曲线支距，从轨根部接缝上即导曲线起点开始，按支距法铺钉 3-1～3-3 的钢轨，连接接头，铺好垫板后即可钉道钉。先钉支距点枕木上的道钉，用撬棍拨移钢轨，然后钉道钉。打钉时，应先钉外口后再钉里口，以确保支距的正确。

4)铺钉导曲线下股钢轨和护轮轨

以导曲线上股为准，按规定的轨距及递减距离(前三后四)铺钉 4-1～4-3 钢轨，连接钢轨接头，铺垫板，拨正钢轨，然后钉道钉。

5. 安装连接杆

安装连接杆，尖轨摆动必须灵活，尖轨尖端与基本轨必须密贴，且摆度必须合乎规定(152mm)。

6. 安装转辙机械

转辙机械应设在侧线一侧的两根长岔枕上，一般在安装信号时进行，对刚铺的道岔，可采取临时措施扳动。

(三)道岔铺设后检查整理

为了确保行车安全，道岔铺设完毕后，应立即进行检查，其主要内容有：

(1)各个接头轨缝要符合标准。

(2)基本轨正确顺直，导曲线圆顺。如不圆顺，原因一般有以下 3 方面：支距尺寸不准，支距起、终点位置不对，未按支距铺钉。找出原因后，正确进行处理。

(3)轨距容许误差：尖轨尖端为±1mm，其他各处为$^{+3}_{-2}$mm。

(4)转辙机械是否灵活、牢固，尖轨与基本轨是否密贴，检查两个岔枕间隔尺寸是否符合规定的要求。

(5)配件是否齐全，所有螺栓是否都拧紧，垫板位置是否正确；有无错置、倒放以及轨底未落槽等现象。

(6)道钉与钢轨是否密贴，岔枕是否方正。

检查必须认真，仔细；发现不符合要求者，应立即加以改正。

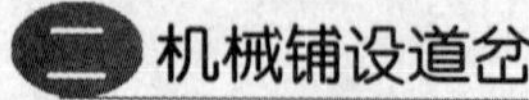

二 机械铺设道岔

为进一步提高道岔铺设的效率和质量，或者由于地区条件和劳动力等限制，可采用机械化铺设的方法进行。

机械铺设道岔就是把需要铺设的道岔，在轨排组装基地预先钉好，再根据 3 大部分拆开(即转辙器、连接部分及辙叉和护轨)，分成 3 个块，装卸分块按道岔铺设的顺序装在轨排车上运到施工现场，然后利用起重设备或铺轨机机械铺设。对号数更大的道岔，由于基本轨和导轨增长和重量增大，必须另行研究组拼办法。

(一)道岔组装工作台布置

道岔组装工作台应尽量设在轨排组装作业线附近，以便利用机具设备。工作台的地面要夯实整平，并埋设道岔交点桩，或在地面上做成道岔组装模型。

工作台的台位数量根据基地轨排组装能力而定。基地每昼夜轨排组装能力小于 4km 时，设 2 个工作台；大于 4km 时，设 4 个工作台。每个台位应分别按道岔型号标出道岔交点和各类岔枕的分界处和间隔。其布置如图 8-26 所示。

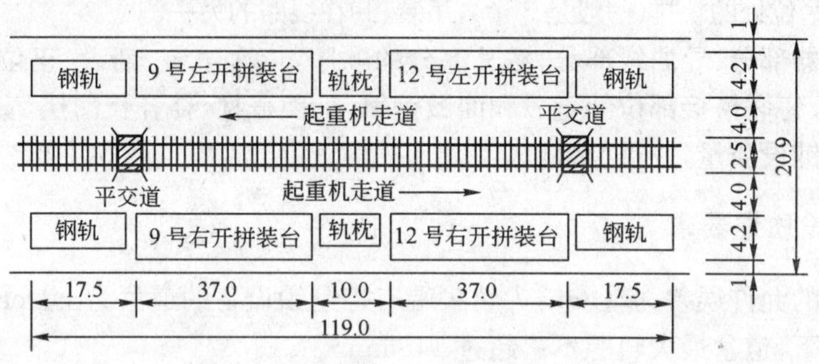

图 8-26　道岔拼装工作台(尺寸单位：m)

(二)道岔的组装

道岔成品的组装在铺轨基地内进行。一般分为转辙器、导曲线、辙叉和护轨 3 部分进行。每部分的搭接部位暂不钉联，以利于吊装、运输和铺设，其组装方式如图 8-27 所示。

其组装工序为：

(1)根据组装计划，确定道岔号数、左开及右开；

(2)按照岔枕的分界桩和间距桩散布岔枕，用模板打出道钉孔位置，并钻眼；

(3)散布垫板、轨撑和钢轨等部件；

(4)散布道钉、螺栓，并插入部分道钉和螺栓；

(5)按先直股后曲股的次序打入道钉，搭接部位道钉暂不钉联；

(6)将搭接部位未钉联的配件清点装包；

(7)检查道岔成品、木枕规格、配件数量及组装质量是否符合规定，对不合格者加以整修合格后，则在辙叉上标明站名、编号及道岔类型。

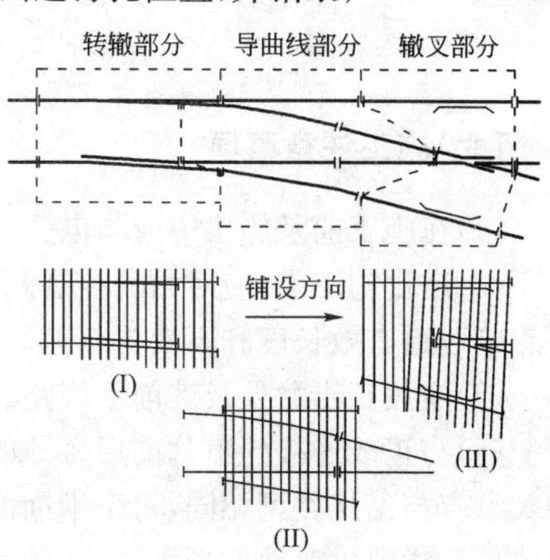

图 8-27　道岔拼装示意图

(三)道岔的装运

道岔轨排的装运通常采用立装。立装是在平板车上安装 2～3 个用角钢、槽钢或旧钢轨弯制的装车架，组成专用的支架车，如图 8-28 所示。道岔可斜靠在装车架的两侧，每侧三层，每车可装道岔 2 付。

道岔轨排一般采用 8～10t 履带吊车吊装，吊装顺序为先装辙叉部分、次装导曲线部分、最后装转辙器部分。轨面一律朝内侧，以利吊装、铺设。由于道岔轨排不对称，重心不在中间，起吊时要注意挂钩位置，保持轨排平衡。

道岔装车后，应使用特制松紧螺栓拉杆进行固定，以免在运输过程中串动。

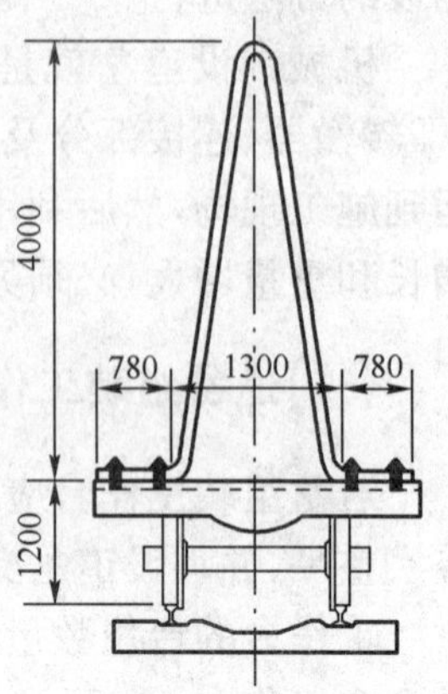

图 8-28　立装支架车(尺寸单位:mm)

(四)道岔的铺设

道岔的铺设一般采用吊车铺设，其作业顺序为：

(1)列车在预留岔位处停车，逐一将道岔成品卸于正线的一侧。

(2)拆除预留岔位处的轨排(一般是 3 个)，吊装、卸在线路的另一侧。

(3)按照转辙器部分、导曲线部分、辙叉部分的顺序，依次吊装、铺设、正位。每吊装、铺设一节，即连接夹板、钉联搭接部位的直股和曲股钢轨，抽换普枕、补齐长岔枕，安装临时转辙器。

(4)检查道岔铺设质量，并进行整修。

(五)道岔铺设质量要求

(1)道岔轨距的允许误差为$^{+3}_{-2}$mm，尖轨尖端有控制锁设备的道岔为±1mm。

(2)任何情况下，道岔最大轨距不得超过 1456mm。

(3)道岔各部分尺寸允许误差见图 8-29。

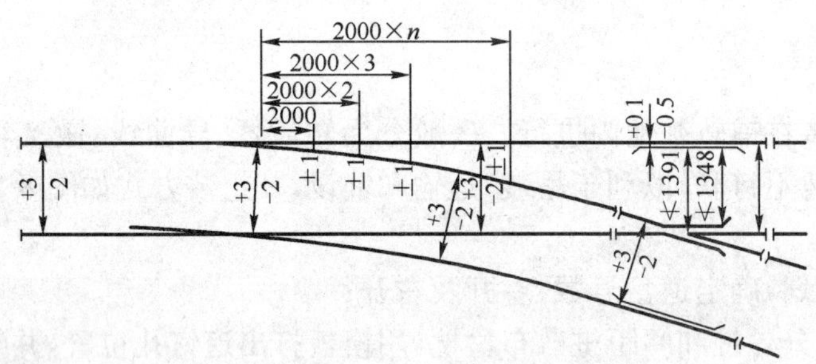

图 8-29　道岔各部尺寸允许误差(尺寸单位:mm)

(六)施工注意事项

(1)在施工前及施工中应与电务、运输部门密切联系，积极配合，确保行车安全。

(2)道岔施工前，应对站场控制测量进行复测，按设计铺设。困难条件下经统筹研究，可在不影响股道有效长度和不变更其他运营设备条件下，将道岔位置前后移动不得大于 0.5m。

(3)应拨正出岔处及其前后线路的方向，并确定直线轨道中心位置。

(4)与正线连接的道岔前后各 50 根、与站线连接的道岔前后各 15 根(含岔后长岔枕)轨枕的类型应与岔枕类型相同，每千米铺设根数及扣件应与连接线路标准一致。铺设无缝道岔时，直股前后线路过渡枕的型号、根数及间距，应符合铺设图的规定。

(5)需铺道岔的前后线路，如轨缝有大缝时，应先调整和加强防爬锁定，防止拆开线路铺设道岔钢轨时，发生拨不进或连不上的情况。

(6)顶换部分岔枕，根据已画好的岔枕间隔印，每隔6根枕木将原枕木换成岔枕，交错进行，并注意必须将每根岔枕下面的道床捣固密实。

(7)当道岔轨型与连接线路轨型不一致时，道岔前后应各铺一节长度不小于6.25m与道岔同型的钢轨；困难条件下，长度可减少到4.5m。前后两道岔间距小于9m，且道岔轨型不一致时，应用异型轨连接。

(8)再用道岔前后，应铺设与道岔磨耗程度相近的钢轨；否则，在接头1m范围内打磨接头处轨面高程差及轨距线错牙。更换新道岔时应同时更换前后引轨。

(9)道岔各类螺栓丝扣均应涂有效期不少于2年的油脂。

(10)全部基本作业应在线路封锁期间内完成。如遇故障，也应保证直线线路开通，未完成部分在不封锁线路的条件下，利用列车间隙铺钉侧线，作业应遵循先直股后曲股的原则。

第六节 铺 碴 整 道

线路的轨排铺设完成后，即可通行工程列车。这既包括铺轨列车，也包括铺碴列车，同一线路上通行两种列车，在施工过程中相互间的干扰特别大，影响工作效率。但是，如果不先铺轨，大量的道碴无法利用铺碴列车运到施工地点；如果铺轨后不迅速进行铺碴整道，也就无法提高线路质量，提高行车速度，保证行车安全。因此，在新建铁路进行铺轨后，应相应地抓紧铺碴整道工作。

所谓铺碴整道就是将道碴垫入轨枕下铺成设计要求的道床断面，并使轨道各部分符合《新建铁路铺轨工程竣工验收技术标准》的要求，主要包括采碴、运碴、卸碴、上碴、起道、整道等作业。铺碴整道的工作量大，作业内容多，要求的标准高，而且多在有工程列车运行的情况下进行，干扰较大，因此必须严格按照铺碴整道的有关规定组织施工。

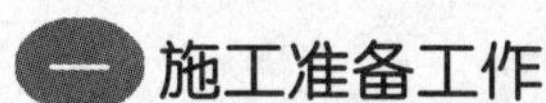

(一)与线上工程有关的施工准备工作

1.测设起拨道控制桩

起拨道控制桩，是控制轨道中线和水平高程的依据。为使整道工作便于进行，通常把起道和拨道标记设置在同一桩位上。

起拨道桩的设置：直线地段每50m设置一个，圆曲线段每20m设置一个，缓和曲线段每10m设置一个。此外，圆曲线和缓和曲线的起讫点，线路纵断面的变坡点等，也应设置控制标桩。

起拨道桩的位置：直线地段应钉在线路前进方向左侧的道床坡脚处；曲线地段设在曲线内侧的道床坡脚处。桩距轨道中心一般控制在2.3m左右。桩的顶面应与设计轨顶等高，并标出道床顶面高度以便控制起道作业。

2.汇总技术资料

根据设计文件及测量所得数据，把各控制桩的里程与名称、线路、纵坡、曲线要素、起道高

第八章 轨道铺设

度、超高量、制动地段、曲线正矢及其他轨道标准等计算汇总成表，并按规定将整道的有关数据用铅油标在钢轨轨腰上，以便整道时使用。

3. 整平路基面

铺碴整道前应进行一次路基面检查，如有损坏（如冲毁、坑穴等）或路基顶面有轨枕压成的陷槽时，应用与路基同类土壤修补夯实，使路基面保持规定的横向坡度，以利排水，严禁用道碴填塞陷槽，以免积水，形成病害。

（二）道碴的采备、装卸和运输

道碴生产是铺碴整道的一个重要环节，它涉及到确定道碴来源、碴场分布以及片石的开采、道碴加工、装车、运输等问题，必须统筹考虑，合理安排，做到经济合理，质量符合要求。

1. 用碴量计算

铺碴整道所需的道碴数量，可根据道床横断面计算，再加运输、卸碴、上碴时的损失和捣固后道床挤紧及沉落等原因，其增加率一般为：碎石道碴 11.5%，卵石道碴 11%，砂子道碴 14%。

2. 碴场选择原则

新建铁路道碴来源有三种：一是利用邻近新线的营业线既有碴场；二是沿线零星采集；三是建立永久碴场或临时碴场。前两种碴源，在条件允许、经济上适宜时，必须优先选用，但常常不是新线道碴的主要来源。新建铁路所需道碴主要依靠自建永久碴场或临时碴场，其选择原则主要有：

(1)碴场的选择应考虑开采费用、施工难易程度以及运输的远近等。有条件时还应考虑配合生产片石等材料，以综合利用资源。

(2)建场前必须采集样品，试验其质量是否合乎道碴技术条件的要求。

(3)建场前必须进行钻探或挖探，计算其储量是否满足产量的要求。

(4)应考虑防洪、排水、冬季施工以及有适当弃土场地等因素。

3. 道碴的采备

道碴采备可用人工或机械钻眼，爆破法开采片石，并用机械化或半自动机械化方法加工，其工作流程如图 8-30 所示。

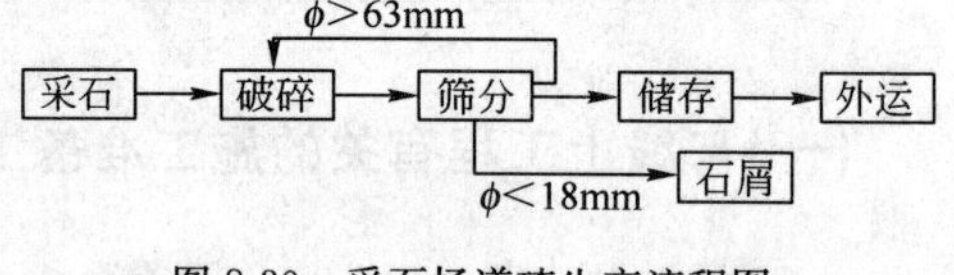

图 8-30 采石场道碴生产流程图

4. 道碴装车与运输

道碴装车根据设备情况，可因地制宜地选用高站台、棚架溜槽、活门漏斗和机械装车等方法。

运碴宜采用风动卸碴车。图 8-31 为 K13 型风动卸碴车，由走行部分、钢结构车体、漏斗装置、启门传动装置以及工作室等组成。若没有风动卸碴车，宜用敞车或改装的平车运碴。在碴场离线路较近的情况下，可用汽车甚至畜力车运碴。

5. 卸碴

卸碴一般有风动卸碴车卸碴和人工卸碴（平板车）两种。

风动卸碴车车体下部的漏斗装置用以漏卸和散布道碴，它有 4 个外侧门和 2 个内侧门，通过启动传动装置，利用风压启闭不同的侧门，能使道碴按要求散布在轨道内外侧的不同部位。

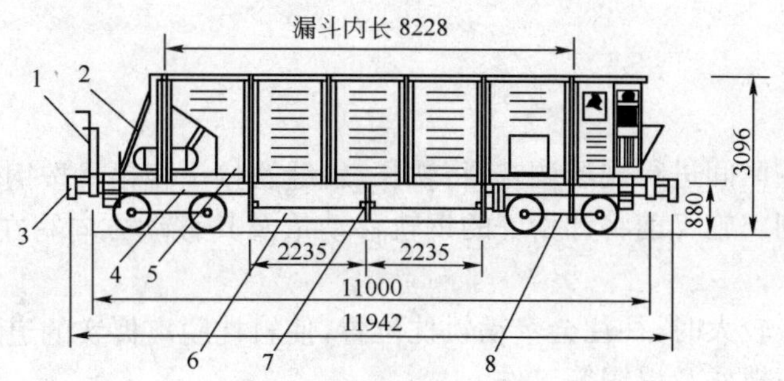

图 8-31　K13 型风动卸碴车(尺寸单位:mm)

1-风手制动装置;2-扶梯;3-车钩及缓冲装置;4-底座;5-侧墙;6-漏斗装置;7-启门传动装置;8-新转 8 型转向架

车内容碴量可达 $36m^3$,外侧门全开时,40～50s 就能卸空一车。

人工卸碴时,当运碴列车到达卸碴地段后,每辆车配备 3～4 人;将车门逐一打开,在列车徐徐前进中将碴卸于轨道两旁,车中部及两端的道碴用铁锹铲卸。

卸下的道碴在铺入轨道以前,可按图 8-32 所示堆在两轨道中间及路肩上。

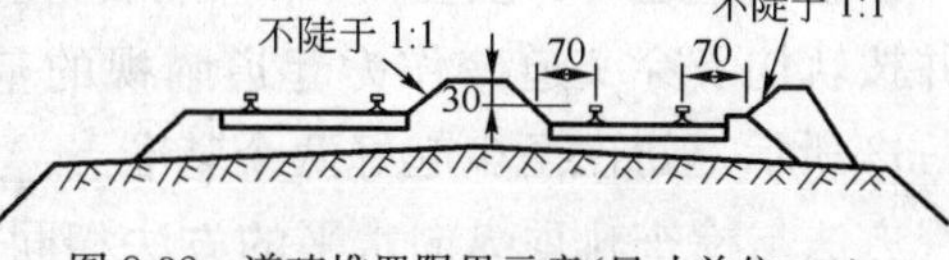

图 8-32　道碴堆置限界示意(尺寸单位:cm)

二 铺碴

按照在道床上的使用部位,道碴分为垫层和面碴两种。垫层一般是在铺轨前按设计的垫层厚度直接铺到路基面上的道碴。其作用:一是防止在铺轨时压断或损坏轨枕;二是防止铺轨后轨枕被压入路基面内,形成陷槽积水,造成路基病害;三是铺轨时能将轨排摆平,便于钢轨接头的连接,并可便于铺轨后线路纵断面的调整。垫层材料一般使用粗砂、中砂、卵石、砂石屑或煤碴。面碴是在铺轨以后用卸碴列车将道碴均匀散布在轨道两侧的路肩上,再由人工或机械回填到道床内。面碴的作用:一是将机车车辆的荷载均匀地传递到路基上;二是增强轨道的弹性和稳定性;三是便于排水,使轨枕经常处于干燥状态;四是便于整正轨道。

单层道床厚度不大于 25cm 时可一次散布,大于 25cm 时应分两次散布,并分层捣固,第二次布碴须待前一层道碴铺好并经过 5～10 对列车碾压后才能进行。列车散布道碴时的速度不得超过 5km/h,并按照需要量散布均匀。

目前铺碴作业大多采用不同程度的机械化施工,其机械化可分为单项机械作业和综合机械作业两大类。单项作业机械包括:QB-20 型液压起拨道机、XYZ-ZC 型捣固机、TYD-16 型自动捣固机等;综合作业机械是将几种作业联合在一台机械上进行的一种大(中)型轨行式机械,其特点是设备自重较大,功率大,工作效率高,常见的有:SSP103 型配碴整形机、SSP200 型配碴整形车、YT-C269 型电磁液压悬臂式铺碴机、VDM-800KS 型夯实机等。

三 上碴整道

上碴整道是将卸在线路两侧的道碴铺到轨道内,并将轨道逐步整修到设计规定的断面形状,达到稳定程度。这项工作应跟在铺轨后一至两个区间进行,并应尽量缩短,但不得影响铺轨作业。铺碴整道到规定的高程,经过列车走压不少于 50 次后,在交工前应按规定做一次全面的整道作业,使轨道的轨距水平、高低方向等都达到规定的技术标准。

(一)上碴整道

1. 整正轨缝

整正轨缝前应按区间进行现场调查，将轨长、轨缝及接头相错量按钢轨编号逐一列表计算作出全面的整正计划。施工前将计划好的钢轨移动量及其移动方向写在相应的钢轨上，使之符合要求。

轨缝整正工作量较大时，往往会牵动轨枕位置，使轨枕脱离捣实的道床。因此在轨缝整正后，应进行起道、方正轨枕及捣固等工作。

为保证轨缝整正作业中不间断行车，须配备各种长度腰部有长孔的短轨头，以便夹板连接。

2. 起道

新线起道时，先选择一个标准股，在预先用水准仪测设好的水平桩外，按要求的高度起好，并按轨枕下穿实道碴作为起道瞄视的基准点，如图8-33所示。每次至少起好两个基准点。人工起道瞄视方法与检查轨顶纵向水平的方法相同。当标准股连续起平30～40m后，使轨枕中线与轨腰的间隔印相一致并垂直线路中心线。

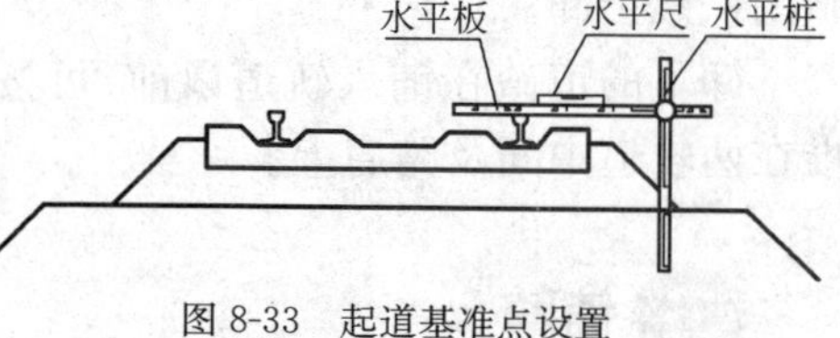

图8-33　起道基准点设置

起道后应将路肩处的道碴填入轨枕盒中，以便捣固。但应注意，在已起道与未起道的相接地段，应做成不大于5‰的顺坡，在末次起道时，为防止道床沉落和轨顶高程不足，可将起道高度适当提高3～5mm。

机械起道可用激光准直液压起拨道机，用激光准直仪控制轨顶高程。

道岔轨面高程应与连接的主要线一致，与另一线的轨面高差，应自道岔后普通轨枕起向站内顺坡。道岔咽喉区两相邻线路由于受路基面横向坡度和不同道床厚度的影响，会造成轨面不等高而需要顺坡，由于道岔全长范围内的轨面高度和坡度要求与主要连接线一致，因此顺坡只能从岔后普通枕开始。当顺坡落差不够时，可根据具体情况采取以下办法调整：

①调整道床厚度顺坡；

②顺接坡道可适当伸入线路有效长范围内，但伸入段的坡度不得超过规定的站坪限坡。

3. 捣固

线路起道后必须进行捣固。人工捣固使用捣固镐，机械捣固可用液压捣固机。捣固范围：混凝土枕应在钢轨外侧50cm和内侧45cm范围内均匀捣固；木枕在钢轨两侧各40cm范围内捣固道床，钢轨下应加强捣固。此外对钢轨接头处和曲线外股，应加强捣实上述规定范围内的道床。人工捣固时，一般2人或4人为一组，同时捣固一根轨枕；打镐顺序先由轨底中心向外，然后再由外向内。根据起道高度分别捣18～28镐，相邻镐位应略有重叠，落镐位置应离枕底边10～30mm，以免打伤轨枕，并能把轨枕底部道碴打成阶梯形的稳固基础。

人工捣固时应做到：举镐高度够、捣固力量够、八面镐够、捣固镐数够及捣固宽度够。

机械捣固时，捣固质量取决于捣固时间的长短。其落镐次序及各镐位的捣固时间可参照表8-4。

路基与桥梁、桥梁与隧道、无碴道床与有碴道床、新筑路基与既有线路基连接地段30m范围及路基换填地段应加强捣固。

机械捣固落镐次序及捣固时间表

表 8-4

镐窝顺序	1	2	3	4	5	6	7	8	镐窝位置示意图(mm)
捣固时间(s)	5	4	3	2	2	3	4	5	100 400 450 4 3 2 1 1 2 3 4 5 6 7 8 8 7 6 5

4. 拨道

新线拨道时，主要按经纬仪测设的中心桩进行，把钢轨及轨枕一起横移一定距离，使其符合线路中心线的位置要求。为了不妨碍铺碴整道工作，保护中线的准确位置，中线桩一般均自线路中心位置外移，与起道用的水平桩合并设置。人工拨道一般使用6～8个拨道器，均匀分布在两根钢轨的同侧，分布范围约3.5～4m，1人指挥，其他人用拨道器用力拨道。机械拨道则可用激光准直仪直接控制起拨道机拨道。

设计速度为120km/h以下的线路，人工铺碴整道至低于轨面设计高程50mm左右时，应用大型养路机械进行整道作业。随着养路机械的发展，我国新建铁路的铺碴整道作业正在逐步向大型机械化过渡。由动力稳定车、起拨道捣固车和配碴整形车构成的MDZ机组，能够高效率、高质量地进行道碴回填、起道、拨道、抄平、捣固、整形及稳定等综合整道作业。该机组进行整道作业，可以较大地提高线路质量，作业后线路的容许行车速度可以达到80km/h以上。目前，一个机组可由2台捣固车、1台动力稳定车、1台配碴整形车和一定数量的大型养路机械附属车辆组成，能够以1km/h的速度完成线路整道任务。

(二)施工注意事项

(1)轨道应逐步矫正。随着每次铺碴，都要做好相应的整道作业。

(2)不同种类轨枕的交接处应以道碴调整。当同种类轨枕铺设长度短于100m时，应将该段轨道抬高或降低到与两端轨道面齐平；大于100m时，应先将较低轨道的一个半轨排抬高，与邻近轨道面齐平，然后再以不大于2‰的坡度向较低方向顺接。

(3)在卸碴过程中，应尽量做到两边同时卸，以免造成偏重而影响行车安全。装、卸碴人员必须在列车停稳后才允许上、下车。

(4)行车人员必须服从领车人员的指挥，特别在边走边卸时。道口、道岔、无碴桥面和整体道床地段严禁卸碴，对安装信号设备的处所应更加注意，以免压坏设备。

(5)碴车到达卸碴地点开车门时，车上人员应站到安全位置，以免随碴溜下伤人。开车门应从前进方向的前部开始依次向后开，以免发生事故。

(6)机械上道前必须设置防护，在未显示防护信号前不准上道作业。瞭望条件较差的地段应在车站设联络员。

(7)运碴列车必须在规定时间内返回车站，以免影响其他列车的正常运行。

(8)新线铺轨完毕第一趟列车通过后，按规定扭矩复拧一次接头螺栓，3天内每天复拧一次，初冬和入夏时应进行复拧。各接头螺栓的拧紧度应相等。

复习思考题

8.1　机械铺轨的程序是什么？

8.2　轨排定联场如何选点？活动工作台的优点是什么？

8.3　现场铺轨前的准备工作及要求是什么？

8.4　铺轨机铺轨的快速作业要点及安全控制是什么？

8.5　钢轨接头的最大错开量在直线、曲线上各为多少？曲线缩短轨配置的原则是什么？

8.6　新线铺碴整道的作业程序是什么？如何进行？

8.7　轨道状态检查的内容及方法是什么？

8.8　单开道岔铺设的基本作业程序是什么？如何设置道岔标桩？

第九章　无缝线路施工

第一节　无缝线路工作原理

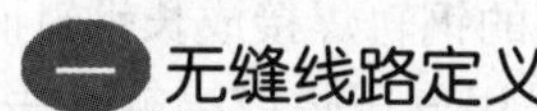

一　无缝线路定义

无缝线路是用标准长度的钢轨焊接而成的长钢轨线路，又称为焊接长钢轨线路。它是轨道结构现代化的标志，是 20 世纪轨道结构最突出的改进与创新。在运营中，无缝线路与普通线路相比，由于消除了大量钢轨接头，因而消除了接头冲击力，减少了线路病害养护维修工作量，节省了钢轨连接零件的材料，提高了轨道电路的可靠性和导电性，列车运行也更加平稳。特别在高速铁路上，其优点格外明显。

二　无缝线路基本理论

无缝线路基本理论是把长轨锁定(固定)，使其不能随温度升降而伸缩；钢轨由温度变化产生的温度力与轨温成正比，与轨长无关，但应小于或等于锁定轨道框架的阻力，才能使之在正常情况下保持良好状态。

无缝线路的铺设具有不同的结构形式，可分为温度应力式和放散温度应力式两大类。各地区温度变化幅度大小有差异，一般都采用温度应力式，只是在温差特大的地区和特殊设计的大桥上才采用放散应力式，目的在于减少和控制钢轨的温度应力及对桥梁的附加纵向力。

放散应力式无缝线路又分为自动放散应力式和定期放散应力式两种。自动放散应力式无缝线路，是在长钢轨的两端设有钢轨伸缩接头，采用特制的中间扣件，使钢轨随轨温变化而自由伸缩；定期放散应力式无缝线路，其结构形式则与温度应力式无缝线路相同，但是每年春秋两季要在设计的轨温下进行钢轨内部应力的放散，并更换缓冲区的钢轨。

铺设温度应力式无缝线路时，要按照设计轨温将长钢轨锁定，使钢轨因温度变化而产生的温度力不致影响轨道的强度和稳定。其铺设形式是在长钢轨的两端，连接 2～4 根标准长度的钢轨组成缓冲区，接头采用普通夹板高强度螺栓连接。长钢轨铺设后，当轨温发生变化时，除两端伸缩区约 100m 范围内有正常的伸缩外，其余为固定区，不因轨温变化而伸缩。

以 60kg/m 钢轨为例，当轨温变化 1℃时，无缝线路上的每股钢轨将承受 19.363kN 的温度拉力或压力，若轨温变化 40℃，则每股钢轨就会承受 774.52kN 的温度力。而且这样大的温度力，是不易被人们觉察到的。

因此，铺设无缝线路必须做到精心施工，避免使长钢轨承受额外的作用力，以保障运营和维修作业的安全。

第二节　无缝线路铺设前的准备

无缝线路的铺设，主要是在运营的线路上进行。为此，铺设之前必须做好各项准备工作。在准备工作中，要根据现场具体条件、施工季节、施工时的运输情况、远期规划、施工队伍劳力与机具设备条件等因素，做好各种预想，把可能发生的问题，尽可能地解决在封锁施工之前，确保优质、高效、安全、正点地完成铺设任务。

一　工厂焊接钢轨的准备

无缝线路是用各种焊接方法，将无孔、淬火或不淬火的标准长度的钢轨焊接成长钢轨而铺成的线路。由于工厂的场地及运送工具的限制，一般焊轨工厂是采用气压焊或接触焊法，将25m 轨焊成 200～500m 的长钢轨，然后利用运送长轨的专用列车运送到工地，再用铝热焊或其他工地焊接的方法，焊接成设计的长度。

(一)配轨设计及配轨挑选

钢轨的焊接，是按照配轨设计长度进行的。配轨设计是焊接钢轨准备工作的重要环节，它是无缝线路设计文件的主要组成部分。

1. 配轨设计的外业工作

在配轨设计前，必须细致地做好外业调查。调查的主要内容是：

(1)准确丈量既有线路两股钢轨的长度及通过地段内的桥梁墩台、道岔头尾、警冲标、信号机、绝缘接头、道口、变坡点、曲线始终点、隧道进出洞口等有关设备的里程。丈量时，要求丈量人员固定，前后拉链用力均匀，左右两股轨按先后次序逐链丈量，也可丈量一股钢轨，再按有关平面资料计算另一股钢轨的长度。

(2)既有线路设备技术状态。如道床断面尺寸及厚度、每公里轨枕配置数及失效根数、每公里大小胶垫损坏数和缺少数及其材质、每公里轨枕扣件类型及缺损数、既有钢轨及连接零件的技术状态与类型、路基技术状态、防爬设备等。

(3)桥梁的技术状态。如类型、孔数、跨长、高度，必要时还要调查墩台和基础情况等。

(4)道口铺面宽度、铺面类型和技术状态，自动报警设备等。

(5)绝缘接头的位置、类型及技术状态。

(6)制动地段的线路爬行情况及防爬设备状态。

(7)曲线钢轨使用情况，以及钢轨磨耗的历史资料。

(8)隧道内的轨温变化情况，及其线路技术状态。

(9)有无超建筑限界的处所。

(10)当地历史最高及最低气温。

(11)近期机车类型、行车速度及自动闭塞或调度集中等信号设备的改造规划。

(12)有无惯性钢轨擦伤地段、波及范围及擦伤情况。

2. 配轨设计的原则

各种技术计算确定后，即可进行配轨设计。配轨设计除应符合《铁路工务规则》有关规定外，尚需考虑以下具体条件：

(1)工厂焊接钢轨的标准设计长度。由于焊接时钢轨要消耗一定数量的顶锻量，使钢轨的长度有一些损失，因此工厂焊接钢轨的标准设计长度应为：

$$L_{标} = n \cdot l - (n-1) \cdot d \tag{9-1}$$

式中：$L_{标}$——工厂焊接钢轨的标准设计长度，m；

n——标准钢轨的根数；

l——标准钢轨的长度，m；

d——焊接工艺中规定的顶锻钢轨消耗量，m/根。

除此之外，焊接好的钢轨长度，应考虑不得超过工厂内长钢轨承轨台的长度。

(2)缓冲区长度。当缓冲区设有绝缘接头时，一般采用 4 根标准钢轨的长度，绝缘接头居中。若未设绝缘接头，可采用 2～4 根标准钢轨的长度，缓冲区若在曲线上，内侧钢轨应按规定配置标准缩短钢轨。缓冲区长度的计算应包括预留轨缝。绝缘接头轨缝的预留，应符合《铁路工务规则》的规定。在计算时，左右两股应分别计算，其长度为：

$$L_{缓} = n_{标} \cdot l_{标} + n_{曲} \cdot l_{曲} + 2 \cdot \lambda_1 + 2 \cdot \lambda_2 + \lambda_3 \tag{9-2}$$

式中：$L_{缓}$——缓冲区设计长度，m；

$n_{标}$——缓冲区配置标准钢轨根数，根；

$l_{标}$——缓冲区配置标准钢轨的长度，m/根；

$n_{曲}$——缓冲区配置曲线标准缩短钢轨的根数，根；

$l_{曲}$——缓冲区配置曲线标准缩短钢轨的长度，m/根；

λ_1——长钢轨与标准轨之间预留轨缝值，m；

λ_2——两标准钢轨之间预留轨缝值，m；

λ_3——绝缘接头预留轨缝值，m。

【例 9-1】 某缓冲区采用 4 根 25m 标准钢轨，右股为曲线内侧，根据平面资料计算的结果，应配置一根 24.96m 标准缩短轨；长钢轨与标准钢轨之间，设计预留轨缝为 6mm；两标准钢轨之间，设计预留轨缝为 8mm；绝缘接头设计预留轨缝为 10mm。求左右缓冲区设计长度。

解： $L_{缓左} = 4\times25 + 2\times0.006 + 2\times0.008 + 0.010 \approx 100.04\text{m}$

$L_{缓右} = 3\times25 + 24.96\times1 + 2\times0.006 + 2\times0.008 + 0.010 \approx 100\text{m}$

(3)每段无缝线路的长钢轨设计长度。每段无缝线路，通常是以自动闭塞信号的一个自动闭塞区间作为一段设计长度，故每段无缝线路的长钢轨设计长度应为：

$$L_{长} = L_{闭} - \frac{1}{2} \cdot L_{前缓} - \frac{1}{2} \cdot L_{后缓} \tag{9-3}$$

式中：$L_{长}$——每段无缝线路的长钢轨设计长度，m；

$L_{闭}$——自动闭塞信号的闭塞区间长度，或两信号绝缘接头之间的距离，m；

$L_{前缓}$——无缝线路前端缓冲区长度，m；

$L_{后缓}$——无缝线路后端缓冲区长度，m。

在设计时，尚应根据以下情况，酌情缩短其设计长度，但根据《铁路工务规则》的规定，最短不得少于 300m。

①铺设时封锁点与施工劳力不适应，而延长封锁时间又不可能时，应根据施工劳力的情况将长度缩短，以保证在规定的封锁时间内安全、正点、质量良好地完成铺设任务。

②对曲线上钢轨磨耗较快，或有惯性的钢轨擦伤地段，为便于将来更换损伤钢轨，解决好

钢轨使用周期不同的问题，可以分别作设计。

③闭塞区间内的隧道或应特殊设计的桥梁。

④闭塞区间内连续几个曲线，或曲线两端钢轨总缩短量较大，铺设有困难，会影响施工封锁时间，不能确保正点开通线路。

在每段无缝线路长钢轨配轨设计中，两根由工厂焊接的长钢轨之间，应预留工地铝热焊缝的尺寸，一般为 0.01m。

【例 9-2】 某段无缝线路，其自动闭塞信号的两绝缘接头间的距离为 1735.75m，设计前端缓冲区长度为 100.04m，后端缓冲区长度为 100.02m，求该段无缝线路长钢轨的设计长度。

解：

$$L_{长} = L_{闭} - \frac{1}{2} \cdot L_{前缓} - \frac{1}{2} \cdot L_{后缓}$$

$$= 1735.75 - \frac{1}{2} \times 100.04 - \frac{1}{2} \times 100.02 = 1635.72\text{m}$$

（注：此长度为顺线路中心的长度）

【例 9-3】 根据调查资料，[例 9-2]中的无缝线路地段内，有一段曲线磨耗较快，其长度为 459.62m，平均 5 年左右即需换轨。为了便于将来更换，设计时特将此段长钢轨分为两段，其中曲线钢轨磨耗严重的一段长钢轨为 472.54m，其前端缓冲区长为 100.04m，后端缓冲区长为 50.02m，采用两根 25m 标准钢轨，而第二段长钢轨的后端缓冲区长度为 100.04m，求第二段长钢轨顺线路中心的长度。

解：第一段无缝线路长度为

$$472.54 + \frac{1}{2} \times 100.04 + \frac{1}{2} \times 50.02 = 547.57\text{m}$$

第二段无缝线路长度为

$$1735.75 - 547.57 = 1188.18\text{m}$$

第二段长钢轨顺线路中心的设计长度为

$$L_{长} = 1188.18 - \frac{1}{2} \times 100.04 - \frac{1}{2} \times 50.02 = 1113.15\text{m}$$

(4)为了解决丈量中的误差和由于工地焊接质量不良而切除重焊所造成的长度损失，以及因选定锁定轨温与焊轨时轨温不同而造成的长度差值等，最后须对工厂非标准长度的焊接轨增加一段长度，以弥补由于上述原因所造成的钢轨的长度不足。根据经验，这段增加的长度一般为无缝线路长钢轨设计长度的 0.3‰～0.6‰。因此非标准长度的焊接轨增长后的设计长度应为：

$$L' = L_{长} - \sum L + K \cdot L_{长} \tag{9-4}$$

式中：L'——工厂焊接的非标准长度的焊接轨，加长后的设计长度，m；

$L_{长}$——此段无缝线路中长钢轨的设计长度，m；

$\sum L$——整根长轨中标准长度的焊接轨、曲线缩短焊接长度的长钢轨，及各非标准长度的焊接钢轨（包括铝热焊预留轨缝在内）的总长度，m；

K——非标准长度的焊接轨的增长率，一般为 0.3‰～0.6‰。

【例 9-4】 某段无缝线路，左股长钢轨设计长度为 1742.63m，按配轨设计，其中配置 3 根标准焊接长度的焊接轨，2 根 249.47m 曲线缩短的焊接轨，1 根 249.60m 曲线缩短焊接轨，求增长后工厂非标准长度的焊接轨的设计长度。

解：$L' = 1742.63 - 3 \times (249.73 + 0.01) - 2 \times (249.47 + 0.01) - (249.60 + 0.01) + 0.6‰ \times 1742.63$

$= 1742.63 - 749.22 - 498.96 - 249.61 + 1.05 = 245.89\text{m}$

为了尽可能减少钢轨的损耗，应加强钢轨的丈量工作，并考虑温差影响的因素，提高铝热焊接技术，使增长率减小到0.3‰左右为好。

(5)在外业调查时，原有线路虽然没有自动闭塞信号设备，但近期有规划改造原有的信号设备，在此情况下，应事先联系电务部门给出预计的自动闭塞绝缘接头的位置，在配轨设计中做出预留。若电务部门尚未做初步设计，提供不了上述资料，则配轨设计不必考虑预留问题。

3. 配轨设计图

配轨设计图目前尚无统一的图式，在设计时，可按需要自定制图的内容及图式。一般的图式可参考图9-1。

图9-1共分3个部分：下部为线路的平面状况，标明里程、长短链、车站平面示意、道口及桥隧的位置与概况、曲线位置及要素等；中部为坡度示意，必要时可增加线路设备概况；上部为配轨设计示意，标有信号绝缘里程、车站端部及缓冲区的长度(若位于曲线位置，应将两股长度分别注明)、该段长钢轨的顺序号、两股长钢轨的设计长度。焊接长钢轨的标准设计长度不在图上注明，可在技术说明中加以注明。工厂非标准长度的焊接长轨的增长值不在此图上注明，只需在技术说明书中注明其增长率，由工厂自行掌握。

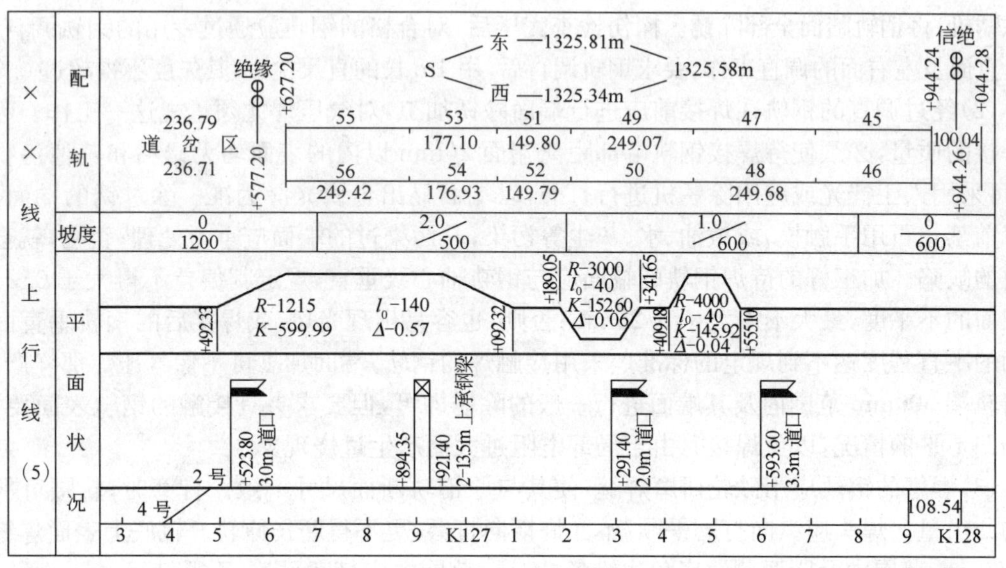

图9-1　配轨设计图

4. 钢轨的挑选

焊接用钢轨需经严格的挑选，必须符合以下条件：

(1)钢轨长度及是否一头带孔，必须符合进轨计划表的要求。丈量无误后，在轨面上写明实量长度，编好进轨顺号，标明左股或右股。

(2)焊接的钢轨必须是同一级别，严禁混配。

(3)两根钢轨焊接端的轨头宽度差不得大于1mm；高度差不得大于1.5mm。

(4)焊接用于正线的钢轨，其长度不得短于 9m，但为了满足设计长度的要求，可加焊一根不短于 6m 的钢轨。

(5)锈蚀的钢轨其表面腐蚀麻坑深度不得超过 1mm。

(6)钢轨在水平与垂直面上不得有硬弯，在 1m 长度内不得有超过 0.5mm 的局部凹陷。

(7)钢轨表面及内部不得有裂纹、重皮、夹渣、缩孔及严重偏析等缺陷。

(8)钢轨踏面不得有超过 1mm 的单独线纹、轧痕和结疤。对表面压痕和碰伤，其深度不得超过 1mm，在轨底中央 1/3 处，深度不得超过 0.5mm。

(9)轨底面不得凹入，底中央较两边凸出不得超过 0.5mm。

(二)工厂焊接钢轨

目前，我国在焊接工厂采用的焊接方法，主要有气压焊及接触焊两种。两种焊接的原理都是将钢轨的焊接端加热到呈塑性状态时，加以一定的压力，使两者顶锻成一体，所不同之处在于加热方式。气压焊是用氧—乙炔气体燃烧的火焰加热钢轨端部到塑性状态时，在预施的压力下使两者顶锻成一体；而接触焊是对钢轨通以强大的电流，利用对接钢轨之间具有很高的电阻产生的电阻热，把钢轨端部加热到塑性状态。由于焊接方法不同，所以焊接前的准备工作及焊接后的整修工作也略有不同。为确保焊接质量，做好焊接前的准备工作以及焊接后的整修工作是必须的。

(1)按配轨设计挑选的钢轨必须进行探伤检查，确认无伤后方能进行焊接。探伤前使钢轨通过除锈机，将钢轨踏面全部除锈。探伤检查完毕后，对合格的钢轨应通过专用的钢轨调直机，做好垂直面及左右面的调直工作，要求钢轨调直后，用 1m 长的直尺检查，其矢度不得超过 0.5mm。

(2)经过调直的钢轨在焊接前应进行端面除锈加工，对气压焊尤须重视这一工作。为了确保焊接的质量，必须使待焊接钢轨端部距离端面 20mm 以内的表面均无锈垢和其他污物。为此，可采用人工锉光或应用除锈机进行打磨，以端面显出金属光泽为准。除过锈的端面，在焊接以前禁止再用手触摸，或被油、水、灰尘等污染，凡污染过的端面应重新处理；否则，就会出现光斑的缺陷。加工好的待焊钢轨的端面应与钢轨轴心线垂直，规定其偏差不得大于 0.25mm。加工面的不平度，最大不得大于 0.25mm；否则，也容易出现光斑，或焊接后的钢轨垂直面和左右面的平直程度达不到规定的标准。采用接触焊的钢轨，端面加工可不像气压焊那样严格，仅须将轨端 500mm 范围内及其端面进行一般的除锈即可，但要求夹具接触的钢轨表面要平滑，无凸凹不平的情况，以免焊接时由于局部电阻过大而产生过烧现象。

(3)焊好的钢轨应用砂轮研磨焊缝，使其与原钢轨断面尺寸一致。打磨时，轨腰可保留剩余的凸出量。焊头应纵向打磨平顺，不允许横向打磨，更不得磨伤原轨。轨底上表面焊缝两侧各 150mm 范围内及距两侧轨底角边缘各 35mm 范围内应打磨平整，不得打亏。

(4)打磨好的焊缝前后平直度要符合规定，用 1m 直尺测量，钢轨焊缝处垂直面的矢度不得大于 0.25mm，左右侧的矢度不得大于 0.8mm。超出此值者应进行调直处理。

(5)整修完好的焊缝，应经探伤仪探伤检查，焊头不得有未焊透、过烧、裂纹、气孔夹渣等有害缺陷，发现问题应返回焊机处重新处理再焊。

(6)全长淬火轨焊头应进行淬火处理。

焊接钢轨时，要通过数道工序方能完成焊接任务，为了提高焊接效率，必须将整个焊接过程分成若干个单独的工序，形成流水作业线。所以在布置焊轨厂房时，应考虑好各道工序的布置。

(三)长钢轨的装车、运输及卸车

1. 长钢轨装车

焊好的长钢轨由专用的长轨列车运送到工地并卸到预先计划好的位置上。由于工厂焊接的长钢轨长度一般都是250～500m长的钢轨，每根质量达12～24t，因此装车是比较困难的。而且长轨列车的构造形式多种，装轨的层次不一，装车的方式和承轨台的布置形式也不尽相同，因此装车的方法大致有以下几种。

1)横向装车法

当装车线的布置与存放长钢轨承台并列时，常有以下几种方法。

(1)人工拨轨装车。当长轨列车对准装车位置后，集中人力，用撬棍分段一根一根地将长钢轨按已定的装车次序拨到平板车上。这个方法由于占用劳力较多，效率不高，也不太安全，工人的劳动强度又大，因此很少采用。

(2)电动卷扬机横向拉轨装车。在承轨台的一端设置一台或多台电动卷扬机作为动力，牵引纵向主缆钢丝绳。每隔15m左右设一立柱，上装转向滑轮，将支缆一端绕过滑轮连接主缆，另一端连接钢轨挂钩，以实现横向牵引钢轨。每根支缆由一名工人负责长钢轨的挂钩、摘勾和固定的作业。装一层固定一层。此法，改善了装车的劳动条件，提高了装车效率，并保证了作业的安全。

(3)液压或风压横向顶推装车。在焊接流水线滚道的一侧，设有固定的液压或风压横向钢轨推顶缸，顶推钢轨腹部，将承轨台上存放的长钢轨由横侧推上钢轨列车。其推顶力的大小及推移距离，应根据承轨台的宽度、长钢轨的长度、装车的层次、钢轨推顶缸的设置数量及间隔距离等因素设计。当承轨台存放钢轨不饱满时，由于推顶缸一次推移量有限，必须有专用的顶铁加以辅助，才能将承轨台上的长钢轨推移到长轨列车上去，因此不如电动卷扬机横向拉轨方便。

(4)电动起重葫芦横向吊轨装车。当焊好的长钢轨在装车前，因种种原因需要调整前后次序，或某根长钢轨需要挑出整修时，其作业不仅费工，而且不安全。此外，当装多层钢轨时，层次与承轨台之间存在高差，钢轨横移上车，需要克服爬坡的困难。采用多台电动起重葫芦吊装钢轨，是顺承轨台每隔15m设置一个固定的门式框架横跨承轨台及装车线，在用工字钢结构的框架横梁上，安一台3t电动起重葫芦，用来横向移动挑选吊装钢轨。为了解决承轨台的容量及焊轨进度的矛盾，采用此法可设置多层承轨台。

(5)在长轨列车上设置专用吊轨设备装车法。在运送长钢轨列车的每辆承轨平板车上，设置专用的悬臂式吊轨装置，用以吊装长钢轨。

以上5种方法，以电动卷扬机横向拉轨装车设备较为简单，因此采用较为广泛。但近来为克服其缺点，电动起重葫芦横向吊轨装车的方法也引起了重视并被广泛采用。

2)纵向装车法

此法适用于承轨台与装车线按纵列式布置。其装车方法有以下几种：

(1)电动卷扬机纵向拉轨装车。将长轨列车尾部与承轨台对好位置，利用装在列车前端的卷扬机及特制龙口和滚道把长钢轨拉到平板车上就位。由于龙口只能通过一根钢轨，拉上一根以后，应及时将这根钢轨拨移到平板车的中部，给下一根留出位置。依此类推直到装满一层为止。

(2)门式起重机纵向吊装钢轨。用多台3t门式起重机吊轨，将钢轨吊起后，吊机纵向移动对位装车。

(3)长轨列车直接装车。在厂址不具备横向装车的条件时，可采取以长轨列车代替承轨台的方法，把焊好的钢轨直接送上长轨列车存放。为减少对焊轨的干扰，一般起码要有两列长轨列车，互相交替使用。但是当运距较远或运输繁忙，两列长轨列车衔接不紧密时，也会造成因无处存放焊接钢轨而停焊。基于这一缺点，若无地形上的限制，一般都不采用此种方式。

2. 长钢轨运输

长钢轨按焊接计划装车后，应再一次检查装车的数量、长度、层次位置及根数是否与随车带交的焊接长钢轨竣工资料(表9-1)所记载的情况相符。检查无误后，随即检查长钢轨固定设备是否牢固，车上的附属装卸钢轨所需的设备是否齐全，车上的设备是否完好，控制长钢轨横向移动的安全设备及两侧立柱是否牢稳，车辆的车钩提手是否固定牢固等。

焊接长钢轨竣工资料　　表9-1

(××年第二车第一层)

××线上行线				设计图号	02—008		第5段
左股				右股			
设计编号	焊接编号	设计长度	实际长度	设计编号	焊接编号	设计长度	实际长度
5-45	8-8	249.73	249.74	5-46	8-1	249.73	249.73
5-47	8-7	249.73	249.73	5-48	8-2	249.68	249.68
5-49	8-6	249.67	249.69	5-50	8-3	249.73	249.74
5-51	8-5	149.80	149.81	5-52	8-4	149.79	149.82
合计		898.93	898.97	合计		898.93	898.97

制作者________检查者________

长钢轨系超长货物，在装卸、运输和加固方式上有独特的性质，因此在运输过程中要特别注意检查，以确保运输的安全。检查事项如下：

(1)检查长钢轨的装载和固定设备。发车前要检查每根长钢轨的固定器是否固定牢靠，间隔铁是否就位，如图9-2所示。多层装车的支架是否固定牢固；设有单独的收轨横向支承梁时要检查梁下的两端垫铁块是否已抽掉，车上是否装有其他杂物，其装载是否安全可靠。

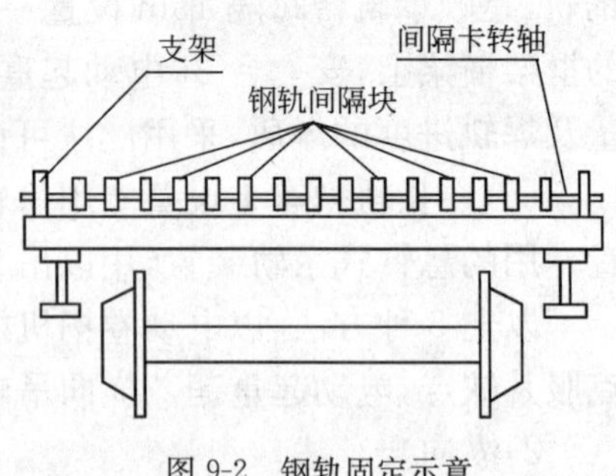

图9-2　钢轨固定示意

(2)检查长轨列车各种设备及工具。检查长轨列车各种设备，如发电机、照明设备、滚筒、支架、卸收轨龙口、专用小车、专用钢丝绳等是否完好齐全。专用工具是否安放稳妥。

(3)检查长轨列车的钩锁手柄、缓冲停止器。为了防止长轨列车在运行途中列车自动脱钩及制动失灵等事件发生，发车前应详细检查每个车辆的钩锁手柄是否用铅丝捆扎结实。为了防止列车起动或停车时，由于车钩缓冲簧的作用，而发生车辆前后窜动，以致引起长轨两端发生较大的位移，应安装好特制的车钩缓冲停止器。

(4)检查长轨列车首尾通信联络设备。在运输途中发现异状时，能及时通知机车采取措施，以及加强运输途中首尾押运工作人员的联系。列车的专用通信设备必须保持完好。

(5)核对装车计划。为了保证车上装的钢轨与计划无误，在发车前，押运负责人应详细核对所装的钢轨长度、根数及位置是否与装车计划表相符，以防错装。

(6)监视运行中的安全情况。长轨列车系特殊装载的列车，一般情况下，列车按正常速度运行。在运行中押运人员必须加强瞭望，注意车上的长钢轨是否有前后窜动或发生异状，支架及加固设备是否有异常；若有异常发生，必须立即通知机车停车检查处理，或减速运行到前方站停车检查处理；列车通过曲线或侧向通过道岔时，应根据长轨列车的设计要求减速运行。在运行中机车乘务人员要注意瞭望，尽可能杜绝非常制动，以防止长钢轨因惯性作用发生向前窜出的事故。

(7)列车停车时的检查。列车到站停车时，根据停车时间的多少，押运人员及随车检车员应分头检查与运行安全有关事项，发现异常，必须就地处理好，方能继续运行。

3. 长钢轨的卸车

长钢轨运到工地后，应将出厂的技术资料交给工地有关技术人员。工地接到技术资料后，应对照计划表复查车上所装的钢轨。

1)卸车前的准备

为使长钢轨落地后两端起讫点的位置能尽量与设计的位置一致，以减少工地串动位置的工作量，确保卸轨作业的安全、正点，必须事前在工地做好以下调查准备工作：

(1)根据设计的要求，调查好长钢轨起讫点的位置，并根据拉轨钢丝绳的长度，在线路上用铅油标出地面拉轨轨卡的位置。

(2)检查车上每根钢轨的卸轨连挂器安装位置是否正确及牢固；卸轨用的专用工具及通信联络设备是否齐全完好。

(3)对卸轨地段内妨碍卸轨的设备、材料或建筑物，如道口板、不平整的碴面等，应清理、平整，预留好卸轨的位置。对道碴较少或某些桥梁上无法存放钢轨的处所，应事先在枕木盒内插上枕木，作为临时存放钢轨的支垫。

2)卸轨作业

根据卸轨工作量的大小及运输部门给点施工的情况，原则上每段无缝线路上的长钢轨最好能在一个施工封锁点内卸完，以减少不必要的安设地面拉轨轨卡的附加时间。卸轨作业一般至少 1h 以上。卸轨的具体作业程序如下：

(1)卸轨负责人在进入施工封锁区间之前，应将卸轨的地点、卸轨任务，以及卸轨中安全注意事项，向运转车长、机车乘务员及全体参加作业的人员交代清楚。当接到进入封锁区间命令后，全体工作人员进入各自的工作岗位，长轨列车按下达的命令进入卸轨地点。

(2)长轨列车到达地点后，地面作业人员随即下车，各自进入岗位。由于目前长轨列车不统一，列车上配备的设备因功能不同而各有差异，人员分工也各有差异，一般分车上作业及车下作业两部分。车上作业主要负责车上拨轨，连接卸轨连挂器，去除固定器，升降人字滚筒支架及联络信号等。车下作业主要负责拨轨，挂钢丝绳，回收连挂器，掌握单轨车或轻型轨道车及地面与机车乘务员用对讲机指挥等。车下作业人员将地面拉轨轨卡安设在线路的指定位置，将经由卸轨槽放下的钢丝绳的一端挂上，另一端由车上作业人员连挂在第一根长钢轨端部的轨卡上。一切准备妥当后，卸轨负责人向运转车长发出开车信号，并通过对讲机与机车乘务员直接通话联系。列车以 3.5km/h 的速度前进，两侧长钢轨由钢丝绳牵引而缓慢地通过尾车的卸轨龙口卸到线路两侧碴肩上，如图 9-3 所示。

(3)当长钢轨落地够 50m 时，地面作业人员随即将地面拉轨轨卡及钢丝绳撤除。此时即依靠落地后钢轨的自身重量产生的阻力将车上的长钢轨拖下车来。当列车上第一根长钢轨末端行将接近第二根长钢轨始端时，为了连接顺利，列车应降低速度，施工负责人应密切与机车乘务员通话联系。如有异常，应立即停车处理，以策安全。连挂时若用柔性连挂器，则需两人配合作业，一人将钢丝绳套环及时挂在移动端轨卡的挂钩上，并迅速将轨头套筒就位，此时另一人用撬棍拨顺两钢轨接头，使套筒顺利通过接头。若用刚性连挂器，则可省去挂钢丝绳的动作，仅需一人将固定卡销就位即可。连挂完毕，即可通知恢复 3.5km/h 的速度，依此顺序卸下全部钢轨。车上负责拨轨的人员，一般负责将钢轨拨向两侧，使长钢轨卸车时，在滚筒上行走顺利。为确保安全，固定器可根据卸轨的进度不要过早地撤除。

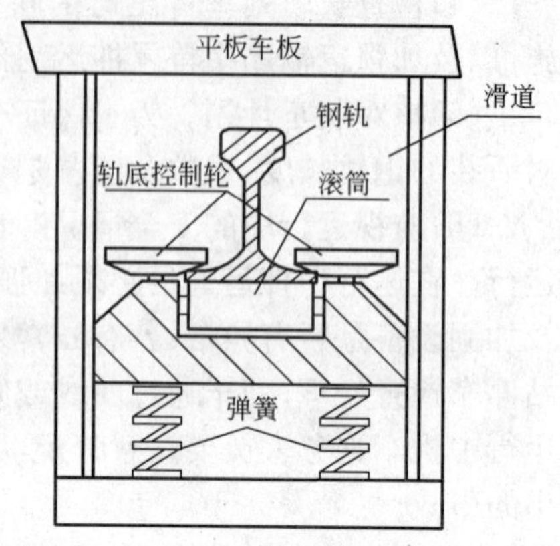

图 9-3　弹簧卸轨龙口

(4)地面负责护轨的人员，一般用手护住钢轨，使其顺直地卸到枕木外侧。必要时用撬棍拨顺，并注意防止钢轨出现翻倒现象。卸轨时列车行驶速度要平稳一致，列车速度忽快忽慢或紧急制动，都容易发生钢轨鼓曲或翻转。在曲线上要注意保持卸下的钢轨圆顺。施工负责人在钢轨下卸过程中要随时注意是否有异常，必要时应及时采取停车措施，迅速处理故障，落地的钢轨由负责回收连挂器的人员迅速撤除连挂器。掌握单轨车或轻型轨道车的人员要及时将撤下的连挂器及其附件装上小车紧随长轨列车。备有专用卸轨小车或设有弹簧的龙口时，因其能保护钢轨不翻转，故可减少护轨人员。

(5)当卸到每段无缝线路的最后一根长钢轨时，因配轨时预留有搭头，不得连挂下卸，应停车重新用拉轨钢垂绳，将最后一根长钢轨的带孔端卸到计划规定的位置。此时将回收的连挂器及小车等送上列车。施工负责人检查卸下的钢轨是否安全；如无问题，所有人员随即上车，发车返回车站。

(6)一般情况下，卸到线路上的长钢轨要求顺直平稳地放置在两侧碴肩上，不得侵入限界外。但是在坡道地段，由于卸轨过早，卸下的长钢轨若不固定，钢轨易受列车的振动而发生爬行。在缺碴地段或桥上由于支承钢轨位置过窄，应在枕间穿插枕木，并用道钉固定卸下的长钢轨，或在长钢轨端部用防爬器将钢轨锁定在既有线的轨枕上。

二　工地焊接钢轨

长钢轨卸到工地后，随即进行换轨的准备工作。由于工厂焊接的长度不可能太长，因此每段无缝线路的长钢轨卸到工地后，尚需在工地上焊接成该段无缝线路设计规定的长度。

(一)工地焊接方法

我国目前普遍使用的工地焊接方法为铝热焊。钢轨的铝热焊是利用焊剂中的铝在高温条件下与氧有较强的化学亲和力，它从重金属的氧化物中夺取氧，使重金属还原，同时放出热量，将金属熔成铁水，浇铸施焊而成。铝热焊法工艺简单，适合工地流动作业，利于工地焊接联合接头和断轨原位复焊，被公认为是一种高效、快速的钢轨焊接方法。

我国铁路对钢轨铝热焊法，经过推广应用的实践和理论研究，制定了大剂量、宽焊缝、三片模卡箱、定时预热和自动浇注的铝热焊工艺，它适用于50kg/m、60kg/m和75kg/m钢轨的焊接。

铝热焊的质量取决于焊剂的质量及成分配比、采用的工艺和砂型的制作等因素。

1. 工艺装备

(1)制作砂型设备：烘干箱、模具等。

(2)制作砂型原料：石英砂、膨润土、水玻璃。

原料规格：石英砂(SiO_2)含量大于90%，含水率小于2%～3%，粒度为20～70目/英寸；膨润土(胶质价)为70%，粒度大于200目/英寸；水玻璃模数为2.5～2.8，黏度为50波美度。

(3)制作砂型成品：砂型、砂芯、排渣砂槽、坩埚等。

(4)热源及预热设备：

热源——氧气瓶、丙烷瓶、乙炔瓶；

工具——预热炬、点火枪、秒表等。

(5)焊接材料：焊剂、高温火柴、封箱砂。

铝热焊剂由还原金属(铝)、氧化金属(氧化铁)、铁合金和铁钉头配制而成。为提高铝热焊质量，可按需要在铝热焊剂中掺入少量合金元素，如锰、钛、钼、硅等，以及加入石墨，调整碳的含量。

(6)其他：锯轨机、推瘤机、砂轮、大锤、平锤等。

2. 工艺程序

1)制作砂型、坩埚

(1)配料：石英砂为100%；膨润土占石英砂质量的5%～7%，并不得结块；水玻璃占石英砂质量的10%～12%。

(2)混合：用碾轮式混砂机混合，先放入石英砂和膨润土干混2～3min，再加入水玻璃湿混7～10min。

(3)制砂型(砂箱)：型砂碾压后，用手捏，既能成团，又能离手，即可使用。夏季高温制型时，要用湿布覆盖在型砂上。砂型应随用随作，并保持洁净干燥。制作砂箱的胎具应保持光洁、灵活。砂箱如有缺陷不得使用。

(4)制坩埚：制作尺寸——总高380mm，上部圆柱高200mm，直径320mm，下部为锥形，浇口处安好衬管，不起台阶，浇口应与坩埚体垂直，孔径为$\phi16^{+2}_{-1}$mm。如采用成品坩埚则可省去这道工序。

(5)其他：砂型应在200℃恒温下保温2h，干燥后方可使用。坩埚出现大块剥落，应即修复，烘干后再用，不能带伤作业。砂型、坩埚烘干后应妥为保存，不得被油水、浊气污染，砂型应装箱。

2)工地布置

氧气瓶、石油液化气或乙炔瓶的布置应距施焊点5m以上；所有设备应布置在施焊一侧的路肩；烘烤坩埚时应离所有气瓶5m以上。

3)切轨

根据配轨的要求，切除多余的钢轨，并用1～2台15t的起道机配合拉轨器，将长钢轨拉到正确的位置上。为了确保铝热焊缝相错量不超过100mm，拉轨的同时，应将超出量切除。

切轨时应采用双向摆动式切轨机，切轨应照线切割，允许横向误差为 1mm，垂直误差为 2mm。切后应用手提砂轮或锉刀除去切面的紫蓝斑痕及氧化物，轨端各边应倒角，无毛刺和金属飞溅物。线路上待焊钢轨，切后应在距轨端 150mm 范围内的轨顶两侧除去飞边、油污及氧化物。

4)对轨

为了确保焊缝的外观及内部质量，必须将焊接的两根钢轨用固定器锁定，如图 9-4 所示。

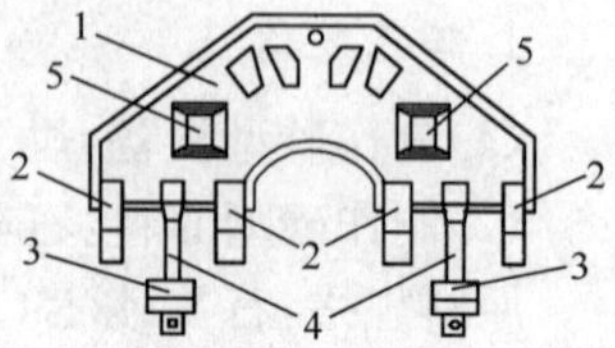

图 9-4　钢轨固定器

1-固定器框架；2-定轨卡；3-动轨卡；4-调节丝杆；5-滚轮

固定时要求严格掌握钢轨的方向及轨平。为了便于调直接头，在焊缝每边 12～15m 的范围内，至少要设置 3 个支承垫木，靠近焊缝处的两个支承垫的距离越近越好，以不妨碍焊接操作为原则。为了避免焊成低接头，在支垫钢轨时要求预留拱度。其预留拱度应根据支承基础的松实而定，一般用 1m 长平直尺测量，当平尺一半尺身紧贴一侧轨面，其焊缝另一侧平尺端部高出 1～3mm 时，则焊缝处的预留拱度取 0.5～1.5mm。接头的高低、方向调整好以后，即将固定器卡上，并用动轨卡及定轨卡来调整钢轨的错牙。固定的同时，严格控制轨缝的大小，一般预留焊缝为(28±2)mm，焊接端对好之后方可扣箱。

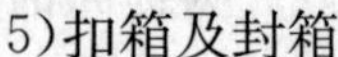

5)扣箱及封箱

(1)扣箱：扣箱前应清理砂型内各通道，而后将砂箱吻合在钢轨焊接端的焊口上。两侧扣箱人员扣箱时动作要协调一致、准确、迅速，一次上好，内外侧对位挤严，不得错口、歪扭，最后上好紧箱器。砂箱如有缺角、掉块、裂纹、松脱者均不得使用。

(2)封箱：封箱砂应于焊前制备好，并置于容器内密封之。封箱砂由 83%的石英砂、17%的膨润土，适量加水合成，以手捏成团，稍有黏手感为宜。砂箱所有接缝及与钢轨吻合处均用封箱砂密封；两侧流钢槽应与砂箱冒口紧密接合，并用封箱砂护好两侧各 100mm 以内的轨面和所有裸露易被钢水溅伤的金属。

6)坩埚装料及安放支架

(1)在装料之前，应先烘干坩埚。每浇注一次之后，应更换衬管并烘干。

(2)装料时坩埚应稳在专用支架上。

(3)桶装焊剂在工地使用时方许开捅，焊剂不得接触水、油，或用手摸。

(4)封口钉盖应呈圆形居中，封口钉插入衬管不应偏斜、歪扭。

(5)石棉板应搓碎，均匀铺在封口钉盖上，铺厚 1～3mm，边缘压实，镁粉均匀铺在石棉上部。

(6)从桶中取出焊剂袋，捏住袋口和袋底，来回倒置数次，使焊剂混匀，将焊剂袋口对准坩埚底中心，缓缓倒出焊剂，呈锥形堆置，插入两根高温火柴后盖好坩埚盖。

(7)封箱时应预先测好安放支架的位置，装浇钢槽时，即将支架固定在钢轨上，并装好坩埚框架，封箱结束即将坩埚抬入框架。调整坩埚位置，使封口钉之端与砂箱顶面相距(100±10)mm，并垂直对准砂芯座中心，将坩埚旋转 90°固定。

7)预热

(1)预热气体参数：氧气工作压力为 0.6～0.7MPa，氧气流量为 3000L/h，石油液化气工作压力为 0.04～0.05MPa。

(2)火焰：取中性焰，火焰呈湖蓝色，焰芯清晰，发出刷刷声。火焰不可出现紫红色，并伴有嘶嘶声，或橙红色伴有呼呼声。

（3）预热：装好预热器燃烧嘴固定罩，拧紧燃烧嘴，燃烧嘴出口长度方向应与焊缝平行，燃烧嘴应伸入轨缝1mm，如图9-5所示。距离过大或过小，都不易达到理想的温度分布。火嘴插入砂芯座中心呈垂直状态，焰流对准砂箱底而不冲向两端钢轨面，根据两侧冒口焰流反弹高度，随时调整手把，使其高度保持一致。扣箱人员随时消除封箱部位的"跑火"现象。预热时间为3min，到时点火。

8）浇注

点火时必须见到高温火柴发出火花才能插入焊剂；确认点燃焊剂后方可关闭预热器并密盖砂芯；点燃焊剂冒出黑烟时才能加盖坩埚盖；点燃焊剂后，迅速将坩埚推至封口钉与砂芯中心垂直对准的位置并固定，保持焊剂沸腾时不位移。

焊剂反应过程：

（1）开始反应：蹦出火花，发出"呼呼"声，冒出黑烟。

（2）沸腾：火花飞溅，钢水外溢，发出"突突"声。

（3）沸腾即将结束：冒出混浊白烟，有些许火花弹跳，间歇发出"噗噗"声。

（4）进入镇静：冒出青烟，声响消失。

反应后进入镇静状态，焊工组长发出打钉口令。向上打钉，用力要平稳。如使用自动塞钉，则反应进入镇静状态塞钉自动熔化，实行浇注，如图9-6所示。浇注时，坩埚严禁移动；浇注完毕立即将坩埚打下，拆除支架。

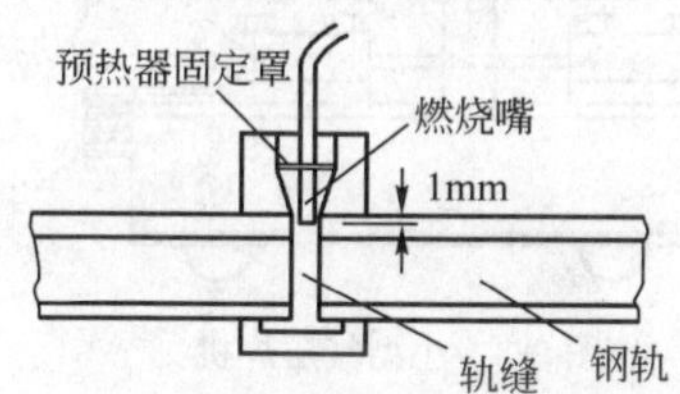

图9-5　预热器安放位置示意

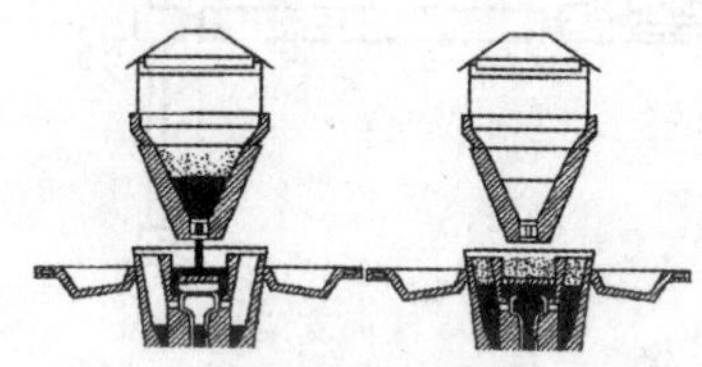
图9-6　铝热反应浇注

9）推瘤及整修

（1）推瘤：拆除支架后，立即清除屏蔽轨面的砂土。1min后松下紧箱器和砂箱托，用小撬棍清除砂箱护砂槽内的型砂，加速焊缝的冷却，同时抬上推瘤机。2min后推瘤机可缓缓加力，使刀具进入砂箱外壁。2.5min后视砂箱开裂、钢水冷却情况逐步加大进刀量。3min后加快进刀速度。

（2）整修：先剁除推瘤后轨面剩余部分，然后打磨。打磨时先轨面后两侧。剁修和打磨均不得伤及母材。焊缝与母材间不得出现台阶。精磨后应出现金属光泽，不得有蓝色斑痕。

10）正火

正火可在整修之后，轨温降至500℃以下时进行，亦可在常温下另行安排正火。

保温箱和封箱砂的原材料及配制与焊接时所用砂箱及封箱砂相同。焊缝位于保温箱的中央。

加热时氧气工作压力为0.6MPa，液化石油气工作压力为0.04MPa，氧气流量为3000L/h，焰芯长度为10～12mm。

火焰加热器垂直焊缝位置，由轨顶向两侧来回移动，每隔2min用测温计测量轨温一次，根据轨温情况调整加热器移动速度和加热时间。当轨温达900～950℃时保温，保温时轨温保持在（900±25）℃。保温10min后拆除保温箱自然冷却。

3.小型气压焊工艺

小型气压焊具有结构简单,体积小,重量轻,移动方便,质量优良等特点。其工作原理与工厂气压焊相同。焊接强度能达到母材的95%以上,与工厂气压焊相近,其燃料费仅为铝热焊的1/4。

小型气压焊的主要设备包括:焊接主机、高压油泵、加热器、循环水泵、流量控制箱、调直机、液压推凸机等。

其主要工艺为:

(1)钢轨端面加工及对轨基本上与工厂气压焊相同。对轨时,焊接的钢轨应承放在滚筒支架上,如图9-7所示。靠近焊机的两端各放一滚筒,其余滚筒间隔为3~5m。钢轨顶面要调平,垫起高度以放下焊机为宜。两轨水平要求在焊缝两端10m范围内保持顺直状态。对接后上下、左右相错不超过0.5mm。

(2)安装焊机应从钢轨侧面放入轨下,把钢轨扣在焊机上,见图9-8所示的扣轨座2,用扭力扳手按规定的扭矩拧紧。安放焊机的位置应将轨下道床扒低和扒平。安装加热器,调整加热器位置,使嘴头与钢轨表面各处距离相等,标定摆动量,连通冷却水,然后检查有无侵入限界。

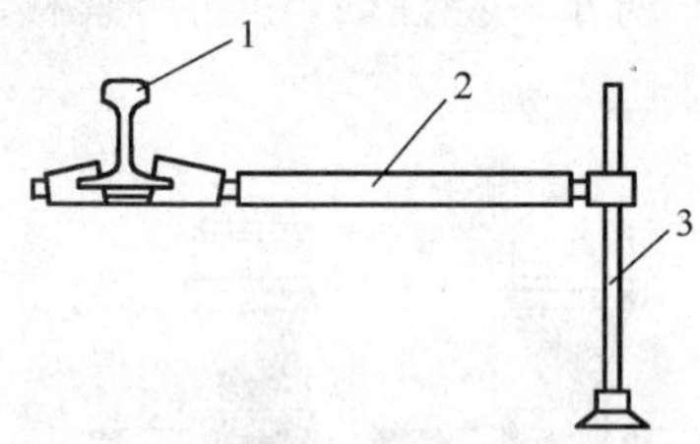

图9-7　滚筒支架

1-线路上钢轨;2-滚筒;3-升降立柱

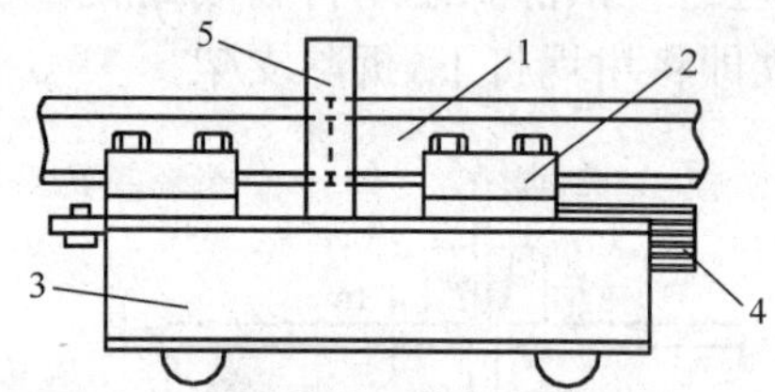

图9-8　小型气压焊机

1-焊接钢轨;2-扣轨座;3-焊机架;4-顶锻油缸;5-加热器

(3)钢轨焊接前先接通管路。将氧气瓶、液化石油气瓶(或乙炔气瓶)分别装上压力表,接通加热器,检查管路是否漏气,各部位是否松动,吹出杂物,保证安全作业,同时检查油泵油量是否充分。

(4)由于目前使用的加热器与流量计不统一,应各自选配压力、流量参数并标定在流量计轴上。参数一经选定,不得随意变动。

燃料与氧气混合比的参考数如下:

①采用氧—丙烷混合气,比例为1∶3.0~1∶3.5。

②采用氧—乙炔混合气,比例为1∶0.9~1∶1.1。

(5)焊接时,先对待焊钢轨施加一定的压力,消除缝隙,然后开启燃料阀门。开启阀门要缓慢,由小到大,以防发生回火或损坏流量计。当混合气由喷嘴流出后,立即点火。

点火后,驱动摇杆,使加热器以焊缝为中心对称摆动,经过4~6min,当轨温达到1200℃左右,开始挤压,达到规定顶锻量后停火,迅速取下加热器。

(6)其他工艺要求,如焊接过程中遇到故障的处理、切除凸出量、正火处理、焊缝打磨、焊接前的准备工作、焊后探伤等,与工厂气压焊基本相同。

焊接的主要材料应符合以下要求。

①氧气:纯度不低于99.5%,瓶装6m^3,气压13MPa以上。

②丙烷气:压强1.6MPa。

③乙炔气:压强 1.5MPa,瓶装 $4m^3$。

④加热器:应根据选用的燃料不同(丙烷或乙炔气)来选定。

(二)质量检查

铝热焊接钢轨质量检查项目,一般可分为以下 3 项。

1.焊接断面的检查

检查焊接断面的目的是了解焊剂、型砂、操作人员等客观条件对焊接质量的影响。遇有下列情况时,在同等条件下试焊试验头,进行焊接断面的检查。

(1)使用一批新的焊剂。

(2)使用一批新的型砂。

(3)更换主要操作人员。

(4)长期间断焊接生产。

每组试验头取 5 个。焊好后,先外形检查,无缺陷再破断检查,如破断不在焊缝处,需重焊试验头检查。破断检查时,检查轨头断面两根,轨底断面三根。若其中一根发现缺陷,必须重焊试验头,直到有一组试验头全部合格为止。试验头全部合格后,方可进行正式焊接。

2.焊接外形的检查

正式焊接时,应对每一个焊接头进行仔细的直观外形检查。检查时注意下列缺陷:

(1)气孔或缩孔、裂纹、夹渣、夹砂和夹杂物。上列缺陷如发生在焊筋补铁部位,允许焊补,如进入原轨断面应重焊。

(2)焊不住、焊不满、有横纹。用 1m 直尺测量轨顶及轨侧工作面,其矢度超过 0.5mm;原轨有伤损痕迹超过 0.5mm 轨顶或轨侧工作面加工不平顺,焊缝与基本金属交接过渡不圆顺。

最后,对铝热焊缝进行超声波探伤检查。

3.焊接工序的检查

为防止焊接质量不良,必须严格检查每道工序,务必符合工艺规定。

(三)焊接钢轨操作安全注意事项

小型气压焊或铝热焊焊接钢轨一般都在行车线路上进行,所使用的燃料液化石油气、汽油、氧气及焊剂等都系易燃品及危险品,作业时又处于高温状态,操作时间及动作要求短促、迅速,稍不注意极易造成行车事故或人身伤亡事故。因此,在操作时要特别重视安全预防工作。每个操作者,必须熟悉行车条件下确保安全的有关规章制度,并严格执行。此外,尚需做好以下几项安全预防工作。

1.操作技术方面

(1)操作时,必须有专人送行防护,发现列车通过,要及时通知操作人员避车;清理机具,不得侵入限界,并严禁在列车通过时点火浇注或加热。

(2)焊接的工具、材料应存放整齐,便于焊接人员操作;液化石油气、氧气、汽油、铝热焊剂及高温火柴,要严格按隔离的安全措施分别存放,不得混放保管。易燃的汽油、液化石油气、焊剂、高温火柴不得与火源接近,要离开焊接地点 5~10m。氧气瓶及液化石油气瓶,夏季要严防直接曝晒;冬季瓶装冻结时,不得用火烤解冻,只准用热水加温。搬运容器时,要轻放不能碰撞。

(3)焊接工具和设备要定期检修,保持完好状态。操作前要进一步检查,如有缺陷,严禁使用。

(4)使用氧气瓶、液化石油气瓶或汽油压力桶时,开关阀门和装减压气表的工具不得沾有油污。填表前,应先打开阀门,将瓶口上的尘埃吹掉,装表人应避开气体可能喷出的方向。

(5)液化石油气的管路,必须是耐油耐压管,不得使用乙炔胶管代用。液化石油气管不能与乙炔气或氧气混用,管路的接头要严密,氧气管路不得沾有油污。

(6)压力容器及压力表要定期检查,一般要求每季度一次,长期停用时,在启用前应做试压检定。

(7)使用丙烷减压器前,必须确认瓶内压力不超出丙烷减压器的允许使用压力时方可使用。开阀前,一定要把减压器顶针松开。搬运气瓶时,一定要关闭瓶阀,松开减压器顶针,最好不将气瓶倾倒,严禁倒置。运到地点后,将瓶放好,留置一定时间后,再轻轻打开阀门,然后将顶针顶紧,达到所要求的压力。如果发出呜呜响声,指针跳动,说明减压器被油液冲坏。

(8)加放电石时,应轻提轻放,不准抛掷。使用前应将乙炔发生器和乙炔管内的空气及混合气体排出,乙炔发生器的工作压力不得大于0.15MPa。发生火灾时,严禁用水灭火。容器内的电石渣要定期清除。

(9)预热器、加热器或喷灯要定期检查,不得有堵塞。各管带不得接错,接头要严密,不得漏气。预热器或加热器发生回火时,应立即关闭各阀门,停一段时间后再打开氧气瓶,以便吹掉预热器或加热器内的残余物,找出故障原因,修复后,再启用预热器或加热器。使用喷灯时,不宜燃烧过久。

(10)坩埚内衬损坏,有漏浆危险或锅壁厚小于15mm时,严禁使用。当焊剂反应时,人员应远离坩埚3m以外。点火的动作要快,不要插入过深,不要探头向坩埚内观看,如一次未点燃也不能探头看坩埚内,要迅速揭开坩埚盖,确认后,再次引燃。

(11)点火预热、反应、打钉浇注时,非直接有关人员应远离5m以外,站在上风处。操作预热器人员移动预热器时,应注意周围人员,以免发生烧伤他人的事故。

(12)整修时,剁斧与大锤不应有毛边,以免毛边打飞伤人。工具把手要安装牢固,以免脱落伤人,打锤操作人要随时注意周围人员,以免误伤。剁余铁的大锤要轻抓,以免剁下的余铁飞起伤人。打锤人员不得戴手套,锤手与掌剁手应成90°角进行操作。注意锤击方向,前后不应站人,以免误伤。

(13)小雨时要有防雨工具,严禁雨水进入焊剂或坩埚内,以防爆炸,确保质量。大雨时要停焊。

(14)焊剂应存放在铁箱内密封,并放在干燥处所,以防受潮。受潮的焊剂不能再烘干使用。

(15)焊接的钢轨应放在限界之外,并固定顺直。尤其在夏季,焊好的长钢轨一定要拨顺。若次日不能铺设,为防止长钢轨鼓曲侵入限界,铝热焊接可隔开一个焊一个,到铺设前一天再将余下的接头焊完。若已全部焊完,而次日又不能铺设时,应指派专人加强巡查,发现钢轨鼓曲影响行车安全时,应及时采取果断措施,确保行车安全。

2.劳动保护方面

钢轨焊接在反应、加热、打钉、浇注、打磨等作业过程中,都会产生熔渣和钢水飞溅。为了防止操作人员被高温的熔渣和钢水飞溅而烫伤,每个焊工穿戴帆布工作服和高勒儿皮鞋。工作服的领口和袖口都要扣紧,裤脚应在皮鞋外面,并不能卷边,夏季也不得例外。此外,尚需备有防护帽、防护手套及护目镜。

在工地尚应备有保健药箱，除已备一般应急药品外，应备有足够的烧伤和烫伤的药物。在夏季尚应备有防暑药物；每人尚应备有水壶、雨衣及草帽等。

三 铺设前的线路整修

无缝线路应铺设在道碴洁净、道床丰满、方向顺直、线路平顺而稳定的地段。对不符合条件的既有线路，必须进行整修线路的工作。

铺设前的线路整修工作，主要项目大致可定为：

(1)全面捣固，整好大平，加强和回落接头。做好原有接头位置的标记，以利将来铺设后，对原接头的位置继续观察和整修。

(2)全面拨正线路方向。曲线按绳正法计算拨正，调整好线路的建筑接近限界，使线路拨正到正确位置。

(3)对邻接无缝线路的普通线路，要方正接头，匀好轨缝，锁定线路，调整好轨枕间隔。

(4)按设计要求补充石碴，整正道床断面，并夯拍结实。

(5)对既有线路上的死硬弯钢轨应予以整直，并改正轨距。

(6)抽换失效轨枕，并加强捣固。

(7)补充或整正轨枕扣件。

(8)整治的路基病害，对线桥中心线不吻合的处所要进行改正，路肩不够宽的路基要按标准加宽。

(9)对能预见的铝热焊缝距枕边不足40mm处，要均匀前后轨枕间隔。移动的轨枕，要加强捣固道床。

(10)对个别接头区存在翻浆或道床不洁处，应进行整治或彻底清筛。

第三节　无缝线路换轨施工

一 换轨前的准备工作

在运营线铺设无缝线路的主要作业，是在合宜的施工封锁时间内，将既有线路上的旧轨用焊接长钢轨更换下来，并在设计规定的锁定轨温范围内上紧扣件，安装防爬设备及拧紧钢轨连接零件。为了不影响正常运输，有效地利用封锁时间，必须在换轨前，做好充分地准备工作，凡不需在封锁时间内进行的作业，应在封锁前做好，以减少换轨封锁时间内的作业量。一般施工前的准备工作包含以下几个方面。

(一)材料的准备

在封锁时间内，必须完成混凝土轨枕扣件型号的更换、大小胶垫的更换或补充、防爬设备的安装、在木枕地段铁垫板的更换或补充，以及缓冲区的配轨及其联结零件的更换等项作业。所需的各种材料，应根据设计所规定的规格数量，在施工封锁前备齐，并散布到线路的指定位置。

负责散布材料的人员，应在准备及散布过程中，反复核对所准备的材料的规格、数量及散布的位置是否与设计相符。

施工负责人及分队技术人员，在施工准备时，应详细核对设计与现场实际情况是否相符，准备的材料是否与设计相符，以确保在施工时，不致因缺少材料或准备的材料规格或数量不符，而影响线路安全地开通。

材料的准备是一项十分重要的工作，若准备工作有失误，严重的可影响线路的开通及开通后的安全性，至少也要造成返工，影响工时定额的完成。

(二)施工机械及工具的准备与检查

当前施工常用的机械及工具，大致有以下几种：

(1)运输及牵引机械。通常为1~2台轨道车，并挂有装运材料、工具、合龙口钢轨、换轨小车及施工人员的平板车。其中一台轨道车在施工封锁后，作为牵引换轨小车的牵引动力。

(2)紧固及起拨工具。为松卸或拧紧扣件及钢轨连接零件所需的工具。目前使用的手工工具为普通扳手及T形套筒扳手，必要时还备有长1m左右的长把扳手，有时使用各种类型的机械扳手以减轻劳动强度和提高工效。

为拨撬钢轨必须备用铁撬棍，在木枕地段用于起钉作业。为起高钢轨尚应备有轻便的起道机。

(3)抬轨及运轨工具。为了准备抬运钢轨或配件等，在工地上备有抬轨钳及抬杠以及单轨小车。

(4)撞轨或拉轨工具。在曲线上铺设无缝线路时，由于存在内外股钢轨长度差值的问题，当新轨进入正确的位置时，这个长度差值通常是通过撞轨或用液压拉轨器拉轨进行调整，以适应正确位置的需要。若不解决这个长度差值，必将使新长轨的内部积蓄一定的内应力。若为压应力，当积蓄到一定的程度，会引起钢轨的鼓曲，使换轨小车不能顺利地通过。通过撞轨或用液压拉轨器改变其长度的差值时，会使钢轨内部的应力得到释放，钢轨鼓曲现象得到缓解，换轨小车才能顺利地通过。

(5)换轨小车组。目前换轨的方法大都采用一套专用的换轨小车设备进行。作业时，先将线路上的既有钢轨通过拨旧轨小车的龙口拨出承轨槽，而后将放在枕木头外的焊接长钢轨，通过拨新轨小车的龙口拨入承轨槽。换轨小车设备由轨道车牵引；完成换轨作业，如图9-9所示。新轨拢轨器是用于保证拨入新轨的轨距符合标准，确保拨旧轨小车走行时不掉道。

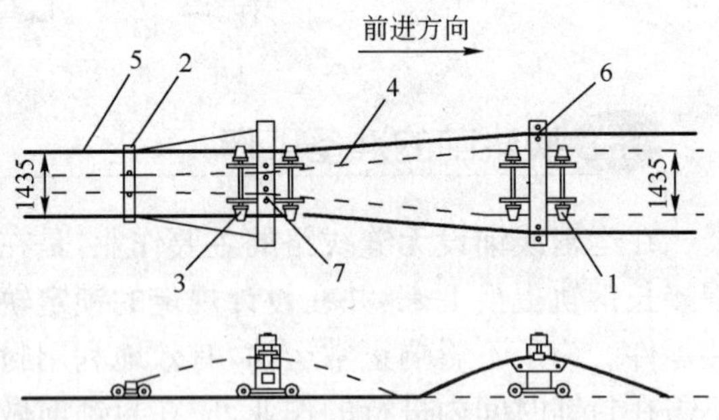

图9-9 换轨小车组

1-拨新轨小车；2-固定拢轨器；3-拨旧轨小车；4-既有钢轨；5-入槽后的新轨；6-拨新轨龙口；7-拨旧轨龙口

(6)新型组合式换轨车。组合式换轨车是对换轨小车组的成功改进，它完全克服了换轨小车组在作业中发现的缺点。它改新、旧钢轨分体作业为一体化作业；它改新、旧钢轨交叉交换为平行交换；它改平板车和装换轨设备取代小车组；它改人工引轨为机械引轨，不仅间接工时大大缩减，并且走行平稳，较小车作业效率提高。

组合式换轨车将拨新、旧轨的功能合组于一车，用30t平板车改装而成。引入新轨的龙口装在平板车的两侧，拨旧轨的龙口装在车尾悬臂梁的梁端之下部，在悬管梁的梁端之上部装有新轨的导向龙口。悬臂梁可升高或降低，由卷扬机控制。悬臂梁亦可转动，其转轴设在平板车的端梁上，区间运行时，将悬臂梁落在另一平板车上，平板车的后端装有平衡悬臂梁的平衡重。组合式换轨车可与其他车连挂运行，调转运行方便。

组合式换轨车在作业中走行平稳，拨动钢轨的力度较强，新、旧轨的拨入与拨出的通路上、下平行，互不干扰：在曲线上作业时，悬臂梁可适当转一角度定位，使新、旧轨走向与线路中线吻合，如图9-10所示。

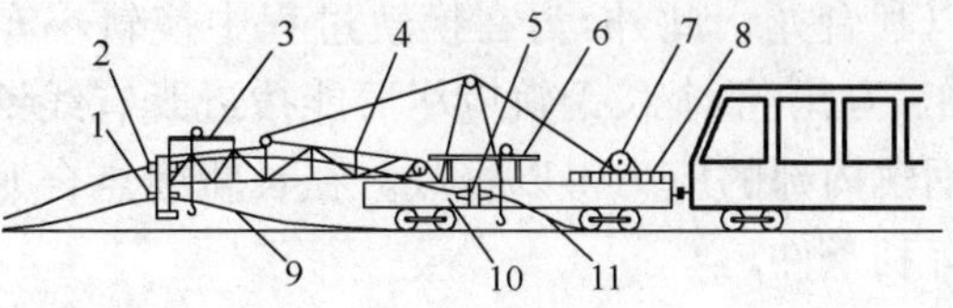

图9-10 组合换轨作业车

1-旧轨拨轮；2-新轨导轮；3-起旧轨吊架；4-悬臂梁；5-新轨拨轮；6-起新轨吊架；7-卷扬机；8-配重；9-旧轨；10-组合车；11-新轨

组合式换轨车进入工位后，甩掉托运平板车，而后落下悬臂梁，使拨旧轨的龙口略高于轨面，再分别用钢轨起吊装置将新、旧轨引入各自的龙口，换轨即随车缓慢起动，待新、旧轨开始落地后，换轨车即可按规定速度行进，每小时可更换2～3km。

(7)通信工具。在工地为了加强联络，一般备有2～8台防护电话，由专设的防护员掌握，长轨两端部附近各设一台，长轨中部设一台。此外，在换轨小车及两长轨端部，尚备有无线电对讲机，便于及时指挥撞轨或拉轨小组的工作。

(8)其他工具。为了对轨枕的螺纹道钉涂油，备有专用的涂油小车或涂油工具，在木枕地段及缓冲区或伸缩区等处备有道钉锤。此外，尚需备有防护信号等工具。

在施工前，施工领导人及专用工具的使用保管人，必须仔细检查必备的工具是否齐全，工具使用是否灵便，有不妥之处，必须及时处置，确保使用完好。

(三)起止点合龙位置的预备工作

起止点合龙位置的预备工作，是确保按预定施工封锁时间开通线路的重要环节，因此施工负责人必须十分重视此项准备工作，预想好可能发生的问题。

1.施工起点合龙位置的预备

施工起点合龙位置，首先要检查邻接的缓冲区配轨是否符合标准，现有轨缝是否正常，轨端绝缘安装是否合乎要求，防爬设备是否齐全。对不合标准的项目，应及时恢复规定的标准。这样才能确保无缝线路起点的钢轨一端铺设到正确的位置。若不能及时恢复规定的标准，则必须以正确的长钢轨端部位置为准，采取措施调整无缝线路缓冲区的配轨、轨缝、轨端绝缘，以待将来再行修正。

然后，检查起点的长钢轨轨端位置是否准确。若位置不准确，应事先用撞轨器或液压拉轨器将长钢轨端部移到准确的位置。新轨是卸在既有线路的碴肩上，距线路上既有钢轨60cm左右，换轨小车的新轨龙口，距放置焊接长钢轨的道碴面又有一定的高度，因此当焊接长钢轨拨进换轨小车的龙口，进入既有线路的承轨槽内进行连接时，其轨端连接点的位置比长轨端置放碴肩的位置一般回缩15～20mm。因此在准备长轨起点位置时，应使长钢轨端部的位置较设计的位置有所超前。除此之外尚应考虑长钢轨放在线路上时间较久时，钢轨端部可能发生爬行，为此，应根据工地实际情况，适当考虑爬行量的因素。

2.施工终点合龙口的预备

施工终点合龙口的准备，主要根据合龙口现场的配轨及轨缝情况，以及预计次日合龙口时可能出现的情况，准备合龙口配轨。若施工终点在缓冲区终点，应事先将缓冲区钢轨的轨端绝缘与轨缝按标准做好，并与长钢轨端部连接紧固。预留的轨缝用轨缝片固定。若施工终点就是长钢轨端部，则只需备好合龙配轨即可。当合龙口轨缝较小或顶死时，可事先将轨缝拉大，以利合龙。此外，为在换轨过程中换轨小车通过顺利，也必须充分做好终点合龙口的准备工作，为此，整个长钢轨应尽可能拨近既有线钢轨以不侵入限界为准，并拨顺及拨直，使积累在长钢轨内部的应力得以释放。在长轨终点合龙口的位置，尚要做好撞轨的准备，为撞轨作业创造有利条件。

(四)安设防爬支撑及位移观测桩

铺设无缝线路施工时，要及时锁定钢轨，建立位移观测桩。如果不这样做，就不可能得到正确的锁定轨温及位移观测资料。但是，在施工时，有时却忽视这项工作，把安设防爬设备与建立位移观测设备的作业，放到铺设施工的次日或以后去做，很明显这样的安排是十分错误的。

1. 安设防爬支撑

铺设无缝线路前，应根据设计要求，事先将防爬支撑安设到设计位置上，混凝土轨枕与支撑的接触面是楔形的，若支撑不是楔形的，应采用楔形木垫片，垫在轨枕与支撑之间。楔形木垫片的尺寸，应大于支撑端面，最薄处不得小于15mm，楔形的斜坡与轨枕的斜坡要一致，为防止木垫片上下串动，木垫片的顶部要紧靠轨底，以确保支撑安设牢固。防爬器加力板与轨枕侧面的接触，也应照此办理。铺设时，只需安装打紧防爬器，并在拧紧扣件的同时做好这项工作，确保长钢轨的迅速锁定。

2. 安设位移观测桩

安设位移观测桩，用以定期观测钢轨的位移情况，作出正确的分析判断，掌握长钢轨的锁定状态和伸缩区的工作状态是否正常，据此评价养护工作是否正确。因此，要在长钢轨锁定的同时，利用位移观测桩，建立观测“零”点。很明显，如果在铺设后再去埋设位移观测桩，就无法做到观测“零”点与锁定钢轨在时间上的一致。若在钢轨锁定后到安设位移观测桩，建立观测“零”点这段时间内，钢轨发生位移时，就观测不到这个位移变化。所以，为了使建立观测“零”点与锁定钢轨在时间上的一致，一定要在铺设施工前，将位移观测桩埋设牢固。目前，位移观测桩的埋设数量一般每段无缝线路埋设5对，即在一段无缝线路的两端各一处，伸缩区与固定区交接处各一处和固定区的中部一处。有的为了加强位移的观测，在距伸缩区末端100m的固定区内再各增设一对，或在固定区内每隔200m埋设一对。观测桩的埋设位置，在轨枕端部外侧的道床上左右各一个。观测桩顶的连线，一定要与线路中心线垂直。其埋设高度，目前有两种：一种以轨顶为标记，其桩顶高度略高出轨面约5mm；另一种以轨底为标记，其桩顶高度略低于轨底5mm左右。此两种方式各有其优缺点。前者，观测时方便，但桩顶高出道床面不太稳固；后者，观测时要将弦线由轨底穿过不太方便，但桩顶基本与道床顶面平，比较稳固。

(五)钢轨配件的可卸性检验与准备

在封锁时间内，若有一根轨枕扣件松不开或夹板螺栓卸不下来，都会延误封锁时间，影响铁路运输工作。轻者，造成列车晚点；重者，打乱运输秩序。因此，在铺设前，先将扣件螺栓、夹板螺栓、轨距杆螺栓滴上柴油，而后将所有的螺栓都拧松一遍，对松不开的螺栓作出标记及记录，以便采取措施，确保其可卸性。但这项工作有时被忽略，施工中不事先安排劳力做好准备，在封锁后，一旦遇到螺栓锈紧，松动费力，影响松螺栓的效率使施工封锁时间拖长，不能有效地利用施工封锁点。

(六)铝热焊缝邻近轨枕的预先方正

按设计要求，当铝热焊缝距邻近轨枕的边缘小于 40mm 时，必须方动轨枕。这项准备工作，可在铺设前按照铺设中铝热焊缝预测位置来检验，轨枕方正后要捣固好，但是，往往由于预计不准确，铺设时出现实际铝热焊缝位置与预测的不一致，造成再次方动。所以，当预测把握不大时，也可以在换轨的同时，指定专人进行这项工作。这样可以按实际需要做到一次方正。在方动轨枕时，可等待旧轨离开轨枕而新轨尚未落槽的时机，用撬棍拨动，方正就位。为此，要在封锁前的准备作业时间内，将计划方动的轨枕，扒开其方动方向一侧的枕木盒内道碴，为封锁时方动轨枕做好充分的准备。

二 合理选择施工时间

铺设无缝线路很关键的一点，就是在施工时间内，要求轨温的变化始终保持在设计的锁定轨温之内。这样才能保证钢轨的锁定轨温符合设计要求，毋须进行应力放散的工作。为此，安排施工计划时要选择好施工的时间，在施工方法上要采用正确的作业手段及步骤。要达到这一目的，必须研究及掌握以下的规律。

(一)掌握温度变化规律

温度的变化具有一定的客观规律。据统计，轨温的变化与以下几个因素有关。

1. 气温与轨温的一般变化规律

一般在气温达到最高时，轨温较气温高 20℃左右，当气温在 15℃以下时，气温与轨温基本相近。但是，这种变化也不是绝对的，随着天气的晴雨、时间的早晚、周围的环境、钢轨的状态、季节的不同等客观条件而波动。

2. 天气的晴雨对气温与轨温差变化的影响

天气的变化有多种情况，晴天时有大风与无风的区别，多云与无云的区别，转阴与转晴的区别；同样，阴天与雨天也有以上这些区别。其变化在同一时间及季节内，晴天与雨天测得轨温与气温差，最大可相差 16℃。如京广线孝感地区 7 月份 13 点晴天测得轨温与气温差为 19℃，而在同一条件的雨天测得轨温与气温差为 3.6℃，这种变化又随时间的不同而有差异。

3. 时间的早晚对轨温与气温差变化的影响

同一季节内，轨温与气温差随着时间的早晚而变化。一般早晨未出太阳时，轨温与气温基本接近，随着太阳的升起，其温差也随之上升，临近 13～14 点时其温差值为最大，以后又随着太阳的西落，温度下降，到夜晚轨温与气温又趋于接近。

4. 周围的环境对轨温与气温差变化的影响

铁路线路所经之处，有河谷、平地、深堑、高堤、平原、丘陵等不同地形，条件变化多端。故无缝线路穿越的地形不同，轨温与气温差所受的影响也不一样。一般情况下，通风条件好的地方较通风条件差的地方，其轨温与气温差小一些，深路堑较高路堤的轨温与气温差则大一些，平原较丘陵的轨温与气温差小些，阴处较阳处轨温与气温差也小些，通常可相差4～6℃。

5.钢轨状态对轨温与气温差变化的影响

一般在线路上运营的钢轨踏面因受列车碾压而光亮，未经使用过的钢轨表面因生锈而粗糙，光亮面、粗糙面的吸热性能各有不同，一般光亮面比粗糙面的温度要低1～2℃。当早晨钢轨表面有露水时，其轨温与气温接近。同理，当轨面上有雨水时，轨温与雨水的温度也相近。

由上述情况得知，轨温与气温差的变化规律涉及因素较多，而且也比较复杂，要想从气象预报得知的气温来正确地预测轨温是比较困难的，如果我们在预计时能分析不同的条件，修正轨温与气温之差，那么预测轨温就有接近实际轨温的可能。为得到正确的预测结果，我们必须搜集大量的轨温与气温差的变化资料，经过归纳与分析找出它的变化规律。

(二)施工方法对锁定轨温的影响

锁定轨温正确与否，对无缝线路是十分重要的问题。因为，在无缝线路上进行施工或作业，必须根据该段无缝线路的锁定轨温与当时施工或作业的实测轨温的差值多少，来判断施工或作业的安全性，必要时，需采取措施或停止作业。如果对无缝线路的锁定轨温不重视，当存在已知的锁定轨温并不代表该段无缝线路的实际锁定轨温的情况时，由于盲目地相信了不可靠的锁定轨温，一旦作业时的实际轨温超出了安全作业的限度时，就有可能发生危及行车安全的事故。所以，施工时必须十分重视锁定轨温的测定工作。

锁定轨温是一个量测出来的数据，因此必须要有一个统一的量测方法及定义。但到目前为止，我们尚未有这样一个众所公认的标准。习惯采用的方法通常有：

(1)铺设开始时测量一次轨温，在换轨小车行进过程中，定时测量轨温，到铺设终了新轨落槽后，再测量一次轨温，然后将各次测得的轨温取其平均值，即为该段无缝线路的锁定轨温。这种测量方法在施工顺利、行进均匀的铺设过程中，若轨温变化不大，可以代表实际锁定轨温。但是，当施工中遇到故障，而且整个过程中轨温波动较大时，此时测得的锁定轨温就不能代表实际锁定轨温。由于施工时间较长，开始端的扣件恢复工作做得较快，而终端的扣件恢复工作做得较慢，显然，始端的锁定较早，终端的锁定较迟，当施工过程中的轨温波动较大时，两端的锁定轨温必然达不到均匀。

(2)为了克服以上缺点，规定在长钢轨始终点工作的人员要统一行动，接到施工命令后同时锁定扣件。在换轨小车行进过程中，只能做安正扣件的工作，不得做紧扣件的工作。铺设合格后，由施工领导人发布锁定命令，统一由两端向中部上紧扣件，同时测定轨温，此轨温即为该发无缝线路的锁定轨温。这个方法从理论上看是比较合理的，而实际上，由于施工战线长、人员多，指挥难达到统一，而且封锁时间较紧，合龙后留下的时间不多，统一锁定钢轨时间不充足，难免有个别人急于求成，不听从指挥，结果锁定作业程序与上述方法(1)相同，此时的锁定轨温实际上是终了时的轨温。当整个作业过程轨温波动不大时，测定的轨温可以代表实际锁定轨温；当轨温波动较大时，始端的锁定轨温就不真实了。

(3)为了比较真实地反映出实际锁定轨温，有的从铺设一开始，就测定锁定轨温，而后每铺设到位移观测桩时，测定一次轨温，直到终端长钢轨合龙处，测最后一次。此时，每次测定的轨温，即为该观测桩段落的锁定轨温。若轨温处于稳定阶段，其结果与上述方法(1)和(2)相似；若轨温处于变化阶段时，其测定的结果就能较真实地反映出锁定轨温的不均匀性，便于工区对该段无缝线路锁定的状态有较为全面的了解。若测得的各段锁定轨温极不均匀，必要时，在铺设后需要进行一次应力调整的工作，消除应力不均现象。

综上所述，采用方法(1)较为普遍，但做法也有一些不同，例如终端的锁定轨温，有的以长轨落地时轨温为准，有的以连接好长轨龙口时的轨温为准。一般当轨温处于稳定阶段时，两种情况相差无几，但当轨温处于变化阶段时，由于两种情况在时间上有着数十分钟的间隔，所以测得的轨温相差可达3～5℃，如图9-11所示。

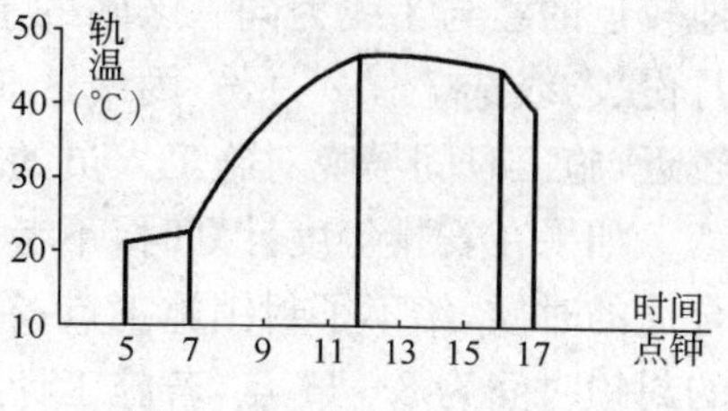

图 9-11　轨温日间变化曲线

从图中可以看出，5～7点及12～16点，轨温趋于稳定，早晨7点到中午12点为轨温上升阶段，变化较大，平均每10min约上升1℃，下午16～17点时，为轨温下降阶段，变化也较大，平均每10min也约下降1℃。因此，若在轨温变化阶段施工，封锁时间按2h计，则始端轨温与终端轨温可相差12℃左右。若合龙口占用作业时间按20min计，则长轨落地时的轨温与龙口全部合龙上紧时的轨温，也可相差1～2℃。

当长钢轨接近合龙终端时，有时长钢轨终端接头不方，超过允许相错40mm的规定，有时合龙的位置与预计的位置有缺口或搭头，此时为了及时合龙，也有用撞轨的方法使之合龙的。但应注意，如果不加分析地运用撞轨的措施，必然会影响锁定轨温。因为撞轨的伸长值或缩短值并非均匀地分布在整根钢轨上，而是集中在终端附近的一段距离内，造成整根长钢轨锁定轨温的不均匀，由此也形成了钢轨内部应力的不均匀。

所以，施工方法不正确必将影响锁定轨温的正确性。为使锁定轨温接近实际，施工时，有关技术人员应根据施工的方法，分析锁定轨温是否切合实际，必要时应进行修正。同时，施工时应尽量避免长轨落地后进行撞轨作业。在个别情况下如非需撞轨时，在接轨作业结束之前，在整条长轨上不得进行紧扣件的作业。

(三)列车间隔时间与选择施工时间的关系

影响施工封锁时间的因素很多，以预留天窗或列车间隔时间为最重要。因为即使根据天气预报，了解到在某一间隔时间内，从各方面都能满足施工的设计温度需要，但如果在这个间隔时间内，列车间隔调不开，就不可能给施工封锁点；有可能在给点封锁的时间内，不是温度达不到设计要求，就是封锁时间较少，满足不了施工能力的要求。因此，即使施工了，因为轨温达不到设计的要求，以后尚需进行应力放散工作，或者，因为封锁时间不足，不能正点开通线路，影响运输秩序。可见列车的间隔时间与选择施工时间的关系十分密切。因此，各方必须密切配合，既要满足施工的需要，又要确保运输秩序的正常。

(四)合理选择施工时间

为了满足设计要求，安排好施工，合理选择施工时间是十分重要的。合理选择施工时间的关键在于，摸清计划施工地区全年的温度变化规律，以及施工区段上下行全年各季可能给点施工的时间间隔。而后运用温度变化规律，安排好各季的施工要点计划，与运输有关部门，协商好各季的施工计划。

例如：根据年任务的安排，铺设无缝线路70km，其中甲线20km，乙线30km，丙线15km，丁线5km。根据掌握的温度变化规律，满足设计锁定轨温要求的时间为：3～4月份为中午12～14点；5～6月份为9～11点；7～8月份为早上5～7点或下午16～18点；9～10月份为中午10～13点；11～12月份为12～15点。根据列车运行图留有的天窗时间，甲线为上午8～11点，乙线为凌晨4点30分～7点及12～15点，丙线为12～15点，丁线为11～13点。驻地距工地较近的乙与丁线为同一区间的上下行。在这种情况下，安排年度施工计划时，甲线选5～6月份、乙线选7～12月份、丙线选3～4月份、丁线选9～10月份。由于乙与丁线的工地距驻地较近，施工时间早晚对施工人员的休息影响不大。

如果在安排年度计划时，不考虑温度的变化规律与可能的列车间隔时间，就可能发生温度合适的时候，给不了封锁施工点；有了封锁施工点，温度又达不到设计的要求。例如甲线预留的封锁时间为8～11点，若施工计划安排在轨温最高的7～8月份，即使施工，将来仍需进行放散应力工作，浪费了工时，而且锁定的质量也不佳。又如，某线预留施工封锁点为早5～7点，而计划排在7～8月份，但驻地距工地较远，就近又无驻地条件，虽然预留封锁时间及施工计划安排都很理想，但因工地太远，施工人员在凌晨4点赶到工地有困难，所以这样的计划安排仍是实现不了的。若安排在3～4月份12～14点时，三者均可兼顾到，这就比较理想。由此可见，施工计划与温度变化季节调配适当，不仅可以一次达到设计的锁定轨温，而且可以克服由于锁定不当而造成工时的浪费。在有些施工地段，由于运输通过能力紧张，在合适的轨温条件下，施工封锁时间较短，这样为了保证正点开通线路，在施工组织时，要加强施工能力，如松紧扣件的劳力及机具设备的能力，只是在万不得已时，才考虑不按设计锁定轨温施工。但必须在今后合适的温度条件下，进行放散应力工作，以确保行车安全。

当工地焊接及铺设前的各项准备工作全部完成后，即可按天气预报，在施工前3d向有关铁路运输主管部门拍发电报，提出施工要点计划的申请。为了加强相互配合，在施工前一天18点以前，可根据次日及当天的天气情况，由驻铁路局的联络人员，再次落实次日的封锁要点计划，必要时可与有关计划人员协商，按实际情况调整施工封锁点的具体起止时间。如果次日不具备施工条件时，应及早提出取消计划的通报，使编制次日运输日班计划更合实际，有利于运输生产。要确保施工封锁时间内轨温满足设计要求，封锁点的计划落实后，应及早通知工地，进一步做好次日施工前的各项准备及检查。

三 封锁线路前的准备

由于封锁时间较紧，凡是能在封锁前做好的各项准备工作，决不占用施工封锁时间的一分一秒。为了确保运输的安全，一般在封锁前1h，在列车限速≤45km/h的条件下做好以下几项工作。

(一)检查起点合龙口

这项工作要确保两长轨间缓冲区配轨和预留轨缝符合标准，一般在铺设前的准备工作中应基本就绪，但有时由于任务紧，准备尚不充分，或因准备好的长轨端部位置在列车振动下发生了爬行移位，因此在封锁前要作进一步检查，如有不当之处，抓紧时间进行准备，使之符合施工所要求的标准。

(1)若缓冲区配轨已在前一段施工中全部更换，此时应将轨枕扣件及接头螺栓全部按标准复紧，防爬设备应按设计要求安设齐全，轨缝应按设计预留准确。

(2)若缓冲区的配轨尚未更换，此时应在待换的长轨一端，按设计连接缓冲区的配轨，预留好轨缝，拧紧夹板螺栓，按施工封锁前的准备要求，抽除合龙处的接头螺栓并卸掉轨枕扣件。

(3)方正长钢轨的接头。如果长钢轨的头部位置已发生位移,应按原准备好的位置拉正拨顺。

(4)若轨端绝缘器材尚未更换,应与电务人员配合,做好抽换轨端绝缘器材的准备,并做好钢轨接续线安装的钻眼等准备工作。如使用胶接绝缘,应事先备好接头轨。

(二)终端合龙口的检查和准备

这项工作以确保长钢轨准确合龙为前提,在铺设前的准备工作中,应主要完成以下几项工作:

(1)最重要的准备项目,就是按预计的锁定轨温,计算好合龙口的配轨长度,预留好可以调整的轨缝量,以备施工时,万一实际锁定轨温与预计轨温有出入时仍能迅速合龙,正点开通线路。

工地焊接时,要预计好此段无缝线路的长钢轨焊接长度,最好能将最后一个铝热焊头留待施工时进行焊接。这个长度的确定,可按以下顺序进行:

①由专门的量轨小组,仔细地丈量此段无缝线路新旧4股钢轨。丈量时,先从长钢轨始端位置的接头开始,4股钢轨的丈量,每链都按同一先后次序进行,并记录丈量时的轨温。

②量到铝热焊的位置时,外股及内股的新旧轨长度应各自相等,按此长度检查旧轨的接头是否方正。若方正,新轨上道后,铝热焊接头亦必方正;否则,应将较长的一股新轨,按接头相错的数值切除,以保证焊好的铝热焊接头相对,也可以按铝热焊接头允许相错100mm来控制。不超出此数时,可以不切除多余量。但丈量时应注意将此相错量累计下去。

③丈量到最后一个铝热焊接头时,应先量出设计的缓冲区与长轨相连接的接头位置,然后从最后一个铝热焊接头位置起开始丈量,丈量到刚才定出的设计长轨接头位置,定出这段距离,而后再丈量最后一根新轨的内外股长度。

④计算最后一根新轨内外股的切除量。在工厂焊接时,最后一根工厂焊接长钢轨的长度已预留了一定的富余量,当准备在工地焊接时,应按预计锁定轨温重新计算钢轨长度,并将多余量切除,以确保铺设时能准确合龙,使铺设的无缝线路长度与设计的长度一致。切除量的计算公式如下:

$$l = l_1 + l_2 \tag{9-5}$$

$$l_1 = \sum l_{n1} + 0.015 \times (N-1) + 0.0000118 \times \sum l_{n1} \times \left(t' - \frac{\sum t_n}{n}\right)$$

$$l_2 = \sum l_{n2}$$

式中:l——长钢轨切除量,m;

l_1——计划新轨总长度,m;

$\sum l_{n1}$——新长钢轨实测总长度(若铝热焊时有切轨,应扣除其切轨量);

0.015——每个铝热焊的预留轨缝,m;

N——一股钢轨铝热焊的总数;

t'——预计施工时达到的锁定轨温;

$\sum t_n$——丈量时测得的轨温总和;

n——丈量时测轨温次数;

l_2——按设计既有钢轨总长度,m;

$\sum l_{n2}$——实测既有钢轨包含轨缝在内的总长度,m。

内外股的钢轨切除量均按上式分别计算。丈量钢轨时，要顺钢轨的轴线丈量。每次丈量时，要用力均匀，以减少相对误差。此外，终端的长钢轨接头一定要方正。

在实际切除时，应根据计算切除量的大小和施工时的温度变化情况（上升或下降）来考虑，适当修正切除量。若计算的切除量小于30mm时可以不切除，累计到下一段无缝线路中一并切除。若不受轨端绝缘的限制，可以放宽此限制。施工时，当温度变化处于上升或稳定阶段时，切除量应较计算值增大20～30mm，这样可以在合龙时，即使实际轨温较预计升高一些，或施工时间较计划时间延长一些，也能顺利地合龙；反之，合龙时的温度较预计的低一些，也可用调整轨缝的办法保证其合龙。若施工时温度变化是处于下降阶段，可不修正计算的切除量，当合龙处既有线路上轨缝较小时，可用调整轨缝的办法处理。

一般情况下，按以上原则计划切除量，合龙时可以不另配合龙钢轨。当实际锁定轨温超出预计较多，或计划合龙口位置不在既有线路上的接头处时，应备有合龙钢轨。合龙钢轨是事先根据工地实际情况计划好的，一般以“宁短勿长”为原则来计划合龙轨。

(2)终端缓冲区配轨并预留好轨缝，若设轨端绝缘时应与电务部门配合，要事先作好设计及安装。

(3)缓冲区的防爬支撑按设计要求安装就位。

(4)需要撞轨机时应将撞轨的机具准备妥当。

(三)做好换轨的各项准备

为有效地利用封锁点，需要充分做好以下各项准备：

(1)拨顺卸在线路两侧碴肩上的新轨。以不侵入限界为原则，将新轨拨近既有线。若长轨存在鼓曲，应通过撞轨使长轨顺直。因为长轨有鼓曲，说明钢轨内有应力，通过撞轨使内应力得以释放。若事先不做拨顺钢轨的准备，在封锁施工中，必须给撞轨增加工作量，而且在鼓曲的位置上，换轨小车也不易通过，因此必须使鼓曲缓解。

(2)做好扣件的准备。松卸部分轨枕扣件或起掉木枕的部分道钉。混凝土轨枕线路直线上隔一根卸两根，曲线上隔一根卸一根，外侧的扣板松开后转90°角，内侧的扣件则全部卸下。木枕上隔两根枕木起掉一根枕木的道钉。扣板要转正，否则拨出旧轨时容易带起轨枕，新轨拨入时也会影响落槽，增加了作业量。卸下的扣件及螺母要安放好，以免拨轨时埋入道床内，影响开通线路。补充和更换小胶垫。对原有缺少的扣件，或型号不合的扣件，要在换轨的同时更换。卸下的不能用的扣件应集中成堆，将准备更新的扣件成套地放在适当位置备用。原有接头上的扣件卸下，换成中间的扣件。

(3)钢轨接头螺栓的准备。将旧轨接头上螺母向外的螺栓全部抽掉，以免换轨小车通过时，在新旧轨交叉处与新轨互相碰挂，干扰换轨小车的作业。因此新轨接头上的螺母向内的也一律暂不安装。

(4)大胶垫的准备。将需要更换或补充的大胶垫散布在适当的位置上，以备封锁时抽换。

(5)方正不合标准的轨枕。根据工地焊接时计算出的铝热焊缝的位置，检查焊缝距轨枕边缘是否小于40mm。对位置不合标准的轨枕应进行方正，移动后要串实枕下道碴。若对方正轨枕的移动量无把握，此项工作也可在换轨的同时按实际情况进行。

(6)其他准备工作。装有防爬及轨距杆的线路可在封锁前的准备工作中，将防爬器及轨距杆撤掉。若换轨后不再利用，应集中待收。

准备作业全部完成后，施工负责人及各工班的工长，应分别检查上述准备项目是否就绪，尤其对钢轨接头、扣件、方正轨枕等项作业，要在作业中随时检查，发现有不安全的情况时，应立即责令操作者及时改正，以确保行车安全。检查完毕，达到封锁施工的条件时，即可按调度命令的要求封锁线路施工。

四 封锁线路换轨施工

施工领导人得到调度命令后，即可发布封锁线路的信号，防护员按规定设置防护信号，随即全面展开封锁施工作业。

换轨施工作业按下述步骤进行。

(一)拆除线路作业

得到封锁线路的命令后，按责任分工迅速做好以下工作，并注意作业的质量，以减少对换轨进度的干扰。

(1)拆除两端合龙口的接头连接件，但接头仍保持在原有位置。

(2)卸下轨枕扣件，起掉木枕道钉。按责任分工地段，根据规定标准做好此项工作，并准备完毕。

(3)松动及抽换大胶垫。时间富余时，用撬棍将钢轨撬起，轨底垫上支垫物，用特制的小铁铲将粘在轨底上的胶垫铲下。对需要更换的大胶垫，随即换上，放正位置。换下的胶垫集中成堆。对木枕上的铁垫板，凡型号不对或断裂的，同时进行更换。此项作业完成之后，应撤除支垫物，即使尚未完成，当牵引换轨小车的轨道车即将临近时，也应及时将支垫物撤下，以策安全。

(二)换轨作业过程

线路封锁后，装有换轨小车的轨道车要立即按命令进入施工区间，到达起点合龙口位置后停车，将换轨小车卸到线路上(拨新轨小车在行车方向的前方，拨旧轨小车随后)，然后按以下步骤开始换轨作业。

1.拨新轨小车的准备

换轨小车卸到线路上之后，轨道车立即驶向合龙口前方停车，并用牵引钢丝绳与拨新轨小车连接。此时由两人各持一台起道机，分别将两股新钢轨起至一定高度，在轨端装上梭头，引导钢轨一端进入拨新轨小车前方的铲轨槽内，如图 9-12 所示。新轨在铲轨槽上放置平稳后，换轨小车指挥人即发布开车命令，轨道车牵引拨新轨小车徐徐前进。新轨在铲轨槽内向上滑动，被引进拨新轨龙口。新轨通过龙口后，轨端又逐渐下垂，当达到与线路上旧轨相平时，用撬棍将旧轨一端拨向道心，然后再用撬棍将新轨一端拨入，与线路上的旧轨相连接。当拨新轨小车驶离合龙口接头 20m 以外时，命令轨道车立即停车，拨旧轨小车进入新旧轨接头连接作业的准备状态。在准备作业中，已预留好新轨拨入后的缩短量，由于预留时是以“宁多勿少”为原则，因此，一般新轨拨入后轨缝较小，在此情况下，可将新轨向外拨动一下，轨缝必然张开，当达到标准后，立即将夹板安好，上紧螺栓。如果预留量掌握过小，新轨拨入后必定使轨缝过大，或使夹板安不上去，

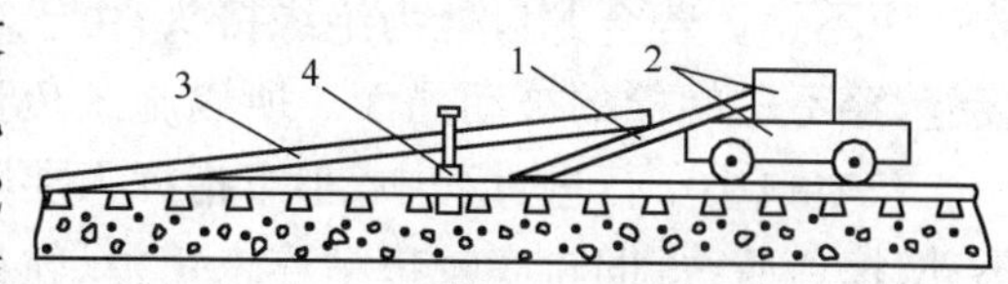

图 9-12　新轨进入铲轨槽时情况

1-铲轨槽；2-拨新轨龙口；3-新长钢轨；4-起道机

此时必须用对讲机通知终端合龙口处的撞轨小组向长钢轨内方撞轨，使轨缝缩够标准，再将夹板安好，并上紧全部螺栓。由于撞轨既费时费力又不易掌握好，所以要在准备作业时，特别重视预留好新轨拨入后的缩短量(即长轨头的前移量)。

起点合龙口的连接接头最好不要在有轨端绝缘的接头上(采用胶接绝缘除外)，因为轨端绝缘安装零配件较多，连接时占用封锁时间较长。在合龙口的接头安装连接配件的同时，要按责任地段迅速将轨枕扣件及防爬设备全部安好上紧，拨旧轨小车的准备及合龙口接头连接完毕后，即可进行换轨的作业。

2. 拨旧轨小车的准备

将拨旧轨小车推向临近合龙口接头的位置，用钢丝绳与拨新轨小车连挂，将旧轨铲入拨旧轨小车的龙口，旧轨自动地通过龙口。钢丝绳的长度要事先测定，一般长 21m 左右。过长，会使新轨碰挂轨枕外侧的螺纹钉；过短，又会使旧轨碰挂轨枕内侧的螺纹钉；并且由于长度不适当，还会使新旧轨在交叉处互相发生碰撞或挤压过紧，而影响换轨小车的顺利行进。

3. 安装新轨拢轨器

为使新轨经拨新轨小车引入轨枕的承轨台时，两股钢轨保持标准轨距尺寸，要在钢轨落槽的前方位置，在新轨上安装一架带有滚轮并能控制轨距的拢轨器，如图 9-13 所示。当拨旧轨小车连挂完毕后，随即安装新轨拢轨器。

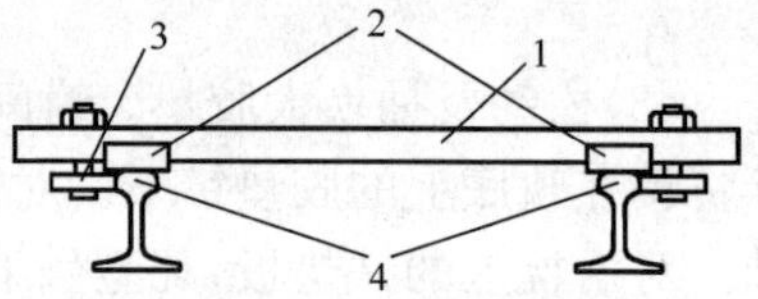

图 9-13　新轨拢轨器

1-槽钢；2-平滚筒；3-拢轨滚轮；4-新钢轨

拢轨器两侧的拢轨滚轮轮缘内侧之间的距离为 1575mm，这样，一方面能保证拢轨器移动灵活，另一方面可将两股新轨的轨距拢到 1435mm。拢轨器用钢丝绳与牵引拨旧轨小车的钢丝绳连挂，同拨新旧轨两小车共同组成换轨车组。在作业中三者同步前进，共同完成拨出旧轨拨入新轨的全部换轨作业过程。

4. 换轨作业过程

换轨小车准备就绪后，将换轨小车牵引到距合龙口以外 100m 的位置上停下，等待此 100m 范围内扣件及防爬设备全部锁定，接头全部上紧后方能按指挥人的命令开始换轨作业。如果不等锁定线路就开始换轨作业，则未锁定的钢轨容易产生移位，造成接缝拉大或接头相错而达不到规定的标准，即使再返工也比较困难。施工中往往为了急于求成，而不予重视，结果欲速而不达。若合龙口处为绝缘接头，由于零配件多，连接作业复杂，动车过早，容易造成拉开接缝，穿不进螺栓的被动局面。所以施工负责人必须十分重视这一点。

在换轨小车行进过程中，小车指挥人要随车监视换轨小车作业是否正常。当发现小车走不动、掉道脱线、旧轨底咬垫粘连末铲掉、轨枕螺纹道钉的螺母未卸掉、旧轨防爬器或轨距杆未卸掉、新轨螺母向内的螺栓或旧轨螺母向外的螺栓未卸掉、轨枕因螺母未卸掉被钢轨带起等，应立即命令停车，待故障排除后再继续前进。

一般在曲线上，由于钢轨内外股存在的长度变化无法自行调整，在这种情况下，将会由于内部应力使钢轨发生蠡曲，造成换轨小车行驶受阻，严重时会使小车脱线掉道。为了解决这一问题，指挥者应及时用随身携带的对讲机通知终端撞轨的人员进行撞轨，促使应力得以释放。新轨落槽后，各人按责任地段将胶垫放正，摆正钢轨轨枕扣件或道钉，在直线上可隔两根先恢复一根；曲线上隔一根恢复一根，但注意不要上紧。恢复扣件时要整正钢轨，使扣件紧靠落槽。

换轨小车行进过程中，指挥人要随时用对讲机与终端撞轨小组负责人联系，了解终端长钢轨接头的方正及位置是否趋近于计划的位置。当接近终端时，更要掌握好撞轨的进展，以确保长轨最后落槽时，终端的接头与计划相近，使合龙顺利地达到预计的要求。

换轨小车行进到铝热焊接头时，指挥者要通知轨道车驾驶员加速，利用冲力使铝热焊接头通过换轨小车的龙口；若方正轨枕的准备工作未事先做好，应派专人检查焊缝距轨枕边缘的最小距离是否符合设计要求，若不符合，当旧轨脱离需要方正的轨枕时，要立即将轨枕方正好，使新轨落槽舌焊缝距轨枕边缘的距离达到设计的要求。方动的轨枕要随时捣固结实。

换轨小车接近合龙口时，立即停车，检查合龙处的两股钢轨的接头位置及测量轨温是否符合设计的要求。若轨温不符合设计锁定轨温，当处于温度上升阶段，且尚有足够的施工封锁时间时，可稍停片刻，待达到设计锁定轨温时，再进行钢轨落槽合龙的作业；当处于轨温下降阶段，或施工封锁时间已将近开通时，不论当时的轨温是否符合设计要求，均应立即做好合龙的准备。

终端钢轨合龙的准备，先在终端长轨及旧轨落地的位置放上短枕木头，然后通知轨道车继续前进，使新旧钢轨终端通过小车的龙口而落到准备好的枕木头上，并立即将新轨拨入轨枕的承轨台；若接头不方正，先撞方钢轨接头。合龙口接缝过小，新轨不能拨入合龙；轨缝过大，不能连接新旧钢轨的接头时，可根据前后钢轨接头的轨缝情况，调整好附近的轨缝，以确保钢轨接头的连接。当龙口的接头连接条件已经具备时，施工指挥人通知全线开始锁定钢轨的工作，按本章第二节的相关要求，确定此段无缝线路的锁定轨温。同时按规定在观测桩相对应的钢轨上作出观测的标记。

钢轨观测的标记根据观测桩埋设的方法确定。标记的位置一般在轨头侧面或轨底边缘。禁止使用锯小口作标记的方法，因为锯口在列车动力反复作用下，有导致钢轨折断的可能。一般以红白油漆交接缝作为观测标记比较适宜，标记可画成“◁▶”形或“□■”形。

钢轨落地后，由换轨小车的操作人员将小车推上平板车，固定好，等待命令返回车站，开通线路。

若钢轨合龙时，距预计的位置相差较大，调整轨缝又不可能时，此时可将平板车上准备好的各种尺寸的龙口轨，按工地实际的合龙口尺寸，选择合龙配轨进行连接合龙。禁止用氧—乙炔切割线路上钢轨及烧螺栓孔眼的方法进行合龙。此种方法虽然方便迅速，但由于切割的钢轨容易折断，而且每换一次轨要损坏一对钢轨，实属浪费。

凡钢轨落地后采用撞轨合龙的，应根据撞轨量来修正锁定轨温值。其修正计算为：

$$\Delta t = \frac{\Delta l}{0.0118 \times l} \tag{9-6}$$

式中：Δt——撞轨影响锁定轨温值，℃；

Δl——长钢轨落槽后的撞轨量，mm；

l——长钢轨全长，m。

$$t'_{锁} = t_{锁} \pm \Delta t \tag{9-7}$$

式中：$t'_{锁}$——修正后的锁定轨温；

$t_{锁}$——长钢轨落槽时实测轨温；

Δt——撞轨影响锁定轨温值，长轨伸长为正值，压缩为负值。

按规定左右两股钢轨的锁定轨温不得相差 5℃以上。

合龙时若采用了龙口配轨，应在下一次换轨时，按设计的配轨将龙口配轨换下来。若不继续换轨，应在次日配好合适的配轨，将龙口轨换下来，对氧—乙炔切割的钢轨更应及时更换。

为了掌握实际锁定轨温，监视锁定轨温的变化，近年来，有人提出通过测定单根钢轨(扣件全部卸下)横向变形所需施加的横向水平力，来计算钢轨纵向水平力，从而确定实际锁定轨温。纵向力的计算公式如下：

$$H=\frac{PL}{4y}-\frac{4\pi^2 EI}{L^2} \tag{9-8}$$

式中：L——钢轨弯曲变形长度(定为14m)；

y——钢轨弯曲变形矢度(定为35mm)；

P——实现以上弯曲变形值时，需施加的横向水平力(实测结果)；

EI——钢轨的横向刚度。

按上述方法测定时，需要封锁线路，这是一个缺点，但目前还没有一个更好的办法。

合龙口接头连接后，即可命令轨道车返回车站，当线路恢复到可以慢行开通的程度时，即可通知开通线路。开通线路后的慢行速度及次数，由施工单位根据线路恢复状态及施工能力来定，一般通过3趟慢行(15km/h、25km/h、35km/h)列车后，即可恢复正常速度运行。但每趟慢行列车通过后，一定要按责任地段分工复紧全部扣件，并检查线路状态有无异常。施工人员必须待列车恢复正常运行后，方能返回驻地。

五 施工注意事项

施工质量是反映施工组织优劣的标志。如果质量不好，就会给养护工作留下不应有的麻烦。为此，在组织施工时必须十分重视质量工作。

1. 锁定轨温的确定是否接近实际

目前测定锁定轨温的方法，虽然还不够准确可靠，但是只要严格按照规定的测定步骤及方法进行，就能得到较有代表性的测定数据。

2. 钢轨锁定要均匀

从理论上讲，锁定钢轨时要使钢轨处于自由状态，在同一温度下同时锁定，但实际上由于作业时间有两小时左右之久，锁定又有先后和快慢之分，作业过程中的温度又有一定的波动，所以具体执行时，只要求做到均匀锁定。这里首要的一条就是要求紧固扣件的作业基本上要在同一时间内完成。为减少由于各种阻力的存在而使钢轨内部积聚初始应力起见，最好在新轨底部垫上特制的小滚筒，每节轨垫1～2个。在劳力安排上，应根据换轨小车通过时间的不同，对后通过小车的地段，劳力应按一定比例加强，这样才能达到同时锁定的目的。锁定的标志就是扣件要密靠、型号要准确、胶垫要正位、扣件的扭力矩要达到标准。

钢轨接头阻力是无缝线路抵抗力的组成部分，而接头阻力是通过螺栓的拧紧实现的。为保证必要的接头阻力，要求使用高强度螺栓并按规定的标准拧紧。

接头阻力的大小由钢轨与夹板间的摩阻力来决定，其值与螺栓张力大体相等。螺栓张力与拧紧的扭力矩的关系为：

$$T=K\cdot D\cdot P \tag{9-9}$$

式中：T——拧紧螺母所需的扭力矩，kN·m；

K——扭矩系数，$K=0.18\sim0.20$；

D——螺栓直径，mm；

P——螺栓张力，kN。

3. 道床要密实饱满

无缝线路的稳定性很大程度上决定于道床阻力，而道床阻力又取决于道床断面的尺寸与其密实程度。铺设质量好的无缝线路，必须是道床饱满而密实。

据有关试验，当道床肩宽增大时，道床横向阻力也随之增长，但肩宽达到一定数值后，阻力的增长就不多了，这是由于道床破坏时，其破裂面保持在一定的范围内。试验结果表明，钢筋混凝土轨枕线路肩宽大于550mm，木枕线路肩宽大于450mm时，道床的横向阻力就增长不多了。若将枕端碴肩堆高，如图9-14所示，钢筋混凝土轨枕线路的道床横向阻力可提高26%左右，木枕线路可提高20%左右。

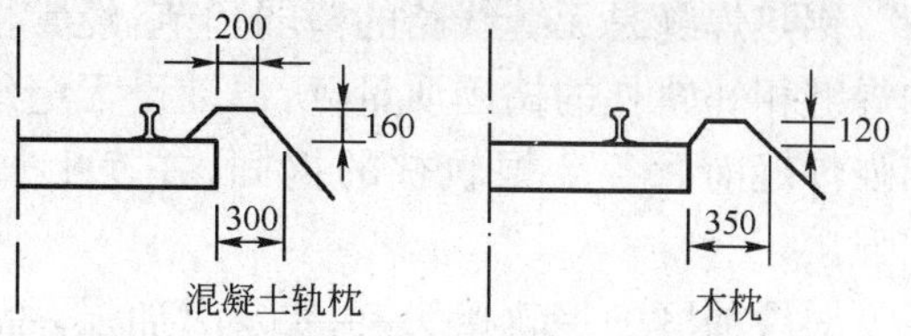

图9-14　轨端碴肩堆高示意（尺寸单位：mm）

提高道床横向阻力的另一有效措施，就是夯实轨枕盒内和碴肩部分的道碴，夯实后，横向阻力可提高20%。据国外试验资料，夯实后的道床可使阻止跑道的临界力提高20%，阻止胀轨的临界力提高45%。

铺轨后铺设的道床应使用大型养路机械分层铺碴整道。每层起道捣固作业后，应进行1～2次动力稳定作业。

大型养路机械起道量不超过50mm时可进行单捣作业，为50～80mm时应进行双捣作业。一次起道量不应超过80mm。道床铺设厚度不足150mm时不得进行捣固作业。

桥梁及隧道有碴道床进行动力稳定作业应遵守以下规定：

(1)在桥上严禁起振，不得停振，作业频率应避开桥梁自振频率，稳定荷载适当减小。调整稳定作业参数应在距桥台耳墙外10～30m范围内的路基上进行。

(2)稳定车在桥上或隧道内的作业速度不应低于1km/h。

(3)经试验不允许使用大型养路机械进行稳定作业的T形梁，可通过压道稳定道床。

4. 位移观测标志的设置要及时

无缝线路的锁定是否稳定不变，与钢轨锁定后是否发生位移关系密切。如果锁定不稳固，发生局部位移或全面位移时，钢轨内部将产生不均匀内力，于是使锁定轨温发生变化。为判明是否发生了位移，当前可靠的办法就是在钢轨锁定的同时，设置位移观测标志，建立位移观测记录，经常检查分析，发现异常时，采取有效措施给予调整。所以这是一项十分重要的工作。

5. 缓冲区钢轨轨缝的合理设置

无缝线路由于施工的需要或自动闭塞设置轨端绝缘的需要，设置了缓冲区，局部保留了轨缝。轨缝的设置，既要保证钢轨的正常伸缩，又要尽可能地缩小轨缝的尺寸。有轨端绝缘的轨缝，应考虑绝缘片的设置，一般预留10mm。

6. 铝热焊缝的设置要得当

无缝线路的轨枕应均匀分布。一般情况下是可以达到这个要求的，但遇铝热焊缝时，若考虑不周，很容易使铝热焊缝靠近或爬上轨枕。因此，在工地焊接时，一方面要加强丈量，另一方面要掌握好温度变化规律，使预计的铝热焊缝铺设时，落在两轨枕之间的合适位置上。

7. 防爬设备安装要牢固

防爬设备是锁定钢轨的重要设备，必须安设牢固。钢筋混凝土轨枕线路的防爬器和防爬支撑与轨枕的接触面之间的楔形空间，必须用楔形的木垫片楔紧，如图 9-15 所示。为此要求木垫片尺寸必须标准，上顶轨底，下靠枕面和支撑端面，以防列车振动发生松动。

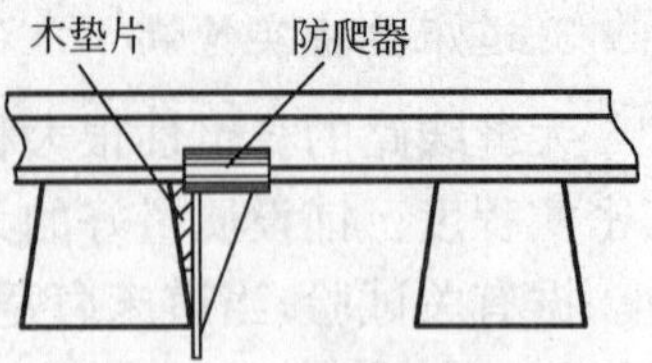

图 9-15 防爬器及木垫片

8. 加强铝热焊缝及缓冲区钢轨的接头

铝热焊缝是无缝线路的薄弱环节，经常由于方动轨枕，而影响焊缝相邻轨枕的捣固质量，所以铺设无缝线路以后，必须立即加强焊缝前后各 3 根轨枕的捣固，并换上加厚的高弹性橡胶垫片，使铝热焊缝处及时得到加强。

对缓冲区的钢轨接头，也要及时加强，否则容易形成低接头病害。

9. 铺设无缝线路的Ⅰ级铁路开通前应对全线钢轨进行预打磨作业

无缝线路经整理作业，轨面高程及道床外观符合设计要求，道床进入稳定阶段以及钢轨扣件齐全紧固后，在开通线路前进行预打磨钢轨，能去除钢轨在轧钢和施工过程中造成的轨面微小不平顺，保证轨道的高平顺性，降低轮轨噪声，延长钢轨使用寿命。

六 旧轨回收作业

无缝线路铺设完毕后，首先要抓紧时间回收旧轨，以方便整修线路的作业。

(一)旧轨回收的方法

目前普遍使用的回收方法有以下 3 种。

1. 人工回收旧轨

一般在换轨作业以后，按分工的责任地段，各自将钢轨接头全部卸开。这时，换下的旧轨不是放在道心中央，而是放在枕木头外侧的碴肩上。

接头卸完后，将钢轨每 3 根集中一处，拆下的夹板及螺栓也集中在一处，每个螺栓的垫圈及螺母在卸下的同时，随手连成整套以防散失。

回收旧轨作业时，若劳力及轨道车有富余，可随换轨小车之后在同一封锁时间内，由一辆轨道车牵引收轨的平板车进入换轨地段，停到钢轨集中的地点，由专业回收旧轨的人员用人工将旧轨装到平板车上，装满后返回就近的车站，卸到准备装车的货位上。若封锁时间内不能全部回收完，可另外在开通线路后，要点进人工地回收旧轨，直到全部轨料收完为止。

这种人工回收的方法，占用劳力多，劳动强度大，安全性差，对于 25m 长的钢轨更为困难，所以现在一般已不采用。

2. 用钢轨吊回收旧轨

在装钢轨的平板车的两端，安装有专门的钢轨吊各一台，每台钢轨吊由回转立柱、横梁、两台起重 2t 的电动葫芦所组成。电动葫芦起吊及移动应同步作业，以保持钢轨起吊及移动的平稳。在运行时，钢轨吊的横梁应转向与行车方向一致的位置固定。一次在线路上同时起吊左右各一根 25m 长的钢轨，需用劳力 10 人左右。有条件时可组织多台钢轨吊同时作业。也可用设有起重 16t 吊车的轨道车配备平板车进行收轨。

此外，可用机车牵引的 60t 平板车组成收轨吊车，以平板车的自重作为平衡反力，在板车的两端设起重 2t 的收轨吊车，吊车用钢轨钳将钢轨提升到平板车台面上，用人工轻推吊车的吊臂，使两吊车的吊臂同步旋转一个水平角，将钢轨放置在合适的位置上扣好。

3. 回收轨列车收轨

收轨时，利用机车推进列车的动力，将存放在两线之间的旧钢轨通过收轨小车的铲轨滑道及收轨滚筒，送到长轨列车中间收轨的滚道上，再用人工将钢轨拨向两侧，存放在平板车上。每列车满载一层可装轨 2km 左右，使用劳力 65 人左右。若车上设有分轨装置，则可节约劳力 30 人左右。

(二)安全注意事项

回收钢轨是一项十分艰苦的工作，为在较短的封锁时间内安全地回收钢轨，作业时必须人人遵章守纪，稍有忽视，容易受伤致残。施工负责人必须高度警惕，教育职工一切行动听从指挥，并将计划与要求详细地向机车乘务人员及作业人员交代清楚。一般要注意以下几点：

(1)进入封锁区间前，除将计划与要求交代清楚外，必须检查机械设备是否齐全完好，人员是否到齐。若回收钢轨时，以短轨为垫梁，出车前应将垫梁两端垫高固定，以使卸轨用的滚筒式横向支承梁不起作用。发车时，全部作业人员按分工携带工具上车。

(2)到达收轨工地时，由车长用信号旗指挥驾驶员，亦可用其他通信工具，如对讲机，加强与驾驶员的通话联系。为了作业的安全，列车速度必须平稳，保持均匀低速每小时不超过 3km。车速不平稳或起动停车不稳，车上钢轨容易串动，有挤伤车上作业人员的危险，必须特别注意。

(3)检查卷扬机及钢丝绳是否完好。放下小平车或专用收轨小车时，必须先检查滑道是否放置牢固平稳。放下的小车要有一定的间隔，小车下滑的前方不得停留有人。在小车即将着地时，由专人稳住车速随即停车。

(4)收轨梭头及钢轨间隔卡必须安装牢固，使两股钢轨拢成一体。回收时，轨端垫起的高度，务使梭头能自然地进入铲轨滑道，顺利滑上平板车，避免发生钢轨翻转的情况。因此列车推进速度一定要平稳，发现故障立即停车。

(5)回收的钢轨在行进过程中，每个车上的作业人员，必须随时注意钢轨的梭头是否沿车辆中部的收轨滚筒滑进，必要时，用撬棍进行拨正。进入曲线时，要注意上股一侧的钢轨，如果发生偏离或翻转，要随时拨正。

(6)收足 250m 应立即停车，由专人解开 250m 处的钢轨接头；与此同时，将收上的钢轨拨到两侧存放。取下的梭头及间隔卡要集中备用。固定钢轨时，若车上设有钢轨间隔铁装置，旧轨就位后应立即立起间隔铁，使钢轨在纵向及横向都得到固定，不致因钢轨串动而伤人。

(7)当回收最后一根钢轨时，若车上未设牵引钢轨的装置，禁止采用加速急停，利用钢轨惯性力使钢轨自动前移的办法，因为这种办法极易伤人。

(8)当回收钢轨较多时，由于车上空余位置不多，钢轨若有横向移动，容易挤伤作业人员的双脚。此时作业人员应站立在固定好的钢轨上以保安全。最好车上设有自动拨轨的分轨装置，用以减少作业人员，并防止发生上述不安全事件。

(9)钢轨回收完毕后，应将拆除的道口铺面、桥梁护轨的梭头，全部恢复正常，以保证道口及桥梁的安全。车上的工具及材料应放置在固定的地方，防止列车运行过程中脱落，造成事故。

(10)若用人工回收钢轨时，作业人员应听从指挥，动作用力要一致，因此选择抱轨的人员力量要均等，抱起钢轨走向车的边缘，一声号令，齐力将钢轨扔上平板车，车上接轨人员再将钢轨拨正就位。若平板车较高，当钢轨抱近车边时，先均匀地插上撬棍，支点在平板车边缘，抬起钢轨，一声号令，抬起撬棍，使钢轨顺撬棍滑向平板车上。此时，撬棍要支稳，动作、用力和抬起的高度要一致，以免钢轨脱落或偏滑伤人。

(11)若用钢轨吊吊轨，几台吊机动作要同步，避免因不同步而使钢轨拉斜伤人。起吊或下落时，要稳而缓慢地轻放到平板车上，防止下落太猛而冲击平板车。吊机下严禁站人，以防钢轨脱钩落下伤人。

(12)多层装轨的车辆，若立柱不是固定式的，应注意将立柱关闭好，以免列车运行中由于横向力的作用而挤倒立柱，使钢轨脱落造成行车事故。

第四节　新建铁路铺设无缝线路

一次铺设无缝线路，是相对既有线先铺成短轨线路，而后逐段换铺无缝线路而言的。一次铺设无缝线路的实施方案，是采用目前世界上比较先进的机械装备和施工操作工艺进行施工的工程，它使路基、道床、轨道的施工质量水准一步到位，一次达到设计标准，从而使轨道具有质量均衡、状态稳固的基础，轨道的强度高、平顺性好，竣工之后线路开通时，列车运行速度就能达到设计规定的速度。长钢轨的铺设，可利用专用的铺枕铺轨组合列车进行，将长钢轨从列车上卸下顺在线路两侧，轨枕装在轨枕运输车上，铺枕铺轨组合列车进入施工地段，边铺枕、边铺轨，组合列车在刚铺入的钢轨上向前行驶，如图 9-16 所示。长钢轨逐段焊成单元长轨条，再逐段铺入线路，铺入时同上次铺入的长轨条焊联，组成跨区间无缝线路。亦可采取预铺轨排的方法，备用足够数量的钢轨周转使用。轨排在基地组装，运至工地逐段铺设，达到一定长度后，再换铺长轨条，做到随铺随拆，但不得利用短轨线路运输工料。利用此法时，也可利用既有焊轨厂焊接长钢轨，全部施工机械设备均为国产，就施工而言，可谓驾轻就熟，是节约投资和便于实施的方案。

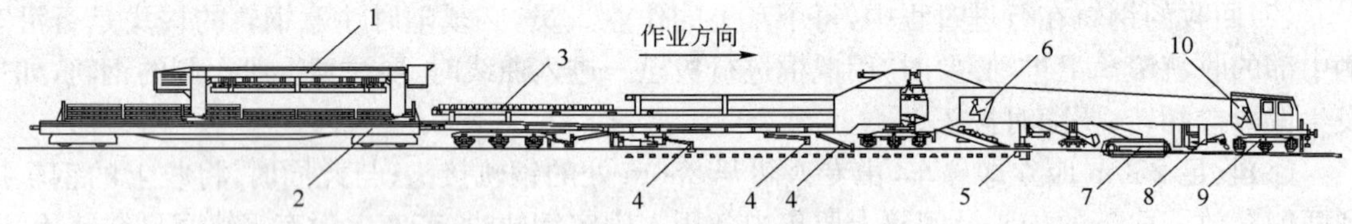

图 9-16　铺枕铺轨组合列车

1-龙门吊；2-轨枕运输车；3-轨枕接收和存放平台；4-新轨接收装置；5-准确铺放轨枕；6-铺枕操作室；7-带驱动装置的履带行走装置；8-拢轨装置；9-转移工地开行用转向架；10-拢轨操作室

新建铁路铺设无缝线路的技术要求是严密的，其主要技术组成如下：

(1)路基和道床设计标准、施工技术、监测技术；

(2)跨区间无缝线路设计与铺设技术；

(3)焊接长钢轨、混凝土枕铺设技术；

(4)大号码无缝道岔设计标准、制造工艺、焊接、组装、运输及铺设技术；

(5)各种条件下钢轨焊接方式的优选；

(6)大型施工机械的选型、引进、开发与运用；

(7)高平顺性轨道作业技术及钢轨预打磨技术；

(8)轨道承载力、轨道几何尺寸(轨距、水平、三角坑、轨面平顺度)；钢轨和焊缝质量检测技术；

(9)一次铺设跨区间无缝线路的施工组织设计。

综上所述，可见新建铁路一次铺设无缝线路在技术上的复杂性。诸如轨道的结构、路基的构筑、施工的装备与工艺，都有更高的标准和更严格的要求。它也不同于既有线上跨区间无缝线路的设计与铺设。一次铺设无缝线路归纳起来，应具备以下3个条件：

(1)稳固的基础；

(2)先进的施工装备和施工技术；

(3)平顺的轨道几何形态。

根据有关高速铁路设计的暂行规定，以及各有关设计规范、规则的规定，经分析归纳提出新建铁路铺设无缝线路的铺设范围为：

(1)设计时速300km/h的新建高速铁路，铺设跨区间无缝线路；

(2)设计时速200km/h新建客运专线铁路，铺设跨区间无缝线路；

(3)设计时速120～140km/h，特重型、重型轨道的新建铁路，铺设跨区间无缝线路；

(4)增建二线或按特重型、重型轨道改建既有线时，铺设跨区间无缝线路；

(5)新建或改建既有线时，次重型轨道铺设全区间无缝线路。

新建铁路铺设无缝线路的施工程序如下：

(1)将卸好的道碴按底层道碴的设计厚度铺平；

(2)在底层道碴上铺设浮放的长钢轨轨道；

(3)分层补充道碴，分层捣实，动力稳定，并整道；

(4)按单元轨节设计长度焊联长钢轨；

(5)单元轨节放散应力并锁定，焊联与之邻接的单元轨节；

(6)强化道床稳定作业，捣固、夯实碴肩、动力稳定；

(7)全线钢轨预打磨；

(8)轨道几何形位按铺设精度精修细调；

(9)采用周转轨换铺法时，铺设长钢轨的作业，可在上碴整道之前完成；长钢轨焊联成单元轨节的作业可在长钢轨拨入承轨台前完成。

铺设无缝线路工程施工，从铺设长钢轨浮放轨道到单元长轨节的焊联及最终锁定，采用紧密流水作业的工艺。采用这一工艺是因为浮放的长钢轨轨道其道床阻力很小，但日轨温差可能达到30℃之多，钢轨温度压力可能高达565kN。为控制浮放轨道发生异常变形，必须及时补充道碴，并分层起道、捣实、动力稳定、整道……把长钢轨焊联成单元轨节，放散应力后在设计锁定轨温范围内最终锁定，以确保铺设的质量。

一 道床施工工艺及装备

(一)道床施工

道床是保持无缝线路轨道稳定的重要组成部分。直接铺成无缝线路对道床的要求是材质均匀、捣固密实、形位稳定、弹性良好，且有足够的道床阻力，使道床在荷载下产生的不均匀下沉和残余变形的积累，以及轨道几何状态的变化都处在规定的限值之内，以确保高速、重载运行的可靠性。

构筑高质量的道床，我国的新建铁路尚缺乏实践经验，为此，必须借鉴别国经验。道床施工的方式与铺设无缝线路工序有关。一般在铺设轨枕、长钢轨之前，先铺好一层底层道床，使它具有良好的初始质量，为以后的密实与稳定奠定基础。国外多采用摊铺机铺设道床，它有保护路基基床表面在施工过程中不被扰动的功能，摊铺机作业效率高，经摊铺机摊平的道碴层，平顺性好，尺寸误差也小。

在摊平的底层道床之上，铺设轨枕和长钢轨，构成浮放的长钢轨轨道，随即采用分层补充道碴、配碴整形、起道、拨道、捣固、夯拍碴肩和边坡、动力稳定等项作业，如此2～3遍之后，道床即进入初期稳定阶段，即可铺设无缝线路。

1.施工作业机械

1)摊铺机

可以采用如德国ABG公司生产的TITAN423大型摊铺机，或芬兰生产的Massmaster小型摊铺机等。大型摊铺机具有铺设公路路面稳定层和沥青混凝土层，以及摊铺铁路碎石道床和底碴层等功能。这类用于公路的摊铺机，如用于铁路摊铺碎石道碴层时，对原机需要进行适当改造，以适应摊铺一定厚度的道碴层。Massmaster摊铺机已使用多年，可用于摊铺碎石道床和基床表层，机械磨损小，且造价低廉，摊铺宽度可达4.7m，适用于单线铁路作业。

2)道碴运输

利用自卸式汽车或火车运输道碴。

(1)汽车运碴：用汽车运碴时，对I、II线可分别运碴，分别摊铺，亦可两线同时供碴，同时摊铺。

(2)火车运碴：I线道床摊铺完毕，铺好长钢轨轨道之后，即可利用I线向II线用火车供碴。此种供碴方式可以减少汽车运碴工作量，但需要专用的一侧卸碴车，运碴车作业时占用I线。

2.摊铺道床作业

1)整修基床表面

经过验收的路基基床的表面，外形尺寸应符合标准，但因施工作业或其他原因使表面出现缺陷时，摊铺之前应予以整修。

2)布设钢弦基准线

摊铺机与钢弦基准线接触，按基准线自动控制道碴的摊铺厚度、平整度、高程及平面位置等作业参数。钢弦基准线长150～200m，每隔10m设一张紧点，使之平行于线路中线和线路纵坡，距线路中线2.8～3.0m，摊铺层的高程按层面的高度设置。

3)摊铺机作业参数

摊铺机的作业速度和振动频率，直接影响摊铺道床的密实度，摊铺速度一般为1.5m/min，作业之前预先按铺层的外形尺寸调整好平碴板的宽度、拱度和仰角。当使用轻型摊铺机时，应辅以压路机，压实铺层。

4)摊铺道碴层的断面尺寸

(1)正线分I线或II线单线摊铺和I、II线同时摊铺。

单线摊铺：厚15cm，边坡1:1，顶宽的最小值应保证满足布设轨枕之后碴肩宽度的规定，这一宽度还要满足稳固地支承牵引长钢轨的滚筒和设置铺轨机龙门走行轨的需要。

I、II 线同时摊铺：厚 15cm，顶宽与单线摊铺要求相同，另加线间距离影响值，边坡为 1∶1。

(2)摊铺道岔底碴：厚 15～30cm，顶宽应根据岔枕长度和铺设道岔的作业要求确定分段取值，即可按转辙器部分、导曲线部分、辙叉部分的顶宽分别确定，但最小值要保证岔枕布设之后外侧碴肩宽度不小于 30cm，边坡为 1∶1。摊铺厚度 15mm 以上时，应分层摊铺，分层碾压，使道床充分密实。

5)质量检验

摊铺后的道床底层，应及时检验几何尺寸、表面平整度、顶面高程等，并抽验道床密度，以保证道床底层稳固。

(二)分层补碴、整道作业

1. 作业机械

(1)K13 型风动卸碴车。

(2)大型综合作业车组，简称 MDZ 作业车组，由以下机械组成：08-32 型或 09-32CSM 型捣固车、道岔专用 CD08-475 型捣固车、SSP-203 型或 SPZ-200 型配碴整形车、WD-320 型或 DGS62N 型动力稳定车。

2. 分层补碴、整道作业

从铺枕、铺长钢轨开始，直至无缝线路的最终锁定，每一单元轨节的铺设应采用紧密流水作业法进行。

1)划分作业区段

根据施工组织设计和铺设长钢轨的进度，划分道床作业区段，一般以 1km 作为一个大型机械作业区段，两作业区段之间设间隔区。

2)分层补碴、起道、拨道

分层补碴次数和补碴量，要根据枕下道床厚度和大型机械作业后道床的下沉量确定。枕下道床厚度按 350mm 计，补碴 3～4 次；起道量由下至上逐层递减，第一、二层起道量约为 80mm，第三、四层为 60mm 左右，一次起道量不超过 80mm，最后一次起道量按设计高程并考虑作业之后的下沉量来设定，大型机械作业之后，道床下沉量约为起道量的 20%。

铺成无缝线路之后，要适当补充道碴和进行一次大型机械养路作业，在起道的同时，要拨好线路方向。

3)捣固与夯拍

起道量为 60～80mm 时，两次插镐捣固，镐头夹持时间约 0.6s 左右；起道量在 60mm 以下时，一次插镐捣固，夹持时间 0.8～1.0s；插镐深度，从镐尖至枕底不小于起道量。

捣固的同时，用道床夯拍机夯拍道床碴肩和边坡。大机作业完毕，视情况需要再夯拍道床边坡和枕盒道碴。

4)起、拨道作业轨温

长钢轨铺成浮放轨道之后，钢轨将随温度变化而产生温度力。为避免在起、拨道作业中发生胀轨跑道故障，对作业轨温亦应有所限制。参照既有线无缝线路作业轨温条件的规定，起、拨道作业宜在长钢轨铺设轨温＋15、－20℃范围内进行。

5)动力稳定

每次捣固作业之后，至少应进行一次动力稳定作业。动力稳定车作业行进速度为0.6～1.5km/h。只进行一次动力稳定时，行进速度取低值；稳定两次时，行进速度取高值；道床分层补碴作业时，由下层至上层，动力稳定车的行进速度逐层降低。

道床每次经大型机械综合作业之后，道床石碴应饱满，外观不得有缺碴部位。轨道达到设计高程之后，应用配碴整形车对道床进行整形作业，使道床外形尺寸符合设计要求。

新铺线路经过上述综合作业之后，道床进入初期稳定阶段。据外国专家介绍，道床经过3次分层补碴、捣固、动力稳定、夯拍之后，线路开通时列车运行速度可以达到200km/h。据上海铁路局的经验，无缝线路维修起道60mm，经过充分捣固和两次动力稳定，翌日高温下，列车仍按120km/h的速度运行是安全的。上述作业经验，应在铺设无缝线路的实践中再检验，再完善。

(三)强化道床稳定作业

在无缝线路铺好之后的一段时间内，线路通过工程列车的动力作用，道床自然会进一步密实，出现下沉。此时，应结合实际情况，再次利用MDZ作业车组，有计划、有针对性地进行养护作业，使道床更加密实稳定，最终进入稳定阶段，以达到线路竣工开通按时速300km/h运行的设计目标。这一阶段无缝线路的起、拨、捣及作业轨温，要严格执行《铁路线路维修规则》有关无缝线路作业的规定。

二 长钢轨的铺设

(一)长钢轨的铺设方法

根据国内外有碴轨道无缝线路的铺设经验，新线铺设无缝线路长钢轨的施工，可以归纳为两种铺设方式。

1.引进国外的技术装备和作业方法，利用专用铺轨机铺设长钢轨

国外长钢轨的长度为180～396m，我国可采用250～350m。该方法又可分为单根轨枕铺设法和长轨排铺设法。

1)单根轨枕铺设法

将长钢轨和轨枕运至工地，先将长钢轨拖卸在预铺的底层道床上，再将轨枕按设计间距分布到底层道床上，然后用拢轨装置将长钢轨拢入轨枕的承轨台上，铺枕铺轨机边行进、边布枕、边拢轨。随即拧紧扣件，构成浮放的长钢轨轨道。

2)长轨排铺设法

将长钢轨和轨枕组装成长轨排，用专用的运输机械将长轨排运送到工地，再用轨排吊或龙门架将长轨排吊放到底层道床上，即构成浮放长钢轨轨道。

用这种方式铺设长钢轨轨道，在国外已有较为成熟的技术和技术装备，我国铁路正在引进和开发单根轨枕铺设法这项技术与技术装备，为新线铺设无缝线路打好工作基础。

2.利用我国现有工程机械和技术工艺

充分利用我国铁路工务工程现有的工程机械和技术工艺，并加以合理组合，进行铺设无缝线路施工。

1)施工作业程序

(1)在轨排组装基地,组装 25m 钢轨的轨排;

(2)将轨排运至工地,用常规的铺轨机(如 PG30)将轨排依次浮放到底层道床上,并用临时连接装置将钢轨接头连接好;

(3)将焊好的长钢轨用长钢轨运输列车运至工地,列车逆向驶入浮放的轨道,将长钢轨卸在轨排的两侧;

(4)用换轨车将轨道上的 25m 钢轨拨出,将焊接长钢轨拨入轨枕承轨台;

(5)用钢轨回收车将周转轨收回,运到基地卸下,组装成下一轮铺设的轨排。

这种铺设方式有两大优点:一是全部施工装备都是国产的,无需引进,可节约大量外汇,又节约投资;二是有成熟的施工经验和技术,可谓驾轻就熟,施工质量有保障。

2)主要施工机具

(1)配有大型铺轨吊机的轨排运输列车;

(2)长钢轨运输、装卸列车;

(3)换轨车;

(4)周转轨回收列车。

上述设备均系国产,且性能良好,技术先进,便于操作,便于维修管理。

(二)国外长钢轨的铺设方法

下面简单介绍国外高速铁路铺设长钢轨轨道的方法。

1. 单根轨枕铺设法

1)法国、西班牙铁路的铺设方法

法国 TGV、西班牙马德里至塞维利亚高速铁路铺设无缝线路轨道的流程及其所使用机械设备如下:

(1)用普通铺轨机接续已铺线路向前方预铺临时轨道。临时轨道长不小于 2000m,与已铺线路临时接轨。临时轨道的结构是由钢轨与木枕组成的长 18m 的浮放轨排。在临时轨道前方铺设 200m 辅助轨。

(2)长钢轨运输车进入临时轨道,把长钢轨顺序卸在线路两侧,将辅助轨与卸下的长钢轨接好,按轨间距离 3310mm 平行摆放,以备门式吊车走行。运输车返回时,在两线之间卸下第二线的待铺长轨。

(3)轨枕运输车及平板车进入临时轨道的前端。解开临时轨道与已铺线路的连接夹板,用 PTH500 吊起临时轨道上的 18m 长的轨排,送到前方的平板车上,为铺枕和铺设长钢轨腾出空间。

(4)PTH500 门吊返回时从前方输送混凝土轨枕的车上提取 60 根轨枕,回送到腾出的空间,分两次按设计的轨枕间距布设轨枕就位。

(5)用 MRT 型拨轨机将长钢轨拨入轨枕的承轨台上。

(6)用 PRD9 型轨枕定位机准确整正轨枕位置,并上好扣件,形成浮放的长钢轨轨道。

(7)将长钢轨与已铺好的长轨条用铝热焊法接续焊联,构成下段新铺的长轨条。

(8)输送道碴的列车进入浮放长铺轨轨道卸碴,开始分层捣固,配碴整形,动力稳定,使新铺轨道稳定下来。

(9)放散应力,准确设置锁定轨温。

(10)依此工序顺次向前方延伸。施工工序如图 9-17 所示。

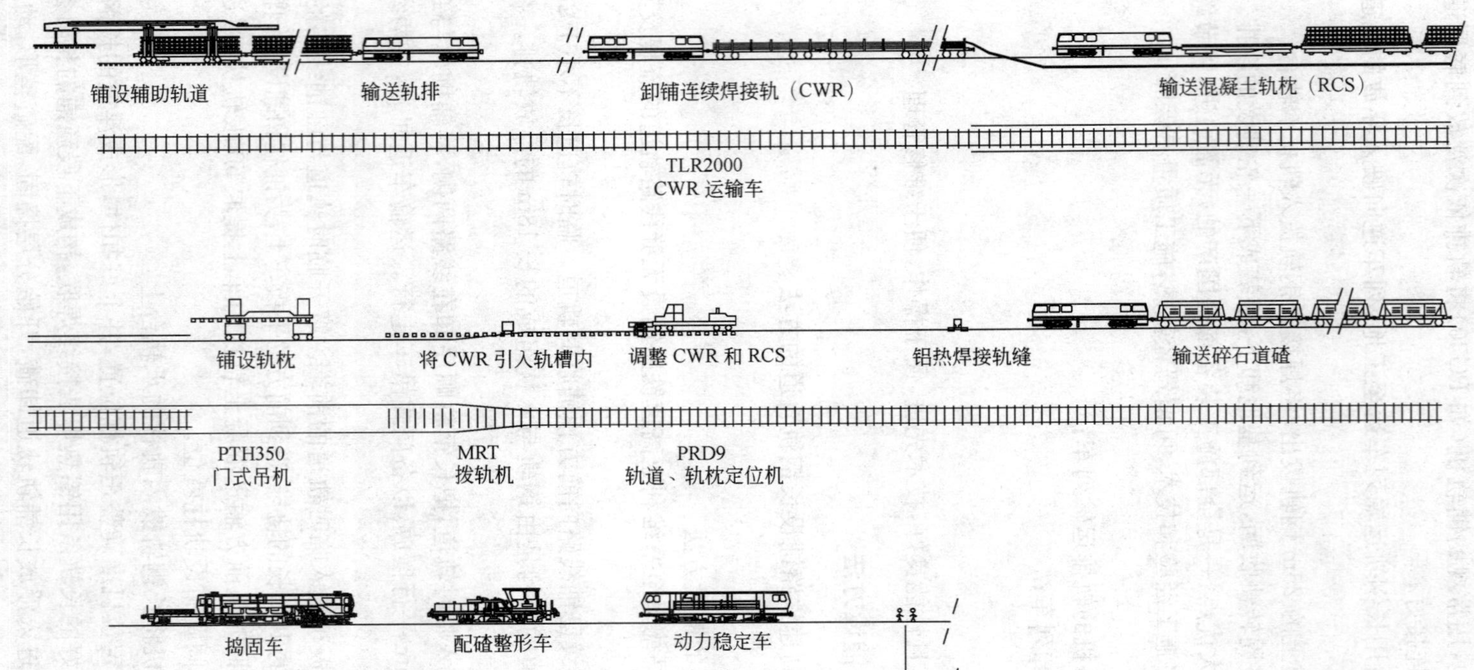

图 9-17　法国 TGV 轨道铺设作业流程

西班牙、法国的长钢轨焊接长度分别为 396m 和 288m。

2)奥地利 PK1-20ES 分体机铺设长钢轨轨道的作业流程

(1)长钢轨运输车行至已铺线路的尽头,车上长钢轨输送机将长钢轨向线路两侧推送,在底层道床上沿长钢轨落地路线每隔 10m 设置滚筒一对(左右侧),在前方由拖拉机引导,将拖下的长钢轨卸在滚筒上。两侧长钢轨要按 3450mm 的轨距平行摆放。

(2)卸好的长钢轨要同已铺线路两侧的辅助轨道连接,构成新的一段辅助轨道,以备 PK1-20ES 型分体机走行。

(3)长钢轨运输车退出工地,运轨枕列车随之驶入,同样停在已铺线路的尽头。

(4)PK1-20ES 型分体机的门式吊机开始运行,吊机沿辅助轨道走行。从轨枕运输车上一次提取 20 根轨枕,接续已铺线路逐根布设轨枕。该机有准确设定轨枕位置的功能。

(5)用 ROBE143-32 型拨轨机将两侧长钢轨拨入轨枕的承轨台上,随即上紧扣件,组成新一段浮放长钢轨轨道。

铺枕机每小时布枕 350m,即每 2min 准确布设 20 根轨枕,但不含往返走行和提取轨枕时间。

3)奥地利 SVM1000S 型铺设长钢轨轨道的作业流程

(1)由 SVM1000S、轨枕车、长钢轨车编组成铺设长钢轨轨道工程列车,如图 9-18 所示。这一工程列车,作业时无需解体,车载各机在同一车上,可完成铺枕、铺轨、扣件紧固等项作业。

(2)SVM1000S 作业车前端配装的履带式走行支承机构,走行在铺好的底层道床上,SVM1000S 的前导走行支承机构和 SVM1000S 的后转向架之间为铺枕机构和拨轨机构的空间。

(3)卸轨之前在底层道床上按 10m 间距预置引导长轨的滚筒。车上的长丝走行在 SVM1000S 作业车组之上的龙门吊,将轨枕运输车上的轨枕吊起后,送到 SVM1000S 前部的轨枕平台,再由轨枕铺放机构经轨枕传送链准确地一根接一根地铺放就位。

(5)SVM1000S 车上的吊轨钳和液力传动滚轮,将长钢轨拨入轨枕的承轨台,随即由车上配装的扣件紧固机构将扣件装好。SVM1000S 的后转向架走行在刚拨入的长钢轨上。后续的轨枕运输车、长钢轨运输车均走行在长钢轨轨道上。

SVM1000S 的平均作业效率为 350m/h,牵引总重为 900t。SVM1000S 的工作性能可靠,但价格较高。

4)美国、瑞士的铺设长钢轨轨道机械

美国的 NTC、瑞士的 TCM60 的作业流程与 SVM1000S 基本相同,但自动化程度较低。这些设备能满足轨道铺设精度的要求,价格较低,属经济适用型。

2. 长轨排铺设方法

1)德国 ICE 长轨排铺设法

(1)利用已铺线路作为长轨排临时组装场地,在线路的一侧预卸一定数量的焊接长钢轨,轨长 180m。场地应离铺设地点较近。

(2)在线路两侧铺设 PTH500 型门吊走行轨,走行轨长度按组装长轨排长度与轨枕运输车长度之和设置。

(3)由 PTH500 型门吊从轨枕运输车上起吊轨枕,送到组装位置,按设计轨枕间距布放在线路钢轨上。

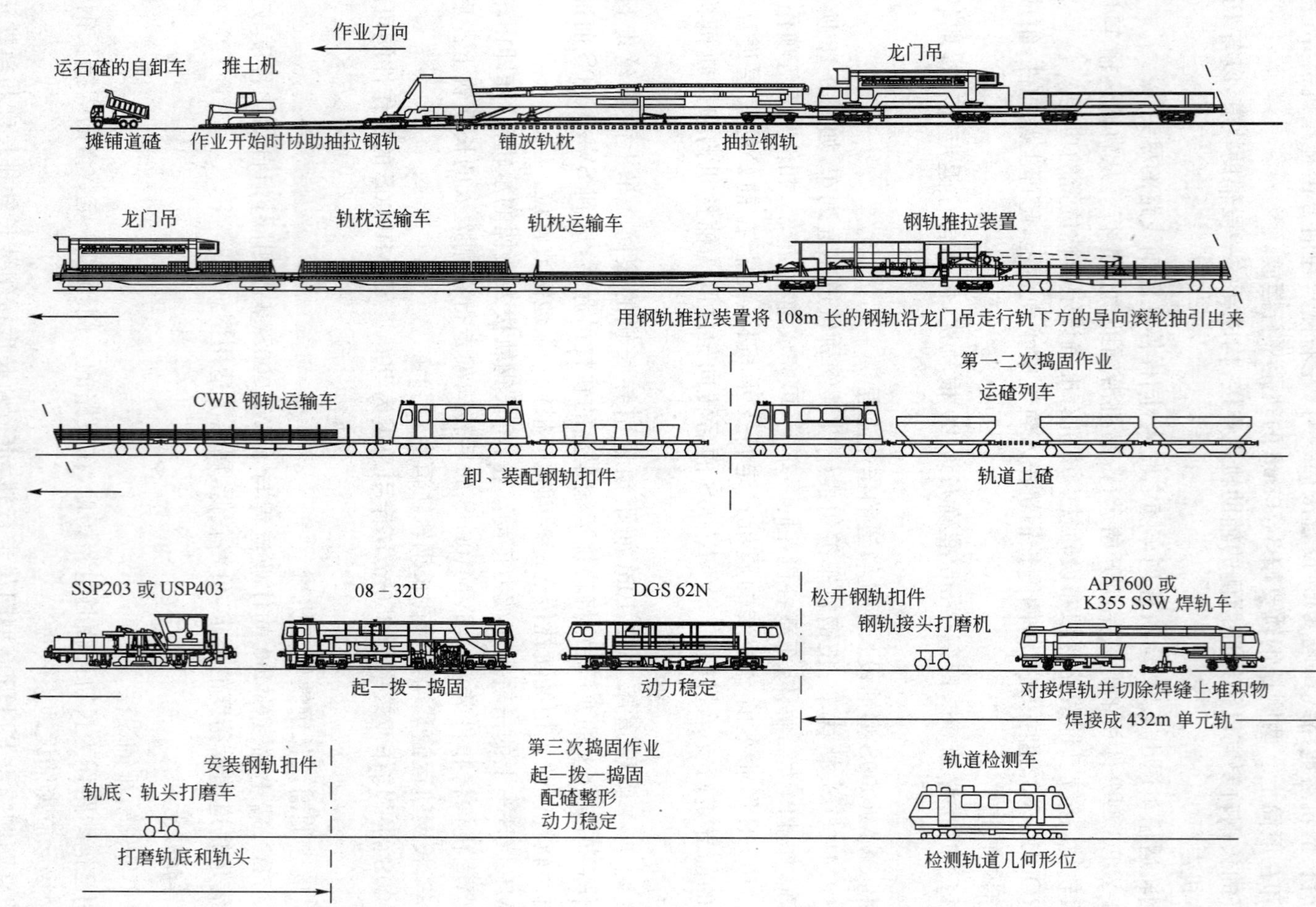

图 9-18　奥地利 SVM1000S 型铺设长钢轨轨道作业流程

(4)用18台PPE型小吊机将180m长的长钢轨吊放在轨枕的承轨台上，上紧扣件，即组成长轨排。

(5)在长轨排两端安放斜坡导轨，由牵引车牵引LEM460型运输小车和PEM807型自行式起重小车各18台，LEM小车越过长轨排，停在线路后端，PEM停在长轨排上。

(6)解开斜坡导轨的连接，同时解开LEM和PEM的连接。

(7)PEM807起重小车各就各位后，伸出支腿支撑在道床底层之上，即吊起长轨排。

(8)LEM进入被吊起的长轨排之下的线路上，PEM把吊起的长轨排放到LEM小车上，收回支腿后PEM也落到LEM拖车上。

(9)接续已铺线路铺设临时轨道，并同已铺轨道连接。

(10)LEM驶进临时轨道，PEM伸出支腿，支承在底层道床上，重新吊起长轨排。

(11)LEM向已铺线路撤离，临时轨道拖向待铺线路的位置，腾出长轨排下落就位的空间。

(12)PEM将吊起的轨排落下就位，长轨排铺设完毕。

2)英吉利海峡出口端整体道床轨道的铺设

英吉利海峡出口端约长500m的一段线路，曾按下述方法试铺了整体道床轨道：

(1)在洞口以外，将两股各长180m的长钢轨扣接在支承块上组成轨道框架。

(2)轨道框架用平板车运进隧道内，平板车上装有门式吊机。

(3)在作为整体道床基础的待铺线路上，预铺临时轨道，并与已铺线路连接好。

(4)平板车进入临时轨道，门式吊车伸出支腿落下，支承在基面上，将轨道框架吊起。

(5)平板车退出临时轨道。解开临时轨道接头，将临时轨道拖到下一个工位上。门式吊机将轨道框架落道就位。

(6)平板车返回新铺轨道，门吊回落到平板车上，平板车返回组装轨道框架的工位。

(7)新落道的轨道框架按设计精度准确定位，并架好模型板。

(8)浇筑混凝土筑成整体道床轨道。

德国铺设180m长轨排的作业流程如图9-19所示。

3.各种铺设方法比选

1)有碴道床上铺设长钢轨轨道

以上所述两种铺设长钢轨轨道的施工方式，在技术上都是可行的。用铺轨机铺设也有不同的铺设工艺和设备，各有其自身特点和适用条件。我国新建高速和重要干线铁路的建设，在选用方案，引进设备时，应本着适合国情、技术先进、质量可靠、经济实用的原则优选。经反复考察论证，认为单根轨枕铺设法较为适用目前情况，已为我国秦沈客运专线所采纳。

主机从国外引进，配套设备自行研制。双层运枕运轨车就是重要的配套设备。

双层运枕、运轨车初步方案：

双层运输车，下层装钢轨，上层装轨枕，并备有专用作业装置，拟采用22辆60t平板车改装。下面一层，装12根长300m的60kg/m长钢轨，横向排列，一次可铺1800m线路。上层装轨枕，每辆装140根，分四层装车，下面三层各装40根，最上一层装20根，总装载量与铺设1800m线路相配套。平板车两侧加装了龙门吊走行轨，供龙门吊由装载车将轨枕及时运到布枕机平台，装载轨枕的平板车上配备1～2台龙门吊。轨枕和长钢轨的锁定，可借鉴国内现有技术。所用平板车应适当加强。

采用双层装轨枕和长钢轨的运输作业方式，由于将轨枕和长钢轨同装在一列车上，缩短了列车编组长度。与采用PK1-20ES分体门吊作业方式相比，省去了铺、拆临时辅助轨道的作业

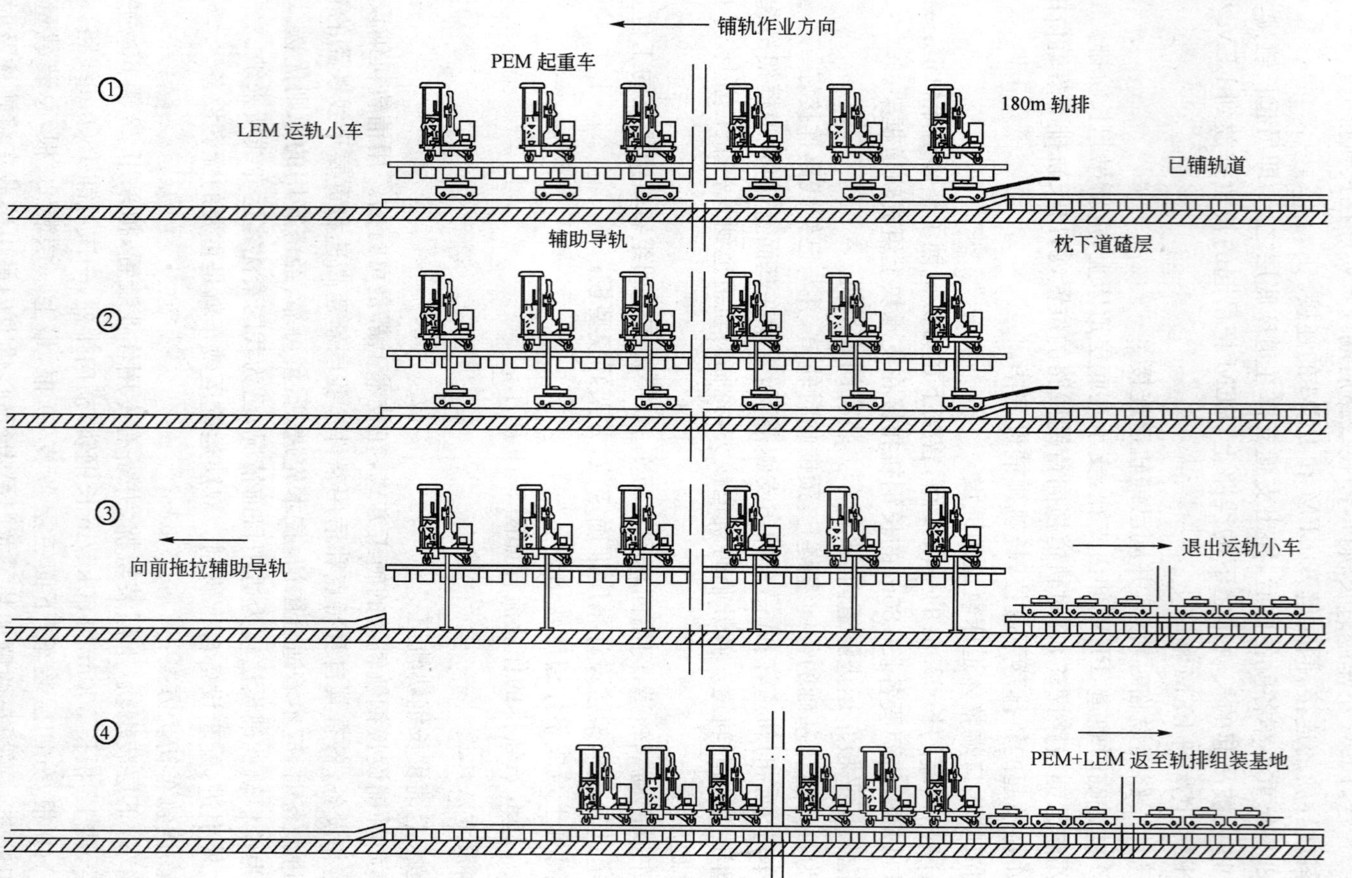

图 9-19 德国铺设 180m 长轨排作业流程

环节，避免了长钢轨运输车和轨枕运输车交替进入铺设工位之麻烦，缩短了运距和作业时间，从而提高了施工效率。这一改进具有明显的技术经济效果，是我国之创举。

2)无碴基床上铺设长钢轨轨道

(1)利用双层运枕、运轨车，或专门的长钢轨运输车，将长钢轨运至铺轨起点；

(2)滚筒置于承轨台上，利用车上钢轨推送装置，将长钢轨推送到滚筒上；

(3)撤除滚筒，长钢轨落槽，长钢轨之间用临时接头连接器连接，安装扣件，形成长钢轨轨道。

3)各种铺设方式的比较

(1)单根轨枕铺设法。长钢轨、轨枕及配件等轨料直接运抵工地，无需另设基地组装轨排。SVM1000S等施工机械车组，都具有分布轨枕、铺设长钢轨、安装扣件的综合功能，流水作业紧凑，功效高，质量好。

PTH500、PK1-20ES分体机，其分布轨枕、铺设长钢轨、安装扣件分别由三部机械协调完成，机械化作业程度高，铺设质量好，机械故障容易排除，有关设备国内研制、开发比较容易。如与双层运输车配套使用，作业效率将进一步提高。

一次铺设长钢轨轨道的长度在我国可以达到300～500m，铺设长钢轨的长度越长，工地焊接联合接头的数量越少。

单根轨枕铺设方式，铺枕、铺轨机及配套设备的一次投资较高，以SVM1000S为最。

(2)长轨排铺设法。德国铁路ICE轨道采用的长1813m长轨排铺设法，以LEM托运小车和PEM起重小车为主机的铺设系统，操作简便，机动灵活，作业效率高，铺设质量优良。用已铺成的线路作为轨排临时组装场地，线路向前延伸，组装场地随之前移，节省了轨排基地建设和专用运输工具。这一系统也可用于道岔的铺设。但德国的PEM＋LEM系统设备多，投资额度高，国内研制开发有待时日，难为应急之需。再则，此法铺设的长轨排只限于180m，据介绍为保证长轨排的起吊、铺设不发生扭曲变形，还要加装自动控制以协调作业，这是难以实现的，且工地焊接接头较多，如此种种，我国不宜采用。

英吉利海峡隧洞出口端整体道床轨道的铺设，是对传统作业方式(短轨排组装工艺和设备)的改进，它因地制宜地在洞口设置组装场地，保证了钢轨的焊接和轨道框架结构的质量，技术经济效益甚佳。英吉利海峡的铺设方式是一特殊范例，可供国内长大隧道类似工程参考。

(3)短轨排周转轨换铺法。在轨排组装基地组成标准轨轨排运至工地落道，再以长轨条更换短轨，上碴整道，最后铺成无缝线路。这一方式有扬长避短，适合国情，无需外引，节约外汇，驾轻就熟的优点。

此法所需设备，如长钢轨运输列车、长钢轨更换作业车、铺设轨排专用吊车、短轨回收车组，国内均有运用多年、性能可靠的设备，价格低廉，无需重新研制试验。长钢轨的焊接也可以利用就近的焊轨厂。国内各主要干线均设有焊轨厂，焊接能力充足，焊接技术成熟。总之就地取材，利多而弊少。但这种方法仍需要建立传统的轨排组装基地和一定数量的周转轨。

第五节　跨区间无缝线路施工

 一 跨区间无缝线路发展简况

跨区间无缝线路是指轨条长度跨越区间，即轨条与轨条、轨条与道岔直接焊接，轨条之间直接传递纵向力和位移量。在《铁路线路术语》中称为超长无缝线路。

根据无缝线路受力原理，理论上讲，无缝线路的轨条长度可以无限长。目前在普通无缝线路上，由于各种原因，轨条长度一般在1500m左右。由于现有无缝线路仍存在着缓冲区，无缝线路的优越性没有得到充分发挥。以我国现有约2万多公里无缝线路为例，按每段无缝线路4根缓冲轨长约100m计，则在这2万余公里的无缝线路中仍有1000多公里为有缝线路，在这些地段，每年养护维修工作量很大，同时缓冲区的存在对无缝线路的受力状态也有不良的影响。随着高速重载运输的发展，要求必须强化轨道结构，全面提高线路的平顺性和整体性。为此要求把缓冲区消除，无缝线路轨条延长，甚至与道岔焊成一体，我国称为超长无缝线路。超长无缝线路最大限度地减少了钢轨接头，实现了线路的无缝化，消除了缓冲区和伸缩区的影响，这是当代无缝线路的重要发展。

通过世界各国多年的研究与实践，无缝线路已在小半径曲线、坡道、寒冷地区、大跨度桥梁、道岔等方面均有较大的发展与突破，如图9-20、图9-21所示。

图9-20　跨区间无缝线路

图9-21　在坡道上铺设无缝线路

二　跨区间无缝线路的铺设

超长无缝线路的铺设是以单元轨条为一段依次分段焊连施工的。焊连时保证锁定轨温不超限（在设计中的轨温范围）是关键。所以根据施工作业轨温和施工条件，一般有两种施工方法，一种叫“连入法”，一种叫“插入法”。

（一）连入法铺设无缝线路

采用连入法施工时，是在一个天窗时间内把要铺设的单元轨条始端用焊接法与前一天铺设的单元轨条终端焊连，铺设时同时焊接同时放散，做到一步到位。也就是说，在认为锁定轨温相符的条件下，新轨引进换轨车龙门之后，换轨车边前进边进行长轨条的始端焊接。这种施工组织难度较大，一般适用于封闭线路铺设和轨温变化不大，与锁定轨温相同的条件，施工作业程序如下。

(1)新铺的长钢轨轨道，应采用流水作业法，在3～4d内完成以下作业内容：道床分层补碴作业，大型机组MDZ的捣实、道床整形、动力稳定作业、联合接头焊接、应力放散、锁定线路等。

(2)一段新铺设的长钢轨，必须在当班安装好全部扣件，用特制的临时连接器，锁紧钢轨接头，记录铺设轨温。

(3)拨正线路方向，整正轨距、水平、高低等，为分层补碴和大型机组进入线路作业做好准备。

(4)经 MDZ 综合作业后，长钢轨线路的平纵面、方向、轨距、水平、高低等达到铺设无缝线路标准之后，将长钢轨焊接形成单元轨节，进行单元轨节的最终焊接、应力放散并锁定线路，为连入铺设下一段单元轨节做好准备。

(5)应力放散及锁定：

①两相邻单元长轨节的锁定轨温，应尽可能一致。放散应力时如因轨温限制，应遵循“宁低勿高”的原则，以便连入铺设时，利用拉伸配合接轨使锁定轨温达到设计要求。

②逐段连焊，逐段放散应力。连焊下一段单元长轨节之前，要准确做好上一段单元长轨节的应力放散。

③放散应力时，每隔 10～15m 在轨下支垫一个滚筒，每隔 400～500m 设一撞轨点，每隔 50～100m 设一位移观测点，在拉伸端每股钢轨各设一台拉伸器。

④拉伸过程要配合撞轨，使拉伸量传递均匀。

⑤拉伸到位，即位移达到计算值时，撤出滚筒，安装扣件，锁定线路，并记录锁定轨温，同时测记好观测标记原始数据。做到锁定轨温全区间全面达标，准确无误。

(二)插入法铺设无缝线路

采用插入法施工时，是在一个天窗内，与铺设普通无缝线路一样，在两单元轨条之间设一根缓冲轨(长度不短于 6m)。而在另一个天窗时间取出缓冲轨，插入经计算确定的轨长放散应力，然后进行最终焊接。第二次焊接作业，可以选在正在铺设新轨区间或相邻区间铺设新单元轨条时的同一个天窗内来进行。作业地点间隔以相互施工不发生影响，最好不小于三个单元轨条长。这种施工方法原则上可以任意轨温下铺设，施工难度较小，容易做到温度力均匀，符合设计中的轨温要求。

三 无缝道岔焊接及锁定

(1)道岔基本轨、导轨应尽可能在厂内采用接触焊法预先焊好。胶接绝缘接头应在厂内预先做好。

(2)道岔内各钢轨接头的焊接及道岔前后与区间无缝线路接头的焊接(最终焊接)，均应在设计锁定轨温范围内在上碴整道之后进行。

(3)尖轨辙跟接头的焊接及道岔前后与区间无缝线路焊接之前，应认真检查并整正道岔方向、高低、水平等各部几何形位尺寸，检查尖轨限位器子母块间隙是否符合设计要求。道岔前后接头终焊之前，要先拆除临时渡线，并插入相应长度的焊接轨。

(4)区间无缝线路和站内无缝线路，在与道岔焊连之前，其焊接端应放散应力，使其锁定轨温均匀一致。

四 大号码道岔的运输与铺设

高速铁路大号码道岔的组装与铺设，比一般干线铁路道岔的组装与铺设有更严格的要求。大号码道岔构造复杂，全长超过百米，质量又大，因此，铺设难度较大。国外采用生产工厂组装调试，而后解体分段装车运送，到达工地后用专门机械进行铺设。

(一)道岔的运输

道岔的运输采用道岔专用运输车运送。道岔运输车是根据道岔解体的分段长度、宽度和质量等参数设计的。秦沈客运专线采用38号道岔,全长136.20m,总质量为132t,最长的岔枕4.8m,可分为4～6段运输,最长一段约40m。转辙器部分宽度较小,可用平板车运输,导曲线和辙叉部分较宽,需要用装有斜板支撑结构的专用车运输,车上的斜板可根据装载需要自动升降,装载的导曲线辙叉部分要与斜板锁定牢固,其重心的高低及前后位置要符合装运规范,确保列车运行稳定。道岔的散件运输是在生产工厂预先连接好,捆扎结实,用平板车装运。

(二)道岔的铺设

1.道岔铺设机

1)芬兰TL50型履带式铺设机

TL50铺设机作业时跨在道岔运输车的两侧,依次将道岔提起,按铺设道岔的指定工位,将提起的道岔部件落下就位。全部道岔分段部件就位后,全面连接整正组成道岔整体。亦可在岔外平台上组装卸下的道岔部件,TL50配合组装作业。组装完毕,设横移轨道,装设横移滑轮等项作业,亦需TL50配合作业,最后道岔横移就位。

TL50履带式铺岔机依靠履带走行。该机有4个支撑腿,履带有旋转90°的功能,可以横向走行,机身两侧水平油缸具有调整履带间距功能,能适应各类道岔铺设的需要。该机为全液压驱动,操作方便可靠,可遥控、线控,亦可手控,能自动上、下运载车辆,亦可用于长大轨排的铺设。

2)意大利T28型铺岔机

T28型与TL50型类似,有2套走行机构。其一是腰带走行机构,便于地面行走,还有执行机构,配有钢轮走行系统,可在轨道上运行。与T28配套的设备有A25、A35运输小车。

T28的作业因作业环境的不同而异。在没有线路作为T28走行轨的条件下,用2台T28将道岔提起,靠履带走行运至铺设地点落道岔就位。在已铺线路的前方铺设道岔时,将T28直接放在组装好的道岔上,T28的钢轮落在道岔的钢轨上,夹钳牢牢钳住道岔钢轨,履带落地,用履带支撑油缸抬起道岔,A25或A35小车进入道岔下方,小车将道岔和T28一起通过线路运至工位,再次利用T28履带作支撑腿提起道岔,A25小车退出,T28履带走行系统开动,将道岔运至工位铺设就位。

3)法国门式铺岔机

法国的门式铺岔机,由自行式起吊门架PUM、自行式台车MWT和辅助轨道CRA组成。其铺设道岔的作业程序与德国ICE长钢轨轨道的铺设程序相似。该机有横移功能,靠水平横梁伸缩间歇移动。

2.道岔原位铺设

大号码道岔以就地原位组装、就地原位铺设为宜。采用这一方式铺设,可以充分利用现有起吊设备施工,利于节约设备投资。

对大号码道岔的铺设尚缺乏经验。为质量良好地完成这项施工任务,必须认真研究设计图纸和技术标准,做好施工组织设计,按设计的操作程序,有序地组装与铺设。在组装铺设过程中,对每一道组装工序都要认真检测几何形位尺寸和结构精度,不把差错留给下一道工序,确保组装与铺设质量。底层道床是组装作业的基础，必须保持平整稳固。作业人员需经培训后上岗。

为保证道岔铺装有充足的时间，道岔的铺设采用插入法，即区间无缝线路铺到车站岔区时，岔位铺设短轨排过渡，道岔的铺设作为后续工程，或在温度适宜季节进行，以防交叉干扰。车站一、二线之间铺设临时渡线，保证工程列车畅通。

大号码道岔原地就位铺装的作业程序如下：

(1)道岔生产厂要进行预组装、调试、检查、整修部件缺陷，确认形位尺寸、结构组合正确无误、无缺陷，方可解体、分段包装、发运。

(2)道岔工位的底层道床要分层摊铺，分层压实，厚度为 20～30m，并与前后线路做好顺坡。

(3)铺设临时性短轨排，短轨排的总长度要根据终焊时切除带孔的轨端长度及相对锁定轨温的伸缩量确定，要适当短于道岔的总长。

(4)在两线间铺设临时渡线，保证一线铺岔二线绕行。

(5)在岔位两侧铺设龙门吊走行轨，龙门吊跨岔作业。

(6)用龙门吊拆除岔位过渡轨排，平整道床表面，检查并确认道岔中心桩、岔头、岔尾桩位。

(7)沿直股方向做轨枕端部标记线，按照岔枕编号排放岔枕。

(8)将道岔钢轨及配件按组装位置布设好。

(9)按作业程序进行道岔组装。以直股基本轨作为组装基线，排轨应从尖轨一基本轨组件排起，按先直股、后曲股的次序进行。根据所采用的钢轨焊接方式，预留顶锻量式焊缝。

(10)依序检测道岔形位尺寸和组装精度。

(11)安装、调试道岔转换装置和外锁闭装置。

(12)进行上碴整道作业，进一步整正道岔形位尺寸，使之达到设计要求。

第六节　无碴轨道在我国线路上的应用

《中长期铁路网规划》描绘了我国铁路发展的宏伟蓝图。到 2020 年，我国铁路营业总里程将达到 10 万 km，要建设“四纵四横”快速客运专线及三处城际快速轨道交通系统，实现主要繁忙干线客货分线运输。客运专线列车运行的安全性和舒适性，对轨道的平顺性、稳定性提出了更高的要求，也带来了我国线路设施方面技术路线的深刻变革。

无碴轨道具有轨道稳定性高、刚度均匀性好、结构耐久性强、维修工作量显著减少和技术相对成熟的突出优点。发展无碴轨道技术是我国铁路快速提升技术装备水平，实现铁路跨越式发展的重要举措之一。20 世纪 60 年代，世界各国开始研究使用无碴轨道，从室内试验、现场试铺到在高速铁路上的普遍推广，历经 40 余年，形成了具有各国特色的系列化、标准化产品。无碴轨道在铁道线路上的使用，从根本上改善了列车走行的基础条件，实现了旅客列车平稳性、安全性、舒适性要求，并且大大缩短了维修时间，降低了维护成本。

无碴轨道技术发展比较成熟的主要国家是德国和日本，而德国和日本的发展道路又不相同。德国采用的体制是自主研发、统一管理的模式。日本研制发展无碴轨道采取有组织的统一研发推广模式，并且始终围绕各种类型的板式轨道展开。

一 我国无碴轨道的研究与应用

我国对无碴轨道的研究始于20世纪60年代，与国外的研究几乎同步。初期试铺过支承块式、短木枕式、整体灌注式等整体道床以及框架式沥青道床等多种形式。在成昆线、京原线、京通线、南疆线的隧道内铺设过长度约300km的支承块式无碴轨道。后来试铺过由沥青混凝土铺装层与宽枕组成的沥青混凝土无碴轨道，全部铺设在大型客站和隧道内。在京九线九江长江大桥引桥上还铺设过无碴无枕结构。

随着京沪高速铁路可行性研究的进展，无碴轨道在我国得到更大的关注。在“九五”国家科技攻关专题“高速铁路无碴轨道设计参数的研究”中，提出了适用于高速铁路桥隧结构上的3种无碴轨道形式（长枕埋入式、弹性支承块式和板式）及其设计参数；在铁道部科技开发计划项目“高速铁路高架桥上无碴轨道关键技术的试验研究”中，完成了对上述3种无碴轨道实尺模型的铺设及各项性能试验；初步提出高架桥上无碴轨道的施工方案；提出了高速铁路无碴轨道桥梁徐变上拱的限值，控制措施；建立了桥上无碴轨道车线桥耦合模型并进行仿真计算，初步分析了高速铁路高架桥上无碴轨道的动力特性与车辆走行性能。

1999年完成“秦沈客运专线桥上无碴轨道设计、施工技术条件”的研究与编制，在秦沈客运专线选定了3座混凝土桥作为无碴轨道的试铺段。其中，沙河特大桥（长692m）试铺长枕埋入式无碴轨道（图9-22）；狗河特大桥（长741m）直线和双何特大桥（长740m）曲线上试铺板式轨道（图9-23、图9-24）。

图9-22 沙河特大桥长枕埋入式无碴轨道

图9-23 狗河特大桥板式无碴轨道（直线上）

图9-24 双何特大桥板式无碴轨道（曲线上）

作为新型轨道结构发展的一个必要环节，为掌握桥上无碴轨道在高速运行条件下的结构受力、变形情况与振动特性，评估两种无碴轨道结构的动力性能，2000年铁道部开展“秦沈客运专线桥上无碴轨道综合试验”，选定线路平纵断面、桥梁结构形式与桥上无碴轨道试验段相近的桥上有碴轨道试验工点（石河二号特大桥、跨兴闫公路特大桥）进行对比测试。

为适应高速铁路的线路条件，目前已在渝怀线鱼嘴2号隧道、赣龙线枫树排隧道分别铺设了长枕埋入式和板式轨道试验段，隧道长度分别为710m和719m。计划在线路开通后对隧道内的无碴轨道结构进行动力测试与长期观测。

我国新型无碴轨道结构的应用情况如表9-2所示。

我国无碴轨道结构的应用情况 表 9-2

试铺段		无碴轨道结构形式	铺设长度(m)	备注
秦沈线	沙河桥	长枕埋入式	692	直线,24m 简支箱梁
	狗河桥	板式	741	直线,24m 简支箱梁
	双河桥	板式	740	直线,32m 简支箱梁
赣龙线	枫树排隧道	板式	719	直线
渝怀线	鱼嘴 2 号隧道	长枕埋入式	710	曲线

通过近 8 年来无碴轨道的理论研究、室内模型试验、桥上和隧道内试验段铺设,我国在高速铁路无碴轨道方面取得了以下主要研究成果:

(1)无碴轨道的结构设计,包括:普通 A 型板式轨道和长枕埋入式无碴轨道;

(2)制订两种无碴轨道部件的设计以及制造与验收技术条件;

(3)制订桥上和隧道内无碴轨道工程施工技术细则与质量检验评定标准;

(4)小跨度简支箱梁(32m 以下)的变形限值以及设计与施工方面的控制措施;

(5)与无碴轨道相关的隧道设计技术要求;

(6)无碴与有碴轨道间过渡段的主要技术要求;

(7)无碴轨道结构的动力测试与长期观测技术。

从上述研究成果可以看出.我国无碴轨道的前期研究主要针对隧道内及小跨度简支梁,并均建立了相应的无碴轨道试铺段。因此可以说,对于隧道内和小跨度梁上,在保证下部基础稳定(工后沉降在允许范围之内)的情况下,铺设无碴轨道存在的技术问题相对较少。而对于大跨度桥梁仍存在一些技术难题,如梁体徐变上拱、梁端转角限值的确定、桥梁与无碴轨道间的纵向力传递特性等。对于墩台沉降限值的控制,如同路基基础一样,由于沉降计算的离散性较大,除在设计上进行保证外,仍需通过一定时间的沉降观测,进行墩台工后沉降的预测。

而对于土质路基上无碴轨道和道岔区无碴轨道的研究,我国处在理论研究与分析试验阶段。因此,应结合客运专线无碴轨道试验段的建设,针对客运专线不同的地质条件,开展系统性的试验验证,积累设计和施工方面实践经验,推广应用无碴轨道。

二 无碴轨道的特点

无碴轨道是一种少维修的轨道结构,它利用成型的组合材料代替道碴,将轮轨力分布并传递到路基基础上。无碴轨道按照结构可以分为整体结构式和直接支承式。路基上的无碴轨道一般由基础防冻层、支承层、承载层、防排水系统、轨道扣件系统,以及其他附属设施共同构成。而桥梁和隧道中的无碴轨道,直接在结构的混凝土层上铺设。各国无碴轨道的系统构成具有不同的特点。

无碴轨道的主要技术特点:

(1)良好的结构连续性和平顺性;

(2)良好的结构恒定性和稳定性;

(3)良好的结构耐久性和少维修性能;

(4)工务养护、维修设施减少;

(5)免除了高速条件下有碴轨道的道碴飞溅;

(6)有利于适应地形选线,减少线路的工程投资;

(7)减少客运专线特级道碴的要求；

(8)无碴轨道弹性较差；

(9)建设期工程总投资大于有碴轨道；

(10)对地震和环保的适应性强；

(11)“工后零沉降”的建设理念。

三 我国无碴轨道施工技术

桥上无碴轨道施工应在梁体预应力终张拉结束后至少 60d，且桥梁主体完成(桥面防水层除外)后进行。

隧道内无碴轨道施工应在隧道主体工程(包括隧道铺底、仰拱及填充)完成及检验合格后进行。

路基上无碴轨道施工应在路基沉降变形满足设计要求后进行。

(一)无碴轨道板的制造

轨道板在预制工厂里高精度制造。图 9-25 所示为无碴轨道板制造工艺流程。

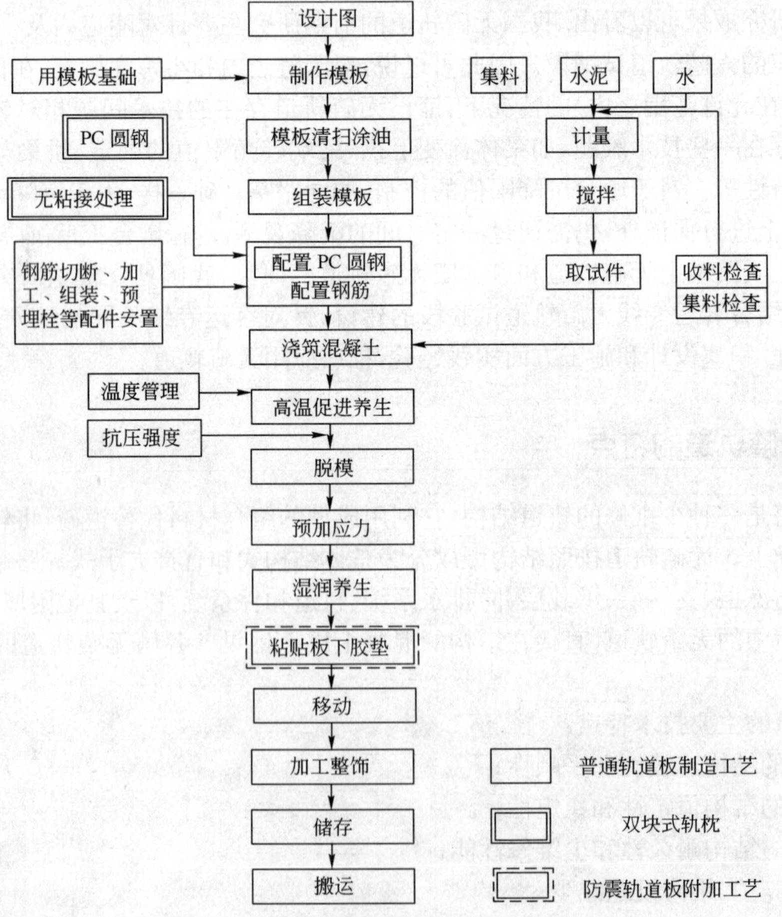

图 9-25 无碴轨道板制造工艺流程

(二)无碴轨道基本施工工序

无碴轨道可分为板式无碴轨道和双块式无碴轨道。

板式无碴轨道施工主要是轨道板铺设与CA砂浆灌注，而这两方面都与施工现场的具体条件密切相关，同时也取决于可利用的施工工期，以及施工单位现有的机具、材料。板式无碴轨道主要施工机具有：龙门吊、轨道车、平板车、现场混凝土浇筑设备、运输车、龙门吊车、CA砂浆灌注车等。

板式无碴轨道基本施工工序如图9-26所示。

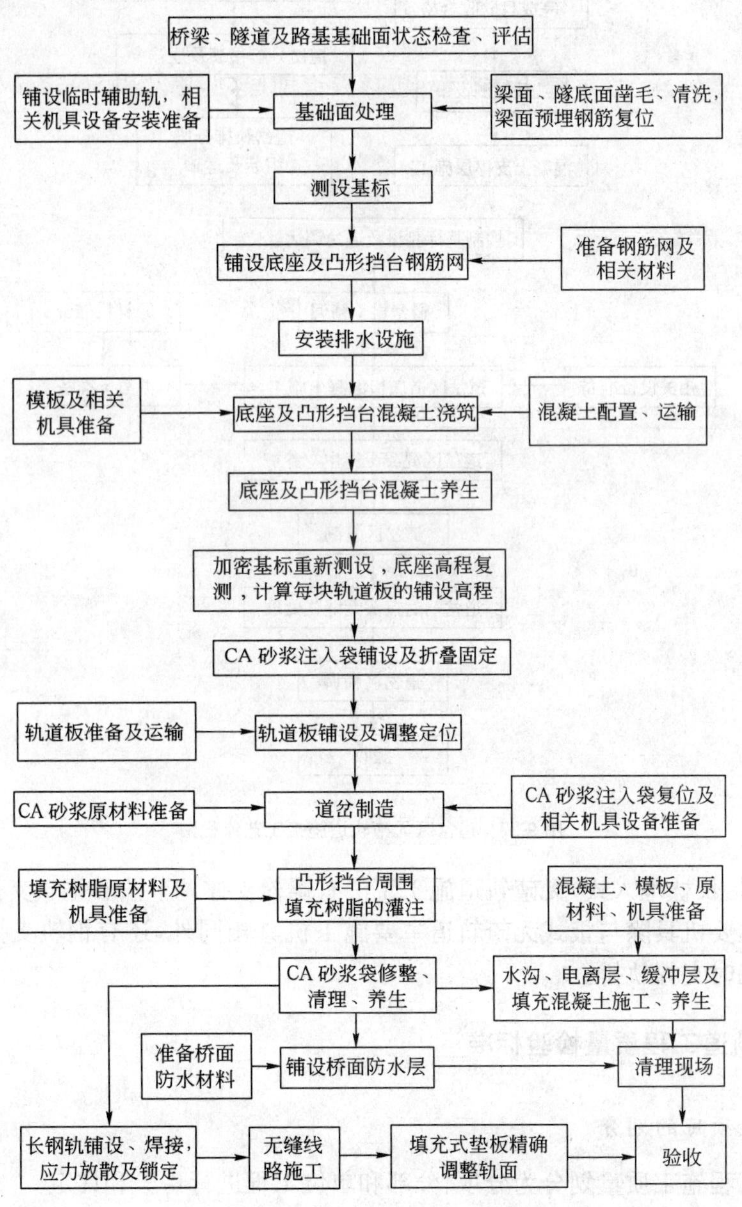

图9-26　板式无碴轨道基本施工工序

第九章　无缝线路施工

(三)道碴区无碴轨道施工工艺流程图

道岔区无碴轨道采用轨枕埋入式结构形式,由道岔、扣件、岔枕及道床组成。

道岔区无碴轨道施工流程见图 9-27。

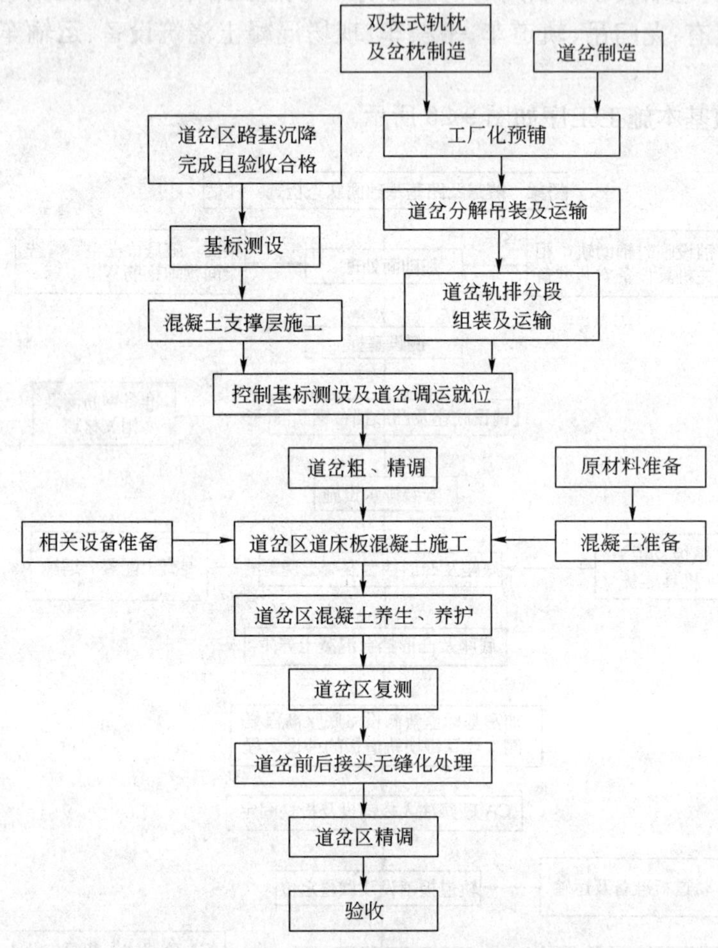

图 9-27　道岔区无碴轨道施工工艺流程图

双块式(包括长枕埋入式)无碴轨道施工工法有螺栓支撑调节法和钢轨支撑架法。双块式无碴轨道施工主要机具除与板式无碴轨道主要施工机具相同外,还有钢轨支撑架。钢轨支撑架的作用在于临时支撑轨排。

(四)无碴轨道工程质量检验标准

1. 质量检验项目的划分

无碴轨道工程施工质量划分为分项、分部和单位工程进行检验和评定。

分项工程按工种和工序划分,其检验项目包括保证项目、基本项目和允许偏差项目。

分部工程按一个完整部位或主要结构及施工阶段划分。

单位工程按完整工程或一个相当规模的施工范围划分。

2. 质量标准

分项工程、分部工程、单位工程的质量检验标准如下。

1)分项工程质量合格标准

保证项目必须符合本标准对该项目规定的质量要求；基本项目抽验的点(处、件，下同)应符合本标准对该项目规定的合格要求；允许偏差项目抽验的点数中应有80%及以上的实测值在该项目规定的允许误差范围内。

2)分部工程质量合格标准

所含分项工程的质量全部合格。

3)单位工程的质量合格标准

所含分部工程的质量全部合格。

3. 质量检验评定程序和组织

分项工程质量应在工班自检合格的基础上，由工点负责人组织有关人员进行检验评定，经项目队质量检查工程师、项目经理部质量检查工程师和监理工程师核定后，由项目队填写分项工程质量检验评定表一式三份，自留一份，报项目经理部一份，报监理单位一份。

分部工程质量应由项目队负责人组织有关人员进行评定。经项目经理部质量检查工程师、监理工程师和监理分站长(或组长)核定后。由项目队填写分部工程质量评定表一式三份，自留一份，报项目经理部一份，报监理单位一份。

单位工程质量应由项目经理部负责人组织有关部门进行评定，经监理工程师和总监理工程师核定后，由项目经理部填写单位工程质量评定表一式四份，项目经理部、队各存一份，报监理单位一份，另一份作为质量评价资料在竣工验交时提出。

建设单位在收到施工单位提交工程验收申请报告后，组织施工、设计、监理单位进行单位工程验收。

根据德国的经验，工程的竣工验收，在全部工程完成后由建设单位组织列车试运行。试运行的列车速度为设计速度的1.1倍，检验工程各部分是否满足设计要求。

复习思考题

9.1　无缝线路配轨设计的外业调查工作的主要内容是什么？

9.2　在工厂焊接钢轨前钢轨必须进行哪些加工处理？

9.3　铺设无缝线路前，焊轨厂对焊接用钢轨有何要求？

9.4　长钢轨装车的方法有哪些？

9.5　铝热焊工艺的一般程序是什么？

9.6　线路换轨大修施工中，施工锁定轨温如何确定？

9.7　无缝线路位移观测桩如何布置？

9.8　无缝线路铺设后采用大型养路机械铺碴整道有何作业要求？

9.9　新建铁路铺设无缝线路的施工程序是什么？

9.10　试对新建铁路铺设无缝线路的铺设方式进行比较。

9.11　某段无缝线路，其自动闭塞信号的两绝缘接头间的距离为 4325.75m，设计两端缓冲区长度都为 100.04m，按配轨设计，该段长钢轨左股配置 6 根 500m 长标准焊接轨（工厂焊接采用 25m 标准轨，顶锻消耗量 30mm/根），一根 498.47m 曲线缩短的焊接轨，一根 498.06m 曲线缩短焊接轨，现场铝热焊焊缝宽度 20mm，求该股长钢轨非标准长度的焊接轨的设计长度（非标准长度焊接轨的增长率取 0.3‰）。

第十章　线路设备大修施工

铁道线路是铁路的主要技术装备之一，是工务部门固定资产的主要部分，是行车的基础。目前，我国铁路担负着全国60%以上的运输任务，同时，这些线路设备即固定资产，在经常不断的运输过程中，或者说，在轮轨相互作用过程中，在逐渐损耗。为了保证铁道线路的安全、平稳和不间断地运输，保持线路设备经常处于完好状态，根据运输需要及线路设备损耗规律，周期性地、有计划地对损耗部分加以更新和修理，恢复和提高设备强度，延长设备使用寿命，增强轨道承载能力，这是线路设备大修的根本任务。

线路大修是提高线路设备质量，增强线路强度和稳定性，适应铁路运输不断增长的需要的根本措施。为此，深入了解线路设备的使用状况，贯彻"运营条件匹配，轨道结构等强，修理周期合理，线路质量均衡"的原则，坚持全面规划，适当超前于需要的方针，合理制订大修计划，精心设计、精心施工，既要满足运输需要，又要节省投资，同时应整区段配套进行，并尽可能采用无缝线路，以期获得最佳的社会和经济效益，这是铁路工务部门一项重要的任务，其意义是非常重大的。

第一节　线路大修的周期性

一　现行规定

我国铁路线路大中修周期，按线路通过总质量密度(Mt·km/km)确定。一般情况下，现行是按表10-1规定执行。但在小半径曲线、大坡道或隧道等集中地段，轨型与运营条件不匹配的地段，煤、砂、矿建等散装货物运输集中地段，以及风沙危害地段等，铁路局可根据特殊情况做适当调整。

铁路线路大、中修周期表　　表10-1

轨道条件			周期(通过总质量)(Mt·km/km)	
轨型	轨枕	道床	中修	大修
75kg/m无缝线路	混凝土枕	碎石	400～500	900
75kg/m普通线路	混凝土枕	碎石	350～400	700
60kg/m无缝线路	混凝土枕	碎石	300～400	700
60kg/m普通线路	混凝土枕或木枕	碎石	300～350	600
50kg/m无缝线路	混凝土枕或木枕	碎石	300	550
50kg/m普通线路	混凝土枕或木枕	碎石	250	450
40kg/m普通线路	混凝土枕或木枕	碎石	160	250

注：①当 v>120km/h，轴重>23t，牵引定数>5000t，铁路线路大、中修周期可适当缩短。

②铺设全长淬火轨地段，线路大修周期可适当延长。

二 影响因素

线路大修是为了补偿固定资产的正常损耗，为了及时地、适当超前地进行所规定的线路修理工作，需要有科学根据地确定它们的实施周期，以便据此来制订线路修理的计划。

线路两次修理相隔时间的长短，取决于许多因素，如货运强度和密度、轴载、行车速度、线路结构、钢轨疲劳和磨耗程度、道床脏污程度、路基状态、平纵断面特点、气候条件及维修情况等。为了确定修理的周期，只能从这许多在不同程度上影响着线路的因素中，选择主要的、对线路破坏程度起决定性影响的因素。

三 如何确定大修周期

铁道线路大修的主要工作内容为钢轨的全面更换，所以它的周期应由钢轨的使用寿命决定。

钢轨的使用寿命通常以其铺入后至更换前累计通过的总质量表示。把这一累计通过的总质量除以年平均通过的总质量即为钢轨使用年限(寿命)。由于钢轨磨耗程度及疲劳伤损发生率极不一致，所以在达到平均使用寿命以前，将会有部分钢轨先期磨耗逾限或发生疲劳伤损，因而必须进行大量的单根抽换，而增大无缝线路地段工作的难度。为了避免这种情况，线路大修的周期，也就是成段更换钢轨的期限，应该短于钢轨的平均使用寿命。

另一方面，考虑到钢轨的二次使用，不仅能延长钢轨使用寿命，节省线路维修费用，还能将钢轨生产供应力量集中满足于繁忙干线需要。显然，若想获取这种明显的经济效益，第一次使用时所承受的通过总质量对第二次铺用寿命影响极大，亦即计划再用的钢轨在第一次使用换下以前，不能超过规定的通过总质量；否则，潜力大为降低，再用价值不大。从合理使用钢轨角度而言，线路大修的周期也应短于钢轨的平均使用寿命。

应当指出，在确定线路修理周期时，必须从实际出发，既要考虑线路的具体运营特点，又要考虑技术经济条件和国情、路情。

一般说来，目前我国铁路线路大修周期为 8～12 年，线路中修为 5～7 年。中修的期限不应处于大修周期的中间，而是中间偏上的时期，也就是第一次大修和中修之间比中修和第二次大修之间的期限长。这是由于经过大修以后的线路状态较中修之后更为稳定。

第二节　铁路线路设备大修工作范围及特点

一 工作分类

(1)线路大修(以千米计)分为：

①线路换轨大修；

②铺设无缝线路前期工程；

③铺设无缝线路。

线路上原铺钢轨疲劳伤损，轨型不符合要求，已不能适应当前或近期运输发展需要，必须全面更换钢轨，加强线路时，可进行大修。

线路大修时，不能铺设无缝线路的区段，采用普通轨道结构形式，列换轨大修；能够铺设无缝线路的区段，必须采用无缝线路轨道形式，并大力发展全区间或跨区间无缝线路，按施工阶段分别铺设无缝线路前期工程和铺设无缝线路。线路大修工程数量，以铺换新钢轨长度为准。无缝线路必须在近期完成的前期工程地段上铺设，在特殊情况下，也可在近期完成的线路换轨大修地段上铺设，换下的钢轨可作为新钢轨继续使用。

(2)线路中修(以千米计)，在于消灭上次大修后由于列车通过而积留下来的、靠线路维修又难以消除的线路病害。主要是加强道床，解决道床不洁和厚度不足的问题，同时更换失效轨枕，整修钢轨，使线路的质量基本上恢复到或接近于原来的标准。

(3)成段更换再用轨(以千米计)。

(4)成组更换新道岔或新岔枕(以组计)。

(5)成段更换新混凝土枕或再用混凝土枕(以根计)。

(6)成段铺设混凝土宽枕(以根计)。

(7)成段更换混凝土枕扣件(以根计)。原有轨枕扣件变形、扣压力不足或需要改变扣件形式时，可列成段更换混凝土枕扣件件名。

(8)道口大修(以万元/处计)。

(9)其他大修(以万元计)。

由于进行线路设备大修而涉及其他设备变动时，由铁路局在各有关部门的大修计划内统一安排。

二 工作内容

1. 线路换轨大修

线路换轨大修必须成段进行，并按设计施工，主要包括以下内容：

(1)按设计校正、改善线路纵断面和平面。

(2)全面更换新钢轨及配件，更换桥上钢轨伸缩调节器以及不符合规定的护轨，更换绝缘接头及钢轨接续线。

(3)更换失效的轨枕、严重伤损混凝土枕和扣件，补足轨枕配置根数，有条件时应将线路上原铺木枕地段，改铺混凝土枕(另列件名)。

(4)彻底清筛道床、补充道碴，改善道床断面；改天然级配卵石道床或沙道床为碎石道床。对基床翻浆冒泥地段进行整治。

(5)线路大修地段，应同时成组更换新道岔或新岔枕(另列件名)。如不需更换时，应整修道岔并抽换失效岔枕。清筛道床时，应包括长岔枕范围内的侧线。

(6)安装轨道加强设备。

(7)整修路肩、路基面排水横坡，清理侧沟，清除路堑边坡弃土。

(8)整修道口(如道口需要改善，另列件名)。

(9)抬高因线路大修需要抬高的邻线道岔、道口、桥梁，加高有碴桥两侧的挡碴墙。

(10)补充、修理和刷新由工务管理的线路标志、信号标志、钢轨纵向位移观测桩及备用钢轨架。

(11)回收旧料，清理场地，设置常备材料。

2. 铺设无缝线路前期工程

主要工作内容有：

(1)校正、改善线路纵断面和平面。

(2)抽换轻伤有发展的钢轨和配件。

(3)均匀轨缝，螺栓涂油，整修、补充防爬设备，锁定线路。

(4)更换失效轨枕、严重伤损混凝土枕和扣件，补足轨枕配置根数，有条件时应将线路上木枕地段成段更换为混凝土枕(另列件名)。

(5)彻底清筛道床、补充道碴，改善道床断面；改天然级配卵石道床或砂道床为碎石道床；对基床翻浆冒泥地段进行整治。

(6)整修通过地段的道岔和抽换失效岔枕。

(7)整修路肩、路基面排水横坡，清理侧沟，清除路堑边坡弃土。

(8)整修道口。

(9)抬高因线路大修需要抬高的邻线道岔、道口、桥梁，加高有碴桥两侧的挡碴墙。

(10)补充、修理和刷新工务管理的线路标志、信号标志、钢轨纵向位移观测桩和备用钢轨架。

(11)回收旧料，清理场地，设置常备材料。

3. 铺设无缝线路

主要工作内容有：

(1)焊接、铺设新钢轨及扣件，更换桥上钢轨伸缩调节器及不符合规定的护轨，焊接、铺设胶结绝缘钢轨和无缝道岔，并按设计锁定轨温锁定线路，埋设钢轨纵向位移观测桩。

(2)整修线路(整调轨距，整正扣件，方正接头轨枕)，安装轨道加强设备。

(3)整修道口。

(4)回收旧料，清理场地，设置常备材料。

4. 成段更换再用轨

主要工作内容有：

(1)更换再用轨及配件，更换不符合规定的护轨，更换绝缘接头及钢轨接续线。

(2)更换失效的轨枕及扣件。

(3)整修线路(整调轨距，整正扣件，方正接头轨枕)，安装轨道加强设备。

(4)整修道口。

(5)回收旧料，清理场地，设置常备材料。

5. 成组更换新道岔或新岔枕

主要工作内容有：

(1)成组更换新道岔或新岔枕。

(2)清筛道床，补充道碴，做好排水工作。

(3)整修道岔及道岔前后影响范围内的线路。

(4)回收旧料，治理场地。

6. 成段更换新混凝土枕或再用混凝土枕

主要工作内容有：

(1)全面更换混凝土枕及扣件，螺栓涂油，修理伤损螺旋道钉。

(2)清筛道床,补充道碴。

(3)整修线路,安装轨道加强设备。

(4)整修路肩、道口。

(5)回收旧料,清理场地,设置常备材料。

7. 成段铺设混凝土宽枕

主要工作内容有:

(1)清筛道床,补充道碴,处理基床病害。

(2)校正线路纵断面和平面。

(3)整修路肩、改善排水设施。

(4)全面铺设混凝土宽枕。

(5)用封闭材料填封宽枕之间的缝隙及隧道内宽枕端头与挡碴墙之间的缝隙。

(6)回收旧料,清理场地,设置常备材料。

8. 成段更换混凝土枕扣件

工作内容包括全面更换新型扣件,螺栓涂油,修理伤损螺旋道钉,回收旧料,清理场地。

9. 道口大修

主要工作内容有:

(1)改善道口条件和受其影响的两侧进路。

(2)改善或更换道口铺面板、护轮轨。

(3)改善防护设备。

(4)清筛道床,抽换轨枕,整修线路,并根据需要增设或改善排水设备。

10. 线路中修

主要工作内容有:

(1)校正线路纵断面,恢复线路平面。

(2)清筛道床,补充道碴,改善道床断面;改天然级配卵石道床或砂道床改铺为碎石道床;对基床翻浆冒泥地段进行整治。

(3)抽换轻伤有发展的钢轨及失效连接配件,均匀轨缝,螺栓涂油,整修补充防爬设备,锁定线路。

(4)对无缝线路进行应力放散,按设计锁定轨温锁定线路,并做出记录。

(5)更换失效轨枕及失效扣件,修理伤损轨枕。

(6)整修道岔,抽换失效岔枕。

(7)整修道口。

(8)整修路肩、路基面排水横坡,清理侧沟,清除路堑边坡弃土。

(9)补充、修理并刷新由工务管理的各种线路标志、信号标志、钢轨纵向位移观测桩及备用钢轨架。

(10)回收旧料,清理场地,设置常备材料。

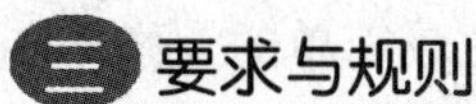

三 要求与规则

铁路线路设备大修必须有正常的工作条件,应设置大修设计和施工专业队伍,装备必要的施工机械和工程运输车辆，在列车运行图中，安排与施工项目相适应的封锁“天窗”。施工封锁“天窗”，线路大修不少于180min，线路中修不少于150min。线路封锁时间，应考虑线路开通后因列车碾压造成的线路变形，必须进行整修，恢复质量标准要求，原则上应安排在上午，遇有特殊困难时，也应安排在日落前3h封锁终了。同时应密切各有关部门的协作配合，为大修工作的正常进行创造条件。

线路设备大修必须加强管理，依靠科技进步，积极发展施工机械化，采用新技术、新工艺、新材料，改革施工方法，开展标准化作业，不断提高职工素质，提高劳动生产率和施工质量，降低成本，减轻劳动强度，改善职工生活条件。

线路设备大修，必须严格遵守铁道部颁布的《铁路线路设备大修规则》，以及《铁路技术管理规程》、《铁路线路维修规则》和《铁路工务安全规则》等有关规章制度的规定。

四 线路大修施工特点

线路大修工程的施工，不同于新建铁路工程和线路维修作业的施工条件，它是在运营线上不中断运输的原则下，在运行图中开天窗进行的一项大规模的施工，具有下列一些基本特点。

(1)线路大修施工的主要工作是在既有线上天窗中进行的。封锁时间的长短根据列车运行的密度确定，并由铁路局长批准。

(2)线路大修施工一般是在既有线大修地段逐段进行，主要工作是成段更换轨排，铺设长钢轨，清筛道床，起道捣固及整理工作。

(3)线路大修施工地段完全破坏了既有线轨道结构，必须在严格规定的封锁时间以前停止工作开通线路。可以说，在大修施工期间是日日有封锁，时时有慢行，对行车安全威胁较大。

(4)线路大修施工是一个十分复杂的系统工程。除本身系统外，还要涉及到机务、车辆、房建、电务、工务和运输等诸多方面。因此，明确目标，统一规划，相互配合，协调工作是至关重要的。

(5)线路大修施工地点是露天的，自然会在不同程度上受到季节气候的影响。

(6)线路大修施工时，工人、施工机械和机具分布在较长的距离上，施工地段距基地之间通常也有一段很长的距离，施工中需要铺入的新材料和拆下的旧材料都有很大的重量和体积。

正是由于线路大修施工具有以上一系列特点，特别是又必须分配在一段较长的线路上进行工作，以及必须在严格规定的封锁时间以前，把被破坏了的线路恢复到保证行车安全的完整状态，准备列车通过，这就使线路大修工作的施工组织大大地复杂化，需要一些专门的线路机械和机具设备，以及编制进行这些工作时的技术作业过程。

第三节　线路大修施工管理

铁道部对线路设备大修施工颁布有如下技术管理规则。

一 专业施工队伍必备条件

(1)线路大修施工，应由专业线路大修队伍承担。工作量小，技术比较简单的大修件名，也可由工务段承担。

为保证生产秩序，提高技术水平，大修队伍应有固定的生产人员作为基本生产队伍。

(2)为提高线路大修工作效率，保证线路大修质量，减轻劳动强度，改善职工生活条件，大修施工单位必须具备如下设施：

①铁路局应根据近、远期规划，统筹安排，修建必要的大修基地。

大修基地应有足够的配线和场地，具备必要的生产和生活设施，交通便利。

②大修施工单位应配备与大修施工任务相适应的线路大修施工机械、机车、车辆和其他运输工具等设备，以及必要的通信设施；应配备与检修施工机械相适应的检修机具、检修车间和机修车库等检修设备及设施，以逐步提高施工机械化程度。

③大修施工单位应配备足够的流动生活设施(如宿营车辆等)。

二 线路大修施工计划

(1)线路大修施工计划是搞好企业管理、加强施工组织工作的重要环节，必须认真细致地编制年、季和月施工计划。

(2)线路大修施工，必须以正式批准的设计文件和施工计划为依据。需要封锁线路或限制行车速度的施工、工程列车运行、长轨列车运行、道碴运输等，均应纳入列车运行图及铁路局的综合运输方案。

(3)线路大修施工单位和有关配合单位，应同时向有关单位提报月施工计划。经批准的施工计划，各单位均应严格执行。

三 线路大修施工组织设计内容

线路大修施工单位依据设计文件进行现场调查和施工测量，研究制订施工方案；按工程件名及批准的施工计划，编制施工组织设计。其主要内容如下：

(1)设备现状；

(2)施工技术条件和技术标准；

(3)工程数量及所需材料供应；

(4)施工方法、施工配合、劳动组织和机具使用；

(5)按工序编制施工进度指示图表；

(6)保证施工进度、质量和安全的制度和措施；

(7)施工临时设施；

(8)职工生活安排。

四 线路大修施工管理

(1)线路大修施工负责人，应深入现场，加强领导，科学组织施工，确保安全、质量和工程进度。

(2)线路大修施工所在地工务段，必须指派驻队领工员代表工务段常驻线路大修施工工地，加强与施工单位的联系，互相配合，密切协作，协助检查施工质量和施工安全。

(3)线路大修施工单位必须建立以下制度：

①施工三检制：在每次开工前、施工中、线路开通及收工前，施工负责人应组织有关人员分别按分工地段对施工准备、施工作业方法和线路设备状态进行检查。

②巡查养护制:施工现场应设置巡养人员,对施工地段进行巡查养护工作,发现并及时消除危及行车安全的处所。

③工序交接制:前一工序要给下一工序打好基础,在前一个工序完成后,应由施工领导人组织工序负责人进行交接。

④隐蔽工程分阶段施工制度:每个阶段结束前,由施工单位会同接管单位共同检查,并填写记录,确认符合设计要求后,方准继续施工。

⑤职工岗前培训制:新工人上岗前必须经过安全教育和技术培训,经考试合格后,方能上岗工作。采用新工艺、使用新设备,必须首先制订操作规程和安全保证措施,并对职工进行培训后方能进行操作和调试。

⑥安全检查分析制:线路大修安全工作要抓早、抓小、抓苗头、抓薄弱环节,应加强定期性、季节性及节假日前后和工地转移前后的检查,及时消除隐患。应组织群众开展事故预想活动,预防事故的发生。对事故苗头和已发生的事故,应及时分析、处理,吸取教训。

五 线路大修施工材料管理

(1)线路大修施工单位应建立健全材料管理制度,质量、规格不符合标准或出厂证件不符合要求的材料不得使用。

(2)新旧材料都应及时清点入库,堆码整齐,防止丢失或损坏。

(3)材料的收发、运送、使用和交接,应严格按规定办理账务手续。

六 线路大修施工机械管理

线路大修施工单位应建立健全各种施工、运输和装卸机械的管理制度,加强设备台账和技术档案的管理,认真实行岗位责任制,严格执行维修保养制度,努力提高设备完好率。

七 线路大修施工技术作业要求

(1)线路大修应按流水作业组织施工,使各工序紧密衔接,合理控制施工和慢行地段长度。

(2)应严格按照设计平纵断面和有关技术标准组织施工。

(3)积极采用新技术、新材料、新工艺、新设备,努力提高施工技术水平。

第四节 线路大修施工方法

目前,各国铁路线路大修机械化施工方法,都是根据各自的机械能力、财力、人力和列车密度等情况来考虑,大致有轨排换铺法、分别铺设法和分别拆铺法3种线路大修机械化(或成套机械列车)流水作业施工方法。

一 轨排换铺法

轨排换铺法是被许多国家广泛采用的线路大修施工方法。一般说,其机械种类和作业程序大体相近，只是在机械构造、配套、编组和工效上有所不同。它主要是由牵引机车、门式吊车、新旧轨排车、道碴清筛车、配碴平碴车、捣固车、整形车和动力稳定车等组成线路大修机械化施工列车。

轨排换铺法的作业程序是：先拆除旧轨排→清筛道床→平整夯实道床→铺设新轨排→整修轨道→起道捣固。但也有先清筛道床再拆除旧轨排的，也有在铺好新轨排后再清筛道床的。作业程序虽有不同，但均系流水作业。

如果是结合大修换铺无缝线路，新轨排通常是先由新轨枕和再用轨组成。如大修地段原为无缝线路，需先将长轨锯断，或先换上与新轨排设计长度相同的再用轨。两者均系两次换轨。

轨排长度各国不一，一般是一根或两三根标准轨长度。如果拆铺轨排采用自动走行门吊，则需在轨道两侧事先铺设走行门吊工作轨。也有为避免另备工作轨，而采用先预卸长钢轨暂做工作轨之用。

二 分别铺设法

拆旧轨排、铺新枕、再铺新长钢轨的分别铺设法，是在轨排换铺法的基础上，为避免两次换轨而发展形成的一次铺设无缝线路的方法。但如大修地段原为无缝线路，仍需把旧长钢轨锯短，若采用门式自动走行吊车拆铺轨道，仍需工作轨或预卸长钢轨作为临时工作轨用。

这种方法的机械列车编组，大致与轨排换铺法相似，只是把新轨排车改为新轨枕车及扣件车。

作业程序是先用门式吊车拆除旧轨排，平整道床，用另一组门式吊车吊运新轨枕并按规定间距逐根铺在整平的道碴上，再用拨道机把作为工作轨的焊接新长钢轨推移到新轨枕上，并装好扣件，用道碴清筛机和整修机清筛道床、扒碴和整修道床（新碴是预卸在轨枕端头外侧，并扒平铺临时工作轨），最后用捣固车进行起拨道和捣固。也有在拆除旧轨排前进行道床清筛作业的。

三 分别拆铺法

轨枕与钢轨分别拆铺法是鉴于作业机械日渐发展和劳力紧张、列车间隔时间短的情况下而出现的一种方法。

这种施工方法的机械化自动化程度较高，可用于换铺各种长度钢轨，也可直接结合线路大修铺设无缝线路，而不需两次换轨，也不需铺设工作轨。由于在作业中使用托盘运搬轨枕，既可大量减少人工装卸，又可保证作业安全，同时又由于是采用随拆随铺流水作业，可使轨道断开空隙保持很短（约 45m），便于必要时迅速开通线路。

这种线路大修机械列车编组，概括说是由平碴车将整个列车分为旧枕车和新枕车前后两大部分。按作业方向，旧枕车在前，平碴车居中，新枕车跟后。

平碴车在编列运行时，靠前后两轴转向架行驶，在轨道空隙间内作业时，是用两个降下的履带轮移动，它既能靠电子装置控制平整道碴高度，又能将多余道碴弃在线路一侧或两侧，还有搬旧轨、移新轨的功能。

列车的旧枕车部分，主要是拆除旧轨道。它是由装有托盘、车上门吊和转装吊车的数辆专用平车、扣件箱车、捡收和装运扣件车、动力车和吊装轨枕钢轨车等组成。列车的旧枕车走行在旧轨道上，拆除旧轨道作业是从位于后部的吊装轨枕钢轨车开始退行向前。

吊装轨枕钢轨车装有两个转向架，位于已被拆除轨道和正在拆除轨道的空隙之间。作业时降下履带轮，按控制方向走行在未整平的道碴上，并用吊装传动装置把旧枕吊装在托盘上，再用装在吊装轨枕钢轨车两边的、有液力传动装置的、能上下左右调整的钢轨夹钳，吊移旧轨和预卸新轨于轨枕端部。

列车的新枕车部分，主要是铺设新轨道。它是由卸铺轨枕钢轨车、动力车、安装扣件车、拧紧扣件车、拨轨车、新扣件箱车、新轨枕车、转运新轨枕吊车、托盘门吊等组成。列车的新枕车走行在新轨道上，铺设新轨道作业是从位于前部的卸铺轨枕钢轨车的前方进行。

卸铺轨枕钢轨车是用车上门吊、转装吊车把新枕按规定间隔逐根铺在已整平的道碴上，并用钢轨夹钳及能控制方向的电子导线传感器设备，先把旧枕放在新枕头上，再把新轨准确地放在新枕轨座上。

在上述作业完成后，用维修机械、清筛道碴机或整修道床机和捣固车进行清筛、整修、起拨道和捣固作业。以后再用带有起拨道设备的重型捣固车作业一遍。

这种线路大修机械列车施工流水作业法，全部作业过程中，共需作业人员 58 名，而且都在车上，各有固定工作岗位，并备有对讲机联系，安全和劳动保护条件好，工效高(机械能力可达 550m/h)。虽然机械构造复杂，一次投资较大，比其他方法约高 60%，但作业成本却较其他方法约低 40%，所需时间也可减少一半。

四 我国线路大修机械化施工方法

线路大修由于工作量大、质量要求高，而且要在封锁列车的时间内进行，所以，必须要有先进的施工方法、严密的施工组织和机械化的施工机具。机械化施工无疑是线路大修今后的发展方向，新机械设备、新施工方法也将不断出现，以不断提高大修作业的工效和质量。

目前，在我国大修采用的机械化施工方法是龙门架轨排换铺法。它是在基地组装轨排，在现场使用龙门架拆铺轨排和使用大型清筛车或大中型全断面枕底清筛机清筛道床。

拆铺轨排专用列车由牵引机车、道碴车、发电车、龙门架车、旧轨排车、清筛车、短轨车、新轨排车、轨排绞车、回填石碴车等组成。

一般机械化施工程序是:施工测量→施工交底→现场调查→技术交底→基地组装轨排→新轨排装车→铺轨列车编组、运行→进入封锁区间→现场施工作业→铺轨列车返回车站→开通线路→铺轨列车返回基地→旧轨排卸车→拆卸旧轨排。

现场施工作业分为封锁前的准备作业、封锁中的基本作业和封锁后的整理作业。

准备作业包括施工前整正施工地段的龙门架走行轨，封锁线路前松开原有线路钢轨接头。扒开枕盒石碴，排除障碍，拨正线路，设置临时方向桩，拆除道口及备好龙门短轨等项工件。

基本作业包括龙门架换铺轨排、清筛道床和拉长平捣固等项工作。线路封锁后，铺轨列车进入工地并解体为前后两部分。前部分吊装旧轨排，后部分铺设新轨排。新轨排或是先经过清筛车清筛道床，再经过机械平碴夯实道床后铺设，或是在经过平碴夯实道床后铺设，然后再使用全断面道碴清筛车清筛道床。道床经过清筛并回填石碴后，使用捣固车进行拉长平捣固作业。

整理作业包括调正扣件、方正轨枕、回填枕盒石碴、起拨道捣固及线路外观等长平找细作业。经过整修，使线路恢复到标准状态，待列车经过一段时间的限速后，恢复到原规定速度。

近年来，在引进和研制新型机械，扩大机械化程度，改善施工条件及提高施工效率和质量方面都有新的发展。在大修施工作业程序中已配属 RM-80 、RM-76 大型全断面道碴清筛车或 QQS-550、QQS-450 全断面枕底清筛机，以及由 SPZ-200 型配碴整形车、D08-32、D09-32、09-JSM 型抄平起拨道捣固车和 WD-320 型动力稳定车构成的 MDZ 机组，组成大型机械化线路大修施工列车。一段作业程序是：前部用龙门架换铺轨排，中部用 RM-80、RM-76 清筛车或 QQS-550、QQS-450 清筛机清筛道床，后部用 MDZ 机组进行回填石碴、起道、拨道、抄平、捣固、整形和稳定等综合找细作业。

如结合大修换铺无缝线路，新轨排是先用新轨枕和倒用轨组成，采用两次换轨方法。如大修地段原为无缝线路，需先进行应力放散，再将长轨条截成 25m 长的短轨条，也是采用两次换轨方法。

第五节　龙门架换铺轨排施工

在既有运营线线路大修地段上，使用龙门架拆铺轨排施工，需按预定的计划，在封锁线路、中断行车的条件下进行。

施工前要开行工程列车，施工中要按预定计划全部拆铺轨排，施工后列车要限速运行。可见，线路大修是一项施工规模巨大，施工组织复杂，并且与行车安全关系极大的施工。

因此，施工组织者要在施工前的相当一段时间内，做好施工的各项组织准备工作，掌握使用龙门架施工的特点和规律，安排好施工劳动组织、作业程序和材料供应，处理好施工中的技术问题，才能保证大修施工不间断地进行，保证安全、优质和高效地按期完成全年的大修任务。

一　工程列车的组成

工程列车是线路大修施工基地与现场间的主要运输车辆，不仅要保证在运营线上的行驶安全，还要满足大修施工现场各项作业的要求。所用车辆均是用的 50t 或 60t 路用平车，有关定检定修都按车辆有关规定办理。根据工作需要，工程部门还配备检车员和车长，具体负责工程列车的运行与安全。视施工现场作业项目的不同，整列工程车可划分为新轨排车和旧轨排车两部分。工程列车的组成列于表 10-2，并需按此顺序进行列车编组。

工程列车编组表　　表 10-2

分类	旧轨排车							新轨排车								
顺序	1	2	3	4	5	6～17	18～19	20	21～22	23～34	35	36	37～38	39	40	41
用别	机车	守车	料车及刮边车	发电及卷扬车	隔离车	滚筒车	龙门架托架车	搭茬轨车	龙门架托架车	滚筒车	隔离车	发电及卷扬车	餐车宿营车	收碴车	守车	机车
数量(辆)	1	1	1	1	1	(10)12	2	1	2	(10)12	1	1	2	1	1	1
施工方向	←															

整列工程车一般编组 41 辆。除新旧轨排龙门架托架车及搭茬轨车因受龙门架内侧距离所限需配 N10 型平车外，其余均可选用 50t 或 60t 路用平车。

新旧轨排滚筒车上有滚筒滑行装置，轨排分几层平放在滚筒上，用绞车将轨排从一辆滚筒车牵拽到另一辆滚筒车上。滚筒车的数量根据大修施工的进度而配置，目前各铁路局大修施工封锁时间多为 2.5～3.0h，平均日进度 550m 左右，最高可达 700m。按每两辆滚筒车可装载 5 层 25m 的混凝土枕轨排计算，新旧轨排滚筒车均需配挂 10～12 辆。

在工程列车编组中，前后都配有一辆发电及卷扬机车，作为现场作业的临时动力源。前一辆供吊装旧轨排龙门架用电，后一辆供吊卸新轨排龙门架用电。发电机每台功率一般为 84～120kW，可满足龙门架及轨排卷扬机所需。

工程列车到达施工地点后，分解为两部分，前半列吊装旧轨排，后半列铺设新轨排，前后两部分相距 100m 左右，其作业情况如图 10-1 所示。

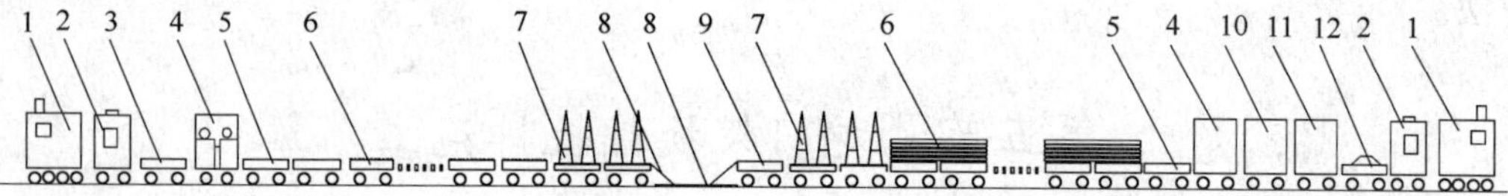

图 10-1 工程列车作业示意图

1-机车；2-守车；3-刮边车；4-发电卷扬机车；5-隔离车；6-滚筒车；7-龙门架托架车；8-地面走行轨；9-搭茬轨车；10-餐车；11-宿营车；12-收碴车

根据工程列车运行距离的长短，还编挂一辆餐车和一辆宿营车，以备机车乘务员和施工机械操作人员用来就餐和休息。编组中列车的前后部都挂有一辆路用守车，为的是保证工程列车作业完毕后，全列车即可返回基地，免去返回车站后的调车作业，不致影响第二天的作业。为保证工程列车在运行与卷动轨排时的安全，前后发电车与滚筒车之间都编挂一辆安全隔离车。

龙门架车上共可悬挂两组 8 片龙门架，其中 4 片为一组吊运 25m 的旧轨排，另外 4 片为一组吊运 250m 的新轨排。

二 施工准备工作

为保证龙门架拆铺轨排作业顺利地进行，在线路大修正式开工以前，应做好以下各项施工组织准备工作。

（一）做好施工调查工作

在年度大修施工之前，做好现场调查是一项很重要的施工管理工作，也是做好全年施工计划的主要根据。

现场调查应依据铁路局下达的线路大修设计说明书的要求，并结合施工单位有关施工和组织方面的问题，有组织、有计划地进行。现场调查应徒步进行，事先应安排好调查计划。调查重点应侧重下列几个方面：

(1)核实线路大修设计说明书中规定的工程地点及数量、技术标准及既有线路技术状态。调查中如发现现场条件与设计要求不相符合时，应做好详细记录，如果遇有牵涉面较大的问题需要修改变更设计时，应将详细的调查资料及建议处理意见上报，争取在做出整体施工计划及施工组织以前得以解决。

(2)调查大修施工疑难地段的情况，如长大路堑、小半径曲线地段，大编组站的线路设备条件，严重病害地段等。

(3)调查工程列车运行中途，机车整备站的上煤、上水及清灰条件。

(4)调查各施工队宿营站的线路、地形条件，了解施工队宿营点的供电、给水及通信设备条件。

(5)调查大修施工机械如清筛机、捣固车、轨道车等停放车站的线路和调车作业以及供电设施条件。

经过现场调查，施工组织领导者做到心中有数，就可进行超前预想和准备工作，这对正确地制订全年的统筹施工计划，有针对性地安排施工及其组织措施，是非常必要的。

(二)调整劳动组织

根据大修设计文件要求和现场调查结果，编制或调整好施工工序及劳动组织。这种统筹安排要努力做到既简化又优化，避免协调不当或重复作业。要尽量合理地利用工时，以提高劳动生产率，降低大修成本。还要注意做到既能照顾新出现的特殊问题，又能解决以往存在的惯性问题，争取新的一年有新的起色。

(三)与运输部门协调运输施工方案

线路大修施工需要较长时间中断行车和限速运行，这将对运输产生很大的干扰。如何兼顾运输和施工，如何最大限度地减少对列车运行的干扰，需要在铁路局和分局的宏观控制下，统筹协调施工及运输的关系，力求做到施工与运输两不误。

一般说，施工单位应将年度施工安排及各项要求，如施工区段、里程、起止日期、封锁时间、限速条件、工程运输、施工便线、施工机械站外停放等项问题提交运输部门。经运输部门研究并统筹安排全年运输施工方案，调整运行图，为线路大修施工预留天窗。

在方案确定下来后，施工单位应在正式施工前一个月向运输部门提报月施工计划。运输部门将施工计划纳入铁路分局的月运输施工计划中，施工单位应严格遵照执行。

由于在龙门架开始铺排之前，要做许多准备工作，如扒道床、松螺栓、打防爬等项工作，已经部分地削弱了轨道的稳定性；铺排完毕后，线路虽已开通，但尚未立即完全稳定，还需一定的整理恢复作业时间。因此，在封锁前和开通后的一段时间内，都要限速运行，以确保行车安全。

至于列车限速的多少，限速地段的里程，限速时间的长短，由施工单位依照工务规则及设想的有关规定，并根据施工进度、线路条件和施工组织情况研究确定后，向铁路局提报。

目前，在破底清筛、龙门架换铺轨排地段，较普遍的慢行条件是，封锁施工前一小时限速25km/h，封锁开通后首列限速15km/h，一小时后限速25km/h，再一小时后35km/h，若干小时后45～55km/h，直至次日施工封锁前一小时止。也有大修施工单位，在采取了妥善、可靠的安全措施后，当日即能恢复列车正常速度。

(四)施工设备检修

大修施工的各项设备都要在施工淡季内安排好检修。设备检修实行按台的质量责任制，必须在铺设轨排前全部完成，经检查验收合格。对于重要设备如龙门架、托架车、发电机组等还应模拟现场条件重载试运，以保证各项设备的良好、可靠状态。

(五)材料到位

施工所用的轨料、混凝土轨枕及扣件、锚固件等材料，要统一计划，千方百计地、及时地保证按质按量供应。线路补充石碴计划，要提前一个月向运输部门提出并纳入铁路分局的货物运输方案中，施工月份按旬计划及时装卸。

此外，还应提前安排线上再用料的外调工作。旧轨排拉回基地后被拆卸的再用轨和再用枕，如长时间堆放于基地，将会堵塞旧料储存场地，影响全局。因此，于开工前应按月份安排好旧轨排的拆除计划及旧轨料的外调事宜。

(六)施工测量及技术交底

在即将开工之前，施工单位应根据设计文件进行施工测量。主要是复核施工地段的线路平纵断面，重新标明遗落或模糊不清的里程及曲线头尾桩标记，并设置施工用的方向和水平标桩。制订指导施工的纵断面和水平资料，并分发给有关施工队(分段)及班组，作为指导施工的技术依据。

(七)工程列车运行办法

编组工程列车中的龙门架托架车系超级、超限车，故每年在开工前都要对工程列车所经过的线路及其两侧、上方的建筑限界进行检查。由运输部门定出工程列车每天往返经过的区间线路及站线的行车限制办法，如由于受高站台、高矮柱信号机等有关设备现有限界的控制，而不能进入铺轨列车的站、场等某些线路时，分局将按照限界要求发出电报另线接入或通过。在双线区段，线间距小于4.3m时，区间禁会超限列车。

(八)施工便线

根据全年施工的统筹安排，各施工队(分段)的宿营地，要提前铺好宿营便线，及时安排宿营车的转线工作。宿营地的用水、供电及通信等必备条件，应及早请有关单位协助解决，做到施工前各队都能进入预定宿营位置。

三 铺轨排作业过程

(一)作业阶段

龙门架换铺轨排施工，一般分为封锁前的准备作业、封锁中的基本作业和封锁后的整理作业3个阶段。

通常，把一些暂时无碍行车安全的作业分别提到封锁之前和放到封锁之后进行，就能减少封锁时间内的工作量，从而缩短封锁时间。同时要求准备作业切实充分，不漏项目，基本作业迅速准确，安全正点；整理作业干净利落，符合标准。

(二)封锁前

封锁前应做好以下各项工作。

1. 扒出枕盒内石碴

按照当日的施工进度，将扒枕盒石碴工作落实到作业班组及人头上。扒碴的目的是为减小吊走旧排后平整道床的作业量，紧凑吊旧铺新施工环节，加快新排铺设作业，从而赢得时间，为正点开通线路创造条件。

扒碴作业首先要考虑大修后的线路设计轨面抬高量。如果大修纵断面设计中新轨面比既有线路轨面有较大的抬高或降低时，扒枕盒既要安排减挖或浅挖与之相应的数量。其次要考虑不同类型钢轨及轨枕的高度及厚度差，如果是用混凝土枕更换木枕，并且设计轨面高程变化量又不大的情况下，扒枕盒时应增加2倍的高差，不同类型钢轨也照此办理。如果大修前后皆为同类型钢轨和轨枕，一般要求扒光枕盒石碴，并且低于枕下50mm，直至枕端外100mm。第三应注意扒出的石碴要置于道床边坡上，而不能扔到路基下面，也不能堆大堆，应均匀散开，并整平龙门架走行轨碴床。

2.松开钢轨接头螺栓

全部松开及个别拆除钢轨接头夹板螺栓，是为了减少封锁时间内吊除旧轨排时卸螺栓的工作量，以保证吊旧排铺新排的必要速度。

在25m普通轨的既有线路地段，应卸下原旧轨接头6个螺栓中的第二和第五个螺栓，其余螺栓应全部松动并加垫垫圈。对12.5m长钢轨地段是每隔一个接头进行同样处理。

应当指出，被拆下的夹板螺栓应套上垫圈，带上螺母，置于钢轨接头轨枕上，随旧轨排接头夹板卸下后一起回收，运回基地。

3.拆除道口铺面，清除障碍物

当日施工地段如遇有道口时，应封锁道口，拆除道口铺面，其宽度以能保证龙门架走行轨通过为限。被拆除的旧有道口铺面，应按顺序摆放在道口两侧，以便新轨排铺过之后再按原有顺序恢复。道口两侧被掀起的原有铺板及其基础，不要随意损坏，以便恢复。

此外，对线路标志桩、电线盒、横跨线路人行道及既有长轨防爬观测桩等妨碍施工作业的阻碍物，也均需先行临时拆除。其中涉及电力、电务等设施时，还应有业务对口单位配合拆除。

4.设置临时铺轨方向桩

设置临时铺轨方向桩的目的是用以控制新铺轨排的位置与方向。方向桩一般设置在曲线外股及其两端延伸直线的外侧。直线地段可以桥台、邻线钢轨及其他建筑物等作为线路方向的控制点。打方向桩时，应考虑施工中不挂不碰，便于拉尺定位。

临时方向桩在控制曲线轨排外股钢轨接头位置时，要计入曲线拨道量，一般是每25m排钉一桩。桩的位置可由排尺中已画在既有轨上的位置方出，并在桩顶上画出钢轨接头线。方向桩距钢轨的横向距离视地形条件而定，一般距既有轨轨头外侧1m再加上设计拨道量(上挑取正，下压取负)。

5.移设线路里程及施工桩号

龙门架吊走旧轨排后，原设在旧轨上的各种测量标记也将随之一起吊走，这样，使铺新排后线路控制点的里程难以确定。因此需在旧轨排吊走以前，将线路控制点的里程及标记移设于路肩的标桩上或邻线的钢轨上，或打临时标桩。临时标桩的埋设方法同方向桩一样。这样，在新轨排铺设后，便能按设计要求恢复线路的里程及各种标记。

6.打浮钉和加木塞

如果当日大修地段为木枕线路时，在吊除旧轨排之前，应将既有木枕线路的浮钉全部打紧，必要时还应加木塞，其目的是为防止吊运旧排时木枕脱离轨排，防止因木枕脱离而砸伤人员和损坏设备。

如通有过长的木枕，为防止轨排吊运时挂碰托架车起落柱和妨碍龙门架正常走行，可将其过长部分截去，或起掉道钉不随轨排吊运。

7. 拆除桥梁护轨

当日施工地段如遇有桥梁，需事先将护轨接头打开，并将其运至桥外两侧路肩上，或使用收轨车将其收回。目的是为了便于桥上换轨或更换轨排作业。应当指出，运出桥外的护轨不要影响铺排作业，卸除的护轨螺栓应套上垫圈，带上螺母，集中一起，全部收回。

8. 串轨

在小半径曲线地段，既有钢轨接头如为相错式排列的，应在施工前用撞轨器将相错式串为相对式钢轨接头，以便于吊除旧轨排，避免不必要的切割过多的再用轨。

串轨最佳时间是在施工工程列车进入的前一天进行，如果串轨地段较长，串轨工作量较大，则可在前两天分日进行。串轨工作应事先做好调查，准备好短轨，组织好人力，并应充分利用同区间的封锁时间进行，如果是在自动闭塞区间，还应有电务部门配合。串轨应按规定设好防护，安排好列车限速运行。

9. 合龙口

预测当日铺轨地段合龙口的长度，对尽快实现新旧轨合龙，按时开通区间线路是非常重要的。因合龙而延误作业时间，造成晚点现象是屡见不鲜的。故应及早准确做好一切合龙的准备工作。

一般是以前一天新排终端两股钢轨接头为起点，按当日铺排数量、长度逐排丈量(包括一个预留轨缝值)，直至当日计划铺排终点。丈量所用钢尺精度及拉力应与基地一致，还应考虑当日施工地段组装轨排时的配轨公差数、现场与基地丈量时轨温差的影响量及钢轨上道后的充分伸长值。如此，就能比较准确地预测合龙口的长度，并据此选配好左右股龙口轨组。

10. 准备走行轨

将龙门架走行轨拨到正位，使其平稳顺直，联上走行轨梭头，准备与龙门架托架车走行轨连接。

如果是第一天施工，或是跳越较长区间的施工，应按施工位置将单根的走行轨连接成长条，并重复上述工作。如果是走行轨需跨过咽喉区，则在施工前用吊轨车将已分解的走行轨运过咽喉区。这项作业可利用列车间隔时间进行，但应事先与车站值班员联系，把握列车运行时刻，按规定设好防护。

11. 准备滑行轨

将旧轨排车上分散到各车的承运轨排的滑行铁，用夹钳吊到滚筒上，推至托架车上，再用撬棍翻入两滚筒间备用。

12. 取量放散作业

当大修施工地段为长钢轨线路时，需根据轨温变化幅度先行取量放散作业，再将长轨条锯成普通标准轨长，方可扒枕盒石碴或使用全断面枕底清筛机清筛道床，以防因道床阻力降低而引起线路失稳，造成晚点开通线路的后果。

13. 工程列车运行

龙门架工程列车应在封锁前到达施工区间两端站之一。工程列车编组要符合施工要求。

机车到站后需进行必要的整备，试风、试闸良好。发电机车发电机组发动试车。检查各部分电路，保证良好的使用状态。

14. 办好施工封锁手续

驻站联络员代表施工负责人向车站值班员说明当日施工的里程位置、限速要求、各种施工车辆出入次序等项问题，再由车站值班员向分局列车调度员请求、抄写封锁命令。在正式封锁前，驻站联络员要将封锁命令送交工程列车两端的车长及驾驶员，并用对讲机将封锁命令内容通知施工负责人、各施工机械班（机）长及两端防护员。

（三）封锁中

施工区间一旦开始封锁，就标志着基本作业的开始。这时，大修工程车辆和机械设备进入区间，开始拆铺轨排作业，直至按预定计划换铺完结，开通区间为止。其各项工序及作业过程程序如下。

1. 工程列车进入施工封锁区间

在施工封锁前已到达施工区间一端车站的工程列车，封锁开始时，根据列车调度员的封锁命令和车站值班员给的发车信号进入施工区间。为充分争取时间，应将事先抄好并复诵无误后的调度命令，迅速送交工程列车两端的车长及驾驶员。同时还要通过对讲机及专线电话，将施工命令及工程列车进入区间的时间，通知施工负责人及施工地点两端的防护人员。工程列车车长及驾驶员应仔细诵读封锁命令，确认施工日期、地点、行车措施及开通时间等均无误后，再按车站值班员的发车信号，驶入封锁区间。

2. 设防护

施工单位驻站联络员或工地电话员，将列车慢行和封锁命令准确无误地通知施工地点两端的防护员后，防护员应及时按计划设好列车慢行标牌，监视列车慢行情况。当确认施工封锁前最后一趟列车已经通过，各种工程车辆已进入封锁区间后，应按规定设置响墩及防护标牌。反方向的防护员待最后一趟列车通过后，应立即设好响墩及防护标牌。

3. 工程列车分解

工程列车进入封锁区间，到达施工地点后，新旧轨排车带着各自的龙门架托架车摘钩分解为前后两部分。前部为吊装旧轨排车，后部为吊铺新轨排车。解开新旧轨排车龙门架安全锁定装置，并与已调整好线路两侧的走行轨分别对位连接。

4. 轨排车上的准备作业

启动新轨排车的卷扬机，通过钢丝绳拖动第一垛新轨排沿首车上的滚筒进入龙门架托架车内，准备吊铺新轨排。与此同时，在旧轨排车上，将龙门架托架车内的滑行铁吊放到两侧的滚筒上，上好防爬卡子，准备叠放吊上来的旧轨排。

5. 拆卸旧轨接头

在龙门架下架对准线路两侧走行轨的同时，旧轨排作业人员即开始拆除待吊旧轨排钢轨接头的夹板及螺栓。拆旧轨排接头，应配合吊旧轨排进度渐次进行，不应多拆，每 25m 拆开一处。

如果施工地段原是长轨条，应使用氧一乙炔切割设备等机具将长轨条截成标准轨长度。

被卸下的夹板螺栓，应套上垫圈，带上螺母，放入夹板沟槽内，并与旧轨排一起运回大修基地。

6. 吊装旧轨排

开动旧轨排龙门架，走出托架车，吊起旧排，退回托架车内，并将第一排放在托架车滚筒上的滑行铁上，然后，旧排前端的机车将旧轨排车以 5km/h 速度向前牵引 25 或 50m 停车。龙门架组再下来吊起第二个旧轨排上车。

木枕旧排在轨排车上每垛可叠放 6 层，混凝土枕旧排每垛可叠放 5 层。轨排叠放时，上下层要对齐，左右偏差不超过 100mm。一垛放满 5 层轨排后，打下底部滑行铁固定卡子，开动卷扬机，将这垛轨排向前拉，直到计划位置，再用卡子将滑行铁锁牢。

工程列车押运员检查旧轨排两端钢轨接头处及两节车厢连接处悬空轨枕的牢固状态，并用事先准备好的铁丝将悬空的轨枕与基本轨捆住，注意瞭望，看清车长信号及呼叫，做到车动及时稳当，停车及时准确。为避免向前推进时因失误将前部车辆推下钢轨，应有经过专门训练的人员把握前端风管开关阀，以便在紧急情况下进行紧急制动。

新轨排车向前推进时，线路两侧与托架车连接的走行轨也随着向前推进。每侧应安排 4～5人控制走行轨滑行的方向和轨距，停车后拨直垫平。施工指挥者在确认走行轨轨距、方向及平稳程度能保证龙门架在其上稳定走行后，便可发出指令让吊铺新轨排的龙门架驶下托架车到铺设新轨排的位置。吊放新轨排，对好接头，按铺排时轨温预留轨缝，连接钢轨接头，上紧接头螺栓。新轨排前端设专人掌握铺排方向，按施工前移到线路外侧的方向控制桩，用皮尺横向控制轨排前端位置，并据此拨顺整个轨排。在自动闭塞区段，还需电务人员配合，打好接牢在一起，以防运行途中脱落。吊旧排时脱离基本轨而留在道床上的轨枕，应由专人使用单轨车运出线路以外，如是木枕可拾放到下一待吊的旧排两轨之间回收。

这道施工程序直至将当日计划更换的旧轨排全部吊装完毕为止。

7. 平整道床

在龙门架吊走第一个旧轨排后，即按设计轨面高程控制，扒出多余石碴，平整道床，以备铺设新轨排。

8. 吊铺新轨排

待平整道床超过 25m 时，施工负责人便可发出指令给新轨排车长，使用信号旗或对讲机，指挥新轨排车以 5km/h 速度向前推进 25m，立即停车。此时机车驾驶员必须精力集中，仔细操作。

龙门架返回托架车，吊下第二个新轨排，并按同样的程序铺放。当车上第一垛新轨排全部吊下后，将滚筒上的滑行铁翻入两滚筒间，开动卷扬机，牵引另一垛新轨排进入托架车。这样，周而复始地连续作业，直至计划铺设的新轨排全部落地为止。

在小半径曲线上铺排时，应采取一些必要的措施，使轨排落地后，弯折到所需的曲度，并组织人力在外侧轨枕端外回填石碴。

9. 合龙口

在旧轨排和新轨排都按当日施工计划吊装和铺设完毕后，新轨终端一般不会正好与旧轨轨端衔接，而形成一个缺口，需用事先准备好的短轨组填补起来。这个缺口通常叫做龙口，短轨组称为龙口轨组，用龙口轨组填补龙口这项作业就叫合龙口，也有称短轨组为搭茬轨的，填补龙口作业则称搭茬。

龙口的长度是有一定范围的。当铺设 25m 轨排时，其长度在 0～25m 之间，当铺设 12.5m

轨排时，则在 0～12.5m 之间。如果龙口长度较大，一般都在旧轨排吊完之后，即将事先准备好的一对短轨换到龙口处，与旧轨相接，这样就可大大缩短最后一排新轨排落地后需要合龙口的长度，减少合龙口作业量。事先插入的短轨长度视现场具体情况而定。

如果铺设新排地段是长轨条，则合龙口这项作业可以免去，待最后一排新排落地前，按这个新排长度拉尺，划好新轨排终端轨头位置，使用氧—乙炔焰切割旧轨，钻好接头螺栓孔，以便新旧轨顺利连接。

合龙口短轨组装在合龙口轨车上，合龙口轨车可以编在工程列车的前部或旧轨排托架车的后部及新轨排托架车的前部。如果龙口轨车是编在新轨排托架车的前部，则在新轨排铺完之后，随即卸下龙口轨。

短轨组的组合是根据新旧轨之间的距离，查找事先备好的合龙口轨组合尺寸表或在现场直接计算得来。

10. 龙门架上架

在合龙口作业的同时，应立即分别拆开车上、地下走行轨接头，提升龙门架上架复位至运行位置，并锁定牢靠。

11. 工程列车连接

待合龙口作业完毕后，则新旧轨排车连接。一般是前部的旧轨排车先向前拉出 500m 左右，后部的新轨排车推进与旧轨排车连接，这样，工程列车便可让出新铺轨排地段，以便施工人员进行线路开通前的整理作业。

12. 回填石碴

工程列车后部挂有石碴回填车，在开始铺排作业时，便操纵有关机构，使石碴回填铲板张开，随新轨排车在铺排作业中向前推进的同时进行石碴回填作业，直至当日施工终点，完成全部回填作业，然后将回填铲板收拢复位锁定。

13. 工程列车撤离施工区间

车长在工程列车新旧轨排车连接完毕后，要缓解试风，在确认线路上无障碍后，发信号给驾驶员，按封锁命令规定折返指定车站。

14. 检查并开通线路

现场施工负责人带领线路检查人员仔细检查线路，在确认符合开通条件后，通知驻站联络员及值班员请求开通线路。同时通知施工地点两端防护员撤出响墩及停车牌，按规定速度挂好慢行牌，展开黄旗，迎接、监视各次列车以规定的速度通过施工现场。

(四)封锁后

线路开通以后，施工负责人应抓紧组织力量进行整道作业。其目的是使刚刚铺设的新轨排线路能尽快地稳定并达到规定的标准，逐步提高行车限速，确保开通后行车安全。其作业项目及顺序如下。

1. 继续回填石碴

当日铺排地段经回填车收拢石碴后，枕盒内及枕头处石碴仍显不足，尤其是作线路长平起道时会更显石碴不足，故需在整理恢复作业过程中，继续组织力量全部回收石碴，做到轨枕端头全部护住，轨枕盒内石碴不少于半盒。

2. 拨道

铺设新排时，利用临时线路方向控制桩控制线路方向仅是粗略的，有较大误差。线路开通后，需要继续进行较为精确的拨道，使之基本达到设计技术标准要求。

3. 拉长平整正水平

全面进行拉长平捣固作业，使线路平顺。全面检查水平高低，每过一趟列车检查一次。检查出的问题尽快处理。施工终点的合龙口处，按400倍做好顺坡。

4. 检查轨距

基地组装出来的混凝土枕轨排，轨距一般不失格。只有木枕处、轨枕歪斜处、合龙口处及木枕桥上轨距易失格。经检查出应及时调整扣件和改道，使轨距符合要求。

5. 方正轨枕整理扣件

方正因轨排运输和施工过程中已产生歪斜和位移的轨枕，使螺旋道钉正对轨枕位置标记的白点。检查扣件和胶垫状态。因施工过程造成的大胶垫串出、扣件歪斜者，都应及时予以调整，达到标准要求。

6. 补齐接头螺栓

每个接头补足6个螺栓，并全部复拧一遍，使夹板螺栓扭力矩达到标准要求。夹板应顶密靠严，接头不出现支嘴及错牙，使钢轨接头顺直。

7. 道口及桥梁作业

当日施工地段有道口及桥梁时，线路开通后，道口处要与两侧线路顺好坡，枕底要加强捣固，尽快恢复原来木枕临时铺面，并符合标准要求。无碴桥换完钢轨后要紧接着进行调整轨下胶垫及改道、补钉、水平调整作业。

8. 匀轨缝

在铺设轨排作业中，由于运输及施工作业等原因，会形成轨缝大小不均匀，尤其是超过构造轨缝和瞎缝，需用液压轨缝调整器进行调整，以使轨缝均匀。

9. 安全班作业

当日施工班组当日收工后，因线路还在继续发生变化，会导致线路几何尺寸失格，故在收工后，还需安排一个专门班组接着进行整理作业，保证日落后的行车安全。

10. 恢复线路里程标志

将临时移设到路肩上的50m桩点、曲线头尾及圆缓点等标记，恢复到新轨上，位置要准确，字迹清晰工整。

11. 找细交工

当日过后，铺排地段交予下一道工序。如果是线路道床不进行清筛的情况下，下道工序就是找细作业及交工。如果是使用全断面枕底清筛机，下道工序就是清筛作业。后部的找细交工作业，全面地按照线路大修验收标准要求进行，使铺排、清筛后的线路尽快交工，缩短施工后的真空地段，以利行车安全。

上述换铺轨排作业，在区间内可以每天继续不间断地进行。但在接近车站时，因受道岔、站台等限制，必须在车站最外道岔前中止铺排作业，转移新旧轨排车走行轨，越过道岔群地段后，在道岔岔跟引轨后再继续铺排作业。

由于龙门架托架车上走行轨在道岔上不能落到最低处的作业位置，难以与车下线路两侧的走行轨接顺。所以在道岔前后，最好让出25m地段，不进行吊铺轨排作业。这一段如需换轨换枕时，可卸下钢轨和轨枕，用人工作业施工。

换铺轨排作业进行到站内靠近站台地段时，由于站台墙妨碍龙门架走行轮走动，铺排机要先进行临时拨道工作。拨道工作可在封锁前一小时内列车限速慢行时完成，也可在封锁后工程列车进入前完成。

使用跨度为3260mm的龙门架时，应将轨道向远离站台方向拨动0.2m，使站台边距线路中心为1950mm。如果龙门架跨度为3420mm，应拨动0.3m。站台地段线路拨道完成后，再进入工程列车换铺轨排。轨排铺设完毕后，工程列车及时驶出铺排地段，再将已铺设落地的新轨排拨回到设计位置，并进行填碴捣固作业，开通线路。

第六节　大型机械清筛捣固整形稳定作业

一　大型机械在大修施工中的应用

(一)概述

随着铁路运输量、行车密度、运行速度和列车重量的不断增加，施工与运输的矛盾日益加剧。在繁忙的运营线上利用开天窗，使用大型高效机械来完成线路大修施工任务已势在必行。唯有如此，才能及时恢复线路的几何形位和技术状态，保证列车以规定的速度，安全、平稳和不间断地运行。

铁道部自1984年从奥地利普拉塞公司成套引进了大型养路机械以来，目前已在全路14个铁路局(集团公司)20多个单位配属400多台套大型养路机械，形成了一支思想基础好，技术素质高的年轻骨干队伍，能比较熟练地掌握运用这些机械。同时还制订了一整套管、用、养、修的制度和办法，建立了检修基地和零配件站，从而保证了大型机械的正常运用。实践表明，大型机械具有作业效率高、施工质量好、性能完善、安全可靠、机动灵活等特点，比较适合我国铁路现状。

(二)大型机械施工组织方案

大型机械的运用，打破了传统的大修施工模式。现阶段的施工条件与20世纪50和60年代相比有了极大的变化，如列车密度的增加，列车速度的提高，复线地段邻线的干扰，封锁时间的缩短等，此外，现行施工地段又多为混凝土枕的无缝线路，增加了施工的难度，这既要求有严密科学的施工组织，又要求有先进合理的施工方案；否则，难以发挥大型机械的效用。以沈山干线大修施工为例，既有线路是69型混凝土轨枕、50kg/m钢轨的无缝线路，要求在150min的封锁时间内完成500～600m更换81型混凝土轨枕、60kg/m轨排任务，同时还要进行破底清筛、机械捣固、整形找细等项作业。亦即在同一施工区间内，利用同一封锁时间，进出3～4列工程列车，完成多项大修平行作业，目前又发展到大修与长轨的平行作业。这些工作，不仅要有严密的施工组织和合理的施工方案，还要有一系列切实可行的办法和措施，如数个工程列车进出区间的管理办法及与此相应的安全防护措施等，才能保证大型机械在大修施工中高效、优质、安全、可靠、顺利地进行。

目前使用大型机械进行铺排、清筛、捣固、整形、稳定等项作业的施工组织方案及其施工程序如图 10-2 所示，顺序如下。

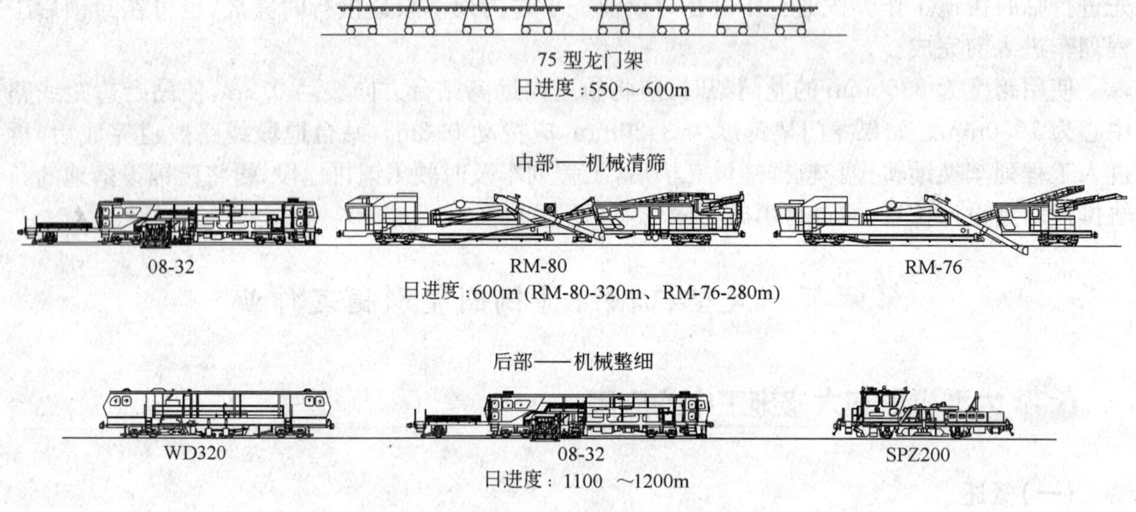

图 10-2 线路大修大型施工机械编组作业及其进度示意图

1. 前部——锯短换排

在无缝线路地段施工时，因受锁定轨温的限制，在高温情况下，为确保施工安全，防止胀轨跑道，要先放散后施工。应力放散后，要将长轨条用高速切割器截成 25m 长的短轨，然后再用龙门架轨排车吊铺新旧轨排，一般日进度 500～600m。

2. 中部——机械清筛

线路大修通常都是更换轨排与破底清筛同时进行。由于我国繁忙干线线路大修天窗时间一般为 180min，在要求清筛宽度 5000mm、清筛深度枕底下 300mm 的情况下，为与更换轨排同步，配备 2 台大型清筛车是必要的。因为 RM-80 清筛车每小时可筛 320m，一次封锁时间内的清筛进度可达 600m。这样，破底清筛作业的进度大体与更换轨排作业的进度同步。除道岔前后、桥梁和个别有地下障碍物的信号处所外，其余线路均可由两台清筛车来完成。

经过清筛的线路，当天再用 1 台 09-32 或 08-32 捣固车进行一遍初起、初拨、初捣，便能保证清筛地段的行车安全。

3. 后部——机组整细

由动力稳定车构成、起拨道捣固车和配碴整形车的 MDZ 机组，进行道碴回填、起道、拨道、抄平、捣固、整形及稳定等综合整细作业。要求把昨日和当日经过机械清筛作业的地段，全部用 MDZ 机组作业一遍。即 09-32 或 08-32 捣固车要全部覆盖一遍，以确保施工地段的作业质量和行车安全。一般，MDZ 机组整细作业的日进度为 1100～1200m。

经由 MDZ 机组作业 2～3 遍后的线路，其几何形位及长平、水平、方向、曲线正矢等各项指标完全达到了大修施工技术标准，列车速度已恢复正常，再稍加人工整理即可交付工务段管理。

MDZ 机组在实际工作中的具体编组方法，是根据线路整细作业的要求决定的。当线路起道量在 50mm 及其以下时，依照作业前进方向其编组作业顺序为：最前面为捣固车，中间为动力稳定车、最后为配碴整形车。当线路起道量为 50～150mm 时，机组作业顺序为：最前面为配碴整形车，中间为捣固车，最后为动力稳定车，因为线路起道量大，需要把预卸起捣道固用的石碴，提前回填到道床上，以保证起道捣固时有足够的石碴，并有利于夯拍和稳定道床。由于配碴整形车和动力稳定车的作业效率是捣固车的 2～2.5 倍，所施工进度受捣固车控制。为了缩短配碴整形车和动力稳定车的等候时间，提高机械的利用率，可配多台捣固车一起作业，以形成比较紧密的流水作业。

全断面道碴清筛车

(一)概述

道床清筛作业，是线路大修施工中的一项主要工作内容，过去一直是靠人力手工作业，不仅劳动强度大，作业环境差，而且清筛质量也难以得到保证。为提高线路大修的工效和质量，用机械代替人力是必然趋势。

RM-76、RM-80 全断面道碴清筛机是引进奥地利普拉塞公司 20 世纪 90 年代的先进技术进行生产的大型铁路养路机械，它是铁道线路大修、中修维护作业必不可少的重要配套设备。

RM-80 型自行式道碴清筛车，是目前同类型中生产率较高，技术性能较先进的机械。清筛机作业时，机器在线路轨道上低速行驶，通过穿过轨排下部、呈 5 边形封闭的挖掘链扒指将道碴挖起并经导槽提升到筛分装置上。脏污道碴通过振动筛的筛分后，符合标准、清洁的道碴，经道碴溜槽、导板及回填输送带回填到线路上。碎碴及污土经主污土输送带、回转污土输送带输送到线路两侧或卸到污土车上。对翻浆冒泥地段也可对污染道碴进行全抛作业。本机为全液压传动，区间和作业运行速度均为液控无级调整，其外形图 10-3 所示。

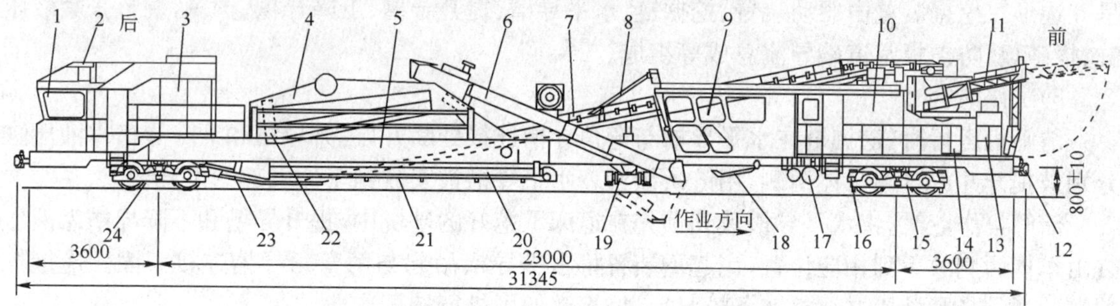

图 10-3　RM-80 型全断面道碴清筛机(尺寸单位：mm)

1-后驾驶室“2”；2-空调装置；3-后机房；4-筛分装置；5-车架；6-挖掘装置；7-主污土输送带；8-液压系统；9-前驾驶室“1”；10-前机房；11-回转污土输送带；12-车钩；13-油箱；14-工具箱；15-转向架；16-车轴齿轮箱；17-气动元件；18-举升器；19-起拨道装置；20-道碴回填输送带；21-后拨道装置；22-道碴导向装置；23-道碴清扫装置；24-制动装置

(二)主要技术性能

(1)轨距：1435mm；

(2)外形尺寸(长×宽×高)：31546mm×3150mm×4770mm；

(3)转向架芯盘距：23000mm；

(4)转向架轴距：1830mm；

(5)轮径：ϕ900mm；

(6)质量：88t；

(7)最大自行速度：80km/h；

(8)最大联挂速度：100km/h；

(9)作业速度：0～1km/h；

(10)最小运行半径：180m；

(11)作业效率：650m^3/h；

(12)发动机功率：348×2kW；

(13)最大起道量：250mm；

(14)最大拨道量：±300mm；

(15)最大挖掘深度(轨面下)：1000mm；

(16)传动方式：全液压传动、无级调速。

(三)主要工作装置

RM-80 型清筛机的工作装置包括挖掘装置、筛分装置、道碴回填分配装置、污土输送装置、起拨道装置、起重设备和辅助装置。

1. 挖掘装置

1)挖掘装置的功用

挖掘装置的主要功用是将脏污道碴挖掘出来，并提升和输送到振动筛上。挖掘装置是清筛机的主要工作机构之一。

2)挖掘装置的组成

RM-80 型清筛机挖掘装置安装在 2 台转向架间的车体中部，与车体水平面的夹角约 30°，呈 5 边形。挖掘装置由驱动装置、挖掘链、水平导槽、提升导槽、下降导槽、护罩，调整张紧液压缸、拢碴板、防护板及道碴导流总成等组成。

3)工作内容

清筛机运行时，挖掘链在水平导槽与弯角导槽连接处断开，提升导槽和下降导槽靠液压缸分别被提升并放置到车体两侧，用链条锁紧。水平导槽被安放到车体下部的举升器上。

清筛机作业时，将水平导槽放到预先在道床下挖好的基坑中，提升导槽和下降导槽靠液压缸由车体两侧放下到相应位置，用起重装置将水平导槽吊起与两弯角导槽连接牢固。连接挖掘链并通过张紧液压缸调整链条松紧后，挖掘链便可进行挖掘作业。

作业时，挖掘链由链轮驱动逆时针转动，在轨枕下挖掘和输送道碴。挖掘链工作时右边链用于提升道碴到振动筛上，左边链经上角滚轮下降返回到道床上。挖掘链速度有 2.0m/s、2.6m/s、2.8m/s 和 3.6m/s4 种，驾驶员可根据道床阻力及生产率进行调节和选择。

2. 筛分装置

1)筛分装置的功用

RM-80 型清筛机的筛分装置采用双轴直线振动筛，其功用是：对从道床上挖掘出来的道碴进行筛分。筛分后，振动筛上合乎标准粒度的道碴，经道碴回填分配装置回填到道床上；筛下的碎石、砂与污土，由污土输送装置装入污土车或被抛弃到线路限界以外。

2)筛分装置的组成

筛分装置安装在挖掘装置与后驾驶室之间的车架上方。它的下部安装有道碴分配装置、道碴回填输送带和污土输送带等部件。

筛分装置包括双轴直线振动筛和振动筛支承、导向及水平调整装置。

振动筛由一台定量轴向柱塞马达驱动两根装有偏心装置的轴，因偏心装置是相对放置，轴又是同步相对回转，因此水平振动相对抵消，而产生垂直于振动筛筛面的直线振动，故又称直线振动筛。

振动筛的振动频率是可变的，由挖掘装置来控制。在挖掘链工作时，筛分驱动使筛子以约20Hz的全频率和公称频率振动，得到最大筛分能力。当挖掘链停止时，筛子的振动频率自动地降到8Hz左右。

筛分装置由3层不同孔径的钢网筛构成。当筛分的道碴粒径为20～80mm时，上、中、下3层筛网的网孔尺寸分别为85mm×85mm/76mm×76mm、55mm×55mm/45mm×45mm、30mm×30mm/25mm×25mm，筛分总面积为27.5m^2，筛分能力为500m^3/h，筛分后道碴含污量不大于3%。在下层筛网支承架下，装有托架及槽扳，可将筛下的污物全部导流到主污土挖送带上。

筛箱后部用后箱壁与斜槽固定，构成超粒径道碴和左、右中下层筛下道碴的导流通道。

3. 道碴回填分配装置

1)道碴回填分配装置的功用与组成

经过筛分后的清洁道碴从振动筛末端左右两通道落下后，通过道碴回填分配装置，重新回填到道床上。道碴回填分配装置由左、右侧道碴分配板和左、右道碴回填输送装置两大部分组成。道碴分配板用于分配直接落入道床上或落到回填输送带上的道碴量；道碴回填输送装置是将落到回填输送带上的道碴，输送到挖掘装置后并均匀地撒布到两条钢轨两侧的道床上。回填的清洁道碴离轨枕下未挖掘的脏污道碴距离不大于1500mm。

2)左、右侧道碴分配板

道碴分配板实际上是块安放于筛箱后部清筛后道碴通道上的A形板。当A形板位于通道中间时，由通道上垂直下落的道碴被平分到A形板左右两侧。当A形板靠液压缸、杠杆和轴带动转动一个角度时，则由通道上垂直下落的道碴分配到左右两侧的数量不等。A形板向左摆，右侧分配的道碴多；相反左侧分配的道应多。A形板下方，左侧溜槽直通道床；右侧溜槽与回填输送带喂料端相接。因此，根据需要可以分配直接落入道床和经回填输送带撒布到道床上的道碴量。

为了便于作业人员观察道碴流量的分配情况，在主梁外侧装有道碴分配指示装置。通过指针可以观察到左、石两块分配板分配道碴的流量。

3)道碴回填输送装置

道碴回填输送装置按左、右对称布置在机体主梁下方。它的喂料端紧接着道碴分配板溜槽通道，以接收筛上清洁的道碴，另一端延伸到挖掘链水平导槽后部，可以把清洁道碴均匀地回填到道床上。

4. 污土输送装置

1)污土输送装置的功用与组成

污土输送装置的功用是将振动筛筛出的污土卸到机器前方或邻线污土车中，或直接抛弃到线路外。

污土输送装置包括主污土输送带、输送装置支架和回转污土输送装置等。

回转污土输送带作业时距轨面最大高度为4800mm，最大抛土距离距轨道中心线5500mm。

2)主污土输送带及输送装置支架

主污土输送带也是通用型带式输送机。它以与水平线呈13°倾角的方向安装在振动筛下和前驾驶室的上方，全长约21.07m。

驱动滚筒由轴向柱塞式液压马达经一级齿轮减速器来驱动，安装在输送带上方。

主污土输送带下段支架靠输送装置支架与机器的主梁连接起来。输送装置支架是结构组装件。它用前、后支架及中间吊架支承在主梁上，两侧焊有V形槽板和侧边板。这样的结构使振动筛筛下产物全部落到主污土输送带上。支架下部呈漏斗状，还可接收来自筛上斜槽孔中超粒径道碴。支架上部斜溜槽位于挖掘装置提升导槽导流排渣孔下，只要导流排碴孔打开，挖掘出来的道碴将全部通过主污土输送带弃掉。

3)回转污土输送装置

回转污土输送装置安装在机器前部车架上方。清筛机运行时折叠收放在车架平台前，并锁住；清筛作业时，靠液压缸撑起并回转到所需的弃土位置。

5.起、拨道装置

1)起、拨道装置的功用与组成

起、拨道装置的功用是减少挖掘道碴的阻力和避开线路上永久性障碍物。

起、拨道装置包括前起、拨道装置和后拨道装置两个部分。前起、拨道装置紧靠在挖掘装置水平导槽后部，后拨道装置在后转向架前，将拨过的线路放回原位或指定位置。

RM-80型清筛机起、拨道装置的最大起道力为140kN，最大拨道力为72kN，作业时最大起道量为250mm，最大拨道量为±300mm。起、接道量由标尺和指针显示。

2)前起、拨道装置

它由起道装置、拨道装置和夹钳装置组成。起道的升、降动作，拨道的左、右移动，夹钳的夹持与松放及调整均靠液压缸及相应的控制阀来完成。

起道作业时，首先前后4个夹钳装置上的夹钳滚轮(4对共8个)张开，起道液压缸活塞杆带着支承轴下降到轨面(靠拨道滚轮控制)，夹钳滚轮闭合夹住轨头；然后进行起道作业，即起道液压缸活塞杆上升，带动支承轴、中梁、导向柱、侧梁、前后夹钳装置以及夹钳滚轮夹持的左、右两条钢轨连同轨枕一道提起，完成起道作业。

拨道装置靠固装在中梁上的两拨道液压缸及安装在左、右侧梁中部的2个拨道滚轮来完成。2个拨道滚轮轮缘内距为1435mm。拨道液压缸是双杆活塞液压缸，当活塞在液压缸体内左、右移动时，一端伸出，另一端缩回。由于拨道液压缸体固定在中梁上，所以活塞杆伸出端顶着这边侧梁、拨道轮一起向线路中心的一侧移动；另一侧由于导向柱的连接，也被带动向这一侧移动。结果将两根钢轨向活塞杆伸出端拨动了一定的距离，即选定的拨道量。最大拨道量等于活塞杆的最大行程。拨道时，拨道量显示在拨道尺上。

夹钳装置用于夹持钢轨。2个夹钳滚轮靠夹持液压缸工作；夹钳滚轮用轴承支承在钳臂的套筒中，当机器作业走行时，滚轮靠摩擦自行回转。当夹钳滚轮遇到钢轨连接板时，有一个夹钳滚轮松开，另一个仍可牢牢抓住钢轨。夹钳下降的位置受安装在夹钳体上的可调整滚轮限制。

3)后拨道装置

它由气动升降机构、液压拨道机构和安全保险器等组成。

气动升降机构是气动杆机构。当气缸活塞杆伸出时、拨道机构下降，将拨道滚轮卡在两钢轨内侧来进行拨道作业。气缸活塞杆缩回时，将拨道机构提起到运行状态。

液压拨道机构是靠安装在拨道机构支架前的拨道液压缸来完成动作的。拨道液压缸也是双杆活塞式的。拨道量由固定在液压缸体上的指示板和两活塞杆上的刻度标尺间的相对位置来显示。

安全保险器是防止在运行中气动升降机构的气动活塞杆自动下落的锁定装置。它靠钢丝绳、拉紧弹簧及锁定安全销等，在车辆运行中将后拨道机构支架锁定。

三 起拨道捣固车

(一)概述

线路捣固机械是利用加压、冲击或振动的原理，使轨枕底部的道碴重新排列、紧固密实，并使枕下支承力量均衡的一种专用机械设备。在铁路新建和线路大、中修施工中，它与铺轨机、配碴整形机及夯实机等联合使用，可完成线路施工的机械化作业。

我国捣固机械的发展大体上经历了 3 个阶段。20 世纪 50～70 年代，以电动捣固机为主；70～80 年代，发展液压中小型捣固机；80～90 年代，引进国外先进技术，制造大型高效综合作业捣固机械。目前，国产的捣固机械有手提式电动捣固机、轻型液压捣固机；TYD-16 型单枕捣固车及 D08-32 型抄平起拨道捣固车。

D08-32 型自动抄平、起道、拨道捣固车是引进奥地利普拉塞公司 80 年代末先进技术进行生产的大型铁路养路机械，它是集机、电、液、气、控为一体的大型专用捣固机械。该车除具有枕底道碴捣固功能以提高线路稳定性外，最大优点是进行自动抄平起道拨道作业，使线路达到规定的几何形状。由于电气系统采用了计算机控制，对于平直道还可以用激光准直，作业精度完全达到设计标准，满足工务要求，是铁路新建、大修、中修和维修等养路施工的理想高效机械。它包括主机与附属设备两大部分。主机由两轴转向架、带前后驾驶室的车体、捣固装置、夯实装置、起拨道装置、检测装置、液压系统、电气系统、气动系统、动力及动力传动系统、制动系统及操纵装置等组成；附属设备有材料车、激光准直设备、线路测量设备等。D08-32 型捣固车外形如图 10-4 所示。

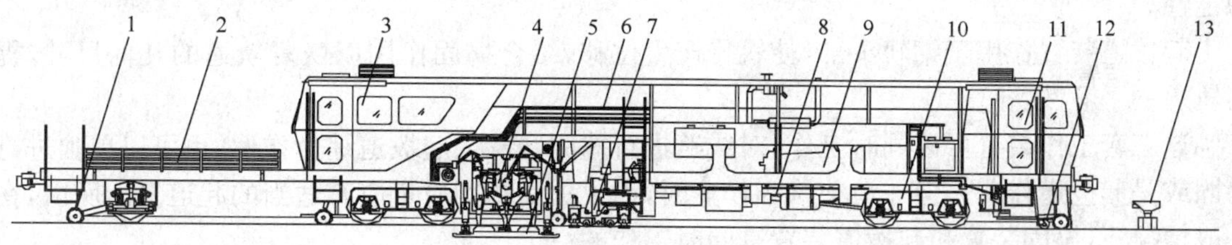

图 10-4　D08-32 型捣固车

1-后测量小车；2-小车；3-后司机室；4-捣固装置；5-枕端夯拍器；6-抄平装置；7-起拨道装置；8-传动装置；9-柴油机；10-转向架；11-前司机室；12-前测量小车；13-激光准直器

(二)主要技术性能

(1)轨距：1435mm；

(2)外形尺寸(长×宽×高)：23200mm×3120mm×3570mm；

(3)转向架芯盘距:11000mm;

(4)转向架轴距:1500mm;

(5)轮径:ϕ840mm;

(6)质量:50.5t;

(7)最大双向自行速度:80km/h;

(8)最大联挂速度:100km/h;

(9)作业运行速度:0～2.5km/h;

(10)最小运行半径:100m;

(11)最小作业半径(包括捣固抄平和起道一起):120m;

(12)作业效率:1000～1300m/h;

(13)发动机输出功率:235kW;

(14)最大起道量:150mm;

(15)最大拨道量:150mm;

(16)捣固深度:570mm(由轨顶向下);

(17)横向水平作业精度:±2mm;

(18)纵向高低作业精度:4mm(直线10m距离两测点间高差);

(19)拨道作业精度:±2mm(16m弦4m距离两点正矢最大差值);

(20)起道顺坡率:≤0.1%;

(21)传动方式:

①高速走行为液力传动;

②作业走行为液压传动。

(三)主要工作装置

D08-32型捣固车的工作装置包括:捣固装置、夯实装置和起拨道装置。

捣固装置用于捣固钢轨两侧的枕底道碴,提高枕底道碴的密实度,并与起拨道装置相配合,消除轨道的高低不平,增强轨道的稳定性。

夯实装置作用于道床肩部,通过夯实道床肩部的石碴来提高道床的横向阻力,增加轨道的稳定性。

起拨道装置作用于钢轨头部,使轨排产生位移,结合捣固作用以恢复轨道的几何尺寸,提高轨道的平顺性。

这三套工作装置可以同时工作,对线路进行捣固、夯实、起拨道综合作业,也可以单独进行捣固或是起拨道作业。但在单独捣固作业时,为了提高捣固质量应有适当的起道量。所以,在一般情况下,捣固装置和起拨道装置是同时工作的。

1.捣固装置

捣固装置是捣固车的主要工作装置。D08-32型捣固车有两套独立的捣固装置通过垂直导柱安装于后转向架前方的车架上。该控置装有32个成对布置的镐头,能够同时捣固两根轨枕,因此,又称为双枕捣固装置;并能沿着水平导柱横向移动,以便在曲线地段镐头能自动对中钢轨,捣固装置的最大横移量为80mm(R=120m时)。

捣固装置除了振动夹持动作外,还能垂直升降和横向移动。升降和横向的控制,由各自独立的自动控制机构来完成。

捣固装置的工作对象是碎石道床，工作环境恶劣，振动零部件容易损坏。因此，捣固装置是捣固车日常维修保养的重点部位。

1)捣固系统

根据异步稳压原理，捣固数置以稳定振幅进行高压捣固，所有的捣固镐头都以同等大小的压力作用于道床，而与它们的运动无关，这意味着成对的两镐头之间的作用力是完全平衡的，也就是说，所有镐头单位面积上的压力是相等的。各镐对的运动完全是独立的，根据所遇到的道碴阻力而定。

在捣固作业时，每对镐头部会受到石碴的阻力。当有的阻力达到了预选值时，相应的镐对就会自动停止运动，而其他的镐头仍将继续工作，直到它们也达到同样的道碴阻力时为止。

这样，这种异步稳压捣固系统便提供了一个完全均匀的捣实效果。

2)镐头

使用特种钢锻制的 32 个镐头，成对地排列在轨枕的两侧，每股钢轨的两侧各有 4 对。镐头上端的圆柱锥体是用一个螺栓连接在摆动臂上，更换镐头时只需松开这个螺栓即可。镐掌呈波浪形，镐刃呈直边铲形，其易磨耗部分用特种焊条堆焊，以提高耐磨性能。磨耗后的镐头可以进行焊补。波浪形的镐掌能使之有较大的捣固区，并能轻易插入道碴中。

3)镐头的振动

镐头的振动运动是由一台液压马达驱动一个偏心轴而激发的。通过安装在偏心轴上的活塞杆将这种偏心运动传送到摆动臂上，从而引起镐头的振动。振动轴的转速约为 2100r/min，镐头的振动频率约为 35 次/s，镐头的振幅约为 12.5mm。

4)捣固装置的升降

捣固装置的升降是通过按比例控制的液压油缸来实现的。捣固深度可在一个数字选择器上连续调整，实际的捣固深度由数字显示，从轨面起算可达 520mm。

5)镐对的张开和夹持

镐头的夹持和张开是通过油缸活塞实现的。一套捣固装置的所有油缸都是由同一液压回路来产生压力的，这既能保证每个镐头以相同的压力产生异步效应。在工作压力已经停止以后，只要施以小量的回压就能使油缸平稳地运动。捣固压力是连续可调的，以便适应各种不同的道床条件。为保证不同轨枕间距的捣固需要，设有一套由气动控制的油缸行程限位装置，以增大或减小捣固镐板的开度。

6)润滑

对于偏心轴、捣固镐悬挂及导柱采用了集中润滑。润滑系统允许的最高温度为 90℃。

7)捣固装置的操作

捣固装置既可以来用半自动进行，又可以通过人工用脚踏板控制。

使用半自动控制时，捣固装置的下降和夹持、镐头的张开和提升、前移的启动等操作均将自动完成。

2.枕端夯拍器

枕端夯拍器为单轴旋转振动器，安装于捣固装置外侧，其性能如下。

(1)宽度：200mm；

(2)长度：2000mm；

(3)夯实力：

①静态为 500N；②动态为 800N；总计为 1300N；

(4)单位夯实力：3.25N/m²。

当机器向前驱动时，枕端夯拍器通过液压控制提升，然后与捣固装置一同下落，压迫碴肩并产生振动，从而获得夯实作用。

3.起道装置

起道作业是由每股钢轨正上方的起道机械来完成的，无需在道床上设置任何支承。滚轮起道装置位于捣固装置的前面，由垂直导柱支撑。两个液压油缸的一端铰连于车架上，而活塞杆连接于起道架用以提升钢轨。

每一个起道架装有两对由摇臂支承着的滚轮。作业时起道滚轮从两边夹持轨头，形成一对夹钳。用液压油缸控制这些滚轮的开闭。这些钳形的起道滚轮排列及垂直的起道力，不会使钢轨倾斜或者使钢轨扣件应力过大。在起道时，起道油缸在两处向上拉起钢轨；在起道终了机器驶向下一根轨枕时，加钳仍然闭合，沿着钢轨向前滚动。当滚轮沿着钢轨滚动时不会触及钢轨扣件。

起道装置可以沿任意方向运动，即使车体驶向曲线时，也不会对钢轨形成任何的附加力，同样是适用的。

如果起道夹钳一旦碰到了障碍，如钢轨接头或焊缝，它们会自动地被压开，这样既不损伤钢轨，也不会损伤机器。

带夹板的钢轨接头也可以提升，这时，有一对滚轮只稍夹紧着轨头，而另一对滚轮仍夹住轨头做提升。

起道作业是自动启动的，并一直延续到抄平装置中断了自动起道装置的控制回路为止。夹钳夹持着钢轨在提升的位置直到完成了捣固作业为止。

夹钳滚轮是可调的，因而能适用于任何类型的钢轨。

本机可以在有站台的站内或有接触网的电气铁道上作业。

起道作业的精度，横向水平为±2mm，纵向水平为4mm(10m弦)；最大起道力250kN，最大起道量为150mm；起道滚轮的经验使用寿命1～2年。

4.抄平装置

该车装有比例抄平系统。每股钢轨用前后分布三点的滚轮进行测量，即后转向架之后、捣固区、前转向架之前。

每股钢轨上的纵向抄平基准线是上面的一根钢弦，该弦从后基准点一直延伸到前基准点。当捣固区测点的轨道位置不正确时，相对于钢弦，起道传感器将发出相应的差值信号。这一信号经运算放大，作为起道信号输出，经液压伺服机构控制起道油缸完成起道作业。

5.拨道装置

由于起道、拨道装置是组合安装的，故起道、拨道作业可以同时完成。为了进行拨道，每个起道架上装有两个双轮缘滚轮，用水平液压油缸与车架相连。

开始作业时，起拨道联合装置落至轨道上，在整个作业过程中，它们都保持这个位置，而当机器前进时，8个起道滚轮和4个拨道滚轮都与钢轨相接触。

在起道的进行过程中，拨道油缸使两边的拨道架向需要的方向移动。拨道力是通过4个接触点上的滚轮缘传递至轨道。拨道力的这种分布使钢轨扣件上的应力减至很小，并使钢轨毫无损害地拨至正确的位置。

拨道作业是全部自动控制的。拨道误差是由单弦系统检测并通过电气设备传至控制装置。一个非常精密的液压阀调节着两个拨道油缸的压力。起道与拨道是同时一起进行的，而且只要正确值一经达到便自动关闭。

在车体向前驱动时，拨道油缸没有充压，因而也就不会给钢轨施加压力。

拨道作业的精度，用16m弦长在4m间距上所测出的两个正矢值的最大偏差为±2mm，最大的总拨道力为150kN，最大拨道量为±150mm。拨道滚轮经验使用寿命为1～2年。

6. 拨道测量系统

单弦拨道系统是为该机能自动测量和控制线路方向而设计的。该系统主要由分别安置于主车和材料车上的A、B、C、D四个测量小车、张紧于AD之间的钢弦、传感器、输入设备、模拟运算装置等部分组成。

按该系统对轨道拨量方式的不同，拨道分为3点法和4点法，按拨道后线路的位置，又可分为精确法和补偿法。

无论是3点法还是4点法拨道，均以钢弦为线向，以一侧钢轨的轨道偏差为被控对象。通过传感器检测轨道与钢弦的相对位置，如果标准正矢与实测正矢两者有差值，则这种差值信号经伺服机构被放大为液压力，通过拨道油缸、滚轮作用于钢轨，以期保持平滑的线路或拨至完全正确的位置。

拨道测量系统的精度为1mm。

该系统还可配备光学准直仪、光学轨道准直测量仪、激光准直系统及装有电子距离测量器的拨道值自动调节装置等设备。

四 动力稳定车

（一）概述

经过清筛和捣固作业后的线路，在列车荷载的作用下，总是要产生下沉的。这种每单位运量折算的下沉量，在刚结束捣固作业之后的初始阶段是急剧的，随着列车通过运量的增加而逐渐减少。线路纵向越是凸凹不平和不规则，这种下沉就越严重。另外，由于道碴位置的变动会降低线路的横向阻力，将有可能导致在列车动载下线路的位移或在盛夏季节造成挠曲变形，引起胀轨跑道。

经验表明，道床具有坚实可靠的稳定性，对于行车的安全与平稳来说是绝对需要的。

WD-320型动力稳定车就是在线路抄平、捣固、拨道、道碴清筛或铺轨作业后，使线路快速、准确地得到稳定，并能使其稳定性得到控制和不改变轨道几何形状，产生均匀下沉而使用的大型机械。该机作业一遍后下沉量相当于轨道通过100万t运量所造成的下沉量的50%。经验表明，经稳定后，对于高速运行的线路是十分必要的。

动力稳定车的主要作用是将水平振动和垂直静压力结合起来，使线路在捣固作业之后初期阶段不可避免的下沉量得以直接地准确地提前产生。经过稳定作业，线路获得均匀下沉。因而，道碴颗粒将会重新紧密分布，具有更大的接触表面，降低道床传递动载的单位压应力，不改变线路的几何形位，具有较高的竖向稳定性和水平稳定性。

在捣固后的线路上进行稳定作业，稳定车不会改变线路的几何尺寸，它仅仅是取得有规律的下沉量。在重新进行过捣固的线路上，WD-320稳定车既可以单独进行作业，也可以和抄平、拨道、捣固车联合作业，还可以灵活编组进行作业。动力稳定车的作业不会引起扣件的任何变形或扭曲，也不会削弱邻线的强度。

动力稳定车是集机、电、液、气和微机控制于一体的自行式大型线路机械。WD-320 型动力稳定车，如图 10-5 所示。它的主要结构由动力与走行传动系统、稳定装置、主动与从动转向架、车架与顶棚、前后司机室、空调与采暖设备、单弦与双弦测量系统、液压系统、电气系统、制动系统、气动系统等组成。

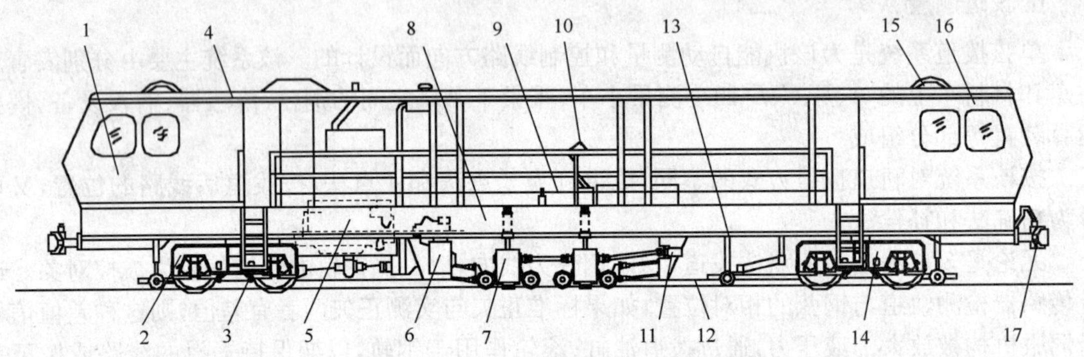

图 10-5 WD320 型动力稳定车总图

1-后司机室；2-主动转向架；3-制动系统；4-顶棚；5-柴油机；6-走行传动系统；7-稳定装置；8-车架；9-双弦测量系统；10-电气系统；11-液压系统；12-单弦测量系统；13-气动系统；14-从动转向架；15-空调采暖设备；16-前司机室；17-车钩缓冲装置

(二)主要技术性能

(1)轨距：1435mm；

(2)外形尺寸(长×宽×高)：18942mm×2700mm×3970mm；

(3)转向架芯盘距：12000mm；

(4)转向架轴距：1500mm；

(5)轮径：ϕ840mm；

(6)质量：60t；

(7)最大双向自行速度：80km/h；

(8)最大联挂速度：100km/h；

(9)最小运行半径：100m；

(10)最小作业半径：180m；

(11)作业效率(最大)：2.5km/h；

(12)发动机输出功率：348kW；

(13)横向水平测量范围：0～150mm；

(14)正矢测量范围：0～180mm；

(15)振动频率：0～45Hz；

(16)激振力：0～320kN；

(17)传动方式：①高速走行——液力传动；②作业走行——液压传动。

(三)工作原理

动力稳定车是模拟列车运行时对轨道产生的压力和振动等综合作用而工作的。

在作业前，首先将单、双弦测量系统中的各测量小车降落到钢轨上，并给各测量小车和中间测量小车的测量杆施加垂直载荷，将单弦测量系统中的3个测量小车同一侧的走行轮顶紧基准钢轨的内侧，张紧单弦和双弦；然后，再将稳定装置降落到钢轨上，使稳定装置与轨排成为一个整体。此时，动力稳定车处于作业状态。

在作业时，由一台液压马达同时驱动两套稳定装置的两个激振器，使激振器和轨道产生强烈的同步水平振动。轨道在水平振动力的作用下，道碴重新排列和密实。与此同时，稳定装置的垂直液压缸分别给予两侧钢轨施加向下的压力，使轨道均匀下沉，并达到预定的下沉量。

在作业过程中，动力稳定车是连续移动进行作业的。轨道的预定下沉量是自动实现的。在中间测量小车两侧的测量杆上，各有一个高度传感器。高度传感器分别与双弦测量系统中的每条钢弦连接，它们每时每刻测量着每条钢弦到轨面的高度值。计算机把测得的高度值与轨道的预定下沉量的差值，转换为相对应的电信号，控制液压系统中的比例减压阀，使稳定装置的垂直液压缸对每条钢轨产生不同的下压力，最终使轨道达到预定的下沉量。

由上述可知，动力稳定车的工作原理就是激振器使轨排产生水平振动的同时，再由稳定装置的垂直液压缸对每条钢轨自动地施加必要的下压力，轨道在水平振动力和垂直下压力的共同作用下，道碴重新排列达到密实，并使轨道有控制地均匀下沉。

动力稳定车一次作业后，线路的横向阻力值便恢复到作业前的80%以上，从而有效地提高了捣固作业后的线路质量，为列车的安全运行创造了必要的条件。

（四）主要工作装置

1.稳定装置

稳定装置是动力稳定车的主要作业装置，两套稳定装置设置于车体的下部，它通过纵向连杆固定在车架上。

每个稳定装置是由一个框架和在每股钢轨上两个带有轮缘的滚轮，一个水平滚轮及一个偏心振动器所组成。在进行稳定作业时，带有轮缘的滚轮压向钢轨的工作边上，同时水平滚轮从钢轨外侧压向轨头下颚。

稳定装置只是单纯地产生垂直轨道中心的水平振动力。两套稳定装置的振动设备是通过万向轴联结起来的。振动是水平产生的，其振动频率可从0～45Hz无级调节。如果机器在作业中因故停下来，那么，振动驱动也会自动地停止下来。

每个振动器都是通过两个液压缸联结到车体的主框架上。这些油缸对轨道产生一种可调的垂直荷载，给轨顶施加的垂直荷载可达240kN，该垂直荷载与下沉量大小成比例地调整。最大的垂直荷载是借助于安全溢流阀进行控制，这样便可防止机器出轨。

区间运行时，两套稳定装置均被液压油缸提起来，并用气缸锁住。

2.抄平系统

抄平系统由两根钢弦及安装在转向架上的触杆、两个传感器、一个测量小车及抄平系统的控制箱等部分组成。

每股钢轨的上方有一根两端系在测杆上的钢弦，用气缸将其拉紧，作为钢轨纵向高低的参考基线。而测杆分别固定在前后转向架内向轴的轴箱上。

在两套稳定器之间有一个测量小车，车上装有两根触杆，触杆上安装了一个钢弦高度测量值的接收器，这是一个配带有高精度电位计和缓冲装置的测量传感器，它们分别在左右侧扫描着钢弦的高度。和这个测量值接收器联合在一起，这套抄平系统便可通过调节施加到钢轨上的压力值的大小，控制轨道的下沉量。轨道预定的下沉值及实际取得的下沉量，均由数字显示器显示出来。

用于纵向高低的测量弦长度为10500mm，抄平传感器的精度在1mm以内。

五 配碴整形车

(一)概述

配碴整形车用于新建铁路及线路大、中、维修施工中的道床配碴、整形作业。

配碴整形车可将散放在路肩上的道碴收入道床；能使道碴沿线路的纵向和横向移动，将多余的道碴补充到缺碴处；能按捣固作业的要求将道碴分配到钢轨两侧及枕盒中；还能按标准断面的要求将道床整平成形。它与铺轨机、清筛机、起拨道机、捣固车、动力稳定车等配套，可分别组成新建、大修和维修施工的各种机械化机组。一般放在捣固车前，主要进行配碴及初步整形；也可放在捣固车后，进行整形作业。

国外很注重发展配碴整形车，几乎全部是专用机械，一般都具有拢碴、配碴和整形等作用，并与起拨道捣固机及卸碴车配合使用。

为了实现养路作业机械化，20世80年代初，我国相继研制了PZC-1型、YZC-1型及DH-82型配碴整形车。1984年在引进奥地利普拉塞·陶依尔公司生产的SSP-103型的基础上开发出SPZ-160型、SPZ-160A型和SPZ-200型配碴整形车。

配碴整形车是集机、电、液、气于一体的自行式大型线路机械。SPZ-200型配碴整形车如图10-6所示。它主要由发动机、传动装置、制动系统、走行装置、走行和作业液压系统、清扫装置、中犁、侧犁、车架、牵引缓冲装置、电气操纵系统及驾驶室等组成。

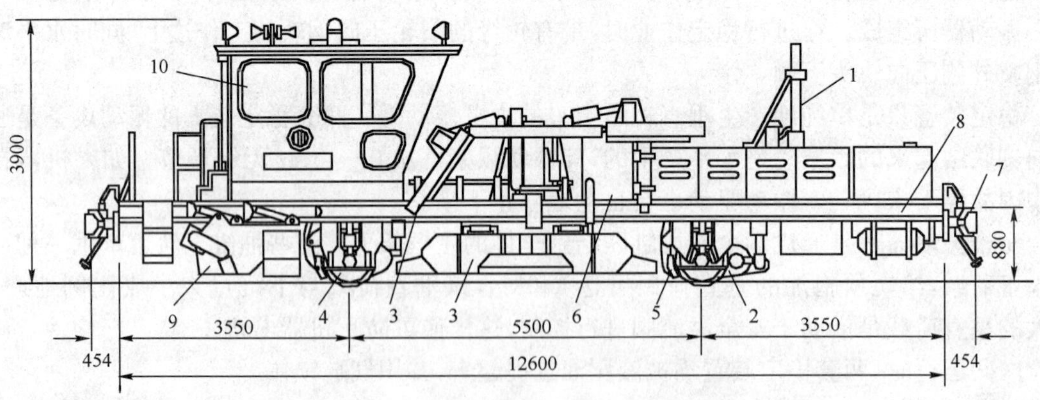

图10-6 SPZ200型配碴整形车外形简图(尺寸单位：mm)

1-发动机；2-传动装置；3-作业装置；4-走行装置；5-制动系统；6-液压系统；7-车钩缓冲装置；8-车架；9-清扫装置；10-驾驶室

(二)主要技术性能

(1)轨距：1435mm；

(2)外形尺寸(长×宽×高)：13508mm×3025mm×3900mm；

(3)轴距:5500mm;

(4)轮径:ϕ840mm;

(5)质量:28t;

(6)区间自行速度:80km/h;

(7)最大联挂速度:100km/h;

(8)发动机输出功率:210kW;

(9)最大作业宽度:6.6m

(10)最大作业深度(轨下):1.2m;

(11)最大清扫宽度:2450mm;

(12)整形道床边坡:任意;

(13)最小作业半径:150m;

(14)作业速度:0~12km/h。

(三)工作原理及功能

配碴整形车的工作装置由中犁、侧犁和清扫装置组成,其工作原理就是由中犁和侧犁完成道床的配碴及整形作业,使作业后的道床布碴均匀,并按线路的技术要求使道床断面成型。清扫装置将作业过程中残留于轨枕及扣件上的道碴清扫干净,并收集后通过输送带移向道床边坡,达到线路外观整齐、美观。

配碴整形车的主要功能有:

(1)根据捣固作业的要求,将卸在线路两侧的道碴通过侧犁分配到钢轨外侧。

(2)通过侧犁构成门字形,可将通床边坡上的多余道碴按需要作近距离搬移。

(3)通过侧犁和中犁的配合使用,可将道碴按需要进行搬移。如:道碴从线路的左侧移运到线路右侧;从线路的右侧移运到线路的左侧。

(4)通过中犁将线路中心的道碴移运到线路两侧或往前推移。

(5)通过中犁将轨枕端部的道碴移运到轨枕内侧。

(6)位于机器后部的滚刷和横向运输带装置可将残留在轨枕面和扣件上的道碴收集并提升送到皮带上,再通过改变输送带的输送方向,将输送带上的道碴送到线路的左右边披上。

(7)通过适当调整侧犁的转角,依据工务维修规则的要求,使道床断面按1∶1.75成型。

复习思考题

10.1　线路大修工作分为哪几类?

10.2　如何确定线路大修周期?

10.3　线路大修管理包括哪些项目?

10.4　线路大修封锁前及封锁后需要做哪些工作?

10.5　配碴整形车是如何工作的?

10.6　动力稳定车主要做哪些工作?

参考文献

[1] 韩峰.铁道线路工程施工.北京:中国铁道出版社,2007.
[2] 王进.铁路工程施工.北京:中国铁道出版社,2002.
[3] 铁道部第一工程局.铁路工程施工技术手册·路基.北京:中国铁道出版社,1999.
[4] 郝瀛.铁道工程.北京:中国铁道出版社,2000.
[5] 廖正环.公路施工与管理.北京:人民交通出版社,1999.
[6] 阎西康.土木工程施工.北京:中国建材工业出版社,2000.
[7] 毛鹤琴.土木工程施工.武汉:武汉工业大学出版社,2000.
[8] 姜振亚.铁路工程结构的构造与施工.北京:中国铁道出版社,1998.
[9] 侯惠茹.铁路工程施工组织设计.北京:中国铁道出版社,1999.
[10] 中国祥.铁路轨道.北京:中国铁道出版社,1996.
[11] 广钟岩,等.铁路无缝线路.北京:中国铁道出版社,1995.
[12] 寇长青,周海浪.铁道工程施工机械.北京:机械工业出版社,2001.
[13] 王其昌.铁路线路大修工程.北京:中国铁道出版社,1994.
[14] 徐赓华.无缝线路施工.北京:中国铁道出版社,1984.
[15] 苗大维.铁道工程施工.北京:机械工业出版社,1989.
[16] 铁道部第一工程局.铁路工程施工技术手册·轨道.北京:中国铁道出版社,1996.
[17] 戴强民.公路施工机械.北京:人民交通出版社,2001.